Entscheidungen

des

Reichsgerichts.

Herausgegeben

von

den Mitgliedern des Gerichtshofes
und der Reichsanwaltschaft.

Entscheidungen in Zivilsachen.

Neue Folge.

Vierzehnter Band.

Der ganzen Reihe vierundsechzigster Band.

Leipzig,
Verlag von Veit & Comp.
1907

Entscheidungen

des

Reichsgerichts

in

Zivilsachen.

Neue Folge.

Vierzehnter Band.

Der ganzen Reihe vierundsechzigster Band.

Leipzig,
Verlag von Veit & Comp.
1907

Druck von Metzger & Wittig in Leipzig.

Inhalt.

I. Reichsrecht.

Nr. Seite

4. Zur Anwendung des § 47 Abs. 4 des Ges., betr. die Gesellschaften m. b. H., vom 20. Mai 1898 14
5. Bestellung eines Pflegers für das Kind im Falle des § 1636 B.G.B.? 16
7. Übernahme des Leichterrisikos bei der Versicherung des Seetransportes 21
9. Auszahlung der Versicherungssumme für verbrannte Maschinen eines Fabrikgrundstücks an den Konkursverwalter im Konkurse des Grundstückseigentümers; können die Hypothekengläubiger oder der Ersteher des Grundstücks auf Herausgabe klagen? 28
11. Unterliegen Verträge über Veräußerung von Grundstücken, die in Rhein-Bayern nach dem 1. Januar 1900 abgeschlossen sind, auch da, wo das Grundbuch noch nicht als angelegt anzusehen ist, den Vorschriften der §§ 313, 125, 139 B.G.B.? 35
12. Werkvertrag; Verjährung aus § 638 Abs. 1 B.G.B. 41
14. Rechtswirkungen der Annahme an Kindesstatt gegenüber der unehelichen Mutter des angenommenen Kindes 47
15. Fragen betr. den Boykott (§§ 823, 824, 826 B.G.B., § 153 Gew.O.). 52
16. Verwendung einer Firma in abgekürzter Gestalt zur Warenbezeichnung 63
18. Tragweite der Konnossementsklausel „Im übrigen nach den Klauseln und Bedingungen der Charteparty" 73
19. Kommanditgesellschaft; Rechtsfolgen der während des Prozesses sich ohne Liquidation vollziehenden Auflösung der verklagten K. Haftung der offenen Handelsgesellschaft oder K. für Delikte der Gesellschafter? . . 77
20. Bürgschaftsübernahme beim Zwangsvergleiche 82
21. Unfallfürsorge. Gehören auch die Kosten einer Badereise zu den dem Beamten zu erstattenden Kosten des Heilverfahrens? 86
22. Verfallklausel beim Abzahlungsgeschäft 92

Nr.		Seite
23.	Umfang des Warenzeichenschutzes	95
24.	Änderung des Ranges von Hypotheken	100
25.	Kreditbrief; Recht des Ausstellers zum Widerruf im Verhältnis zum Akkreditierten?	108
26.	Rücktritt nach § 326 B.G.B., wenn die Leistungszeit in das Ermessen des Schuldners gestellt ist	114
27.	Tragweite des § 25 Gew.O.	117
28.	Rechtswirksamkeit der Teilabtretung eines Bierbezugsrechts?	120
29.	Eisenbahnfrachtverkehr; zur Anwendbarkeit der Spezialtarife 1 und 2 des Deutschen Eisenbahngütertarifs vom 1. April 1902	123
30.	Fortführung eines erworbenen Handelsgeschäfts im Sinne des § 25 H.G.B.	129
33.	Selbsthilfeverkauf aus § 373 H.G.B.	143
34.	Notwendigkeit der Erklärung des Annahmewillens im Falle der Eigentumsübertragung behufs Erfüllung einer Verbindlichkeit?	145
35.	Nichtigkeit eines Rechtsgeschäfts wegen Verstoßes gegen die guten Sitten	146
36.	Zur Anwendung des § 17 Abss. 1. 2 des Gesetzes, betr. die Gesellschaften m. b. H., vom 20. Mai 1898; Verhältnis des § 17 Abs. 1 zu den §§ 182—184 B.G.B.	149
37.	Betreffend Boykott; zum Begriffe „sonstiges Recht" in § 823 Abs. 1 B.G.B.	155
38.	Erfordernisse des „unverzüglich" in § 121 Abs. 1 B.G.B.	159
40.	Wie wird das nach früherem gemeinen Rechte begründete Recht auf Gewinnung von Bodenbestandteilen auf rechtsgeschäftlichem Wege übertragen? Abtretbarkeit des Anspruchs auf Berichtigung des Grundbuchs?	165
41.	Eisenbahnfrachtverkehr. Zur Anwendung des § 77 Abs. 1 Nr. 4, Abs. 2 der Eisenbahnverkehrsordnung vom 26 Oktober 1899, des Art. 31 Abs. 1 Nr. 4, Abs. 2 des Internationalen Übereinkommens über den Eisenbahnfrachtverkehr vom 14. Oktober 1890 und des § 459 Abs. 1 Nr. 4, Abs. 2 H.G.B.	169
42.	Wie ist der Erbschein im Falle einer nach § 2033 B.G.B. erfolgten Übertragung des Erbteils auszustellen?	173
43.	Rechtshilfe der Gerichte gegenüber dem Patentamte	178
44.	Zur Auslegung des § 138 B.G.B.	181
45.	Ersatzübergabe nach § 931 B.G.B.	182
47.	Eingetragene Genossenschaft. Erwerb für dieselbe im Zeitraume der Gründung. Zurückbehaltungsrecht der Gründer wegen der Einlagen? Ungleiche Bestimmung der Geschäftsanteile als Nichtigkeitsgrund. Kann die Nichtigkeit noch im Liquidationsverfahren geltend gemacht werden?	187

Nr. Seite

48. Berechtigung des Hypothekengläubigers zur Nachforderung des bei der Kaufgelderverteilung zu wenig liquidierten Betrages gegenüber dem Pfändungsgläubiger des Subhastaten? 194
49. Beseitigung von Schiffahrtshindernissen 197
50. Vollständige Vertragserfüllung von seiten des Verkäufers im Sinne des § 17 K.O. bei Übergabe der verkauften Sache unter Eigentumsvorbehalt? Grund der Forderung nach § 146 Abs. 4 K.O. 204
51. Zur Auslegung der Kreditversicherungsverträge 208
52. Ist das Amortisationsguthaben bei der neuen Posener Landschaft pfändbar? Hat die Pfändung Bedeutung für die nachträglich entstehende Eigentümergrundschuld? In welcher Weise ist der Versteigerungserlös, der auf eine solche Grundschuld fällt, zu pfänden? Bevollmächtigung zur Pfändungsankündigung 211
54. Replik der Arglist gegen die Einrede der Verjährung 220
57. Zur Anwendung des § 278 B.G.B. 231
58. Verhältnis des § 464 B.G.B. zu § 377 H.G.B. Annahme im Sinne des § 464 B.G.B. 236
59. Zur Auslegung des § 1 des Reichsgesetzes vom 13. Mai 1870 wegen Beseitigung der Doppelbesteuerung 241
60. Einfluß des Aufgebots der Nachlaßgläubiger auf den Stempelanspruch des Staates gegen den Nachlaß? 244
61. Zum Begriffe des Schutzgesetzes im Sinne des § 823 Abs. 2 B.G.B. 249
62. Beweislast, wenn der Lagerhalter wegen Beschädigung des Lagergutes belangt wird. Maßstab für die vom Lagerhalter aufzuwendende Sorgfalt 254
63. Anfechtung des Bilanzgenehmigungsbeschlusses durch den Aktionär gemäß § 271 H.G.B. Tragweite des § 261 Nr. 3 H.G.B. Hat sich das Gericht im Falle des § 271 auf die Aufhebung des Beschlusses zu beschränken, oder ist es berechtigt und verpflichtet, die richtige Bilanz im Urteil festzustellen? 258
65. Kann der Käufer von Sachen aus einer Konkursmasse den Kauf wegen Irrtums nach § 119 Abs. 1 oder Abs. 2 B.G.B. anfechten, weil er bei der Kalkulation des Preises irrtümlich annahm, die Taxen dieser Sachen im Konkursinventar seien herabgesetzte Einkaufspreise? . . . 266
66. Einfluß der Bemessung des Mietzinses auf die Kündigungsfrist . . 270
67. Zur Frage der Schadensersatzpflicht des Inhabers eines eingetragenen Warenzeichens gegenüber dem Inhaber eines früher eingetragenen Warenzeichens 273
70. Zur Anwendung des § 470 H.G.B. Rechtliche Natur der Frachtzuschläge im Sinne der Eisenbahnverkehrsordnung. Verjährung der Zuschläge 284

Nr. Seite

71. Steht den bei Auswahl des Vormundes nicht berücksichtigten Verwandten und Verschwägerten des Mündels die Beschwerde im eigenen, oder nur im Interesse des Mündels zu? 288

72. Kommen für die richterliche Herabsetzung der Vertragsstrafe allein die Verhältnisse zur Zeit des Vertragsschlusses in Betracht? 291

73. Werkvertrag; kann darin, daß der Unternehmer im Prozesse das Vorhandensein der Mängel bestreitet, eine die Fristsetzung erübrigende Weigerung im Sinne des § 634 Abs. 2 B.G.B. gefunden werden? . 294

74. Zur Anwendung des § 549 Abs. 1 B.G.B. 296

76. „Fabrikzeichen" im Sinne des Art. 28 Abs. 2 des mit Frankreich geschlossenen Handelsvertrags vom 2. August 1862 304

77. Aufrechnung in der Zwangsversteigerung. Erfordernisse der Abtretung einer Briefgrundschuld 308

79. Unterschied der sog. kumulativen Schuldübernahme von dem Eintritt eines Dritten als Samtschuldners in ein bestehendes Schuldverhältnis 318

81. Zur Anwendung der §§ 1356 Abs. 2 und 1367 B.G.B. 323

82. Zulässigkeit des Rechtsweges für Einziehung der nach § 42 des Krankenversicherungsgesetzes vom $\frac{\text{15. Juni 1883}}{\text{10. April 1892}}$ von der Aufsichtsbehörde festgesetzten Zinsen? 329

83. Hat der Verkäufer den Kaufvertrag im Sinne des § 17 K.O. vollständig erfüllt, wenn er die verkaufte Sache dem Käufer unter Eigentumsvorbehalt übergeben hat? 334

84. Anfechtung außerhalb des Konkurses. Sind durch die Veräußerung eines über seinen Wert belasteten Grundstückes die Gläubiger des Veräußerers benachteiligt? Ist die Absicht des Veräußerers, die Pfändung der Mietzinsen durch Kurrentgläubiger zu vereiteln, der Absicht der Gläubigerbenachteiligung gleichzustellen? 339

85. Ist der Schade, den ein Unterhaltspflichtiger dadurch erleidet, daß infolge der Tötung des in erster Linie zum Unterhalt Verpflichteten die Unterhaltspflicht auf ihn übergegangen ist, auf Grund des § 823 oder des § 844 Abs. 2 B.G.B. ersatzfähig? 344

87. Anrechnung von Pensionen und Vermögenserwerb in Haftpflichtfällen? Kann die Witwe von dem Haftpflichtigen dafür Ersatz verlangen, daß sie nunmehr den Kindern gegenüber unterhaltspflichtig geworden ist? 350

89. Kann sich der wegen unzulässiger Immissionen Beklagte damit verteidigen, daß zur Zeit der Errichtung seines Betriebes die Zuführungen in der Gegend ortsüblich gewesen sind? 363

90. Ist, wenn eine zur Hinterlegung nicht geeignete Sache geschuldet wird, und der Schuldner wegen Annahmeverzugs des Gläubigers die geschuldete Sache rechtmäßig zum Verkaufe bringt, zur Befreiung des Schuldners unbedingt die Hinterlegung des Erlöses erforderlich, oder

Nr. Seite

kann diese durch andere Maßnahmen, durch die der Vermögenswert des Erlöses dem Vermögen des Gläubigers zugeführt wird, ersetzt werden? 366

91. Wandelung. Wesentliche Verschlechterung der Kaufsache im Sinne der §§ 467, 351 B.G.B. 374

93. Begrenzung der Schadensersatzpflicht des Vermieters im Falle der nach § 542 B.G.B. erfolgten Kündigung von seiten des Mieters . . 381

94. Zum Begriff der verbotenen Eigenmacht im Sinne der §§ 858, 859 B.G.B. 385

96. Warenzeichen; steht dem sog. Monopolisten der Schutz aus den §§ 12 und 14 des Reichsgesetzes vom 12. Mai 1894 zu? 397

98. Zum Begriff der höheren Gewalt in § 1 des Reichshaftpflichtgesetzes . 404

101. Fragen aus der Zwangsversteigerung und Zwangsverwaltung. Kann der Nießbraucher eines Grundstückes die seinem Nießbrauch unterliegenden Mietzinsen für sich pfänden lassen? 415

102. Inwieweit ist die Anwendung des Art. 169 Einf.-Ges. zum B.G.B. auf vor dem 1. Januar 1900 begründete Ansprüche ausgeschlossen? . 421

103. Unrichtige Datierung des eigenhändigen Testaments 423

104. Tragweite des Absonderungsrechts (§§ 64, 193 K.O.) 425

II. Gemeines Recht.

61. Heutige Geltung des Rechtes der römischen interdicta ne quid in flumine publico und quod in flumine publico. Stellt jenes Recht ein Schutzgesetz im Sinne des § 823 Abs. 2 B.G.B. dar? . . . 249

62. Beweislast bei Inanspruchnahme des Lagerhalters wegen Beschädigung des Lagerguts. Maßstab für die vom Lagerhalter aufzuwendende Sorgfalt 254

III. Preußisches Recht.

1. Kosten der Korrektionsnachhaft der Zuhälter 1

2. Verpflichtung zur Beleuchtung der Eisenbahnzufuhrwege im Falle der Übernahme derselben durch die Gemeinde 6

3. Einbringungsstempel bei Umwandlung einer Aktiengesellschaft in eine Gesellschaft m. b. H. 10

Nr. Seite

8. Schadensersatzpflicht des Fiskus im Falle der Beseitigung eines Stauwerks in einem öffentlichen Flusse und dadurch bewirkter Senkung des Grundwassers? 24

21. Unfallfürsorge; gehören auch die Kosten einer Badereise zu den dem Beamten zu ersetzenden Kosten des Heilverfahrens? 86

31. Stempelrechtlicher Begriff des Leibrentenvertrages 133

32. Sind Wasserleitungen aus öffentlichen Flüssen als regale Nutzungen oder als Gemeingebrauch zu behandeln? 137

46. Anspruch auf Schadensersatz bei polizeilichen Eingriffen in Privatrechte im früher französischrechtlichen Teile der Rheinprovinz? 183

60. Stempelsteuer; Schenkungsurkunde als Bestandteil eines Rentenversicherungsantrages; Schenkung unter Lebenden und von Todes wegen; Bereicherungsabsicht. Einfluß des Aufgebots der Nachlaßgläubiger auf den Stempelanspruch des Staates? 244

64. Zum Begriff der neuen Anlage im Sinne des § 10 Abs. 2 des Enteignungsgesetzes vom 11. Juni 1874 262

68. Umfang der Schadensersatzpflicht des Bergwerksbesitzers nach § 148 des Allg. Berggesetzes 276

75. Zur Anwendung des § 143 A.L.R. I. 8 290

86. Sind im Stempelauslande ausgestellte Vollmachten, von denen im Inlande Gebrauch gemacht wird, stempelpflichtig? 346

95. Wie löst sich die Kollision der verschiedenen Rechte eines und desselben Staates in Sachen des Familienstandes? Weiter- und Rückverweisung 389

100. Können Rechtsgeschäfte, welche im Geltungsbereiche der Landgemeindeordnung vom 3. Juli 1891 die Landgemeinde gegen Dritte verbinden sollen, nur in der in § 88 Abs. 4 Nr. 7, Abs. 2 dieses Gesetzes vorgeschriebenen Form eingegangen werden? 408

102. Anwendbarkeit des Art. 169 B.G.B. auf vor dem 1. Januar 1900 aus § 180 A.L.R. I. 11 begründete Ansprüche? 421

IV. Rheinisches Recht.

95. Gibt es eine besondere rheinpreußische Staatsangehörigkeit im Sinne des Art. 3 Abs. 3 Code civil? Nach welchem Rechte bestimmt sich bezüglich einer vor dem 1. Januar 1900 im Gebiete des rheinischen Rechts eröffneten Erbschaft die Erbeigenschaft unehelicher später im Ausland legitimierter Kinder eines ausgewanderten früheren Inländers? Legitimation unehelicher Kinder nach rheinischem Recht 389

V. Prozeßrecht.

Nr. Seite

6. Ist Beschwerde zulässig gegen die Entscheidung eines Oberlandesgerichts über den Antrag eines Armenanwalts aus § 126 Z.P.O., seiner Partei die Nachzahlung seiner Gebühren aufzuerlegen? 18
10. Abgrenzung von Grund und Betrag im Falle eines nach § 844 B.G.B. erhobenen Anspruchs 33
13. Voraussetzung der öffentlichen Zustellung. Kann ein Gerichtsbeschluß stillschweigend erlassen werden? 44
17. Einlegung von Rechtsmitteln durch den Nebenintervenienten . . . 67
39. Wann sind Ansprüche aus Wechseln Feriensachen? 164
53. Gebührenfreiheit der Kirchen im Verfahren vor dem Reichsgericht . . 218
55. Statthaftigkeit der Restitutionsklage aus dem Grunde einer neu aufgefundenen Urkunde 224
56. Zulässigkeit der Aufrechnung im Falle des § 767 Abs. 2 Z.P.O.? . . 228
61. Welches Verfahren ist vom Reichsgericht in den Fällen des § 11 Abs. 2 Einf.-Ges. zum G.V.G. zu beachten? 249
69. Ist der Fall des § 717 Abs. 2 Z.P.O. gegeben, wenn das Berufungsgericht das auf Verurteilung des Beklagten lautende, für vorläufig vollstreckbar erklärte Urteil der ersten Instanz durch ein Urteil ersetzen will, das die Entscheidung des Rechtsstreites von einem Eide abhängig macht? Gegenstand und Umfang des Ersatzanspruches im Falle des § 717 Abs. 2 Z.P.O. 278
77. Steht der Pfändung einer Forderung die vertragliche Verpflichtung des Gläubigers zur Abtretung an einen anderen entgegen? 308
78. Gilt der Grundsatz, daß vor dem Berufungsgericht der Rechtsstreit in den durch die Anträge bestimmten Grenzen verhandelt wird, auch im Ehescheidungsverfahren? 316
80. Kann im Falle einer Hauptintervention die Frage, ob eine Forderungspfändung zu Recht besteht und an wen die verpfändete Forderung bezahlt werden muß, in demselben Rechtsstreit dem Schuldner gegenüber anders, als gegenüber dem Drittschuldner entschieden werden? . . . 321
85. Erfordernisse des Zwischenurteils, das über den Grund eines aus § 844 Abs. 2 B.G.B. erhobenen Schadensersatzanspruchs ergeht . . 344
88. Findet § 559 Z.P.O. (in der Fassung des Gesetzes vom 5. Juni 1905) Anwendung, wenn der Beklagte, obwohl während des Prozesses über sein Vermögen der Konkurs eröffnet war, wegen eines die Konkursmasse betreffenden Anspruchs persönlich verurteilt ist, in der Revisionsbegründung aber deswegen keine Rüge erhoben hat? Konnte in diesem Falle der Gemeinschuldner persönlich ein Rechtsmittel gegen das Urteil einlegen? 361

Nr. Seite

92. Findet gegen eine von einem Oberlandesgerichte auf Grund des § 102 Z.P.O. erlassene Entscheidung die sofortige Beschwerde statt? . . . 377
97. Wer ist bei Klagen gegen eine städtische Sparkasse Partei? Gesetzliche Vertretung der Stadtgemeinden in den ihre Sparkassen betreffenden Rechtsstreitigkeiten 400
99. Was gehört zur Widerlegung der Vermutung der „Echtheit" der über einer echten Namensunterschrift stehenden Schrift im Sinne des § 440 Abs. 2 Z.P.O.? 406
105. Ablehnung eines Sachverständigen. Geht das Beschwerderecht wegen Zurückweisung des Ablehnungsgesuches dadurch verloren, daß nach dem Beschlusse Versäumnisurteil in der Hauptsache erging? Erfordernis der Glaubhaftmachung, daß der Ablehnungsgrund vorher nicht geltend gemacht werden konnte (§ 406 Abs. 2 Satz 2 Z.P.O.) 429

Sachregister 436
Gesetzesregister 442
Chronologische Zusammenstellung 467
Zusammenstellung nach Oberlandesgerichtsbezirken 466
Berichtigungen 467

1. Wer hat in Preußen die Kosten der Korrektionsnachhaft der nach § 181a St.G.B. verurteilten und der Landespolizeibehörde überwiesenen Personen zu tragen?

Preuß. Gesetz, betr. die Ausführung des Bundesgesetzes über den Unterstützungswohnsitz, vom 8. März 1871 § 38.

VI. Zivilsenat. Urt. v. 23. Mai 1906 i. S. Stadtgemeinde Berlin (Kl.) w. preuß. Fiskus (Bekl.). Rep. VI. 369/05.

I. Landgericht I Berlin.
II. Kammergericht daselbst.

Die auf Grund des § 181a Abs. 3 St.G.B. in der Fassung des Gesetzes vom 25. Juni 1900 vom Landgericht I zu Berlin wegen Kuppelei mit Überweisung an die Landespolizeibehörde bestraften Personen werden vom Königlichen Polizeipräsidium dem der Klägerin gehörigen Arbeitshause zu Rummelsburg zur Nachhaft zugeführt. Die Klägerin hat ihrer Aufnahme nicht widersprochen, glaubt aber nicht verpflichtet zu sein, die Kosten ihres Aufenthaltes zu tragen. Der von ihr gegen den Beklagten erhobene Erstattungsanspruch ist von diesem jedoch unter Hinweis auf § 38 des preuß. Ausf.-Ges. zum Gesetze über den Unterstützungswohnsitz vom 8. März 1871 und § 4 Nr. 3 des Gesetzes vom 8. Juli 1875, betr. die Dotation der Provinzialverbände, abgelehnt worden. Die Klägerin erhob nun wegen eines Teilbetrages von 1501 ℳ der ihr bis zum 1. September 1902 aus der Verpflegung der bezeichneten Personen entstandenen Kosten Klage; diese wurde vom Landgericht abgewiesen, ihre Berufung vom Kammergericht zurückgewiesen.

Die von der Klägerin eingelegte Revision wurde zurückgewiesen aus folgenden

Gründen:

... „Der Klaganspruch ist auf die Rechtsgründe des Auftrages — richtiger wohl der Geschäftsführung ohne Auftrag — und der Bereicherung gestützt und würde aus beiden Gesichtspunkten begründet sein, wenn eine Verpflichtung der Klägerin, die Kosten der Korrektionsnachhaft der gemäß §§ 181a, 362 St.G.B. der Landespolizeibehörde überwiesenen Personen zu tragen, nicht bestand; darüber, ob sie bestand, streiten die Parteien.

Für die Entscheidung dieser Streitfrage ist es unerheblich, ob, abstrakt betrachtet, die korrektionelle Nachhaft der gemäß § 361 Nr. 3—8 oder § 181a St.G.B. mit Überweisung an die Landespolizeibehörde bestraften Personen als ein Teil der Strafe selbst, ihre Vollstreckung daher als ein Akt der Strafrechtspflege anzusehen ist, oder nicht, und ebenso, ob sie wenigstens hinsichtlich der in § 361 Nr. 6 und § 181a St.G.B. bezeichneten Personen an und für sich als zur Ausübung der Sittenpolizei gehörig zu erachten, nicht aber der Armenpflege zuzurechnen wäre: wird nach dem bestehenden Recht die Vollstreckung der Korrektionsnachhaft einmal als ein Teil des Armenwesens behandelt, und sind ihre Kosten gesetzlich den Landarmenverbänden überwiesen, so kann es auf solche Erwägungen theoretischer Art nicht ankommen. Das letztere aber ist nach dem Stande der preußischen Gesetzgebung, wenigstens für die altpreußischen Provinzen, anzunehmen.

Müßte die Bestimmung des § 38 des preuß. Ausf.-Ges. zum Gesetz über den Unterstützungswohnsitz vom 8. März 1871 allein die Grundlage für die zu treffende Entscheidung abgeben, so wäre zwar anzuerkennen, daß die darin aufgeführten Kategorien von Korrigenden — die nach Maßgabe des § 361 Nr. 3—8 St.G.B. bestraften und nach § 362 der Landespolizeibehörde überwiesenen Personen — eine vollständige Aufzählung aller nach der damaligen Gesetzgebung mit einer Korrektionsnachhaft zu belegenden Delinquenten darstellen; immerhin spricht aber der fragliche § 38 in seiner Fassung nicht einen allgemeinen Grundsatz dahin aus, daß die Kosten des Korrigendenwesens schlechthin mit den von diesem Gesetz selbst vorgesehenen Ausnahmen den Landarmenverbänden zur Last fallen, sondern er zählt die einzelnen Bestimmungen des Strafgesetzbuchs auf, zu deren Ausführung, soweit die Korrektionsnachhaft in Frage kommt, den Landarmenverbänden Verpflichtungen auferlegt werden. Nach dem Wortsinne des Gesetzes würde deshalb zunächst die Auslegung als die richtige erscheinen müssen, die eine Erstreckung dieser Verpflichtungen auf in dem Gesetze nicht genannte Fälle verneint.

Anders aber, wenn das bezeichnete Gesetz als Glied und Abschluß einer rechtsgeschichtlichen Entwicklung betrachtet wird. Diese Betrachtung führt zu dem Ergebnisse, daß das Gesetz vom 8. März 1871 die bestehenden Verpflichtungen der Landarmenverbände eher beschränkt als erweitert hat, daß die Verbindung des Korrigendenwesens mit der Armenpflege der Landarmenverbände, wie sie in § 38 festgelegt ist, bereits bestand und in dem Gesetze lediglich aufrecht erhalten und einheitlich geregelt worden ist, daß wegen dieser Verbindung auch die Kosten der Korrektionsnachhaft der gemäß § 181a St.G.B. zur Überweisung an die Landespolizeibehörde verurteilten Personen von den kommunalen Armenverbänden zu tragen sind und von ihnen, wie auch das Berufungsgericht angenommen hat, vielleicht selbst dann zu tragen sein würden, wenn § 38 des Gesetzes vom 8. März 1871 gar nicht bestände.

Das preußische Allgemeine Landrecht weist in den Bestimmungen des 19. Titels des II. Teils die Armenpflege, soweit nicht privilegierte, mit Unterstützungsfonds ausgestattete Korporationen in Frage kommen (§ 9 des Tit.), den Stadt- und Dorfgemeinden für ihre Mitglieder und Einwohner zu (§ 10); soweit sie diesen nicht obliegt oder von ihnen nicht bestritten werden kann, sollen die Armen in öffentlichen Landarmenhäusern untergebracht werden, die von den Provinzen einzurichten sind (§§ 16 flg., 31 des Tit.). Zu den Gegenständen der Armenpflege werden aber auch Zwangsarbeit und Strafe gegen arbeitsscheue Personen (§§ 3, 18 flg. des Tit.) gerechnet. Das Gesetz über die Verpflichtung zur Armenpflege vom 31. Dezember 1842 (G.S. 1843 S. 8) gestaltete die Einrichtung der Landarmenhäuser zur Einrichtung von Landarmenverbänden als korporativen Vereinigungen der Provinzen zum Zwecke der Armenpflege um und erklärte in § 9 die Armenpflege, wenn kein fürsorgepflichtiger örtlicher Verband vorhanden ist, für eine Provinziallast, die von den Landarmenverbänden zu tragen sei; solche sollen, wo sie noch nicht bestehen, überall eingerichtet werden. Den auf Grund dieses Gesetzes allgemein geschaffenen Landarmenverbänden — sie sind nebst den ihre Einrichtung regelnden Regulativen aufgezählt in Rönne's Ergänzungen zum A.L.R. 6. Aufl. Bd. 4 S. 662 flg. — wurden nun, nachdem durch das Gesetz über die Bestrafung der Bettler, Landstreicher und Arbeitsscheuen vom 6. Januar 1843 (G.S. S. 19) die Korrektionsnachhaft für die bestraften Personen der genannten Kategorien gesetzlich angeordnet worden war, durch die einzelnen Reglements in im wesentlichen übeinstimmender Regelung sowohl die Strafvollstreckung als die Korrektionsnachhaft, außerdem aber auch die auf Grund des § 3 A.L.R. II. 19 und späterhin der Artt. 11—15 des Gesetzes vom 21. Mai 1855 (G.S. S. 311) im Verwaltungswege verfügte Zwangseinsperrung arbeitsscheuer Personen in den Arbeitsanstalten übertragen (vgl. z. B. Landarmenreglement für die Kurmark vom 14. Januar 1848, G.S. S. 38, §§ 2, 5, 36—39, 44, 48; Verordnung vom 19. Oktober 1860 für die Neumark, G.S. S. 505, §§ 1, 26, 27). Durch § 74 des Gesetzes vom 8. März 1871 wurde diese administrative Korrektionshaft aufgehoben; zugleich wurden die Landarmenverbände dadurch entlastet, daß ihnen allgemein die Vollstreckung der gerichtlich erkannten Strafen gegen die Bettler, Landstreicher und Arbeitsscheuen und deren Kosten, sowie die Kosten des Transportes zur Korrektionsanstalt nach Verbüßung der Strafe abgenommen wurden; ihre Verpflichtungen wurden auf der anderen Seite aber auch allgemein dahin erweitert, daß ihnen im ganzen Umfange der Monarchie die Kosten der Korrektionsnachhaft auch für die nach § 361 Nr. 6 wegen gewerbsmäßiger Unzucht bestraften Weibspersonen, die bisher nur die Landarmenverbände der Neumark (§ 2 Nr. 4 der Verordnung vom 19. Oktober 1860), der Provinz Schlesien und der Stadt Potsdam zu tragen hatten, auferlegt wurden. Durch die Generalisierung dieser Verpflichtung sollte, wie die Motive zu dem Gesetzentwurf § 48 (s. Arnoldt, Die Freizügigkeit und der Unterstützungswohnsitz S. 638) bemerken, die Vollstreckung der Korrektionsnachhaft in ihrem gesamten durch das Strafgesetzbuch anerkannten Umfange für eine Last der Landarmenverbände erklärt werden, da ein ausreichender innerer Grund, zwischen Fällen der einen oder anderen Art, in denen die Korrektionsnachhaft zu vollstrecken ist, zu unterscheiden, nicht vorliege. Mit diesen Worten ist deutlich ausgesprochen, daß das Gesetz eine einheitliche und erschöpfende Regelung des Korrigendenwesens beabsichtigte. Die Bestimmung des Dotationsgesetzes vom 8. Juli 1875 in § 4 Nr. 3 hat diesen Rechtszustand lediglich bestätigt, indem sie allgemein die Kosten des Landarmen- nud Korrigendenwesens den dotierten Provinzialverbänden zuweist.

Der § 181a St.G.B. hat den bisherigen Kategorien von Verbrechern, die nach verbüßter Strafe der Landespolizeibehörde zu überweisen sind und dadurch einer Korrektionsnachhaft unterworfen werden, eine neue hinzugefügt, die der Zuhälter. Gewiß ist der Grund ihrer Bestrafung nicht verschuldete Mittellosigkeit, sondern die Sittenlosigkeit ihres Tuns. Zu den Aufgaben der Armenpflege im eigentlichen Sinne gehört ihre Detention in Arbeitshäusern nicht. Dasselbe gilt aber auch von den wegen gewerbsmäßiger Unzucht bestraften Weibspersonen (§ 361 Nr. 6 St.G.B.), die dennoch hinsichtlich der Korrektionsnachhaft und deren Kostenlast durch das Gesetz den Bettlern, Landstreichern und sonstigen Arbeitsscheuen gleichgestellt worden sind. In der Tat gehören aber auch die Zuhälter, ebenso wie die der gewerbsmäßigen Unzucht fröhnenden Weibspersonen, zu der allgemeinen Klasse der arbeitsscheuen Individuen, „die aus Trägheit, Liebe zum Müßiggange oder anderen unordentlichen Neigungen die Mittel, sich ihren Unterhalt selbst zu verdienen, nicht anwenden wollen", die schon durch § 3 A.L.R. II. 19 der Armenpflege unterstellt sind und durch Zwangsarbeit in den von den Provinzen errichteten Arbeitshäusern zu einem ehrlichen Broterwerbe zurückgeführt werden sollen. Dieser Arbeitszwang erfolgt jetzt nur noch in der Form der Korrektionsnachhaft nach Verbüßung gerichtlicher Strafe und auf Grund richterlichen Urteils; in der Sache wird hierdurch nichts geändert.

Ist das Korrektionswesen hiernach bereits vom Allgemeinen Landrecht, demnächst durch die Gesetze vom 31. Dezember 1842, vom 6. Januar 1843, vom 21. Mai 1855 und vom 8. März 1871 als ein Teil der Armenpflege behandelt und mit ihr den Provinzen und später den Landarmenverbänden als eine von ihnen zu tragende Last zugewiesen worden, so erstreckt sich diese Verpflichtung auch auf Korrigenden, die den Korrektionsanstalten auf Grund der Verurteilung nach § 181a St.G.B. zugeführt werden, da sie zu derselben Klasse von Personen gehören, für die die genannten Gesetze die Fürsorgepflicht den Landarmenverbänden auferlegt haben. Ob das gleiche anzunehmen wäre, wenn die Reichsstrafgesetzgebung die Nebenstrafe der Überweisung an die Landespolizeibehörde mit der Wirkung der Unterwerfung der Bestraften unter eine Korrektionsnachhaft mit ganz anderen Delikten verbände, die nicht auf Arbeitsscheu beruhen, und deren Bekämpfung mit den Aufgaben der Armenpflege in noch entfernterem Zusammenhang stünde, als die der gewerbsmäßigen Unzucht und des Dirnenschutzes durch die Zuhälter, kann unerörtert bleiben." ...

---

2. Rechtlicher Charakter der Eisenbahnzufuhrwege. Wer ist zu ihrer Beleuchtung verpflichtet, wenn die Gemeinde nur ihre Unterhaltung, nicht auch ausdrücklich die Beleuchtung übernommen hat?

VII. Zivilsenat. Urt. v. 26. Mai 1906 i. S. Stadtgemeinde J. (Bekl.) w. preuß. Eisenbahnfiskus (Kl.). Rep. VII. 450/05.

I. Landgericht Insterburg.
II. Oberlandesgericht Königsberg.

Zur Verbindung des Bahnhofs in J. mit der städtischen Bahnhofsstraße dient ein Zufuhrweg, der auf fiskalischem Grund und Boden liegt und bis zum Jahre 1897 von der Eisenbahnverwaltung unterhalten wurde. In diesem Jahre schloß der Eisenbahnfiskus mit der Stadtgemeinde J. einen Vertrag ab, nach welchem diese die Unterhaltung der Zufuhrstraße von dem Tage ab, an dem die zuvor vom Eisenbahnfiskus in bestimmt vereinbarter Weise gepflasterte Straße ihr übergeben worden war, auf ewige Zeiten übernahm. Das Eigentum des Grundes und Bodens verblieb dem Eisenbahnfiskus. Die Übergabe des Weges an die Stadt erfolgte am 18. Januar 1898. Seine Beleuchtung war bisher durch den Eisenbahnfiskus ausgeführt worden und wurde auch nach Abschluß des Vertrags vom Jahre 1897 und nach der Übergabe des Weges an die Stadt weiterhin von dem Eisenbahnfiskus auf seine Kosten bewirkt. Als aber in einem Vorprozeß das Oberlandesgericht Königsberg ausgesprochen hatte, daß der in Rede stehende Weg mit der Ausführung des Vertrages vom Jahre 1897 zu einer öffentlichen städtischen Straße geworden sei, übernahm die Stadtgemeinde vom 8. September 1903 ab die Beleuchtung des Weges auf ihre Kosten. Der Eisenbahnfiskus war der Ansicht, daß der Stadtgemeinde die Beleuchtungspflicht schon seit Ausführung des Vertrags von 1897, also seit dem 18. Januar 1898, obgelegen habe, und daß er daher für sie eine ihr zufallende Ausgabe geleistet habe, die sie ihm nach den Grundsätzen von der nützlichen Verwendung und ungerechtfertigten Bereicherung erstatten müsse, wenn er vom 18. Januar 1898 bis 8. September 1903 die Beleuchtung auf seine Kosten besorgt habe. Da die Stadtgemeinde diesen Anspruch bestritt, klagte er ihn in Höhe von 1800 *M* ein. Der erstinstanzliche Richter wies die Klage ab; der Berufungsrichter erklärte dagegen den Anspruch dem Grunde nach für gerechtfertigt. Die Revision der Stadtgemeinde ist zurückgewiesen aus folgenden

Gründen:

„Die Eisenbahnzufuhrwege können einen verschiedenen rechtlichen Charakter tragen: sie können Privatwege des Eisenbahnunternehmers sein; sie können aber auch die Natur öffentlicher Wege besitzen. Im gegenwärtigen Falle besteht nach dem Vorbringen der Parteien kein Zweifel daran, daß der in Rede stehende Zufuhrweg bis zur Ausführung des Vertrags vom Jahre 1897 ein eisenbahnfiskalischer Privatweg war, der demgemäß von dem Eisenbahnfiskus zu unterhalten und zu beleuchten war. Es fragt sich, ob er diesen Charakter mit der Ausführung des Vertrags vom Jahre 1897 verloren hat und hierdurch in eine öffentliche städtische Straße verwandelt worden ist. Die Vorinstanzen haben diese Frage bejaht. In der gegenwärtigen Instanz hat die Revisionsklägerin die Berechtigung dieses Standpunktes nicht mehr bestritten; er war indes trotzdem selbständig vom Revisionsgericht zu prüfen, da es sich hier lediglich um rechtliche Beurteilung feststehender Tatsachen handelt. Die vorgenommene Prüfung hat zu dem Ergebnis geführt, daß der erkennende Senat der Ansicht der Vorinstanzen beitritt. In dem bisherigen Verfahren hat die Beklagte die Auffassung vertreten, es sei nur die Unterhaltung des Weges von ihr übernommen, im übrigen habe alles beim alten bleiben sollen. Soll diese Ausführung, auf Grund deren die Beklagte die Umwandlung des Zufuhrweges in eine öffentliche städtische

Straße bestritt, überhaupt einen Sinn haben, so kann dieser nur dahin gehen: der Weg habe nach wie vor ein Privatweg des Eisenbahnfiskus bleiben sollen; sie, die Stadt, habe nichts anderes gewollt, als nur ihn unterhalten. Denkt man diesen Gedanken folgerecht weiter, so gelangt man zu folgendem Resultat. Die Stadt hätte alsdann einen rein privatrechtlichen Vertrag mit dem Eisenbahnfiskus geschlossen; dieser wäre danach berechtigt, von ihr die Unterhaltung zu verlangen, aber auch nur er allein. Da es sich um einen rein privatrechtlichen Vertrag handeln würde, würde demgemäß die Stadt vom Eisenbahnfiskus auch nur vor dem Zivilrichter wegen der Unterhaltung des Weges in Anspruch genommen werden können. Dann würde aber die wichtige Frage entstehen, wer denn über Art und Umfang der Unterhaltung maßgeblich zu bestimmen haben solle, ob der Zivilrichter, oder die Aufsichtsbehörde der Eisenbahnverwaltung. Der Vertrag gibt hierüber keinen Aufschluß, so daß diese bedeutungsvolle Frage ganz im ungewissen stehen würde. Immerhin wäre eine solche privatrechtliche Gestaltung der Verhältnisse rechtlich möglich und denkbar. Allein sie ist so außergewöhnlich und nach Lage der Dinge so künstlich und unnatürlich, daß die Annahme, sie sei von den Parteien gewollt, nur dann als begründet erscheinen könnte, wenn sichere und überzeugende Anhaltspunkte hierfür vorhanden wären. An solchen fehlt es. Die Stadtverwaltung wollte — das zeigen die Verhandlungen als gewiß und selbstverständlich — im städtischen Interesse, d. h. im Interesse ihrer Bürger, die Unterhaltung des Weges übernehmen. Daß der Eisenbahnfiskus noch irgendwie ihr gegenüber einen maßgeblichen Einfluß auf die Unterhaltung des Weges sollte üben können, erscheint nach Inhalt des Vertrags ausgeschlossen. Danach ergibt sich als die natürliche Auffassung, daß die Stadt den Weg als ein gleiches und den gleichen Verhältnissen unterliegendes Glied in das Netz der städtischen Straßen aufnehmen wollte, und daß sie demgemäß in bezug auf seine Unterhaltung nach dem Willen der Beteiligten der Wegepolizeibehörde als die nach öffentlichem Recht hierzu Verpflichtete gegenübertreten sollte. Damit hatte der Weg den Charakter einer öffentlichen, städtischen Straße gewonnen. Die Wirksamkeit des Umwandlungsaktes steht außer Zweifel, da nicht nur der Eigentümer, der Eisenbahnfiskus, sondern auch die künftig nach öffentlichem Recht zur Unterhaltung

Verpflichtete, die Stadtgemeinde, und die Wegepolizeibehörde in der Person des Bürgermeisters ihr Einverständnis hiermit, wenn auch letzterer nur stillschweigend, zu erkennen gegeben haben. Die vorstehende Annahme erscheint um so gerechtfertigter, als in dem Vertrage nicht etwa nur von Übernahme der Unterhaltung die Rede ist, sondern als vielmehr dort ausdrücklich gesagt ist, daß die „Straße" an Ort und Stelle der Stadt übergeben werden solle. Das ist dann auch später geschehen. Zutreffend mag es sein, daß die Beteiligten über die objektiv rechtliche Tragweite der Übernahme der Straße durch die Stadt sich nicht sofort völlig klar gewesen sind; allein das ändert an ihrer rechtlichen Wirkung nichts....

... War der fragliche Weg mit der Ausführung des Vertrags vom Jahre 1897 eine städtische öffentliche Straße geworden, so lag der Stadtgemeinde auf Grund des § 3 des Polizeiverwaltungsgesetzes vom 11. März 1850 die Tragung der Beleuchtungskosten ob; denn die Beleuchtung der Straßen und Wege in den Städten geschieht im wesentlichen aus verkehrs- und sicherheitspolizeilichen Gründen, und daher sind von den Gemeinden, welche die Kosten der örtlichen Polizeiverwaltung zu tragen haben, auch deren Kosten aufzubringen. Der Eisenbahnfiskus hat hiernach, als er irrtümlich in der Zeit vom 18. Dezember 1898 bis zum 8. September 1903 die Beleuchtung auf seine Kosten besorgte, eine Ausgabe bestritten, die die Beklagte zu machen hatte, und die er ihr daher ersparte. Demgemäß hat er nach den für die nützliche Verwendung und ungerechtfertigte Bereicherung geltenden Grundsätzen des preußischen Allgemeinen Landrechts, bzw. des Bürgerlichen Gesetzbuchs einen Anspruch gegen die Beklagte auf Ersatz dieser Kosten. Wenn die Beklagte, um sich dieser Pflicht zu entziehen, geltend macht, daß in dem Vertrage von der Beleuchtung keine Rede sei, und daß sie darnach nur die Unterhaltung übernommen habe, so verkennt sie den Rechtsgrund, auf den die erhobene Ersatzklage gestützt ist. Nicht aus dem Vertrage wird geklagt, sondern auf Grund der objektiven Rechtslage, welche durch die Ausführung des Vertrags geschaffen wurde, in Verbindung mit dem Irrtum, in welchem der Kläger sich zeitweilig hinsichtlich dieser Rechtslage befand." ...

3. Unterliegt bei der Umwandlung einer Aktiengesellschaft in eine Gesellschaft m. b. H. die Einbringung des bisherigen Vermögens der Aktiengesellschaft in die Gesellschaft m. b. H. von seiten der bisherigen Aktionäre und künftigen Mitglieder der Gesellschaft m. b. H. dem Einbringungsstempel der Tarifst. 25c des preußischen Stempelsteuergesetzes vom 31. Juli 1895?

VII. Zivilsenat. Urt. v. 26. Juni 1906 i. S. Rh. (Kl.) w. preuß. Fiskus (Bekl.). Rep. VII. 552/05.

I. Landgericht Köln.
II. Oberlandesgericht daselbst.

Die Generalversammlung der bis dahin in K. bestehenden Aktiengesellschaft „Rh." beschloß am 23. Dezember 1899, die bisherige Aktiengesellschaft zum Zweck der Umwandlung in eine Gesellschaft m. b. H. aufzulösen, und genehmigte zugleich die ihr nach Maßgabe des § 78 Abs. 4 des Gesetzes vom 20. April 1892, betr. die Gesellschaften m. b. H., vorgelegte Bilanz. Am selbigen Tage fand in einer notariellen Verhandlung durch sämtliche Aktionäre die Errichtung der Gesellschaft m. b. H. statt. Im § 7 des Gesellschaftsvertrags heißt es: „Die Stammeinlagen sind durch Sacheinbringen voll eingezahlt, indem die Gesellschafter die ihrem Aktienbesitze entsprechenden Anteile an dem Vermögen der aufgelösten Gesellschaft, welche wiederum die Höhe der Stammeinlage jedes einzelnen Gesellschafters darstellen, in die Gesellschaft eingebracht haben. Das Vermögen der aufgelösten Aktiengesellschaft erscheint somit in Gemäßheit des § 79 des Gesetzes vom 20. April 1892 als in das Vermögen der neuen Gesellschaft mit beschränkter Haftung umgewandelt". Die Gesellschaft m. b. H. wurde binnen einem Monat nach Auflösung der Aktiengesellschaft zur Eintragung in das Handelsregister angemeldet, und die Eintragung bewirkt. Der Notar hatte zu der Urkunde einen Stempel von 300 *M*, = $^1/_{10}$ vom Hundert des Stammkapitals von 300000 *M*, verwendet. Die Stempelsteuerbehörde erforderte auf Grund der Tarifst. 25c des Stempelsteuergesetzes vom 31. Juli 1895 einen weiteren Stempel von 2205,50 *M*, nämlich 1 Prozent von dem 250527,88 *M* betragenden Werte der eingebrachten Gebäude und Maschinen, = 2505,50 *M*, von dem sie die verwendeten 300 *M* in

Abzug brachte. Die Klägerin forderte mit der erhobenen Klage diesen von ihr bezahlten Stempelmehrbetrag von dem Beklagten zurück, drang mit diesem Anspruch auch in erster Instanz durch, wurde aber in zweiter Instanz damit abgewiesen. Ihre Revision ist erfolglos geblieben.

Gründe:

„Der Rechtsvorgang, um den es sich hier handelt, ist der einer nach Maßgabe der §§ 78 und 79 des Gesetzes vom 20. April 1892, betr. die Gesellschaften m. b. H., vollzogenen Umwandlung einer Aktiengesellschaft in eine Gesellschaft m. b. H. Allerdings sind die Erklärungen in der betreffenden Notariatsverhandlung nicht sämtlich, wie das Berufungsgericht bereits zutreffend hervorgehoben hat, einwandsfrei gefaßt worden. Allein dies ist rechtlich bedeutungslos; die Tragweite und Wirkung der rechtsgeschäftlichen Erklärungen wird dadurch nicht beeinflußt. Es fragt sich lediglich, ob bei dieser Umwandlung die Gesellschafter der neuen Gesellschaft m. b. H. in diese das aus Grundstücken und Maschinen rc bestehende Vermögen der bisherigen Aktiengesellschaft im Sinne der Tarifst. 25 c des preußischen Stempelgesetzes als Sacheinlage eingebracht haben. Diese Frage ist, in Übereinstimmung mit dem Berufungsrichter sowie im Einklang mit den Kommentaren zum Stempelgesetz von Heinitz und Hummel u. von Specht sowie dem Staub'schen Kommentar zum Gesetz über die Gesellschaften m. b. H., zu bejahen. Was die Klägerin und der erste Richter gegen diese Auffassung geltend gemacht haben, ist nicht stichhaltig.

1. Es kann zunächst ein ernstlicher Zweifel daran nicht bestehen, daß hier eine Änderung des Rechtssubjektes vorliegt. Die Aktiengesellschaft ist ein anderes Rechtsgebilde, als die Gesellschaft m. b. H.; beide stellen verschiedene, selbständige juristische Persönlichkeiten dar. Daß die Gesellschafter der Gesellschaft m. b. H. identisch sind mit den bisherigen Aktionären der aufgelösten Aktiengesellschaft, ist belanglos, da weder bei dieser noch bei jener die einzelnen physischen Personen die Träger der Gesellschaft sind. Die Tatsache, daß der V. Zivilsenat des Reichsgerichts, in Abweichung von dem früheren Preußischen Obertribunal, (Entsch. in Zivils. Bd. 26 S. 336) angenommen hat, bei der Umwandlung einer Gewerkschaft des preußischen Rechts in eine Aktiengesellschaft bleibe das Rechtssubjekt dasselbe, es erscheine dieses Rechtssubjekt nur in einer anderen Gesellschafts-

form wie in einem neuen Gewande, kann keinen Anlaß bieten, den § 137 G.V.G. zur Anwendung zu bringen, da die Rechtsfrage in beiden Fällen nicht genau dieselbe ist. Übrigens sei darauf hingewiesen, daß der IV. Zivilsenat des Reichsgerichts sich durch jene Entscheidung nicht hat abhalten lassen, in der Übernahme der Aktien der neuen Aktiengesellschaft durch die Gründer gegen Hingabe ihrer Kuxe ein reichsstempelpflichtiges Anschaffungsgeschäft zu erblicken (Gruchot, Beiträge Bd. 35 S. 1174).

2. Auch die namentlich vom ersten Richter vertretene Ansicht, daß es hier an einem rechtsgeschäftlichen Einbringen mangele, ist verfehlt; es wird dabei das obligatorische Kausalgeschäft mit dem dinglichen Rechtsakt verwechselt. Das Einbringungsgeschäft ist in dem Gesellschaftsvertrage enthalten, der die Errichtung der Gesellschaft m. b. H. zum Gegenstande hat, und zwar im besonderen in der Erklärung der Gründer der Gesellschaft, daß sie auf ihre Stammeinlagen das Vermögen der aufgelösten Aktiengesellschaft als Sacheinlage einbringen. Dieses Kausalgeschäft unterliegt dem Stempel, nicht der dingliche Übergang. Daher ist es für die Stempelpflicht gleichgültig, daß, wenn die Voraussetzungen des § 78 a. F. (§ 80 n. F.) vorliegen, alsdann nach § 79 a. F. (§ 81 n. F.) mit der Eintragung der neuen Gesellschaft in das Handelsregister auf sie das Vermögen der aufgelösten Gesellschaft von Rechts wegen übergeht. Dies hat keine andere Bedeutung als die, daß die sonst erforderlichen, aber der Stempelsteuer auch nicht unterliegenden einzelnen Übertragungsakte (Auflassung [Tarifst. 8 Abs. 3], Zession) wegfallen.

3. Die Revision legte besonderes Gewicht auf den Gedanken, daß die Aktionäre keinen Anteil an den einzelnen Vermögensgegenständen der Aktiengesellschaft hätten, und daß es daher ausgeschlossen sei, zu sagen, daß die Gesellschafter Grundstücke, Maschinen, Forderungen rc einbrächten. Allein auch diese Betrachtung kann nicht für durchgreifend erachtet werden. Das Verhältnis der Aktionäre zur Aktiengesellschaft und zu deren Vermögen während des Bestehens der Gesellschaft muß völlig ausscheiden; hier liegt etwas Besonderes, Eigenartiges, durch das Gesetz nur für diesen Fall Geregeltes vor. Geht alles seinen vorschriftsmäßigen Gang, so steht außer Zweifel, daß die Aktiengesellschaft mit der Auflösung untergeht; sie existiert nicht mehr, und sie bringt daher auch in die neue Gesellschaft nichts

ein, sondern diejenigen, die in die neue Gesellschaft etwas „einbringen", sind deren Gründer, die Gesellschafter der zukünftigen Gesellschaft. Ihre Stammeinlagen sind es, auf die sie, statt sie bar einzuzahlen, eine Sacheinlage machen. Diese Sacheinlage besteht für alle Gesellschafter gemeinsam in dem Vermögen der bisherigen Aktiengesellschaft. Zu diesem Tun sind sie durch das Gesetz ermächtigt worden, wenn die Voraussetzung hierfür, nämlich ein gemäß § 78 des Gesetzes gefaßter, auf das Ziel der Umwandlung gerichteter Auflösungsbeschluß der Aktiengesellschaft vorliegt. Richtig ist, daß bei solchem Zustande der Dinge nicht jeder einzelne Gesellschafter einzeln Grundstücke, Maschinen zc einbringt; wohl aber bringen sie gemeinsam ein Vermögen ein, das aus solchen Gegenständen besteht. Damit wird das Erfordernis der streitigen Tarifst. 25 o erfüllt, welche lautet:

„Das Einbringen von nicht in Geld bestehendem Vermögen, insoweit zu dem eingebrachten Vermögen unbewegliche Sachen gehören, das eingebrachte Vermögen aus beweglichen Vermögensgegenständen besteht", zc.

4. Ohne Bedeutung ist schließlich auch der Umstand, daß in der Reichstagskommission der Wille bestand, die Umwandlung einer Aktiengesellschaft in eine Gesellschaft m. b. H. stempel- und abgabenfrei zu machen. Zunächst war allerdings ein Antrag angenommen worden, welcher lautete: „Die zum Zweck der Umwandlung aufgenommenen Urkunden sind stempelfrei". Allein nachdem von dem Vertreter der verbündeten Regierungen geltend gemacht worden war, daß ein so weitgehender Eingriff in die Steuerhoheit der Bundesstaaten, wie er in der Festsetzung der Stempel- und Abgabenfreiheit der in Betracht kommenden, ausschließlich nach Maßgabe der landesrechtlichen Bestimmungen vorzunehmenden Rechtsakte enthalten sei, in hohem Grade als unerwünscht betrachtet werden müsse, einigte man sich dahin, jenen Zweck auf andere Weise, nämlich durch die Bestimmung zu erreichen, daß das Vermögen der aufgelösten Gesellschaft auf die neue von Rechts wegen übergehen solle. Man glaubte, bei einer derartigen Regelung der Sache würden stempelpflichtige, abgabenpflichtige Rechtsgeschäfte hinsichtlich des Überganges des Vermögens von der alten auf die neue Gesellschaft überhaupt nicht vorkommen. Dies war auch nach dem damaligen Stande der preußischen Stempelgesetzgebung zutreffend. Allein da das Reichsgesetz andersartige Beschränkungen

nicht eingeführt hatte, so war die Landesgesetzgebung nicht behindert, so wie es das preußische Stempelgesetz von 1895 getan hat, das Einbringen von Vermögen in eine Gesellschaft m. b. H. mit der Wirkung zu besteuern, daß nunmehr auch die hier in Frage stehenden Akte darunter fallen."

---

4. Hat der eine von zwei Gesellschaftern einer offenen Handelsgesellschaft, die ihrerseits Gesellschafterin einer Gesellschaft m. b. H. ist, ein Stimmrecht in der Gesellschafterversammlung der letzteren, wenn über die Entlastung des Geschäftsführers Beschluß gefaßt wird, und dieser der zweite Gesellschafter jener offenen Handelsgesellschaft ist?

I. Zivilsenat. Urt. v. 27. Juni 1906 i. S. G.'er Holzkontor, Ges. m. b. H. (Bekl.) w. J. B. & Sohn (Kl.). Rep. I. 59/06.

I. Landgericht Magdeburg.
II. Oberlandesgericht Naumburg a. S.

Die Klägerin, eine offene Handelsgesellschaft, gehörte zu den Gesellschaftern der verklagten Gesellschaft m. b. H. Gesellschafterin dieser letzteren war auch die offene Handelsgesellschaft H. & G., deren Gesellschafter H. und G. waren. H. war zugleich Geschäftsführer der verklagten Gesellschaft m. b. H. Gestritten wurde zwischen den Parteien über die Gültigkeit von Beschlüssen, bei deren Fassung G. als Vertreter der offenen Handelsgesellschaft H. & G. mitgestimmt hatte. Das weitere ergibt sich aus den

Gründen:

... „Die noch in Betracht kommenden Beschlüsse, deren Rechtsbeständigkeit die beiden Vorinstanzen übereinstimmend verneint haben, betreffen

1. die Genehmigung der Gewinn- und Verlustrechnung, wie sie den Gesellschaftern zugestellt war,
2. die Erteilung der Entlastung für den Geschäftsführer H.,
3. die Ablehnung des vom Gesellschafter B. gestellten Antrags, Regreßansprüche gegen den Geschäftsführer H. zu erheben.

Unstreitig ist die Mehrheit für diese Beschlüsse dadurch herbeigeführt worden, daß G. als Vertreter der Firma H. & G. für diese Beschlüsse stimmte; seine Stimmen gaben den Ausschlag. Diese Abstimmung des G. halten die Vorinstanzen für ungesetzlich; sie sind der Meinung, daß G. im Hinblick auf § 47 Abs. 4 des Gesetzes, betr. die Gesellschaften m. b. H., bei den in Rede stehenden Beschlüssen der Gesellschafterversammlung nicht habe mitstimmen dürfen. Diese Meinung beruht indessen auf rechtlichem Irrtum; ein Fall des § 47 Abs. 4 lag bei den Beschlüssen, welche hier in Frage stehen, gar nicht vor, wie die Revision mit Recht geltend macht. Der Abs. 4 des § 47 lautet:

„Ein Gesellschafter, welcher durch die Beschlußfassung entlastet oder von einer Verbindlichkeit befreit werden soll, hat hierbei kein Stimmrecht und darf ein solches auch nicht für andere ausüben. Dasselbe gilt von einer Beschlußfassung, welche die Vornahme eines Rechtsgeschäfts oder die Einleitung oder Erledigung eines Rechtsstreites gegenüber einem Gesellschafter betrifft."

Nach dem ersten Satz hat ein Gesellschafter, welcher durch die Beschlußfassung entlastet oder von einer Verbindlichkeit befreit werden soll, allerdings kein Stimmrecht. Allein die offene Handelsgesellschaft H. & G., deren Teilhaber G. für sie abgestimmt hat, sollte durch die Beschlußfassung weder entlastet noch von einer Verbindlichkeit befreit werden; die Vornahme eines Rechtsgeschäfts mit der Firma H. & G. stand bei den in zweiter Instanz noch in Betracht kommenden Beschlüssen nicht in Frage. Entlastet werden sollte vielmehr nur der Geschäftsführer H., der als solcher persönlich Rechte und Verbindlichkeiten gegenüber der Gesellschaft mit beschränkter Haftung hatte, von denen die offene Handelsgesellschaft H. & G. nicht berührt wurde. Ihr Schuldenstand wurde nicht vermindert oder vermehrt, je nachdem der Geschäftsführer H. von der Gesellschaft m. b. H. für seine persönliche Tätigkeit bei derselben die Entlastung erhielt, oder nicht; auch durch die Erhebung von Regreßansprüchen gegen den Geschäftsführer wurde die Firma H. & G. nicht in Mitleidenschaft gezogen, da es auch hier sich nur um persönliche Verbindlichkeiten des Teilhabers H. handelte, für welche die Firma in keinem Falle einzutreten hatte. Aus dem Umstand, daß bei der offenen Handelsgesellschaft die unter der Firma der Gesellschaft zur gesamten Hand vereinigten Gesellschafter die Träger der gesellschaftlichen Rechte und Verbindlichkeiten und als Gesamteigentümer die Inhaber des Vermögens der Gesellschaft sind, kann kein für die Klägerin günstiger Schluß gezogen werden, da diese wegen der persönlichen Ansprüche, die sie gegen ihren Geschäftsführer hat, sich nicht an das Gesellschaftsvermögen der Firma H. & G. halten kann. Dieser Firma konnte deshalb auch auf Grund des § 47 Abs. 4 das Stimmrecht nicht versagt werden. Zur Vertretung der Firma in der Versammlung der Gesellschafter war der Teilhaber G., der die Stimmen in der Versammlung abgab, auf Grund des § 125 H.G.B. befugt." ...

---

5. Muß in dem Verfahren, welches eine Anordnung nach § 1636 B.G.B. zum Gegenstande hat, vor der Entscheidung ein Pfleger für das Kind bestellt werden?

B.G.B. §§ 1636, 1909.

IV. Zivilsenat. Beschl. v. 28. Juni 1906 i. S. E. Beschw.-Rep. IV. 197/06.

I. Amtsgericht I München.
II. Landgericht I daselbst.

Die Ehe des Bildhauers Joseph E. mit Elisabeth E. war geschieden; Joseph E. war allein für schuldig erklärt. Aus der Ehe war ein Kind hervorgegangen. Das Kind befand sich bei seiner Mutter.

Der Verkehr zwischen dem Vater und dem Kinde war nach einer Verfügung des Vormundschaftsgerichts vom 11. März 1905 in der Weise geregelt, daß Joseph E. das Kind jeden Mittwoch von 9 Uhr vormittags bis abends und jeden Samstag von 9 Uhr vormittags bis 12 Uhr mittags bei sich haben sollte.

Im September 1905 stellte Joseph E. bei dem Vormundschaftsgerichte den Antrag, seiner geschiedenen Frau die Sorge für die Person des Kindes zu entziehen, wogegen Elisabeth E. beantragte, den Verkehr ihres geschiedenen Mannes mit dem Kinde zu beschränken. Das Vormundschaftsgericht lehnte, nachdem Beweise erhoben worden waren, durch Verfügung vom 3. Februar 1906 die

Anträge ab. Beide Teile erhoben Beschwerde. Joseph E. stellte bei dem Beschwerdegerichte Antrag dahin, die Sorge für die Person des Kindes ihm zu übertragen oder die Unterbringung des Kindes in einer Anstalt anzuordnen. Das Landgericht wies mit Beschluß vom 16. März 1906 die Beschwerde des Joseph E. zurück, entschied aber auf die Beschwerde der Elisabeth E., daß Joseph E. mit dem Kind nur einmal monatlich auf die Dauer von vier Stunden unter steter Aufsicht einer erwachsenen Person verkehren dürfe.

Joseph E. legte weitere Beschwerde ein; er bezeichnete die §§ 1635, 1636 und 1666 B.G.B. als verletzt. Das Bayerische Oberste Landesgericht fand weder in der Entscheidung des Landgerichts noch in dem vorangegangenen Verfahren Grund zu einer Beanstandung, erachtete es insbesondere nicht für eine Verletzung des Gesetzes, daß kein Pfleger zur Wahrnehmung der Interessen des Kindes bestellt worden war, soweit das Verfahren die Übertragung der Sorge für die Person des Kindes auf den Vater und die Unterbringung des Kindes in einer Anstalt betraf, wies deshalb durch Beschluß vom 25. Mai 1906 unter Hinweis auf die Entscheidungen des Reichsgerichts vom 9. Februar und 7. Dezember 1905,

vgl. Entsch. des R.G.'s in Zivils. Bd. 60 S. 134; Entscheidungen in Angelegenheiten der freiwilligen Gerichtsbarkeit und des Grundbuchrechts Bd. 6 S. 253,

die weitere Beschwerde zurück, soweit sie die Zurückweisung der auf Anordnungen nach § 1635 oder § 1666 B.G.B. gerichteten Anträge zum Gegenstande hatte. Die Gründe, aus denen das Reichsgericht die Notwendigkeit der Bestellung eines Pflegers in den Fällen der §§ 1635, 1666 B.G.B. verneint hatte, hielt das Bayerische Oberste Landesgericht auch in den Fällen des § 1636 für zutreffend, war daher geneigt, die weitere Beschwerde auch insoweit zurückzuweisen, als sie die Anordnungen betraf, die für den Verkehr des Beschwerdeführers mit seiner Tochter getroffen worden waren, sah sich aber daran gehindert durch den Beschluß des Preußischen Kammergerichts in Berlin vom 9. Dezember 1901,

vgl. Entscheidungen in Angelegenheiten der freiwilligen Gerichtsbarkeit und des Grundbuchrechts Bd. 3 S. 3,

und legte aus diesem Grunde gemäß § 28 Abs. 2 Fr.G.G. die weitere Beschwerde dem Reichsgerichte vor.

Das Reichsgericht wies die weitere Beschwerde zurück, aus folgenden

Gründen:

„Den Erwägungen, die in dem Beschlusse vom 25. Mai 1906 niedergelegt sind, ist beizutreten. Ebensowenig wie in den Fällen der §§ 1666, 1635 B.G.B. kommt dem Kinde in dem Falle des § 1636 eine Parteistellung zu. Das Kind ist Gegenstand amtlicher Fürsorge; sein Interesse ist vor allem maßgebend bei der Regelung, in welcher Weise der Ehegatte, dem die Sorge für die Person des Kindes nicht zusteht, von der Befugnis, mit dem Kinde persönlich zu verkehren, Gebrauch zu machen hat; der Mitwirkung des Kindes bei dem Verfahren des Vormundschaftsgerichts bedarf es aber nicht. Das Interesse des Kindes hat der Richter von Amts wegen wahrzunehmen; die Bestimmungen der §§ 12, 15 Fr.G.G. setzen ihn in den Stand, seiner Aufgabe gerecht zu werden. Wie in den Beschlüssen des Reichsgerichts vom 9. Februar und 7. Dezember 1905 hervorgehoben ist, bleibt es dem Ermessen der Richter, die über die Tatfrage zu entscheiden haben, überlassen, einen Pfleger zu bestellen, wenn dies nach den besonderen Umständen des Falles zur Wahrnehmung der Interessen des Kindes dienlich erscheint.

Das Amtsgericht und das Landgericht haben demnach, auch soweit § 1636 B.G.B. in Betracht kommt, das Gesetz nicht verletzt, indem sie davon absahen, der L. E. zur Wahrnehmung ihrer Interessen einen Pfleger zu bestellen.“ ...

6. Ist Beschwerde zulässig gegen die Entscheidung eines Oberlandesgerichts über den Antrag eines Armenanwalts aus § 126 Z.P.O. seiner Partei die Nachzahlung seiner Gebühren aufzuerlegen?

Z.P.O. §§ 126, 567 Abs. 2.

V. Zivilsenat. Beschl. v. 30. Juni 1906 i. S. Fr. w. M. u. M. w. Fr., Beschw. des J.-R. Z. Beschw.-Rep. V. 106/06.

I. Landgericht Gotha.
II. Oberlandesgericht Jena.

Gründe:

„In den beiden verbundenen Prozessen, die von den Eheleuten M. gegen den Gastwirt Fr. und von der Ehefrau Fr. gegen die M.'schen Eheleute beim Landgericht G. anhängig gemacht worden waren, ist den Fr.'schen Eheleuten, erst in zweiter Instanz, vom Oberlandesgerichte das Armenrecht bewilligt, und ein Armenanwalt zugeordnet worden. Die Sachen wurden dann verglichen; die gerichtlichen Kosten beider Prozesse sollten geteilt, die außergerichtlichen von jeder Partei selbst getragen werden. Jetzt beantragte der Armenanwalt beim Oberlandesgerichte, den Eheleuten Fr. auf Grund des § 125 Z.P.O. die Nachzahlung der Beträge, von deren Berichtigung sie durch das Armenrecht einstweilen befreit gewesen waren, aufzuerlegen. Das Oberlandesgericht hielt nicht sich, sondern das Prozeßgericht erster Instanz zur Entscheidung über diesen Antrag für zuständig und gab den Antrag an das Landgericht G. ab, das ihn demnächst als unbegründet ablehnte. Inzwischen und auch noch nach dieser Ablehnung wiederholte aber der Anwalt den erwähnten Antrag beim Oberlandesgerichte, weil dieses, und nicht das Landgericht über ihn zu befinden habe, erhielt darauf aber einen ablehnenden Bescheid vom 28. Mai, in welchem das Oberlandesgericht wiederholte, daß nicht das Oberlandesgericht, sondern die erste Instanz über den Antrag zu beschließen habe.

Gegen diesen Beschluß legte der Anwalt beim Oberlandesgerichte Beschwerde an das Reichsgericht ein (§ 569 Abs. 2 Z.P.O.). Diese ist jedoch gemäß § 574 Abs. 2 Z.P.O. vom Oberlandesgerichte durch Beschluß vom 11. Juni 1906 als unzulässig verworfen worden mit der Begründung, daß nach § 567 Abs. 2 Z.P.O. gegen die in betreff der Prozeßkosten erlassenen Entscheidungen der Oberlandesgerichte eine Beschwerde nicht zulässig sei. Binnen der vorgeschriebenen Frist hat der Beschwerdeführer hiergegen die Entscheidung des Reichsgerichts angerufen (§ 574 Abs. 2).

Der Beschwerdeführer hält den § 567 Abs. 2 auf den vorliegenden Fall nicht für anwendbar, weil der Gesetzgeber damit nur solche Entscheidungen der Oberlandesgerichte habe treffen wollen, die sich auf die Verteilung der Kostenlast oder die Höhe der liquidierten Gebühren und Auslagen der Parteivertreter bezögen, während es sich hier um einen Antrag auf dem Gebiete des Armenrechts handle, der das privatrechtliche Mandatsverhältnis zwischen Armenanwalt und Partei betreffe. Für die Richtigkeit dieser Ansicht spreche schon der Umstand, daß die Bestimmungen über die Prozeßkosten in einem besonderen Titel der Zivilprozeßordnung systematisch zusammengefaßt seien, die Bestimmungen über das Armenrecht in einem andern, und daß der Gesetzgeber in § 567 Abs. 2 nur die Entscheidungen über die Prozeßkosten genannt habe.

Dieser Ansicht kann nicht beigetreten werden. Die Bestimmung im Abs. 2 des § 567 ergibt weder nach ihrem Wortlaute noch nach der Absicht des Gesetzgebers den beschränkten Sinn, den der Beschwerdeführer ihr beilegt. Wenn dort von den in betreff der Prozeßkosten erlassenen Entscheidungen der Oberlandesgerichte die Rede ist, so ist das ein so allgemeiner Ausdruck, daß es schwer fallen würde, einen besseren Ausdruck dafür zu finden, daß alle Entscheidungen der Oberlandesgerichte, die sich auf die Prozeßkostenpflicht der Parteien beziehen, von der Bestimmung betroffen werden sollen. Daß dies die Absicht des Gesetzgebers war, kann keinem Zweifel unterliegen; denn der erwähnte Ausdruck ist in die Novelle vom 5. Juni 1905 übernommen worden aus der Novelle vom 17. Mai 1898, die dem § 567 (damals 530) einen Abs. 2 folgenden Wortlautes gegeben hatte:

„Gegen die in betreff der Prozeßkosten erlassenen Entscheidungen der Oberlandesgerichte ist die Beschwerde nur zulässig, wenn die Beschwerdesumme den Betrag von 100 ℳ übersteigt."

Schon diese Bestimmung zielte auf eine Entlastung des Reichsgerichts von solchen Entscheidungen ab, die, wie sich die Motive ausdrückten, in keinem Verhältnis ständen zu der geringen Bedeutung, die den betreffenden Sachen in der Regel beiwohne, und dahin wurden namentlich die Entscheidungen auf dem Gebiete des Kostenwesens gerechnet, bei denen es sich meist um geringfügige Beträge und einfachere Fragen handle, welche zudem durch die Rechtsprechung schon im allgemeinen geklärt seien. Hiernach ist es ausgeschlossen, daß der Gesetzgeber damals von der Beschränkung der Beschwerde in Kostensachen die eine oder andere Kostenentscheidung hätte ausnehmen wollen.

Vgl. Entsch. des R.G.'s in Zivils. Bd. 47 S. 362; Bd. 51 S. 100.

Jetzt ist die Gesetzgebung noch einen Schritt weiter in der Entlastung des Reichsgerichts gegangen, indem sie durch die Novelle vom 5. Juni

1905 die Beschwerde an das Reichsgericht gegen Entscheidungen der Oberlandesgerichte in betreff der Prozeßkosten überhaupt ausgeschlossen hat.

Daß nun in der vorliegenden Sache der Antrag des Beschwerdeführers, über dessen Ablehnung er sich beschwert, eine Entscheidung des Oberlandesgerichts in betreff der Prozeßkosten bezielte, ist nicht zu bestreiten. Der Beschwerdeführer wollte entschieden haben, daß seine Partei ihm Prozeßkosten nachzuzahlen habe, von deren sofortiger Erlegung sie durch das ihr bewilligte Armenrecht befreit gewesen ist. Und wenn das Oberlandesgericht diesen Antrag zwar nicht aus sachlichen Gründen, sondern weil es sich für unzuständig hielt, abgewiesen hat, so hat es damit doch immerhin eine Entscheidung in betreff der Prozeßkosten erlassen.

Daß der § 126 Z.P.O., auf dem der Antrag fußte, nicht in dem Titel über die Prozeßkosten steht, sondern in dem über das Armenrecht, tut vollends nichts zur Sache; er betrifft gleichwohl die Prozeßkosten, die nachgezahlt werden sollen.

Die Beschwerde ist demnach mit Recht vom Oberlandesgericht als unzulässig verworfen worden."

---

7. Fällt ein Schiffstransport im Abladehafen vom Lande an den Pier, an dem der Seedampfer anliegt, dann stets unter die Seeversicherung, wenn der Versicherer das Leichterrisiko im Abladehafen übernommen hat?

H.G.B. §§ 824, 827.

Allg. (Hamb.) Seeversicherungs-Bedingungen § 73.

I. Zivilsenat. Urt. v. 30. Juni 1906 i. S. de Fr. & Co. (Kl.) w. Deutsche Transport-Versicherungsgesellschaft (Bekl.). Rep. I. 13/06.

I. Landgericht I Berlin, Kammer für Handelssachen.
II. Kammergericht daselbst.

Die Klägerin versandte von Cincinnati mit der Bahn eine Anzahl von Kisten mit Maschinenteilen nach New-York, um sie von dort mit dem Dampfer des Norddeutschen Lloyd „Bremen" nach

Europa weiter zu befördern. Die Waren kamen am 29. Juni 1900 auf der New-Yorker Endstation der Ohio-Baltimore-Bahn St. George an und wurden noch an demselben Tage in den der Eisenbahngesellschaft gehörigen Leichter „Hackensack" verladen, der sie dem am Hoboken-Pier liegenden Dampfer „Bremen" zubringen sollte. Dort wurden sie jedoch auf Anweisung der Vertretung des Lloyd zunächst auf den Pier gebracht, um zu geeigneter Zeit von hier in den Dampfer verladen zu werden. Bevor letztere Verladung bewerkstelligt wurde, gingen die Waren auf dem Pier durch einen Brand, der am 30. Juni ausbrach, unter.

Die Klägerin verlangte den ihr entstandenen Schaden auf Grund der Police, mit der sie für den Transport von New-York nach Europa bei der Beklagten versichert war, von dieser ersetzt. Für den Rechtsstreit kamen zwei Klauseln des Artikels 6 der „Allgemeinen Versicherungs-Bedingungen" in Betracht, welche lauten:

„Die von der Gesellschaft übernommene Gefahr beginnt mit dem Zeitpunkte, in welchem die Güter behufs der Einladung in das Schiff oder in die Leichterfahrzeuge vom Lande scheiden."

„Bei der Einladung und Ausladung trägt der Versicherer die Gefahr der ortsgebräuchlichen Benutzung von Leichterfahrzeugen."

Die Beklagte beantragte Klagabweisung, weil es sich bei dem Transporte von der Station St. George nach dem Pier um einen Transport von Land zu Land gehandelt habe, und das übernommene Risiko für sie erst begonnen haben würde, wenn die Waren zwecks Verladung in die „Bremen" den Pier wieder verlassen hätten.

In den Vorinstanzen wurde die Klage abgewiesen. Die Revision der Klägerin ist zurückgewiesen worden aus folgenden

Gründen:

„Die Revision konnte keinen Erfolg haben, obwohl der Begründung des Vorderrichters nicht in allen Teilen beigetreten werden kann.

Mit Unrecht wird in dem angefochtenen Urteile Gewicht darauf gelegt, daß der Dampfer „Hackensack" nicht dem Norddeutschen Lloyd, sondern der Eisenbahn gehörte, und daß letztere den Transport von der Endstation St. George zu dem Dampfer „Bremen", bzw. zum Pier, wo dieser Dampfer lag, besorgt hat. Rechtsirrig ist auch die damit in Zusammenhang stehende Annahme, daß die Versicherung des

Seetransportes, d. h. des unter die Police fallenden Transportes, keinenfalls vor der Ablieferung an den Lloyd beginnen konnte. Es ist dabei nicht beachtet, daß Beklagte nach den im Tatbestand mitgeteilten Klauseln, übrigens entsprechend dem § 824 H.G.B., das Leichterrisiko im Abladehafen übernommen hat. Als Leichter im Sinne des erwähnten Gesetzes wie der Klauseln ist aber jedes Schiff anzusehen, welches den Transport des versicherten Gutes vom Lande nach dem zur Ausführung des Seetransportes bestimmten Schiffe besorgt. Es ist daher unerheblich, wer der Unternehmer dieses Leichtertransportes ist, und ob das Gut mit der Einladung in den Leichter zugleich dem Seeverfrachter überliefert wird.

Man wird auch darin der Revision Recht geben müssen, daß die versicherte Gefahr beginnt, sobald das Gut von demjenigen Leichter übernommen ist, der bestimmt ist, dasselbe an den Seedampfer zu bringen, und daß sie, einmal begonnen, dadurch nicht unterbrochen wird, daß von seiten des Seedampfers ausnahmsweise aus besonderen Gründen die Anweisung an den zur direkten Ablieferung bereiten Leichter ergeht, das Gut einstweilen auf den Pier zu legen, wo der Dampfer anliegt. Es folgt dies aus § 827 H.G.B., wie aus der Natur der Sache, da die Unterbrechung einer einmal begonnenen Versicherung durch derartige außergewöhnliche Zufälligkeiten, mit denen aber stets zu rechnen ist, sehr unzweckmäßig wäre und nicht als dem Willen der Kontrahenten entsprechend angesehen werden kann.

Ebenso zweifellos ist es aber, daß die Versicherung einen Transport nicht deckt, der von dem Dampfer „Hackensack" von der Station St. George nach dem zum Lande gehörigen Pier des Norddeutschen Lloyd in Hoboken ausgeführt ist, daß es dazu vielmehr einer besonderen Klausel, wie sie z. B. in dem Zusatze des § 73 der Allgemeinen (Hamburger) Seeversicherungs-Bedingungen enthalten ist, bedurft hätte. Diese Annahme des Vorderrichters ist auch von der Revision nicht angegriffen worden.

Die Entscheidung hängt daher davon ab, ob die Klägerin nachweisen kann, daß der Dampfer „Hackensack" bestimmt war, das Gut zur unmittelbaren Übernahme an den Seedampfer zu bringen, da dann allerdings das Leichterrisiko eingetreten wäre, und damit die ganze Versicherung zu laufen begonnen hätte. Dieser Nachweis ist aber nach den Feststellungen der Vorinstanz nicht erbracht. Es genügt dazu nicht, daß der „Hackensack", wie als festgestellt angesehen werden kann, Order hatte, das Gut dem Dampfer „Bremen" zur Verfügung zu stellen, wenn nach der tatsächlichen Übung bei derartigen Transporten damit, als mit einem regelmäßig oder häufig eintretenden Falle, zu rechnen war, daß die Anweisung von seiten der „Bremen" dahin ging, das Gut auf den Pier zu legen. Bei einer solchen Sachlage hing es von dem tatsächlichen Verlauf und der konkreten Gestaltung des Einzelfalles ab, ob ein Leichtertransport im Sinne der Police, oder ein Transport von Land zu Land anzunehmen war. Nun ergibt sich aber aus der Aussage des Zeugen Sch., auf die der Vorderrichter Bezug nimmt und gegen deren Inhalt Einwendungen nicht erhoben sind, daß bei derartigen Transporten die für den Lloyd bestimmten Waren im allgemeinen von dem sogenannten Leichterschiff auf den Ausladeplatz und dann von diesem aus an Bord des Seedampfers gebracht werden. Danach konnte der Vorderrichter nach dem konkreten Verlaufe mit Recht feststellen, daß auch im vorliegenden Falle nur eine Beförderung von Land zu Land, die durch die Police nicht gedeckt wird, stattgefunden hat." ...

---

8. Ist der Fiskus schadensersatzpflichtig, wenn infolge der von ihm bewirkten Wegräumung eines Stauwerks in einem öffentlichen Flusse der Grundwasserstand benachbarter Wiesen sich senkt, und diese dadurch trocken gelegt werden?

VII. Zivilsenat. Urt. v. 3. Juli 1906 i. S. B. (Kl.) w. preuß. Fiskus (Bekl.). Rep. VII. 643/05.

I. Landgericht Insterburg.
II. Oberlandesgericht Königsberg.

Im Jahre 1886 beseitigte die preußische Staatsregierung den Stau der bei Gr.-B. am Pregel seit 1723 bestehenden Wassermühle, welche sie einige Jahre vorher angekauft hatte. Sie nahm ferner in jener Zeit am Pregel verschiedene Regulierungsarbeiten vor, die teils in Geradelegung des Flußbettes, teils in Baggerungen und

Buhnenbauten bestanden. Hierdurch wurde in den Jahren 1887 bis 1896 eine nicht unerhebliche Senkung des Wasserspiegels des Pregels herbeigeführt. Nach der Behauptung des Klägers hatten diese Maßnahmen insofern einen schädlichen Einfluß auf seinen oberhalb Gr.-B.'s am Pregel belegenen, sehr umfangreichen Wiesenbesitz, als dessen Grundwasserstand infolge der Senkung des Wasserstandes des Pregels ebenfalls erheblich sank, und als außerdem die früheren seine Wiesen durchfeuchtenden und befruchtenden Überschwemmungen wegfielen. Er klagte den ihm hierdurch erwachsenen Schaden unter Berufung auf § 75 Einl. zum A.L.R. gegen den Beklagten ein, wurde aber in beiden Vorinstanzen mit der Klage abgewiesen. Seine Revision hat keinen Erfolg gehabt.

Gründe:

„Im § 75 Einl. zum A.L.R. sind unter den dort erwähnten „Vorteilen“ nach der feststehenden Rechtsprechung des Reichsgerichts nur solche zu verstehen, auf die der Beschädigte ein wohlerworbenes Recht hatte. Daß im gegenwärtigen Falle durch die Maßnahmen des Beklagten ein wohlerworbenes Recht des Klägers beeinträchtigt worden sei, hat dieser nicht nachzuweisen vermocht. Durch Anlage eines Staues wird nach der bestehenden Gesetzgebung ein Recht der Anlieger auf Fortbestehen des Staues nicht begründet; insbesondere kann ein solches nicht aus der Bestimmung des § 97 A.L.R. I. 8 hergeleitet werden; denn erstens befindet sich diese in dem mit § 33 beginnenden Abschnitt des achten Titels, der unter dem Marginale „Gesetzliche Einschränkungen zum Besten des gemeinen Wesens“ steht, und zweitens ist, wie bereits der Berufungsrichter zutreffend hervorgehoben hat, unter „Änderung“ im § 97 nur eine Änderung der fortbestehenden Schleusen und Wehre, nicht aber deren Wegräumung zu verstehen. Demgemäß heißt es auch bei Nieberding, Wasserrecht 1. und 2. Aufl. (Nieberding-Frank), daß die Beseitigung bestehender Stauwerke den Besitzern im allgemeinen unbenommen sei, ohne Rücksicht darauf, daß etwa anderen Besitzern dadurch Nachteile erwachsen. Den Erwerb eines besonderen Privatrechts an dem hier in Frage stehenden Stau durch Ersitzung oder sonstwie durch besonderen Titel hat Kläger nicht dargetan. Davon, daß der Kläger irgendwelche Rechte deshalb gewonnen hätte, weil der Stau ohne Genehmigung der Ortspolizeibehörde beseitigt worden ist, kann keine Rede sein, da im Gebiet des preußischen Rechtes zurzeit keine Bestimmung vorhanden ist, welche die Beseitigung an eine polizeiliche Genehmigung knüpfte. Im § 159 des im Jahre 1894 veröffentlichten, von einer Ministerialkommission ausgearbeiteten Entwurfs eines preußischen Wassergesetzes war allerdings die Bestimmung vorgesehen, daß der Inhaber einer Stauanlage sie nur mit Genehmigung der Wasserpolizeibehörde beseitigen dürfe; diese Bestimmung war aber, wie die Begründung zeigt, nicht etwa als eine solche gemeint, die geltendes Recht wiederhole, sondern sie sollte, wie insbesondere die Bezugnahme auf § 86 des Hannoverschen und § 1 des Elsaß-Lothringischen Wassergesetzes klar ergibt, neues Recht einführen. Auch in keiner der gutachtlichen Äußerungen, die zu diesem Entwurf ergangen sind, insbesondere von seiten der Behörden, ist auch nur angedeutet, daß es sich bei dieser Bestimmung um Fortbestehen geltenden Rechts handle. Daß der Kläger keinen berechtigten Anspruch auf fernere Überschwemmungen hat, folgt aus dem Vorstehenden ohne weiteres von selbst. Es bleibt daher allein die Frage übrig, ob nach bisherigem preußischen Recht — nur dieses kommt in Betracht, da die schadenbringenden Handlungen in die Zeit vor dem Inkrafttreten des Bürgerlichen Gesetzbuchs fallen — der Eigentümer eines Grundstückes gemäß der allgemeinen für das Eigentum und die Eingriffe in dieses geltenden Grundsätze Schadensersatzansprüche deswegen erheben kann, weil durch Maßnahmen auf einem benachbarten Grundstück der Grundwasserstand seines Grundstückes gesenkt worden ist. Diese Frage ist mit dem Berufungsrichter zu verneinen. Die Rechtsnormen bezüglich der Immission können hier nicht zur Anwendung kommen, da es sich um das Gegenteil einer solchen handelt. Eine Einwirkung liegt allerdings vor; sie findet ihre Ursache in dem natürlichen Zusammenhang, in welchem der Grundwasserstand eines Grundstücks mit dem Grundwasserstand benachbarter Grundstücke und dem Wasserstande der in der Nähe befindlichen Gewässer steht. Allein diese Einwirkung ist negativer Art und wird durch keine gesetzliche Bestimmung des preußischen Rechts für unzulässig erklärt; vielmehr zeigt die Bestimmung des § 130 A.L.R. I. 8 und die dazu ergangene Rechtsprechung des früheren Obertribunals und des Reichsgerichts, daß, sofern der Eigentümer des Nachbargrundstücks im übrigen in den Schranken seines Eigentums bleibt, die durch ihn bewirkte Entziehung von Wasser ihn nicht haftpflichtig macht. Nun führt die Revision zwar aus, wenn dieser Grundsatz auch für Privatgrundstücke gelten möge, so könne er doch keine Anerkennung beanspruchen für Handlungen an öffentlichen Flüssen, da diese in niemandes Eigentum ständen. Allein eine solche Unterscheidung kann nicht für begründet erachtet werden. Was im § 21 A.L.R. II. 14 unter dem „gemeinen Eigentum des Staates" zu verstehen ist, welchem auch die öffentlichen Flüsse zugerechnet werden, braucht hier des näheren nicht erörtert zu werden; soviel erscheint als zweifellos, daß, wenn der Staat sich bei den an einem öffentlichen Flusse vorgenommenen Maßnahmen in Ansehung der Einwirkung auf die Nachbargrundstücke in den Schranken hält, die für das Privateigentum bestehen, er im allgemeinen und abgesehen von besonderen Bestimmungen, jedenfalls aber in Fällen der vorliegenden Art für eine solche Einwirkung nicht verantwortlich gemacht werden kann. Konkret gesprochen, bedeutet dies in Anwendung auf den gegenwärtigen Fall, daß der Staat, wenn er durch Wegräumung künstlicher Hindernisse einem öffentlichen Flusse seinen natürlichen Wasserstand wiedergibt, dadurch den Anliegern nicht schadensersatzpflichtig werden kann, da aus keiner Bestimmung des preußischen Rechts ein Privatrecht der Anlieger eines öffentlichen Flusses auf Bestehen eines bestimmten Wasserstandes des Flusses zum Zweck der Erhaltung eines bestimmten Grundwasserstandes ihrer Grundstücke herzuleiten ist.

Ganz verfehlt ist die Berufung des Klägers auf § 14 des Enteignungsgesetzes und des Eisenbahngesetzes von 1838. Diese Bestimmungen geben lediglich den Verwaltungsbehörden die Befugnis, nach ihrem Ermessen im Interesse derjenigen, die durch das Unternehmen berührt werden, die Herstellung gewisser Einrichtungen dem Unternehmer aufzuerlegen. Ein privatrechtlicher Anspruch wird durch diese Bestimmungen nicht begründet, und irgend ein allgemeiner dem Kläger günstiger Rechtssatz läßt sich aus diesen Vorschriften nicht herleiten. Das Hauptgewicht legte die Revision auf den Gedanken, daß, wenn der Staat den früheren Zustand des Flusses wieder herstelle, er dann auch gehalten sei, den früheren Zustand, d. h. das Niveau der klägerischen Wiesen, wiederherzustellen, welches sie vor der Anlegung des Mühlenstaues gehabt hätten, und welches durch die Schlick und Sand ablagernden Überschwemmungen erheblich erhöht worden sei, sowie daß der Staat, wenn er dies nicht tue, Schadensersatz leisten müsse. Die Revision hat nicht darzulegen vermocht, auf welchem Rechtsgrunde dieser Anspruch dem Beklagten gegenüber beruhen soll. Er ist Sonderrechtsnachfolger des Eigentümers der Mühlanlage und nicht für dessen Handlungen haftpflichtig; auf der anderen Seite hat der Kläger die Grundstücke in dem Zustande erworben, in dem sie sich jetzt, d. h. vor der Niederlegung des Staues, befanden, insbesondere mit dem schon vorhandenen gegenwärtigen Niveau. Es läßt sich bei diesem Stande der Dinge kein Rechtsgrund erfinden, aus welchem der Beklagte dem Kläger gegenüber zur Wiederherstellung des früheren Zustandes und eventuell zum Schadensersatz verpflichtet sein sollte. Dieser schon vom Berufungsrichter geltend gemachten Erwägung hält die Revision entgegen, daß es sich bei den durch das Vorhandensein der Stauanlage herbeigeführten Ablagerungen und Bodenerhöhungen nicht um Nachteile, sondern um Vorteile gehandelt habe. Allein wenn dies auch richtig sein mag, so ist doch nicht ersichtlich, daß dadurch die Rechtslage irgendwie verändert wird. Weder aus den bezüglich einer Stauanlage bestehenden Rechtsverhältnissen noch aus allgemeinen rechtlichen Gesichtspunkten kann eine Wiederherstellungspflicht und damit eine eventuelle Schadensersatzpflicht des Beklagten begründet werden."

---

9. Auszahlung der Versicherungssumme für verbrannte Maschinen eines Fabrikgrundstücks an den Konkursverwalter im Konkurse des Grundstückseigentümers. Können die Hypothekengläubiger oder der Ersteher des Grundstücks auf Herausgabe klagen?

B.G.B. §§ 1128, 1129, 812, 816.
Zw.V.G. § 90.

V. Zivilsenat. Urt. v. 4. Juli 1906 i. S. Sch. & Co. (Kl.) w. Schm. Konk. (Bekl.). Rep. V. 412/05.

I. Landgericht Kiel.
II. Oberlandesgericht daselbst.

Die in Konkurs geratene Firma F. S. Schm. in E. hatte dort früher auf zwei Grundstücken eine Lederfabrik mit Zurichterei betrieben. Die Grundstücke waren mit einigen maschinellen Einrichtungen bei der Landesbrandkasse, die übrigen Maschinen und Vorräte bei der Versicherungsgesellschaft Colonia von der Firma gegen Feuerschaden versichert. Im Februar 1903 wurde die Fabrik und ein Teil der Maschinen durch Feuer zerstört oder beschädigt, und am 6. Juli 1903 zahlte die Colonia, nachdem inzwischen (am 28. April 1903) der Konkurs über die Firma eröffnet worden war, an den jetzt verklagten Konkursverwalter als Versicherungssumme für verbrannte Maschinen und Vorräte 46293,95 ℳ, wovon nach Behauptung der Klägerin 38000 ℳ auf die Maschinen zu rechnen sind. Demnächst kamen die beiden Grundstücke, anscheinend auf Betreiben der Klägerin, für die auf jedem derselben eine Sicherungshypothek von 25000 ℳ eingetragen war, zur Zwangsversteigerung. Die Beschlagnahme in dieser erfolgte im November 1903, und am 23. März 1904 wurden die Grundstücke der Klägerin zugeschlagen. Diese erhob nun, und zwar sowohl auf Grund des Zuschlags wie in ihrer Eigenschaft als Hypothekengläubigerin, Anspruch auf Herauszahlung derjenigen 38000 ℳ, die der Konkursverwalter als Versicherungssumme für die Maschinen eingehoben hatte. Die Klage wurde in erster Instanz abgewiesen; die Berufung der Klägerin war ohne Erfolg. Auch ihre Revision wurde zurückgewiesen, aus folgenden

Gründen:

„Ob die verbrannten Maschinen Bestandteile, oder nur Zubehör der Grundstücke waren, auf denen die Hypotheken der Klägerin gehaftet haben, und die von ihr in der Zwangsversteigerung erstanden worden sind, ist nicht festgestellt worden, weil die Vorinstanzen den Anspruch der Klägerin gegen die Konkursmasse auf Herausgabe der Versicherungsgelder in beiden Fällen für unbegründet halten. Die hiergegen erhobenen Revisionsangriffe erweisen sich als unbegründet.

Waren die Maschinen Bestandteile der Grundstücke und als solche versichert, so konnte nach ausdrücklicher Bestimmung im § 1128 B.G.B. der Versicherer die Versicherungssumme mit Wirkung gegen den Hypothekengläubiger an den Versicherten, also auch an den Verwalter seiner Konkursmasse, erst zahlen, wenn er oder der Versicherte (Konkursverwalter) den Eintritt des Brandschadens dem Hypothekengläubiger angezeigt hatte, und seitdem ein Monat verstrichen war. Eine solche Anzeige ist der Klägerin nicht gemacht worden. Folglich hatte die trotzdem an den Konkursverwalter allein geleistete Zahlung (vgl. auch § 1281 B.G.B.) der Klägerin als Hypothekengläubigerin gegenüber keine rechtliche Wirkung; die Klägerin kann also nach wie vor gegen die Versicherungsgesellschaft auf Zahlung klagen. Gegen den Konkursverwalter dagegen gewann sie aus diesem Vorgang an und für sich keine Rechte, da durch die bloße Empfangnahme des Geldes von seiten des Konkursverwalters noch kein Rechtsverhältnis zwischen ihm und der Klägerin begründet wurde. Insbesondere wurden dadurch nicht die Voraussetzungen eines Anspruchs aus ungerechtfertigter Bereicherung hergestellt: weder hatte der Konkursverwalter etwas auf Kosten der Klägerin erlangt (§ 812 B.G.B.), noch auch war, wie bemerkt, sein Zahlungsempfang von irgendwelchem Einfluß auf den Fortbestand der Forderung der Klägerin gegen die Versicherungsgesellschaft (§ 816 B.G.B.). Daran ändert sich auch nichts, wenn die Sachlage von dem Standpunkt aus betrachtet wird, daß die Klägerin den Anspruch auf die Versicherungssumme auch noch erworben hatte durch den Zuschlag in der Zwangsversteigerung, der sich nach §§ 20 Abs. 2, 55, 90 Abs. 2 Zw.V.G. auf ihn miterstreckte. Diese Forderung bestände eben noch gegenwärtig zu Recht, da sie durch Zahlung an den zum Empfang allein nicht berechtigten Konkursverwalter nicht berührt werden konnte.

Das Ergebnis wird nun für die Klage auch dann kein günstigeres, wenn die verbrannten Maschinen nicht Bestandteil, sondern Zubehör der verpfändeten Grundstücke gewesen sein möchten. Dann bestimmte sich die hypothekarische Haftung der Forderung auf die Versicherungssumme zufolge § 1129 B.G.B. nach den Vorschriften, die in den §§ 1123 Abs. 2 Satz 1 und 1124 Abss. 1 und 3 für Miet- und Pachtzinsforderungen gegeben sind. Auf den vorliegenden Fall wäre also die Vorschrift im § 1124 Abs. 1 anwendbar, wonach die Einziehung eines der Hypothek unterliegenden Miet- oder Pachtzinses durch den Eigentümer, wenn sie erfolgt, bevor der Miet- oder Pachtzins durch den Hypothekengläubiger mit Beschlag belegt worden ist, dem Hypothekengläubiger gegenüber wirksam ist, also die Pfandhaftung aufhebt. Die streitigen Versicherungsgelder sind vor der Beschlagnahme der Grundstücke, deren Zubehör sie gewesen wären, an den Konkursverwalter, der dabei an der Stelle des Eigentümers stand, bezahlt worden. Dadurch ist also die Pfandhaftung der Versicherungsforderung untergegangen. Durch ihre Bezahlung war auch die Forderung selbst erloschen, so daß sich die spätere Beschlagnahme der Grundstücke und folglich auch deren Zuschlag an die Klägerin nicht mehr auf sie erstrecken konnte. Eine ungerechtfertigte Bereicherung der Konkursmasse auf Kosten der Klägerin läge auch in diesem Falle nicht vor, weil der Konkursverwalter zur Einhebung der Versicherungssumme vor deren Beschlagnahme durch die Klägerin berechtigt gewesen wäre, die Konkursmasse sie also nicht ohne rechtlichen Grund besitzen würde.

Die Revision glaubt indes bestreiten zu können, daß der Konkursverwalter berechtigt gewesen sei, gleich dem Eigentümer die Versicherungsgelder zur Konkursmasse einzuziehen, dadurch die Versicherungsforderung zum Erlöschen zu bringen und ihre Geltendmachung durch die absonderungsberechtigte Klägerin unmöglich zu machen. Sie verweist auf das Urteil des erkennenden Senats in den Entsch. des R.G.'s Bd. 42 S. 85 flg., worin das Recht eines Hypothekengläubigers anerkannt wurde, noch nach dem Verkaufe von Zubehörstücken durch den Konkursverwalter (es handelte sich damals um verkauftes Grundstücksinventar) sein Absonderungsrecht an dem Erlöse geltend zu machen. Der damalige Fall lag aber anders als der gegenwärtige. Einmal hatte damals der Hypothekengläubiger sein Absonderungsrecht dem Konkursverwalter gegenüber schon vor dem Verkauf außergerichtlich geltend gemacht und gegen den Verkauf Widerspruch erhoben. Es wurde nun ausgeführt, daß auch ohne eine vorangegangene gerichtliche Beschlagnahme, einstweilige Verfügung oder Klagerhebung, wenn der Hypothekengläubiger nur überhaupt sein Absonderungsrecht geltend gemacht habe, der Grundsatz des § 117 K.O. a. F. (§ 127 n. F.), dessen Anwendung damals in Frage stand, Platz greifen müsse: daß der Realgläubiger zwar der Verwertung des Gegenstandes durch den Konkursverwalter nicht widersprechen, dagegen seine Vorzugsrechte auf den Erlös geltend machen dürfe. Unentschieden wurde aber gelassen, ob gleiches auch dann zu gelten haben würde, wenn der Realgläubiger sein Absonderungsrecht dem Konkursverwalter gegenüber vor der Veräußerung überhaupt nicht geltend gemacht hätte — und um einen solchen Fall handelt es sich gegenwärtig. Die damals offen gelassene Frage bedarf auch im vorliegenden Fall keiner Entscheidung; denn dieser unterscheidet sich von dem damaligen weiter in dem wesentlichen Punkte, daß es sich damals um einen vom Konkursverwalter auf Grund des § 117 K.O. a. F. (jetzt § 127) nach den Vorschriften über die Zwangsvollstreckung betriebenen Verkauf von Inventarstücken handelte. Dieser Umstand wurde zum Ausgangspunkte für die Entscheidung genommen, daß gegenüber einer vom Konkursverwalter — sei es nun im Wege freihändigen Verkaufs, sei es durch eine Versteigerung unter Zuziehung eines Gerichtsvollziehers — betriebenen Veräußerung von Zubehörstücken eines verpfändeten Grundstücks die Rechte der Realgläubiger die gleichen sein müßten wie nach §§ 690, 710 Z.P.O. a. F. (jetzt §§ 771, 805) gegenüber einer Veräußerung zum Zwecke der Zwangsvollstreckung eines persönlichen Gläubigers, weil auch die Veräußerung durch den Konkursverwalter, gleich jener Zwangsvollstreckung, zum Zweck der Befriedigung persönlicher (der Konkurs-)Gläubiger erfolge, materiell also einer Zwangsvollstreckung gleichstehe. Im vorliegenden Falle handelt es sich aber nicht um eine Maßnahme des Konkursverwalters, die mit der Versilberung eines zur Masse gehörigen Gegenstandes zwecks Befriedigung der Konkursgläubiger auf gleiche Stufe gestellt werden könnte, sondern um einen Akt, zu welchem der Konkursverwalter vermöge der ihm im § 117 K.O. übertragenen Verwaltung des zur Konkursmasse gehörigen Vermögens so berechtigt wie verpflichtet war.

Vgl. Entsch. des R.G.'s in Zivils. Bd. 52 S. 140, 141.

Dies ergibt sich aus § 1129 B.G.B. in Verbindung mit den dort für anwendbar erklärten bezüglichen Vorschriften der §§ 1123, 1124, die den Eigentümer für berechtigt erklären, Miet- und Pachtzinsforderungen, auch wenn sie einem Hypothekenrecht unterliegen, so lange zu seinem Nutzen einzuziehen oder sonst darüber zu verfügen, als nicht deren Beschlagnahme durch den Hypothekengläubiger erfolgt ist. Da der Gesetzgeber in dieser Beziehung die Einziehung einer fällig gewordenen Versicherungssumme, ebenso wie die Einziehung von Miet- und Pachtzinsforderungen, der freien Verfügung des Eigentümers unterwirft, ist kein Grund ersichtlich, weshalb sich dies anders verhalten sollte, wenn die darin liegende Verwaltungshandlung vom Konkursverwalter des Eigentümers vorgenommen wird. Der Umstand, daß inzwischen Konkurs eingetreten ist, hat an dieser Eigenschaft der Handlung des Konkursverwalters als einer in seine Entschließung gestellten Verwaltungshandlung so wenig etwas geändert, daß vielmehr umgekehrt dadurch nur die Sorge der absonderungsberechtigten Gläubiger um eine rechtzeitige Sicherung ihrer Rechte verschärft werden mußte.

Mit Recht hat der Berufungsrichter die noch versuchte Begründung der Klage durch eine dem Konkursverwalter zugeschriebene Geschäftsführung für die Kläger und eventuell durch ein ihm zur Last gelegtes arglistiges oder gegen Treu und Glauben verstoßendes Verhalten zurückgewiesen. Er legt in wesentlich tatsächlicher Ausführung dar, daß dem Konkursverwalter nichts ferner gelegen habe, als die Versicherungssumme für die Klägerin, anstatt für die Konkursmasse, in Empfang zu nehmen, und daß darin kein arglistiges Verhalten gefunden werden könne. Die Behauptung der Arglist, worauf die Revision wieder Bezug nimmt, die durch keine weitere tatsächliche Anführung unterstützt worden war, als daß der Konkursverwalter die Grundstücke nicht zur Masse gezogen und dennoch in dieser Weise ausgeräumt habe, hatte gegenüber dem Umstande, daß der Verwalter dazu völlig berechtigt war, wenn die Maschinen Zubehör gewesen waren, und daß er der Klägerin nichts entzogen hat, wenn es sich um Bestandteile handelte, überhaupt keine Bedeutung. Das gleiche gilt von dem Hinweis der Revision auf § 687 Abs. 2 B.G.B., wonach wie ein Geschäftsführer ohne Auftrag haftet, wer ein fremdes Geschäft wie sein eigenes behandelt, obwohl er weiß, daß er dazu nicht berechtigt ist; über die tatsächlichen Voraussetzungen dieser gesetzlichen Bestimmung liegt nichts vor."

---

10. Ist es zulässig, wenn die Witwe eines Getöteten auf Grund von § 844 B.G.B. eine Rente auf ihre Lebenszeit fordert, den Anspruch dem Grunde nach für gerechtfertigt zu erklären und die Entscheidung der Frage, ob der Getötete mutmaßlich ebensolange gelebt haben würde, wie die Klägerin, dem Verfahren über den Betrag vorzubehalten?

Z.P.O. § 304.
B.G.B. § 844.

VI. Zivilsenat. Urt. v. 5. Juli 1906 i. S. M. (Bekl.) w. H. Wwe. (Kl.). Rep. VI. 586/05.

I. Landgericht Magdeburg.
II. Oberlandesgericht Naumburg a. S.

Obige Frage ist verneint aus folgenden

Gründen:

... „Die Revision erhebt Beschwerde darüber, daß der Klägerin die Rente auf Lebenszeit, und nicht nur bis zu dem, vom Berufungsgericht festzustellenden, mutmaßlichen Tode ihres Ehemanns zugesprochen ist. Damit sei gegen § 844 B.G.B. verstoßen. Der Revisionsbeklagte hat dem gegenüber ausgeführt, es müsse nach dem Tatbestande erster Instanz als unstreitig gelten, daß die Klägerin nicht länger leben werde, als ihr verstorbener Mann ohne den Unfall gelebt haben würde. Denn die Klägerin habe behauptet, die Rente sei ihr für die Dauer ihrer Lebenszeit zu zahlen, da sie im 66. Lebensjahre stehe, also fast gleich alt sei, wie ihr zur Zeit des Unfalls 68 Jahre alter Mann. Deshalb würde auch die mutmaßliche Dauer des Lebens bei ihnen beiden gleich gewesen sein. Der Beklagte habe nach dem Tatbestande diesen Angaben nicht widersprochen. Dieser Ausführung des Revisionsbeklagten konnte nicht beigetreten werden. Als zugestanden haben nach § 138 Z.P.O. nur die Tatsachen zu gelten, die von der einen Partei behauptet und von der andern nicht bestritten sind. In der erwähnten Begründung des Anspruchs der Klägerin auf eine lebenslängliche Rente sind nun keine anderen Tatsachen behauptet, als daß die Klägerin 66 Jahre, ihr Mann 68 Jahre zur Zeit des Unfalls alt gewesen sind. Diese Tatsachen haben allerdings als zugestanden zu gelten, nicht aber auch der aus ihnen gezogene Schluß, daß ohne den Unfall die Klägerin und ihr Ehemann gleich lange gelebt haben würden. Das Berufungsgericht hätte darum sich darüber aussprechen müssen, wie lange mutmaßlich der Ehemann der Klägerin ohne den Unfall noch gelebt haben würde. Die Urteilsgründe gehen jedoch auf diese Frage nicht ein. Sie sagen nur, es lägen für den Rentenanspruch der Klägerin die Voraussetzungen des § 844 B.G.B. vor; da aber der Betrag der Rente streitig sei, so habe die Sache nach § 538 Nr. 3 Z.P.O. an das Landgericht zurückverwiesen werden müssen. Das läßt sich nur dahin verstehen, daß die Entscheidung der Frage, ob die Klägerin eine lebenslängliche Rente verlangen könne, dem Verfahren über den Betrag hat überlassen werden sollen. Damit wird jedoch die rechtliche Bedeutung des erlassenen Zwischenurteils verkannt.

Der Klägerin kommt nach § 844 B.G.B. eine Rente nur für die mutmaßliche Dauer des Lebens ihres verstorbenen Mannes zu. Ihr Anspruch, daß die Dauer der Rente nach der Dauer ihres Lebens bemessen werde, enthält eine Zuvielforderung und ist insoweit rechtlich nicht begründet. Erst der Beweis, daß die mutmaßliche Lebensdauer der Klägerin und ihres Ehemannes gleich seien, schließt die Zuvielforderung aus. Das Berufungsgericht hat nun, ohne zu prüfen, ob der Beweis erbracht ist, den an sich über die Grenze des § 844 B.G.B. hinausgehenden Anspruch der Klägerin uneingeschränkt für dem Grunde nach gerechtfertigt erklärt. Würde diese Entscheidung rechtskräftig, so wäre damit entschieden, daß die Klägerin eine Rente auf die Dauer ihres Lebens fordern kann; denn dieser Anspruch ist erhoben und in diesem Umfange dem Grunde nach für gerechtfertigt erklärt. Der Beklagte würde in dem Verfahren über den Betrag nicht mehr geltend machen können, daß der Anspruch der Klägerin insoweit, als sie über die mutmaßliche Dauer des Lebens ihres verstorbenen Ehemannes hinaus die Rentenzahlung fordert, dem Grunde nach abzuweisen sei. Deswegen beschwert das angefochtene Urteil den Beklagten." ...

---

11. Unterliegen Verträge über die Veräußerung von Grundstücken, die in Rhein-Bayern nach dem 1. Januar 1900 abgeschlossen sind, auch da, wo das Grundbuch noch nicht als angelegt anzusehen ist, den Vorschriften der §§ 313, 125, 139 B.G.B.?

V. Zivilsenat. Urt. v. 7. Juli 1906 i. S. F. (Bekl.) w. Sp. B. (Kl.). Rep. V. 663/05.

I. Landgericht Kaiserslautern.
II. Oberlandesgericht Zweibrücken.

Die Klägerin hatte durch Privatvertrag vom 17. November 1903 ein Wirtschaftsanwesen in R. nebst Inventar den Beklagten für 33000 ℳ verkauft. Die Beklagten übernahmen eine Hypothek von 15000 ℳ in Anrechnung auf den Kaufpreis und versprachen, bei

Errichtung der notariellen Urkunde 3000 M bar zu zahlen und den Rest von 15000 M, abzüglich der gleich zu erwähnenden Vergütung, in zehn gleichen Jahresraten, beginnend mit dem 1. Januar 1905, nebst 5 Prozent Zinsen abzutragen. Sie verpflichteten sich ferner, zehn Jahre lang ihren gesamten Bierbedarf von der Klägerin zu beziehen. Dafür sollten ihnen jedoch jedes Jahr 500 M, im ganzen 5000 M am Kaufschilling gut geschrieben, und von diesen 5000 M keine Zinsen berechnet werden. Durch schriftlichen Nachtrag vom 23. November 1903 wurde vereinbart, die Beklagten dürften den Restkaufschilling jederzeit zurückzahlen, und dann höre die Verpflichtung zum Bierbezug auf. In den am 1. Dezember 1903 notariell verbrieften Kaufvertrag wurden die Bestimmungen über die Verpflichtung zum Bierbezug und die jährliche Gutschrift von 500 M nicht aufgenommen. Hinsichtlich des Kaufpreises von 33000 M wurde bemerkt, daß 28000 M auf das Grundstück, und 5000 M auf die mitverkauften Fahrnisse treffen, und bestimmt, daß der Restkaufpreis von 15000 M in zehn gleichen Jahresterminen vom 1. Januar 1905 an mit 5 Prozent jährlichen Zinsen seit dem 1. Dezember 1903 zu bezahlen sei. Am 14. Dezember 1903 leisteten die Beklagten die Abschlagszahlung von 3000 M der Klägerin. Bald darauf schickte die Brauerei J. für die Beklagten der Klägerin 10000 M nebst Zinsen als den geschuldeten Restkaufschilling, zog aber das Geld zurück, als die Klägerin erwiderte, daß sie die Beklagten erst nach Zahlung von weiteren 5000 M entlasten könne. Die Beklagten stellten dann den Bierbezug bei der Klägerin ein und entnahmen das Bier von der Brauerei J. Nun erhob die Klägerin Klage mit dem Antrage, die Beklagten zur Zahlung von 750 M nebst Zinsen seit dem 30. Mai 1904 zu verurteilen, mit der Begründung, ihr gebühre dieser Betrag als Entschädigung dafür, daß die Beklagten ein Jahr kein Bier von ihr bezogen hätten. Die Beklagten beantragten Abweisung der Klage, und widerklagend, festzustellen, daß sie der Klägerin als Kaufpreis nur 28000 M verschulden. Die Klägerin beantragte Abweisung der Widerklage und, neben ihrem Klagantrage, Feststellung, daß die Beklagten ihr noch den Restkaufpreis von 15000 M schuldig seien. Der erste Richter wies Klage und Widerklage ab, weil das Veräußerungsgeschäft, da es nicht in allen Teilen notariell beurkundet sei, wegen Formmangels nichtig sei. Auf die Berufung der Klägerin, mit der sie ihre früheren Anträge wiederholte, stellte das Berufungsgericht fest, daß die Beklagten auf Grund des Kaufvertrags vom 1. Dezember 1903 der Klägerin noch einen Restkaufpreis von 15000 ℳ nebst 5 Prozent Zinsen seit dem 1. Dezember 1903 schulden; im übrigen wies es die Berufung zurück. Der Revision der Beklagten ist stattgegeben aus folgenden

Gründen:

„Das Berufungsgericht begründet zunächst seine Überzeugung davon, daß der Kaufpreis von 33000 ℳ in den Verträgen nicht zum Scheine statt des wahren Kaufpreises von 28000 ℳ festgesetzt ist. Da das Berufungsgericht seine Überzeugung im wesentlichen durch Auslegung der Verträge gewonnen hat, kann der Angriff der Klägerin, der sich auf eine andere Verwertung des Inhaltes der Verträge gründet, keinen Erfolg haben. Das Berufungsgericht führt ferner aus, daß der Wirtschaftskauf und der Bierbezugsvertrag unausscheidbar miteinander verknüpft seien, und daß letzterer für die Einigung über den Kaufpreis erhebliche Bedeutung habe, daß auch ihr innerer Zusammenhang klar zutage liege, daß Wirtschaftskauf und Kaufpreis einerseits und Bierbezugsverbindlichkeit und Vergünstigung der Gutschrift andererseits in solch unmittelbarer Abhängigkeit voneinander ständen, daß die Beklagten auf den Kauf ohne das Versprechen der Gutschrift nicht eingegangen wären, und daß die Klägerin ohne die Übernahme der Verpflichtung zu langjährigem Bierbezug von seiten der Beklagten sich für einen Kaufpreis von 28000 ℳ zur Veräußerung der Wirtschaft nicht verstanden hätte. Die Ausführung ist nicht bemängelt, und sollte sich der Angriff auch darauf beziehen, so wäre er aus dem obigen Grunde nicht geeignet, sie zu erschüttern.

Der rechtlichen Beurteilung ist vorauszuschicken, daß zur Zeit des Abschlusses der Verträge im Jahre 1903 das Grundbuch noch nicht als angelegt anzusehen war; das Grundbuch ist erst am 1. Februar 1905 für angelegt erklärt.

Vgl. Bekanntm. des bayerischen Justizministers vom 10. Januar 1905 (Bayer. Just.-Min.-Bl. 1905 S. 7).

Es sind dann die Beklagten als neue Erwerber in das angelegte Grundbuch eingetragen, und zwar lediglich auf die Anmeldung ihres Eigentums im Anlegungsverfahren unter Übersendung ihrer Erwerbstitel an das Grundbuchamt, ohne daß vorher eine Auflassung oder ein anderer Übertragungsakt stattgefunden hat.

Die rechtlichen Folgerungen, welche das Berufungsgericht aus seinen tatsächlichen Feststellungen zieht, erregen nur in einer Beziehung Bedenken. Diese sind aber so schwerwiegend und eingreifend, daß sie zur Aufhebung des Berufungsurteils führen müssen.

Als die Verträge von 1903 abgeschlossen wurden, erfolgte in Rhein-Bayern gemäß Art. 189 Einf.-Ges. zum B.G.B. der Erwerb und Verlust des Eigentums an Grundstücken nach dem bisherigen, also dem französischen Rechte. Nach Art. 1583 Code civil kommt der Kauf durch die Einigung der Parteien über Sache und Preis zustande, und der Käufer wird Eigentümer der Sache, ohne daß es der Überlieferung der Sache an den Käufer, einer weiteren Einigung über den Übergang des Eigentums oder eines sonstigen Übertragungsaktes bedarf. Die Begründung des obligatorischen Schuldverhältnisses und die dingliche Einigung über den Eigentumsübergang fallen beim Kaufvertrage zusammen. Beklagte wurden also mit dem Abschlusse des Kaufvertrages zugleich Eigentümer der gekauften Wirtschaft, wenn der Kaufvertrag gültig war.

Mit dem 1. Januar 1900 ist die Vorschrift des § 313 B.G.B. über den Formzwang der Veräußerungsverträge über Grundstücke in Kraft getreten, und zwar nach der allgemeinen Meinung, die vom Reichsgericht gebilligt ist (Urt. v. 30. September 1903, Rep. V. 149/03 [1]),

[1] Mit der Klage war Erfüllung eines am 2. November 1901 notariell geschlossenen Tauschvertrags über Liegenschaften, neben dem eine Erklärung privatschriftlich abgegeben war, gefordert. In der Begründung des Revisionsurteils sind folgende Sätze enthalten:

„Mit vollkommener Bestimmtheit läßt das Berufungsurteil nicht erkennen, ob der Vorderrichter bei Würdigung des bestrittenen notariellen Vertrags vom 2. November 1901 altes, oder neues Recht angewendet hat. Denn neben dem Art. 14 des bayerischen Notariatsgesetzes zieht er auch den § 313 B.G.B. bei seiner Entscheidung an. Immerhin kann aber aus dem Gesamtinhalte der Gründe, namentlich aus ihrer Bezugnahme auf die dem genannten Art. 14 von der bayerischen Rechtsprechung gegebene Auslegung, wonach ein Verstoß gegen diese Gesetzesstelle, d. i. die Aufnahme nicht gewollter Vereinbarungen oder die Nichtaufnahme gewollter Verabredungen in den Vertrag, nicht unbedingte Nichtigkeit, sondern nur dessen mittels Klage oder Einrede geltend zu machende Anfechtbarkeit nach sich zieht, geschlossen werden, daß das Berufungsgericht in der Hauptsache altes bayerisches Recht seinem Urteile zugrunde gelegt hat. Wäre dessen Anauch in solchen Bezirken, wo das Grundbuch noch nicht als angelegt anzusehen ist. Diese Frage kommt insofern nicht in Betracht, als

---

wendung richtig, so wäre schon damit, weil das Reichsgericht gemäß § 549 Z.P.O. und § 1 der Kaiserl. Verordnung vom 28. September 1879 in dieser Beziehung nicht nachprüfen könnte, das Schicksal der Revision zu deren Ungunsten entschieden. Mit Recht aber bekämpft die Revision diese Anwendung alten Rechtes. Allerdings ist in München das Grundbuch noch nicht als angelegt anzusehen, und bestimmt Art. 189 Einf.-Ges. zum B.G.B., daß in solchen Gebietsteilen der Erwerb und Verlust des Eigentums rc an einem Grundstück auch nach dem Inkrafttreten des Bürgerlichen Gesetzbuchs noch nach den bisherigen Gesetzen erfolgt. Solcher Eigentumserwerb vollzog und vollzieht sich bisher im Gebiete des bayerischen Landrechts durch Besitzübergabe auf Grund eines titulus dominii translativus, d. i. mittels traditio.

Vgl. Bayer. Landrecht Teil II Kap. 3 § 7.

Betreffs des erwähnten Titels bestimmt Art. 14 des bayer. Notariatsgesetzes vom 10. November 1861, daß über alle Verträge, welche die Besitzveränderung oder das Eigentum unbeweglicher Sachen rc betreffen, bei Strafe der Nichtigkeit Notariatsurkunden zu errichten sind. Es kann keinem Zweifel unterliegen, daß nach vorstehenden Gesetzesbestimmungen in ihrem Zusammenhalt **im allgemeinen** im bezeichneten Rechtsgebiet auch jetzt noch der Eigentumsübergang an Grundstücken vor sich geht, daß somit Besitzübergabe und Notariatsurkunde — von ursprünglichen Eigentumserwerbsarten und von der hier weder angeregten noch erheblichen Streitfrage der Auflassung nach altem Münchener Grundbuchrecht abgesehen — dazu unumgänglich notwendig sind. Daraus folgt aber nicht, daß der mehrerwähnte Titel, die notarielle Urkunde, auch nach dem 1. Januar 1900 noch nach altem Gesetze beurteilt werden muß. Vielmehr ergibt sich aus Artt. 1, 55 im Zusammenhalte mit Art. 170 Einf.-Ges. zum B.G.B., daß der den Eigentumsübergang vorbereitende, zu ihm notwendig gehörige Vertrag, das sog. Kausalgeschäft, seit Einführung der neuen Reichsgesetze deren Vorschriften vollständig unterworfen ist. Hierüber herrscht in der Rechtswissenschaft Übereinstimmung, und der erkennende Senat kann diese Meinung nur teilen.

Vgl. **Planck**, zu Art. 189 Einf.-Ges. zum B.G.B. Bem. 4 u. 10; **Habicht**, Die Einwirkung des bürgerl. Rechts auf zuvor entstandene Rechtsverhältnisse S. 132, 453 flg.; **Niedner**, Einf.-Ges. S. 395 flg.

Hiernach muß der notarielle Vertrag vom 2. November 1901 nach Form, Inhalt, Gültigkeit, Anfechtbarkeit rc an der Hand der Bestimmungen des Bürgerlichen Gesetzbuchs geprüft werden, und ist namentlich auch § 313 B.G.B. auf ihn anzuwenden.

Wenn endlich von der Revision auch noch geltend gemacht worden ist, daß man vielleicht in entsprechender Anwendung des § 313 Satzes 2 B.G.B. eine durch Vertragsvollzug eingetretene Heilung der an sich formbedürftigen „Bürgschaftsenthebung" annehmen könne, so scheitert diese Möglichkeit . . . schon daran, daß die Sonderbestimmung über die heilende Kraft der Auflassung und Eintragung auf andere Arten der Vertragserfüllung überhaupt nicht angewendet werden kann."

der Vertrag vom 1. Dezember 1903 notariell beurkundet ist, daher der Formvorschrift sowohl des § 313 B.G.B. als des Art. 219 bayer. Ausf.-Ges. zur Z.P.O. vom 23. Februar 1879 (Ges.- u. Verordnungsbl. für Bayern V 63 flg.), wonach über Grundstückskäufe bei Strafe der Nichtigkeit Notariatsurkunden errichtet werden müssen, entspricht. Es ist aber ein wesentlicher Teil des Kaufvertrags nicht notariell beurkundet, sondern nur in dem privatschriftlichen Vertrage vom 17. November 1903 enthalten. Unter dem Formzwange des § 313 Satzes 1 B.G.B. steht nicht bloß der einzelne auf Eigentumsübertragung gerichtete Bestandteil des Vertrages, sondern der Vertrag, d. h. alle Vereinbarungen, aus welchen sich nach dem Willen der Beteiligten der obligatorische Veräußerungsvertrag zusammensetzen soll.

Vgl. Entsch. des R.G.'s in Zivils. Bd. 51 S. 180, Bd. 52 S. 4. Da zu den Vereinbarungen dieser Art die im privatschriftlichen Vertrag enthaltenen, in den notariellen Vertrag nicht aufgenommenen Bestimmungen über die Bierbezugsverpflichtung und die jährliche Gutschrift von 500 ℳ gehören, ohne welche, wie das Berufungsgericht annimmt, beide Teile das Rechtsgeschäft nicht vorgenommen haben würden, ist der ganze Veräußerungsvertrag nach § 139 B.G.B. nichtig, und die Nichtigkeit kann sowohl durch Klage wie durch Einrede geltend gemacht werden. Dieser Folgerung, die nach den am 1. Januar 1900 in Kraft getretenen Bestimmungen des Bürgerlichen Gesetzbuchs unzweifelhaft berechtigt ist, sucht das Berufungsgericht auszuweichen. Es bemerkt, daß nach der Auslegung des Art. 219 Ausf.-Ges. zur Z.P.O. durch die oberstrichterliche Rechtsprechung der notariell verbriefte Vertrag trotz seiner Unvollständigkeit wirksam sei und die Vertragsteile binde, solange sie ihn nicht mittels Klage oder Widerklage als nichtig angefochten hätten, daß also die Nichtigkeit nicht einredeweise geltend gemacht werden könne, und daß dieser Auslegung die Bedeutung gesetzgeberischer Äußerung beizulegen sei, dergestalt als hätte Art. 219 eine ausdrückliche Bestimmung im Sinne jener Auslegung getroffen. Da nun, so meint es, die Beklagten keine Widerklage auf Nichtigkeit des Kaufs erhoben hätten, sei anzunehmen, daß der Grundstücksverkauf zu Recht bestehe. Diese Ausführungen beruhen auf Gesetzesverletzung. Mit dem Inkrafttreten des Bürgerlichen Gesetzbuchs am 1. Januar 1900 sind die privatrechtlichen Vorschriften der Landesgesetze außer Kraft getreten, soweit nicht im Bürgerlichen Gesetzbuch oder in dem Einführungsgesetze zum Bürgerlichen Gesetzbuch ein anderes bestimmt worden ist (Artt. 1, 55 Einf.-Ges. zum B.G.B.). Daß die Bestimmungen des Bürgerlichen Gesetzbuchs in den §§ 125, 139 durch Landesgesetz abgeändert werden könnten, ist weder im Bürgerlichen Gesetzbuch bestimmt, noch aus den Vorbehalten, welche im Einführungsgesetz zugunsten der Landesgesetzgebung gemacht sind, zu entnehmen. Die Artt. 141—143 Einf.-Ges. zum B.G.B., welche allein in Betracht kommen könnten, lassen jene Änderung nicht zu. Wenn also auch der Art. 219 Ausf.-Ges. zur Z.P.O. die ihm vom Berufungsgerichte beigelegte Bedeutung hätte, kann er gegenüber den Bestimmungen des Bürgerlichen Gesetzbuchs seit dem 1. Januar 1900 keine Anwendung mehr finden. Dem ersten Richter ist hiernach darin beizutreten, daß das Kaufgeschäft, welches die Parteien am 17. November 1903 privatschriftlich und am 1. Dezember 1903 notariell geschlossen haben, nichtig ist. Infolge davon ist der durch den Abschluß dieser Verträge bewirkte Eigentumsübergang nichtig (vgl. Habicht, 2. Aufl. S. 455), und sind durch diese Verträge obligatorische Schuldverbindlichkeiten für die Parteien nicht begründet. Die vom ersten Richter ausgesprochene Abweisung der Klage ist, unter Aufhebung des Berufungsurteils, durch Zurückweisung der Berufung der Klägerin zu bestätigen." ...

---

12. Greift die in § 638 B.G.B. vorgesehene Verjährung bei Schadensersatzansprüchen des Bestellers eines Werkes auch dann Platz, wenn die eingetretene Beschädigung mit der Beschaffenheit des gelieferten Werkes nur in mittelbarem Zusammenhange steht?

VII. Zivilsenat. Urt. v. 10. Juli 1906 i. S. P. (Kl.) w. B. u. Gen. (Bekl.). Rep. VII. 551/05.

I. Landgericht Breslau.
II. Oberlandesgericht daselbst.

Gründe:

„Im Jahre 1901, als die Klägerin noch minderjährig war, hat sie ein Grundstück um den Preis von 38387 ℳ käuflich erworben. Für die Festsetzung des Preises war eine die angegebene Summe ergebende Taxe maßgebend, welche der Erblasser der Beklagten, Kreistaxator B., aufgestellt hatte. In dieser Taxe ist eine auf dem Grundstücke ruhende Jahresrente von 1560 ℳ nicht mit dem 25 fachen Betrage, der nach den anzuwendenden landschaftlichen Grundsätzen Platz greifen mußte, sondern nur mit dem Zwölfeinhalbfachen, nämlich mit 19500 ℳ, berechnet und in Absatz gebracht. Die Klägerin hat mit der Klage geltend gemacht, es sei hierin eine Fahrlässigkeit des B., der auf ihre Aufforderung bezüglich Anfertigung der Taxe tätig geworden, zu finden, und unter fernerem Hinweis darauf, daß der Vormund und das Vormundschaftsgericht, als von diesen das fragliche Kaufgeschäft abgeschlossen, bzw. bestätigt sei, sich auf die Richtigkeit der Taxe verlassen hätten, Zahlung von 19500 ℳ von seiten der Beklagten verlangt, unter gleichzeitiger fernerer Angabe, daß das Grundstück nicht mehr wert sei, als die Differenz zwischen solchem Betrage und der von der Taxe herausgebrachten Summe. Das Landgericht hat die Beklagten zur Zahlung von 18894,28 ℳ nebst Zinsen mit der Begründung verurteilt, daß der Ertragswert des Grundstücks um diesen Betrag hinter der B.'schen Taxe zurückstehe. Vor dem Berufungsgerichte ist von den Beklagten der Einwand der Verjährung aufgestellt, indem sie ausgeführt haben, der Klaganspruch stütze sich auf einen Werkvertrag und stelle sich als ein Anspruch auf Schadensersatz wegen Nichterfüllung dar, gegründet auf ein Verschulden des Unternehmers (§ 635 B.G.B). Danach greife nach § 638 das. die Verjährungsfrist von 6 Monaten Platz, welcher Zeitraum von Ablieferung der Taxe an bis zur Anstellung der Klage längst abgelaufen gewesen sei. Die Vorinstanz hat dieser Darlegung zugestimmt und die Klage abgewiesen.

Die hiergegen eingelegte Revision geht insofern fehl, als geltend gemacht ist, der Erblasser der Beklagten sei, als amtlich angestellter und vereidigter Kreistaxator, öffentlicher Beamter oder doch jedenfalls eine zur Ausübung eines Berufs öffentlich bestellte und verpflichtete Person gewesen, und stehe danach bei dem mit ihm abgeschlossenen Vertrage nicht ein Werkvertrag in Frage. Vielmehr handle es sich um einen Vertrag eigener Art. Es ist nun aber nicht einzusehen, weshalb dem Zustandekommen eines Werkvertrags die hervorgehobene Eigenschaft des Erblassers der Beklagten entgegenstand, der sich nach den Angaben der Klägerin verpflichtete, dieser seine Dienste und Sachkenntnisse durch Entwerfung einer Taxe zur Verfügung zu stellen und somit einen bestimmten Arbeitserfolg zu bewirken, der sich in dem anzufertigenden Taxationsinstrumente verkörperte.

Dagegen ist der Revision beizutreten, wenn sie bestreitet, daß für den aus diesem Vertragsverhältnisse hergeleiteten Anspruch die kurze Verjährungsfrist des § 638 B.G.B. Platz greift.

Es muß davon ausgegangen werden, daß der Anspruch auf Schadensersatz wegen Nichterfüllung, welchen nach § 635 B.G.B. für den Fall, daß der Mangel des Werks auf einem Umstande beruht, den der Unternehmer zu vertreten hat, der Besteller statt Wandelung oder Minderung geltend machen kann, und welcher zufolge § 638 a. a. O. in gleicher Weise wie die letzterwähnten Forderungen der kurzen, regelmäßig sechsmonatigen Verjährung unterliegt, nicht alle Fälle einschließt, in denen für den Besteller gegen den schuldhaften Unternehmer ein vertraglicher Schadensersatzanspruch Platz greift. Vielmehr ist anzuerkennen, daß es auch außerdem aus allgemeinen Grundsätzen (§ 276 B.G.B.) sich ergebende Ansprüche jener Art gibt, auf welche die kurze Verjährung keine Anwendung findet (Planck, B.G.B. Bem. 4 zu § 638). So hat der erkennende Senat auch schon ausgesprochen, daß, da der Schadensersatz des bei Ausführung eines Transportvertrags körperlich Verletzten sich nicht auf den Mangel eines gelieferten Werkes gründe, sondern auf eine durch positives Zuwiderhandeln gegen die vertragsmäßige Sorgfalt bei der Herstellung eines noch nicht gelieferten Werkes begangene Rechtsverletzung, der Anspruch der 30jährigen Verjährung unterliege (vgl. das zum Abdruck bestimmte Urteil vom 1. Dezember 1905, Rep. VII. 41/05[1]). Man muß annehmen, daß für den durch § 635 gewährten Schadensersatzanspruch bei seiner Zusammenstellung mit den Forderungen auf Wandlung und Minderung, ebenso wie bei diesen, ein direkter Zusammenhang mit den beiderseitigen Leistungen aus dem Werkvertrage erforderlich ist, daß also der Schade dem gelieferten Werke un-

---

[1] Jetzt abgedruckt in Bd. 62 dieser Sammlung S. 119. D. R.

mittelbar anhaften muß. Derselbe muß sich zugleich als ein solcher darstellen, der für den Besteller in dem für den Beginn der kurzen Verjährung maßgebenden Zeitpunkte der Abnahme oder Vollendung des Werks (§ 638 Abs. 1 Satz 2 und § 646) erwachsen ist. Darauf, daß von diesen Voraussetzungen der in Rede stehende Ersatzanspruch abhängig ist, weisen auch die Ausführungen in der in Bd. 58 S. 177 mitgeteilten Entscheidung des erkennenden Senats hin.

Geht man hiervon aus, so kann es nicht zweifelhaft sein, daß der in dem gegenwärtigen Prozeß geltend gemachte Schadensersatzanspruch nicht als ein Ersatzanspruch, wie ihn der § 635 statuiert, anzusehen ist und daher der kurzen Verjährung des § 638 nicht unterliegt. Es handelt sich hier um einen Schaden, der mit der Fertigstellung und Ablieferung des in Rede stehenden Werkes, nämlich der Taxe, nicht an sich vorlag, vielmehr erst später, als von dem Taxinstrumente Gebrauch gemacht wurde, eingetreten ist. Man kann daher vorliegend nicht von einem Schaden sprechen, der unmittelbar mit der Vertragsleistung zusammenhängt."

---

13. 1. Bedarf es, wenn die öffentliche Zustellung der Klage bewilligt ist, zur öffentlichen Zustellung des demnächst gegen den Beklagten ergehenden Versäumnisurteils eines erneuten Gerichtsbeschlusses?

2. Kann ein Gerichtsbeschluß stillschweigend erlassen werden?

Z.P.O. §§ 204, 329.

V. Zivilsenat. Urt. v. 11. Juli 1906 i. S. Sch. (Kl. u. Widerbekl.) w. Graf v. O. (Bekl. u. Widerkl.). Rep. V. 565/05.

I. Landgericht Breslau.
II. Oberlandesgericht daselbst.

Gegen den Beklagten, der zu dem auf die Klage anberaumten Verhandlungstermin mittels öffentlicher Zustellung geladen war, erging, da er in dem Termine nicht erschien, auf Antrag des Klägers Versäumnisurteil. In dem letzteren wurde zugleich gemäß § 339 Abs. 2 Z.P.O. die (im vorliegenden Falle auf 4 Wochen bemessene)

Einspruchsfrist festgesetzt. Demnächst beantragte Kläger, ihm auch für das Urteil die öffentliche Zustellung zu bewilligen. Auf Grund dieses Antrags veranlaßte, ohne daß über ihn ein Gerichtsbeschluß erging, der Gerichtsschreiber selbständig den öffentlichen zweiwöchigen Aushang einer beglaubigten Abschrift des Urteils. Nach Ablauf der Einspruchsfrist legte Beklagter Einspruch ein unter gleichzeitiger, auf § 233 Abs. 2 Z.P.O. gestützter Nachsuchung der Wiedereinsetzung in den vorigen Stand gegen die Fristversäumnis. Das Prozeßgericht gab dem Wiedereinsetzungsantrage statt und erkannte unter Aufhebung des Versäumnisurteils in der Sache zugunsten des Beklagten. Die Berufung des Klägers wurde, nachdem durch Zwischenurteil der erstinstanzliche Einspruch des Beklagten für zulässig erklärt worden war, aus sachlichen Gründen zurückgewiesen. Auch die vom Kläger noch eingelegte, insbesondere gegen das Zwischenurteil des Berufungsgerichts gerichtete Revision blieb ohne Erfolg.

Aus den Gründen:

„Der Berufungsrichter begründet die in seinem Zwischenurteil getroffene Entscheidung aus einem zwiefachen Gesichtspunkt. Einmal sei das Versäumnisurteil nicht ordnungsmäßig zugestellt und daher in Rechtskraft nicht übergegangen. Denn zur Wirksamkeit der öffentlichen Zustellung sei ein besonderer, diese Zustellungsform bewilligender Gerichtsbeschluß notwendig gewesen, und ein solcher sei nicht erlassen. Sodann sei glaubhaft gemacht, daß der Beklagte von der Zustellung des Versäumnisurteils ohne sein Verschulden erst nach Ablauf der Einspruchsfrist Kenntnis erlangt habe; es lägen also jedenfalls die Voraussetzungen für eine Wiedereinsetzung in den vorigen Stand nach § 233 Abs. 2 Z.P.O. vor. Ob die gegen den letzteren Entscheidungsgrund erhobenen Revisionsangriffe begründet sind, kann dahingestellt bleiben, da schon der an erster Stelle angeführte Grund ausreicht, die angefochtene Entscheidung zu tragen. Er wird von der Revision mit Unrecht als rechtsirrig bekämpft.

Die Revision ist der Meinung, es habe eines ausdrücklichen Gerichtsbeschlusses, der die öffentliche Zustellung des Versäumnisurteils bewilligte, nicht bedurft. Vielmehr sei die Bewilligung, für die das Gesetz irgend eine Form nicht vorschreibe, schon dadurch erfolgt, daß das Gericht bei Erlaß des Versäumnisurteils die Einspruchsfrist gemäß § 339 Abs. 2 Z.P.O. festgesetzt habe. Diese Fristbestimmung habe zur notwendigen Voraussetzung gehabt, daß das Versäumnisurteil öffentlich zugestellt werde; sie sei daher nicht bloß vorbereitende Maßregel für die künftige Bewilligung der öffentlichen Zustellung, sondern der Bewilligungsakt selbst gewesen. Eventuell müsse die unter Beweis gestellte Tatsache genügen, daß das Gesuch des Klägers um Bewilligung der öffentlichen Zustellung dem Gerichte vorgelegen habe. Daraus in Verbindung mit dem von dem Gerichtsschreiber demnächst tatsächlich bewirkten Aushang des Urteils folge ohne weiteres, daß das Gericht den Aushang mindestens stillschweigend bewilligt habe, was zur Wirksamkeit der Bewilligung genüge und einen förmlichen Gerichtsbeschluß ersetze. Diesen Ausführungen konnte indessen nicht beigetreten werden. Ohne jede Bedeutung für die zu entscheidende Frage ist zunächst die Vorschrift des § 339 Abs. 2 Z.P.O. Sie gilt nicht bloß dann, wenn das Versäumnisurteil öffentlich zuzustellen ist, sondern auch für die Zustellung, die im Auslande zu erfolgen hat. Die letztere Zustellungsart aber bedarf keiner besonderen Bewilligung des Gerichts, sondern ist gemäß §§ 199, 202 Abs. 1 Z.P.O. durch den Vorsitzenden herbeizuführen. Danach erscheint es ausgeschlossen, die Fristbestimmung in dem einen Falle auf die ihr nach ihrem Inhalt zukommende Bedeutung zu beschränken, in dem anderen Falle in ihr den Ausdruck eines weiter reichenden richterlichen Willens zu finden. Auch die fernere Annahme der Revision, daß ein Gerichtsbeschluß stillschweigend, gewissermaßen durch konkludente Handlungen erlassen werden könne, hat keinen Anhalt im Gesetz. Letzteres kennt, wie sich aus § 329 Abss. 2, 3 Z.P.O. ergibt, nur zwei Arten der Bekanntmachung solcher gerichtlicher Entscheidungen, die nicht Urteilscharakter haben: die mündliche Verkündung, die in allen Fällen erfolgen muß, in denen der Beschluß auf Grund einer mündlichen Verhandlung ergeht, und die schriftliche Zustellung von Amts wegen. Diese greift überall Platz, wo keine Verkündung des Beschlusses stattgefunden hat. Formlose mündliche Mitteilung als Mittel, eine gerichtliche Entscheidung in Wirksamkeit zu setzen, ist der Zivilprozeßordnung fremd. Endlich ist es auch nicht angängig, die Entbehrlichkeit eines die öffentliche Zustellung des Versäumnisurteils bewilligenden Gerichtsbeschlusses daraus herzuleiten, daß das Gericht für die Klage die fragliche Bewilligung erteilt habe, und die Wirksamkeit dieser Bewilligung sich auf das demnächst ergehende Versäumnisurteil ohne weiteres miterstrecke. Denn wie der erkennende Senat bereits in dem zur Aufnahme in die amtliche Sammlung[1] bestimmten Urteil vom 21. März 1906, Rep. V. 541/05, — inzwischen schon abgedruckt in der Jurist. Wochenschr. S. 312 Nr. 19 — ausgesprochen hat, kann die öffentliche Zustellung immer nur für einen schon den Gegenstand eines Antrags bildenden Fall, nicht aber im voraus für mögliche künftige Fälle bewilligt werden; es muß jedesmal, wenn der einzelne Zustellungsakt beantragt wird, geprüft werden, ob in diesem Zeitpunkte die Voraussetzungen für die öffentliche Zustellung, die früher als gegeben angenommen worden waren, noch fortdauern. Im vorliegenden Falle hat denn auch der Kläger das ihm für die Klage bewilligte Gesuch erneuert, als es sich später um die Zustellung des Versäumnisurteils handelte. Über dieses neue Gesuch hätte daher besondere Entscheidung ergehen müssen." ...

---

14. Behält die uneheliche Mutter eines minderjährigen Kindes, wenn dieses von seinem Erzeuger an Kindesstatt angenommen wird, die Befugnis zum persönlichen Verkehr mit dem Kinde?

B.G.B. §§ 1757, 1764.

IV. Zivilsenat. Urt. v. 12. Juli 1906 i. S. G. (Bekl.) w. H. (Kl.). Rep. IV. 55/06.

I. Landgericht II Berlin.
II. Kammergericht daselbst.

Die Klägerin wurde, während sie bei dem Rentner Arnold L. in Ch. als Wirtschafterin diente, Mutter zweier Kinder, Irma, geboren am 18. Februar 1890, und Helene, geboren am 9. Mai 1897, deren Erzeuger ihr damaliger Dienstherr war. Letzterer sorgte für die Kinder und nahm dieselben durch Vertrag vom 25. September 1900 an Kindesstatt an. Der Vertrag wurde von dem Annehmenden mit dem Vormund und dem Gegenvormund der Kinder unter Einwilligung der Klägerin geschlossen und enthielt u. a. die Bestimmung,

---

[1] Abgedruckt in Bd. 63 S. 82 flg. dieser Sammlung. D. R.

daß die Kinder den Familiennamen des Annehmenden erhalten, dem der Name ihrer Mutter nicht hinzugefügt werden dürfe. Im Jahre 1901 starb der Annehmende, und die Kinder kamen unter Vormundschaft. Ihr Vormund ward der Beklagte, Rechtsanwalt G. in Ch. Dieser gab die Kinder zur Erziehung der Frau Oberamtmann Fr. zu W. in Pflege und verwehrte der Klägerin den persönlichen Verkehr mit den Kindern, weil er hieraus Nachteile für dieselben befürchtete. Das Vormundschaftsgericht war mit ihm einverstanden. Klägerin erhob deshalb gegen den Vormund Klage und beantragte:

den Beklagten zu verurteilen, anzuerkennen, daß Klägerin berechtigt sei, mit ihren unter Vormundschaft des Beklagten stehenden Kindern Irma und Helene L. persönlich zu verkehren.

In erster Instanz wurde die Klage abgewiesen; auf Berufung der Klägerin wurde dagegen abändernd erkannt, und dem mitgeteilten Klagantrage stattgegeben. Die Revision des Beklagten führte zur Wiederherstellung des landgerichtlichen Urteils.

Aus den Gründen:

„In der Sache selbst hängt die Entscheidung zunächst davon ab, ob den leiblichen Eltern ein Anspruch, und zwar ein im Wege des Prozesses verfolgbarer Anspruch, auf Gestattung des persönlichen Verkehrs mit ihren Kindern, welche von einem Dritten an Kindesstatt angenommen sind, überhaupt zusteht. Das Landgericht hat diese Frage verneint; das Berufungsgericht hat sie bejaht, in Übereinstimmung mit den Gründen, aus denen von dem Reichsgericht in dem Urteil zur Sache Rep. IV. 152/89 vom 20. Juni 1889 (Entsch. in Zivils. Bd. 24 S. 250) für den Geltungsbereich des preußischen Allgemeinen Landrechts ein solcher Anspruch anerkannt worden ist. Für die gegenwärtig vorliegende Streitsache ist jedoch das Bürgerliche Gesetzbuch maßgebend, und dessen Anwendung führt zu derjenigen Entscheidung, zu welcher das Landgericht gelangt ist.

Nach den Bestimmungen des Bürgerlichen Gesetzbuchs erlangt ein an Kindesstatt angenommenes Kind die rechtliche Stellung eines ehelichen Kindes des Annehmenden (§ 1757 Abs. 1); es bleibt aber Angehöriger seiner Stammfamilie mit allen Rechten und Pflichten (§ 1764). Letzteres gilt indes selbstverständlich nicht schlechthin, sondern, wie in § 1764 ausgesprochen wird, nur soweit nicht das Gesetz ein anderes vorschreibt, da jener Grundsatz nicht Platz greifen kann, wenn und soweit er mit dem Zweck der Annahme an Kindesstatt unvereinbar wäre. Es erlischt daher zufolge § 1765 Abs. 1 die elterliche Gewalt der leiblichen Eltern ebenso wie das Fürsorgerecht der unehelichen Mutter; es ändert sich die Unterhaltspflicht gemäß § 1766; es kommt, wie in § 1306 bestimmt wird, das Recht der leiblichen Eltern zur Einwilligung in die Eheschließung des Kindes in Wegfall, und es äußert nach den Vorschriften in den §§ 1776 Nr. 2, 1786 Abs. 1 Nr. 3, 1899 Abs. 2 die Annahme an Kindesstatt Wirkungen in Ansehung des Rechtes der Vormundschaft. Über die Befugnis der leiblichen Eltern zum persönlichen Verkehr mit deren Kinde trifft das Bürgerliche Gesetzbuch keine Bestimmung. Gleichwohl würde ein Anspruch der leiblichen Eltern auf solchen Verkehr anzuerkennen sein, indes nur unter der Voraussetzung, daß ein derartiger Anspruch sich aus dem Verhältnis zwischen Eltern und Kindern herleiten ließe und mit der Annahme an Kindesstatt vereinbar wäre. Diese Voraussetzungen treffen indes nicht zu.

Nach dem Rechte, wie es das Bürgerliche Gesetzbuch gestaltet hat, ist die Befugnis zum persönlichen Verkehr mit einem Kinde nicht eine Folge der Blutsverwandtschaft schlechthin, d. h. es darf nicht jeder, der mit dem Kinde verwandt ist, das Recht zum persönlichen Verkehr mit demselben in Anspruch nehmen. Auch die Verpflichtung, dem Kinde Unterhalt zu gewähren, bringt das Recht zum persönlichen Verkehr nicht mit sich; das Verhältnis, aus dem ein solches Recht folgt, ist vielmehr die Sorge für die Person des Kindes, da diese Sorge zufolge § 1631 Abs. 1 das Recht der Erziehung umfaßt. Die Erziehung steht der Regel nach den Eltern zu, während bestehender Ehe der Mutter neben dem Vater, und aus diesem Grunde haben regelmäßig beide Eltern die Befugnis zum persönlichen Verkehr mit dem Kinde (vgl. §§ 1634, 1684, 1697, 1698, 1705). Daneben ist freilich in § 1636 bestimmt, daß im Falle der Scheidung derjenige Ehegatte, dem nach § 1635 die Sorge für die Person des Kindes nicht zusteht, die Befugnis behält, mit dem Kinde persönlich zu verkehren. Eine gleiche Vorschrift fand sich bereits im ersten Entwurf des Bürgerlichen Gesetzbuchs als § 1457, und in den Motiven (Bd. IV S. 628) wird dazu bemerkt, es lasse sich dieselbe vielleicht schon aus allgemeinen Gründen ableiten; doch sei es bei der praktischen Wichtigkeit der Frage als ratsam erachtet, eine ausdrückliche Bestimmung aufzunehmen. Hieraus darf indes nicht gefolgert werden, daß den Eltern das Recht zum Verkehr mit den Kindern als ein aus dem Verwandtschaftsverhältnis entspringendes, unter allen Umständen geltendes Elternrecht zustehe. Das Bürgerliche Gesetzbuch ist bei Regelung des Verhältnisses der ehelichen Kinder davon ausgegangen, daß in Ansehung der elterlichen Gewalt und des hiermit verbundenen Erziehungsrechts grundsätzlich beide Gatten gleichzustellen, und ihre Rechte nur durch die des anderen beschränkt seien (vgl. Motive zum ersten Entwurf Bd. IV S. 736); es hat ferner der Scheidung einen Einfluß auf die elterliche Gewalt nur hinsichtlich des Fürsorgerechts eingeräumt und dieses demjenigen Ehegatten, der gesetzlich von demselben ausgeschlossen wird, nicht dauernd, sondern nur für so lange, als der andere Gatte lebt, entzogen (§ 1635). Im Hinblick hierauf erscheint die Bestimmung, die der § 1636 B.G.B. enthält, so sehr in der Natur des Verhältnisses begründet, daß sie vielleicht auch dann, wenn sie nicht in das Gesetz aufgenommen wäre, Anerkennung gefunden hätte. Ganz andere Erwägungen haben jedoch bei der Annahme an Kindesstatt Platz zu greifen. Im Falle der Scheidung tritt eine Änderung hinsichtlich des Fürsorgerechts kraft Gesetzes ein; die Annahme an Kindesstatt erfolgt dagegen lediglich auf Grund eines Vertrags (§ 1741), der in Ansehung eines Kindes unter einundzwanzig Jahren der Einwilligung der Eltern oder, wenn das Kind ein uneheliches ist, der Mutter bedarf (§ 1747). Ein noch unmündiges Kind kann mithin ohne den Willen seiner Eltern oder, wenn es unehelich ist, seiner Mutter, nicht an Kindesstatt angenommen werden, und daher ist ein innerer Grund, der dafür spräche diesen Personen gleichwohl die Befugnis zum persönlichen Verkehr als ein ihnen zustehendes Recht zu lassen, keineswegs in dem Maße, wie im Falle der Scheidung, anzuerkennen. Wird das berücksichtigt, so gewinnt das Fehlen einer gesetzlichen Anerkennung eines solchen Rechts eine besondere Bedeutung. Als Folge der Annahme an Kindesstatt wird in § 1765 Abs. 1 B.G.B. ausgesprochen, daß die leiblichen Eltern die elterliche Gewalt, mithin auch das hiermit verbundene Fürsorgerecht, über das Kind verlieren, ebenso die uneheliche Mutter das ihr zustehende Fürsorgerecht. Freilich werden dadurch die rechtlichen Beziehungen zwischen den leiblichen Eltern und der

Person des Kindes nicht endgültig gelöst; denn nach § 1765 Abs. 2 B.G.B. geht die elterliche Gewalt für die leiblichen Eltern allerdings mit der Annahme an Kindesstatt verloren und kann nicht wieder aufleben; aber das Fürsorgerecht erhalten sie zurück, wenn sie in die Lage kommen, dem Kinde Unterhalt gewähren zu müssen, und wenn daneben der Fall eintritt, daß die elterliche Gewalt des Annehmenden endigt oder wegen Geschäftsunfähigkeit desselben oder nach § 1677 B.G.B. ruht. Allein diese Möglichkeit, daß das Recht und die Pflicht der leiblichen Eltern, für die Person des Kindes zu sorgen, wieder eintritt, kann nicht dazu führen, ihnen während der Zwischenzeit die Befugnis des persönlichen Verkehrs mit dem Kinde zuzusprechen; denn eine ausdrückliche gesetzliche Bestimmung hierüber fehlt, und den § 1636 auf den Fall der Annahme an Kindesstatt anzuwenden, erscheint nicht bloß aus dem schon hervorgehobenen Grunde, daß die leiblichen Eltern in dem letzteren Falle das Fürsorgerecht, wenn es ihnen zustand, freiwillig aufgeben, sondern namentlich deshalb nicht angängig, weil eine solche Anwendung dem Zweck der Annahme an Kindesstatt zuwiderlaufen würde. Dieses Rechtsinstitut soll, wie das Landgericht hervorhebt, namentlich dazu dienen, kinderlosen Eheleuten einen Ersatz für eigene Kinder zu schaffen oder dem Kinde eine bessere Lebensstellung zu gewähren, besonders ihm den Makel unehelicher Geburt zu nehmen. Soll aber sein Zweck voll erreicht werden, so ist es geboten, daß das Kind nicht bloß, wie in § 1757 Abs. 1 bestimmt wird, die rechtliche Stellung eines ehelichen Kindes des Annehmenden erlangt, sondern lediglich seiner alleinigen Erziehung unterstellt wird, und das würde beeinträchtigt, wenn den leiblichen Eltern die Befugnis des persönlichen Verkehrs mit dem Kinde verbliebe. Überdies liegt die Gefahr nahe, daß eine solche Befugnis mißbraucht werden könnte, um auf den Annehmenden einen Druck auszuüben. Den leiblichen Eltern ist deshalb, solange sie nicht etwa gemäß § 1765 Abs. 2 B.G.B. die Sorge für das Kind zurückerhalten, jeder Einfluß auf dessen Erziehung und folgeweise auch die Befugnis zum persönlichen Verkehr zu versagen, und hierin kann der Tod des Annehmenden an und für sich nichts ändern.

Eine Beeinträchtigung der Ansprüche, die den leiblichen Eltern trotz der Annahme an Kindesstatt den Kindern gegenüber nach sittlicher Anschauung zustehen, ist nicht zu befürchten. Derjenige, dem das Erziehungsrecht gebührt, soll dasselbe nicht mißbrauchen, widrigenfalls das Vormundschaftsgericht gemäß § 1666 Abs. 1 B.G.B. zum Einschreiten berufen ist, und diese Bestimmung gilt auch für die Erziehung eines an Kindesstatt angenommenen Kindes; der Annehmende soll bei der Erziehung des Kindes auf dessen Verhältnis zu seinen leiblichen Eltern diejenige Rücksicht nehmen, die das Sittengesetz erfordert, da auch das zum Wohle des Kindes zu beobachten ist. Wie weit diese Rücksicht zu gehen hat, ist jedoch dem Ermessen des Annehmenden oder, nach seinem Tode, des Vormunds überlassen, und nur wenn dies Ermessen ungehörig ist, also etwa den leiblichen Eltern der persönliche Verkehr mit dem Kinde ohne verständigen Grund in unpassender Weise abgeschnitten wird, kann das Vormundschaftsgericht die erforderlichen Anordnungen treffen. Im Wege des Prozesses kann dagegen nicht hierüber entschieden werden.

Hiernach kann dahingestellt bleiben, ob eine Feststellung, wie sie im vorliegenden Fall beantragt wurde, überhaupt zulässig ist, und ob ein Urteil, wie es von dem Berufungsgericht erlassen wurde, der Zivilprozeßordnung entspricht. Die Klage war vielmehr schon deshalb abzuweisen, weil der erhobene Anspruch nicht im Rechtswege verfolgt werden kann."

---

15. 1. **Enthält es eine schon an sich rechtswidrige Verletzung eines Rechtes im Sinne von § 823 Abs. 1 B.G.B., wenn bei einem Streite zwischen Arbeitnehmern und Arbeitgebern über die Arbeitsbedingungen die Arbeitnehmer oder Dritte, die sich auf deren Seite stellen, in öffentlichen Kundgebungen die Arbeiterschaft oder auch das Publikum im allgemeinen auffordern, nur Waren solcher Arbeitgeber zu kaufen, welche die Forderungen der Arbeitnehmer bewilligt haben, und wenn dabei Listen derjenigen Arbeitgeber, welche dies getan haben, bekannt gegeben werden? Liegt in solchem Vorgehen eine wider die guten Sitten verstoßende Handlung (§ 826 B.G.B.)?**

2. **Zu wessen Schutz sollen die Bestimmungen in § 153 Gew.O. dienen? Stellt es bei einem Kampfe der dort bezeichneten Art einen Verstoß gegen diese Bestimmungen dar, wenn ein Arbeitnehmerverband seinen Mitgliedern, welche die von der Verbandsleitung ge-**

troffenen Anordnungen nicht befolgen würden, die Ausschließung aus dem Verbande in Aussicht stellt?

VI. Zivilsenat. Urt. v. 12. Juli 1906 i. S. B. u. Gen. (Kl.) w. A. u. Gen. (Bekl.). Rep. VI. 497/05.

I. Landgericht Kiel.
II. Oberlandesgericht daselbst.

Im März 1904 stellte ein Teil der in Kiel beschäftigten Bäckergesellen einem in einer öffentlichen Versammlung gefaßten Beschlusse gemäß an die Arbeitgeber des Bäckergewerbes in Kiel und Umgegend eine Reihe auf Verbesserung der Lage der Gesellen gerichteter Forderungen; vor allem verlangten sie, daß die Gesellen von den Arbeitgebern nicht mehr Wohnung und Kost, sondern dafür eine Vergütung von 12 ℳ wöchentlich erhalten und einen Mindestlohn von 22 ℳ für die Woche bekommen sollten.

Da zahlreiche Arbeitgeber sich dem nicht fügten, wurde beschlossen, daß die Arbeit bei ihnen eingestellt, und über ihre Geschäfte der Boykott verhängt werden solle. Die Streikleitung übernahm der Beklagte N. Von diesem wurde in Form von Flugblättern und von Inseraten in der von der Beklagten zu 3 verlegten Zeitschrift „Schleswig-Holsteinsche Volkszeitung" zahlreiche Kundgebungen veröffentlicht, in denen ausgeführt wurde, daß die von den Bäckergesellen erhobenen Forderungen billige, sogar bescheidene seien, und an deren Erfüllung, soweit es sich um die Beseitigung der Einrichtung, daß die Bäckergesellen bei den Meistern wohnten, handle, auch das ganze Publikum interessiert sei; daran wurde die Aufforderung geknüpft, die Bevölkerung von Kiel und Umgegend solle die Bäckergesellen „in ihrem schweren Kampfe um Erringung menschenwürdiger Lohn- und Arbeitsbedingungen" dadurch unterstützen, daß sie Backwaren, insbesondere Brot, nur aus solchen Bäckereien kaufe, welche die berechtigten Forderungen der Bäckereiarbeiter bewilligt hätten. Zugleich wurde eine Liste derjenigen Bäckermeister und Brotfabriken, die dies getan hätten, bekannt gegeben. Mit besonders eindringlichen Worten wurde diese Aufforderung an die Arbeiter und Arbeiterinnen gerichtet.

Das Gewerkschaftskartell in Kiel, „eine Vereinigung sämtlicher in Kiel und Umgegend bestehenden selbständigen Filialen, bzw. Sektionen gewerkschaftlicher Zentralverbände und der Lokalverbände solcher Branchen, für die eine Zentralisation in Deutschland nicht besteht", deren Vorsitzender der Beklagte A. war, beschloß den Streik der Bäckergesellen zu unterstützen und gab dies durch einen Artikel in der Schleswig-Holsteinschen Volkszeitung bekannt, in dem insbesondere auch ausgesprochen war, daß der Boykott gegen die den Forderungen der Bäckergesellen nicht nachgebenden Arbeitgeber von dem Kartell „in aller Form zu Recht" beschlossen, es also die Pflicht der organisierten Arbeiter sei, sich streng an diese Beschlüsse zu halten.

Zu den Arbeitgebern, welche die von den Gesellen verlangten Einrichtungen in ihren Betrieben nicht getroffen hatten, bzw., soweit sie überhaupt keine Gesellen beschäftigten, die obenerwähnten Forderungen als berechtigt anzuerkennen verweigert hatten, gehörten die Kläger; sie waren deshalb in den Listen der Arbeitgeber, deren Backwaren allein gekauft werden sollten, nicht mit aufgeführt. Sie erhoben Klage gegen das Gewerkschaftskartell, gegen dessen Vorsitzenden A., den Streikleiter N. und die Firma Chr. H. & Co. als Verlegerin der Schleswig-Holsteinschen Volkszeitung und Druckerin der Flugblätter und verlangten Schadensersatz, sowie Verurteilung der Beklagten zur Unterlassung von Kundgebungen der oben bezeichneten Art.

Das Landgericht verurteilte die Beklagten zur Unterlassung solcher Kundgebungen und erklärte den Schadensersatzanspruch für dem Grunde nach berechtigt. Dagegen wies das Oberlandesgericht die Klage ab. Die Revision der Kläger wurde vom Reichsgericht zurückgewiesen aus den folgenden

Gründen:

„Die Kläger haben zur Begründung ihrer Klaganträge hauptsächlich geltend gemacht: die Beklagten hätten durch ihre Handlungen das Recht der Kläger auf den Betrieb ihrer bestehenden gewerblichen Unternehmungen verletzt, indem sie den Warenabsatz in weitgehendem Maße verhindert hätten (§ 823 Abs. 1 B.G.B.); ihr Verhalten verstoße ferner gegen die Schutzvorschriften des § 153 Gew.O. und der §§ 185, 186 St.G.B. (§ 823 Abs. 2 u. § 824 B.G.B.) und stelle eine gegen die guten Sitten verstoßende Handlung dar, durch welche sie das Vermögen der Kläger vorsätzlich geschädigt hätten (§ 826 B.G.B.).

Das Berufungsgericht ist bei eingehender Würdigung des gesamten Vorbringens der Kläger zu dem Ergebnis gelangt, daß die Klaganträge nicht berechtigt seien, und es ist ihm hierin beizutreten gewesen.

Zweifellos erscheint dies, soweit die Klage auf die Bestimmungen in §§ 185, 186 St.G.B. in Verbindung mit § 823 Abs. 2 B.G.B. und auf § 824 B.G.B. hat gestützt werden sollen. In dem Berufungsurteil ist hierüber bemerkt, die Mitteilung, daß die Kläger sich den Forderungen der Bäckergesellen nicht gefügt hätten, sei an sich nicht ehrverletzend. Wenn in den von den Beklagten veröffentlichten Kundgebungen die Forderungen der Gesellen, soweit sie auf Änderung der Einrichtung, daß in der Bäckereibranche die Gewerbegehilfen von den Arbeitgebern Wohnung und Kost erhielten, und auf Gewährung eines Mindestlohnes von 22 ℳ wöchentlich gerichtet waren, als bescheiden bezeichnet seien, so würden damit die widerstrebenden Arbeitgeber zwar als zähe Verfechter ihrer Standesinteressen hingestellt; es werde aber nichts behauptet, was sie verächtlich zu machen oder in der öffentlichen Meinung herabzuwürdigen geeignet wäre. Darauf sei auch die Absicht der Beklagten nicht gerichtet gewesen; die Kundgebungen hätten vielmehr nur den Zweck verfolgt, die Kläger und die auf ihrer Seite stehenden Bäckermeister zu bestimmen, den von den Beklagten vertretenen Wünschen der Bäckergehilfen nachzugeben, insoweit einen Druck auf sie zu üben. Diese Ausführungen sind, soweit sie der Nachprüfung in der jetzigen Instanz unterliegen, als zutreffend anzuerkennen....

Wenn die Kläger sich weiter auf § 823 Abs. 1 B.G.B. berufen haben, so ist allerdings von dem Reichsgerichte mehrfach ausgesprochen worden, daß ein bereits eingerichteter und ausgeübter Betrieb eines selbständigen Gewerbes ein Rechtsgut sei, dessen Verletzung negatorische Abwehr und Anspruch auf Schadensersatz nach § 823 Abs. 1 B.G.B. begründen könne. Allein dies trifft doch jedenfalls nur dann zu, wenn ein solcher Gewerbebetrieb widerrechtlich gestört worden ist. Nun kann aber nicht davon die Rede sein, daß eine Handlung schon deshalb rechtswidrig wäre, weil sie für den Ertrag des Gewerbebetriebes eines anderen nachteilig ist; eine solche Wirkung haben, und zwar unter Umständen in durchgreifendster Weise, auch Handlungen, die Ausfluß der allgemeinen und speziell der gewerblichen Handlungsfreiheit dessen, der sie vornimmt, sind und diesem in gleicher Weise freistehen, wie dem geschädigten Unternehmer sein eigener Gewerbebetrieb. Zu den an sich erlaubten Handlungen gehören auch die Koalitionen gewerblicher Arbeiter zur Erlangung günstiger Lohn- und Arbeitsbedingungen, und die zur Erreichung dieses Zweckes von solchen Koalitionen oder ihnen zur Seite tretenden Personen ergriffenen Maßnahmen sind keineswegs schon deshalb rechtswidrig, weil durch sie bestehende selbständige Gewerbebetriebe geschädigt werden. Es kann sich also nur darum handeln, ob die im vorliegenden Falle von den Beklagten ins Werk gesetzten Maßregeln über dasjenige hinausgehen, was in dem Lohn- und Klassenkampf zwischen Arbeitgebern und Arbeitnehmern als statthaft anzusehen ist. Daß dies schlechthin von der Boykottierung Gewerbetreibender durch Arbeiterkoalitionen gelte, kann der Revision nicht zugegeben werden. Sie ist ein Kampfmittel, das gleich dem Streik dazu dienen soll, einen Zwang auf die Arbeitgeber auszuüben; in dem einen Falle geschieht dies dadurch, daß versucht wird, dem Gewerbetreibenden die Produktion von Waren zeitweilig unmöglich zu machen oder zu erschweren, das andere Mal in der Weise, daß ihm zeitweilig der Absatz seiner Waren verkümmert wird. Ein zureichender Grund, diese beiden einander nahestehenden Kampfmittel bezüglich ihrer Statthaftigkeit grundsätzlich verschieden zu beurteilen, liegt nicht vor. Der Boykott hat auch, ebenso wie der Streik, ein Gegenstück in den Kampfmitteln, deren sich die Arbeitgeber gegenüber den Arbeitnehmern bedienen; dem Streik entspricht die Arbeiteraussperrung, die ein Arbeitgeber gegenüber den bei ihm beschäftigten Arbeitern oder Gruppen von solchen eintreten läßt, und der Sache nach ein Boykott ist es, wenn Verbände von Arbeitgebern nach einer von ihnen getroffenen Vereinbarung einzelne Arbeiter oder ganze Kategorien von solchen — z. B. alle organisierten Arbeiter ihrer Branche — von der Beschäftigung in allen dem Verbande angehörenden Betrieben ausschließen.

Das Verhalten der Beklagten enthält also keine Störung des Gewerbebetriebes der Kläger, die schon an sich als rechtswidrig erachtet werden könnte.

Der Vorinstanz ist aber, wenigstens im Ergebnis, auch darin beizupflichten, daß den Beklagten keine unerlaubte Handlung im Sinne von § 153 Gew.O. zur Last fällt. In den Vorinstanzen war nach dieser Richtung geltend gemacht, in der von dem Beklagten A. unterzeichneten Kundgebung des mitverklagten Gewerkschaftskartells sei gegen diejenigen Arbeiter, welche dem Beschlusse des Kartells in betreff des über einen Teil der Kieler Bäckermeister und Brotfabrikanten verhängten Boykotts keine Folge leisten würden, die Drohung ausgesprochen, daß sie von dem Kartell zur Rechenschaft gezogen werden würden. Hierdurch hätten diese beiden Beklagten und ebenso die verklagte Handelsgesellschaft Chr. H. & Co., welche diese Kundgebungen in der von ihr verlegten Zeitung zum Abdrucke gebracht habe, sich des in § 153 Gew.O. mit Strafe bedrohten Vergehens schuldig gemacht und ein Schutzgesetz im Sinne von § 823 Abs. 2 B.G.B. zum Nachteil der Kläger verletzt. Das Berufungsgericht hat nach dieser Richtung ausgeführt: in der erwähnten Kundgebung könne eine widerrechtliche Drohung gefunden werden; aber die Widerrechtlichkeit bestehe nur gegenüber den Bedrohten, nicht gegenüber den Klägern; diese könnten sich also auf die Verletzung des Schutzgesetzes nicht berufen.

Dieser Auffassung kann nicht beigetreten werden. Gewiß sollen durch die Strafvorschrift des § 153 vor allem diejenigen Personen, welche bei einem zur Erlangung günstiger Lohn- und Arbeitsbedingungen entbrannten oder in Aussicht genommenen Kampfe als Teilnehmer gewonnen oder festgehalten werden sollen, dagegen geschützt werden, daß dies durch Anwendung der in § 153 bezeichneten rechtswidrigen Mittel geschehe; allein weder der Wortlaut des Gesetzes noch die Natur der Sache berechtigen zu der Annahme, daß sich die Absicht des Gesetzgebers hierauf beschränkt; es ist vielmehr anzunehmen, daß dieser im allgemeinen Interesse und auch in demjenigen des Gegners, der bekämpft und zur Bewilligung der angestrebten Lohn- und Arbeitsbedingungen genötigt werden soll, verhüten wollte, daß Personen durch einen unerlaubten gegen sie geübten Zwang an dem Kampfe beteiligt werden. Es würden daher die Beklagten zu 1, 3 und 4, sofern sie sich eines Vergehens gegen § 153 Gew.O. schuldig gemacht hätten, ein Gesetz verletzt haben, das auch den Schutz der Kläger bezweckt. Indes kann nach Lage der Sache nicht angenommen werden, daß ihnen ein solches Vergehen zur Last fällt.

Die hier in Frage kommende Kundgebung ... trägt die Überschrift: „An die organisierte Arbeiterschaft von Kiel und Umgegend"; sie stellt fest, daß das Kieler Gewerkschaftskartell am 27. März 1904 beschlossen habe, die Bäcker in ihrem Kampfe mit den Arbeitgebern zu unterstützen, und zwar so, daß die organisierten Arbeiter verpflichtet sein sollten, ihren Bedarf an Backwaren nur aus den Bäckereien zu beziehen, in denen die Forderungen der Gehilfen bewilligt seien; es sollten auch Backwaren nur bei solchen Geschäftsleuten gekauft werden, die ihren ganzen Bedarf aus Bäckereien bezögen, welche jene Forderungen bewilligt hätten. Dem hätte eine am 28. März abgehaltene Volksversammlung zugestimmt. Im Anschluß hieran heißt es: „Der Boykott ist also in aller Form zu Recht beschlossen. Die organisierten Arbeiter haben deshalb die Pflicht, sich streng an diese Beschlüsse zu halten. Wer diesen Beschlüssen nicht nachkommt, vergeht sich gegen die Pflichten, die er mit dem Eintritt in die Organisation anerkannt hat. Die Gewerkschaften ihrerseits haben sich verpflichtet, streng darauf zu achten, daß die Mitglieder die gefaßten Beschlüsse beachten, und alle Mitglieder bei vorkommenden Verstößen zur Rechenschaft zu ziehen. Es hat bisher den Anschein gehabt, als ob die organisierte Arbeiterschaft die Durchführung des Boykotts noch nicht ernsthaft in Angriff genommen hätte. Das muß nun anders werden" ꝛc. Die Kundgebung richtete sich hiernach lediglich an diejenigen Arbeiter, welche einer Organisation angehörten, die an dem Gewerkschaftskartell beteiligt war. Sie erinnert diese Arbeiter an die Pflichten, die sie durch den Beitritt zu einer solchen Organisation vertraglich übernommen hätten, und fordert sie auf, diese Pflichten durch Befolgung des von dem Gewerkschaftskartell gefaßten, durch eine Volksversammlung bestätigten Beschlusses zu erfüllen. Wenn hieran die Bemerkung geknüpft ist, organisierte Arbeiter, welche dieser Aufforderung nicht entsprächen, würden dafür zur Rechenschaft gezogen werden, so kann dies nur dahin verstanden werden: es würden gegen solche Mitglieder von Arbeiterorganisationen diejenigen Maßregeln ergriffen werden, welche nach den Satzungen dieser Organisationen gegen Mitglieder, die ihre Pflichten nicht erfüllten, ergriffen werden könnten. Worin diese Maßregeln bestehen, ist in der Kundgebung nicht ausgesprochen; die Parteien haben auch hierüber keine Angaben gemacht. Der Natur der Sache entspricht es, anzunehmen, daß solche Mitglieder aus der Organisation ausgeschlossen werden können; der Vertreter der Kläger hat sich auch in der Revisionsverhandlung in diesem Sinne ausgesprochen. Die Kundgebung des Gewerkschaftskartells muß deshalb dahin verstanden werden: organisierte Arbeiter von Kiel und Umgegend hätten, wenn sie dem von dem Gewerkschaftskartell gefaßten Beschlusse nicht Folge leisten würden, ihre Ausschließung aus der Organisation, der sie angehörten, zu gewärtigen. Nun sind durch § 153 Gew.O. nur widerrechtliche Drohungen, durch welche die dort bezeichneten Zwecke erreicht werden sollen, unter Strafe gestellt; widerrechtlich in diesem Sinne sind aber Androhungen nicht, wenn dem Drohenden kraft besonderen Rechtstitels ein Zwangsrecht gegenüber dem Bedrohten zusteht.

Vgl. Entsch. des R.G.'s in Strafs. Bd. 14 S. 387.

Danach ist darin, daß ein Verein von Arbeitnehmern, der in einen Kampf zur Erlangung günstiger Lohn- und Arbeitsbedingungen eingetreten ist, in Gemäßheit seiner Satzungen denjenigen seiner Mitglieder, die sich an dem Kampfe nicht beteiligen würden, lediglich den Verlust ihrer Mitgliedschaft in Aussicht stellt, eine Verletzung des in § 153 enthaltenen Verbotes nicht zu finden.

Die Kläger haben in der Revisionsverhandlung darzulegen gesucht, daß allen Beklagten ein Vergehen gegen § 153 deshalb zur Last falle, weil sie versucht hätten, durch Drohungen die Kläger und überhaupt alle Bäckermeister von Kiel und Umgegend zu nötigen, den von den Bäckergesellen bezüglich der Gestaltung ihrer Arbeitsverhältnisse getroffenen Verabredungen beizutreten; die Revision beruft sich insoweit auf das in den Entsch. des R.G.'s in Strafs. Bd. 36 S. 236 flg. abgedruckte Urteil des 3. Strafsenats vom 30. April 1903.

Auch dieser Angriff ist unbegründet. Es mag dahingestellt bleiben, ob der erkennende Senat der dem angezogenen Urteil zugrunde liegenden Auslegung des Wortes „andere" in § 153 insoweit beipflichten könnte, daß darunter unter Umständen auch Personen zu rechnen seien, welche ihrer Stellung nach nicht zu der Partei gehören, für welche durch Anwendung von Kampfmitteln günstigere Arbeits- und Lohnbedingungen erlangt werden sollen. Denn wenn dies auch anzuerkennen wäre, so würde doch daraus keinesfalls die von der Revision vertretene Folgerung abgeleitet werden dürfen. Im vorliegenden Falle hat es sich für die mit ihren bisherigen Arbeitsverhältnissen unzufriedenen Bäckergesellen und diejenigen, welche ihnen beistehen wollten, darum gehandelt, die Kläger und die übrigen der Bäckereibranche angehörigen Gewerbtreibenden von Kiel und Umgegend, von denen die Forderungen der Gesellen nicht bewilligt worden waren, hierzu durch Arbeitseinstellung und Verkümmerung des Warenabsatzes zu nötigen. Diese Gewerbtreibenden, darunter die Kläger, waren also die Gegner, wider die sich der von den Arbeitnehmern und ihren Parteigängern unternommene Kampf richtete. Nach der Ansicht des erkennenden Senats muß es aber als ausgeschlossen angesehen werden, daß es unter die durch § 153 verbotenen Drohungen falle, wenn die Partei, welche durch an sich erlaubte Kampfmittel günstigere Lohn- und Arbeitsbedingungen zu erlangen strebt, den Gegnern die bevorstehende Anwendung dieser Kampfmittel ankündigt und dadurch auf deren Entschließung über die streitigen Fragen einzuwirken sucht. Die Mittel, mit denen bei Streitigkeiten der in § 152 Gew.O. bezeichneten Art angriffs- oder verteidigungsweise gekämpft wird, sind regelmäßig darauf berechnet, den widerstrebenden Willen des Gegners zu beugen, diesen durch Zufügung eines Übels zum Nachgeben zu zwingen, und die wirkliche Anwendung der dabei in Betracht kommenden Maßnahmen stellt, verglichen mit der bloßen Androhung derselben, das schärfere, zur Brechung des Widerstandes wirksamere Mittel dar. Es erscheint unmöglich, anzunehmen, daß der Gesetzgeber das intensivere Zwangsmittel habe gestatten, das mildere aber mit Strafe bedrohen wollen; es wäre das auch vom Standpunkte der Zweckmäßigkeit aus gar nicht zu verstehen.

An der Befolgung dieser Auffassung ist der erkennende Senat durch das Urteil des 3. Strafsenats vom 30. April 1903 nicht gehindert, da der von diesem entschiedene Fall wesentlich anders lag, als der jetzige. Damals hatte sich eine aus Arbeitgebern und Arbeitnehmern zusammengesetzte Vereinigung gebildet, und es wurde versucht, alle Arbeitgeber des Bezirks, für den die Vereinigung gegründet war, zu nötigen, die von dieser aufgestellten Arbeitsbedingungen auch in ihren Betrieben einzuführen. Hier handelt es sich um einen Kampf, der lediglich zwischen Arbeitnehmern auf der einen, Arbeitgebern auf der andern Seite geführt worden ist zu dem Zwecke, die bekämpften Arbeitgeber zu bestimmen, ihren Arbeitern statt gewisser Naturalleistungen eine Geldvergütung und einen bestimmten Minimallohn zu gewähren.

Beizustimmen ist dem Berufungsgericht endlich auch in der Annahme, daß den Beklagten keine nach § 826 B.G.B. rechtswidrige Handlungsweise zur Last zu legen sei, da das, was sie getan, weder nach dem Ziel, das sie erstrebten, noch nach den Mitteln, mit denen sie es zu erreichen suchten, als gegen die guten Sitten verstoßend anzusehen sei.

Mit Recht hat die Vorinstanz hierbei, was das gesteckte Ziel anlangt, davon Abstand genommen, zu erörtern und zu entscheiden, ob die von den Beklagten vertretenen Wünsche der Bäckergesellen, insbesondere ihr Verlangen, es solle ihnen nicht mehr Wohnung und Beköstigung in Natur gewährt, sondern dafür eine angemessene Geldsumme gezahlt werden, sachlich berechtigt gewesen sind. Die Annahme, daß das Verhalten der Beklagten wegen des von ihnen verfolgten Zweckes als wider die guten Sitten verstoßend anzusehen sei, erscheint schon dann hinfällig, wenn sie die von ihnen angestrebte Änderung der Arbeitsverhältnisse der Bäckergesellen als in deren Interesse geboten angesehen haben, und es kann auch den Beklagten der Nachweis dafür, daß dies der Fall gewesen sei, nicht angesonnen werden.

Vgl. auch Entsch. des R.G.'s in Straff. Bd. 30 S. 236 flg.

Was aber das angewendete Mittel anlangt, so ist schon oben ausgesprochen worden, daß in dem Lohn- und Klassenkampf der Arbeiter und Arbeitgeber der Boykott nicht schon an sich als eine unerlaubte und gegen die guten Sitten verstoßende Maßnahme betrachtet werden kann; die besonderen Verhältnisse des vorliegenden Falles aber rechtfertigen für diesen eine abweichende Beurteilung nicht. Die Beklagten haben sich in ihren Kundgebungen aller persönlichen Anfeindungen oder Verdächtigungen der Kläger enthalten und sich im wesentlichen darauf beschränkt, die Kreise, an die sie sich wendeten, zu bitten, die Sache der Bäckergesellen dadurch zu unterstützen, daß sie bei ihrem Bezuge von Backwaren diejenigen, namentlich bekannt gegebenen, Gewerbtreibenden bevorzugten, welche die von den Gesellen bekämpfte Einrichtung abgeschafft und ihren Arbeitern den Minimallohn von 22 ℳ für die Woche bewilligt hätten. Dieses an sich nicht unerlaubte Vorgehen der Beklagten hat auch dadurch nicht den Charakter einer gegen die guten Sitten verstoßenden Handlung angenommen, daß die bezeichnete Bitte nicht bloß an die Arbeiter von

Kiel und Umgegend, sondern allgemein an die Bevölkerung dieses Bezirks gerichtet, und dazu die Presse benutzt worden ist. Es ist nicht unsittlich, auf diesem Wege weite Kreise für eine Sache zu interessieren und dadurch eine ausgiebige Hilfe für die Erreichung eines angestrebten Zieles zu gewinnen, solange nicht bei den hierauf gerichteten Kundgebungen besondere verwerfliche Mittel zur Anwendung gebracht werden.

Auf dem bezeichneten Wege wird oftmals die Beseitigung wirklicher oder vermeintlicher Übelstände angestrebt, und die Unterstützung gewisser Bevölkerungskreise zu erlangen versucht. Es sei insoweit auf die Kundgebungen hingewiesen, durch die vielfach zum Besten der kleineren Geschäftsbetriebe auf das Publikum in dem Sinne eingewirkt wird, daß ihm die Meidung der sog. Warenhäuser empfohlen und gewissermaßen als Pflicht hingestellt wird, und an die verwandten Bestrebungen gewisser Kreise erinnert, welche durch die Presse die Bevölkerung zu bestimmen suchen, bei Befriedigung ihrer Bedürfnisse christlichen Gewerbtreibenden den Vorzug vor solchen jüdischer Religion oder Abstammung zu geben.

Wie Kundgebungen dieser oder ähnlicher Art nicht schon an sich und wegen der Schädigung, welche durch die dabei empfohlenen Maßnahmen einzelnen Gewerbtreibenden oder Kreisen von solchen bereitet wird, als gegen das Anstandsgefühl aller billig und gerecht Denkenden verstoßend angesehen werden, so kann dies auch dann nicht ohne weiteres angenommen werden, wenn Arbeitnehmer zur Erringung günstigerer Arbeitsverhältnisse und zur Beseitigung von Zuständen und Einrichtungen, durch die sie sich beschwert fühlen, die Mitwirkung weiter Kreise des Publikums durch die Presse oder durch Flugblätter anrufen.

Daß auch im übrigen hier keine besonderen Verhältnisse vorliegen, die das Vorgehen der Beklagten als Verstoß wider die guten Sitten erscheinen lassen, daß insbesondere Erwägungen, wie sie in dem Urteile des erkennenden Senats vom 17. März 1904 — Entsch. in Zivils. Bd. 57 S. 418 flg. — zur Geltung gebracht worden sind, eine solche Beurteilung nicht bedingen, ist in dem angefochtenen Urteile zutreffend und erschöpfend dargelegt worden." ...

16. Verwendung einer Firma in abgekürzter Gestalt zur Warenbezeichnung.

Gesetz zum Schutz der Warenbezeichnungen vom 12. Mai 1894 § 13.

II. Zivilsenat. Urt. v. 13. Juli 1906 i. S. S. & Cie. (Kl.) w. Pfälzische Nähmaschinen- und Fahrräderfabrik, vorm. Gebr. Kayser (Bekl.). Rep. II. 35/06.

I. Landgericht Kaiserslautern.
II. Oberlandesgericht Zweibrücken.

Seit 1864 bestand zu Kaiserslautern eine Nähmaschinenfabrik unter der Firma Gebr. Kayser. Sie wurde im Jahre 1891 in eine Aktiengesellschaft, die jetzige Beklagte, umgewandelt, deren Firma ursprünglich „Pfälzische Nähmaschinen- und Fahrräderfabrik" lautete. Neben der Aktiengesellschaft, deren Hauptgründer und Leiter die Teilhaber der Firma Gebr. Kayser waren, blieb die Firma „Gebr. Kayser in Liquidation" eingetragen. Tatsächlich führte die Aktiengesellschaft seit ihrem Bestande noch den Zusatz „vorm. Gebr. Kayser". Dieser Zusatz wurde indes erst durch Beschluß der Generalversammlung vom 29. Dezember 1899 aus Anlaß der Anpassung des Gesellschaftsvertrags an das neue Recht der Firma einverleibt und am 18. Januar 1900 in das Handelsregister eingetragen. Die Firma Gebr. Kayser und später die Beklagte seit ihrem Bestande haben an den in ihrer Fabrik hergestellten Nähmaschinen das Wort „Kayser" auf dem Arm, dem Gestell, dem Deckel und der Umhüllung angebracht und derart bezeichnete Nähmaschinen von jeher in den Verkehr gesetzt.

Die Klägerin betreibt einen Großhandel mit Nähmaschinen. Sie war im Jahre 1895 mit der Beklagten wegen Lieferung von Nähmaschinen in Unterhandlungen getreten, die zu keinem Ergebnisse führten. Auf ihren Namen ist mit Wirkung vom 20. April 1896 das Wort „Kaiser" für Nähmaschinen in der Zeichenrolle des Patentamts als Warenzeichen eingetragen. Spätere Versuche der Beklagten, sich das Wort „Original Kayser" als Warenzeichen für Nähmaschinen eintragen zu lassen, waren infolge des aus ihrem Zeichenrechte abgeleiteten Widerspruchs der Klägerin ergebnislos. Einer Anregung der Beklagten, das Warenzeichen „Kaiser" der Klägerin zu löschen, weil seine Eintragung nach § 4 Nr. 1 und 3 des Warenbezeichnungsgesetzes hätte versagt werden müssen, hat das Patentamt mit Beschluß vom 3. Oktober 1904 nicht stattgegeben.

Die Beklagte brachte ungeachtet wiederholter Verwarnungen von seiten der Klägerin fortgesetzt ihre Nähmaschinen, wie bisher, mit der Bezeichnung „Kayser" in den Verkehr. Durch die Klage war beantragt, der Beklagten den Gebrauch des Wortes „Kayser" für Nähmaschinen nach § 12 des Warenbezeichnungsgesetzes und mit den Folgen des § 19 jenes Gesetzes zu untersagen. Die Beklagte beantragte die Klage abzuweisen, sie berief sich auf den Rechtsschutz aus § 13 des Warenbezeichnungsgesetzes. Weitere Anträge der Klage und die Anträge einer Widerklage kommen hier nicht in Betracht. Die Revision der in den Vorinstanzen mit ihrer Klage abgewiesenen Klägerin wurde zurückgewiesen aus folgenden

Gründen:

. . . „Der erkennende Senat hat in dem Urteile vom 29. Dezember 1902 — Entsch. in Zivils. Bd. 56 S. 417 — die Frage erörtert, was im Sinne des § 13 des Warenbezeichnungsgesetzes unter einem Anbringen oder Gebrauch der Firma in abgekürzter Gestalt zu verstehen sei. Dort ist die eine weitere Auffassung jener Gesetzesbestimmung zulassende Ansicht gebilligt, unter ihren Schutz falle auch eine zum Teil willkürliche Abkürzung, wenn sie dem wesentlichen Inhalte der Firma als Schlagwort entnommen und als Abkürzung der Firma in den Abnehmerkreisen bekannt oder doch eingeführt sei. Der Senat hält an dieser Ansicht, der inzwischen auch der I. Zivilsenat in dem Urteile vom 3. Mai 1905 (Rep. I. 545/04, Jurist. Wochenschr. 1905 S. 409 Nr. 37) beigetreten ist, fest. Im Hinblick auf die Entstehung der verklagten Aktiengesellschaft aus der Firma Gebr. Kayser, den Gegenstand ihrer Fabrikation — Nähmaschinen — und die in diesem Fabrikationszweige bestehenden Übungen unterliegt die Annahme des Berufungsgerichts, daß das Wort „Kayser" an sich als eine diesen Anforderungen entsprechende und sonach durch § 13 geschützte Abkürzung der Firma „Pfälzische Nähmaschinen- und Fahrräderfabrik, vorm. Gebr. Kayser" beurteilt werden könne, keinem rechtlichen Bedenken.

Im Interesse des Schutzes älterer Zeichenrechte gegen solche willkürliche Abkürzungen jüngerer Firmen oder gegen solche erst nach Eintragung eines Warenzeichens zur Warenbezeichnung verwendete willkürliche Abkürzungen älterer Firmen sind in dem bezeichneten Urteile — a. a. O. S. 421 — die Rechtsgrundsätze aufgestellt: „Wenn eine Firma erst nach Eintragung des Warenzeichens entsteht oder erst nach Eintragung des Warenzeichens zur Warenbezeichnung verwendet wird, so ist der Gebrauch nur der zum Gemeingute gewordenen Abkürzungen zuzulassen, aus denen jedermann die wirkliche Firma zu erkennen vermag. Die im einzelnen Falle als Schlagwort dem wesentlichen Inhalte der Firma entnommene willkürliche Abkürzung kann den Schutz aus § 13 nur beanspruchen, wenn sie vor Eintragung des Warenzeichens als Abkürzung der Firma bei den Abnehmerkreisen eingeführt war." Für die Aufstellung dieser Einschränkungen war nicht etwa die Erwägung entscheidend, eine solche willkürliche spätere Abkürzung könne den Schutz des § 13 um deswillen nicht beanspruchen, weil sie aus unlauteren Bewegründen zur Bezeichnung der Ware verwendet werde; sie beruhte auf dem weitergehenden Ausgange, daß für die willkürlichen Abkürzungen älterer Firmen zur Zeit der Eintragung des Warenzeichens bereits ein Besitzstand vorhanden sein müsse. Deshalb wird in solchen Fällen durch guten Glauben und Fehlen unlauterer Motive allein noch nicht der Schutz des § 13 begründet; dazu ist nötig, daß schon bei Eintragung des Warenzeichens die willkürliche Abkürzung einer bestehenden Firma benutzt und in den Abnehmerkreisen als solche bekannt war.

Der gegebene Fall hat eine eigenartige Gestaltung. Die Mutterfirma des von der Beklagten betriebenen Fabrikationsgeschäftes war „Gebr. Kayser". Das Wort „Kayser" war zweifelsohne eine nach § 13 zulässige Abkürzung dieser Firma; es wurde von ihr auch als solche gebraucht zur Bezeichnung ihrer Nähmaschinen und war auch als solche Abkürzung in den beteiligten Verkehrskreisen bekannt. Der Firma Gebr. Kayser hätte daher gegen das jüngere Zeichen der Klägerin der Rechtsschutz des § 13 unbedingt zugestanden. Wie aus den Urteilsgründen des Berufungsgerichtes zu entnehmen ist, hat die Firma Gebr. Kayser bei Errichtung der verklagten Aktiengesellschaft dieser mit dem Geschäftsbetriebe das Recht zur Fortführung ihrer Firma mit einem das Nachfolgeverhältnis kund tuenden Zusatze — daher „vorm. Gebr. Kayser" — übertragen. Die verklagte Aktiengesellschaft hat auch tatsächlich ihre Firma mit jenem Zusatze geführt und entsprechend die Abkürzung „Kayser" zur Bezeichnung der von ihr hergestellten Nähmaschinen andauernd gebraucht Indes die Firmenführung mit jenem Zusatze und der Gebrauch des Wortes „Kayser" als Abkürzung der Firma der Beklagten war vorerst kein rechtlich geschützter. Denn nach dem Gesellschaftsvertrag und nach der Eintragung im Handelsregister lautete die Firma nur „Pfälzische Nähmaschinen- und Fahrräderfabrik". Die Nichtaufnahme jenes Zusatzes in die eingetragene Firma war veranlaßt durch die weit vertretene strenge Auslegung des Art. 18 Abs. 2 a. H.G.B., wonach nicht einmal ein derartiger den Namen von Gesellschaftern mittelbar enthaltender Zusatz gestattet sein sollte. Jener Zusatz „vorm. Gebr. Kayser" konnte auch nicht ohne Änderung des Gesellschaftsvertrages und ohne Eintragung im Handelsregister durch tatsächlichen Gebrauch zu einem Bestandteil der Firma werden (Artt. 214, 215 und 209 Abs. 1 Satz 2 a. H.G.B.). Die erwähnte Übertragung durch die Firma Gebr. Kayser wirkte daher vorerst nicht gegen Dritte. Folgeweise war der Gebrauch des Wortes „Kayser" durch die Beklagte zur Bezeichnung ihrer Nähmaschinen gegenüber dem Warenzeichen der Klägerin jedenfalls solange nicht durch § 13 geschützt, als sie ihre anfängliche Firma hatte. Solange war die Bezeichnung „Kayser" für die Beklagte lediglich eine Geschäftsbezeichnung, die nicht unter dem Schutze eines Firmenrechts stand und deshalb auch dem jüngeren Zeichenrechte der Klägerin weichen mußte.

Die Beklagte hat in der Folge durch Beschluß der Generalversammlung vom 29. Dezember 1899, der am 18. Januar 1900 in das Handelsregister eingetragen wurde, auf Grund jener oben dargelegten, bei der Errichtung bereits erfolgten und von der in Liquidation fortbestehenden Firma Gebr. Kayser wiederholten Übertragung den Zusatz „vorm. Gebr. Kayser" ihrer Firma beigefügt. Die Klägerin nimmt zwar an: da dieser Zusatz firmenrechtlich für die Beklagte erst wirksam wurde seit dem 18. Januar 1900, also nach der Eintragung des Zeichens der Klägerin, so habe die aus diesem Zusatze abgeleitete Abkürzung der Firma in dem Schlagworte „Kayser" nicht den Schutz des § 13 gegenüber jenem Zeichen. Diese Erwägung wäre allerdings gerechtfertigt, wenn jener Zusatz bloß irgendeine bisher überhaupt nicht rechtlich geschützte Bezeichnung aufgenommen hätte. Denn eine solche Bezeichnung soll auch nicht auf dem Umweg nachträglicher Firmenänderung die absolute Wirkung des Zeichenrechts einschränken können. Nach der gegebenen Sachdarstellung liegt indes im gegebenen Falle noch ein Weiteres vor, und dies ist zugunsten der Beklagten entscheidend. Der Abkürzung der durch den erwähnten Zusatz in der Firma der Beklagten jetzt fortgeführten Firma Gebr. Kayser in dem Schlagworte „Kayser" stand, wie oben dargelegt, gegenüber dem Zeichen der Klägerin der Schutz aus § 13 zu. Mit der rechtlich zulässigen Übertragung jener Mutterfirma in die Firma der Beklagten ging auch das Recht zur Fortführung jener Abkürzung auf die Beklagte über, und letzterer steht seit der Eintragung ihrer durch jenen Zusatz ergänzten Firma der Schutz aus § 13 für jene Abkürzung zu. Andere Bedenken gegen Zulassung des in dieser Weise gerechtfertigten Schutzes aus § 13 bestehen nicht; die Abkürzung „Kayser" ist als Abkürzung der Firma der Beklagten in den beteiligten Geschäftskreisen allgemein bekannt, und durch die Eintragung vom 18. Januar 1900 geschah nur das, was man bis dahin wegen Art. 18 Abs. 2 a. H.G.B. nicht glaubte tun zu können. Durch Heranziehen jener Übertragung und der an sie geknüpften rechtlichen Wirkungen wird der Einwand, daß es sich bei der Firma der Beklagten auch seit der Eintragung mit jenem Zusatze um eine völlig neue Firma handle, beseitigt, und zerfällt der Hinweis der Klägerin auf die oben wiedergegebenen Rechtsgrundsätze in dem Urteil vom 29. Dezember 1904, an denen in vollem Umfange festgehalten wird. Steht aber der Beklagten aus der dargelegten besonderen Rechtslage seit der Eintragung der durch den Zusatz „vorm. Gebr. Kayser" erweiterten Firma im Handelsregister — also seit dem 18. Januar 1900 — für die Abkürzung „Kayser" der Schutz des § 13 gegen das Warenzeichen der Klägerin zu, so kann die Revision der letzteren, soweit sie die Abweisung der Klaganträge aus den §§ 12 und 19 des Warenbezeichnungsgesetzes betrifft, keinen Erfolg haben." ...

---

17. Bedarf es, um ein von einem Nebenintervenienten eingelegtes Rechtsmittel als zulässig erscheinen zu lassen, des Vorhandenseins besonderer dafür sprechender Umstände, daß die Verfolgung des Rechtsmittels zum Zweck der Unterstützung der Hauptpartei geschieht?

Welche Momente sind geeignet, einen Schluß gegen einen solchen Willen zu begründen?

Z.P.O. §§ 66, 67.

VII. Zivilsenat. Urt. v. 13. Juli 1906 i. S. S. (Kl.) u. D. (Nebenintero.) w. G. (Bekl.). Rep. VII. 410/05.

I. Landgericht I München.
II. Oberlandesgericht daselbst.

Die Klägerin verlangte von dem Beklagten die Herausgabe mehrerer Gegenstände, von denen sie behauptete, daß sie dieselben durch ihren Bräutigam gekauft und mit ihrem Gelde bezahlt habe. Indem sie bemerkte, ihr Bräutigam habe die Sachen in eine von ihm im Hause des Beklagten gemietete Wohnung eingeführt, und der Beklagte nehme sie als für die Miete haftbar in Anspruch, stellte sie den Antrag, den Beklagten zur Herausgabe der Sachen oder zum Ersatz ihres Wertes zu verurteilen. Nachdem eine Beweisaufnahme stattgefunden hatte, trat die Firma F. D. durch eine den Prozeßbevollmächtigten der beiden Parteien zugestellte Erklärung der Klägerin als Nebenintervenientin bei. In der Verhandlung vom 7. Februar 1905 blieb die Klägerin aus, während die Nebenintervenientin und der Beklagte vertreten waren. Die Nebenintervenientin erklärte: sie habe den von der Klägerin verfolgten Herausgabeanspruch wegen einer ihr gegen die Klägerin zustehenden vollstreckbaren Forderung pfänden lassen; deshalb könne die Klägerin nicht mehr Herausgabe der fraglichen Gegenstände an sich verlangen; ihr, der Nebenintervenientin, stehe auch das Recht der Hauptintervention zu; dasselbe solle jedoch unter Vorbehalt aller Ansprüche vorerst nicht geltend gemacht werden; der Pfändungsbeschluß verschaffe ihr ein rechtliches Interesse daran, daß die Klägerin obsiege; zunächst komme sie, die Firma D., in diesem Prozesse als Nebenintervenientin in Betracht. Sie stellte den Antrag, den Beklagten für schuldig zu erklären, an sie zu Händen der Gerichtsvollzieher des Amtsgerichts München I die streitigen Sachen herauszugeben.

Durch Urteil der ersten Instanz wurde die Klage abgewiesen. Es erfolgte Einlegung der Berufung durch Zustellung eines Schriftsatzes, welcher sich als Berufung des Rechtsanwalts D. namens der

Firma F. O. als Nebenintervenientin bezeichnet. In dem Verhandlungstermin waren die Nebenintervenientin sowie der Beklagte und Berufungsbeklagte vertreten. Letzterer beantragte, die Berufung zu verwerfen. Dementsprechend erkannte das Oberlandesgericht. Auf Revision der Nebenintervenientin ist dieses Urteil aufgehoben aus folgenden

Gründen:

„Die vom Berufungsgericht der Verwerfung der Berufung zugrunde gelegten Gesichtspunkte würden, ihre Begründetheit vorausgesetzt, in dem Falle auch zur Annahme der Unzulässigkeit der Revision führen müssen, daß diese aus den gleichen Absichten der Nebenintervenientin, wie nach Meinung des Berufungsrichters die Berufung, hervorgegangen ist; grundsätzlich in erster Linie muß also die Frage der Zulässigkeit oder Unzulässigkeit der Revision geprüft werden. Jene Gesichtspunkte können aber nicht als zutreffend erscheinen; vielmehr muß die Revision für zulässig und zugleich für begründet erachtet werden, also zur Aufhebung des angefochtenen Urteils führen.

Der Berufungsrichter hält den Nebenintervenienten zwar zur Einlegung des Rechtsmittels für befugt, aber nur in der Weise, daß er es für die Hauptpartei und in deren Namen, nicht im eigenen Namen einlegt. Zwar folgert der Berufungsrichter aus dem Umstande allein, daß der Nebenintervenient nicht ausdrücklich im Namen der Hauptpartei das Rechtsmittel einzulegen erklärt, noch nicht die Einlegung im eigenen Namen des Intervenienten, betrachtet vielmehr an sich die Annahme als gerechtfertigt, daß der Nebenintervenient im Rahmen seiner prozessualen Befugnisse, also im Namen der Partei, handele, hält dann aber für den vorliegenden Fall eine Willenskundgebung für vorliegend, aus der mit Sicherheit zu schließen, daß hier die Nebenintervenientin unter Verdrängung der Hauptpartei an deren Stelle den Prozeß übernehmen und im eigenen Namen ohne Rücksicht auf die Hauptpartei weiterführen und in diesem Sinne das Rechtsmittel einlegen wolle. Zuerst weist der Berufungsrichter darauf hin, daß die Nebenintervenientin sich in dem Rubrum der Berufungsschrift wie in ihrem Sachantrage als Berufungsklägerin, nicht dagegen die Hauptpartei bezeichne, diese auch nicht zum Termine geladen und ihr die Berufungsschrift nicht zugestellt habe. Ferner betrachtet er den von der Nebenintervenientin gestellten Sachantrag als mit demjenigen der Hauptpartei in Widerspruch stehend, da die Nebenintervenientin die Herausgabe der Sachen nicht an die Klägerin, sondern an sie selbst verlange. Dabei bemerkt er, daß, wenn der von der Nebenintervenientin gestellte Antrag auch durch die materielle und prozessuale Sachlage geboten gewesen sein möge, dies doch nichts an der Tatsache ändere, daß sie sich damit in Widerspruch zu dem gesetzt habe, was die Hauptpartei, solange sie auftrat, zu tun für gut befunden hatte. Aus diesen Momenten in ihrem Zusammenhalt glaubt er auf einen von der Nebenintervenientin gehegten Willen des oben angegebenen Inhaltes schließen zu müssen.

Diese von der Revision angegriffenen Erwägungen des Berufungsgerichts müssen indessen in mehrfacher Hinsicht beanstandet werden.

Der rechtliche Charakter der Nebenintervention ergibt sich aus den §§ 66, 67 Z.P.O., sofern danach bei einem zwischen anderen Personen anhängigen Rechtsstreit der an dem Obsiegen einer Partei rechtlich Interessierte dieser „zum Zwecke ihrer Unterstützung beitreten“ kann und zur Geltendmachung von Angriffs- und Verteidigungsmitteln sowie zur Vornahme aller Prozeßhandlungen berechtigt ist, insoweit nicht seine Erklärungen und Handlungen mit Erklärungen und Handlungen der Hauptpartei in Widerspruch stehen. Danach ist er nicht gesetzlicher Vertreter der Hauptpartei, sondern ihr Gehilfe (Beistand), aber kraft eigenen Rechts und mit der Folge, daß seine prozessualen Schritte dieselbe Wirkung haben, wie wenn sie von der Hauptpartei vorgenommen wären. Ein von ihm eingelegtes Rechtsmittel erscheint als das seinige in dem Sinne, daß es von ihm kraft eines ihm zustehenden Rechts eingelegt ist; aber es hat die Wirkung, daß die von ihm unterstützte Hauptpartei auch im Rechtsmittelverfahren Hauptpartei wird. Zulässig sind alle seine Handlungen, die sich in den Grenzen seiner Stellung halten. Ihre Zulässigkeit entfällt nicht nur, wenn sie, der ausdrücklichen Bestimmung im § 67 entgegen, mit Erklärungen oder Handlungen der Hauptpartei in Widerspruch stehen, sondern entsprechend dem Charakter der Tätigkeit des Nebenintervenienten als einer die Hauptpartei unterstützenden auch dann, wenn sie mit dem rechtlichen Endzweck der Rechtsverfolgung oder Rechtsverteidigung dieser letzteren unvereinbar sind, insbesondere wenn der Nebenintervenient sich die Stellung des Hauptintervenienten anmaßt. Es bedarf aber im einzelnen Fall, um einen prozessualen

Schritt des Nebenintervenienten als zulässig erscheinen zu lassen, nicht des Vorhandenseins besonderer positiv für die Zulässigkeit seines Willensinhaltes sprechender Momente, und es kann die Unstatthaftigkeit des Schrittes auch nicht aus etwaigen rein innerlich gebliebenen, wenn auch zu erschließenden, gegenteiligen Absichten und Erwartungen gefolgert werden, sondern für die Beurteilung der prozessualen Akte kommt nur der wirkliche, in ihnen verkörperte Wille in Betracht; nur er vermag, wenn er die Schranken der Stellung des Nebenintervenienten überschreitet, dessen Handlungen als unzulässig erscheinen zu lassen. In den Urteilen des II. Zivilsenates des Reichsgerichts vom 22. November 1898, Rep. II. 216/1898, und vom 22. Juni 1900, Rep. II. 83/1900, findet sich nun zwar, der an die Spitze gestellten Erwägung des Berufungsgerichts wenigstens äußerlich verwandt, die Ausführung, der Nebenintervenient dürfe, soweit die Entscheidung nicht gegen ihn selbst erging, nicht im eigenen Namen Rechtsmittel einlegen, als ob er selbst Partei wäre; aber im Hinblick auf die verschiedenartigen Bedeutungen, in denen die Ausdrücke „Handeln im eigenen Namen“ und „Handeln in fremdem Namen“ im Rechtsverkehr und in den gerichtlichen Urteilen angewendet werden, ist hieraus nicht zu schließen, daß im Sinne der obengenannten Urteile nur ein vom Nebenintervenienten in Vertretung der Hauptpartei eingelegtes Rechtsmittel statthaft wäre. Namentlich aber ergeben die Urteile nicht — und nur dies würde nach Lage des Falls einen zur Herbeiführung einer Plenarentscheidung nötigenden Konflikt als vorliegend erscheinen lassen —, daß in ihrem Sinne der Wille des Nebenintervenienten, nach Maßgabe seiner gesetzlichen Stellung, wie diese nun zu charakterisieren sein mag, tätig zu werden, in jedem Falle eines besonderen Nachweises bedürfte, oder daß innerlich gebliebene Motive und Absichten desselben für die Beurteilung seiner Handlungen unmittelbar entscheidend sein könnten.

Vgl. auch den Beschluß des II. Zivilsenats, Juristische Zeitung für Elsaß-Lothringen Bd. 24 S. 173.

Es ist deshalb weiter nur zu prüfen, ob die vom Berufungsrichter berücksichtigten einzelnen Umstände geeignet sind, der Berufungseinlegung einen Charakter aufzuprägen, vermöge dessen sie im Sinne der oben gegebenen Ausführungen als eine im Bereiche der gesetzlichen Tätigkeit der Nebenintervenientin liegende Handlung nicht mehr erscheinen kann. Vorab ist jedoch zu bemerken, daß die Nebenintervenientin sich schon in erster Instanz des Unterschiedes der Haupt- und Nebenintervention klar bewußt gewesen ist und gerade ausdrücklich den letzteren Rechtsbehelf gewählt hat. Wenn nun der Berufungsrichter Gewicht darauf legt, daß die Nebenintervenientin sich selbst, und nicht die Hauptpartei als Berufungsklägerin bezeichnete, so ist dies schon nach dem oben Bemerkten unerheblich. Ihr Anwalt legte die Berufung in ihrem Namen ein; sie also beschritt den Rechtsmittelweg, aber als Nebenintervenientin; auch konnte sie sich nicht verhehlen, daß infolge davon die Klägerin auch in der Berufungsinstanz Hauptpartei wurde. Die Form der Einlegung zeigt also nicht den Willen einer Überschreitung der gesetzlichen Grenzen. Wenn die Nebenintervenientin eine Ladung zum Termine an die Hauptpartei nicht hat ergehen lassen, so findet dies schon darin eine Erklärung, daß sie eine Ladung, wenigstens für die Regelfälle, als gesetzlich geboten nicht angesehen hat. Das gleiche gilt von der unterlassenen Zustellung der Berufungsschrift. Ein Wille, die Hauptpartei zu verdrängen, erfüllt dieses prozessuale Verhalten der Nebenintervenientin nicht. Ob anderes gelten könnte, wenn sie darauf ausgegangen wäre, im Prozesse Handlungen vorzunehmen, die der Hauptpartei verborgen bleiben sollten, und hinsichtlich deren sie eine Einwirkung der letzteren verhüten wollte, kann auf sich beruhen bleiben, weil tatsächlich etwas derartiges nicht vorliegt. Dies berührt zugleich den letzten Grund des Berufungsrichters, welcher darin besteht, daß die Nebenintervenientin sich durch ihren Antrag mit dem der Hauptpartei in Widerspruch setze. Schon in erster Instanz hat sie nach Erwirkung des Pfändungs- und Überweisungsbeschlusses ihren Antrag dahin geändert, daß er auf Herausgabe der Sachen an sie gerichtet war. Immer aber verlangte sie Anerkennung des Eigentums der Hauptpartei, und von dieser Grundlage aus Herausgabe zu ihren Händen, statt unmittelbar an die Hauptpartei. Sie wollte also das Recht der Hauptpartei zur Geltung bringen, wenngleich in der Weise, daß sie in die Lage kam, wegen einer ihr gegen die Hauptpartei zustehenden Forderung sich aus dem Erlöse der Sachen dieser zu befriedigen. Infolge davon würde die Hauptpartei von ihrer Schuld befreit werden. Der vom Berufungsrichter angenommene Gegensatz liegt also sachlich nicht vor; das Eigentumsrecht der Hauptpartei sollte in deren rechtlichem Interesse zur

Durchführung gebracht werden, wenngleich für eine Verwendung, die ihr tatsächlich nicht genehm sein mochte, der sie aber nicht widersprechen konnte und nicht widersprochen hat. Ein der Klage stattgebendes Urteil entsprach stets, auch in der angegebenen Gestalt, ihrem Interesse. In erster Instanz wurde also die weitere Tätigkeit der Nebenintervenientin nicht unstatthaft. In gleicher Art blieb aber auch die Rechtsmitteleinlegung zulässig. Der Berufungsrichter erkennt selbst an, daß der gestellte Antrag durch die Sachlage geboten war. Dann aber konnte er auch die Zulässigkeit der Berufung nicht ausschließen."

---

18. Tragweite der Konnossementsklausel: „Im übrigen nach den Klauseln und Bedingungen der Chartepartie." Muß trotz eines solchen Hinweises auf die Charter, wenn dem Verfrachter in dieser ein Pfandrecht an der Ladung für alles Liegegeld bestellt ist, der Schiffer in dem Konnossemente den Anspruch auf bei der Abladung entstandenes Liegegeld bei Strafe des Verlustes ausdrücklich vorbehalten?

H.G.B. § 651 Abs. 2.

I. Zivilsenat. Urt. v. 14. Juli 1906 i. S. J. J. (Bekl.) w. Aktiengesellschaft L. (Kl.). Rep. I. 36/06.

I. Landgericht Danzig, Kammer für Handelssachen.
II. Oberlandesgericht Marienwerder.

Laut Charter vom 2. November 1903 hatte die Klägerin ihr Schiff „Lofthus" für den Transport einer Ladung von Quebrachoholz von Buenos-Aires nach Europa verfrachtet, mit Befugnis für den Befrachter, den Bestimmungshafen innerhalb gewisser Grenzen zu bezeichnen. In dem in blanco indossierten Orderkonnossement, durch dessen Vorzeigung die Beklagte sich als Empfängerin der Ladung legitimierte, war als Bestimmungshafen Neufahrwasser angegeben, und die Fracht auf 14 sh. 9 d. für die englische Tonne bestimmt. Des weiteren enthielt das in spanischer Sprache verfaßte Konnossement eine Klausel, die in der Übersetzung lautet: „Im übrigen nach den Klauseln und Bedingungen der Charterparty." Letztere enthielt folgende Bestimmungen:

„8. Master to sign Bills of Lading, if required, at any rate of Freight without prejudice to this Charter-Party. . . .

14. Thirty five running days (Sundays and Holidays excepted) to be allowed the said Charterers . . . for loading, and the discharge to be effected according to the custom of the port. Lay days to commence the day after the Master has given written notice, that his vessel is discharged and ready to receive or discharge the cargo.

15. Should the vessel be detained by Charterers or their agents, over and above the said Laying Days, demurrage shall be paid to said Master at the rate of four pence per Net Register ton for each and every day's detention, afterwards to be paid day by day as falling due.

18. Wharfage dues, if any, for loading, to be for account of the charterers.

21. The owner or Master of this vessel shall have an absolute lien and charge upon the cargo and goods laden on board for the recovery and payment of all freight, demurrage and all other charges whatsoever."

Auf Grund der Klausel 21 forderte der Schiffer von der Beklagten den Betrag von 9616,65 ℳ als bei der Ablabung entstandenes Liegegeld für 22 Tage mit Nebenkosten. Da die Beklagte diese Forderung bestritt, erfolgte die Auslieferung der Ladung an sie nur gegen Hinterlegung einer Sicherheit von 9000 ℳ, wobei die Parteien jedoch darüber einig waren, daß die Beklagte die ganze Forderung, soweit ihre Berechtigung festgestellt werde, zu bezahlen habe.

Die Klägerin beantragte, die Beklagte zur Zahlung von 9616,65 ℳ nebst Zinsen zu verurteilen.

Beide Vorinstanzen erklärten die Klage dem Grunde nach für berechtigt. Die Revision der Beklagten ist zurückgewiesen worden.

Aus den Gründen:

. . . „In erster Linie wird geltend gemacht, daß der Ladungsempfänger durch eine allgemeine Klausel im Konnossemente wie „all other conditions as per Charterparty" nicht an die Pfandrechtsbestellung unter Nr. 21 der vorliegenden Charter gebunden sei. Die

Revision beruft sich hierfür auf die Hamburgische Rechtsprechung. Zunächst ist aber zu bemerken, daß diese Rechtsprechung, wie die bei Abraham, Seerecht S. 115 flg., angeführten Fälle ergeben, keineswegs einheitlich ist. So steht z. B. die Entscheidung des Oberlandesgerichts vom 13. Februar 1894 (Hanseat. Gerichtszeitung 1894 Nr. 52) der Auffassung der Revision direkt entgegen. Für dieselbe spricht im Grunde genommen nur die in der Rechtsprechung der Oberlandesgerichte Bd. 7 S. 2 abgedruckte Entscheidung vom 4. Mai 1903; insbesondere kann die Revision sich nicht stützen auf das in dieser Entscheidung angezogene Urteil vom 15. Februar 1886 (Hanseat. Gerichtszeitung 1886 Nr. 23), welches darauf beruht, daß der Empfänger an und für sich für das im Abladehafen entstandene Liegegeld nicht haftbar sei, und daß die Charter, deren Verbindlichkeit für den Empfänger vermöge der Konnossementsklausel „freight and all other conditions as per Charterparty“ gar nicht bezweifelt wird, keine Bestimmung enthalte, aus der eine solche Haftung des Empfängers abgeleitet werden könnte. Eine Verpfändung der Ladung für das bei der Abladung entstandene Liegegeld hat also in dem dort behandelten Falle offenbar nicht stattgefunden.

Bei der Beurteilung des vorliegenden Falles sind drei Fragen zu unterscheiden:

1. Genügt eine so allgemeine Bezugnahme auf die Charter im Konnossemente, wie sie hier stattgefunden hat, um die erste Urkunde zu einem Bestandteile der zweiten zu machen, natürlich mit dem Vorbehalt, daß bei etwaigen Widersprüchen das Konnossement vorgeht?
2. Sind, wenn diese Frage bejaht wird, alle überhaupt anwendbaren Bestimmungen der Charter auf das Verhältnis des Verfrachters zum Empfänger anzuwenden, also z. B. auch eine zwischen Be- und Verfrachter getroffene Vereinbarung über das anzuwendende Recht, über einen Schiedsspruch und dergleichen, oder nur solche, die direkten Bezug haben auf jenes Verhältnis?
3. Ist darin, daß der Verfrachter das Konnossement zeichnet, ohne in demselben vorher entstandene Ansprüche ausdrücklich dem Empfänger gegenüber vorzubehalten, ein Verzicht auf Geltendmachung gegenüber dem letzteren zu erblicken?

Über die erste, die Auslegung des § 651 Abs. 2 H.G.B. betreffende

Frage kann nach der ausführlichen Erörterung in der grundlegenden Entscheidung des Reichs-Oberhandelsgerichts in Band 17 S. 70 flg. kaum eine Meinungsverschiedenheit mehr bestehen; jedenfalls wird sie von der reichsgerichtlichen Judikatur konstant bejaht.

Vgl. Entsch. des R.O.H.G.'s Bd. 15 S. 219, Bd. 19 S. 263; Entsch. des R.G.'s in Zivils. Bd. 14 S. 115; **Bolze**, Praxis Bd. 21 Nr. 2 und 449.

Dem stimmt auch, soweit ersichtlich, jetzt die gesamte Literatur und die Hanseatische Rechtsprechung zu; insbesondere erkennt auch die oben erwähnte Entscheidung des Hanseatischen Oberlandesgerichts vom 4. Mai 1903 den sich daraus ergebenden Rechtssatz an sich an.

Zweifelhafter ist die zweite Frage. Während die reichsgerichtliche Judikatur einer weiten Anwendung der in Bezug genommenen Charter auf das Verhältnis des Empfängers zum Verfrachter zuneigt,

vgl. Entsch. des R.G.'s in Zivils. Bd. 14 S. 116 oben; **Bolze**, Praxis Bd. 21 Nr. 2 und 449,

hat sich die Hanseatische Praxis im Anschlusse an englische Auffassungen,

vgl. **Carver**, Carriage by Sea, Sect. 160, und **Scrutton**, Contract of Affreightment, Art. 19 und Art. 134 Case 4,

überwiegend für eine Anwendung der Charter in engeren Grenzen entschieden. Es bedarf hier jedoch keiner Stellungnahme zu dieser Frage; denn es unterliegt keinem Zweifel, daß das dem Verfrachter in der Klausel 21 allgemein für Liegegeld, also auch für im Abladehafen entstandenes, bewilligte Pfandrecht (lien) gerade bestimmt war, gegen Dritte zu wirken, folglich insbesondere das Verhältnis zum Ladungsempfänger betraf.

Ist hiernach davon auszugehen, daß diese Klausel einen integrierenden und für den Empfänger maßgeblichen Teil des Konnossementes bildet, so kann es sich nur darum handeln, ob in Bejahung der dritten Frage mit dem Urteil des Hanseatischen Oberlandesgerichts vom 4. Mai 1903 anzunehmen ist, daß der Verfrachter auf ein ihm an sich zustehendes Pfandrecht wegen bei der Abladung entstandenen Liegegeldes dem Ladungsempfänger gegenüber v e r z i c h t e t, wenn er den Anspruch nicht ausdrücklich im Konnossemente vorbehält. Diese Annahme ist jedoch ganz willkürlich und findet im Gesetze keine Stütze. Sie entspricht auch durchaus nicht der englischen Rechtsauffassung, obwohl die Entscheidung behauptet, sich damit im Einklange zu befinden.

S. Carver, Sect. 637, 647, 671; Scrutton, Art. 54 Note; Art. 134 Case 4.

Ist einmal die Charter als Bestandteil des Konnossementes zu betrachten, und ist somit davon auszugehen, daß in diesem dem Verfrachter ein Pfandrecht bestellt ist für alle Fracht, Liegegeld und alle sonstigen Aufwendungen — darunter die beim Beladen entstandenen Kaigebühren, wharfage dues, s. Klausel 18 —, so bedurfte es keiner ausdrücklichen Bemerkung bei Zeichnung des Konnossementes, um dieses Pfandrecht aufrecht zu erhalten und seine Ausübung zu sichern. Die Erwägung des Hanseatischen Oberlandesgerichts, es sei mit einem geregelten Handelsverkehr unvereinbar, dem Empfänger mit dem Erwerbe eines Konnossementes unübersehbare Verpflichtungen aufzuerlegen, hat höchstens legislative Bedeutung. Ihr steht aber auch entgegen, daß häufig der Betrag der Fracht auch nur aus der Charter zu ersehen ist, und daß z. B. Havarie-Grosse-Gelder weder aus der einen noch der anderen Urkunde zu berechnen sind.

Ebenso wird die Sache beurteilt von Boyens, Seerecht S. 246, und Schaps, Seerecht S. 453 Anm. 3a.

Auch der zweite Angriff der Revision ist unbeachtlich.“ ...

---

19. 1. Rechtsfolgen einer während eines Prozesses sich ohne Liquidation vollziehenden Auflösung der verklagten Kommanditgesellschaft.

2. Mindestmaß der Haftung einer offenen Handelsgesellschaft oder Kommanditgesellschaft aus einer von einem geschäftsführenden oder vertretungsberechtigten Gesellschafter in dieser seiner Eigenschaft einem Dritten gegenüber begangenen unerlaubten Handlung.

VI. Zivilsenat. Urt. v. 17. September 1906 i. S. Gebr. Br. (Kl.) w. C. u. Gen. (Bekl.). Rep. VI. 584/05.

I. Landgericht I Berlin.
II. Kammergericht daselbst.

Gründe:

„Eingeklagt ist hier ursprünglich gegen die Kommanditgesellschaft Chemische Fabrik Dr. W. S. ein angeblicher Anspruch auf Ersatz des Schadens, der der Klägerin dadurch entstanden sein soll, daß der persönlich haftende Gesellschafter der Beklagten, Dr. W. S., im Namen der Gesellschaft Anzeigen in öffentlichen Blättern erlassen und anderweitige Erklärungen abgegeben habe, durch welche der Absatz der Klägerin an einer gewissen Art von Gasanzündern erheblich beeinträchtigt worden sei. Das Berufungsgericht hat hierüber in der Sache selbst gar keine Entscheidung getroffen, sondern die vom Landgericht ausgesprochene Klagabweisung deswegen aufrecht erhalten, weil die verklagte Kommanditgesellschaft während des Berufungsverfahrens, unter Einbringung des Gesellschaftsvermögens für Rechnung der Gesellschafter in eine neue Gesellschaft mit beschränkter Haftung, ohne Liquidation zu existieren aufgehört hat, und weil die Fortsetzung des Verfahrens gegen die drei bisherigen Gesellschafter, den persönlich haftenden und die zwei Kommanditisten, bei deren Widerspruch eine (nach § 527 Z.P.O.) unzulässige Klagänderung enthalte. Diese Begründung ist mit Recht von der Klägerin als unhaltbar bezeichnet worden.

Zwar entspricht sie z. B. den Ansichten von Behrend (Lehrb. des Handelsrechts Bd. 1 § 74 Anm. 8 S. 526, in Verbindung mit § 89 Anm. 46 S. 646), Makower (H.G.B. [13. Aufl.] Bd. 1 Bem. II, c, 7 zu § 124 S. 326) und Staub (Kommentar zum H.G.B. [6. u. 7. Aufl.] Bd. 1 Anm. 13 zu § 124 S. 398, in Verbindung mit Anm. 13 im Exkurs zu § 169 S. 523); sie steht aber im Widerspruche mit der ständigen Rechtsprechung des Reichsgerichts, wie auch schon des Reichsoberhandelsgerichts, zunächst wenigstens soweit diese die offene Handelsgesellschaft und das alte Handelsgesetzbuch betrifft. Nach dieser Rechtsprechung treten an die Stelle der aufgelösten Handelsgesellschaft als Prozeßpartei stets ohne weiteres alle einzelnen Gesellschafter zusammen (bzw. die Erben des etwa verstorbenen Gesellschafters), weil sie eben in Wahrheit bisher schon immer die Prozeßpartei, nur allerdings unter einer gewissen, jetzt mit Notwendigkeit wegfallenden Modalität, waren. Das Kammergericht hat sich für seine Ansicht freilich auf das Urteil des III. Zivilsenates des Reichsgerichts in den Entsch. in Zivils. Bd. 36 S. 141 berufen; aber höchstens auf den ersten Blick könnte es jener Ansicht zur Seite zu stehen scheinen, wenn es da heißt, die Klage gegen eine offene Handelsgesellschaft sei rechtlich verschieden von der Klage gegen das einzelne Gesellschaftsmitglied, und die Umwandlung der einen Klage in die andere würde als eine unstatthafte Klagänderung bezeichnet werden müssen. Denn abgesehen davon, daß dort nicht von Klagen Dritter, sondern von Klagen im innern Verhältnisse der Gesellschaft die Rede ist, wird erstens dort nicht die Klage gegen alle einzelnen Gesellschafter als Gesamtschuldner der Klage gegen die Gesellschaft entgegengesetzt, sondern die Klage gegen einen einzelnen Gesellschafter, und sodann steht dort auch nicht der Fall in Frage, wo die Gesellschaft und das Gesellschaftsvermögen während des Prozesses zu existieren aufgehört haben, und daher von der Fortsetzung einer Klage gegen die Gesellschaft gar nicht mehr die Rede sein kann. Für die feststehende Rechtsprechung des Reichsgerichts in Fällen der letzteren Art genügt es auf das Urteil des VII. Zivilsenates desselben in den Entsch. in Zivils. Bd. 46 S. 40 flg. zu verweisen. Hier wird es, weil die mehreren Gesellschafter, als einzelne nebeneinander verklagt, keine notwendigen Streitgenossen sind, mit Recht sogar für zulässig erklärt, den Prozeß in einem solchen Fall auch nur gegen einen der mehreren Gesellschafter fortzusetzen, nämlich nur in dem Sinne, daß dabei an sich der Prozeß gegen die übrigen noch anhängig bleibt. Ähnlich ist seitdem noch z. B. vom I. Zivilsenat in der Sache Rep. I. 86/01 (Jur. Wochenschr. v. 1901 S. 653 Nr. 13 u. Monatsschr. f. Handelsr. u. Bankwesen Jahrg. 10 S. 292) erkannt worden.

Die Frage nach dem neuen Handelsgesetzbuch abweichend zu beurteilen liegt kein Grund vor. Die entsprechende Frage ist in Fällen, wo die offene Handelsgesellschaft Klägerin war, schon in gleichem Sinne entschieden worden vom I. Zivilsenate des Reichsgerichts in der Sache Rep. I. 417/00 (Jur. Wochenschr. v. 1901 S. 226 Nr. 3 u. Monatsschr. f. Handelsr. u. Bankwesen Jahrg. 10 S. 144 flg.), vom jetzt erkennenden Senat i. S. L. w. Br. u. Frau S., Rep. VI. 146/03, nur daß in solchen Fällen die bisherigen Gesellschafter notwendige Streitgenossen werden (vgl. auch Bolze, Praxis des Reichsgerichts Bd. 9 Nr. 470). In den Fällen, wo, wie hier, die Handelsgesellschaft Beklagte war, entsteht nun allerdings noch die besondere Frage, wie die einem einzelnen Gesellschafter persönlich zustehenden Einreden behandelt werden sollen, die er nach der herrschenden Ansicht, die jetzt in § 129 Abs. 4 H.G.B. auch eine gesetzliche Grundlage gewonnen hat, trotz Verurteilung der Gesellschaft immer noch geltend machen könnte, soweit es sich um seine Haftung mit seinem Privatvermögen handelt. Es ist jedoch unbedenklich, aus dem Umstande, daß nunmehr statt der Gesellschaft die einzelnen Gesellschafter Beklagte geworden sind, in Verbindung damit, daß es ein Gesellschaftsvermögen nicht mehr gibt, die Folgerung zu ziehen, daß, während die Beschränkung der Zwangsvollstreckung aus einer etwaigen Verurteilung auf das Gesellschaftsvermögen wegfällt, nun auch jeder einzelne Gesellschafter noch in diesem Prozeß auch seine persönlichen Einreden vorbringen muß. Der Ansicht von Lehmann u. Ring (H.G.B. Bd. 1 Nr. 8 zu § 128 S. 277 und Nr. 1 zu § 157 S. 335; vgl. auch Lehmann, Lehrb. des Handelsrechts § 62 Anm. 4 S. 327) nämlich, wonach es, um in einem solchen Falle irgendeine Zwangsvollstreckung aus einem verurteilenden Erkenntnisse zu erlangen, doch noch erst neuer Klagerhebung gegen die einzelnen Gesellschafter bedürfen soll, kann nicht zugestimmt werden, da sie mit den allgemeinen die Rechtswirkung des Urteils betreffenden Prozeßrechtsnormen unvereinbar ist, eine besondere diesen Fall in jenem Sinne regelnde Ausnahmebestimmung aber nicht existiert.

Da nun nach § 161 Abs. 2 H.G.B. im Zweifel die die offene Handelsgesellschaft regelnden Normen auch auf die Kommanditgesellschaft Anwendung finden, so muß das auch in der hier zur Entscheidung stehenden Frage gelten. In Ansehung des persönlich haftenden Gesellschafters, hier also des Dr. W. S., entsteht dabei auch nicht die mindeste Schwierigkeit; denn die Stellung des persönlich haftenden Gesellschafters entspricht in Beziehung auf die Schuldenhaftung völlig derjenigen eines einzelnen offenen Gesellschafters. Eher könnten vielleicht wegen der Kommanditisten Bedenken entstehen; indessen würden auch diese keinen haltbaren Grund haben. Allerdings ist die Haftung jedes Kommanditisten auf seine kundgetane Vermögenseinlage beschränkt; aber daraus ergibt sich nur, daß, wenn die verklagte Kommanditgesellschaft und ihr Gesellschaftsvermögen während des Prozesses zu bestehen aufhören, die ohne weiteres neben dem persönlich haftenden Gesellschafter als Beklagte an die Stelle der Gesellschaft tretenden Kommanditisten dies nur unter Beschränkung ihrer Haftung auf ihre Einlagen, soweit diese noch nicht verbraucht sind, tun. Früher wurde freilich von manchen angenommen, daß kein direkter Anspruch der Gläubiger gegen den Kommanditisten bis zur Höhe der noch nicht geleisteten Einlage neben dem Anspruche gegen die Gesellschaft stattfinde. Die Möglichkeit dieser Ansicht, die auch früher schon vom Reichsgericht mißbilligt war (vgl. Entsch. in Zivils. Bd. 17 S. 39 u. Bd. 32 S. 398 flg.), ist aber jetzt ausgeschlossen durch § 171 Abs. 1 H.G.B.; die in Abs. 2 das. für den Fall des Konkurses der Kommanditgesellschaft vorgesehene Ausnahme kommt im vorliegenden Falle nicht in Betracht. Übrigens hat an sich das eingeschränkte Eintreten des Kommanditisten als Beklagten an die Stelle der Gesellschaft nichts zu tun mit der eben erwähnten gegen ihn persönlich zu richtenden Klage: daher nützt ihm insoweit auch die Berufung auf die schon geschehene Einlegung im Sinne des § 171 Abs. 1 H.G.B. nichts; er haftet jetzt eben trotzdem bis zur Grenze der Einlage, soweit diese bei der Auflösung der Gesellschaft an ihn zurückgefallen ist. Aber allerdings wird jetzt das Maß seiner Haftung alsbald schon in diesem Prozesse gegen ihn festgestellt werden müssen, nach Analogie dessen, was oben, zunächst für die offene Handelsgesellschaft, über die vorzuschützenden persönlichen Einreden der einzelnen Gesellschafter ausgeführt worden ist. Soweit nötig, würde also im vorliegenden Falle die Klägerin ihr Vorbringen in dieser Richtung noch zu ergänzen, die beiden jetzt verklagten frühern Kommanditisten aber, soweit sie beweispflichtig sein würden, ihre Einwendungen vorzuschützen haben.

Ergibt sich sonach aus dem bisher Erörterten an sich die Notwendigkeit der Aufhebung des angefochtenen Urteils und der Zurückverweisung der Sache in die vorige Instanz, so könnte nur noch die Frage entstehen, ob die Entscheidung des Berufungsgerichts etwa aus dem von diesem nebenher angedeuteten Grunde aufrecht zu halten sei, daß die Kommanditgesellschaft für die von ihrem persönlich haftenden Gesellschafter in ihrer Vertretung etwa begangenen unerlaubten Handlungen überhaupt nicht einzustehen habe. Allerdings mag die Frage, wieweit nach dem Rechte des Bürgerlichen Gesetzbuchs und des neuen Handelsgesetzbuchs offene Handelsgesellschaften und Kommanditgesellschaften für solche Handlungen ihrer geschäftsführenden oder ihrer vertretungsberechtigten Gesellschafter haften, einer besonderen Erörterung bedürfen. Für jetzt aber kann von einer solchen abgesehen werden, da sie mindestens im Umfange des § 831 Abs. 1 B.G.B. haften; denn der Handelnde war durch den Gesellschaftsvertrag zu der Verrichtung, die Geschäfte der Gesellschaft Dritten gegenüber zu besorgen, bestellt, bei deren Ausführung er den fraglichen Schaden widerrechtlich zugefügt haben soll. Nun haben aber hier die Beklagten nicht die Behauptung aufgestellt, daß die Gesellschaft bei der Auswahl des Dr. W. S. die im Verkehr erforderliche Sorgfalt beobachtet habe, oder daß der gleiche Schade auch bei Anwendung dieser Sorgfalt entstanden sein würde. Schon aus diesem Grunde mußte es bei der Aufhebung und Zurückverweisung sein Bewenden behalten."

---

20. Kann die Bürgschaftserklärung bei einem Zwangsvergleiche dadurch rechtswirksam erfolgen, daß der Vergleichsbürge, der zugleich Konkursgläubiger ist, im Vergleichstermine für den das Angebot der Bürgschaft mitenthaltenden Vergleichsvorschlag des Gemeinschuldners stimmt, und diese Abstimmungserklärung in dem Protokolle des Konkursgerichts beurkundet wird?

B.G.B. §§ 766, 126 Abs. 3.
K.O. §§ 72, 179.
Z.P.O. §§ 159 flg.

VI. Zivilsenat. Urt. v. 17. September 1906 i. S. H. (Bekl.) w. G. Wwe. (Kl.). Rep. VI. 612/05.

I. Landgericht Karlsruhe.
II. Oberlandesgericht daselbst.

Das Reichsgericht hat die obige Frage bejaht.

Aus den Gründen:

„In dem Konkursverfahren gegen Fr. H. hat mit Schreiben vom 26. März 1903 der Rechtsanwalt O. im Namen des Gemeinschuldners einen Zwangsvergleichsvorschlag dahin gemacht: „Die Konkursgläubiger festgestellter Forderungen erhalten 20 Prozent ihrer Forderungen gegen den Verzicht auf den Rest derselben bar innerhalb 14 Tage nach Rechtskraft des Zwangsvergleiches unter Bürgschaft des Herrn Max H. in Freiburg". Der Gläubigerausschuß beschloß am 4. April 1903, den Vergleichsvorschlag zur Annahme zu empfehlen, jedoch unter der Bedingung, daß vor dem Vergleichstermin der zur Bezahlung der Vergleichsquote der bis dahin festgestellten Konkursforderungen erforderliche Betrag, ferner zwecks Sicherung der Massekosten weitere 3500 ℳ bei dem Konkursverwalter hinterlegt würden. Der Konkursverwalter schloß sich dieser Äußerung an und befürwortete seinerseits den Vergleich. Diese Erklärungen wurden dem Vertreter des Gemeinschuldners zur Kenntnisnahme mitgeteilt, worauf dieser (Rechtsanwalt O.) unterm 14. April 1903 erklärte, der Gemeinschuldner sei bereit, dafür zu sorgen, daß die vom Gläubigerausschuß verlangte Summe bis zum Vergleichstermin beim Konkursverwalter hinterlegt sei. Im Vergleichstermin vom 13. Mai 1903 waren erschienen: der Konkursverwalter, der Gemeinschuldner, die Mitglieder des Gläubigerausschusses und eine größere Anzahl von Gläubigern, darunter der Beklagte Bürge Max H. und Rechtsanwalt Dr. D. für die jetzige Klägerin. Ausweislich des über die Vergleichsverhandlung aufgenommenen Protokolls vom 13. Mai 1903 wurde zunächst der Vergleichsvorschlag des Gemeinschuldners vom 4. April 1903, dann die Äußerung des Gläubigerausschusses verlesen. Darauf erklärte der Gemeinschuldner, daß er bei diesem Vorschlage verbleibe. Der Konkursverwalter gab die Erklärung ab, daß die zur Deckung der Konkursgläubiger gemäß des Zwangsvergleichsvorschlages erforderliche Summe bar bei ihm hinterlegt sei. Es wurde „den Anwesenden Gelegenheit gegeben, sich über den Vergleichsvorschlag zu äußern", und sodann über den Vorschlag abgestimmt. Inhaltlich der dem Protokoll als Anlage beigefügten und wie dieses vom Amtsrichter und Gerichtsschreiber beurkundeten Stimmliste wurde die Klägerin mit 14762,51 ℳ Forderung als stimmberechtigt zugelassen, und stimmte sie für den Vergleich. Der Beklagte, dem für den Betrag von 280000 ℳ Stimmrecht bewilligt war, stimmte ebenfalls für den Vergleich. Die Abstimmung ergab die erforderlichen Majoritäten, und es wurde Gerichtsbeschluß verkündigt, daß der Zwangsvergleich bestätigt sei."

(Es wird zunächst erörtert, wie der vom Gemeinschuldner, mit Wissen und Willen des Beklagten, gemachte Vergleichsvorschlag und der demnächst abgeschlossene Zwangsvergleich inhaltlich aufzufassen sind; alsdann fortgefahren:)

„Anlangend sodann die Frage, ob die Bürgschaftsübernahme von dem Beklagten in entsprechender Weise erklärt worden sei, so ist die bejahende Entscheidung des Berufungsurteils . . . rechtlich nicht zu beanstanden. Allerdings würde eine nur stillschweigende, durch konkludente Handlungen betätigte Willenserklärung des Bürgen hierfür nicht ausgereicht haben. Andererseits ist es aber auch nicht erforderlich, daß der Bürge gerade wörtlich ausspricht, er übernehme hiermit die Bürgschaft, und die Bürgschaftserklärung muß nicht notwendig durch einen einheitlich in sich abgeschlossenen Akt erfolgen, kann möglicherweise auch in mehreren, sich ergänzenden Erklärungen zum Ausdrucke gebracht werden.

Vgl. Entsch. des R.G.'s in Zivils. Bd. 59 S. 218 flg.; Urteil des erkennenden Senats vom 2. Juli 1906, Rep. VI. 566/05; Oertmann, das Recht der Schuldverhältnisse § 766 Bem. 1 b α, β.

Im vorliegenden Falle konnte das Berufungsgericht ohne Rechtsirrtum in der Abstimmungserklärung des Beklagten beim Zusammenhalt mit dem vorangegangenen schriftlichen Vergleichsvorschlage und der Verhandlung hierüber in dem Vergleichstermin eine rechtswirksame Bürgschaftserklärung erblicken, sofern jene Erklärung die Verbürgung notwendig zur Voraussetzung hatte und inhaltlich einschloß, verständigerweise gar nicht abgegeben werden konnte, ohne daß gleichzeitig damit der Wille, sich zu verbürgen, zum Ausdrucke gebracht wurde. Der Beklagte hat nach Annahme des Berufungsgerichtes durch seine Abstimmung erklärt, er sei damit einverstanden, daß ein Zwangsvergleich geschlossen werde, wonach unter seiner, des Beklagten, Bürgschaft der Gemeinschuldner den Konkursgläubigern 20 Prozent ihrer Forderungen zu bezahlen habe. Und das reicht im gegebenen Falle in der Tat aus, um eine Bürgschaftserklärung im Sinne von § 765 B.G.B. darzustellen. Der Umstand, daß der Beklagte in seiner Eigenschaft als Konkursgläubiger über den Vergleichsvorschlag mit abstimmte, steht nicht im Wege; er kann nicht seine Erklärungen nach dieser Seite und nach der Stellung eines Vergleichsgaranten spalten.

Es fragt sich schließlich nur, ob die Bürgschaftserklärung von dem Beklagten in der gesetzmäßigen Form erteilt worden sei. Auch das ist von der Vorinstanz ohne Rechtsverstoß angenommen, indem sie davon ausgeht, daß die im § 766 B.G.B. vorgeschriebene schriftliche Form hier durch die Beurkundung der Bürgschaftserklärung in dem gerichtlichen Protokoll ersetzt werde. Das Berufungsgericht nimmt hierfür auf § 126 Abs. 3 B.G.B. Bezug. Diese Vorschrift würde allerdings die Entscheidung noch nicht rechtfertigen, wenn anzunehmen wäre, daß das Bürgerliche Gesetzbuch unter „gerichtlicher Beurkundung" (nur) Beurkundung durch den Richter der freiwilligen Gerichtsbarkeit verstehe — vgl. Urteil des R.G.'s vom 17. Mai 1901, Entsch. in Zivils. Bd. 48 S. 189 —, eine Beurkundung also, für welche die Formvorschriften des Reichsgesetzes über die Angelegenheiten der freiwilligen Gerichtsbarkeit vom 20. Mai 1898, insbesondere des § 177 Abs. 1, in Betracht kämen. Indes diese letzteren Vorschriften sind im gegenwärtigen Falle nicht maßgebend; sie beziehen sich nicht auf die in den Gesetzen anderweit geregelte Beurkundung prozessualer Rechtsgeschäfte. Wird insbesondere ein Rechtsgeschäft, das nach bürgerlichem Rechte der gerichtlichen oder notariellen Beurkundung bedarf, in der prozessualischen Form des Vergleiches, des Verzichts oder der Anerkennung vorgenommen, so hat die Beurkundung nach den Formen der Zivilprozeßordnung zu erfolgen (§§ 159 flg., 160 Abs. 2 Nr. 1, § 794 Nr. 1 Z.P.O.), und auch die sonst gesetzlich erforderte Schriftform wird diesfalls durch die prozeßmäßige Beurkundung ersetzt.

Vgl. das angeführte Urteil des R.G.'s Bd. 48 S. 183 flg.; Dronke, in der Zeitschr. für deutschen Zivilprozeß Bd. 30 S. 47 flg.; Gaupp-Stein, C.P.O. zu § 54 Bem. II bei Anm. 3.

Unter diesen Gesichtspunkt fällt auch der gerichtliche Zwangsvergleich mit den als integrierende Bestandteile desselben zu betrachtenden Rechtsgeschäften, sofern für Aufnahme von Protokollen und Beurkundung im Konkursverfahren gemäß § 72 K.O. die Vorschriften der Zivilprozeßordnung entsprechende Anwendung finden (Jaeger, Konk.O. zu § 72 Anm. 6 S. 540, § 179 Anm. 4 II S. 761). Einen Bestandteil des Zwangsvergleiches nun bildete auch die von dem Beklagten für die Erfüllung des Vergleiches übernommene Bürgschaft (vgl. Entsch. des R.G.'s in Zivils. S. 72, 73). Die Bürgschaftsübernahme konnte im Vergleichstermin mündlich zu Protokoll erklärt werden (Jaeger, Konk.O. § 194 Anm. 5 III S. 796), und durch die, eine Unterzeichnung von seiten der Beteiligten nicht erfordernde,

Beurkundung in dem amtsgerichtlichen Protokolle sowie der eine Anlage des Protokolles bildenden Stimmliste war jedenfalls der gesetzlichen Form Genüge geschehen." . . .

---

21. Gehören auch die Kosten einer Badereise, wenn sie zur Heilung eines durch einen Betriebsunfall verursachten Leidens eines Staatsbeamten erforderlich war, zu den ihm zu erstattenden Kosten des Heilverfahrens?

Gewerbe-Unfallversicherungsgesetz vom $\frac{\text{30. Juni}}{\text{5. Juli}}$ 1900 § 9 Abs. 1 Nr. 1.
Reichsgesetz, betr. die Fürsorge für Beamte und Personen des Soldatenstandes infolge von Betriebsunfällen, vom 18. Juni 1901 § 1 Abs. 6.
Preuß. Gesetz, betr. die Fürsorge für Beamte infolge von Betriebsunfällen, vom 2. Juni 1902 § 1 Abs. 6.

III. Zivilsenat. Urt. v. 18. September 1906 i. S. preuß. Eisenbahnfiskus (Bekl.) w. N. (Kl.). Rep. III. 27/06.

I. Landgericht I Berlin
II. Kammergericht daselbst.

Die Frage ist bejaht, und die Revision gegen die verurteilende Entscheidung des Berufungsgerichts zurückgewiesen, aus folgenden

Gründen:

„Es handelt sich für den Rechtszug der Revision nur noch um die Entscheidung der Frage, ob auch die Kosten einer Badereise, wenn sie zur Heilung eines durch einen Betriebsunfall verursachten Leidens eines Staatsbeamten erforderlich war, zu den ihm zu erstattenden Kosten des Heilverfahrens nach § 1 Abs. 6 des preußischen Gesetzes über die Fürsorge für Beamte infolge von Betriebsunfällen vom 2. Juni 1902 zu rechnen sind.

Das Berufungsgericht ist bei Begründung seiner Entscheidung von der sprachlichen Bedeutung des Wortes „Heilverfahren" ausgegangen, wonach man darunter die Gesamtheit der Maßnahmen verstehe, welche die Heilung herbeizuführen bestimmt und geeignet seien. Zu diesen aber könne sehr wohl die Kur in einem Badeorte gehören. Im weiteren leitet das Berufungsgericht aus der Entstehungsgeschichte des Gesetzes den Schluß ab, daß auch bei den gesetzgebenden Faktoren die gleiche Auffassung der Bedeutung des Wortes „Heilverfahren“ bestanden habe. Es führt aus: das frühere preußische Beamtenfürsorgegesetz vom 18. Juni 1887 sei dem entsprechenden Reichsgesetze vom 15. März 1886 nachgebildet worden und stimme mit diesem in den §§ 1—6 wörtlich überein. Nun habe bei der zweiten Lesung des früheren Reichsbeamtenfürsorgegesetzes im Reichstage ein Antrag mit einer unwesentlichen Fassungsänderung Annahme gefunden, zu § 1 des Entwurfes, der über den Ersatz der Kosten des Heilverfahrens überhaupt keine Bestimmung enthalten habe, folgenden Zusatz hinzuzufügen: „Die Verletzten haben ... Anspruch auf Ersatz der Kosten des Heilverfahrens“. Zur Begründung habe der Antragsteller, ohne Widerspruch zu finden, erklärt: bei länger dauernden Krankheiten würden die Betroffenen wirtschaftlich ruiniert werden, wenn ihnen nicht die Kosten des Heilverfahrens erstattet würden. Man habe also gerade auch für diese schweren Fälle, wo es sich darum handele, jemand eine Badereise machen zu lassen, ebenso wie nach dem großen Unfallversicherungsgesetze so hier die Beamten derselben Wohltaten teilhaftig werden lassen wollen. Das Gericht weist sodann darauf hin, daß auch die Rechtsprechung des Reichsversicherungsamtes auf der gleichen Auffassung beruhe. Dagegen ist es der Meinung, daß es nach der Fassung des § 9 Abs. 1 Nr. 1 des neuen Gewerbe-Unfallversicherungsgesetzes vom 30. Juni 1900, auf den der § 1 Abs. 6 des neuen preußischen Beamtenfürsorgegesetzes vom 2. Juni 1902 wegen der Bedeutung der Worte „die noch erwachsenden Kosten des Heilverfahrens“ verweist, und wonach der frühere allgemeine Ausdruck „Kosten des Heilverfahrens“ durch die Worte ersetzt sind: „freie ärztliche Behandlung, Arznei und sonstige Heilmittel sowie die zur Sicherung des Erfolges des Heilverfahrens und zur Erleichterung der Folgen der Verletzung erforderlichen Hilfsmittel (Krücken, Stützapparate und dergleichen)“, zweifelhaft erscheinen könne, ob auf Grund des Gewerbe-Unfallversicherungsgesetzes der Ersatz der Kosten von Badekuren, die zur Beseitigung der Folgen eines Unfalls unternommen würden, noch gefordert werden könne. Für das Gebiet des Beamtenfürsorgegesetzes vom 2. Juni 1902 erklärt es aber einen gleichen Zweifel für unbegründet, weil die Fassung dieses Gesetzes nicht dazu zwinge, daß die begriffliche Bedeutung des Ausdruckes „Kosten des Heilverfahrens" durch die Hinzufügung der in Klammern gesetzten Worte „(§ 9 Abs. 1 Nr. 1 des Gewerbe-Unfallversicherungsgesetzes, Reichsgesetzblatt 1900 S. 585)" habe eingeengt werden sollen, und weil die ausgesprochene Absicht bei der Beratung des Gesetzentwurfs im Gegenteile dahin gegangen sei, die Lage der Beamten zu verbessern.

Dieser Begründung des Berufungsurteils ist insoweit beizutreten, als sie aus der sprachlichen Bedeutung des Wortes „Heilverfahren" und aus der Entstehungsgeschichte der einschlägigen Gesetzesbestimmung bis zu dem Gesetze, betreffend die Abänderung der Unfallversicherungsgesetze, vom 30. Juni 1900 abgeleitet ist. Insoweit bedarf es den Angriffen der Revision gegenüber nur noch einer Ergänzung der Ausführungen des Berufungsgerichts.

Schon in der VI. Kommission des Reichstags war bei Beratung des ersten Gesetzentwurfs über die Fürsorge für Beamte und Personen des Soldatenstandes infolge von Betriebsunfällen im Jahre 1885/86 beantragt worden, als letzten Absatz des § 1, der in der Fassung der Bundesratsvorlage von den Kosten des Heilverfahrens absichtlich schwieg, aufzunehmen:

„Die Verletzten haben außerdem Anspruch auf Ersatz der Kosten des Heilverfahrens",

und bei der Begründung dieses Antrages war schon dort hervorgehoben, daß zu den Ausgaben für das Heilverfahren ... „auch Aufwendungen von außerordentlicher Höhe, z. B. für Badereisen, für kostspielige Heilbehandlung, Beschaffung künstlicher Glieder und dergleichen, gehörten". Die Regierungsvertreter hatten damals dagegen nur geltend gemacht, daß, wenn solche außerordentliche Aufwendungen für Kranke nötig seien, diese aus anderen Fonds bisher bestritten seien und ferner bestritten werden würden. Daß auch solche Aufwendungen an sich unter den Begriff der Kosten des Heilverfahrens fielen, ist demnach schon damals auch nicht von seiten des Bundesrats in Abrede gestellt worden. Die entsprechenden Anträge wurden indessen in der Kommission abgelehnt.

Vgl. Bericht jener VI. Kommission des Reichstages in der Sammlung der Drucksachen des Reichstages 1885/86 Bd. 2 Nr. 83 S. 6, 16.

Bei der zweiten Beratung in der Vollversammlung des Reichstags wurde aber jener Antrag wieder eingebracht, gelangte nunmehr, wie sich aus den Darlegungen des Berufungsurteils ergibt, mit einer unwesentlichen Fassungsänderung zur Annahme und wurde schließlich mit zum Gesetze erhoben.

Demgemäß konnte nach dem Reichsgesetze darüber kein Zweifel bestehen, daß das Gesetz unter den Kosten des Heilverfahrens auch solche außerordentliche Aufwendungen mitverstanden wissen wollte, wie gerade die Kosten einer Badereise. Das gleiche mußte aber nach dem engen äußeren und inneren Zusammenhange, der, wie das Berufungsurteil bereits zutreffend dargelegt hat, zwischen dem Reichsbeamtenfürsorgegesetze und dem entsprechenden preußischen Gesetze bestand, auch für das Anwendungsgebiet des letzteren Gesetzes gelten.

Dies war der Rechtszustand in Preußen, als das Reichsgesetz, betreffend die Abänderung der Unfallversicherungsgesetze, vom 30. Juni 1900 verkündet wurde, und dadurch an die Stelle der allgemein gefaßten Bestimmung in § 5 Abs. 2 des Unfallversicherungsgesetzes vom 6. Juli 1884, wonach dem Verletzten als Schadensersatz zugebilligt waren die „Kosten des Heilverfahrens, welche von Beginn der vierzehnten Woche nach Eintritt des Unfalls entstehen“, die schon erwähnte, ins einzelne gehende Vorschrift des § 9 des neuen Gewerbe-Unfallversicherungsgesetzes trat: „freie ärztliche Behandlung, Arznei und sonstige Heilmittel sowie die zur Sicherung des Erfolges des Heilverfahrens und zur Erleichterung der Folgen der Verletzung erforderlichen Hilfsmittel (Krücken, Stützapparate und dergleichen)“. Mit dieser Änderung des Wortlautes des Gesetzes ist indessen nicht, wie die Revision behauptet, und wie auch das Berufungsgericht wenigstens als möglich annimmt, eine Beschränkung des Umfanges derjenigen Aufwendungen eingeführt worden, die der durch einen Betriebsunfall Verletzte als Kosten des Heilverfahrens in Gestalt der Kosten einer notwendigen Badereise bisher hatte erstattet verlangen können. Dies ergibt sich nicht nur daraus, daß zu den „sonstigen Heilmitteln“ nach der Fassung des neuen Gesetzes im weiteren Sinne auch sehr wohl die Kur in einem Badeorte gerechnet werden kann, sondern auch daraus, daß das Gesetz, wenn es sogar die zur Sicherung des Erfolges des Heilverfahrens erforderlichen Hilfsmittel dem Verletzten erstattet wissen will, erst recht gewollt haben muß, daß ihm alle Kosten des Heilverfahrens selbst, sofern sie rotwendig waren, ersetzt werden. Außerdem aber folgt es aus der bestimmten Absicht, die bei der Vorbereitung und dem Erlasse des Gesetzes maßgebend gewesen ist, wie sie dessen Entstehungsgeschichte deutlich erkennen läßt. Zu der Fassung des § 5a des Entwurfs des neuen Gewerbe-Unfallversicherungsgesetzes, die dem § 9 des letzteren selbst entspricht, bemerkte die Begründung (Nr. 523 der Sammlung der Drucksachen des Reichstags 1898/00 Bd. 8 S. 49):

„Unter Ziffer 1 sind die Leistungen der Berufsgenossenschaft an ärztlicher Behandlung und Heilmitteln näher, als es bisher der Fall war, bezeichnet und dem praktischen Bedürfnisse entsprechend ausgestaltet. Von besonderer Bedeutung ist, daß ihnen ein gesetzlicher Anspruch auf die von den Berufsgenossenschaften schon jetzt regelmäßig gewährten Krücken, Stützapparate u. dgl. ausdrücklich verliehen werden soll, um den bestehenden Zweifeln über die bezügliche Verpflichtung der Berufsgenossenschaften vorzubeugen."

Nichts deutet hier darauf hin, daß der Begriff „Kosten des Heilverfahrens", die nach dem bisherigen Gesetze dem Verletzten von der vierzehnten Woche an schlechthin zu ersetzen waren, nunmehr in einem beschränkteren Sinne verstanden werden sollte. Im Gegenteil läßt die mitgeteilte Stelle aus der Begründung des Entwurfs des neuen Gesetzes erkennen, daß man die Verletzten gegen Zweifel über die Auslegung des Gesetzes sichern, die bestehenden Einrichtungen „ausgestalten" wollte. Deshalb muß auch schon für das Anwendungsgebiet des Gewerbe-Unfallversicherungsgesetzes angenommen werden, daß, obwohl jetzt die allgemeine Vorschrift des früheren Gesetzes fehlt:

„der Schadensersatz soll im Falle der Verletzung bestehen 1. in den Kosten des Heilverfahrens, welche" rc,

doch auch nach dem neuen Gesetze diese Kosten dem Verletzten in demselben Umfange zu erstatten sind, oder daß ihm unmittelbar als Naturalleistung freies Heilverfahren in demselben Maße zu gewähren ist, wie es nach dem früheren Gesetze der Fall war. In dieser Hinsicht kann um so weniger ein Bedenken bestehen, als die Berufsgenossenschaften schon auf Grund des früheren

Gesetzes selbst Unfallkranken- und sogar Rekonvaleszentenhäuser ins Leben gerufen hatten, um ihrer Entschädigungspflicht den Verletzten gegenüber zu genügen und sie womöglich in vollem oder geringerem Umfange wieder arbeitsfähig zu machen, Anstalten, deren Fortbestehen das neue Gesetz selbstverständlich nicht in Frage stellen wollte, sondern gerade voraussetzte.

Vgl. Handbuch der Unfallversicherung, dargestellt von den Mitgliedern des Reichsversicherungsamts 2. Aufl. Anm. 11 zu § 5 des Unfallversicherungsgesetzes S. 154 und 155.

Hiernach erscheint der Zweifel des Berufungsgerichts, ob auch nach der Fassung des neuen Gewerbe-Unfallversicherungsgesetzes der Ersatz der Kosten notwendiger Badereisen des Verletzten gefordert werden könne, nicht berechtigt. Damit wird aber der Revision, die gerade auf der Bezugnahme des neuen preußischen Beamtenfürsorgegesetzes auf den § 9 Abs. 1 Nr. 1 des Gewerbe-Unfallversicherungsgesetzes beruht, der Boden entzogen.

In dieser Beziehung ist noch zu bemerken:

Bei Einbringung des Entwurfes eines neuen Reichsunfallfürsorgegesetzes für Beamte und für Personen des Soldatenstandes im Anschlusse an die Änderung der Unfallversicherungsgesetze im Jahre 1901 wurde nach der Begründung der Vorlage,

vgl. Anlagen zu den stenographischen Berichten über die Verhandlungen des Reichstags 1900/02 Bd. 2 S. 1114,

im allgemeinen der ausgesprochene Zweck verfolgt, die Rechte der dem Fürsorgegesetze unterstehenden Personen bei Betriebsunfällen in gleichwertiger Art, wie es durch die neuen Unfallversicherungsgesetze für die unter deren Schutze stehenden Personen geschehen war, aus- und günstiger als bisher zu gestalten. Wie wenig man dabei insbesondere in bezug auf die hier zur Entscheidung stehende Frage an eine Verminderung der Rechte des Verletzten gedacht hat, ergibt sich daraus, daß die Fassung der Vorlage des Bundesrats in § 1 Abs. 6 lediglich die allgemeine Bestimmung des § 1 Abs. 4 des bisherigen Gesetzes wiederholte: „Nach dem Wegfalle des Diensteinkommens sind dem Verletzten außerdem die noch erwachsenden Kosten des Heilverfahrens zu ersetzen". Vgl. a. a. O. S. 1110. Die Fassung des Gesetzes selbst, wonach hinter „Heilverfahrens" eingeschoben ist: „(§ 9 Abs. 1 Nr. 1 des Gewerbe-Unfallversicherungsgesetzes, Reichsgesetzblatt 1900 S. 585)", aber beruht auf einem Beschlusse des Reichstags, der damit, wie wenigstens der Antragsteller betonte, nur verhüten wollte, daß man auf den Gedanken käme, „die Kosten des Heilverfahrens wären nur in dem Umfange zu bewilligen, wie er vor der Neuregelung des Unfallversicherungsgesetzes bestanden habe".

Vgl. Stenographische Berichte über die Verhandlungen des Reichstags 1900/02 Bd. 2 S. 1767, 1768A, Bd. 3 S. 2473D; vgl. auch Graefe, Die Unfallversicherungsgesetze 4. Aufl. Anm. zu § 1 des Gesetzes, betr. die Fürsorge für Beamte und Personen des Soldatenstandes infolge von Betriebsunfällen, vom 18. Juni 1901 S. 561.

Mit der Hinzufügung jener Bezugnahme wurde also keine Einschränkung der Bestimmung der Bundesratsvorlage, sondern eine Klarstellung ihres Inhalts im Sinne einer Erweiterung der schon bisher den Verletzten gewährten Rechte bezweckt.

Daß aber dann ganz ebenso die mit der reichsgesetzlichen wörtlich übereinstimmende Vorschrift des entsprechenden preußischen Gesetzes auszulegen ist, folgt aus dem zwischen beiden Gesetzen bestehenden engen Zusammenhange, wie er schon aus Inhalt und Zweck beider Gesetze ohne weiteres erhellt." ...

---

22. Ist bei einem Abzahlungsgeschäfte die Vereinbarung, daß die ganze Restschuld fällig werden soll, wenn der Käufer mit mindestens zwei aufeinanderfolgenden Teilzahlungen in Verzug ist, vollständig ungültig, oder mit Einschränkung auf den gesetzlich zulässigen Inhalt rechtswirksam?

Gesetz, betr. die Abzahlungsgeschäfte, vom 16. Mai 1894 § 4 Abs. 2.

II. Zivilsenat. Urt. v. 21. September 1906 i. S. N. (Bekl.) w. L. (Kl.). Rep. II. 63/06.

I. Landgericht Mannheim, Kammer für Handelssachen
II. Oberlandesgericht Karlsruhe.

Die Frage wurde in letzterem Sinne entschieden, aus folgenden

Gründen:

„Das Berufungsgericht hat erwogen, nach der Vereinbarung der Parteien solle die ganze Restschuld fällig werden, wenn der Beklagte **mindestens** zwei aufeinanderfolgende Teilzahlungen ganz oder teilweise nicht leiste. Gemäß § 4 Abs. 2 des Gesetzes, betreffend die Abzahlungsgeschäfte, vom 16. Mai 1894 habe die Klägerin die Verfallklausel geltend machen können, wenn der Beklagte mit **mindestens** zwei aufeinanderfolgenden Teilzahlungen ganz oder teilweise im Verzuge sich befand, und der Betrag, mit dessen Zahlung er im Rückstande war, mindestens dem zehnten Teil des Kaufpreises gleichkam, also bei dem Kaufpreise von 5280 ℳ mindestens einen Betrag von 528 ℳ erreichte. Zur Zeit der Klagerhebung habe Beklagter von der am 1. Oktober 1904 fälligen Rate den Teilbetrag von 50 ℳ, sowie die am 1. Januar 1905 fällig gewordene Rate von 250 ℳ nicht gezahlt. Der Beklagte sei aber weiter mit der am 1. April 1905 fälligen Rate von 250 ℳ in Verzug geraten, so daß zur Zeit des Versäumnisurteils vom 15. April 1905 Beklagter mit 550 ℳ, also mit mehr als dem zehnten Teil des Kaufpreises im Verzuge, und der Anspruch der Klägerin auf Zahlung des ganzen noch ausstehenden Kaufpreisrestes gerechtfertigt gewesen sei. Klägerin habe dieses Recht, das sie auf Grund der Verfallklausel infolge des Zahlungsverzuges des Beklagten einmal erworben habe, auch nicht dadurch verloren, daß der Beklagte nachträglich am 25. April 1905 1000 ℳ gezahlt habe.

Der Revisionskläger rügt Verletzung des § 4 Abs. 2 a. a. O., weil hiernach die Verfallklausel rechtsgültig nur für den Fall verabredet werden könne, daß der Käufer mit mindestens zwei aufeinanderfolgenden Teilzahlungen im Verzuge sei, und der rückständige Betrag mindestens dem zehnten Teile des Kaufpreises gleichkomme, während die Verfallklausel von den Parteien ohne alle Rücksicht auf die Höhe des rückständigen Betrags vereinbart und deshalb ungültig sei. Die Rüge ist nicht gerechtfertigt. Der § 4 Abs. 2 a. a. O. bestimmt:

„Die Abrede, daß die Nichterfüllung der dem Käufer obliegenden Verpflichtungen die Fälligkeit der Restschuld zur Folge haben solle, kann rechtsgültig nur für den Fall getroffen werden, daß der Käufer mit mindestens zwei aufeinanderfolgenden Teilzahlungen ganz oder teilweise in Verzug ist, und der Betrag, mit dessen Zahlung er im Verzuge ist, mindestens dem zehnten Teil des Kaufpreises der übergebenen Sache gleichkommt."

Der Wortlaut der Bestimmung spricht allerdings für die Auffassung des Revisionsklägers; Grund und Zweck sprechen aber dagegen. Der § 4 Abs. 2 enthält nämlich nicht eine Strafvorschrift zum Nachteil des Verkäufers, der die Fälligkeit der Restschuld in weiterem als dem gesetzlich zulässigen Maße sich ausbedingt, sondern er bezweckt nur den Schutz des Käufers gegen übermäßige Härte der Kaufbedingungen. Dies geht aus der Begründung des Entwurfs (S. 7) klar hervor, in der es heißt:

„Der Absatz 2 des Entwurfs beschränkt die Zulässigkeit der Abrede, daß die Nichterfüllung einer Verpflichtung des Käufers, insbesondere das Ausbleiben einer Teilzahlung, die Fälligkeit der Restschuld nach sich ziehen solle: Diese Klausel kann, wenn sie strenge gehandhabt wird, den Käufer in unbilliger Weise schädigen und steht mit der Natur des Geschäfts insofern im Widerspruch, als der Verkäufer danach unter Entziehung der Kreditgewährung einen Preis fordern kann, der in dieser Höhe nur mit Rücksicht auf die Kreditierung normiert worden ist. Es soll deshalb der Verfall der Restschuld nur eintreten dürfen, wenn der Schuldner mit der Entrichtung von mindestens zwei aufeinanderfolgenden Teilzahlungen ganz oder teilweise in Verzug ist, und der rückständige Betrag einen nicht unerheblichen Teil des Kaufpreises darstellt."

Ist hiernach der Zweck der Vorschrift lediglich auf den wirtschaftlichen Schutz des Käufers gegen übermäßige Härte der Verfallklausel gerichtet, so liegt kein sachlicher Grund vor, die Ungültigkeit der Vereinbarung weiter auszudehnen, als es zur Erreichung dieses Zweckes notwendig erscheint. Der Absicht des Gesetzes sowohl, als auch dem regelmäßigen Willen der Vertragschließenden entspricht vielmehr die Auslegung, daß die Vereinbarung nur insoweit, als sie die gesetzlichen Grenzen überschreitet, ungültig, dagegen mit der Beschränkung auf den gesetzlich zulässigen Inhalt rechtswirksam ist. Denn ein Käufer, der darein einwilligt, daß die ganze Restschuld fällig werden soll, wenn er mit mindestens zwei aufeinanderfolgenden Teilzahlungen in Verzug kommt, selbst wenn der rückständige Betrag noch so geringfügig ist, übernimmt in der weitergehenden Verbindlichkeit stillschweigend auch die beschränktere Verpflichtung zur sofortigen Zahlung der Restschuld für den Fall, daß er mit mindestens zwei aufeinanderfolgenden Teilzahlungen ganz oder teilweise in Verzug gerät, und der rückständige Betrag mindestens dem zehnten Teile des Kaufpreises der übergebenen Sache gleichkommt. Mit dieser Auffassung ist auch dem Interesse des Verkäufers am meisten gedient. Der Entscheidung steht der von dem Revisionskläger zur Begründung der vollständigen Nichtigkeit der Vereinbarung angerufene § 134 B.G.B. nicht entgegen, weil sich, wie erwähnt, aus dem legislatorischen Grunde des § 4 Abs. 2 a. a. O. ergibt, daß die Ungültigkeit der Abrede nur in beschränktem Umfange gewollt ist, und die abweichende Bestimmung, die § 134 B.G.B. vorsieht, im Verbotsgesetze nicht ausdrücklich ausgesprochen zu sein braucht, sondern auch im Wege der Auslegung aus ihm entnommen werden kann.

Vgl. v. Staudinger, B.G.B. zu § 134 Bd. 1 Bem. 4.

Hiernach hat das Berufungsgericht mit Recht angenommen, die Klägerin habe durch den Verzug des Beklagten mit der Zahlung dreier aufeinanderfolgender Raten im Gesamtbetrage von mehr als einem Zehntel des Kaufpreises ein Recht auf sofortige Zahlung der ganzen Restschuld erlangt. Auch die weitere Erwägung, daß sie dieses Recht durch Annahme der nachträglichen Zahlung von 1000 ℳ nicht wieder verloren habe, ist rechtlich nicht zu beanstanden. Denn die Annahme eines solchen Rechtsverlustes ließe sich bei dem Mangel einer darauf bezüglichen Gesetzesbestimmung nur unter dem Gesichtspunkte eines Verzichtes der Klägerin, ein Verzicht aber wieder nicht ohne weiteres, sondern nur unter besonderen den Verzichtswillen der Klägerin klarstellenden Umständen rechtfertigen. Umstände solcher Art sind aber von dem Revisionskläger weder in den Vorinstanzen, noch in der Revisionsinstanz geltend gemacht worden." ...

---

23. Erstreckt sich der Schutz eines Warenzeichens auch auf seine Verwendung zur Herstellung eines technisch notwendigen Bestandteils der Ware?

Gesetz zum Schutz der Warenbezeichnungen vom 12. Mai 1894 § 12.

stattgefunden hätten, der nur zur Vorbereitung von Einträgen in das Grundbuch, nicht zur Wahrnehmung der Geschäfte eines Grundbuchbeamten ermächtigt gewesen sei. Der Kläger beantragte, zu erkennen, daß der von den Parteien am 5. Mai 1903 abgeschlossene Kaufvertrag und die am gleichen Tage erfolgte Auflassung nichtig seien, und daß der Beklagte schuldig sei, seine Zustimmung zur Berichtigung des Grundbuchs dahin zu geben, daß an seiner Stelle wieder der Kläger und dessen Ehefrau als Eigentümer des aufgelassenen Grundstücks eingetragen werden. Der erste Richter wies insoweit die Klage ab. Auf die Berufung des Klägers wurde nach dem Klagantrag erkannt. Der Revision des Beklagten wurde stattgegeben aus folgenden

Gründen:

„Das Berufungsgericht nimmt zwar an, daß durch das Protokoll des Grundbuchamts W. vom 5. Mai 1903 als eine öffentliche Urkunde der volle Beweis des dadurch beurkundeten Vorgangs erbracht sei, wonach die Parteien vor dem Grundbuchbeamten B. erschienen sind, ihn um die amtliche Beurkundung über Kauf und Verkauf des dem Kläger und seiner Ehefrau gehörigen Grundstücks, einer Wiese mit Heuscheuer, ersucht und sodann in seiner Gegenwart die Auflassung dieses Grundstücks erklärt haben; es hält jedoch durch die Aussagen der Zeugen für erwiesen, daß dieser Vorgang unrichtig beurkundet sei. Es stellt auf Grund der Darstellungen der Zeugen fest, daß die Parteien Kauf und Auflassung vor dem Gehilfen B. und nicht vor dem Grundbuchbeamten B. erklärt haben. Der Gehilfe B. habe nämlich die Parteien darüber befragt, was sie zu erklären hätten, ihre Erklärungen entgegengenommen, niedergeschrieben, die von ihm aufgesetzte Schrift ihnen vorgelesen, sich darüber vergewissert, daß sie das Vorgelesene genehmigten, und die Urkunde von den Beteiligten unterschreiben lassen. Der Grundbuchbeamte dagegen habe weder die Erklärungen der Parteien entgegengenommen, noch bei ihrer Beurkundung mitgewirkt, ja sich nicht einmal bereit gezeigt, die Erklärungen der Parteien entgegenzunehmen. Daß er, wie er bezeugt habe, den ganzen Akt genau verfolgt und während der Verlesung des Protokolls sich zum mindesten auf seinem — in der an die Grundbuchamtskanzlei anstoßenden, mit ihr durch eine offene Durchgangstür verbundenen Stadtpflegekanzlei befindlichen —

Die Beklagte beantragte, die Klage abzuweisen, und erhob **Widerklage** mit dem Antrage, der Klägerin bei Strafe zu untersagen, Karten mit dem Kartenrücken, der ihr Muster vom 31. Juli 1903 zeigt, zu versehen oder in den Verkehr zu bringen. Die Klägerin beantragte, die Widerklage abzuweisen.

Die Vorderrichter hatten die Klage abgewiesen und die Klägerin als Widerbeklagte nach dem Antrage der Widerklage verurteilt. Auf die Revision der Klägerin und Widerbeklagten wurden die Urteile der Vorderrichter aufgehoben, und die Beklagte unter Zurückweisung ihrer Widerklage verurteilt, gegen die Klägerin nicht den Anspruch zu erheben, daß sie das weitere Herstellen, Feilbieten und Vertreiben von Karten mit dem Kartenrücken ihres Musters vom 31. Juli 1903 unterlasse, aus folgenden

Gründen:

... „1. Die Klägerin, jetzt Revisionsklägerin, hatte ihre Klaganträge und das Begehren, die Widerklage abzuweisen, in erster Reihe auf ihren durch die Eintragung vom 31. Juli 1903 zum Musterregister erworbenen Musterschutz gestützt. Das Berufungsgericht führt indes rechtlich einwandsfrei aus, für die Klägerin sei ein Urheberrecht an diesem Muster nicht zur Entstehung gelangt; denn das Muster sei eine Nachahmung der Rückenzeichnung auf den Karten der Beklagten und daher kein **neues** und **eigentümliches** Erzeugnis nach § 1 Abs. 2 des Gesetzes, betreffend das Urheberrecht an Mustern und Modellen, vom 11. Januar 1876. Durch diese Ausführungen ist die Begründung jener Anträge mit einem **Musterschutz** der Klägerin rechtlich einwandsfrei beseitigt.

2. Der erkennende Senat hat in seinem Urteile vom 24. März 1903 (Rep. II. 559/02, Entsch. in Zivils. Bd. 54 S. 173) unter Hinweis auf eine Entscheidung des I. Zivilsenats (Entsch. in Zivils. Bd. 40 S. 67) zu der Frage Stellung genommen, ob durch eine **Ausstattung** ein Alleinrecht — Monopol — auf ein technisch **funktionelles Element** einer Ware erworben werden könne. Damals handelte es sich um die Verwendung von Sternkarten zum Aufwickeln von Nähseide. Er hat das verneint und danach ausgeführt, der Ausstattungsschutz könne nicht angerufen werden gegen die Verwertung in der Ausstattung enthaltener technisch funktioneller Elemente für die gleiche Warenart. Anlehnend an diese Entscheidung hat die

Klägerin zur Rechtfertigung ihrer Anträge in zweiter Reihe geltend gemacht, die Rückenzeichnung der Karte sei ein technisch notwendiger Bestandteil der Karte; deshalb werde durch die Eintragung eines dieser Rückenzeichnung entsprechenden Bildes als Warenzeichens für Karten gleichfalls kein Alleinrecht — kein Monopol — auf die ausschließliche Verwendung dieses Bildes zur technischen Herstellung von Karten erworben.

Das Berufungsgericht weist diese Rechtfertigung der Anträge zur Klage und Widerklage mit zwei Erwägungen zurück. Es führt zunächst aus: die Klägerin mache damit einen rein zeichenrechtlichen Löschungsgrund geltend, und zwar nicht einen solchen aus § 9 Nr. 1 bis 3 des Warenbezeichnungsgesetzes, sondern einen solchen aus § 8 Abs. 2 a. a. O. Diese Frage aber, ob wegen des von der Klägerin bezeichneten Grundes die Eintragung hätte versagt werden müssen, sei lediglich Sache des Patentamts und der Nachprüfung der Gerichte entzogen. Dann erwägt es weiter: durch das Warenzeichen der Beklagten sei der Klägerin nicht untersagt, ihre Karten mit irgendeiner Rückenzeichnung zu versehen. Untersagt sei ihr nur, sie mit der bestimmten, für die Beklagte als Warenzeichen eingetragenen Zeichnung zu versehen. Das sei mit den Entscheidungen des Reichsgerichts (Entsch. in Zivils. Bd. 40 S. 67, Bd. 54 S. 173) wohl vereinbar.

Diese beiden Entscheidungsgründe des Berufungsgerichtes sind in ihrer Anwendung auf den gegebenen Fall rechtlich nicht haltbar. Durch die Eintragung eines Bildes als Warenzeichens erhält der Zeichenberechtigte nur ein ausschließliches Recht, Waren der angemeldeten Art (oder deren Verpackung oder Umhüllung ꝛc) mit diesem Bilde als Zeichen zu versehen; er erhält kein ausschließliches Alleinrecht auf den Gebrauch des als Zeichens geschützten Bildes zur Herstellung der Ware. Das „Versehen der Ware mit dem Zeichen“ kann allerdings auch in der Weise erfolgen, daß das Zeichen mit der Ware ein stoffliches Ganzes bildet; es kann bei Textilwaren in die Ware eingewebt, bei Eisenwaren in die Ware eingegossen werden. Immer ist aber notwendig, daß es auf der Ware noch als etwas Selbständiges angebracht ist und nach der Auffassung der beteiligten Verkehrskreise als etwas Selbständiges erscheint.

Ist dagegen das als Warenzeichen geschützte Bild in der hergestellten Ware als ein technisch notwendiger Bestandteil verwendet, und wird auch in den beteiligten Verkehrskreisen diese Verwendung lediglich als solche aufgefaßt, so ist das Bild in der Ware als ein zu ihrer bestimmungsgemäßen Herstellung notwendiger Bestandteil aufgegangen. In einem solchen Verwenden des als Warenzeichens geschützten Bildes liegt daher nicht mehr „ein Versehen der Ware mit dem Zeichen"; denn es fehlt das wegen der begriffsmäßig verlangten Unterscheidungskraft wesentliche Erfordernis, daß das Zeichen an der Ware als etwas Selbständiges erscheint. Soweit das Zeichen durch eine solche Art seiner Benutzung seine Unterscheidungskraft verloren hat, ist es auch nicht mehr durch § 12 a. a. O. geschützt. Der Warenzeichenschutz kann daher nicht angerufen werden, wenn ein Dritter auf die obenbezeichnete Weise das im Warenzeichen geschützte Bild in seiner Ware zur Herstellung eines technisch notwendigen Bestandteils lediglich als Geschmacksmuster verwendet hat, und auch die beteiligten Verkehrskreise diese Verwendung nur in diesem Sinne auffassen. Der Dritte hat in solchem Falle die Ware nicht mit „einem Zeichen versehen"; sein Verhalten fällt nicht unter § 12 a. a. O. Dadurch ist dem rechtlich unhaltbaren Ergebnisse vorgebeugt, daß durch die Eintragung eines des Musterschutzes entbehrenden Geschmacksmusters als Warenzeichens ein ausschließliches Recht auf seine Benutzung, auch wenn letztere lediglich eine solche als Geschmacksmusters ist, erworben werden könnte. Der Tapetenfabrikant, der Teppichfabrikant kann nicht durch die Eintragung eines keinen Musterschutz genießenden Geschmacksmusters als Warenzeichens ein ausschließliches Recht auf seine Benutzung als Geschmacksmusters zur Herstellung von Tapeten oder Teppichen erwerben.

Vorliegend hat das Berufungsgericht rechtlich einwandsfrei festgestellt, daß nach der herrschenden Verkehrsauffassung das Versehen des Kartenrückens mit einer ihn deckenden Zeichnung ein technisch notwendiger Bestandteil der Kartenherstellung sei. Nach obigen Rechtsausführungen ist bei solcher Sachlage die dem zweiten Entscheidungsgrunde des Berufungsgerichtes zugrunde liegende Annahme rechtlich nicht haltbar, die Klägerin habe durch Verwendung einer zur Verwechselung mit der Zeichnung der Beklagten in ihrem Warenzeichen geeigneten Zeichnung bei Herstellung des Rückens ihrer Karten diese „mit einem Warenzeichen versehen" und dadurch das Zeichenrecht der Beklagten nach § 12 des Warenbezeichnungsgesetzes verletzt. Und auch der erste Abweisungsgrund des Berufungsgerichts, daß die Gerichte nicht darüber entscheiden könnten, ob der Beklagten der begehrte Zeichenschutz noch zustehe, muß auf der Grundlage obiger Rechtsausführungen zerfallen. Nicht darüber wird entschieden, ob das Zeichenrecht der Beklagten noch bestehe, oder nicht; streitig ist vielmehr, ob ihr Zeichenrecht auch gegen die Verwendung des im Zeichen enthaltenen Bildes zur Herstellung eines technisch notwendigen Bestandteils der Karten wirkt, und ob die Klägerin durch eine solche das Zeichenrecht der Beklagten verletzt hat. Die Entscheidung über einen solchen Streit steht den Gerichten zu.

Danach versagt der von der Beklagten zur Klage und Widerklage angerufene Zeichenschutz. Die darauf gestützte Widerklage war deshalb als unbegründet zurückzuweisen. Durch ihre an die Klägerin gerichteten Verbote hat die Beklagte unbefugt in das Recht der Klägerin auf freien Gewerbebetrieb eingegriffen. Dieser Eingriff rechtfertigt das mit der Klage verlangte Verbot auf Unterlassung solcher Eingriffe in dem durch Beseitigung der Bezugnahme auf einen Musterschutz beschränkten, durch das Urteil näher festgestellten Umfange."...

---

24. 1. Tritt, wenn einer nacheingetragenen Hypothek alle Gläubiger der ihr im Range vorstehenden den Vorrang vor ihnen eingeräumt haben, und dies im Grundbuche vermerkt worden ist, die nacheingetragene Hypothek, indem die zurücktretenden untereinander ihre bisherige Rangordnung beibehalten, schlechterdings ohne weiteres und ohne Einschränkung an die erste Stelle, also nicht nur in bezug auf bestimmte Beträge der zurücktretenden Hypotheken, deren Rangänderung an sich nur erforderlich wäre, damit der Gläubiger der vortretenden Hypothek das Recht auf Befriedigung aus dem Pfandgrundstücke an erster Stelle erlangte?

2. Wie ist die Rangordnung der Hypotheken zu regeln, wenn nicht die Gläubiger aller einer Hypothek vorstehenden Hypotheken ihr den Vorrang vor den ihrigen eingeräumt haben, und wenn der Betrag einer vorstehenden Hypothek, vor der allein ihr der Vorrang eingeräumt worden ist, denjenigen der vortretenden nicht erreicht?

B.G.B. §§ 873, 880 Abss. 2 und 5.

III. Zivilsenat. Urt. v. 21. September 1906 i. S. H. (Kl.) w. W. (Bekl.). Rep. III. 70/06.

I. Landgericht Dresden.
II. Oberlandesgericht daselbst.

Auf dem Grundstücke der Frau B. Bl. 625 des Grundbuchs von B. waren in der III. Abteilung folgende Hypotheken eingetragen: unter Nr. 6 für die Sparkasse in E. 16000 ℳ, unter Nr. 7 für dieselbe Gläubigerin 19000 ℳ, unter Nr. 8 für den Kaufmann L. 55000 ℳ, unter Nr. 9 für die Witwe F. 10500 ℳ, unter Nr. 10 für den Kaufmann W. 17500 ℳ. Damit die Grundstückseigentümerin die beiden Hypotheken der Sparkasse und von der L.'schen Hypothek den Betrag von 15000 ℳ zurückzahlen könnte, gewährte ihr der Rittmeister a. D. R. ein hypothekarisches Darlehn von 50000 ℳ unter der Bedingung, daß er für seine Hypothek den ersten Rang erhalte. Auf Veranlassung der Frau B. erklärten sich auch L., die Witwe F. und W. bereit, der Hypothek R.'s den Vorrang vor ihren Hypotheken einzuräumen, wobei stillschweigendes Einverständnis darüber herrschte, daß im übrigen an dem Rangverhältnisse der Hypotheken keine Änderung eintreten sollte. Der Rechtsanwalt H. reichte nun als Bevollmächtigter der Frau B. bei dem Grundbuchamte mit einem gemeinschaftlichen Begleitschreiben drei einzelne Urkunden vom 4., 5. und 6. Juli 1901 ein, worin je einer der drei Gläubiger der Hypotheken Nr. 8—10 erklärte, daß er der für R. neu einzutragenden Hypothek den Vorrang vor seiner Hypothek einräume und die Eintragung der Vorrangseinräumung bewillige, Frau B. aber die Erklärungen annahm und die Eintragung beantragte. Demgemäß wurden am 27. Juli 1901 die beiden Hypotheken für die Sparkasse in E., sowie von der L.'schen Hypothek der Betrag von 15000 ℳ gelöscht, für R. die Hypothek von 50000 ℳ unter Nr. 12 neu und ferner unter Nr. 13 und 15 eingetragen, daß die Forderung unter Nr. 12 den Vorrang vor den Forderungen unter Nr. 8 und 10 habe. Am 20. August 1901 wurde nach Hebung eines anfänglich vorhanden gewesenen Hindernisses ein gleicher Vermerk unter Nr. 17 in bezug auf die unter Nr. 9 eingeschriebene Hypothek eingetragen.

Inzwischen hatte L. am 11. Juli 1901 von der ihm verbliebenen

Hypothek von 40000 *M* einen Teil von 5000 *M* unter Vorbehalt des Vorrangs für seine Restforderung an den Dr. B. abgetreten, und war die Umschreibung der Teilhypothek unter Nr. 14 am 27. desselben Monats erfolgt. Am 28. Januar 1902 trat L. ferner in gleicher Weise von seiner Restforderung 5000 *M* an den Bruder des Klägers, Ingenieur E. A. H., und endlich am 15./16. Mai 1902 weitere 10000 *M* an den Kläger ab. Die Eintragung der Abtretung der 5000 *M* erfolgte am 4. März 1902 unter Nr. 18, die der 10000 *M* unter Nr. 21 am 21. Mai 1902.

Am 15. Mai 1902 übersandte nun der Beklagte auf Veranlassung der Grundstückseigentümerin eine für die Gebrüder H. bestimmte „Bescheinigung" an den Bruder des Klägers:

„Ich bezeuge hiermit, daß auf Blatt 625 des Grundbuchs für B. in der Rubrik für Schulden an erster Stelle eine Hypothek von 50000 *M*, der sich eine weitere Hypothek von 35000 *M* unmittelbar anschließt, eingetragen ist. Von der letzteren Hypothek über 35000 *M* sind 5000 *M*, die also dem Range nach das einundachtzigste bis fünfundachtzigste Tausend umfassen, an den Ingenieur E. A. H. in G. abgetreten worden, und stehen weitere 10000 *M*, die mithin dem Range nach das einundsiebzigste bis achtzigste Tausend darstellen, zur Abtretung an den Kaufmann K. H. H. in G. verzeichnet."

Im Oktober 1903 wurde das Zwangsversteigerungsverfahren über das Pfandgrundstück eingeleitet. Noch vor dessen Beendigung trat der Bruder des Klägers am 1. Juli 1904 seine Hypothek von 5000 *M* an den Kläger ab, und sie wurde am 28. desselben Monats auf diesen umgeschrieben. Bei der Zwangsversteigerung des Pfandgrundstückes sind die beiden Hypotheken des Klägers ausgefallen, und sie sind am 27. Oktober 1904 gelöscht worden. Durch die Einklagung seiner Forderung von 10000 *M* sowie durch seine Beteiligung am Zwangsversteigerungsverfahren sind dem Kläger 319,10 *M* Kosten erwachsen.

Der Kläger hielt nun den Inhalt der von dem Beklagten ausgestellten Bescheinigung für unrichtig. Er meinte, daß beim Mangel eines hierüber unter den Beteiligten abgeschlossenen Vertrages jede Vorrangseinräumung für sich allein, und zwar dahin zu beurteilen sei, daß sie einen Stellenaustausch zwischen der R.'schen und der Hypothek des jeweilig zurücktretenden Gläubigers bewirkt, die Zwischenrechte aber gemäß § 880 Abs. 5 B.G.B. unberührt gelassen habe. Demnach sei zunächst durch die Eintragung der Vorrechtseinräumung L.'s die Rangordnung der Hypotheken folgende geworden: 1. 40000 ℳ für R., 2. 10500 ℳ für die Witwe F., 3. 17500 ℳ für W., 4. 10000 ℳ für R., 5. 40000 ℳ für L. Durch die Eintragung der Vorrechtseinräumung W.'s habe sie sich dahin verschoben: 1. 40000 ℳ für R., 2. 10500 ℳ für die Witwe F., 3. 10000 ℳ für R., 4. 7500 ℳ für W., 5. 10000 ℳ für denselben, 6. 40000 ℳ für L. Schließlich habe sie sich durch die Eintragung der Vorrechtseinräumung der Witwe F. dahin geändert: 1. 40000 ℳ für R., 2. 10000 ℳ für denselben, 3. 500 ℳ für die Witwe F., 4. 10000 ℳ für dieselbe, 5. 7500 ℳ für W., 6. 10000 ℳ für denselben, 7. 40000 ℳ für L. Der Kläger wollte aber durch die falsche Auskunft verhindert worden sein, entweder seine Hypothek sofort zu kündigen, oder durch eine mit den übrigen Hypothekengläubigern zu treffende Vereinbarung über die Herstellung der ursprünglichen Rangordnung jede Benachteiligung von sich abzuwenden. Dies sei damals noch möglich gewesen, da sich die Hypotheken noch in den Händen ihrer ersten Inhaber befunden hätten. Er forderte daher von dem Beklagten Ersatz des ihm durch seine Fahrlässigkeit verursachten Schadens und beantragte die Verurteilung des Beklagten an ihn zur Zahlung von 15319,10 ℳ nebst $4^1/_2$ v. H. Zinsen von 10000 ℳ seit dem 15. Juli 1903 und von 5000 ℳ seit dem 1. Oktober 1903.

Der Beklagte bestritt, durch die Ausstellung der Bescheinigung vom 15. Mai 1902 in irgendeiner Weise dem Kläger oder seinem Bruder für deren Richtigkeit haftbar geworden zu sein, behauptete aber auch, daß der Inhalt der Bescheinigung durchaus zutreffend gewesen sei. Seinem Antrage auf Abweisung der Klage hat das Landgericht entsprochen. Die Berufung und die Revision des Klägers sind zurückgewiesen, letztere aus folgenden

Gründen:

„Das Berufungsgericht hat angenommen, daß der Beklagte, indem er die Bescheinigung vom 15. Mai 1902 ausgestellt habe, jedenfalls deshalb keine unrichtige Auskunft über den Hypothekenstand des Grundstücks Bl. 625 des Grundbuchs von B. erteilt habe, weil im Verhältnisse der unmittelbar Beteiligten die Rechtslage in der Tat damals die gewesen sei, daß den an den Bruder des Klägers abgetretenen 5000 *M* nur die Hypothek R.'s von 50000 *M* sowie die dem Zedenten L. nach Abtretung von zweimal je 5000 *M* verbliebenen 30000 *M*, und daß den an den Kläger selbst abgetretenen 10000 *M* nur die Hypothek R.'s und die Resthypothek L.'s von 20000 *M* vorausgegangen seien. Daß im Grundbuche nicht ausdrücklich vermerkt gewesen sei, daß das Rangverhältnis der drei zurücktretenden Gläubiger untereinander aufrecht erhalten bleibe, hindere nicht, den entsprechenden Willen der Beteiligten dem Grundbuche gegenüber zur Geltung zu bringen, weil nach § 880 Abs. 2 und § 873 B.G.B. der Erwerb des Rechts an einem Grundstücke keineswegs nur auf der Eintragung im Grundbuche, sondern daneben auch noch auf der Einigung der Beteiligten über den Eintritt der Rechtsänderung beruhe. Soweit sich daher aus dem strengen Wortsinne der Eintragungen der Vorrechtseinräumungen gemäß § 880 Abs. 5 B.G.B. wirklich weitergehende Rechte hätten herleiten lassen, als sie jenem Willen der Beteiligten entsprochen hätten, seien sie jedenfalls im Verhältnisse zwischen den unmittelbar Beteiligten wirkungslos gewesen. Nur um dieses Verhältnis aber habe es sich damals gehandelt, weil zur Zeit der Auskunftserteilung die zurückgetretenen Hypotheken sich noch in der Hand ihres ersten Inhabers befunden hätten.

Die Entscheidung des Berufungsgerichts ist nur im Ergebnisse, nicht aber auch in der Begründung für zutreffend zu erachten. Gegen letztere macht die Revision mit Recht geltend, daß, wenn sich, wie das Berufungsgericht anzunehmen scheine, nach Maßgabe der erfolgten Eintragungen der Vorrechtseinräumungen auf Grund des § 880 Abs. 5 B.G.B. diejenige Reihenfolge der Hypotheken ergeben habe, die bei der Zwangsversteigerung zugrunde gelegt sei, die nach § 880 Abs. 2 und § 873 B.G.B. erforderliche Einigung und der bloße Wille der Beteiligten daran nichts hätte ändern können. Denn nach Lage der Sache konnte die von dem Beklagten ausgestellte, für die Brüder H. bestimmte Bescheinigung überhaupt nur die Bedeutung haben, den Rangplatz der an diese abgetretenen Teilhypotheken gerade nach Maßgabe des Grundbuchs, also lediglich nach dessen Eintragungen, ohne Rücksicht auf die Rechtslage klarzulegen, die sich daraus ergab, daß sich zurzeit die in Betracht kommenden

Hypotheken noch in den Händen der an den Rechtsgeschäften vom 4., 5. und 6. Juli 1901 beteiligt gewesenen Gläubiger befanden, da die Hypotheken, wenigstens die hier in Frage stehenden, eben für den Verkehr bestimmt waren. Wohl aber war der Inhalt jener Bescheinigung nach den Eintragungen im Grundbuche selbst gar nicht unrichtig, gab die Rangordnung der Hypotheken vielmehr gerade richtig wieder.

In dieser Beziehung ist zuvörderst daran festzuhalten, daß der Beklagte das Rangverhältnis der Hypotheken nur nach demjenigen Stande zu ermitteln hatte, der sich aus den Eintragungen im Grundbuche, und zwar zur Zeit der Ausstellung der Bescheinigung, ergab. Ob in einem früheren Zeitpunkte sich einmal eine andere Rangordnung ergeben hatte, war von ihm nicht festzustellen, sofern sie nicht etwa auf die zur Zeit der Ausstellung der Bescheinigung bestehende Rechtslage von Einfluß war. Nun war soviel ohne weiteres als feststehend anzusehen, daß, da sämtliche Gläubiger der Hypotheken, die der für R. einzutragenden nach der Reihenfolge der Eintragungen vorausgingen, dieser Hypothek den Vorrang vor ihrer jeweiligen Hypothek eingeräumt hatten, und diese Vorrangseinräumungen zu jener Zeit sämtlich im Grundbuche eingetragen waren, die R.'sche Hypothek von 50000 ℳ allen übrigen Hypotheken im Range auch wirklich vorging. Zweifel konnten nur darüber bestehen, ob daneben die ursprüngliche Reihenfolge dieser Hypotheken untereinander bestehen geblieben, oder in welcher Weise sie dadurch geändert worden sei. Die Vorschrift des § 880 Abs. 5 B.G.B., wonach Rechte, die den Rang zwischen dem zurücktretenden und dem vortretenden Rechte haben, durch die Rangänderung nicht berührt werden, kann auf dieses Verhältnis unmittelbar deshalb nicht angewendet werden, weil sie voraussetzt, daß in bezug auf die Zwischenrechte nicht gleichfalls Rangänderungen vorgenommen sind. Dagegen läßt der ihr zugrunde liegende gesetzgeberische Gedanke eine entsprechende Anwendung der Bestimmung auf Fälle der vorliegenden Art zu, weil auf diese Weise der bestehende Rechtszustand, von dem anzunehmen ist, daß er beim Mangel einer Vereinbarung der Beteiligten über seine Änderung aufrecht erhalten werden soll, d. h. die ursprüngliche Reihenfolge der nur im Verhältnisse zu einem bestimmten Rechte zurückgetretenen

Rechte untereinander, gewahrt wird. Die mehreren zurückgetretenen Hypotheken behielten also aus diesem Grunde ihre Rangordnung untereinander, wie sie vor der Eintragung der Vorrechtseinräumungen bestanden hatten, bei.

Die gegenteilige, von dem Kläger vertretene und anscheinend im Zwangsversteigerungsverfahren zur Geltung gekommene Auffassung beruht auf dem grundlegenden Irrtume, daß die Rangänderung sich auf bestimmte Beträge der zurücktretenden Hypotheken, nämlich auf so viel, als von diesen dem Betrage der vortretenden R.'schen Hypothek von 50000 ℳ entspräche, beschränkt habe, und daß überhaupt bei Bestimmung des Rangverhältnisses der einzelnen Hypotheken auch nach der Eintragung des Zurücktretens sämtlicher übrigen Hypotheken hinter die R.'sche doch noch die ursprüngliche Reihenfolge zugrunde zu legen, und dabei nur zu berechnen sei, wieviele und welche der nach dieser Reihenfolge voranstehenden Hypotheken ihren Vorrang abgeben, und zu welchen Beträgen sie dies tun müßten, damit die R.'sche Hypothek von 50000 ℳ an die erste Stelle rücken könnte. Es wird dabei übersehen, daß eine solche Berechnungsweise nur da zulässig und geboten ist, wo nicht die Gläubiger aller einer Hypothek vorgehenden Hypotheken der nachstehenden den Vorrang vor der ihrigen eingeräumt haben, und wo der Betrag der an erster Stelle stehenden Hypothek, vor der allein der nachstehenden der Vorrang eingeräumt worden ist, denjenigen der vortretenden nicht erreicht. In einem Falle wie dem vorliegenden aber tritt die Hypothek, der der Vorrang vor allen sonst überhaupt noch eingetragenen Hypotheken eingeräumt ist, schlechterdings ohne weiteres und ohne Einschränkung an die erste Stelle, weil überhaupt keine Rechte vorhanden sind, die noch den Rang vor der vortretenden beanspruchen könnten, und zwar geschieht dies dergestalt, daß sie nicht den Rang bestimmter Beträge der nachstehenden, ursprünglich ihr vorgehenden Hypotheken für sich in Anspruch nimmt, sondern so, daß sie schlechthin den Platz vor allen übrigen Hypotheken erhält. Jene gegenteilige Auffassung und die dadurch bedingte Rangverteilung führen denn auch im vorliegenden Falle zu der notwendigen Folge, daß im Grunde nur die Einräumung des Vorrangs durch L. wegen seiner Resthypothek von 40000 ℳ und durch die Witwe F. wegen eines Teilbetrags von 10000 ℳ von ihrer insgesamt sich auf 10500 *M* belaufenden Hypothek erforderlich gewesen wäre, um die Befriedigung R.'s aus dem Pfandgrundstücke an erster Stelle sicherzustellen. Nun muß aber einem allgemeinen Grundsatze gemäß davon ausgegangen werden, daß die darüber hinausgehenden Vorrechtseinräumungen der übrigen Hypothekengläubiger und deren Eintragung im Grundbuche doch einen bestimmten rechtlichen Erfolg herbeiführen sollten, und dieser konnte nur darauf gerichtet sein, daß eben kein bloßer Austausch des Ranges zwischen der L.'schen Hypothek und einem Teile der F.'schen einerseits und der R.'schen andererseits stattfinden, sondern daß diese vor den gesamten übrigen Hypothekenstand treten, daß ihr also im Verhältnisse zu allen übrigen Hypothekengläubigern und nach deren erklärtem, materiell übereinstimmendem Willen Hypotheken von insgesamt 68000 *M* folgen sollten. Es sollte, mit anderen Worten, auf diesem Wege im Ergebnisse der Rechtszustand für die drei zurücktretenden Hypotheken aufrecht erhalten werden, der vor der Löschung der beiden an erster und zweiter Stelle eingetragen gewesenen Sparkassenhypotheken von zusammen 35000 *M* und des Teilbetrages von 15000 *M* von der L.'schen ursprünglichen ganzen Hypothek von 55000 *M* bestanden hatte, und der sich auch ohne jede Einwilligung der nachfolgenden Hypothekengläubiger durch Abtretung und Umschreibung jener tatsächlich gelöschten 50000 *M* auf R. hätte erreichen lassen. Indem daher die Witwe F. auch wegen jener überschießenden 500 *M* ihrer Hypothek und W. wegen seiner ganzen Hypothek von 17500 *M* der R.'schen Hypothek von 50000 *M* den Vorrang einräumten, und mit ihrer Bewilligung ein entsprechender Vermerk im Grundbuche eingetragen wurde, konnten sie damit nur zum Ausdrucke bringen wollen, daß ihre Hypotheken nach wie vor mit 100500 *M* für die Witwe F. — nämlich 50000 *M* für R., 40000 *M* für L. und 10500 *M* eigener Hypothek der Witwe F. — und mit 118000 *M* für W. — nämlich den soeben berechneten 100500 *M* und seiner, W.'s, eigener Hypothek von 17500 *M* — ausliefen. Daraus ergab sich aber, daß die Beteiligten, wenn auch jeder für sich und nicht ausdrücklich, so doch vollkommen deutlich zum Ausdrucke gebracht hatten, daß an der Rangordnung ihrer Hypotheken untereinander nichts geändert werden sollte, und dieser ihr Wille war, da die Vorrangseinräumungen sämtlich auch im Grundbuche eingetragen waren, auch aus diesem ersichtlich.

Selbst ohne die entsprechende Anwendung der Vorschrift des § 880 Abs. 5 B.G.B. war daher nach Inhalt des Grundbuchs die Reihenfolge der Hypotheken, wie sie der Beklagte in seiner Bescheinigung vom 15. Mai 1902 bezeugt hatte, als die richtige anzusehen. Hieran kann auch der Umstand nichts ändern, daß die Eintragung der von der Witwe F. erklärten Vorrechtseinräumung, weil zunächst erst ein ihr entgegenstehendes Hindernis beseitigt werden mußte, nicht an demselben Tage wie die übrigen Eintragungen, sondern erst einige Zeit später erfolgte. Denn der Beklagte hatte zum Zwecke der Ausstellung der von ihm erforderten Bescheinigung nicht zu prüfen, wie etwa die Reihenfolge der Hypotheken vor der Eintragung dieser Vorrechtseinräumung gewesen wäre, sondern wie sie sich aus dem Grundbuche eben zur Zeit der Ausstellung der Bescheinigung selbst ergab, und zu dieser bestand eben nach dem maßgebenden Inhalte des Grundbuchs derjenige Zustand, wie ihn der Beklagte tatsächlich bescheinigt hat."

---

25. Ist der Aussteller eines Kreditbriefes im Verhältnis zum Akkreditierten stets zum Widerruf der im Briefe liegenden Zahlungsanweisung berechtigt, wenn sich später die Unzulänglichkeit der vorhandenen Deckung herausstellt? Wie steht es damit in dem besonderen Falle, wo die Ausstellung des Kreditbriefes nicht zwischen dem Aussteller und dem Akkreditierten, sondern zwischen dem Aussteller und einem anderen zugunsten des Akkreditierten vereinbart worden ist?

I. Zivilsenat. Urt. v. 22. September 1906 i. S. Schn. (Kl.) w. Bank für Handel u. Industrie (Bekl.). Rep. I. 584/05.

I. Landgericht Darmstadt.
II. Oberlandesgericht daselbst.

Der Kläger, der anfangs 1904 eine Reise nach Nordamerika vorhatte, ging den Bankier Sch., mit dem er in Geschäftsverbindung stand, um die Ausstellung eines Kreditbriefes auf ein Bankhaus in St. Louis an. Da Sch. keine Beziehungen zu dortigen Banken besaß, so wandte er sich seinerseits an die mit ihm, nicht aber mit dem Kläger in Kontokorrentverhältnis stehende Beklagte, um von dieser den vom Kläger gewünschten Kreditbrief zu erhalten. Vereinbarungsgemäß stellte die Beklagte einen auf den Namen des Klägers lautenden, an die German Savings Institution in St. Louis gerichteten Brief über 1000 $ aus und übergab ihn dem Sch., der dagegen sein Depot bei der Beklagten entsprechend erhöhte. Von Sch. wurde der Brief dem Kläger ausgehändigt. Als dieser in St. Louis angekommen war und dort der Adressatin den Brief vorlegte, lehnte diese jede Zahlung ab, weil inzwischen die Beklagte die Akkreditierung telegraphisch widerrufen hatte. Der Grund für den Widerruf war, daß inzwischen über das Vermögen des Sch. Konkurs eröffnet, und nach dem damaligen Kursstande der von Sch. hinterlegten Wertpapiere sein Konto bei der Beklagten passiv war.

Der Kläger verlangte von der Beklagten Schadensersatz, weil sie zu dem Widerruf nicht berechtigt gewesen sei. Die Beklagte hielt den Widerruf für gerechtfertigt und lehnte deshalb den Klaganspruch ab.

Die Vorinstanzen entschieden zugunsten der Beklagten. Dagegen ist auf die Revision des Klägers der Anspruch auf Schadensersatz dem Grunde nach für gerechtfertigt erklärt worden. Hierüber besagen die

Gründe:

„Bedenkenfrei ist die Feststellung, daß der der Ausstellung des Kreditbriefes zugrunde liegende Vertrag zwischen der Beklagten und dem Bankier Sch., nicht zwischen der Beklagten und dem Kläger abgeschlossen worden sei. Daraus folgt aber nicht, daß sich der Kläger den Widerruf seiner Akkreditierung gefallen lassen mußte. Die Ausführungen, womit das Berufungsgericht diese Schlußfolgerung zu rechtfertigen sucht, sind rechtlich zu beanstanden. Nur in dieser Richtung hat auch die Revision ihre Angriffe begründet.

Der Kreditbrief an sich ist eine Unterart der Anweisung zur Zahlung, nicht — trotz seinem Namen — zur Kreditierung.

Vgl. Thöl, Handelsrecht § 318 Anm. 6; Düringer u. Hachenburg, Handelsgesetzbuch, zu § 363 Note 5b (Bd. 2 S. 443); Endemann, Handbuch Bd. 3 S. 1125 (Cohn); Motive zum Bürgerlichen Gesetzbuch Bd. 2 S. 557.

Dadurch wird der Angewiesene von dem Anweisenden ermächtigt, für dessen Rechnung dem Anweisungsempfänger bei Vorzeigung des Briefes Auszahlungen bis zur Höhe des akkreditierten Betrages zu machen. Daß die im Kreditbriefe liegende Anweisung, solange sie nicht vom Angewiesenen dem Anweisungsempfänger gegenüber angenommen, oder die angewiesene Leistung bereits bewirkt ist, jederzeit zurückgenommen werden kann, unterliegt freilich keinem Zweifel (§ 790 B.G.B.). Aber dies berührt nur das Verhältnis zwischen dem Anweisenden und dem Angewiesenen, nicht das vorliegend allein erhebliche Verhältnis zwischen dem Anweisenden und dem Anweisungsempfänger. Dies wird von dem Berufungsgericht auch nicht verkannt. Insoweit ist der Angriff der Revision ohne Berechtigung. Das Berufungsgericht geht von der Widerruflichkeit und dem tatsächlich erfolgten Widerrufe des „Kreditauftrages" nur deswegen aus, weil dann, wenn der Angewiesene, die German Savings Institution in St. Louis, die Auszahlung nicht wegen des Widerrufes, sondern aus einem anderen Grunde verweigert hätte, der eingeklagte Anspruch ohne weiteres dahinfallen würde. Die Haftung der Beklagten aus dem Widerruf aber gründet es nicht auf die Widerruflichkeit des Kreditauftrages, sondern darauf, daß der Widerruf dem Bankier Sch. gegenüber und infolge davon auch dem Kläger gegenüber berechtigt gewesen sei. Das Berufungsgericht entnimmt daher seine Entscheidung, an sich zutreffend, dem Verhältnisse zwischen dem Anweisenden und dem Anweisungsempfänger. In der rechtlichen Beurteilung dieses Verhältnisses aber kann ihm nicht beigetreten werden. Verfehlt ist es zunächst, wenn zur Begründung der Ansicht, daß der Aussteller den Kreditbrief zurückziehen dürfe, geltend gemacht wird, er übernehme nach § 778 B.G.B. die Bürgschaft für den vom Angewiesenen gewährten Kredit. Der § 778, welcher voraussetzt, daß der Beauftragte im eigenen Namen und auf eigene Rechnung Kredit gebe, schlägt gar nicht ein. Wer einen Kreditbrief honoriert, erwirbt durch die Auszahlungen kein Forderungsrecht gegen den Inhaber des Briefes. Der Akkreditierte erhält keinen Kredit, sondern Zahlung. Die Rechtsfolgen aus der Honorierung betreffen das Verhältnis zwischen Anweisendem und Angewiesenem; soweit danach der zahlende Angewiesene ersatzberechtigt ist, haftet der Anweisende als Hauptschuldiger, nicht als Bürge. Als entscheidend kann indessen diese

Verwechselung nicht angesehen werden, da die Erwägungen des Berufungsgerichts nur voraussetzen, daß den Anweisenden irgendeine Haftung treffe. Diese Erwägungen stellen sich aber aus anderen Gründen als rechtsirrig dar.

Für die Klage kommt in letzter Linie in Betracht das Verhältnis zwischen der Beklagten als Ausstellerin des Kreditbriefes und dem Kläger als demjenigen, für welchen sie den Kreditbrief ausgestellt hat. Mittelbar aber wird dafür auch von Bedeutung das Verhältnis, welches zwischen der Beklagten und dem Bankier Sch. durch Abschluß des auf die Ausstellung des Kreditbriefes gerichteten Vertrages entstanden ist.

Es dient zur Aufklärung der Sache, wenn man zuerst den Fall annimmt, daß der Kreditbrief auf den Bankier Sch. selbst ausgestellt werden, dieser also selbst der Anweisungsempfänger sein sollte. Alsdann würde sich folgendes ergeben: wer sich durch Vertrag mit einem anderen verpflichtet, für diesen einen Kreditbrief auszustellen, ihn bei einem Dritten zu „akkreditieren", erfüllt seine Verpflichtung nicht schon mit der Ausstellung und Aushändigung des Briefes; er hat sich auch verbunden, seinerseits dasjenige zu tun, was nach den Umständen für den Erfolg der Akkreditierung erforderlich ist, und dasjenige zu unterlassen, was diesen Erfolg unsicher macht oder ausschließt. Insbesondere geht sein Versprechen nicht bloß auf den einmaligen Akkreditierungsakt, sondern umfaßt auch die Aufrechterhaltung der Anweisung für die zugesagte Zeitdauer. An sich also verletzt der Widerruf der Akkreditierung das vertragliche Recht des Gegners. Das Berufungsgericht will nun freilich der Beklagten im Verhältnis zu Sch. die Befugnis des Widerrufes zusprechen, weil „nach der im Geschäftsverkehr allgemein bestehenden Auffassung" der Aussteller eines Kreditbriefes die Haftung nur so lange übernehmen wolle, als er Deckung besitze, und im vorliegenden Falle sich ergeben habe, daß die Beklagte für den nach dem Kreditbriefe dem Kläger zu gewährenden Kredit von Sch. nicht mehr gedeckt gewesen sei. Allein eine solche allgemeine Auffassung des kaufmännischen Verkehrs anzunehmen (§ 346 H.G.B.), erscheint als willkürlich. Die Auslegung im einzelnen Falle kann zu diesem Ergebnisse führen; aber nicht gerechtfertigt ist es, ohne weiteres einen solchen Vertragswillen zu unterstellen, und von einer Rechtsregel dieses Inhalts, welche weit über die Bestimmungen in §§ 321, 610 B.G.B. hinausgehen würde, kann vollends keine Rede sein. Eine konkrete Feststellung des tatsächlichen Vertragswillens hat das Berufungsgericht nicht vorgenommen. Die feststehenden Tatsachen würden auch einer Auslegung im Sinne der reprobierten allgemeinen Verkehrsauffassung nicht nur nicht günstig sein, sondern sie geradezu ausschließen. Denn die Beklagte hatte für ihr Risiko tatsächlich bereits Deckung erhalten. Allerdings, da zwischen Sch. und der Beklagten ein echtes Kontokorrentverhältnis bestand, nicht so, daß gerade der künftige bedingte Anspruch der Beklagten aus der Honorierung ihres Kreditbriefes im voraus speziell beglichen war, aber doch so, daß mit Rücksicht darauf Sch. sein Aktivkonto bei der Beklagten entsprechend erhöht hatte. Diesen sachlichen Zusammenhang zwischen der Ausstellung des Kreditbriefes und der Leistung des Sch. auf sein Depotkonto nimmt auch das Berufungsgericht an. Dann aber ist die Schlußfolgerung unvermeidlich, der Vertragswille bei diesem Geschäfte sei dahin gegangen, daß die Verpflichtung zur Akkreditierung auf Grund der so erhöhten und in dieser Erhöhung als genügend anerkannten Deckung übernommen sein solle. Dem aber würde es widersprechen, wenn man der Beklagten das Recht des Widerrufs, mit dem Berufungsgericht, deshalb zubilligen wollte, weil die von Sch. gegebene Deckung sich später als unzulänglich herausstellte oder doch herauszustellen schien. Auch schon im Verhältnisse zu Sch. würde daher die Beklagte zum Widerrufe an sich nicht berechtigt gewesen sein. Aber bei der Unterstellung, daß Sch. der Akkreditierte war, würde doch ein anderer Grund den Widerruf gerechtfertigt haben. Denn nachdem Sch. in Konkurs gefallen war, würde, unter dieser Voraussetzung, die Honorierung des Kreditbriefes eine (mittelbare) Erfüllungsleistung der Beklagten an den Gemeinschuldner gewesen sein, und zu einer solchen, sie nicht befreienden Leistung wäre die Beklagte nicht verpflichtet gewesen (§ 8 K.O.).

In Wirklichkeit ist nun aber nicht Sch. der Akkreditierte, sondern der Kläger, der mit der Beklagten keinen Vertrag geschlossen hat. Wollte man deshalb dem Kläger einen Anspruch gegen die Beklagte verweigern, so daß er auf den tatsächlichen Erfolg beschränkt blieb, den die Präsentation des Kreditbriefes haben würde, so wäre eine so prekäre Rechtsstellung, die in jedem Augenblicke von der Willkür der Beklagten abhing, jedenfalls mit den Zwecken des Klägers, wie jedes Reisenden, der sich einen Kreditbrief auf fremde Plätze verschafft, unvereinbar. Diese wollen unzweifelhaft auch die Sicherheit haben, daß der Briefaussteller seinen Zahlungsauftrag nicht zurückziehe. Der Kläger hat denn auch den Gesichtspunkt geltend gemacht, in der Vereinbarung des Sch mit der Beklagten über seine Akkreditierung sei ein Vertrag zu seinen Gunsten zu finden, und das Berufungsgericht hat diesen Gesichtspunkt adoptiert. Es heißt auf Seite 8 des Instanzurteils: „Nun wird behauptet, durch den zwischen Sch. und der Beklagten abgeschlossenen Auftragsvertrag habe der Kläger nach dem Willen der Vertragschließenden unmittelbar das Recht erworben, die Kreditgewährung zu fordern. Dies ist vollständig richtig." Damit wird offenbar ein Vertrag zugunsten des Klägers im Sinne des § 328 B.G.B. bejaht; der Kläger soll ein unmittelbares Forderungsrecht auf die von der Beklagten versprochene Vertragsleistung erworben haben. Diese Auffassung entspricht auch durchaus dem festgestellten Tatbestande. Geht man aber davon aus, so ist die Folge nicht, wie das Berufungsgericht meint, daß der Widerruf des Kreditbriefes das klägerische Forderungsrecht zerstört hat, sondern vielmehr, daß er dem Kläger gegenüber nicht berechtigt war und die Beklagte zum Schadensersatze verpflichtet. Denn wenn nach der Feststellung des Berufungsgerichtes der Vertrag zwischen Sch. und der Beklagten in diesem Sinne als ein Vertrag zugunsten des Klägers abgeschlossen war, so konnte der Kläger aus eigenem Rechte auch verlangen, daß die Beklagte die Akkreditierung ihrer Vertragspflicht gemäß aufrecht erhalte. Daß nun in der Person des Klägers ein Grund vorgelegen habe, der sie zum Widerrufe berechtigen konnte, hat die Beklagte selbst nicht behauptet. Der § 334 B.G.B. aber, wonach ihr die Einwendungen aus dem Vertrage mit Sch. auch gegenüber dem Kläger zustanden, kann sie deshalb nicht schützen, weil nach dem früher Ausgeführten der Widerruf auch im Verhältnis zu Sch. vertraglich nicht berechtigt war. Daß dem Sch. gegenüber, wenn er selbst der Anweisungsempfänger gewesen wäre, aus einem anderen, nicht vertraglichen Grunde — der Konkurseröffnung — die Beklagte berechtigterweise den Auftrag hätte zurückziehen können, stellt nicht eine unter § 334 fallende Einwendung dar.

Hiernach verstößt es gegen das Gesetz, wenn das Berufungsgericht in Bestätigung des ersten Urteils die Klage abgewiesen hat. Vielmehr rechtfertigen die festgestellten Tatsachen den Anspruch des Klägers auf Schadensersatz aus dem Grunde, weil die Beklagte der übernommenen Verpflichtung zuwider seine Akkreditierung bei der German Savings Institution zurückgenommen hat." ...

---

26. Unter welchen Voraussetzungen ist der Rücktritt vom Vertrage durch § 326 B.G.B. gegeben, wenn die Bestimmung der Leistungszeit in das Belieben des Schuldners gestellt ist?

V. Zivilsenat. Urt. v. 22. September 1906 i. S. F. (Kl.) w. W. (Bekl.). Rep. V. 1/06.

I. Landgericht Breslau.
II. Oberlandesgericht daselbst.

Durch notariellen Vertrag vom 29. April 1901 hatte der Kläger F. der verklagten Grube „in Form einer beschränkten persönlichen Dienstbarkeit das alleinige und ausschließliche Recht eingeräumt, aus seiner Besitzung Blatt Nr. 38 des Grundbuchs von R. den vorfindlichen Ton zu erschürfen, abzubauen und sich anzueignen und alle dazu nötigen Arbeiten vorzunehmen". Im § 1 Abs. 2 hieß es, daß der Inhalt und der Umfang der Dienstbarkeit auf Abbau des Tones sich nach dem Bedürfnis und Belieben der Beklagten richte, so daß diese berechtigt sei, die Tonlager bis zur Erschöpfung abzubauen; daß die Beklagte auch berechtigt sei, die Ausübung der Dienstbarkeit dritten Personen zu überlassen und durch diese vornehmen zu lassen. Als Entschädigung für die eingeräumte Dienstbarkeit hatte die Beklagte nach § 2 dem Kläger für jeden Zentner geförderten und abgefahrenen Ton 6 ₰ zu zahlen, nach § 7 jedoch mindestens 1500 ℳ alljährlich, auch wenn sie gar keinen Ton oder kein dieser Summe nach dem Satze von 6 ₰ pro Zentner entsprechendes Quantum Ton förderte; ihr war jedoch für den Fall, daß sie in einem Jahre weniger Ton gefördert habe, als der von ihr geleisteten Abgabe von 1500 ℳ entspreche, nachgelassen, das Minderquantum in den folgenden Jahren ohne Vergütung hierfür an den Kläger mehr zu fördern. Da die

Beklagte bis zum 27. März 1902 auf dem Grundstücke des Klägers Ton nicht gefördert, wohl aber bereits 750 ℳ an den Kläger gezahlt hatte, wurde durch notariellen Vertrag vom 27. März 1902 bestimmt: „Sie (Bekl.) zahlt heute an ihn (Kl.) weitere 1500 ℳ; Herr F. quittiert darüber und erklärt, daß die Konsolidierte W.-Grube ihm so lange keinerlei Entschädigung mehr zu zahlen braucht, bis die bereits gezahlte Summe von der vertragsmäßig festgesetzten Entschädigung von 6 ₰ für den Zentner abgefahrenen Ton aufgebraucht ist. Die W.-Grube dagegen verpflichtet sich, mit der Tonförderung auf dem Grundstücke des Herrn F. zu beginnen, sobald sie dessen zu ihrem Betriebe benötigt." Da die Beklagte, ihres (angeblichen) Versprechens ungeachtet, in kürzester Zeit mit der Tonförderung zu beginnen, in dem Zeitraume von $2\frac{1}{2}$ Jahren seit dem Abschlusse des Vertrags vom 27. März 1902 keine Anstalten zur Tonförderung getroffen, auch die ihr am 27. Februar 1904 bis zum 1. April 1904 unter der Androhung gestellte Frist, daß auf Aufhebung der Verträge geklagt werde, fruchtlos hatte verstreichen lassen, hielt sich der Kläger an die Verträge nicht mehr für gebunden und erhob Klage mit dem Antrage, die Beklagte zu verurteilen, anzuerkennen, daß ihr aus dem unter den Parteien geschlossenen Vertrage vom 29. April 1901 Rechte nicht mehr zuständen, daß insbesondere das Recht, aus dem Grundstücke Bl. 38 des Grundbuchs von R. ausschließlich den vorfindlichen Ton zu erschürfen, abzubauen und sich anzueignen, erloschen sei. Die Klage wurde ab-, die Berufung des Klägers zurückgewiesen.

Die Revision des Klägers ist zurückgewiesen aus folgenden

Gründen:

... „Das Berufungsgericht untersucht, ob der in der Klagerhebung zu erblickende Rücktritt des Klägers von den Verträgen wegen Leistungsverzugs der Beklagten und erfolgloser Fristsetzung begründet sei. Dies verneint es, indem es durch Auslegung der Verträge vom 29. April 1901 und vom 27. März 1902 unter eingehender Würdigung des Ergebnisses der Beweiserhebung ohne Rechtsirrtum zu der tatsächlichen Feststellung gelangt, die Vereinbarung der Parteien sei am 27. März 1902 dahin getroffen, daß die Beklagte mit der Tonförderung auf den Grundstücken des Klägers erst dann beginnen müsse, wenn sie des Tones zum Betriebe ihrer Chamottefabrik benötigt sei, daß aber der Beginn des Betriebes der Fabrik in der Hand der Beklagten liege. Diese Feststellung, die Angriffen mit der Revision nicht ausgesetzt ist, läuft darauf hinaus, daß es im freien Belieben der Beklagten stehen soll, in welchem Zeitpunkt sie den Ton zu fördern und die für den geförderten Ton festgesetzte Vergütung dem Kläger zu leisten hat. Selbstverständlich ist der Beklagten damit nicht nachgelassen, die Tonförderung für unabsehbare Zeit oder ganz zu unterlassen, sondern es soll ihr nur freistehen, den Zeitpunkt des Beginns des Fabrikbetriebes und damit der Tonförderung nach eigenem billigen Ermessen zu bestimmen, wogegen dann, falls die Bestimmung nicht der Billigkeit entsprechen oder verzögert werden sollte, diese durch richterliches Urteil nachzusuchen wäre. Diese Entscheidung ist im § 315 B.G.B. zwar ausdrücklich nur für den Fall gegeben, daß die Leistung durch einen der Vertragschließenden bestimmt werden soll. Daß sie aber auch dann Anwendung zu finden hat, wenn die Bestimmung des Zeitpunktes der Leistung dem Belieben des Schuldners anheimgestellt ist, ergibt sich, außer der im wesentlichen gleichen Voraussetzung beider Fälle, daraus, daß für den letztern Fall im Bürgerlichen Gesetzbuch eine besondere Vorschrift — der § 2181 B.G.B. kommt nicht in Betracht — nicht gegeben, vielmehr von einer allgemeinen Bestimmung über den Zeitpunkt der Leistungspflicht als bedenklich Abstand genommen, und für selbstverständlich erachtet ist, der Richter habe im Streitfalle über die Leistungszeit zu entscheiden und unter Würdigung aller Umstände das Angemessene, Gerechte und Billige zu bestimmen (vgl. Motive zum B.G.B. Bd. 2 S. 38 flg.).

Ist aber hiervon auszugehen — auch der Kläger selbst tut dies, und in der Literatur ist keine abweichende Meinung laut geworden —, so hatte der Kläger, als die Beklagte den von ihm mit der Fristsetzung bestimmten Zeitpunkt der Leistung nicht gelten lassen wollte, den Richter um die Bestimmung der Leistungszeit anzugehen, sei es durch Erhebung einer Feststellungsklage, oder durch Erhebung der Leistungsklage auf sofortigen Beginn der Förderung oder auf Beginn der Förderung binnen einer vom Richter zu bestimmenden Frist und auf ordnungsmäßige Fortsetzung. Erst wenn in dieser Weise die Leistungszeit bestimmt war, konnte die Beklagte der Anwendung des § 326 B.G.B. ausgesetzt sein. Erst wenn sie nach rechtskräftiger Bestimmung der Leistungszeit den Ton in der bestimmten Zeit nicht förderte, wäre sie in Verzug gekommen (§§ 283 flg. B.G.B.); der

Kläger hätte ihr dann zur Bewirkung der Leistung eine angemessene Frist mit der Erklärung bestimmen können, daß er die Annahme der Leistung nach dem Ablaufe der Frist ablehne, und nach dem Ablaufe der Frist wäre er berechtigt gewesen, vom Vertrage zurückzutreten (§ 326 B.G.B.). Da der Kläger seine Befugnis zum Rücktritt vom Vertrage nicht in dieser Weise begründet hat, mußte der Klaganspruch abgewiesen werden." ...

---

27. Inwieweit sichert der § 25 Gew.O. solche gewerbliche Anlagen, die nach den §§ 16 und 24 dieses Gesetzes einer vorgängigen besonderen behördlichen Genehmigung bedürfen und solche erlangt haben, gegen nachträgliche polizeiliche Eingriffe aus anderen als gewerbepolizeilichen Gründen?

VI. Zivilsenat. Urt. v. 24. September 1906 i. S. Hamburg. Baupolizeibehörde (Bekl.) w. Fr. & Co. (Kl.). Rep. VI. 620/05.

I. Landgericht Hamburg.
II. Oberlandesgericht daselbst.

Gründe:

„Die verklagte Behörde hat durch den Befehl vom 30. April 1904 der Klägerin die Vorschrift erteilt, geeignete Vorkehrungen gegen die Verbreitung belästigender Gerüche in der näheren und ferneren Umgebung ihrer Fabrik zu treffen, etwa dadurch, daß die bei der Fabrikation ätherischer Öle sich der Luft mitteilenden stark riechenden Substanzen durch Absorption in mit geeigneten Flüssigkeiten gefüllten, vollständig dichten Gefäßen vor ihrem Eintritt in die Arbeitsräume oder ins Freie tunlichst aufgefangen werden, und daß die mit starken Gerüchen erfüllte Luft der Arbeitsräume und Lagerräume in genügend hohe Schornsteine abgesogen werde. Die Beklagte hat sich dabei auf den § 61 des hamburgischen Baupolizeigesetzes gestützt, der sie unter gewissen Voraussetzungen zu solchen Anordnungen in bezug auf schon in Betrieb befindliche gewerbliche Anlagen befugt. Das Oberlandesgericht hat aber den auf Beseitigung dieser Verfügung gerichteten Klagantrag für begründet gehalten, weil sie mit § 25 Abs. 1 der Reichs-Gewerbeordnung in Widerspruch stehe, nach welchem die einmal erteilte Genehmigung einer unter den § 16 dieses Gesetzes fallenden gewerblichen Anlage so lange in Kraft bleibt, als keine Änderung in der Lage oder Beschaffenheit der Betriebsstätte vorgenommen wird, und keine wesentliche Veränderung im Betriebe der Anlage erfolgt, und weil für solche Fälle jene Bestimmung des § 61 des hamburgischen Baupolizeigesetzes keine Geltung beanspruchen könne. Dem ist beizutreten.

Die Frage ist, ob diejenigen gewerblichen Anlagen, welche nach den §§ 16 und 24 Gew.O. einer besonderen Genehmigung bedürfen, in Ansehung nachträglichen Eingreifens der Polizei die ihnen vom Berufungsgerichte beigemessene Ausnahmestellung einnehmen. Im allgemeinen ist nämlich davon auszugehen, daß der § 1 Abs. 1 des genannten Gesetzes keinen Gewerbebetrieb gegen polizeiliche Einschränkungen sichert, die sich aus anderen als gewerbepolizeilichen, also insbesondere aus bau-, feuer- oder gesundheitspolizeilichen Rücksichten ergeben (vgl. Entsch. des R.G.'s in Zivils. Bd. 61 S. 13). Während dies auch wohl kaum von jemandem bezweifelt wird, wird andrerseits meistens angenommen, daß eine gewerbliche Anlage, der nach Maßgabe der §§ 16—24 Gew.O. eine besondere Genehmigung nach vorgängiger causae cognitio zuteil geworden ist, nach dem Sinne der Gewerbeordnung so lange weiteren polizeilichen Eingriffen entzogen ist, als sie ungeändert bleibt.

Vgl. insbesondere v. Landmann-Rohmer, Kommentar zur Gew.O. (4. Aufl.) Bd. 1 Bem. 1 u. 5 zu § 25 S. 190 flg. u. 194; v. Rohrscheidt, Gew.O. Bem. 8 zu § 16 S. 57; O. Mayer, Deutsches Verwaltungsrecht, Bd. 1 § 21 II 2 S. 291 flg. u. III S. 302 flg.; Biermann, Privatrecht und Polizei in Preußen, S. 37; so auch das preußische Oberverwaltungsgericht laut der Entsch. desselben Bd. 5 S. 289 flg., Bd. 10 S. 263 flg. (Reger, Entscheidungen Bd. 4 S. 391 flg.), Bd. 23 S. 257 und der Reger'schen „Entscheidungen" Bd. 16 S. 2 flg. (Preuß. Verwaltungsblatt Bd. 17 S. 147 flg.) und Bd. 22 S. 9 flg., und ferner das württembergische Ministerium des Innern, bei Reger a. a. O. Bd. 5 S. 276 flg.

Die entgegengesetzte Ansicht hat freilich ausgesprochen das sächsische Ministerium des Innern, bei Reger a. a. O. Bd. 7 S. 339 flg., und sehr nachdrücklich ist diese verfochten worden von Arndt im

Verwaltungsarchiv Bd. 10 S. 185 flg. Zuzugeben ist auch, daß innere Gründe, den unter die §§ 16 u. 24 Gew.O. fallenden gewerblichen Anlagen eine solche Ausnahmestellung gegenüber andern einer behördlichen Genehmigung bedürfenden Unternehmungen, wie z. B. Bergwerken, einzuräumen, kaum zu entdecken sind. Anderntheils läßt sich aber auch nicht verkennen, daß gewisse Gründe eben bei allen solchen Unternehmungen für die bevorzugte Stellung vor gewöhnlichen, an keine besondere Genehmigung gebundenen gewerblichen Anlagen sprechen würden. Bei dieser Sachlage kann es doch nur darauf ankommen, ob wirklich durch positive gesetzliche Bestimmung diesen Gründen, wenn auch auf keinem anderen Gebiete, doch gerade auf dem der Gewerbeordnung Folge gegeben ist. Dies ist nun in der Tat geschehen. Der Wortlaut des § 25 Abs. 1 dieses Gesetzes: „Die Genehmigung ... bleibt so lange in Kraft, als keine Änderung in der Lage oder Beschaffenheit der Betriebsstätte vorgenommen wird", — was allerdings, soweit es sich um die Fälle des § 16 handelt, aus dem weiteren Inhalte des Absatzes dahin zu ergänzen ist: „oder keine wesentliche Änderung in dem Betrieb eintritt" — läßt kaum eine andere Auslegung zu. Auch wird die Bestimmung in den Motiven (abgedruckt z. B. bei v. Landmann-Rohmer a. a. O. Bem. 1a zu § 16 S. 124flg.) in diesem Sinne gerechtfertigt. Bei dem Mangel bestimmter ausdrücklicher Abgrenzung des Gebietes der Gewerbeordnung gegenüber anderen Zweigen der Polizei wäre es freilich vielleicht dennoch nicht ausgeschlossen, den letzteren gegenüber den § 25 nicht vollständig durchgreifen zu lassen, wenn zwingende innere Gründe zu einer solchen Einschränkung hinführten. Davon kann indessen keine Rede sein, da durch besondere Vorschriften in § 18 u. § 24 Abs. 2 GewO. dafür gesorgt ist, daß von vornherein bei der der Genehmigung vorausgehenden Prüfung und Erörterung alle möglicherweise erheblichen polizeilichen Gesichtspunkte, auch die bau-, feuer- und gesundheitspolizeilichen, zur Geltung kommen. Es ergibt sich also in der Tat, daß nach der Gewerbeordnung in den hier fraglichen Fällen nachträglich hervortretenden Übelständen der gewerblichen Anlage nur auf dem in § 51 des Gesetzes vorgesehenen Wege, dem der völligen Untersagung fernerer Benutzung durch die höhere Verwaltungsbehörde gegen Schadloshaltung, abgeholfen werden kann, wenn nicht der Gewerbetreibende es auf Androhung solcher Maßregel vorzieht, die nötigen Abänderungen an der Anlage oder in seinem Betriebe vorzunehmen. Das Berufungsgericht ist zu diesem Ergebnisse zunächst nur für diejenigen Fälle gelangt, wo, wie hier, nur administratives Eingreifen der Polizei in Frage steht, während es die Geltung durchgreifender Landesgesetze ausdrücklich unentschieden gelassen hat. Ob für eine solche Unterscheidung irgendwelche Anhaltspunkte gegeben sein würden, kann auch hier dahingestellt bleiben.

Eventuell hat die Beklagte noch gerügt, daß das Oberlandesgericht nicht auf die Frage eingegangen sei, ob der streitige Befehl nicht durch die von ihr bei den nachträglichen Konzessionserteilungen von 1895 und 1897 gemachten Vorbehalte eventueller weiterer Anordnungen gedeckt sei. Das Oberlandesgericht hat diese Vorbehalte als jedenfalls deswegen, weil die Klägerin sie sich habe gefallen lassen und sich bei ihnen beruhigt habe, zulässig und maßgebend angesehen, sie aber aus dem Grunde hier für unerheblich erklärt, weil sie nur die damals genehmigten Erweiterungen des Betriebes beträfen, der jetzt fragliche Befehl aber in den ganzen Betrieb der Klägerin beschränkend eingreife. Es hat also keineswegs jene Frage unentschieden gelassen, sondern sie zu ungunsten der Beklagten entschieden. Ferner ist auch dieser Entscheidung beizutreten. Die Anlage der Klägerin ist schon im Jahre 1893 ohne einen solchen Vorbehalt als eine Fabrik ätherischer Öle genehmigt und darauf in Betrieb gesetzt worden. Daß diese erste Genehmigung im Jahre 1895 oder im Jahre 1897 durch die damals genehmigten Erweiterungen ihre Kraft verloren hätte, ist eine grundlose Annahme der Beklagten. Solche belästigenden Gerüche wie die, gegen deren Verbreitung die Beklagte jetzt Vorkehrungen verlangt, wurden zum Teil von Anfang an in der Fabrik erzeugt. Da der Befehl dies nicht berücksichtigt, so erscheint er nicht als durch die Vorbehalte gedeckt.

Somit mußte die Revision zurückgewiesen werden." ...

---

28. Sind Teilabtretungen eines Bierbezugsrechts nach § 399 B.G.B. unwirksam?

II. Zivilsenat. Urt. v. 25. September 1906 i. S. Vereinsbrauerei Herrenhausen-Hannover u. Gen. (Kl.) w. M. (Bekl.). Rep. II. 46/06.

I. Landgericht Hannover.
II. Oberlandesgericht Celle.

Die Beklagte betrieb zu Hannover ein Restaurant. In dem zwischen ihr und dem Bierverleger K. geschlossenen Vertrag erkannte die Beklagte an, von K. ein Darlehn von 6600 ℳ erhalten zu haben, und verpflichtete sich in ihrem Restaurant ununterbrochen „Herrenhäuser Pilsener" und „Hannoversches Kronenbier", ferner „Nürnberger Siechenbier" und „Lichtenhainerbier" durch K. zu den näher bezeichneten Preisen zu beziehen; die Rückzahlung des Darlehns sollte durch ein Aufgeld von 3 ℳ auf das Hektoliter geschehen. Die beiden Klägerinnen, die Vereinsbrauerei Herrenhausen-Hannover und die Hannoversche Aktienbrauerei, machten geltend, K. habe an jede je 3000 ℳ jenes Darlehns und das Recht aus jenem Vertrag auf Bezug der bei ihr hergestellten Biersorte übertragen, und begehrten, die Beklagte zu verurteilen, diesen Teilabtretungen entsprechend die jeweilige Biersorte von jeder der Klägerinnen zu beziehen. Die Beklagte beantragte die Klage abzuweisen. Sie bestritt die Übertragung der bezeichneten Darlehnsbeträge und bekämpfte die Teilabtretungen des Bierbezugsrechts als nach § 399 B.G.B. unwirksam. Der erste Richter hat die Beklagte nach dem Klagantrag verurteilt. Das Berufungsgericht hat die Klage abgewiesen. Die Revision der Klägerinnen wurde zurückgewiesen aus folgenden hierher erheblichen

Gründen:

. . . „Das Berufungsgericht verneint, daß der Darlehnsgläubiger K. an jede der Klägerinnen den in der Klagebegründung näher berechneten Darlehnsbetrag abgetreten habe, nimmt dagegen an, daß er seine Rechte auf den Bezug der von der einen und von der anderen der Klägerinnen hergestellten Biersorten abgetreten habe. Dagegen verneint es die Wirksamkeit dieser Teilabtretungen — mögen sie für sich allein betrachtet werden, oder verbunden mit einer, allerdings zu verneinenden, Abtretung der Darlehnsbeträge, die jeweils als Aufgeld für von den Klägerinnen geliefertes Bier zurückzuzahlen seien. Denn durch jene Teilabtretungen werde der Inhalt der der Beklagten obliegenden Leistung aus dem einheitlichen (unteilbaren) Vertrage im Sinne der einleitenden Bestimmung im § 399 B.G.B. verändert.

Gegen letztere Annahme richten sich die Angriffe der Revisionsklägerinnen. Sie machen geltend: zunächst sei die Darlehnsforderung, wenn nicht in dem behaupteten bestimmten Betrage, so doch in Höhe der Beträge abgetreten, die jeweils als Aufgeld für von den Klägerinnen geliefertes Bier zurückzuzahlen seien. Im übrigen seien die Erwägungen, aus denen die Unwirksamkeit der Übertragung des Bierbezugsrechts nach § 399 a. a. O. abgeleitet werde, rechtlich nicht haltbar. Sie ließen außer Betracht, einmal daß die Zulässigkeit mehrerer Teilabtretungen allgemein anerkannt sei, sodann daß — möge eine Abtretung des Darlehns vorliegen, oder mit Recht verneint sein — die Rechte oder ein Recht aus einem gegenseitigen Vertrage, wie gleichfalls allgemein anerkannt sei, rechtlich wirksam abgetreten werden können. Im übrigen wäre, die Rechtswirksamkeit der Abtretungen vorausgesetzt, aber eine Verurteilung der Beklagten zum Bezug des Bieres von den Klägerinnen in beschränkterem Umfange als in den Klaganträgen gerechtfertigt gewesen. Diese Angriffe konnten keinen Erfolg haben.

Nach der hier in Betracht kommenden Bestimmung in § 399 kann eine Forderung nicht abgetreten werden, wenn die Leistung an einen anderen als den ursprünglichen Gläubiger nicht ohne Änderung ihres Inhaltes erfolgen kann. Damit ist der allgemeine Rechtsgrundsatz ausgesprochen, daß eine Abtretung nur insoweit zugelassen ist, als durch sie der Inhalt der dem Schuldner — debitor cessus — obliegenden Leistung nicht zu dessen Nachteil verändert wird. Auf der Grundlage dieses schon im Rechte vor dem Bürgerlichen Gesetzbuch anerkannten Rechtsgrundsatzes wird nach dem Rechte des Bürgerlichen Gesetzbuchs die Zulässigkeit von Teilabtretungen überall dann anerkannt, wenn nach dem Vertragsinhalte die dem Schuldner obliegende Leistung teilbar ist. Von der gleichen Grundlage aus wird nach dem Rechte des Bürgerlichen Gesetzbuchs ebenfalls allgemein anerkannt, daß grundsätzlich die Forderung aus einem gegenseitigen Vertrage abgetreten werden kann, und daß, wenn diese Forderung nach dem Vertragsinhalte teilbar ist, auch Teilabtretungen derselben zulässig sind.

Im gegebenen Falle handelt es sich um einen mit einem Darlehn verbundenen Bierbezugsvertrag eines Bierverlegers mit der Besitzerin einer Restauration, durch den die letztere verpflichtet wird, den Bedarf ihres Wirtschaftsbetriebes an vier verschiedenen Biersorten, die an vier verschiedenen Produktionsstätten hergestellt, aber durch den Bierverleger auf eigene Rechnung vertrieben werden, von dem Bierverleger bis zur Rückzahlung des Darlehns zu beziehen, und bei dem das Darlehn nur durch Zuschlag von 3 M auf jedes Hektoliter des in dieser Weise bezogenen Bieres zurückgezahlt werden kann. Das Berufungsgericht hat mit Recht angenommen, daß nach dem Inhalte des vorliegenden Vertrags das in ihm bestellte Recht des Bierverlegers auf den Bierbezug im Interesse des Wirtes als einheitliches, das ist unteilbares, bestellt ist, und deshalb durch die auf nur eine der vier Biersorten beschränkten Teilabtretungen dieses Bierbezugsrechts, auch wenn sie jeweils an die die erwähnte Biersorte produzierende Brauerei geschehen, der Inhalt der der Beklagten als Schuldnerin aus diesem Vertrage obliegenden Leistung im Sinne der bezogenen Bestimmung in § 399 a. a. O. verändert werde. Die Annahme jener Unteilbarkeit wird vom Berufungsgericht abgeleitet schon aus den Schwierigkeiten, die sich bei einer solchen Spaltung des Bierbezugsrechts in allen Fällen für die Rückzahlung des Darlehns ergäben. Das Berufungsgericht hätte sich für seine Annahme jener Unteilbarkeit weiter noch darauf berufen können, daß bei dem Einräumen eines Bierbezugsrechts auf vier im Betriebe einer Wirtschaft erforderliche Biersorten an einen Lieferanten alle die Schwierigkeiten vermieden werden sollen, die bei Einräumen jenes Rechts an vier Lieferanten über die Höhe des Bezugs der einzelnen Biersorte unvermeidbar sind. Liegt aber nach dem Vertragsinhalte eine solche Unteilbarkeit des bestellten Bierbezugsrechts im Interesse der Schuldnerin, so ist durch dessen Teilabtretungen die der Beklagten obliegende Leistung zu ihren Ungunsten verändert. Das Berufungsgericht hat daher die bezogene Vorschrift im § 399 durch die Annahme der Unwirksamkeit jener Teilabtretungen nicht verletzt." . . .

---

29. Anwendbarkeit des Spezialtarifs 2 bei amerikanischem Eichenfaßholz. Beweislast des Absenders. Kann dem Absender um deswillen ein weiterer Beweis auferlegt werden, weil bei dem von ihm

verfrachteten amerikanischen Eichenholz die Anwendbarkeit des Spezialtarifs 1 wahrscheinlicher ist, als bei mitteleuropäischem Eichenholz? Grundsatz der gleichmäßigen Behandlung aller Absender.

Eisenbahnverkehrsordnung vom 26. Oktober 1899 §§ 51 u. 7.
H.G.B. §§ 453 Nr. 1 u. 471.

I. Zivilsenat. Urt. v. 26. September 1906 i. S. M. B. B. (Kl.) w. preuß. Eisenbahnfiskus (Bekl.). Rep. I. 89/06.

I. Landgericht Kassel, Kammer für Handelssachen.
II. Oberlandesgericht daselbst.

Die Klägerin ließ in der Zeit vom 11. April 1902 bis zum 25. August 1903 teils von Bremerhaven, teils von Karlshafen aus die in den beiden Klagerechnungen näher bezeichneten Sendungen „Amerikanischen Eichenfaßholzes" auf der zum Bezirk der Eisenbahndirektion Kassel gehörigen Eisenbahn verfrachten, wofür ihr die Fracht nach dem Spezialtarif 1 des Deutschen Eisenbahngütertarifs vom 1. April 1902 berechnet wurde. Die von ihr gezahlte Fracht forderte sie zum Teil gemäß § 61 der Verkehrsordnung vom 1. November 1892 zurück, weil statt des Spezialtarifs 1 der billigere Spezialtarif 2 hätte angewandt werden müssen.

Die streitigen Positionen der beiden Tarife lauten:

Spezialtarif 1.

Holz in Balken, Bohlen, Blöcken und Brettern, letztere auch gehobelt, genutet, gezapft, gelocht, gekehlt oder sonst bearbeitet, sowie Schwarten von solchen Arten, welche nicht Gegenstand eines betriebsgemäßen Einschlags in der mitteleuropäischen Forst- und Landwirtschaft sind, z. B. Bruyère- (Pfeifen-), Buxbaum-, Zedern-, Zitronen-, Zypressen- und Ebenholz, Granadilla-, Hickory-, Jakaranda-, Lorbeer-, Mahagoni-, Oliven-, Orangen-, Partridge- und Pockholz (Guajak), Pitch-Pine- (Pechkiefer), Yellow-Pine- (gelbe Kiefer), Sotin-, Teak- und amerikanisches (sogenanntes schwarzes) Walnußholz.

Spezialtarif 2.

Holz (ausgenommen die im Spezialtarif 1 bezeichneten Arten, welche nicht Gegenstand eines betriebsgemäßen Einschlags in der mitteleuropäischen Forst- und Landwirtschaft sind):

1. Stamm- und Stangenholz ....
2. Weiden, einjährige, geschälte; Daub(Faß-)holz, letzteres soweit es nicht unter Holz des Spezialtarifs 3 Ziffer 7 fällt;
3. Schnittholz ....

Spezialtarif 3.

Holz (ausgenommen die im Spezialtarif 1 bezeichneten Arten, welche nicht Gegenstand eines betriebsgemäßen Einschlags in der mitteleuropäischen Forst- und Landwirtschaft sind):

.... (Ziffer 1—6),

7. Stäbe und Brettchen aus Nadelholz, aus weichem Laubholz, als Aspen-, Birken-, Erlen-, Linden-, Pappel-, Weidenholz, und aus Buchenholz....

Die Parteien stritten über die Auslegung der Tarife. Klägerin führte aus, daß es ganz unmöglich sei, irgendein amerikanisches Eichenholz von den in Mitteleuropa heimischen Arten oder die einzelnen Arten amerikanischen Eichenholzes untereinander zu unterscheiden. Wirtschaftlich handle es sich bei allen Arten um dieselbe Ware, wenngleich die betreffenden Pflanzen botanische Unterschiede aufwiesen. Da nun die Tarifbestimmungen zur Anwendung im Verkehr bestimmt seien, so folge aus der Unmöglichkeit der Unterscheidung der Holzarten und aus der wirtschaftlichen Gleichwertung derselben, daß man das Wort „Arten" im Sinne von Warenarten oder Warensorten zu verstehen habe, und danach gebe es nur eine Holzart Eiche, die zweifellos in Mitteleuropa Gegenstand des betriebsgemäßen Einschlags sei. Beklagter führte dagegen aus, daß man in dem jetzt zur Anwendung stehenden Tarife ausdrücklich das Wort „Sorte" durch „Art" ersetzt habe, um diejenigen Folgerungen auszuschließen, die in dem im Vorprozesse der Parteien ergangenen Urteile des Reichsgerichts vom 17. April 1901 aus ersterem gezogen seien, und um klarzustellen, daß es sich um die botanischen Arten handeln solle.

Die Parteien stritten ferner um die Beweislast. Klägerin behauptete, daß das von ihr verfrachtete Holz sämtlich von der amerikanischen Roteiche (Quercus rubra) stamme, bezüglich deren die Beweisaufnahme ergeben habe, daß sie in Mitteleuropa betriebsmäßig eingeschlagen werde. Sollte ersteres nicht festzustellen sein, so liege dem Beklagten, der seine höhere Forderung zu begründen habe, der Beweis ob, daß das Holz von Arten herrühre, die nicht Gegenstand des betriebsgemäßen Einschlags in Mitteleuropa seien. Der Beklagte dagegen führte aus, der Klägerin liege die genaue Benennung der zu verfrachtenden Ware nach §§ 51 und 53 der Verkehrsordnung ob. Hier handle es sich um eine ungenaue und unvollständige Deklaration, da es jedenfalls eine Reihe von amerikanischen Eichenarten gebe, die in Mitteleuropa nicht betriebsmäßig eingeschlagen würden. Die Klägerin müsse die Folgen der Unvollständigkeit der Deklaration tragen, und diese beständen darin, daß zu unterstellen sei, daß jede Sendung auch Holz von Eichen enthalten habe, die in Mitteleuropa nicht betriebsmäßig eingeschlagen würden. Nach § 11 der allgemeinen Tarifvorschriften finde somit Spezialtarif 1 auf alle Sendungen im ganzen Anwendung.

In den Vorinstanzen wurde die Klage für unbegründet erachtet. Das Reichsgericht hat sie dagegen ihrem Grunde nach für berechtigt erklärt.

Gründe:

„Das angefochtene Urteil konnte nicht aufrecht erhalten werden. Es kann dahingestellt bleiben, ob den Vorinstanzen darin beizutreten ist, daß mit dem Worte „Arten" in dem hier maßgebenden Holztarife allgemein, wie es nach dem vom 1. April 1905 an geltenden Tarife unzweifelhaft der Fall ist, die botanischen Arten (Spezies) als bezeichnet zu erachten sind. Auch wenn man dies als richtig unterstellt, was im folgenden geschehen soll, so würde die angefochtene Entscheidung doch nicht zutreffen, weil der Vorderrichter die Beweislast unrichtig verteilt hat.

Der Vorderrichter geht davon aus, daß für amerikanische Hölzer der Spezialtarif 2 nur ausnahmsweise maßgebend sei, und daß Klägerin daher nachzuweisen habe, daß das von ihr verfrachtete Holz sämtlich von einer solchen amerikanischen Eichenart herrühre, die Gegenstand des betriebsgemäßen Einschlags in Mitteleuropa sei. Da diese Bedingung aber nur für die Roteiche zutreffe, liege der Klägerin der Beweis ob, daß sämtliches verfrachtete Holz von dieser Art herrühre. Weil ein solcher Beweis nicht geführt werden könne, so habe Klägerin die Anwendung des billigeren Tarifs 2 nicht zu beanspruchen, sondern müsse sich die Frachtberechnung nach dem Tarife 1 gefallen lassen.

Diese Erwägung ist rechtsirrig.

Nach Nr. IV der Zusatzbestimmungen zu § 51 der Eisenbahnverkehrsordnung vom 26. Oktober 1899 ist der Inhalt der Frachtstücke in dem Frachtbriefe genau zu benennen, und zwar sind für die in den Allgemeinen Tarifvorschriften und in der Güterklassifikation aufgeführten Gegenstände die daselbst gebrauchten Benennungen anzuwenden. Die hier in Rede stehende Ware: Daub(Faß-)holz, ist lediglich im Spezialtarif 2 unter Ziffer 2 benannt. Es genügte daher die dort gebrauchte Benennung „Daub- oder Faßholz". Da sich die Ziffer 7 des Spezialtarifs 3 als Ausnahme dazu verhält, so bedurfte es nicht einmal der Hinzufügung der Bezeichnung „eichen". Ebensowenig bedurfte es, wenn, wie hier, die Abfertigung nach Spezialtarif 2 in Anspruch genommen wurde, der Hinzufügung, daß das Holz von einer Art stamme, die Gegenstand des betriebsgemäßen Einschlags in Mitteleuropa sei, weil die Anwendung des Spezialtarifs 1 auf die in 2 unter „Holz" aufgeführten Gegenstände sich nach den in der Klammer stehenden Eingangsworten als Ausnahme darstellt. Die Beifügung des Wortes „amerikanisches", die, wie Klägerin behauptet, Beklagter aber bestreitet, von diesem verlangt wurde, war ebenfalls überflüssig und bedeutungslos. Die Annahme des Vorderrichters, daß amerikanisches Holz an sich unter Spezialtarif 1 falle, so daß dabei nur ausnahmsweise die Anwendung des Spezialtarifs 2 begründet sei, läßt sich nicht rechtfertigen. Amerikanisches Holz ist als solches nirgends benannt. Sind unter Arten die botanischen Spezies zu verstehen, so fällt es doch nur dann unter Spezialtarif 1, wenn die betreffende Spezies in Mitteleuropa nicht betriebsmäßig eingeschlagen wird. Der amerikanische Ursprung ist an sich gleichgültig. Auch aus Deutschland stammendes Holz fällt dann unter Spezialtarif 1, wenn die erwähnte Bedingung, daß die betreffende Art in Mitteleuropa nicht betriebsmäßig eingeschlagen wird, zutrifft. Es könnte ja z. B. ein Baum von der auch in Deutschland vorkommenden Art Quercus palustris oder Quercus alba, die nach der Annahme des Vorderrichters in Mitteleuropa noch nicht betriebsmäßig eingeschlagen werden, in Deutschland gefällt und zu Faßholz verarbeitet sein.

Da hiernach die Anwendung des Spezialtarifs 2 für Eichenfaßholz die Regel bildet, so liegt es dem Beklagten ob, wenn er die höheren Sätze des Spezialtarifs 1 erheben will, nachzuweisen, daß die Voraussetzungen für dessen Anwendung gegeben sind. Der Nachweis, daß das Holz aus Amerika stammt, genügt hierfür nicht, wenn die dort heimische Quercus rubra, von der es nach Behauptung der Klägerin herrühren soll, Gegenstand des betriebsgemäßen Einschlags in Mitteleuropa ist, was der Vorderrichter unterstellt. Kann der Beklagte aber den ihm obliegenden Nachweis, daß das Holz von einer Eichenart, die in Mitteleuropa nicht betriebsmäßig eingeschlagen wird, stammt, nicht erbringen, so war er verpflichtet, es nach dem auf Eichenfaßholz der Regel nach zutreffenden Spezialtarif 2 zu verfrachten.

Daß diese Handhabung des Tarifs die allein mögliche ist, ergibt sich auch aus dem das Eisenbahnfrachtrecht beherrschenden Grundsetze, daß alle Absender bei gleichliegenden rechtlichen und tarifarischen Voraussetzungen auf gleichem Fuße zu behandeln sind, so daß Begünstigungen des einen vor dem anderen nicht stattfinden dürfen (§§ 453 Ziff. 1, 471 H.G.B., § 7 der Verkehrsordnung). Der Beklagte wird keinesfalls in den Fällen, in denen er selbst aus dem verfrachteten Holze die Pflanzenart, von der es stammt, nicht nachweisen kann, von jedem inländischen Absender von Holz oder Holzwaren — auch für diese gilt die gleiche Ausnahme — den in der Regel ganz unmöglichen Nachweis verlangen wollen, daß die betreffende Pflanzenart Gegenstand des betriebsgemäßen Einschlags in Mitteleuropa sei. Ein Nachweis, der in der Regel von den Versendern von Holz oder Holzwaren nicht verlangt wird und nicht verlangt werden kann, darf aber auch dem Kläger nicht auferlegt werden, selbst wenn infolge der ausländischen Provenienz des von ihm versandten Holzes die Möglichkeit, daß die Voraussetzung der Anwendung des Spezialtarifs 1 gegeben ist, näher liegt. Hierzu bedürfte es einer besonderen tarifarischen Bestimmung.

Aus diesen Gründen unterliegt das angefochtene Urteil der Aufhebung.

Es konnte aber bereits in der Sache selbst auf Feststellung des Klaganspruchs seinem Grunde nach erkannt werden. Wenn der Vorderrichter bemerkt, ein betriebsgemäßer Einschlag in Mitteleuropa sei „höchstens“ bezüglich der Quercus rubra erwiesen, so ergeben doch die anderen Ausführungen, besonders die Bezugnahme auf die als durchaus sachkundig bezeichneten Sachverständigen, die diese Tatsache bestätigt haben, daß sie auch gerichtsseitig nicht bezweifelt wird. Es erschien daher eine Zurückverweisung zur Aufklärung dieser Frage nicht erforderlich. Hiernach ergibt sich aber auch bei Berücksichtigung des weiter feststehenden Sachverhaltes, daß Beklagter den ihm behufs Anwendung des Spezialtarifs 1 obliegenden Nachweis nicht erbringen kann. Denn Klägerin hat unwidersprochen behauptet, was auch durch die Sachverständigen Sch. und B. bestätigt wird, daß sich bei Eichenholz aus der Ware selbst nicht feststellen lasse, ob es von einer einheimischen, oder amerikanischen, oder von welcher einheimischen oder amerikanischen Art herrührt. Den Beklagten bezüglich eines etwaigen Bestreitens und Beweisantritts nochmals befragen zu lassen, erschien um so weniger angezeigt, als er in dem Schriftsatze Bl. 88 ausdrücklich erklärt hat, er könne nicht angeben, von welcher Eichenart das fragliche Holz stamme.

Wegen der Höhe des Klaganspruchs ist dagegen eine weitere Verhandlung in erster Instanz erforderlich." ...

---

30. 1. Wird ein Handelsgeschäft im Sinne des § 25 H.G.B. durch den Erwerb eines Teiles dieses Geschäfts fortgeführt?

2. Kann durch den Vertrag über Veräußerung eines Teiles eines Handelsgeschäfts dieser Teil zu einem im Sinne des § 25 H.G.B. fortgeführten Handelsgeschäft „erhoben" werden?

II. Zivilsenat. Urt. v. 28. September 1906 i. S. Gesellschaft m. b. H. C. R. (Bekl.) w. R. (Kl.). Rep. II. 33/06.

I. Landgericht I Berlin, Kammer für Handelssachen.
II. Kammergericht daselbst.

Der Kaufmann K. betrieb in Berlin, Köpenickerstraße, unter der eingetragenen Firma „Carl Radicke" ein Likörgeschäft und in L. bei Berlin eine nicht besonders eingetragene Spritfabrik. An diesem Fabrikgebäude befand sich ein Schild mit der Aufschrift „Carl Radicke, Spritfabrik, Gegr. 1803". Am 20. Februar 1904 gründete Kaufmann K. mit Kaufmann L. K. eine Gesellschaft m. b. H. unter der Firma „Carl Radicke, Spritfabrik, G. m. b. H." mit Sitz in Berlin. Als Gegenstand dieses Unternehmens war insbesondere der Weiterbetrieb der bisher unter der Firma „Carl Radicke" zu L. betriebenen Spritfabrik bezeichnet. Auf seine Stammeinlage brachte Kaufmann R. seine zu L. belegene Spritfabrik nebst daselbst betriebenem Geschäft ein; auch gingen nach dem Gründungsvertrag die Steuerkredite und alle Verträge R.'s mit der Spirituszentrale auf die neue Gesellschaft über, und sollte das Geschäft bereits seit dem 1. Oktober 1903 als für Rechnung der Gesellschaft geführt gelten. Endlich bestimmte § 6 des Gründungsvertrags, daß R. sämtliche Kreditoren und Debitoren behalte und dafür einzustehen habe, daß bei der Übergabe der Fabrik außer einer Kautionshypothek Schulden nicht vorhanden seien.

Die entsprechende Eintragung zum Handelsregister erfolgte am 29. Februar 1904. Denselben Monat zeigte R. unter der Firma „Carl Radicke" durch Zirkular an, daß die unter seiner Firma bisher in L. betriebene Spritfabrik in eine Gesellschaft m. b. H. umgewandelt sei, während er die Likörfabrik in Berlin, Köpenickerstraße, unverändert unter seiner Firma fortbetreibe. Die Versendung geschah durch R. und die neugegründete Gesellschaft m. b. H.

R. setzte sein Geschäft in der Köpenickerstraße auch dementsprechend fort und geriet bald nachher in Konkurs.

Gestützt auf diese Tatsachen sowie darauf, daß R. in seinen Rechnungen und Schlußscheinen die Firma „Carl Radicke, Spritfabrik" bis zum 20. Februar 1904 geführt habe, behauptete Kläger, R. habe zwei selbständige Geschäfte, nämlich das Berliner eingetragene Likörgeschäft und die unter der nicht eingetragenen Firma „Carl Radicke, Spritfabrik" betriebene Spritfabrik in L. gehabt. Dieses letztere Handelsgeschäft habe Beklagte durch den Gründungsvertrag vom 20. Februar erworben und unter der bisherigen Firma fortbetrieben; daher hafte sie für die Geschäftsforderung des Klägers, der von 1901 bis zum 1. Oktober 1903 an Kaufmann R. unter anderem die Maschinen für die Spritfabrik geliefert habe, nach § 25 Abs. 1 HGB. Hätten aber am 20. Februar 1904 nicht zwei selbständige Geschäfte bestanden, so sei durch den Veräußerungsakt der bisherige Geschäftszweig der Spritfabrikation zu einem selbständigen Handelsgeschäft erhoben worden.

Das Landgericht wies ab. Die Berufungsinstanz erklärte den Klaganspruch dem Grunde nach für berechtigt. Das Reichsgericht hob das Berufungsurteil auf und wies die Berufung zurück.

Aus den Gründen:

„Als Ergebnis seiner Beweiserhebung stellt der Berufungsrichter fest, daß Kaufmann K. in den letzten Jahren vor dem Gründungsvertrage vom 20. Februar 1904 nicht, wie Kläger geltend gemacht hatte, zwei Geschäfte, sondern im Gegenteil nur ein Geschäft unter der Firma „Carl Radicke" mit Sitz in Berlin betrieben hat, daß die Spritfabrik in L. nur der Spritfabrikation diente, während von Berlin aus, wo sich die Likörfabrik befand, das ganze, aus diesen zwei Geschäftszweigen bestehende Geschäft betrieben worden ist.

Der Berufungsrichter spricht hiermit ausdrücklich aus, daß von einem unter einer Firma betriebenen Handelsgeschäft durch den Gründungsvertrag ein unselbständiger Geschäftszweig, nämlich die Spritfabrikation, abgetrennt und von der Beklagten erworben worden ist. Im Tatbestand ist dazu noch hervorgehoben, daß K. sein Geschäft in der Köpenickerstraße in Berlin nach der Trennung fortgesetzt und dort nach dem 20. Februar 1904 nur noch Likör hergestellt und verkauft hat, und zwar unter der Firma „Carl Radicke", während die Beklagte die von ihr erworbene Spritfabrik unter der Firma „Carl Radicke, Spritfabrik, G. m. b. H." mit dem Sitz in Berlin nun als selbständiges Handelsgeschäft betrieben hat.

Auf diese Weise rechtfertigt der Berufungsrichter seine Feststellung, daß bis zum 20. Februar 1904 die Haftbarkeit infolge Geschäftsüberganges nach § 25 H.G.B. nicht mit der Behauptung der Klage zu begründen ist, daß die Spritfabrikation (selbständiges) Handelsgeschäft gewesen sei.

Der Berufungsrichter meint aber, der unselbständige Geschäftszweig der Spiritusfabrikation sei spätestens im Augenblick des Abschlusses des Gründungsvertrags von K. zu einem selbständigen Handelsgeschäft erhoben und demnächst von der Beklagten fortgeführt worden. Durch diesen Ausspruch glaubt der Berufungsrichter das erste Erfordernis des § 25 H.G.B., daß nämlich ein unter Lebenden erworbenes Handelsgeschäft fortgeführt werden muß, nachgewiesen zu haben.

Nachdem der Berufungsrichter ausdrücklich unmittelbar vor

seinem soeben erwähnten Ausspruch die Unselbständigkeit der Spiritusfabrikation und deren Eigenschaft als Geschäftszweiges in schlüssiger Weise begründet, kann sein Ausspruch nur den Sinn haben, daß der Geschäftszweig der Spiritusfabrikation durch den Gründungsvertrag zu einem (selbständigen) Handelsgeschäft „erhoben" worden sei. Daß dies der Sinn des Ausspruchs ist, ergibt sich auch aus der dazu gegebenen Begründung, die lediglich in Wiederholung des Inhaltes des Gründungsvertrags besteht. Ebenso wird der Ausspruch von den Parteien verstanden.

Nun kann aber die Tatsache, daß ein Geschäftszweig durch den die Veräußerung bewirkenden Vertragsabschluß zu einem (selbständigen) Handelsgeschäft geworden ist, niemals das erste Erfordernis des § 25 H.G.B. erfüllen. Der § 25 H.G.B. verlangt, daß das Geschäft bereits in der Hand des Veräußerers ein Handelsgeschäft war. Die Tatsache, daß die Selbständigkeit erst in der Hand des Erwerbers eintritt, beweist gerade den Mangel der Kontinuität des Unternehmens. Letzteres ist alsdann beim Veräußerer geblieben.

Der Kläger will in dieser Instanz mit der Behauptung nachhelfen, die Spiritusfabrikation sei der Hauptzweig des Handelsgeschäftes des Kaufmanns K. gewesen.

Ob und unter welchen Voraussetzungen es zu einer anderen Entscheidung führen könnte, wenn ein veräußerter Geschäftsteil als Hauptzweig eines Handelsgeschäfts anzusehen ist, muß dahingestellt bleiben. Denn in den Vorinstanzen ist eine dahin zu deutende Behauptung nicht nur nicht aufgestellt, sondern es hat der Kläger immer darauf bestanden und seine ganze Beweisführung dahin gerichtet, daß die Spiritusfabrikation kein Geschäftszweig gewesen sei, sondern ein vollkommen getrenntes, selbständiges Handelsgeschäft. In letzterer Aufstellung ist die jetzige neue Behauptung, die Spritfabrik müsse als Hauptzweig gelten, auch nicht enthalten, sondern sie ist eine andere, die auf Art und Umfang beider Geschäftszweige und ihre gegenseitigen Beziehungen auf Grund ihrer Zusammengehörigkeit hätte aufgebaut werden müssen. Die Klagebegründung stellte aber nur auf das vollständige Getrenntsein ab.

Nach den eigenen Feststellungen des Berufungsrichters, wenn man auf dieselben den § 25 H.G.B. richtig anwendet, fehlt es somit an der Fortführung eines unter Lebenden erworbenen Handelsgeschäfts. Damit ist der Klage die Grundlage, auf welche hin die Beklagte haftbar gemacht werden sollte, entzogen, ohne daß es darauf ankommt, ob der Berufungsrichter sich im übrigen der mit der Revision weiter gerügten Verstöße schuldig gemacht hat.

Die Sache ist nach diesen Erwägungen zur Endentscheidung, und zwar dahin reif, daß unter Aufhebung des Berufungsurteils die Berufung gegen das klagabweisende erste Urteil zurückgewiesen werden muß, und zwar unter Kostenfolge; §§ 565 Abs. 3 Ziff. 2, 91 Z.P.O."

---

31. Zur Begriffsbestimmung des „Leibrentenvertrags" im Sinne der Tarifst. 36 des preußischen Stempelsteuergesetzes vom 31. Juli 1895.

VII. Zivilsenat. Urt. v. 28. September 1906 i. S. Sch. (Kl.) w. preuß. Fiskus (Bekl.). Rep. VII. 629/05.

I. Landgericht Breslau.
II. Oberlandesgericht daselbst.

Aus den Gründen:

„Die Revision stellt in Abrede, daß der ... am 19. Juli 1904 zwischen H. Sch. und seiner Mutter zustande gekommene Vertrag als ein Leibrentenvertrag im Sinne des Stempelrechts angesehen werden könne. Dieser Auffassung muß jedoch ... entgegengetreten werden.

Die Tarifst. 36 des preußischen Stempelsteuergesetzes unterwirft einer Stempelabgabe „Leibrenten- und Rentenverträge, wodurch zu gewissen Zeiten wiederkehrende Zahlungen von Geld für eine oder mehrere bestimmte Personen während der Lebensdauer derselben oder auf bestimmte oder unbestimmte Zeit gegen Entgelt erworben werden, mag die Gegenleistung in einer bestimmten Geldsumme ..., oder aber in dem Aufgeben von Rechten bestehen." ... Faßt man lediglich den Wortlaut dieser Vorschrift ins Auge, so müßten der Tarifstelle ausnahmslos alle entgeltlichen Verträge unterstellt werden, bei denen auf der einen Seite die Gewährung einer Rente für sich allein oder neben anderen Gewährungen den Gegenstand der Leistung bildet. Die Voraussetzungen für die Erhebung des Leibrentenstempels wären hiernach auch dann stets vorhanden, wenn jemand einen anderen zu dauernden Dienstleistungen annimmt und ihm dabei eine in monatlichen Teilzahlungen zu gewährende Geldvergütung verspricht, oder wenn bewegliche Sachen oder Grundstücke gegen eine Jahresrente veräußert werden. Derartige Verträge werden aber nach dem Sprachgebrauche des Verkehrs im gegebenen Falle vielfach nicht als Rentenverträge, sondern als Dienstverträge oder Veräußerungsverträge aufgefaßt, nämlich dann, wenn die Beschaffung der Dienstleistungen oder der Umsatz der beweglichen Sachen oder Grundstücke von den Vertragschließenden als der Hauptzweck des Geschäfts, der zu seinem Abschlusse den Anstoß gegeben hat, angesehen wird, und die Gewährung der Rente nur das Mittel ist, durch das jener Zweck erreicht werden soll. Es entsteht daher die Frage, ob solche Verträge nach Tarifst. 36 als Rentenverträge, oder nach den Tarifst. 71 Ziff. 2 oder 32 als Dienstleistungsverträge oder lästige Veräußerungsverträge zu versteuern sind. Dabei kommt noch in Betracht, daß die letztgenannten Verträge in gewissen Fällen vom Stempel befreit sind, z. B. Dienstleistungsverträge nach Tarifst. 71 Ziff. 2 Befr. zu b dann, wenn der Jahresbetrag der als Gegenleistung vereinbarten Rente 1500 ℳ nicht übersteigt, und Veräußerungen von Sachen dann, wenn diese von Aszendenten an Deszendenten übertragen werden. Für die Frage, wie solche Verträge, falls sie ein einheitliches Geschäft darstellen, zu versteuern sind, ist aus dem Gesetz, insbesondere aus dem § 10 daselbst, nichts zu entnehmen; die dort gegebenen Vorschriften treffen nicht die bezeichneten Fälle, in denen dasselbe einheitliche Geschäft gleichzeitig den Tatbestand verschiedener Tarifstellen erfüllt. Es kann auch nicht anerkannt werden, daß auf solche Verträge stets die Vorschrift der Tarifst. 36, als die engere Gesetzesbestimmung, anzuwenden sei. Sie ist gegenüber der Tarifst. 32, welche nur die Veräußerung von Sachen und dauernden Rechten umfaßt, nicht eine engere; denn sie trifft auch Verträge, bei denen Forderungsrechte oder Handlungen den Gegenwert für die Rente bilden. Gegenüber der Tarifst. 71 Ziff. 2 stellt sich zwar die Vorschrift der Tarifst. 36 als die engere Bestimmung dar; daß aber nach der Meinung des Gesetzgebers Verträge, in denen gegen eine andere Leistung zu gewissen Zeiten wiederkehrende Zahlungen versprochen werden, nicht stets unter die Tarifst. 36 fallen sollen, sondern unter Umständen nach der Tarifst. 71 Ziff. 2 zu versteuern sind, ergibt sich schon aus der oben angeführten Befreiungsvorschrift der Tarifst. 71 Ziff. 2.

Einen Anhaltspunkt für die Bemessung der Tragweite der Tarifst. 36 gibt aber ihr Wortlaut doch insofern, als danach für den Begriff des Rentenvertrages die Art des für die Rente gewährten Entgelts ohne Bedeutung ist, und als das für den Vertrag Charakteristische gerade der Erwerb der Rente hingestellt wird. Der hauptsächliche Vertragszweck wird also darin gefunden, daß dem einen Vertragsteilnehmer Geld gerade in der Form zu gewissen Zeiten wiederkehrender Zahlungen zugewendet werden soll. Dieses Unterscheidungsmerkmal gehört zwar dem Gebiete des wirtschaftlichen Lebens an; denn rechtlich betrachtet sind bei einem gegenseitigen Vertrage die einander gegenüberstehenden Leistungen gleichwertig; jede Leistung ist zugleich die Gegenleistung der anderen. Daß aber gerade auf dem Gebiete des Stempelrechtes die Art der Besteuerung sich häufig nach wirtschaftlichen Gesichtspunkten regelt, ist, insbesondere für den Bereich des Gesellschaftsrechts, in der Begründung zum Stempelsteuergesetz vom 31. Juli 1895 und mehrfach auch vom Reichsgericht anerkannt.

In dem vorstehend erörterten Sinne ist der Begriff des stempelpflichtigen Rentenvertrags auch von der Finanzverwaltung stets aufgefaßt worden, und zwar schon unter der Herrschaft des Stempelsteuergesetzes vom 7. März 1822, das ebenso wie das jetzige Gesetz den entgeltlichen Erwerb von „Leibrenten" mit Eins vom Hundert des Kapitalwertes der Rente besteuerte. Die Verwaltung erhob den Leibrentenstempel dann, wenn die Hauptabsicht der Parteien bei dem Vertragsschlusse dahin ging, der einen von ihnen eine Rente zu verschaffen. Diese Auffassung wurde für das frühere Stempelrecht gebilligt durch die Rechtsprechung, die das Vorhandensein eines stempelpflichtigen Vertrags verneinte, wenn der Hauptgegenstand des Vertrages nicht in der Beschaffung der Rente, sondern, wie beim Abkommen über die Leistung von Diensten gegen Gehalt und Pension, in Handlungen bestand.

Erkenntnis des preuß. Obertribunals vom 30. September 1872, Entsch. Bd. 68 S. 79, 86; Urteil des Reichsgerichts vom 3. März 1881, Gruchot, Beiträge Bd. 25 S. 983; vgl. auch das Urteil des Reichsgerichts vom 19. Januar 1892, Jurist. Wochenschr. 1892

S. 106 Nr. 37, das den Unterschied des Alimentationsvertrags vom Kaufvertrage erörtert.

Dafür, daß an diesem festen Rechtszustande durch das neue Stempelsteuergesetz vom 31. Juli 1895 hätte etwas geändert werden sollen, ergibt dessen Entstehungsgeschichte keinen Anhalt. Auch in der Literatur wird übereinstimmend das Unterscheidungsmerkmal für den Rentenvertrag im Sinne des Stempelrechtes darin gefunden, daß die Beschaffung der Rente den Hauptgegenstand des Vertrags bildet.

Rehbein, Entsch. des Obertribunals Bd. 2 S. 173 bis 175 Fußnote; Hummel u. Specht, Komm. zum Stempelsteuergesetz S. 869. 870 Bem. 9; Heinitz, Komm. zum Stempelsteuergesetz 2. Aufl. S. 467.

Demgegenüber kann es nicht entscheidend sein, daß für das Gebiet des Zivilrechts nach dem Bürgerlichen Gesetzbuch Eccius (Gruchot, Beiträge Bd. 45 S. 11 flg.) einen Dienstvertrag mit Pensionsabrede als einen Leibrentenvertrag ansieht und den für den letzteren geltenden Formvorschriften unterwerfen will.

Es mag im einzelnen Fall tatsächlich schwierig sein, festzustellen, ob der Erwerb einer Rente als Hauptgegenstand eines Vertrages angesehen werden kann. Daran aber, daß letzteres zutrifft, kann ein Zweifel nicht bestehen, wenn der Berufungsrichter, wie im vorliegenden Fall, festgestellt hat, daß für beide Vertragsteile der Erwerb der Rente durch H. Sch. der Hauptgegenstand des Vertrages war. Diese dem Bereiche des Tatsächlichen angehörige und deshalb für den Revisionsrichter bindende Feststellung entspricht übrigens völlig den Umständen. Daß H. Sch. nicht ein besonderes Interesse daran haben konnte, auf das Erbrecht nach seiner Mutter zu verzichten, wohl aber daran haben mußte, sich und seiner Ehefrau (gegen diesen Verzicht) eine schon bei Lebzeiten seiner Mutter zu zahlende hohe Rente zu sichern, liegt auf der Hand. Offenbar war aber auch der Hauptzweck der Mutter bei dem Vertragsschlusse dahin gerichtet, die wirtschaftliche Zukunft ihres verschuldeten und zur selbständigen Verwaltung größerer Kapitalbeträge nicht befähigten, kinderlosen Sohnes zu sichern, dabei aber zu verhindern, daß nach dessen Tode ihr Vermögen an die Familie seiner wider den Willen der Mutter geheirateten Ehefrau fiel. Dieser doppelte Zweck konnte am besten durch Gewährung einer Rente erreicht werden." ...

32. Sind Wasserleitungen aus öffentlichen Strömen nach § 46 preuß. A.L.R. II. 15 als regale Nutzungen, oder als Gemeingebrauch des Flußwassers zu behandeln?

V. Zivilsenat. Urt. v. 29. September 1906 i. S. preuß. Fiskus (Bekl.) w. M. & J. (Kl.). Rep. V. 22/06.

I. Landgericht Potsdam.
II. Kammergericht Berlin.

Die klagende Firma entnahm zum Betrieb ihrer Dampfmühle in P. durch eine Röhrenleitung Wasser aus der Havel und leitete es nach dem Gebrauch durch eine andere Röhrenleitung der Havel wieder zu. Die Anlage war auf ihren Antrag am 30. April 1903, nach strom- und schiffahrtspolizeilicher Prüfung, vom Regierungspräsidenten landespolizeilich genehmigt worden, unter Auferlegung einer an die Wasserbauverwaltung zu entrichtenden jährlichen Gebühr für die Wasserentnahme von 100 *M*. Ihre Beschwerde über diese Auflage hatte nur den Erfolg, daß die polizeiliche Auferlegung für unzulässig erklärt wurde; die Auflage wurde aber nun von der Regierung, Abt. für direkte Steuern, Domänen und Forsten, am 18. August 1904 wiederholt und Zahlung an die Domänenverwaltung angeordnet. Weitere Beschwerden der Klägerin hatten keinen Erfolg; vielmehr wurden am 24. Dezember 1904 durch Pfändung im Verwaltungszwangsverfahren 175 *M* Gebühren und 3,30 *M* Kosten und Porto von ihr beigetrieben. Sie erhob nun Klage auf Rückzahlung dieses Betrages mit 4 Prozent Zinsen seit dem Beitreibungstage sowie auf Anerkennung des verklagten Fiskus, zu der Gebührenauflage nicht berechtigt zu sein. Sie hielt sich kraft des Gemeingebrauchs am Wasser des öffentlichen Flusses zur unentgeltlichen Wasserentnahme durch Schöpfen und Ableiten für berechtigt (§§ 44, 46 A.L.R. II. 15).

Der Beklagte bestritt, daß es sich um ein Schöpfen im Sinne des § 44 oder um eine Wasserleitung im Sinne des § 46 A.L.R. II. 15 handle. Das Wasser werde zum Teil verbraucht und verunreinigt; es liege also Wassernutzung, event. zum Mühlenbetriebe, vor, die dem Staat als niederes Regal zustehe und einem Privaten erst besonders von der 3. Abteilung der Regierung verliehen werden müsse, neben der polizeilichen Genehmigung (§§ 38, 259 A.L.R. II. 15, §§ 21, 24 II. 14). Auch für eine bloße Wasserleitung sei nach § 46 A.L.R. II. 15 eine solche besondere Verleihung erforderlich.

Die Klägerin behauptete dagegen, daß das Wasser in gleicher Menge und gereinigt dem Fluß wieder zugeführt und nicht zur Speisung der Dampfkessel verwendet werde. Von beiden Instanzgerichten wurde angenommen, daß ein Gemeingebrauch am Flußwasser in Frage stehe; demgemäß wurde der Beklagte nach den Klaganträgen verurteilt, und seine Berufung zurückgewiesen. Auf seine Revision wurde jedoch die Klage abgewiesen.

Gründe:

„Dem Berufungsrichter ist darin beizutreten, daß die in Frage stehende Wasserentnahme der Klägerin aus der Havel — ungeachtet der Zurückleitung des Wassers und gleichviel, wozu es in dem Fabrikbetriebe der Klägerin verwendet, und ob es dabei verunreinigt und zum Teil verbraucht wird, oder nicht — die Begriffsmerkmale einer Wasserleitung an sich trägt. Da die Dampfmühle der Klägerin sich nicht etwa als eine Wassermühle im Sinne der §§ 229 flg. A.L.R. II. 15 darstellt, hat der Berufungsrichter weiter mit Recht angenommen, daß auf die streitige Wasserleitung der § 46 A.L.R. II. 15 Anwendung findet, welcher lautet:

„Wasserleitungen dürfen aus öffentlichen Strömen, ohne besondere Erlaubnis des Staats, nicht geführt, noch Wasch- oder Badehäuser daran, ohne dergleichen Erlaubnis, angelegt werden."

Es handelt sich um die Frage, was unter der hier geforderten besonderen Erlaubnis des Staats zu verstehen ist, ob eine bloße polizeiliche Genehmigung, oder die Übertragung eines regalen Nutzungsrechts. Nur in letzterem Fall würde der Staat die zu erteilende Erlaubnis von der Erlegung einer Gebühr abhängig machen dürfen, da die Übertragung eines ihm zustehenden Privatrechts in seinem Belieben steht, folglich auch, unter welchen Bedingungen sie geschehen soll (§§ 26 flg. A.L.R. II. 14); während auf polizeilichem Gebiet lediglich zu fragen wäre, ob die Erlaubnis mit den öffentlichen Interessen vereinbar und darum zu erteilen, oder unvereinbar und darum zu versagen sei. Der Berufungsrichter faßt mit der Klägerin und mit dem ersten Richter die Erlaubnis als eine bloß polizeiliche auf, hält daher den Staat nicht für berechtigt, die Erlaubnis von einer

Gebühr abhängig zu machen, und hat den Beklagten verurteilt, dies anzuerkennen und den beigetriebenen Gebührenbetrag zurückzuzahlen.

Er erkennt an, daß die Benutzung des Wassers öffentlicher Flüsse, weil diese im gemeinen Eigentum des Staates stehen (§ 21 A.L.R. II. 14), und ihre Nutzungen zu den niederen Regalien gehören (§ 24 das. und § 38 II. 15), an sich dem Staat zustehen würde und von Privaten nur auf Grund entweder eines Verzichts des Staates zu deren Gunsten, oder gesetzlich angeordneter Ausnahmen ausgeübt werden dürfe. Eine solche Ausnahme findet aber der Berufungsrichter neben dem § 44 A.L.R. II. 15, der ausdrücklich den Gebrauch des Flußwassers durch Schöpfen, Baden und Tränken einem jeden gestattet, in dem erwähnten § 46. Er will diesen Paragraphen dahin verstehen, daß er im Anschluß an § 44 zu der dort gegebenen allgemeinen Bestimmung für die Wasserentnahme aus öffentlichen Flüssen eine besondere Bestimmung für die Entnahme mittels einer Leitung treffe, und zwar dahin, daß auch sie einem jeden gestattet sei, jedoch vorbehältlich einer staatlichen Erlaubnis, die indes nur die Voraussetzung für die freigestellte Anlegung einer Wasserleitung bilde und nicht so zu verstehen sei, als ob solche Anlage ohne Erlaubnis verboten sein solle. Letztere Unterscheidung ist nicht recht klar; der Berufungsrichter will aber damit offenbar den Unterschied zwischen einer bloß polizeilichen Genehmigung und der Übertragung eines regalen Nutzungsrechts ausdrücken.

Zur Begründung seiner Ansicht beruft er sich zunächst darauf, daß andernfalls der § 46 überflüssig sein würde, indem das Recht des Staats, regale Nutzungsrechte auf Private zu übertragen, als selbstverständlich schon aus § 38 das. folge, der die Nutzungen öffentlicher Ströme für Regalien erklärt. Mit noch mehr Recht ließe sich aber der § 46 dann als überflüssig bezeichnen, wenn er nur die Einholung einer polizeilichen Genehmigung vorschriebe; denn daß Wasserleitungen aus öffentlichen Flüssen unter Aufsicht der Landespolizei geführt werden müssen, steht schon, und sogar mit ausdrücklichen Worten, im § 96 A.L.R. I. 8. Überdies enthalten andere Paragraphen in der nächsten Umgebung des § 46 A.L.R. II. 15 ähnliche, also nach Ansicht des Berufungsrichters überflüssige, Bestimmungen; in den §§ 49, 51, 73, 229 A.L.R. II. 15 werden trotz der erwähnten Bestimmung im § 38 verschiedene Arten der Nutzung öffentlicher

Ströme noch ausdrücklich für regal erklärt. Mit diesem Grunde des Berufungsrichters ist also, zumal bei der bekannten umständlichen Ausdrucksweise des Allgemeinen Landrechts, für die Auslegung nichts gewonnen.

Der Berufungsrichter weist dann darauf hin, daß eine Wasserleitung unter Umständen von einschneidender Bedeutung für die Stromverhältnisse, die Schiffahrt und die Fischzucht — er hätte noch hinzufügen können: auch für den Gemeingebrauch des Flußwassers — werden könne, und daß sich daraus die verschiedene Behandlung dieser Art von — wie er annimmt — Gemeingebrauch und der völlig unschädlichen Art des Wasserschöpfens (§ 44) erkläre. Das ist zwar ganz richtig und schon im Gesetze selbst (§ 96 A.L.R. I. 8) anerkannt; aber diese Erwägung berührt offensichtlich die Frage gar nicht, ob es sich bei Anlegung einer Wasserleitung denn überhaupt um einen Gemeingebrauch des Wassers handle, und ob die vorgeschriebene besondere Erlaubnis des Staats als eine nur polizeiliche Genehmigung gedacht sei. Der Berufungsrichter fügt hinzu: die staatliche Erlaubnis im Sinne des § 46 trage vornehmlich polizeilichen Charakter; und er bemerkt weiterhin: nach erteilter Erlaubnis übe der Inhaber der Leitung dieses Recht als selbständiger Inhaber des Nutzungsrechts aus, als der er vom Gesetze selbst (§ 46) und unter Genehmigung des Staats eingesetzt sei (§ 32 A.L.R. II. 14). Das sind wieder unklare Sätze; es kommt nicht darauf an, ob die Erlaubnis nach § 46 vornehmlich, sondern ob sie ausschließlich einen polizeilichen Charakter habe, und der in Bezug genommene § 32 A.L.R. II. 14 handelt von dem Umfang, in welchem der private Erwerber eines regalen Nutzungsrechtes dasselbe in Anspruch nehmen darf, während doch der Berufungsrichter ein regales Wasserleitungsrecht nicht anerkennen will. Ebenso wären die weiteren Ausführungen des Berufungsrichters zu beanstanden — wenn es darauf ankäme —, womit er für unerheblich erklärt, welche Abteilung der Königlichen Regierung die in § 46 erforderte staatliche Erlaubnis im vorliegenden Fall tatsächlich erteilt habe. Das mag aber auf sich beruhen: hier ist die Wasserleitung sowohl landespolizeilich vom Regierungspräsidenten genehmigt, als auch nachträglich von der für die Übertragung regaler Nutzungsrechte zuständigen Abteilung für direkte Steuern, Domänen und Forsten gutgeheißen worden.

Hiernach bleibt von der Begründung, die der Berufungsrichter seiner Auslegung des § 46 gegeben hat, nur der Satz übrig, daß dieser Paragraph als eine Sonderbestimmung zu dem § 44 aufgefaßt werden müsse.

Es läßt sich nun nicht verkennen, daß die zur Entscheidung stehende Frage zweifelhaft ist. Sie ist auch sowohl in der Rechtsprechung wie von juristischen Schriftstellern verschieden beantwortet worden. Während der IV. Zivilsenat des Reichsgerichts in dem Urteil vom 26. Oktober 1893 (Entsch. Bd. 32 S. 238/39) in § 46 A.L.R. II. 15 Einschränkungen der regalen Eigenschaft der Nutzung öffentlicher Flüsse findet, worauf übrigens die damals getroffene Entscheidung nicht beruhte, hat der jetzt erkennende Senat in einem Urteil vom 30. Mai 1894 (Rep. V. 10/94) die in § 46 geforderte besondere Erlaubnis des Staats zur Anlegung einer Badeanstalt nicht als bloße polizeiliche Genehmigung, sondern als die Verleihung eines regalen Nutzungsrechts hingestellt. Von Schriftstellern haben sich für die letztere Ansicht ausgesprochen:

Dernburg, Preuß. Privatr. Bd. 1 § 252 bei Anm. 8; Eccius, Preuß. Privatr. Bd. 1 § 21 Anm. 21 II, wo nur die §§ 44, 47, 50 A.L.R. II. 15 (nicht § 46) als den Gemeingebrauch betreffend aufgeführt werden; Baron, in der Ztschr. für vergleich. Rechtsw. Bd. 1 S. 290; Nieberding-Frank, Wasserr. (2. Aufl.) S. 306 in § 62.

Dagegen haben sich ausgesprochen: Scheele, Wasserr. S. 17, 18, und Rausnitz, in Gruchot's Beitr. Bd. 39 S. 535.

Aus dem Wortlaut läßt sich nicht viel entnehmen. Daß im § 46 eine Erlaubnis, und zwar eine besondere Erlaubnis, des Staats gefordert wird, scheint dafür zu sprechen, daß die Anlage von Wasserleitungen und von Wasch- und Badehäusern gerade in Gegensatz gestellt werden sollte zu dem im § 44 geregelten Gemeingebrauch des Flußwassers durch Schöpfen, Baden und Tränken, der überhaupt keiner Erlaubnis, also auch keiner besonderen Erlaubnis, des Staats bedarf. Dieser Eindruck wird noch verstärkt durch den § 52, wo der Ausdruck „besondere Erlaubnis des Staats" wiederkehrt und hier zweifellos als regale Verleihung zu verstehen ist; denn das Brückenschlagen über einen öffentlichen Fluß, wofür hier die besondere Erlaubnis des Staats erfordert wird, stellt sicher keinen Gemeingebrauch des Flusses dar. Abgeschwächt könnte aber andererseits dieser Eindruck wieder dadurch werden, daß an anderen Stellen, wo es sich um regale Nutzungen handelt, ausdrücklich von Regalien oder von vorbehaltenen Rechten des Staats gesprochen wird; so in den §§ 49, 51, 73, 229 A.L.R. II. 15.

Entscheidend ist nun aber die Art und Weise, wie das Allgemeine Landrecht die Rechtsverhältnisse der öffentlichen Flüsse geregelt hat. Es lehnt sich an die deutschrechtliche Auffassung an, daß die öffentlichen Ströme dem Landesherrn gehören, erklärt sie für gemeines Eigentum des Staats und stellt den Grundsatz an die Spitze, daß die Nutzungen zu den Regalien des Staats gehören (§ 38 A.L.R. II. 15, vgl. §§ 21, 24 II. 14). Der Gemeingebrauch rückt demgemäß an die Stelle einer Ausnahme, wie auch der Berufungsrichter anerkennt. Der § 44 enthält eine solche Ausnahme zugunsten des Schöpfens, Badens und Tränkens. Er steht mit dem § 45, der eine besondere Bestimmung über das Viehtränken enthält, unter der Überschrift „Flußwasser". Darauf folgt dann unter der besonderen Überschrift „Wasserleitungen" der § 46, der aber nicht bloß von Wasserleitungen, sondern auch von Wasch- und Badehäusern handelt und für alle diese Anlagen eine besondere staatliche Erlaubnis verlangt. Schon diese Stellung des § 46 spricht dagegen, daß er eine bloße Unterbestimmung zum § 44 über das Flußwasser treffen sollte, gibt vielmehr zu erkennen, daß der Gesetzgeber in der Anlegung von Wasserleitungen, Wasch- und Badehäusern nicht einen gemeinen Gebrauch gefunden hat, der einem jeden unverwehrt bleiben müsse. Vor allem aber forderte die Natur der Sache hier eine Unterscheidung. Die Anlegung von Wasserleitungen, und fast mehr noch die Anlegung von Wasch- und Badehäusern, die mit den Wasserleitungen auf gleichem Fuße behandelt werden, worauf übrigens der Berufungsrichter seine Aufmerksamkeit gar nicht gerichtet hat, enthalten nicht eine solche Benutzung des Flußwassers, daß sie, wie das Schöpfen, Baden und Tränken, der Regel nach von jedem persönlich und zu seinem persönlichen Nutzen ausgeübt werden könnte, sondern stellt sich als eine geschäftliche Ausbeutung des Flußwassers zum Nutzen einzelner dar, die sogar dem Gemeingebrauch hinderlich werden kann und begrifflich zu diesem in einem gewissen Gegensatze steht. Es ist ganz in der Ordnung, wenn der Gesetzgeber Ausnahmen von dem regalen Nutzungsrecht des Staats insoweit zuläßt, als ein gemeiner Gebrauch wirklich stattfinden kann, aber nicht, wenn es sich nur darum handelt, einzelnen besondere Vorteile zuzuwenden. Derselbe Gedanke findet sich verwirklicht bezüglich der Fähren und Prahmen, die der § 50 zu eigenem Gebrauch zu halten jedem Anwohner eines Flusses gestattet, während das Übersetzen für Geld in § 51 zu den Regalien des Staats gezählt wird.

Aus diesen Gründen ist das Reichsgericht in der streitigen Frage zu einer von den Vorinstanzen abweichenden Entscheidung gelangt und hat die Klage abgewiesen."

---

33. Hat der Verkäufer, dem die Herstellung der patentierten Ware von dem Patentinhaber (Lizenzträger) mit der Verpflichtung übertragen ist, sie nur an diesen zu verkaufen, das Recht zum Selbsthilfeverkauf aus § 373 H.G.B., wenn der Patentinhaber die Annahme der vertragsmäßig hergestellten Ware verweigert?

H.G.B. § 373.
Patentgesetz §§ 4, 6.

I. Zivilsenat. Urt. v. 29. September 1906 i. S. Asbest- und Gummiwerke A. C. (Bekl.) w. 1. H., 2. Deutsche Eternitgesellschaft (Kl.). Rep. I. 460/06.

I. Landgericht Hamburg.
II. Oberlandesgericht daselbst.

Nach einem im Juni 1904 zwischen dem Kläger H. und der Beklagten geschlossenen Vertrage, dem die deutsche Eternitgesellschaft, die Klägerin zu 2, beitrat, hatte die Beklagte die im § 5 des Vertrages bezeichneten Waren nach einem (demnächst in Deutschland patentierten) Verfahren des Klägers H. und nach dessen Angaben für die Klägerin zu 2 zu bestimmten Preisen herzustellen und durfte diese Waren — mit Ausnahme des im § 10 des Vertrags behandelten Exportes nach patentfreien Ländern — „an niemand anders verkaufen und liefern, als an die Eternitgesellschaft".

Aus den Gründen:

„Der Streit der Parteien betrifft die Frage, ob die Beklagte, wenn die Klägerin zu 2 die Abnahme der vertragsmäßig hergestellten Schieferplatten verweigerte, nach § 373 H.G.B. verfahren durfte. Grundsätze des Patentrechts stehen an sich der Anwendung jener handelsrechtlichen Vorschrift nicht entgegen. Nach § 4 des Patentgesetzes hat ein Patent die Wirkung, daß der Patentinhaber ausschließlich befugt ist, gewerbsmäßig den Gegenstand der Erfindung herzustellen, in Verkehr zu bringen, feilzuhalten oder zu gebrauchen. Nach § 6 desselben Gesetzes kann aber das Recht aus dem Patent beschränkt oder unbeschränkt durch Vertrag auf andere übertragen werden. Geschieht dies, so findet die bisherige Ausschließlichkeit des Rechtes des Patentinhabers ihre Abgrenzung in dem Inhalte des Vertrags. Der Ausgangspunkt in der Begründung des angefochtenen Urteils, daß nämlich die Antwort auf die obige Frage mangels einer ausdrücklichen Regelung im Vertrage durch Auslegung desselben gefunden werden müsse, ist daher zu billigen; dagegen kann im Ergebnis den Erwägungen des Oberlandesgerichts nicht beigetreten werden. ... Die Bestimmung im § 7 des Vertrags, wonach die Beklagte die im § 5 bezeichneten Waren an niemand anders verkaufen und liefern darf, als an die Eternitgesellschaft, schließt das Recht zum Selbsthilfeverkauf aus § 373 H.G.B. nicht aus. Dieser Vertragspflicht der Beklagten entspricht die gleichfalls im § 7 zum Ausdrucke gelangte Verpflichtung der Eternitgesellschaft, ihren Warenbedarf in bestimmtem Umfange von der Beklagten zu beziehen. Die Eternitgesellschaft ist daher zur Abnahme der bestellten Ware, wenn diese von vertragsmäßiger Beschaffenheit ist, verpflichtet, die Beklagte aber, wenn die Eternitgesellschaft mit der Annahme der Ware in Verzug gerät, ohne weiteres zum Selbsthilfeverkauf aus § 373 H.G.B. berechtigt. Hätte ihr dieses gesetzliche Recht — was im Belieben der Parteien stand — entzogen werden sollen, so hätte das unzweideutig im Vertrage zum Ausdrucke kommen müssen. Der Wille der Beklagten, auf dasselbe zu verzichten, kann aber um so weniger vorausgesetzt werden, als sie die Schieferplatten für die Zeit des Bestandes der Eternitgesellschaft zu liefern hat, und die Erfüllung dieser Pflicht die Aufwendung sehr bedeutender Geldmittel erforderlich macht, zu deren Ersatz im Falle des Annahmeverzugs des Käufers gerade der Selbsthilfeverkauf das wirksamste, unter Umständen sogar das einzige Mittel bildet. Mit diesen Verhältnissen hatten die Kläger zu rechnen, und wollten sie gleichwohl das Recht zum Selbsthilfeverkauf ausgeschlossen wissen, so wäre es ihre Aufgabe gewesen, auf eine entsprechende klare Abfassung des Vertrags zu dringen." ...

---

34. Hat der Eigentumsübergang, wenn der Verkäufer die verkaufte Sache behufs Erfüllung seiner auf Übertragung des Eigentums gerichteten Verbindlichkeit dem Käufer übersendet, zur Voraussetzung, daß der letztere seinen Annahmewillen dem Verkäufer gegenüber erklärt?

B.G.B. § 929.

VII. Zivilsenat. Urt. v. 2. Oktober 1906 i. S. Baumwollspinnerei Sp. (Kl.) w. K. (Bekl.). Rep. VII. 8/06.

I. Landgericht I München.
II. Oberlandesgericht daselbst.

Aus den Gründen:

... „In Betracht kommt für die vorliegende Streitsache nur der Fall, daß die Hingabe der Sache in Verbindung mit dem Angebote des Eigentumserwerbes zur Erfüllung eines nicht erst gleichzeitig angebotenen und deshalb den Eigentumserwerb bedingenden, sondern bereits perfekten Vertrags erfolgt, und zwar ohne von einer vorherigen Gegenleistung, speziell der Zahlung des Kaufpreises, abhängig gemacht zu sein. Festgestellt ist vom Berufungsrichter als unstreitig, daß die Klägerin das Eigentum an dem Kessel an Beklagten übertragen wollte, und daß sie ihrerseits durch Ablieferung des Kessels an ihn alles getan, was ihr zur Erfüllung des Kaufvertrags oblag. Bei einer solchen Lage des Falls kommt in dem Angebot immer der Wille des Verkäufers zur Erscheinung, daß der Käufer ohne eine zuvor ihm gegenüber abzugebende Erklärung berechtigt sein soll, nicht bloß wie ein Eigentümer, sondern als Eigentümer über den Kaufgegenstand durch Weiterveräußerung, Einbauen (§ 93 B.G.B.) xc zu verfügen. In der Vornahme einer solchen

Handlung liegt dann eine wirksame Annahme. Zu fragen bleibt, ob, wenn der Käufer zu einer Handlung schreitet, die zwar nicht durch vorherigen Eigentumserwerb bedingt ist, aber doch den Willen, Eigentum zu erwerben, in sich verkörpert, wie eine solche hier vom Berufungsrichter festgestellt ist, in ihr dem Willen des Verkäufers gemäß eine wirksame Annahme zu erblicken ist. Es bleibt hier Spielraum für die Beurteilung je nach der besonderen Beschaffenheit der einzelnen Fälle. Für alle aber ist von Erheblichkeit, daß der Verkäufer, der die Sache behufs Erfüllung seiner Pflicht bedingungslos übersendet, die Annahme nicht bloß, wie bei einer eine Geschäftsverbindung erst anbahnenden Offerte, wünscht und hofft, sondern, im Hinblick auf die stillschweigend von ihm behauptete Vertragsmäßigkeit seiner Leistung, verlangt und erwartet. Als Regel muß bei diesem Standpunkte des Verkäufers erscheinen, daß Handlungen der hier vom Berufungsgericht festgestellten Art im Sinne des Verkäufers als Annahme gelten, so daß es des Nachweises besonderer für sie sprechender Umstände nicht bedarf, sondern der Beweis des Gegenteils zu erbringen ist. Irgendwelche Momente für einen solchen aber sind von der Klägerin nicht angeführt." ...

---

35. Erstreckt sich die Nichtigkeit eines gegen die guten Sitten verstoßenden Grundstückskaufvertrags auch auf ein Nachtragsabkommen, durch das für eine vom Käufer in Anrechnung auf den Kaufpreis übernommene und inzwischen an den Verkäufer abgetretene Teilhypothek unter gleichzeitiger Anerkennung des Bestehens der Schuld besondere Verzinsungs- und Kündigungsbestimmungen getroffen sind?
B.G.B. §§ 138, 141, 780, 781, 812, 817.

V. Zivilsenat. Urt. v. 3. Oktober 1906 i. S. K. (Kl.) w. Eheleute B. (Bekl.). Rep. V. 37/06.

I. Landgericht Zwickau.
II. Oberlandesgericht Dresden.

Die Klägerin erwarb durch Kaufvertrag vom 8. September 1902 und Auflassung vom 22. September 1902 von der verklagten Ehefrau ein dem Bordellbetriebe dienendes Grundstück, das die letztere ihrerseits im Jahre 1898 von einer Witwe P. erworben hatte, gegen Barzahlung von 3000 M und selbstschuldnerische Übernahme einer Kaufgelderresthypothek von 31700 M, die die verklagte Ehefrau der Witwe P. beim Erwerbe des Grundstücks bestellt hatte. Die verklagte Ehefrau verwandte, noch bevor sie das Grundstück an die Klägerin aufgelassen hatte, die empfangenen 3000 M zur teilweisen Tilgung der erwähnten Hypothek und erhielt dafür diese in entsprechender Höhe von der Witwe P. abgetreten. Bei der Auflassung am 22. September 1902 bewilligte die Klägerin auf Grund eines mit der verklagten Ehefrau getroffenen Abkommens, daß für die abgetretene Teilhypothek von 3000 M bei deren Umschreibung auf den Namen der verklagten Ehefrau ein höherer Zinssatz und andere Kündigungsbedingungen eingetragen wurden. Demnächst klagte jedoch die Klägerin unter Berufung auf die Unsittlichkeit und die dadurch veranlaßte Nichtigkeit des Kaufgeschäfts gegen die verklagte Ehefrau mit dem Antrage, sie zur Bewilligung der Löschung der für sie umgeschriebenen Teilhypothek sowie zur Anerkennung des Nichtbestehens der durch die letztere gesicherten Forderung zu verurteilen. Mit dem ersten Teile des Antrags wurde die Klägerin in beiden Vorinstanzen durch rechtskräftig gewordenes Teilurteil abgewiesen. Dem zweiten Teile des Antrags gab der erste Richter statt, während der zweite Richter auch insoweit die Klage abwies. Auf die Revision der Klägerin ist das Urteil erster Instanz wiedergestellt worden aus folgenden

Gründen:

„Die Revision ist begründet.

Die Klage ist, soweit mit ihr Bewilligung der Löschung der Hypothek von 3000 M begehrt wurde, rechtskräftig abgewiesen worden. Es handelt sich nunmehr nur noch um den zweiten auf Anerkennung der Nichtigkeit der jener Hypothek zugrunde liegenden Forderung gerichteten Antrag. Die Forderung beruht nicht auf dem zwischen der Beklagten und der Witwe P. im Jahre 1898, sondern auf dem zwischen den Parteien am 8. September 1902 geschlossenen Kaufvertrage. Nicht aus einem von der Witwe P. abgeleiteten Rechte an die Beklagte auf Zahlung von 31700 M Kaufgeld, sondern aus eigenem Rechte klagt die Klägerin. Dies führt der Berufungsrichter zutreffend aus. Demnach kommt es darauf, ob eine solche Forderung der P. zu Recht besteht, für den vorliegenden Fall nicht an. Zutreffend nimmt der Berufungsrichter ferner an, daß die Klägerin aus dem Vertrage vom 8. September 1902, als aus einem auf beiden Seiten unsittlichen Geschäfte, obligatorische Ansprüche nicht erheben könne; aber er meint, daß in dieser Beziehung durch den Nachtragsvertrag vom 22. September 1902 eine Änderung eingetreten sei. Die Klägerin hatte nämlich im Vertrage vom 8. September die Schuld der Beklagten an die Witwe P. in der vollen Höhe von 31 700 ℳ in Anrechnung auf den Kaufpreis übernommen. Zwischen dem Vertragsschluß und der Auflassung hat aber die Beklagte auf ihre Schuld an die P. 3000 ℳ gezahlt. Eine Folge davon war, daß die teilweise andere Belegung des Kaufpreises notwendig wurde. Diese anderweitige Regelung ist im Vertrage vom 22. September dahin getroffen worden, daß die Klägerin die 3000 ℳ der Beklagten schulden und verzinsen sollte. Der Berufungsrichter findet in diesem Nachtragsvertrag einen (abstrakten) Schuldanerkenntnisvertrag, verbunden mit einem Schuldversprechen, im Sinne der §§ 780, 781 B.G.B., der mit dem nichtigen Kaufvertrage nur insofern in Verbindung stehe, als der Beweggrund zum Anerkenntnis und Schuldversprechen in dem im Kaufvertrag enthaltenen Schuldübernahmevertrage zu suchen sei. Diese Beziehung übertrage aber nicht die Unsittlichkeit des Kaufes auf das Anerkenntnis und Schuldversprechen, und selbst wenn man dieses als Erfüllung des nichtigen Schuldbefreiungsversprechens ansehen wollte, so sei eine solche Erfüllung nur dann nichtig, wenn sie selbst unsittlich sei.

Diese Ausführungen sind rechtsirrtümlich. Läge ein Anerkenntnis im Sinne des § 781 B.G.B. vor, so würde dieses nach § 812 Abs. 2 das. als Leistung (d. h. als Erfüllung der Schuld) zu gelten haben. Der Zweck der Leistung würde Erfüllung des unsittlichen Vertrages sein, und daher Leistung und Annahme gegen die guten Sitten verstoßen (§ 817 Satz 1 B.G.B.). Nun ist zwar die Rückforderung des Geleisteten bei beiderseitiger Unsittlichkeit ausgeschlossen; aber von dieser Regel macht § 817 Satz 2 eine Ausnahme für solche Leistungen, die in der Eingehung einer Verbindlichkeit bestehen, also z. B. für Schuldanerkenntnisse und Schuldversprechen. Diese können, soweit sie noch nicht zu einer Leistung geführt haben, zurückgefordert (kondiziert) werden, und um eine solche Kondiktion handelt es sich im vorliegenden Falle. Aber hiervon kann ganz abgesehen werden; denn der Vertrag vom 22. September 1902 enthält kein Schuldanerkenntnis und Schuldversprechen, sondern lediglich eine teilweise Änderung der Belegung des im Vertrage vom 8. September 1902 festgesetzten Kaufpreises. Die Bestimmung, daß die Klägerin die Schuld der Beklagten an die P. übernehmen solle, war, weil die Beklagte nachträglich 3000 ℳ an die P. bezahlt hatte, in Höhe dieses Betrags hinfällig geworden und mußte ersetzt werden. Das ist durch den Nachtragsvertrag vom 22. September geschehen, wonach die Klägerin die 3000 ℳ, statt an die P., an die Beklagte zahlen soll. Diese Nachtragsbestimmung leidet unter der Unsittlichkeit des Geschäfts ebenso, als wenn sie in den ursprünglichen Vertrag (vom 8. September) aufgenommen worden wäre. Als Bestätigung im Sinne des § 141 B.G.B. kann die Nachtragsbestimmung offensichtlich nicht aufgefaßt werden; wenn sie es aber könnte, so würde das den Beklagten nichts nützen, da ein unsittliches Geschäft durch bloße Bestätigung niemals zu einem sittlichen werden kann (vgl. Urteil des erkennenden Senats vom 27. Juni 1904, Rep. V. 10/04)." ...

---

36. Was ist unter „Genehmigung" im Sinne des § 17 Abs. 1 des Gesetzes, betr. die Gesellschaften m. b. H., zu verstehen? Verhältnis dieser Gesetzesvorschrift zu den §§ 182—184 B.G.B. Bedeutung der Vorschrift des § 17 Abs. 2 des genannten Gesetzes.

I. Zivilsenat. Urt. v. 3. Oktober 1906 i. S. Rh.-Brauerei Konkursverw. (Bekl.) w. Eisenwerk Th. (Kl.). Rep. I. 66/06.

I. Landgericht Dortmund.
II. Oberlandesgericht Hamm.

In einem Vertrage über Lieferung von maschinellen Anlagen, geschlossen am 20. Juni 1900 zwischen der Klägerin und der Dortmunder Genossenschaftsbrauerei, G. m. b. H., hatte sich die Klägerin verpflichtet, sich an dem Unternehmen der genannten Gesellschaft mit 5000 ℳ zu beteiligen.

Laut notariellen Vertrags vom 25. September 1900 trat dann der Rechtsanwalt C. in Dortmund, Vorsitzender des Aufsichtsrats genannter Gesellschaft, „von seiner Beteiligung bei der Dortmunder Genossenschaftsbrauerei, G. m. b. H. in Dortmund den Teilbetrag von fünftausend Mark“ an die Klägerin ab.

Nach der Feststellung der Vorinstanz wurde die Firma der vorgenannten Gesellschaft durch Generalversammlungsbeschluß vom 14. Juni 1902 geändert in „Rhenania-Brauerei G. m. b. H. in Dortmund“.

Die erhobene Klage war darauf gerichtet,

zu erkennen, daß der Vertrag, durch welchen die Klägerin Gesellschafterin der Rhenania-Brauerei mit 5000 ℳ Stammeinlage geworden sei, rechtsunwirksam, Beklagte daher nicht berechtigt sei, von der Klägerin Nachschüsse zu fordern,

und wurde ursprünglich nur darauf gestützt, daß der Vertrag vom 20. Juni 1900 wegen Arglist angefochten, und außerdem geltend gemacht wurde, die Organe der Gesellschaft, der damalige Geschäftsführer, Heinrich K., und der Vorsitzende des Aufsichtsrats, C., hätten der Klägerin fälschlich vorgespiegelt, daß sie eine vollbezahlte Stammeinlage erwerbe. In der mündlichen Verhandlung vor dem Landgericht machte die Klägerin ferner geltend, daß die Abtretung vom 25. September 1900 auch deshalb ungültig sei, weil die Gesellschaft die erforderliche Genehmigung laut Beschlusses der Generalversammlung vom 7. März 1902 versagt habe.

Das Landgericht Dortmund wies die Klage ab.

Die Klägerin legte Berufung ein mit dem Antrage,

unter Abänderung des ersten Urteils zu erkennen, daß sie nicht Gesellschafterin der Rhenania-Brauerei G. m. b. H. sei, Beklagte nicht berechtigt sei, von der Klägerin Nachschüsse oder Zahlungen zur Deckung von Fehlbeträgen einzufordern, Klägerin zu solchen Leistungen nicht verpflichtet sei.

Sie stützte diesen Antrag nur noch 1. . . ., 2. darauf, daß die Abtretung vom 25. September 1900 wegen Versagung der Genehmigung durch den Beschluß der Gesellschafter vom 7. März 1902 und wegen Fehlens der nach § 17 des Gesetzes, betr. die Gesellschaften m. b. H., erforderlichen Genehmigung ungültig sei.

Die Beklagte bestritt dies, indem sie, sich auf verschiedene Tatsachen berufend, darzulegen suchte, daß die erforderliche Genehmigung erteilt sei.

Vom Oberlandesgericht wurde dem Berufungsantrag der Klägerin gemäß erkannt.

Die Revision der Beklagten führte zur Wiederherstellung des ersten Urteils.

Aus den Gründen:

... „Einer eingehenderen Erörterung bedarf die Frage, ob es an der nach § 17 des Gesetzes, betr. die Gesellschaften m. b. H., erforderlichen Genehmigung der durch den Vertrag vom 25. September 1900 vorgenommenen Abtretung fehlt, und deshalb diese Abtretung, obwohl sie formgerecht beurkundet ist (§ 15 Abs. 3 des Gesetzes), der Gültigkeit entbehrt.

Nach § 17 Abs. 1 des Gesetzes kann die Veräußerung von Teilen eines Geschäftsanteils nur mit „Genehmigung der Gesellschaft" stattfinden. Da das Gesetz vor dem Inkrafttreten des Bürgerlichen Gesetzbuchs erlassen und zur Geltung gelangt ist, so besteht keine Notwendigkeit, unter „Genehmigung" eine Genehmigung im Sinne von § 184 B.G.B. zu verstehen. Die Begründung des Gesetzentwurfs spricht sogar von „vorgängiger" Genehmigung, wonach diese so viel bedeuten würde, wie „Einwilligung" im Sinne von § 183 B.G.B. Dies hat aber im Gesetze selbst keinen Ausdruck gefunden, und es ist deshalb unbedenklich anzunehmen, daß die Genehmigung des § 17 Abs. 1 gleichbedeutend ist mit „Zustimmung" im Sinne von § 182 B.G.B., und daher wirksam vor, bei oder nach der Abtretung erteilt werden kann.

Vgl. Urteile des Reichsgerichts vom 5. Januar 1904, Rep. II. 507/03, (Jurist. Wochenschr. 1904 S. 123 Nr. 28) und vom 7. April 1906, Rep. I. 487/05.[1]

Wie ferner bereits wiederholt vom Reichsgericht erkannt worden ist, genügt nach außen hin die Zustimmung des Geschäftsführers (oder der Geschäftsführer) der Gesellschaft.

Erforderlich ist nach § 17 Abs. 2 des Gesetzes eine Genehmigung (Zustimmung) in schriftlicher Form, und zwar eine Genehmigung, welche außer der Person des Erwerbers auch den Betrag bezeichnen

---

[1] Man darf annehmen, daß es bei der Neuredaktion des Gesetzes vom 20. Mai 1898 nur übersehen worden ist, das Wort „Genehmigung" durch das Wort „Zustimmung" zu ersetzen. D. E.

muß, der von der Stammeinlage des ungeteilten Geschäftsanteils auf jeden der durch die Teilung entstehenden Geschäftsanteile entfällt, und es kann nicht wohl in Zweifel gezogen werden, daß, wenn diese Muß-Vorschrift nicht beobachtet ist, eine rechtswirksame Zustimmung nicht vorliegt.

Vgl. das erwähnte Urteil des Reichsgerichts vom 7. April 1906. Die Meinung der Revision, das hervorgehobene Erfordernis bestehe nur für den Fall, wenn mehrere Teile von einem Geschäftsanteil veräußert würden, weil doch der Geschäftsanteil, von dem ein Teil veräußert werde, nicht als ein durch die Teilung entstehender Geschäftsanteil bezeichnet werden könne, ist verfehlt. Wie die Vorschrift im Abs. 1 des § 17, so muß auch die im Abs. 2 sowohl auf den Fall, daß nur ein Teil, wie auf den, daß mehrere Teile eines Geschäftsanteils Gegenstand der Veräußerung sind, bezogen werden. Ist der Gegenstand der Abtretung nur ein Teil eines Geschäftsanteils, dann sind „die durch die Teilung entstehenden Geschäftsanteile" der in seinem Betrage verminderte Geschäftsanteil des Abtretenden und der von ihm abgetretene Teil seines bisherigen Geschäftsanteils.

Hiernach kann eine dem Gesetze genügende Zustimmung der Gesellschaft zu der Abtretung nicht gefunden werden in der Teilabtretungen im voraus gutheißenden Bestimmung, die im Gesellschaftsvertrage enthalten sein soll, aber auch nicht in dem Schreiben des Geschäftsführers vom 11. Februar 1901, mit dem fünf sog. Anteilscheine der Klägerin übersandt wurden; denn in diesem Schreiben ist weder der Betrag des bisherigen, noch der des nach der Teilabtretung dem C. verbliebenen Geschäftsanteils angegeben. Auch die nach der Feststellung des Berufungsgerichts einen entsprechenden Vermerk nicht aufweisenden sog. Anteilscheine selbst müssen hier außer Betracht bleiben.

Für die weitere Sachbeurteilung ist unbedenklich davon auszugehen[2], daß seit Geltung des Bürgerlichen Gesetzbuchs die Vorschrift des § 17 Abs. 1 des Gesetzes, betr. die Gesellschaften m. b. H., ihre Ergänzung findet in den §§ 182—184 B.G.B.; denn in diesen Paragraphen sind allgemeine Rechtsgrundsätze aufgestellt, und die

---

[2] Zu verweisen ist auf Art. 32 Einf.-Ges. zum B.G.B. (vgl. Entsch. des R.G.'s in Zivils. Bd. 53 S. 78, Bd. 63 S. 349). D. E.

treffen hier zu, weil die Wirksamkeit der Abtretung eines Teils von einem Geschäftsanteil von der Zustimmung eines Dritten, nämlich der Gesellschaft, abhängt. Nach § 182 Abs. 1 B.G.B. kann nun aber die Erteilung wie die Verweigerung der Zustimmung des Dritten wirksam nur dem einen oder anderen der Vertragsteilnehmer erklärt werden, und daraus folgt, daß eine wirksame Genehmigung nicht enthalten war in der behaupteten Eintragung der Klägerin als Gesellschafterin in die Mitgliederliste bei den sog. Anteilscheinen 65—69. Eine den Anforderungen des Gesetzes inhaltlich genügende Genehmigungserklärung ist dagegen zu erblicken sowohl in dem Schreiben des Konkursverwalters vom 11. Januar 1905, wie in demjenigen des Geschäftsführers P. vom 4. Februar 1905; denn angegeben ist in jenem wie in diesem sowohl der ursprüngliche Betrag des C.'schen Geschäftsanteils als auch der Betrag des abgetretenen Teils, und daraus ergeben sich ohne weiteres die Beträge der durch die Teilabtretung entstandenen Geschäftsanteile. Mehr kann nicht verlangt werden.

Vgl. Urteil des Reichsgerichts vom 28. Februar 1906, Rep. I. 418/05.

Zu erwägen bleibt, ob die Abtretung noch mit Rechtswirksamkeit genehmigt werden konnte, nachdem

1. wie hier mit Rücksicht auf eine von der Klägerin vorgebrachte Behauptung einstweilen zu unterstellen ist, in einer Versammlung der Gesellschafter vom 7. März 1902 beschlossen worden war, die Genehmigung nicht zu erteilen,
2. das Konkursverfahren über das Vermögen der Gesellschaft eröffnet worden war, und
3. die Klägerin ihre Klage erhoben und damit zu erkennen gegeben hatte, daß sie an den Abtretungsvertrag nicht mehr gebunden sein wolle.

In allen drei Punkten ist indes zugunsten des Beklagten zu entscheiden. Der erwähnte Beschluß der Gesellschafter war keine an den einen oder anderen Vertragsteil gerichtete Verweigerungserklärung (§ 182 B.G.B.), und es kann deshalb auf sich beruhen bleiben, ob, wenn eine solche vorgelegen hätte, sie unwiderruflich gewesen wäre. Nichts ferner steht dem entgegen, auch nach der Eröffnung des Konkursverfahrens über das Vermögen einer Gesellschaft m. b. H. einen Wechsel der Gesellschafter für zulässig zu erachten.

Vgl. Staub, Komm. zum Gesetz, betr. die Gesellschaften m. b. H., Anm. 13 zu § 63.

Ein solcher, die Höhe des Stammkapitals unverändert lassender Wechsel der Mitgliedschaft ist etwas anderes als die Neubegründung einer Mitgliedschaft bei einer Genossenschaft. Mit dem Urteil in den Entsch. des R.G.'s Bd. 50 Nr. 29 (S. 130) tritt daher die gegenwärtige Entscheidung nicht in Widerspruch, und zwar um so weniger, als eine überhaupt wirksame Genehmigung nach § 184 Abs. 1 B.G.B. auf den Zeitpunkt der vorgenommenen Abtretung zurückwirkte, also auch insofern die Sache hier anders liegt, als in dem Falle des angezogenen Urteils. Was endlich den dritten Punkt betrifft, so ist hervorzuheben, daß in den Fällen des § 182 B.G.B. ein ohne Zustimmung des Dritten geschlossener Vertrag sich im Zustande schwebender Unwirksamkeit befindet, und dieser Schwebezustand, von einigen Ausnahmen (vgl. §§ 109, 178 B.G.B.) abgesehen, eine einstweilige Gebundenheit der Parteien bewirkt.

Vgl. Crome, System Bd. 1 S. 351; v. Staudinger, Komm. zum B.G.B. Einleitung zum Abschnitt „Rechtsgeschäfte" unter V E 4 und Bem. 1 zu § 109 (2. Aufl. S. 300, 315); Enneccerus, Lehrb. des Bürgerl. Rechts 3. Aufl. § 191 unter II; s. auch v. Staudinger, a. a. O. Bem. 5 zu § 109 und Bem. 4 zu § 185.

Die hier eingetretene einstweilige Gebundenheit an den Abtretungsvertrag ist zu einer endgültigen geworden durch Genehmigung der Abtretung von seiten der Gesellschaft, als welche Genehmigung jedenfalls entweder die des Geschäftsführers P., oder die des Konkursverwalters anzusehen ist.

Ob etwa die Klägerin mit Ausschließungswirkung für den Fall der Nichtantwort die Gesellschaft zu einer Erklärung über die Genehmigung der Abtretung unter Setzung einer Frist hätte auffordern können, braucht nicht untersucht zu werden, weil sie, wenn sie dazu befugt war, von dieser Befugnis keinen Gebrauch gemacht hat. Einfach widerrufen konnte die Klägerin nicht, und überdies nicht durch die Klagerhebung, da in dieser keine Widerrufserklärung an den Vertragsgegner des Abtretungsvertrages lag." ...

37. 1. Ist die Ausübung des ärztlichen Berufs ein „sonstiges Recht" im Sinne des § 823 Abs. 1 B.G.B.?

2. Stellt der Beschluß, durch welchen ein ärztlicher Standesverein seinen Mitgliedern den beruflichen Verkehr mit einem Arzte untersagt, einen Verstoß gegen die guten Sitten nach § 826 B.G.B. dar?

VI. Zivilsenat. Urt. v. 4. Oktober 1906 i. S. G. (Kl.) w. Verein der Ärzte des Regierungsbezirks B. (Bekl.). Rep. VI. 614/05.

I. Landgericht Breslau.
II. Oberlandesgericht daselbst.

Der verklagte ärztliche Verein hatte durch einen Beschluß seinen Mitgliedern untersagt, mit dem Kläger, einem nicht dem Verein angehörenden Arzte, durch Übernahme seiner Vertretung oder durch gemeinschaftliche Konsultation Berufsbeziehungen zu pflegen. Die Klage war auf Aufhebung des Beschlusses und auf Ersatz des durch diesen dem Kläger erwachsenen Vermögensschadens gerichtet. Die Klage ist abgewiesen, die Revision zurückgewiesen worden.

Aus den Gründen:

„Das Urteil des Berufungsgerichts läßt dahingestellt, ob die Berufstätigkeit des Arztes einen Gewerbebetrieb darstelle oder auch ohnedies als ein durch § 823 Abs. 1 B.G.B. geschütztes Recht erscheinen könne, da es jedenfalls an dem Erfordernis der Widerrechtlichkeit in der Handlungsweise des Beklagten fehle. Der Kläger habe keinen Rechtsanspruch darauf, daß seine Standesgenossen die Beziehungen zu ihm unterhielten, die der angegriffene Beschluß ihnen untersage, und wenn die Persönlichkeit des Klägers ihnen die Mitarbeit mit diesem unangebracht erscheinen lasse, würde er auch ohne diesen Beschluß dieselben Berufserschwerungen zu tragen haben. Auch gegen § 826 B.G.B. habe der Beklagte nicht verstoßen. Sein Zweck sei, für die Reinhaltung des ärztlichen Standes von unlauteren Elementen tulichst zu sorgen. Diesem erlaubten Zwecke diene der angefochtene Beschluß, durch den der Kläger wohl Schaden in seinem Berufe erleiden möge, der aber über die zulässigen Grenzen nicht hinausgehe und dem Kläger die Erwerbsmöglichkeit keineswegs unterbinde. Die Zuziehung eines zweiten Arztes, die doch nur ausnahmsweise erforderlich werde, sei ihm erschwert, aber nicht abgeschnitten, und für Fälle dringender Not könne der Beschluß auch für die Mitglieder des verklagten Vereins nicht als Richtschnur dienen. Daß der verklagte Verein sich eine ihm nicht zustehende Strafgewalt anmaße, sei unrichtig; er wende sich an seine Mitglieder; Strafen spreche nur das gesetzlich geordnete Ehrengericht aus, das selbständig neben dem Standesgericht des Beklagten hergehe, dieses aber nicht ausschließe....

Die Revision sucht auszuführen, daß das angefochtene Urteil sowohl § 823 Abs. 1 B.G.B. wie § 826 verletze. Ein „sonstiges Recht", das verletzt sei, sei in der Berufstätigkeit des Arztes gegeben, und eine widerrechtliche Verletzung dieses Rechtes liege in der von dem angegriffenen Beschlusse ausgesprochenen Boykotterklärung, die diese Berufstätigkeit beeinträchtige. Das Vorgehen des Beklagten müsse aber auch als sittlich verwerflich betrachtet werden und falle daher unter § 826 B.G.B....

Die Revision war ... nicht für begründet zu erachten....

Die Ansprüche der Klage sind auf die §§ 823 Abs. 1 und 826 B.G.B. gestützt....

Die Anwendbarkeit des § 823 Abs. 1 B.G.B. auf den erhobenen Anspruch hängt davon ab, ob die Ausübung des ärztlichen Berufes als ein „sonstiges Recht" im Sinne der genannten Gesetzesbestimmung anzusehen ist. Dies war zu verneinen. Der erkennende Senat hat in mehrfachen Entscheidungen ausgesprochen (vgl. Entsch. in Zivils. Bd. 51 S. 369 flg., Bd. 56 S. 271), daß eine Ausdehnung des Begriffs „ein sonstiges Recht" auf die sogenannten Persönlichkeitsrechte, darunter auch ein Recht auf freie Erwerbstätigkeit, nicht im Geiste des Gesetzes liege und nicht anzuerkennen sei. Das Reichsgericht hat aber andererseits in verschiedenen Urteilen angenommen, daß ein eingerichteter und ausgeübter Gewerbebetrieb wenigstens insoweit als ein „sonstiges Recht" dem Schutze des § 823 Abs. 1 B.G.B. unterstehe, als er durch positive Gesetzesvorschrift besonders gegen Beeinträchtigung geschützt ist (Entsch. in Zivils. Bd. 56 S. 275), und Eingriffe in Frage kommen, welche sich unmittelbar gegen den Gewerbebetrieb richten oder dessen rechtliche Zulässigkeit verneinen (Entsch. in Zivils. Bd. 58 S. 30); auch der erkennende Senat hat (Entsch. Bd. 56 S. 271; Jurist. Wochenschr. 1906 S. 595 Nr. 1) in diesen Grenzen der Anwendung des § 823 Abs. 1 B.G.B. auf einen konkreten, in einem gewerblichen Unternehmen verkörperten Gewerbebetrieb zugestimmt. Als ein solcher erscheint die ärztliche Berufstätigkeit, wenn mit ihr das Unternehmen einer Privatkrankenanstalt (§ 30 Gew.O.), die Darbietung von Räumen und Einrichtungen zur Krankenpflege zum Zwecke der Gewinnerzielung verbunden ist; ohne ein solches Unternehmen fällt die Ausübung des ärztlichen Berufes, obgleich sie in Erwerbsabsicht stattfindet, wegen des dabei obwaltenden höheren wissenschaftlichen und sittlichen Interesses außerhalb des materiellen Gewerbebegriffs; die Ausübung der Heilkunde ist zwar, soweit dies im öffentlichen Interesse geboten war, in mehrfacher Richtung durch die Gewerbeordnung geregelt (§§ 6, 29, 53, 80 Abs. 2); damit ist aber die ärztliche Berufstätigkeit selbst nicht schlechthin als ein Gewerbe charakterisiert.

So das Reichsgericht, IV. Zivilsenat, Jurist. Wochenschr. 1902 S. 227, entsprechend der allgemeinen Meinung: v. Landmann-Rohmer, Gew.O. 3. Aufl. Bd. 1 S. 11; v. Rohrscheidt, Gew.O. Bem. 11 zu § 29; Schenkel, Gew.O. 2. Aufl. Bem. 16 zu § 6; Neukamp, Gew.O. Bem. 2 zu § 1; und der preußischen Verwaltungspraxis: Bd. 15 S. 45, Bd. 23 S. 43, Bd. 24 S. 322 der Entscheidungen des Oberverwaltungsgerichts; inwiefern die abweichende Entscheidung des erkennenden Senates in den Entsch. in Zivils. Bd. 39 S. 134, die die Frage der Besteuerung betrifft, von den hier entwickelten Gesichtspunkten aus aufrecht zu erhalten wäre, kann dahingestellt bleiben.

Entfällt hiernach die Anwendung des § 823 Abs. 1 B.G.B., weil ein durch dieses Gesetz geschütztes „sonstiges Recht“ nicht gegeben ist, so bedarf es keiner Erörterung, ob den Ausführungen des Berufungsgerichts, daß eine „widerrechtliche“ Verletzung dieses Rechtes nicht vorliege, bedingungslos beizutreten, und die in dem Berufungsurteil hierfür gegebene Begründung ausreichend ist.

Auf § 823 Abs. 2 B.G.B. in Verbindung mit § 185 St.G.B. hat der Kläger seine Klage nicht gestützt; die Anwendung des § 185 St.G.B. würde auch als durch § 193 St.G.B. ausgeschaltet angesehen werden müssen. Es bleibt als Grundlage der Klagansprüche die Bestimmung des § 826 B.G.B. übrig; in dieser Beziehung aber ist den Erwägungen des Berufungsgerichts überall beizutreten. Der Zweck des Vorgehens des verklagten Vereins, die Standesinteressen zu wahren und unlautere Persönlichkeiten von der Gemeinschaft der Standesgenossen fernzuhalten, ist ein sittlich erlaubter. Der verklagte Verein ist eine von den Standesgenossen frei geschaffene Organisation; den Vorstand und das Standesgericht bilden die durch das Vertrauen der Standesgenossen gewählten Personen, deren autoritativen Aussprüchen die Mitglieder satzungsgemäß, aber freiwillig sich fügen; die Aussprüche des Standesgerichts ergehen im geordneten Verfahren. bei welchem dem Arzte, mit Rücksicht auf den im Interesse des Standes eine Maßnahme getroffen werden soll, Gelegenheit geboten wird, sich zu rechtfertigen. Aus dem Zwecke, den der Beklagte durch den angefochtenen Beschluß verfolgt hat, ist mithin eine Verletzung der guten Sitten nicht zu entnehmen. Eine solche könnte daher nur in den Maßregeln gefunden werden, welche zur Verfolgung dieses erlaubten Zweckes von dem verklagten Verein getroffen worden sind, vorausgesetzt ferner, daß der Verein bei der an seine Mitglieder und für diese erlassenen Anordnung den Willen hatte, den Kläger zu schädigen. Nach den vom erkennenden Senat für die verwandte Frage, inwieweit die im gewerblichen Lohn- und Klassenkampfe von den Vereinigungen der Arbeitgeber oder der Arbeitnehmer gegen Personen der Gegenpartei ergriffenen Maßnahmen als gegen die guten Sitten verstoßend zu erachten seien, ausgesprochenen Grundsätzen würde der Fall der Anwendung des § 826 B.G.B. aus diesem Gesichtspunkte nur dann vorliegen können, wenn die von dem Beklagten gegen den Kläger getroffene Maßregel geeignet war, die wirtschaftliche Existenz des letzteren völlig oder nahezu völlig zu untergraben, oder wenn die Maßregel zu derjenigen Handlungsweise des Klägers, welche dem Beklagten zu seinem Vorgehen Veranlassung gab, in keinem billigen Verhältnis stände, so daß sie sich als eine Maßnahme der Willkür und Gehässigkeit darstellte.

Vgl. Entsch. des R.G.'s in Zivils. Bd. 51 S. 369, Bd. 57 S. 418, Bd. 60 S. 94; Jurist. Wochenschr. 1906 S. 595 Nr. 1.

In letzterer Richtung hat der beweispflichtige Kläger keinerlei Tatsachen vorgetragen, die ein sittlich verwerfliches Tun des Beklagten als gegeben erscheinen ließen; er hat die Unterlagen des Vorgehens des Beklagten, seine eigene Handlungsweise, die das letztere veranlaßte, überhaupt nicht zur Erörterung gezogen. Auch kann bei dem in geregeltem Verfahren ergangenen Ausspruche eines ärztlichen

Standesvereins von einer willkürlichen und gehässigen Maßnahme nicht die Rede sein. In ersterer Beziehung hat aber das Berufungsgericht zutreffend angenommen, daß der Abbruch der Standesbeziehungen, das Verbot der Vertretung und der Konsultation mit dem Kläger an die Mitglieder des Vereins dem Kläger seine Berufstätigkeit zwar erschweren möge, sie aber nicht unmöglich mache und unterbinde. Es weist mit Recht darauf hin, daß in Fällen dringender Not trotz dem Ausspruch des Beklagten, der auch nur in dieser Beschränkung auszulegen ist, die konsultatorische Mitwirkung eines anderen Arztes geradezu durch die Berufspflicht, deren Wahrung der verklagte Verein nach der Standesordnung sich zur Aufgabe gemacht hat, geboten ist; es ist hinzuzufügen, daß durch das Verbot den Kranken selbst nicht die Hinzuziehung eines zweiten Arztes abgeschnitten ist. Es kann deshalb auch nicht die Rede davon sein, daß etwa die Maßregel des verklagten Vereins gegen ein höheres öffentliches Interesse und dadurch auch gegen die guten Sitten verstieße." ...

---

38. Erfordernisse des „unverzüglich" in § 121 Abs. 1 B.G.B.

II. Zivilsenat. Urt. v. 9. Oktober 1906 i. S. Aktiengesellschaft M. B. (Bekl.) w. Maschinenzentrale für Bezug landwirtschaftlicher Maschinen, e. G. m. b. H. (Kl.). Rep. II. 88/06.

I. Landgericht Landsberg a. W.
II. Kammergericht Berlin.

Die Klägerin hatte bis zum 6. März 1905 die eingetragene Firma „Zentrale für Bezug landwirtschaftlicher Maschinen, e. G. m. b. H." geführt. Zu Anfang Februar 1905 wandte sie sich wegen Lieferung eines größeren Postens Jutegarn an die Beklagte, und es wurde noch im Februar 1905 durch Briefwechsel ein Kaufvertrag zwischen ihr und der Beklagten abgeschlossen, durch den die Beklagte sich verpflichtete, ihr eine größere Menge Jutegarn sukzessiv mit je 5000 kg vom 1. Juli, 15. Juli 2c bis zum 15. Januar 1906 zu liefern. Die Zahlung hatte 3 Monate nach der jeweiligen Lieferung zu erfolgen. Nach dem Vertragsschlusse holte die Beklagte Auskünfte über die Klägerin ein, die bei ihr am 29. März und 1. April 1905 einkamen. Gleichzeitig am 1. April hatte die Beklagte ein Schreiben der Klägerin erhalten, worin letztere ihr mitteilte, sie habe ihre Firma in „Maschinenzentrale für Bezug landwirtschaftlicher Maschinen, e. G. m. b. H." umgeändert. Unter dem 3. April schrieb sie an die Klägerin, sie bestätige ihre Anzeige vom 1. April über Änderung der Firma und frage an, ob mit der Änderung der Firma auch eine Änderung des Verhältnisses der Klägerin zur Landwirtschaftskammer, als dessen Organ sie — die Beklagte — die Klägerin bisher angesehen habe, eingetreten sei. Die Klägerin antwortete mit dem Briefe vom 4. April, sie sei weder Organ der Landwirtschaftskammer, noch habe sie Beziehungen zu dieser, und nunmehr teilte die Beklagte durch Schreiben vom 8. April 1905 der Klägerin mit, sie werde die Lieferung nicht ausführen, da sie bisher angenommen habe, die Klägerin sei ein Organ der Landwirtschaftskammer.

Gegen die **Klage** auf Lieferung fälliger Raten des erwähnten Abschlusses wandte die Beklagte ein, sie habe den Vertrag durch den Brief vom 8. April 1905 wegen Irrtums rechtswirksam angefochten.

Die Vorderrichter haben diesen Einwand mit der Erwägung als unbegründet zurückgewiesen, daß die Anfechtung jedenfalls nicht **unverzüglich** erfolgt sei. Die Revision der Beklagten wurde zu diesem Punkte als unbegründet zurückgewiesen.

Aus den Gründen:

... „Die Beklagte hatte einen zur Anfechtung nach § 119 B.G.B. geeigneten Irrtum darin gefunden, daß sie sich über die geschäftlichen Verhältnisse der Klägerin geirrt habe. Sie habe nach dem Wortlaute der Firma und der Form der verwendeten Briefbogen angenommen, Klägerin sei eine Genossenschaft, deren Mitglieder landwirtschaftliche Maschinen zu ihrem Bedarf beziehen, und es handle sich, da Klägerin sich als Zentralstelle bezeichnet habe, um ein besonders großes Unternehmen. Sie habe ferner angenommen, daß die Klägerin, wie andere Stellen dieser Art, Organe einer Landwirtschaftskammer oder einer ähnlichen Korporation sei, und sie sei deshalb der Meinung gewesen, daß sie es mit einem durchaus kreditwürdigen Institute zu tun habe.

Das Berufungsgericht ist mit dem ersten Richter in eine Prüfung dieses Vorbringens nach der Richtung, ob es eine Anfechtung wegen

Irrtums **sachlich** zu rechtfertigen geeignet sei, überhaupt nicht eingetreten; es hat jene Anfechtung auf Grund der einzigen Erwägung verworfen, sie sei **nicht unverzüglich** erfolgt, nachdem die Beklagte von dem Anfechtungsgrunde Kenntnis erlangt habe, und schon aus diesem Grunde unwirksam. In diesem Zusammenhange führt es aus: durch die bei der Beklagten am 29. März 1905 eingegangene Auskunft von Sch., sowie durch die weiter eingeholten, am 1. April 1905 eingegangenen Auskünfte habe die Beklagte am 1. April alle die Umstände gekannt, die bei ihrer Entschließung, den Kaufvertrag wegen Irrtums anzufechten, in Betracht kamen; sie habe auch keinen triftigen Grund gehabt, an der Zuverlässigkeit der empfangenen Auskünfte zu zweifeln. Die Anfrage vom 3. April sei nach den vorliegenden Umständen völlig überflüssig und lediglich ein Ausdruck ihrer Verlegenheit gewesen. Die Beklagte habe mit ihrer Entschließung gezögert und erst am 8. April, nachdem sie durch das am 5. April eingegangene Antwortschreiben lediglich das erfahren hatte, was ihr schon bekannt war, die Anfechtungserklärung abgegeben. Nach Sachlage sei die Anfechtungserklärung vom 8. April keine unverzügliche. Die Beklagte hätte, nachdem sie ihren angeblichen Irrtum am 1. April entdeckt hatte — der 2. April war ein Sonntag —, am 3. April die Anfechtung erklären können. Die Verzögerung dieser Erklärung bis zum 8. April sei eine schuldhafte gewesen. Die von der Beklagten geltend gemachten Umstände genügten nicht, um eine Zögerung bis zum 8. April zu entschuldigen. Den Angriffen der Revision gegen diese Ausführungen konnte keine Folge gegeben werden.

Nach § 121 Abs. 1 B.G.B. muß die Anfechtung wegen Irrtums ohne schuldhaftes Zögern (unverzüglich) erfolgen, nachdem der Anfechtungsberechtigte von dem Irrtum Kenntnis erlangt hat. Wie die Frage des Verschuldens überhaupt, so ist auch die Frage, ob in bestimmten Vorgängen ein schuldhaftes Zögern zu erblicken sei, eine Rechtsfrage. Dem Revisionsgericht steht deshalb die Prüfung und Entscheidung darüber zu, ob aus den vom Berufungsgericht festgestellten Tatsachen, die für das Revisionsgericht bindend sind, sich der Begriff des schuldhaften Zögerns ergebe.

Vgl. Entsch. des R.G.'s in Zivils. Bd. 49 S. 395, 396; Rep. V. 542/04 vom 1. März 1905, Jurist. Wochenschr. 1905 S. 282 Nr. 3.

Der Ausdruck „unverzüglich", den § 121 Abs. 1 B.G.B. mit „ohne schuldhaftes Zögern" erläutert, ist ein technischer Ausdruck der neuen Gesetzgebung. Er findet sich in einer Reihe von Bestimmungen des Bürgerlichen Gesetzbuchs und des Handelsgesetzbuchs. Die Merkmale dieses rechtlichen Begriffes können wohl dahin zusammengefaßt werden: zum Begriffe der Unverzüglichkeit gehört grundsätzlich ein nach den Umständen des Falles zu bemessendes schleuniges Handeln. Ein diesem objektiven Erfordernisse nicht entsprechendes — verzögertes oder verspätetes — Handeln ist indes dann noch geeignet, den gesetzlichen Tatbestand der Unverzüglichkeit zu erfüllen, wenn die Verzögerung auch bei Beachtung der im Verkehr erforderlichen Sorgfalt unabwendbar war.

Vgl. Entsch. des R.G.'s in Zivils. Bd. 49 S. 394; Rep. V. 310/01 vom 21. Dezember 1901, Jurist. Wochenschr. 1901 S. 122.

Die Gleichheit des rechtlichen Begriffes „unverzüglich" in den einzelnen Gesetzesbestimmungen rechtfertigt indes nicht, die zu einer einzelnen Gesetzesbestimmung über diesen Rechtsbegriff ergangenen Entscheidungen kurzer Hand auf jede andere Vorschrift, die das Erfordernis der Unverzüglichkeit aufstellt, zu übertragen. Nach Zweck, Bedeutung und Tragweite der einzelnen Vorschrift werden im Rahmen der obengegebenen begrifflichen Merkmale für den einzelnen Anwendungsfall die Voraussetzungen der Unverzüglichkeit verschieden sein. An die Unverzüglichkeit der Mängelanzeige im Handelskauf sind im Einzelfalle andere Anforderungen zu stellen als an die Unverzüglichkeit der Anfechtungserklärung wegen Irrtums. Zur Mängelanzeige im Handelskauf hat der erkennende Senat (vgl. Entsch. in Zivils. Bd. 59 S. 45) ausgesprochen: für die Frage, ob zur ordnungsgemäßen Untersuchung einer Ware der Käufer Gutachten Sachverständiger einholen dürfe, seien die objektive Sachlage und die Verkehrsanschauungen, nicht die persönlichen Verhältnisse des Käufers und seine subjektiven Anschauungen maßgebend. In den Urteilsgründen des Berufungsgerichts ist unter Bezugnahme auf jene Entscheidung ausgeführt, bei Prüfung der Frage, ob eine Anfechtungserklärung wegen Irrtums unverzüglich abgegeben, seien allein die objektive Sachlage und die Verkehrsanschauungen maßgebend. Diese Ausführung könnte zu der Annahme verleiten, das Berufungsgericht habe bei Prüfung der Unverzüglichkeit im gegebenen Falle die in jenem Urteile entwickelten Grundsätze über die Unverzüglichkeit der Mängelrüge beim Handelskauf kurzer Hand zugrunde gelegt. So aufgefaßt wäre seine rechtliche Beurteilung nicht bedenkenfrei. Die nachfolgenden Ausführungen ergeben indes unzweideutig, daß das Urteil nicht auf einem solchen Rechtsverstoße beruht.

Das Erfordernis in § 121 Abs. 1, daß die Anfechtung wegen Irrtums ohne schuldhaftes Zögern (unverzüglich) zu erfolgen hat, nachdem der Anfechtungsberechtigte von dem Irrtum Kenntnis erlangt hat, beruht auf der wohlbegründeten Erwägung des Gesetzgebers, der Anfechtungsberechtigte habe das Interesse des Anfechtungsgegners daran, daß er weiß, ob das Rechtsgeschäft wirksam bleibe, zu berücksichtigen. Das erwähnte Interesse ist bei Handelskäufen und namentlich bei größeren Lieferungsgeschäften an sich schon größer. Ein schuldhaftes Zögern liegt daher grundsätzlich schon darin, daß der Anfechtungsberechtigte jenes Interesse des Anfechtungsgegners nicht zureichend berücksichtigt. Diese rechtliche Auffassung liegt dem Berufungsurteil zugrunde. Nach seiner Annahme hatte die Beklagte spätestens am 1. April ihren Irrtum erkannt. Sie hätte daher schon am 3. April — der 2. April war ein Sonntag — die Anfechtung erklären können. Ihr Schreiben vom 3. April enthält nicht etwa einen Versuch, vorerst noch eine nachträgliche Einigung über den Inhalt des Geschäfts herbeizuführen, noch bezweckte es, der Beklagten über einen ihr noch unbekannten Punkt Aufklärung zu verschaffen. Das Berufungsgericht bezeichnet es zutreffend als Verlegenheitsbrief und weist mit Recht darauf hin, daß der Beklagten das, worüber sie sich in jenem Schreiben zu erkundigen den Anschein gab, schon durch die erhaltenen Auskünfte voll bekannt war. Wenn unter diesen Umständen die Beklagte ihre Anfechtungserklärung bis zum 8. April verzögerte, so war diese Zögerung schuldhaft; sie hat das Interesse der Klägerin daran, daß sie wisse, ob das Geschäft wirksam bleibe, unter Außerachtlassung der im Handelsverkehre erforderlichen Sorgfalt unzureichend berücksichtigt." ...

---

39. Sind Ansprüche aus Wechseln Feriensachen, auch wenn sie aus Wechseln in fremder Sprache, aus Art. 95 W.O. und nicht im Wechselprozesse geltend gemacht werden?

G.V.G. §§ 101 Nr. 2, 202 Abs. 2 Nr. 5.
W.O. Artt. 85, 95.
Z.P.O. § 223 Abs. 2.

I. Zivilsenat. Beschl. v. 10. Oktober 1906 i. S. B. (Bekl.) w. W. & Co. (Kl.). Rep. I. 386/06.

I. Landgericht I Berlin, Kammer für Handelssachen.
II. Kammergericht daselbst.

Der Sachverhalt ergibt sich aus den

Gründen:

„Die Revision ist an sich statthaft, auch in der gesetzlichen Form und Frist eingelegt, die Begründung aber nicht in der gesetzlichen Frist erfolgt. Die Klägerin hat aus drei an sie indossierten eigenen Wechseln Klage erhoben, die der Beklagte in Rußland und in russischer Sprache unter der Firma „J. & F. B., Pferdeimportgesellschaft m. b. H." ausgestellt und unterschrieben hat, und aus denen er auf Grund des Art. 31 der russischen und Art. 95 der deutschen Wechselordnung in Anspruch genommen ist, weil er nicht alleiniger gesetzlicher Vertreter der Gesellschaft m. b. H. gewesen ist. Die Wechsel sind Wechsel im Sinne der deutschen Wechselordnung, die Klage deshalb auch gemäß § 101 Nr. 2 des deutschen Gerichtsverfassungsgesetzes vor der Kammer für Handelssachen erhoben. Danach liegt ein Wechselanspruch vor, für dessen Natur als solchen es darauf nicht ankommt, daß der Wechsel im Auslande in russischer Sprache ausgestellt ist da solcher Wechsel nach Art. 85 W.O. auch im Inlande wechselmäßige Verpflichtungen begründet. Wechselanspruch ist auch der Anspruch im Falle des Art. 95 W.O., Art. 31 der russischen Wechselordnung, da der Anspruch durch die Wechselschrift begründet wird, wenn auch in Verbindung mit der Tatsache der mangelnden Vollmacht oder Vertretungsbefugnis.

Ist ein Wechselanspruch erhoben, so liegt auch eine Wechselsache und eine Feriensache im Sinne des § 202 Abs. 2 Nr. 5 G.V.G. vor. Der Begriff der Wechselsache wird durch die Natur des Wechselanspruchs gegeben, nicht durch die Form des Prozesses, in der er verfolgt wird. Der § 202 a. a. O. scheidet nicht zwischen Ansprüchen aus Wechseln, die im Wechselprozeß geltend gemacht werden (§ 602 Z.P.O.), und solchen, die im ordentlichen Verfahren geltend gemacht werden. Dazu lag kein innerer Grund vor, weil alle Wechselsachen nach der Natur des Wechselverkehrs der Beschleunigung bedürfen, und das Eigentümliche des Wechselprozesses nach der Zivilprozeßordnung nicht sowohl auf der Beschleunigung des Verfahrens beruht, für welche auch der ordentliche Prozeß durch Bewilligung der Abkürzung der Fristen Mittel gewährt (§ 226 Z.P.O.), sondern auf der Einschränkung der Verteidigung des Beklagten auf liquide Einreden und solche, die sofort liquid gemacht werden können (§§ 594, 595, 598 Z.P.O.), und der Verweisung aller anderen Einreden in das ordentliche Verfahren (§ 600 Z.P.O.).

Handelt es sich danach im vorliegenden Falle um eine Wechselsache und deshalb um eine Feriensache, so mußte die gegen das am 21. Juni 1906 zugestellte Urteil am 18. Juli 1906 rechtzeitig eingelegte Revision gemäß § 554 Abss. 1 u. 2 Z.P.O. n. F. und § 223 Abs. 2 Z.P.O. innerhalb der Frist von einem Monat nach dem Ablauf der Revisionsfrist, d. h. bis zum 21. August 1906, begründet werden. Die Revisionsbegründungsschrift ist aber erst am 4. Oktober 1906 eingereicht.

Demnach war die Revision gemäß § 554a Z.P.O. n. F. als unzulässig zu verwerfen." ...

---

40. **1. Form der rechtsgeschäftlichen Übertragung eines nach früherem gemeinen Rechte begründeten dinglichen Rechts auf Gewinnung nicht regaler Bodenbestandteile.**

2. Kann bezüglich eines solchen, nicht eingetragenen Ausbeuterechtes der auf dessen Eintragung im Grundbuch gerichtete Berichtigungsanspruch mit der Wirkung abgetreten werden, daß der Erwerber berechtigt wird, die Eintragung des Ausbeuterechts auf den Namen des Abtretenden herbeizuführen?

B.G.B. §§ 873, 894.

V. Zivilsenat. Urt. v. 10. Oktober 1906 i. S. H. (Bekl.) w. Aktiengesellschaft C. W. (Kl.) u. Ko. (Nebenintervenienten). Rep. V. 562/05.

I. Landgericht Lüneburg.
II. Oberlandesgericht Celle.

Nach Beendigung des Rechtsstreits, in dem das Bd. 59 S. 289 dieser Sammlung abgedruckte reichsgerichtliche Urteil ergangen war, klagte die unterlegene Klägerin, unter Beitritt des Bergwerksunternehmers Ko. als Nebenintervenienten, von neuem, mit dem nunmehrigen Antrage, den Beklagten zu verurteilen, anzuerkennen, daß der Vertrag vom 18. Mai 1898 zu Recht bestehe, und die Eintragung des darin eingeräumten Ausbeuterechts auf den Namen des ursprünglichen Berechtigten Ko. im Grundbuche zu bewilligen. Sie stützte die Klage darauf, daß ihr Vorstandsvorsitzender Ke. das bezeichnete Ausbeuterecht im Februar 1901 als Ersteher bei einer Versteigerung von Ko. erworben und im April 1901 an sie weiter abgetreten habe. Der erste Richter wies die Klage ab; der zweite Richter erkannte zugunsten der Klägerin. Die Revision des Beklagten ist zurückgewiesen aus folgenden

Gründen:

„Der Berufungsrichter führt in weiterer Verfolgung des am Schlusse des reichsgerichtlichen Urteils vom 13. Dezember 1904 (vgl. Entsch. des R.G.'s in Zivils. Bd. 59 S. 295. 296) angedeuteten Gesichtspunkts aus: allerdings habe das unter der Herrschaft des früheren gemeinen Rechts rechtsgültig als dingliches Recht (vererbliche und veräußerliche irreguläre Personalservitut) begründete Mineraliengewinnungsrecht durch die Versteigerung vom Februar 1901 und durch die Abtretung vom April 1901 wegen der inzwischen eingetretenen Änderung der Gesetzgebung nicht auf die Erwerber als dinglich Berechtigte übergehen können, da hierzu gemäß § 873 B.G.B. Einigung und Eintragung erforderlich gewesen wäre, und ebensowenig hätten Ke. und die Klägerin den mit dem dinglichen Rechte untrennbar verbundenen Berichtigungsanspruch aus § 894 B.G.B. durch die bezeichneten beiden Übertragungsakte mit der Wirkung erwerben können, daß ihnen nunmehr das Recht zustand, die erworbene Servitut auf ihren Namen im Grundbuch eintragen zu lassen. Gleichwohl seien jene Übertragungsakte nicht bedeutungslos. Nach ihnen habe dem Ko. die Verpflichtung obgelegen, den Käufer in den Besitz des dinglichen Rechtes zu setzen, d. h. ihm die Möglichkeit zu verschaffen, das Recht geltend zu machen und zu verwerten, und dies sei nur in der

Weise ausführbar gewesen, daß Ko. zunächst seine eigene Eintragung im Grundbuche veranlaßte und sodann die Eintragung des neuen Berechtigten bewirken half. Bei dieser Rechtslage müsse als Wille der Kontrahenten angenommen werden, daß der Erwerber durch die Abtretung in die Lage versetzt werden sollte, den schließlichen Zweck des Vertrags in möglichster Unabhängigkeit vom Veräußerer zu erreichen, d. h. jedenfalls zunächst die Berichtigung des Grundbuchs auf den Namen des Veräußerers an dessen Stelle herbeizuführen. Ein solcher Vertragswille habe gleichmäßig der Zuschlagserteilung vom Februar 1901 wie der Abtretung vom April 1901 zugrunde gelegen, und namentlich sei bei dem ersteren Akte die Absicht des Ko. zugleich dahin gegangen, daß der Ersteher des Rechts befugt sein sollte, die ihm selbst erteilte Ermächtigung zur Erhebung der Berichtigungsklage für Ko. als dinglich Berechtigten im Falle einer weiteren Abtretung auf den neuen Erwerber mitzuübertragen.

Gegenüber diesen Ausführungen rügt die Revision zunächst Verletzung des Rechtsgrundsatzes, daß ein bloß innerlicher Wille rechtlich bedeutungslos ist. Sie meint, die Beteiligten hätten im Jahre 1901 unmöglich voraussehen und demgemäß auch nicht zum Gegenstand einer Vereinbarung machen können, was erst hinterher durch verschiedene Richtersprüche nach und nach zutage getreten sei, daß nämlich das Betreiben einer Eintragung auf den Namen eines anderen erfolgen dürfe. Keinenfalls habe aber ein solcher Wille, falls er wirklich bestanden haben sollte, in dem Versteigerungsprotokoll vom Februar 1901 oder in sonstigen Parteierklärungen irgendwelchen Ausdruck gefunden. Der Angriff ist nicht begründet. Zur Wirksamkeit einer Willenserklärung gehört nicht, daß der Erklärende sich der rechtlichen Tragweite des von ihm Erklärten nach allen Richtungen hin bewußt ist oder gar die juristische Konstruktion, die bei der Subsumption seiner Erklärung unter die vom Gesetz aufgestellten Rechtsregeln zur Anwendung kommt, kennt. Vielmehr ist es im Streitfalle Sache der richterlichen Auslegung, die rechtliche Bedeutung, die einer Willenserklärung nach Inhalt und Zweckbestimmung zukommt, zu ermitteln und festzusetzen, und daß im vorliegenden Falle der Berufungsrichter sich bei dieser Prüfung des Vertragsinhalts einer Gesetzesverletzung, insbesondere eines Verstoßes gegen Auslegungsregeln, schuldig gemacht habe, erhellt nicht.

Auch die von der Revision gegen die materiellrechtliche Auffassung des Berufungsrichters erhobenen Bedenken sind nicht begründet. Die Revision hält eine vertragsmäßig an einen Dritten erteilte Ermächtigung des Servitutberechtigten, wonach der Dritte in eigenem Namen die Eintragung des Berechtigten im Grundbuch verlangen darf, für unvereinbar mit dem Grundsatze, daß die Übertragung des Servitutrechtes selbst außer der Einigung auch die Eintragung erfordert, und sie bezweifelt ferner, ob für die Zulassung einer solchen Übertragung der bloßen Ausübung des Servitutenrechts nach einer bestimmten Richtung hin (Herbeiführung der grundbuchmäßigen Eintragung) ein praktisches Bedürfnis besteht. Letzteres ist unbedenklich anzunehmen. Die Fälle, in denen der Inhaber eines nicht eingetragenen dinglichen Rechts das letztere vor der Eintragung veräußert und demzufolge an der Herbeiführung der Eintragung kein unmittelbares eigenes Interesse mehr hat, kommen im Geschäftsleben nicht selten vor. Nach früherem preußischen Recht konnte dem praktischen Bedürfnis durch Zession des Berichtigungsanspruchs, durch die der Zessionar das Recht erlangte, sich selbst als Berechtigten im Grundbuch eintragen zu lassen,

vgl. die Urteile des erkennenden Senats vom 28. Februar 1900, Entsch. des R.G.'s in Zivils. Bd. 46 S. 225, und vom 8. Juni 1901, Gruchot's Beitr. Bd. 45 S. 942,

genügt werden. Das geltende Recht kennt diesen Weg nicht, da es an einer entsprechenden Vorschrift, wie sie für das Fahrnisrecht in § 931 B.G.B. rücksichtlich der Abtretung des dinglichen Herausgabeanspruchs enthalten ist, für das Liegenschaftsrecht fehlt. Daraus folgt indessen nicht, daß nunmehr im Widerspruch mit den Bedürfnissen und Anschauungen des Verkehrs einer Abtretung des Berichtigungsanspruchs jede Bedeutung außerhalb der rein persönlichen Rechtsbeziehungen der Beteiligten versagt werden muß. Das würde dem Willen des Gesetzgebers nicht entsprechen. Den Gesichtspunkt, der auf die Art, wie Abhilfe zu schaffen ist, hinweist, hat der erkennende Senat bereits in früheren, einen verwandten Fall behandelnden Urteilen dargelegt.

Vgl. die Urteile vom 8. April 1891, Gruchot's Beitr. Bd. 35 S. 1012, und vom 7. Februar 1903, Entsch. des R.G.'s in Zivils. Bd. 53 S. 408.

Dort ist ausgeführt, daß, wenn nach Inhalt eines über ein Grundstück geschlossenen Veräußerungsvertrages der Veräußerer dem Erwerber gegenüber zur Herbeiführung der Löschung einer materiell nicht mehr bestehenden dinglichen Belastung des Grundstücks verpflichtet ist, auch nach erfolgter Auflassung der bisherige Eigentümer für legitimiert erachtet werden müsse, gegen den im Grundbuch eingetragenen Berechtigten auf Bewilligung der Löschung zu klagen, da in solchem Falle als Wille der Kontrahenten anzunehmen sei, daß der Veräußerer von dem Erwerber als dem nunmehrigen, zur Anstellung der Löschungsklage berechtigten Eigentümer habe ermächtigt werden sollen, in Vertretung dieses letzteren dessen Rechte auf Beseitigung der zu Unrecht fortbestehenden formellen Belastung zu verfolgen. Das hierin liegende allgemeine Prinzip führt dazu, auch in Fällen der vorliegenden Art dem Zessionar die Legitimation, im eigenen Interesse eine Grundbucheintragung auf den Namen des Zedenten herbeizuführen, nicht abzusprechen. Danach ist die Entscheidung des Berufungsrichters, die diesen Standpunkt vertritt, zutreffend." ...

---

41. Zur Anwendung der Vorschriften des § 77 Abs. 1 Ziff. 4, Abs. 2 der Eisenbahnverkehrsordnung vom 26. Oktober 1899 (R.G.Bl. S. 557), des Art. 31 Abs. 1 Ziff. 4, Abs. 2 des Internationalen Übereinkommens über den Eisenbahnfrachtverkehr vom 14. Oktober 1890 (R.G.Bl. 1892 S. 793) und des § 459 Abs. 1 Ziff. 4, Abs. 2 H.G.B.

I. Zivilsenat. Urt. v. 10. Oktober 1906 i. S. preuß. Eisenbahnfiskus (Bekl.) w. Gebr. P. (Kl.). Rep. I. 106/06.

I. Landgericht Köln.
II. Oberlandesgericht daselbst.

Im Oktober 1901 und im Februar und Juni 1902 erhielt die Klägerin durch die Eisenbahn aus Italien und Serbien je eine Sendung und aus Hamburg zwei Sendungen Eier. Bei der Ankunft der Sendungen auf dem Güterbahnhofe in Köln stellte sich heraus, daß zwar die Kisten äußerlich unbeschädigt, aber die in ihnen befindlichen Eier zum Teil ausgelaufen, zum Teil geknickt und zum Teil beschmutzt waren.

Über den Befund der Sendungen wurden bahnseitig durch Aufnahme des Tatbestandes Feststellungen getroffen.

Die Klägerin berechnete ihren Schaden auf 6003,49 ℳ und forderte diese Summe nebst 4 Prozent Zinsen. Der Beklagte bestritt die behauptete Schadensersatzpflicht.

Vom Landgericht wurde die Klage abgewiesen, wogegen auf die Berufung der Klägerin das Oberlandesgericht den Klaganspruch dem Grunde nach für gerechtfertigt erklärte.

Die Revision des Beklagten führte zur Aufhebung des oberlandesgerichtlichen Urteils.

Aus den Gründen:

... „Die Entscheidung hängt ... davon ab, ob das Berufungsgericht ... mit Recht verneint hat, daß der Befreiungsfall des Art. 31 Abs. 1 Ziff. 4 des Internationalen Übereinkommens und des § 77 Abs. 1 Ziff. 4 der Eisenbahnverkehrsordnung (§ 459 Abs. 1 Ziff. 4 H.G.B.) hier vorliege. Das Berufungsgericht erkennt an, daß rohe Eier vermöge ihrer eigentümlichen natürlichen Beschaffenheit besonderer Bruchgefahr ausgesetzt sind, und die Revision vermeint, daß damit schon der Befreiungsfall der Ziff. 4 gegeben sei, und der Beklagte nicht mehr nötig habe, sich auf die Vermutung des Art. 31 Abs. 2 I.Ü. und des § 77 Abs. 2 E.V.O. (§ 459 Abs. 2 H.G.B.) zu berufen. Das ist irrig. Ohne die gesetzliche Vermutung würde der Beklagte zu beweisen haben, daß der Schade, dessen Ersatz von ihm verlangt wird, aus der besonderen Bruchgefahr der Eier entstanden sei. Dieses Beweises überhebt ihn die Vermutung. Auch darin irrt die Revision, daß, damit die gesetzliche Vermutung Platz greife, von seiten der Eisenbahn außer der leichten Verletzbarkeit gewisser Güter niemals etwas zu beweisen sei. Voraussetzung für die Anwendung der Vermutungsvorschrift ist, daß nach den Umständen des Falls („den Umständen nach") der eingetretene Schade aus der von der Haftung ausgeschlossenen Gefahr „entstehen konnte". Wo also diese Voraussetzung nicht mit der leichten Verletzbarkeit des Frachtgutes ohne weiteres gegeben ist, wird ihr Vorhandensein von demjenigen darzutun sein, der sich auf die Vermutung beruft, nur daß dann eben nicht mehr darzutun ist, als dies, daß nach den Umständen des Falls die Möglichkeit eines ursächlichen Zusammenhanges zwischen dem Eintritte des Schadens und der von der Haftung ausgeschlossenen Gefahr besteht.

Das Berufungsgericht gelangt nun nach vorhergegangener unangreifbarer Feststellung, daß die Verpackung der Eier in den Kisten eine ordnungsmäßige gewesen sei, zu der Annahme, daß nach den Umständen der vorliegenden Fälle die Möglichkeit eines ursächlichen Zusammenhanges zwischen der natürlichen Brüchigkeit der Eier und den eingetretenen Schäden nicht nur nicht dargetan, sondern ausgeschlossen sei. Die Ausführungen des Berufungsgerichts lassen jedoch erkennen, daß diese Annahme auf einer rechtsirrtümlichen Auffassung der Befreiungsbestimmungen des Art. 31 Abs. 1 Ziff. 4 J.Ü. und des § 77 Abs. 1 Ziff. 4 E.V.O. (§ 459 Abs. 1 Ziff. 4 H.G.B.) beruht.

Diese Bestimmungen sind zusammenzuhalten mit Art. 30 J.Ü., § 75 E.V.O. und § 456 H.G.B., wie früher Art. 424 Abs. 1 Ziff. 4 A.D.H.G.B. mit dessen Art. 395. Nach Art. 30 J.Ü. und § 75 E.V.O. (§ 456 H.G.B.) haftet die Eisenbahn u. a. nicht für den Schaden, der durch die natürliche Beschaffenheit des Gutes, namentlich durch inneren Verderb, Schwinden, „gewöhnliche" Leckage, verursacht ist. Die Befreiungsbestimmungen des Art. 31 Abs. 1 Ziff. 4 J.Ü. und des § 77 Abs. 1 Ziff. 4 E.V.O. (§ 459 Abs. 1 Ziff. 4 H.G.B.) dagegen schließen in Ansehung der Güter, die vermöge ihrer eigentümlichen natürlichen Beschaffenheit der besonderen Gefahr ausgesetzt sind, „Verlust", Minderung (gänzlichen oder teilweisen Verlust) oder Beschädigung, namentlich Bruch, Rost, inneren Verderb, „außergewöhnliche" Leckage, Austrocknung und Verstreuung, zu erleiden, die Haftung für den aus dieser Gefahr entstehenden Schaden aus. Ersichtlich haben die zuerst hervorgehobenen Bestimmungen den Schaden im Auge, den gewisse Güter im regelmäßigen Verlauf der Dinge vermöge ihrer natürlichen Beschaffenheit erleiden, während die ihnen gegenübergestellten hauptsächlich bezwecken, die Eisenbahn von der Haftung für außergewöhnlichen infolge der eigentümlichen natürlichen Beschaffenheit eines Gutes entstehenden Schaden zu befreien.

Vgl. v. Hahn, Commentar zum Handelsgesetzbuch Bd. 2 § 11 zu Art. 424; Rosenthal, Internationales Eisenbahnfrachtrecht S. 207; Lehmann u. Ring, Handelsgesetzbuch Bem. Nr. 4 zu § 459;

Düringer u. Hachenburg, Handelsgesetzbuch § 459 Note II zu Ziff. 4 S. 667.

Das Berufungsgericht stellt fest, daß nach der Erfahrung des Verkehrs bei normalem Transport und ordnungsmäßiger Verpackung und Verladung der Bruch der Eier 1 Prozent nicht übersteigt, und folgert dann für die vorliegenden Fälle, in denen nach der Feststellung, die das Berufungsgericht vorher getroffen hatte, die Verpackung und Verladung eine ordnungsmäßige gewesen ist, die Unmöglichkeit einer Zurückführung der eingetretenen Bruchschäden auf die natürliche Brüchigkeit der Eier ohne weiteres und unmittelbar daraus, daß hier erheblich mehr als 1 Prozent, nämlich $^1/_{12}$ bis $^1/_3$ der Gesamtladung, zerbrochen ist. Damit tritt das Fehlsame der Rechtsauffassung des Berufungsgerichtes zutage; denn den außergewöhnlichen Umfang des Schadens schlechthin und an sich (wenngleich unter der Voraussetzung gehöriger Verpackung und Verladung) zur Ausschließung und Widerlegung der Vermutung des Art. 31 Abs. 2 J.Ü. und des § 77 Abs. 2 E.V.O. (§ 459 Abs. 2 H.G.B.) genügen lassen, heißt dem vorher Ausgeführten nach nichts anderes, als die gegebenen Befreiungsvorschriften da außer Anwendung setzen, wo sie hauptsächlich angewendet sein wollen. Irrigerweise sieht das Berufungsgericht das ausschlaggebende Moment darin, ob der Schadensfall bei normalem Betrieb eintreten konnte, oder ob er so erheblich war, daß er sich ohne die Annahme eines nicht gewöhnlichen Vorkommnisses nicht erklären läßt. Die Befreiungsvorschriften, um die es sich hier handelt, beziehen sich auf leicht verletzbare Güter[1], für welche wegen dieser ihrer Eigenschaft während des Transports vorkommende Einwirkungen, die anderen Gütern garnicht oder wenig gefährlich sind, eine besondere Gefahr des Verlustes oder der Beschädigung mit sich führen. Darum kann das Entscheidende nicht sein, ob die leicht verletzbaren Güter auf dem Transport nur gewöhnlichen, mit dem regelmäßigen Betriebe verbundenen Einwirkungen, oder ungewöhnlichen, z. B. ungewöhnlich heftigen Rangierstößen, von denen in den vorliegenden bahnamtlichen Feststellungen die Rede ist, ausgesetzt gewesen sind. Das, worauf es, abgesehen von der hier zunächst ausscheidenden Verschuldungsfrage, ankommt, ist vielmehr, ob Umstände wirksam gewesen sind, die auch

[1] Vgl. Entsch. des R.G.'s in Zivils. Bd. 15 S. 149. D. E.

für andere als leicht verletzbare Güter in erheblichem Maße gefahrbringend gewesen wären. Insoweit dies, sei es auf Grund eines unmittelbar geführten Beweises, sei es auf Grund eines Anzeigenbeweises, angenommen werden müßte, könnte der eingetretene Schade nicht als aus der besonderen Gefahr entstanden gelten, die in der leichten Verletzbarkeit der Güter begründet ist.

Vgl. das in der Zeitschrift für den internationalen Frachtverkehr Bd. 7 S. 482 mitgeteilte Urteil des Appellationshofes in Douai vom 9. März 1899, das auch einen Fall des Transports von Eiern betrifft.

Da das Berufungsgericht in der bezeichneten Richtung bisher eine Sachprüfung nicht vorgenommen hat, und, wenn diese zu einer der Klägerin günstigen Entscheidung nicht führt, mit Rücksicht auf Behauptungen der Klägerin noch der Frage des Verschuldens (§ 41 I.Ü., § 77 Abs. 3 E.V.O., § 459 Abs. 3 H.G.B.) näher zu treten sein wird, so ist das angefochtene Urteil aufzuheben, und die Sache an das Berufungsgericht zurückzuverweisen."

---

42. Wie ist der Erbschein im Falle einer nach § 2033 B.G.B. erfolgten Übertragung des Erbteils auszustellen?

IV. Zivilsenat. Beschl. v. 11. Oktober 1906 in der P.'schen Erbscheinssache. Beschw.-Rep. IV. 286/06.

I. Amtsgericht Posen.
II. Landgericht daselbst.

Gründe:

„Der am 22. August 1903 zu Posen gestorbene Arbeiter J. P. wurde gesetzlich beerbt durch seine Ehefrau zu $^1/_4$, durch seine vier Kinder Anton, Magdalene, Ludwig und Barbara zu je $^3/_{20}$ und durch die vier Kinder seiner Tochter Katharina, welche die Erbschaft ausschlug, zu je $^3/_{80}$. Seine vier erstgenannten Kinder übertrugen ihre Erbteile durch notarielle Verträge auf ihre Mutter. Am 15. August 1904 starb die Witwe des J. P.; sie wurde von ihren genannten fünf Kindern zu je $^1/_5$ beerbt. Barbara P., jetzt verehelichte Pa., beantragte in der notariellen Urkunde vom 5. März 1906 die Erteilung eines gemeinschaftlichen Erbscheins des Inhaltes, daß der Nachlaß des J. P. zu $^{17}/_{20}$ auf seine Witwe, zu je $^{3}/_{80}$ auf die vier Kinder der Katharina übergegangen sei. Der instrumentierende Notar wiederholte den Antrag. Das Amtsgericht in Posen erteilte einen Erbschein dahin, daß sich als Erben des J. P. seine Ehefrau zu $^{1}/_{4}$, seine vier Kinder Anton, Magdalene, Ludwig und Barbara zu je $^{3}/_{20}$, und die vier Kinder seiner Tochter Katharina zu je $^{3}/_{80}$ ausgewiesen haben. Der Notar beantragte die Einziehung dieses Erbscheins und die Ausstellung eines seinem Antrage entsprechenden Erbscheins.

Das Amtsgericht lehnte diesen Antrag durch Verfügung vom 21. April 1906 ab. Über die von dem Notar im Namen der Geschwister Anton, Magdalene, Ludwig und Barbara P. erhobene Beschwerde vom 27. April 1906 ist dahin entschieden, daß der Erbschein nach J. P. einzuziehen sei, weil ein Erbschein solchen Inhalts nicht beantragt worden sei, daß aber im übrigen die Beschwerde zurückzuweisen sei, weil ein Erbschein, wie er beantragt sei, nicht erteilt werden könne. Gegen diese Entscheidung des Landgerichts Posen vom 5. Mai 1906 legte der Notar im Namen der Beschwerdeführer unter dem 22. Mai 1906 die weitere Beschwerde ein mit dem Antrage: prinzipaliter unter Aufhebung desjenigen Teils des landgerichtlichen Beschlusses, durch welchen die eingelegte Beschwerde zurückgewiesen ist, dem Beschwerdeantrage vom 27. April 1906 im ganzen Umfange stattzugeben, also die antragsmäßige Erteilung eines neuen Erbscheins anzuordnen; eventuell unter Aufhebung des ganzen Beschlusses des Landgerichts anzuordnen, daß der Erbschein durch den Zusatz ergänzt werde, daß die vier Geschwister ihre Erbteile auf ihre Mutter übertragen haben.

Das Kammergericht Berlin legte die weitere Beschwerde dem Reichsgerichte zur Entscheidung vor. Es ist der Ansicht, daß der Veräußerer eines Erbteils Miterbe bleibe und als solcher im Erbschein zu bezeichnen sei, sowie daß die Übertragung des Erbteils im Erbschein nicht erwähnt werden dürfe. Zur näheren Begründung dessen verweist das Kammergericht auf seinen Beschluß vom 12. Juli 1905 im Jahrbuch für Entscheidungen des Kammergerichts Bd. 30 A S. 301. Das Kammergericht würde hiernach die weitere Beschwerde zurückweisen; es sieht sich aber hieran gehindert bezüglich des Prinzipalantrages durch den Beschluß des Oberlandesgerichts zu Colmar vom 11. Februar 1903 (R.J.A. Bd. 3 S. 229; auch K.G.J. Bd. 26 A S. 311) und bezüglich des Eventualantrags durch den Beschluß des Oberlandesgerichts in Dresden vom 22. Juli 1902 (Annalen des Oberlandesgerichts Dresden Bd. 24 S. 375).

Das Reichsgericht ist gemäß § 28 Fr.G.G. zur Entscheidung über die weitere Beschwerde berufen. Das Kammergericht Berlin will bei Auslegung der über die Erteilung des Erbscheins gegebenen reichsgesetzlichen Vorschriften von den auf weitere Beschwerde ergangenen Entscheidungen des Oberlandesgerichts zu Colmar vom 11. Februar 1903 und des Oberlandesgerichts zu Dresden vom 22. Juli 1902 abweichen, indem es im Gegensatz zu der ersteren Entscheidung davon ausgeht, daß ungeachtet der erfolgten Übertragung eines Erbteils der vom Nachlaßgericht zu erteilende Erbschein auf den Namen des ursprünglichen Miterben, nicht des Anteilserwerbers auszustellen sei, und indem es weiter im Gegensatz zu der letzteren Entscheidung annimmt, daß auch ein zusätzlicher Vermerk im Erbschein: der aufgeführte Erbe habe sein Erbteil veräußert, der Berechtigung entbehre.

Die weitere Beschwerde ist unbegründet.

Der grundlegende § 2353 B.G.B. bestimmt:

„Das Nachlaßgericht hat dem Erben auf Antrag ein Zeugnis über sein Erbrecht und, wenn er nur zu einem Teile der Erbschaft berufen ist, über die Größe des Erbteils zu erteilen (Erbschein)."

Der Begriff des Erben ist in § 1922 Abs. 1 B.G.B. gegeben, der dahin geht:

„Mit dem Tode einer Person (Erbfall) geht deren Vermögen (Erbschaft) als Ganzes auf eine oder mehrere andere Personen (Erben) über."

Diese Begriffsbestimmung des Erben ist streng technisch. Erbe ist hiernach nur derjenige, der unmittelbar mit dem Tode des Erblassers in dessen Vermögen als Ganzes sukzediert, sei es kraft Gesetzes, sei es kraft Testaments oder Erbvertrags. Dagegen ist — hier gänzlich abgesehen vom Nacherben — derjenige nicht Erbe, der von der vorbezeichneten Person die diesem zugefallene Erbschaft von Todeswegen oder unter Lebenden im Wege der Gesamt- oder Einzelnachfolge erworben hat. Diese Begriffsbestimmung ist ersichtlich in den weiteren Bestimmungen des Bürgerlichen Gesetzbuchs überall festgehalten. Der von Todes wegen in die gesamte Rechtsstellung des in § 1922 bezeichneten Erben Eintretende heißt „Erbe des Erben“ (§ 1952). Der rechtsgeschäftliche Erwerber unter Lebenden wird nach seinem Erwerbstitel als „Käufer“ oder sonst, nicht als Erbe, bezeichnet, mag es sich um Gesamtnachfolge, oder um Singularsukzession handeln (§§ 2035 flg., 2372 flg. B.G.B.). Der Begriff des Gesamt- und Teilerben in § 2353 B.G.B. kann nicht anders als im Sinne des § 1922 aufgefaßt werden. Dies bestätigt des weiteren auch der Wortinhalt des § 2353 selbst. Denn dieser bezeichnet denjenigen Teilerben, dem ein Zeugnis über sein Erbrecht zu erteilen ist, als den Erben, der nur zu einem Teile der Erbschaft berufen ist. Berufen zur Erbschaft ist aber nach dem Sprachgebrauche des Bürgerlichen Gesetzbuchs immer nur der unmittelbar nach Gesetz, Testament oder Erbvertrag eintretende Gesamtrechtsnachfolger, niemals der Erbeserbe oder der rechtsgeschäftliche Erwerber (§§ 1942 flg. B.G.B.). Die Richtigkeit der vorentwickelten Auffassung ergeben auch die in den §§ 2354—2356 B.G.B. bezüglich der Erteilung des Erbscheins gegebenen Spezialbestimmungen. Sie regeln lediglich die Fälle, in denen die Erteilung des Erbscheins für den gesetzlichen Erben oder denjenigen verlangt wird, der auf Grund einer Verfügung von Todes wegen berufen ist. Nur in dieser Beziehung normieren sie auf das eingehendste die Beschaffung der für die Erteilung notwendigen Unterlagen. Dagegen fehlt es an jeder Bestimmung über diejenigen Veränderungen, die nach der durch Gesetz oder Verfügung von Todes wegen eingetretenen Erbfolge infolge Erbteilsveräußerung eintreten können. Die Bestimmung in § 2354 Abs. 1 Nr. 3 hat nur die davon verschiedenen Fälle im Auge, wenn einzelne Erben gemäß §§ 1953 flg., 2344 B.G.B. unter Rückbeziehung ihres Wegfalls auf den Erbfall ausgeschieden sind. Wollte man dennoch den Erbschein auch weiteren Erwerbern über diese Bestimmungen des Bürgerlichen Gesetzbuchs hinaus erteilen, so würde sich für die Rechtsanwendung eine Lücke ergeben.

Auch die Entstehungsgeschichte des Gesetzes spricht für diese Darlegung. Der Erbschein des Bürgerlichen Gesetzbuchs hat sein Vorbild in der durch das preußische Gesetz vom 12. März 1869 geschaffenen Erbbescheinigung. Diese war nach § 1 nur dem Intestaterben zu erteilen. Die Praxis lehnte ausdehnende Auslegungen ab.

Insbesondere erachtete sie es für unzulässig, den Erbschein auch dem Erbeserben zu erteilen (Jahrbuch der Entscheidungen des Kammergerichts Bd. 4 [1884] S. 48, 49). Auch der erste Entwurf des Bürgerlichen Gesetzbuchs stand in § 2068 auf dem Standpunkte des Gesetzes vom 12. März 1869, und die Motive hierzu (Bd. 5 S. 565) führen dementsprechend aus, das zu erteilende Zeugnis gehe positiv dahin, daß und in welchem Umfange eine Person auf Grund der gesetzlichen Erbfolge der Erbe eines Erblassers ist. In der zweiten Lesung hat man über den ersten Entwurf hinaus die Erteilung des Erbscheins auch für den durch Verfügung von Todes wegen berufenen Erben zugelassen. An der rechtlichen Grundlage, daß der Erbschein dem unmittelbaren Erben zu erteilen ist, hat man auch bei dieser Fortbildung des Institutes festgehalten. In den Kommissionsberatungen ist ausgesprochen: der Zweck des Erbscheins sei der, daß im Interesse der Erben und derjenigen, welche mit ihm als Erben zu tün hätten, eine vorläufige amtliche Beurkundung des Rechtes des Erben auf Inhalt und Umfang, wie es mit dem Erbfall eingetreten sei, gegeben werden sollte (Protokolle der II. Kommission Bd. 5 S. 684, Guttentag'sche Ausgabe).

Das Kammergericht hält ausschlaggebend für seine Ansicht die §§ 2373, 2382, 2385 B.G.B., wonach im Falle der Veräußerung eines Erbteils ein dem Veräußerer durch Nacherbfolge oder infolge des Wegfalls eines Miterben anfallender Erbteil im Zweifel als nicht mitveräußert angesehen werden, und der Veräußerer den Nachlaßgläubigern verhaftet bleiben soll. Hieraus entnimmt das Kammergericht, daß das Gesetz dem Erwerber des Erbteils überhaupt nicht die volle materielle Rechtsstellung des veräußernden Miterben einräumen wollte, und daß aus diesem Grunde der Erbteilsveräußerer Erbe bleibe. Wenn man es grundsätzlich für zulässig hielte, auch dem Gesamtrechtsnachfolger des unmittelbar berufenen Erben den Erbschein zu erteilen, so würde freilich der vom Kammergericht angenommene Grund nicht durchschlagend gegen die Erteilung des Erbscheins auch für denjenigen, der von einem Miterben dessen Erbanteil gemäß § 2033 B.G.B. erwarb, sprechen können. Vielmehr tritt der Erwerber eines Erbteils auf Grund der dinglichen Übereignung nach § 2033 materiell durchaus in die Rechte des veräußernden Teilerben, und es ist im Gesetze nur als Auslegungsfrage hingestellt, zu welchem quotiellen Anteile er sukzediert. Auch der Umstand allein, daß der veräußernde Miterbe neben dem Erwerber grundsätzlich für die Nachlaßverbindlichkeiten weiter haftet, würde nicht entgegenstehen. Denn auch im Falle der Nacherbfolge bleibt der Vorerbe in gewissem Maße haftbar, ohne daß dieserhalb die Eigenschaft des Nacherben als solchen in Frage gestellt würde (§§ 2144, 2145 B.G.B.).

Der auf Grund des § 2353 B.G.B. zu erteilende Erbschein ist nach den übrigen Ausführungen auch im Falle einer nach § 2033 B.G.B. erfolgten Übertragung des Erbteils nicht auf den Namen des Anteilerwerbers, sondern auf den Namen des ursprünglichen Miterben auszustellen. Es ist aber auch weiterhin das Verlangen der Beschwerdeführer ungerechtfertigt: im Erbschein zu dem dieses Erbrecht bezeugenden Inhalt einen Zusatz dahin zu machen, daß der Erbe seinen Erbanteil demnächst veräußert habe. Denn der gesetzliche Inhalt des Erbscheins ist strikt dahin begrenzt, daß er das Erbrecht des berufenen Erben und etwaige Einschränkungen desselben durch die Anordnung einer Nacherbschaft und die Einsetzung von Testamentsvollstreckern zu bezeugen hat (§§ 2363, 2364 B.G.B.). In eben diesem eingeschränkten Umfange steht dem Erbschein die Vermutung des § 2365 und der öffentliche Glaube der §§ 2366, 2367 B.G.B. zur Seite. Möchte auch ein vom Nachlaßgericht bezüglich der Veräußerung des Erbteils im Erbscheine gemachter Zusatz den Erbschein nicht entkräften, so steht doch keinesfalls den Beteiligten das Recht zu, eine Ergänzung des Erbscheins zu fordern, die über den gesetzlichen Rahmen des Erbscheins hinausgeht und an dessen Rechtswirkungen nicht Teil hat.

Die weitere Beschwerde war deshalb zurückzuweisen." ...

---

43. Rechtshilfe der Gerichte dem Patentamt gegenüber. Wie sind die in Patentstreitsachen von dem Patentamte erlassenen Kostenfestsetzungsbeschlüsse zur Vollstreckung zu bringen?

IV. Zivilsenat. Beschl. v. 11. Oktober 1906 i. S. H. (Kl.) w. A. u. Gen. (Bekl.). Beschw.-Rep. IV. 290/06.

I. Amtsgericht Dortmund.
II. Oberlandesgericht Hamm.

Gründe:

„In der vorliegenden Patentstreitsache ersuchte das Patentamt das Amtsgericht in Dortmund, die Ausfertigung des Beschlusses vom 30. Januar 1906, in dem die von den Beklagten dem Kläger zu erstattenden Kosten vom Patentamt auf 1007,05 *M* festgesetzt sind, mit der Vollstreckungsklausel zu versehen. Das Amtsgericht Dortmund lehnte das Rechtshilfeersuchen ab. Die dagegen vom Patentamt eingelegte Beschwerde wurde vom Oberlandesgericht Hamm durch Beschluß vom 26. Juli 1906 zurückgewiesen. Das Oberlandesgericht hält die örtliche Zuständigkeit des ersuchten Gerichts nicht für gegeben. Die Erteilung der Vollstreckungsklausel, führt das Oberlandesgericht aus, falle nach den Grundsätzen der Zivilprozeßordnung dem Prozeßgerichte zu. Dieses sei das Patentamt; sei dasselbe hierzu nicht in der Lage, so komme als fingiertes Prozeßgericht das Amts- oder Landgericht Berlin in Betracht. Das Vollstreckungsgericht als solches könne niemals über die Erteilung der Vollstreckungsklausel entscheiden. Zudem stehe zur Zeit gar nicht fest, ob das Amtsgericht Dortmund Vollstreckungsgericht sei. Auch das Gesetz vom 21. Juni 1869, betreffend die Gewährung der Rechtshilfe, versage. Abgesehen davon, daß der Fall des § 12 daselbst seit dem 1. Oktober 1879 nicht mehr vorkommen könne, sei dort vorgeschrieben, daß dem ersuchten Gerichte eine vom Prozeßgerichte mit dem Zeugnisse der Vollstreckbarkeit versehene Ausfertigung der Entscheidung vorzulegen ist. Die Entscheidung des Reichsgerichts in Bd. 33 S. 423 flg. gehe insoweit fehl, als es unterstelle, es handle sich um ein Zwangsvollstreckungsverfahren im Bezirke des ersuchten Gerichts. Gegen diese Entscheidung legte das Patentamt Beschwerde beim Reichsgericht ein mit dem Antrage, das Amtsgericht Dortmund anzuweisen, den Kostenfestsetzungsbeschluß vom 30. Januar 1906 mit der Vollstreckungsklausel gegen den Beklagten A. in Dortmund in Höhe des ihn nach § 100 Z.P.O. treffenden Kopfteils von 503,53 *M* zu versehen.

Die Beschwerde ist zulässig. Nach § 32 des Patentgesetzes vom 7. April 1891 sind die Gerichte verpflichtet, dem Patentamt Rechtshilfe zu leisten. Mangels besonderer Ausführungsbestimmungen sind hierfür die Bestimmungen in den §§ 157 flg. G.V.G. über Rechtshilfe entsprechend anwendbar. In sinngemäßer Anwendung ist gemäß § 160 daselbst das Reichsgericht zur Entscheidung über die Beschwerde berufen, wenn, wie hier, das Oberlandesgericht die Rechtshilfe für unzulässig erklärt hat.

Vgl. Entsch. des R.G.'s in Zivils. Bd. 33 S. 426, 427.

Bei der eigenartigen Regelung der Beschwerde in § 160 bleiben die Bestimmungen der Zivilprozeßordnung und insbesondere die jetzt in der Novelle vom 5. Juni 1905 über die Beschwerde gegen Entscheidungen der Oberlandesgerichte gegebenen Vorschriften außer Betracht, was das Reichsgericht bereits in der Sache Rep. IV. 442/05 ausgesprochen hat.

In der Sache selbst ist die Beschwerde begründet. Nach den Grundsätzen der Zivilprozeßordnung ist allerdings die Erteilung der Vollstreckungsklausel nicht Sache des Vollstreckungsgerichts. Vielmehr vollzieht sich hiernach das organisatorisch von dem Prozeßgericht losgelöste Vollstreckungsverfahren auf Grund der vom Prozeßgericht erteilten Vollstreckungsklausel. Aber die Bestimmungen der Zivilprozeßordnung sind im vorliegenden Falle nicht unmittelbar anwendbar und auch nicht in der Entscheidung des Reichsgerichts Bd. 33 zur Anwendung gelangt. Als Prozeßgericht könnte vorliegend nur das Patentamt in Frage kommen. Nach der demselben gegebenen Verfassung aber ist es überhaupt nicht in der Lage eine Vollstreckungsklausel zu erteilen. Für die Fiktion eines Gerichtes, das anstatt des Patentamts als Prozeßgericht die Erteilung der Vollstreckungsklausel zu übernehmen hätte, fehlt es rechtlich an jedem Anhaltspunkte. Da in solchem Falle eine formelle Scheidung des Verfahrens des Prozeßgerichts und des Vollstreckungsgerichts im Sinne der Zivilprozeßordnung überhaupt nicht durchführbar ist, so ist für die Entscheidung auf die materielle Bedeutung der Vollstreckungsklausel zurückzugehen. Diese aber besteht darin, daß sie die notwendige Grundlage und damit einen wesentlichen Bestandteil des Vollstreckungsverfahrens selbst bildet. Demjenigen Gerichte, das im Wege der Rechtshilfe zur Vollstreckung berufen ist, fällt hiernach in entsprechender Anwendung des § 158 G.V.G. auch die Erteilung der Vollstreckungsklausel zu. Mit Recht zieht das Reichsgericht in Bd. 33 die im Rechtshilfegesetze vom 21. Juni 1869 enthaltenen

Vorschriften heran. Allerdings ist dieses Gesetz in Ansehung der von den Gerichten sich gegenseitig zu leistenden Rechtshilfe nicht mehr formell in Kraft. Seine Grundsätze aber sind in die neuere Gesetzgebung übergegangen und für die Ersuchen des Patentamts um Rechtshilfe jetzt, wie früher, zur entsprechenden Anwendung zu bringen. Das hier zur Anwendung kommende Prinzip hat in § 12 jenes Gesetzes seinen Ausdruck gefunden. Hiernach ist es dann, wenn bei dem ersuchenden Gerichte die gesetzlichen Voraussetzungen für die Erteilung der zur Vollstreckung notwendigen Vollstreckungsklausel fehlen, Sache des Vollstreckungsgerichts, die Klausel zu erteilen. Bezüglich des jetzt nur noch gegen den in Dortmund wohnenden Beklagten A. vorliegenden Antrags ist als Vollstreckungsgericht das Amtsgericht Dortmund anzusehen, da nach Lage der Sache die Voraussetzungen des § 764 Abs. 2 Z.P.O. hier gegeben sind. Der Vorschrift des § 12, daß in Fällen solcher Art das ersuchende Prozeßgericht als Grundlage für die zu erteilende Vollstreckungsklausel die Ausfertigung mit dem Zeugnisse der Vollstreckbarkeit zu versehen hat, ist im vorliegenden Falle ausreichend dadurch entsprochen, daß das Patentamt um Erteilung der Vollstreckungsklausel ersucht und damit die Vollstreckbarkeit bezeugt hat.

Der angefochtene Beschluß war daher aufzuheben, und das Amtsgericht Dortmund unter gleichzeitiger Aufhebung des Beschlusses desselben vom 12. Juli 1906 anzuweisen, dem Ersuchen um Erteilung der Vollstreckungsklausel gegen A. zu entsprechen."

---

44. Kann ein Rechtsgeschäft, bei dem ein auffälliges Mißverhältnis zwischen Leistung und Gegenleistung besteht, die übrigen in § 138 Abs. 2 B.G.B. aufgestellten Voraussetzungen jedoch fehlen, wegen Verstoßes gegen die guten Sitten (Abs. 1 ebenda) nichtig sein?

V. Zivilsenat. Urt. v. 13. Oktober 1906 i. S. Dortmunder Aktienbrauerei (Kl. u. Widerbekl.) w. S. (Bekl. u. Widerkl.). Rep. V. 154/06.

I. Landgericht Essen.
II. Oberlandesgericht Hamm.

Die obige Frage ist vom Reichsgericht verneint aus folgenden Gründen:

... „Allerdings enthält die Vorschrift des § 138 Abs. 2 B.G.B. gegenüber dem in Abs. 1 ebenda ausgesprochenen allgemeinen Grundsatze nur eine erläuternde Spezialbestimmung. Aber die letztere ist insofern einheitlicher Natur, als die darin angegebenen einzelnen Tatbestandsmerkmale nicht auseinandergerissen und selbständig als ein für sich allein die Voraussetzungen des Abs. 1 erfüllender Tatbestand behandelt werden dürfen. Es ist also rechtlich unzulässig, in dem bloßen Umstande, daß die von einem Vertragsteile gewährten oder versprochenen Vermögensvorteile in auffälligem Mißverhältnis zu der von ihm zu bewirkenden Gegenleistung stehen, einen Verstoß gegen die guten Sitten zu finden, wenn nicht zugleich auch das weitere in Abs. 2 aufgestellte Erfordernis — Ausbeutung der Notlage, des Leichtsinns oder der Unerfahrenheit — dargetan ist. Anderenfalls würde man dazu gelangen, den durch das neue Reichsrecht beseitigten Grundsätzen des früheren Rechts über Anfechtung eines Veräußerungsvertrages wegen laesio enormis auf dem Umwege des § 138 Abs. 1 B.G.B. wieder zur Geltung zu verhelfen." ...

---

45. Kann, wenn ein Gebäude mehrere an verschiedene Personen vermietete Wohnungen enthält, die neben der den Eigentumsübergang betreffenden Einigung erforderliche Übergabe des Gebäudes dadurch ersetzt werden, daß der Eigentümer dem Erwerber seine Ansprüche gegen die Mieter auf Rückgabe der Wohnungen abtritt?

B.G.B. § 931.

VII. Zivilsenat. Urt. v. 16. Oktober 1906 i. S. L. (Kl.) w. F. (Bekl.). Rep. VII. 46/06.

I. Landgericht II Berlin.
II. Kammergericht daselbst.

Aus den Gründen:

... „Weiter nimmt aber der Berufungsrichter an, daß hier die Voraussetzungen des § 931 B.G.B. nicht erfüllt sind, weil tatsächlich nicht ein Dritter im Besitz der Sache war. Er stützt dies darauf, daß, da nicht das ganze Gebäude an einen Mieter, sondern nur bestimmte Räume desselben an verschiedene Mieter vermietet waren, der Herausgabeanspruch die nicht vermieteten Teile, bzw. Räume des Gebäudes (z. B. Flure, Treppen, das Fundament, etwaige jedem Mieter nur zeitweise zur Benutzung überlassene Räume) nicht umfasse, und eine Ersatzübergabe gemäß § 931 B.G.B. in der Abtretung des gegen die einzelnen Mieter bestehenden Herausgabeanspruchs nicht erblickt werden könne. Dem gegen diese Erwägung erhobenen Revisionsangriffe fehlt die Begründung. Wenn in einem Gebäude mehrere abgesonderte Wohnungen an mehrere Personen vermietet sind, so gilt jeder Mieter als Besitzer des ihm überlassenen Wohnraumes (§ 865), und die Vorschriften der §§ 858—864 gelten auch zu seinen Gunsten; nicht aber sind die mehreren Mieter Besitzer des Gebäudes als eines Ganzen; der Besitz dieses bleibt vielmehr dem Eigentümer erhalten, welcher infolge der für ihn gegebenen Zugängigkeit der nicht einem einzelnen Mieter überlassenen Räume, als der Treppen rc, mag er über diese in Person, oder durch einen Portier verfügen, die tatsächliche Gewalt über die Sache (§ 854 B.G.B.) behält. Er ist also in einem solchen Falle nicht bloß mittelbarer Besitzer. Die mehreren Mieter bilden insbesondere auch nicht etwa eine Gemeinschaft, sondern jeder einzelne steht sowohl den anderen wie auch dem Vermieter gegenüber nur als einzelner da, und es ist auch ohne Belang, ob von den mehreren abgesonderten Wohnräumen zeitweilig einzelne leer stehen oder von dem Eigentümer selbst benutzt werden, oder ob alle vermietet sind. Demnach besteht gegen die Mieter auch nur ein Anspruch auf Herausgabe der ihnen überlassenen Wohnräume, nicht aber auf Herausgabe des Gebäudes. Auf dem in § 931 B.G.B. vorgesehenen Wege konnte mithin die Übertragung des Eigentums nicht erfolgen." . . .

---

46. Findet im früher französischrechtlichen Teile der preußischen Rheinprovinz, wenn die Polizei innerhalb ihrer Zuständigkeit zur Förderung des öffentlichen Wohles in Privatrechte einzelner eingreift, ein Anspruch der letzteren auf Ersatz des entstandenen Schadens

gegen den Staat, bzw., wenn die getroffene Maßregel nicht dem Vorteile des Staates in seiner Gesamtheit, sondern nur dem einer Gemeinde diente, gegen diese statt?

VII. Zivilsenat. Urt. v. 16. Oktober 1906 i. S. Stadtg. T. (Bekl.) w. K. (Kl.). Rep. VII. 640/05.

I. Landgericht Trier.
II. Oberlandesgericht Köln.

Als die Beklagte eine Kanalisierung vornehmen ließ, fand sich im April 1902 unter der Brodstraße vor dem Hause des Klägers ein als Keller ausgebauter Hohlraum, der mit dem Keller unter dem Hause des Klägers in Verbindung stand und vom Kläger zum Aufbewahren von Gegenständen benutzt wurde. Die Beklagte verlangte Räumung, soweit das Mauerwerk in den Straßenkörper hineinragte. Der Kläger lehnte dies ab. Nunmehr erließ der Bürgermeister der Stadt eine polizeiliche Verfügung, durch welche er dem Kläger unter Bezugnahme auf § 6 des Gesetzes vom 11. März 1850, § 55 des Gesetzes vom 1. August 1883 und § 132 des Landesverwaltungsgesetzes Räumung des Kellers oder Hohlraums, Entfernung des Mauerwerks aus dem Straßenkörper und Abschließung des Zuganges zu dem Keller unter Androhung zwangsweiser Ausführung aufgab. Als Kläger keine Folge leistete, wurde der Raum von der Stadt an der Grenze des klägerischen Grundstückes zugemauert und so der Benutzung des Klägers entzogen. Dieser verlangte mit der Behauptung, er habe mit seinem Hause auch das Eigentum oder ein anderes dingliches Recht an dem Keller erworben, Schadensersatz in Höhe von 2000 *M*. Von der Beklagten wurde jedes Recht des Klägers am Keller bestritten. Der erste Richter wies die Klage ab. Durch Urteil des Berufungsgerichts wurde unter Abänderung des der ersten Instanz der Klaganspruch dem Grunde nach für gerechtfertigt erklärt, und die Sache zur Verhandlung und Entscheidung über dessen Höhe an das Landgericht zurückverwiesen. Die Revision ist erfolglos geblieben.

Aus den Gründen:

Diese beschäftigen sich zuerst mit der Frage, ob ein Recht des Klägers am Keller ohne Gesetzesverletzung angenommen ist. Dann fahren sie fort:

... „Nicht speziell angefochten ist die Annahme des Berufungsgerichts, daß Kläger für den Eingriff in sein Recht Entschädigung zu beanspruchen hat. Sie muß auch als zutreffend erscheinen. Der Eingriff erfolgte durch die zuständige Behörde zu dem Zwecke, die Herstellung einer gemeinnützigen Anlage zu ermöglichen, also im Interesse des öffentlichen Wohles. Einer Klage auf Beseitigung des Eingriffs, auf Wiederherstellung des früheren Zustandes, steht die Vorschrift in § 4 des Gesetzes über die Zulässigkeit des Rechtsweges in Beziehung auf polizeiliche Verfügungen vom 11. Mai 1842 entgegen, welche den Rechtsweg zwar darüber gestattet, ob ein Eingriff in Privatrechte vorliegt, für welchen nach den gesetzlichen Vorschriften über Aufopferungen der Rechte und Vorteile des Einzelnen im Interesse des Allgemeinen Entschädigung gewährt werden muß, sowie in welchem Betrage sie zu leisten ist, welche aber das Verlangen der Wiederherstellung des früheren Zustandes ausschließt, wenn diese nach dem Ermessen der Polizeibehörde unzulässig ist. Wenn nun das öffentliche Wohl erfordert, daß den Behörden im Interesse der Allgemeinheit die rechtliche Macht verliehen wird, in Privatrechte einzugreifen, so liegt darin nicht zugleich, daß mit dem Eingriff in das Recht auch ein Eingriff in das Vermögen sich zu verbinden hätte, daß also der einzelne nicht bloß die Entziehung oder Schmälerung seines Rechtes in dessen konkreter individueller Gestalt dulden, sondern auch ein finanzielles Opfer bringen müßte; im Gegenteil bleibt das öffentliche Wohl in seinem Verhältnisse zu dem Interesse des einzelnen genügend gewahrt, wenn die erforderliche Maßregel gegen den Einzelnen zur Durchführung gebracht, der entstehende Nachteil aber von der Allgemeinheit, welche den Vorteil hat, zu tragen ist. Unberührt bleiben hier besondere Akte der Gesetzgebung, welche unmittelbar in die Rechte einzelner oder vieler eingreifen. Das Gesetz kann vermöge seiner rechtlichen Alleinherrschaft auch Opfer ohne Entschädigung verlangen und nimmt insbesondere dann keinen Anstand so zu verfahren, wenn den Einzelnen schon durch die Maßnahmen, zu deren Ausführung der Eingriff geschieht, ihrer Natur nach von selbst ein Vorteil erwächst; nur wenn ein solches Gesetz selbst eine Entschädigung anordnet, kann deshalb eine solche beansprucht werden. Es handelt sich also allein um den Fall, daß von seiten einer Behörde kraft der ihr vom Gesetz allgemein erteilten Ermächtigung ein

Eingriff in die Rechtssphäre des Einzelnen vorgenommen wird; alsdann aber ist Raum für die entwickelte Auffassung gegeben. In ihrer grundsätzlichen Berechtigung liegt stets schon ein Anhalt dafür, daß der einzelne Staat, dessen gesetzgeberischer Standpunkt zu prüfen ist, sich von ihr leiten läßt und sie als im Staate geltendes Recht anerkennt, mag dies auch nicht in einer einzelnen Gesetzesvorschrift einen speziellen und völlig adäquaten Ausdruck finden.

Vgl. Entsch. des R.G.'s in Zivils. Bd. 17 S. 103, Bd. 41 S. 142. In Preußen ist durch § 75 Einl. zum A.L.R. bestimmt, daß der Staat denjenigen, welcher seine besonderen Rechte und Vorteile dem Wohle des gemeinen Wesens aufzuopfern genötigt wird, zu entschädigen gehalten ist. Diese Vorschrift entspricht völlig jenem Gedanken. Sie ist zwar über das Gebiet des Landrechts hinaus nicht ausgedehnt, doch aber von unmittelbarer Bedeutung für das Gesamtgebiet des preußischen Staates; denn obwohl der in ihr gewährte Anspruch auf Entschädigung dem Privatrecht angehört, ist die ihn schaffende Gesetzesvorschrift doch nicht rein privatrechtlicher, sondern in ihrem Grunde staatsrechtlicher Art, und es läßt sich nicht vermuten, daß die Gesetzgebung eines Staates auf diesem Gebiete für seine verschiedenen Territorien verschiedene Normen geben will. Wesentlich ist aber auch der Verfassungsgrundsatz des Art. 9 der preußischen Verfassung, laut dessen das Eigentum unverletzlich ist und nur aus Gründen des öffentlichen Wohles gegen vorgängige, in dringenden Fällen wenigstens vorläufig festzustellende Entschädigung entzogen oder beschränkt werden kann, mag diese Verfassungsbestimmung im wesentlichen ihre Bedeutung auch nur darin haben, für den weiteren Ausbau des Rechts in diesem Bereiche leitend zu sein. Wichtig ist neben anderen Einzelgesetzen auch noch der § 1 des Enteignungsgesetzes, laut dessen das Grundeigentum nur aus Gründen des öffentlichen Wohles für ein Unternehmen, dessen Ausführung die Ausübung des Enteignungsrechts erfordert, gegen volle Entschädigung entzogen oder beschränkt werden kann. Wenn bei polizeilichen Eingriffen eine vorherige Entschädigung durch den Zweck der Maßregel ausgeschlossen, und nach der Ausführung die Wiederherstellungsklage versagt wird, so ist hier eine nachträgliche Entschädigung um so mehr geboten. Als völlig ausreichend muß es hiernach erscheinen, wenn auch für diejenigen Teile des preußischen Staatsgebietes, in denen das Allgemeine Landrecht nicht gilt, keinerlei Anzeigen dafür vorliegen, daß hier der gesetzgeberische Wille ein anderer wäre, als der in § 75 Einl. zum A.L.R. Ausdruck gefunden hat. Für das rheinische Recht wurde bisher in dem Art. 545 Code civil eine unmittelbare Grundlage für einen Entschädigungsanspruch gefunden. Diese Gesetzesbestimmung ist durch Art. 89 Nr. 2 preuß. Ausf.-Ges. zum B.G.B. aufgehoben, aber lediglich in der formellen Erwägung, daß der Grundsatz auch in Art. 9 der Verfassung Ausdruck gefunden habe. Der Annahme, daß im bisherigen Gebiete des rheinischen Rechts ein Entschädigungsanspruch nicht Platz greifen solle, kann mithin die Aufhebung des Art. 545 Code civil nicht zur Stütze gereichen; ihre Begründung ergibt sogar eine gewisse Bestätigung für den gegenteiligen gesetzgeberischen Standpunkt. In dem genannten Gebiete ist mithin gegenwärtig die Rechtslage die, daß nach Wegfall der Gesetzesbestimmung, in welcher man bisher, sei es mit Recht, sei es mit Unrecht, für das örtliche Recht eine spezielle Anerkennung des Entschädigungsanspruchs erblickt hat, eine solche überhaupt fehlt; daraus folgt aber nur, daß der Rechtszustand so zu beurteilen ist, wie wenn sie nie bestanden hätte; demgemäß kommen also die oben für Fälle solcher Art entwickelten allgemeinen Gesichtspunkte zur Geltung.

Vgl. Entsch. des R.G.'s in Zivils. Bd. 58 S. 130, 135, 136.

Beim Mangel jedweder für das Gegenteil sprechenden Momente muß deshalb die Gewährung einer Entschädigung auch im bezeichneten Gebiete als dem staatlichen Rechtswillen entsprechend angesehen werden.

Zutreffend und in Übereinstimmung mit der Judikatur nimmt endlich das Berufungsgericht an, daß, weil im gegenwärtigen Falle die polizeiliche Maßregel nicht dem Vorteile des Staates in seiner Gesamtheit, sondern nur dem einer Stadtgemeinde diente, auch nur diese Schuldnerin der Entschädigung ist."

---

47. 1. Erwerb für die Genossenschaft durch Rechtsgeschäfte im Zeitraume der Gründung. Haben die Gründer ein Zurückbehaltungsrecht wegen der Einlagen?

2. Ungleiche Bestimmung der Geschäftsanteile als Nichtigkeitsgrund. Begriff des Geschäftsanteils.

3. Geltendmachung der Nichtigkeit. Ist sie noch im Liquidationsverfahren zulässig?

V. Zivilsenat. Urt. v. 17. Oktober 1906 i. S. D. u. Gen. (Bekl.) w. Molkereigenossenschaft F. Z. in Liqu. u. Konk. (Kl.). Rep. V. 658/05.

I. Landgericht Graudenz.
II. Oberlandesgericht Marienwerder.

Als der Molkereibesitzer F. H. in J. gegen Ende des Jahres 1896 in Zahlungsschwierigkeiten geriet, vereinigten sich 12 bisherige Milchlieferanten, darunter die Beklagten, und kauften durch notariellen Vertrag vom 16. Januar 1897 das Molkereigrundstück mit der Molkereieinrichtung für 24000 ℳ zu gemeinschaftlichem Eigentum. Sie wurden nach erteilter Auflassung als Miteigentümer im Grundbuch eingetragen, und zugleich wurde auf ihren Antrag in Abt. II des Grundbuchs folgender Vermerk eingetragen: „Die Miteigentümer haben sich . . . gegenseitig verpflichtet, den Anteil am Miteigentum ... sowie an dem Gewinn oder Verlust der zu gründenden Molkereigenossenschaft nach der Anzahl der Kühe, von welchen sie die Milch der Molkereigenossenschaft zu liefern sich verpflichtet haben, zu verteilen". Am 31. Januar 1897 vollzogen die 12 Käufer die Satzung einer von ihnen errichteten und demnächst in das Genossenschaftsregister des Amtsgerichts eingetragenen Molkereigenossenschaft mit unbeschränkter Haftpflicht. Der § 33 dieser Satzung besagte: „Die zum Genossenschaftsbetriebe nötigen Fabrikanlagen sind für 24000 ℳ bereits angekauft; zum Geschäftsbetriebe sind noch 800 ℳ erforderlich. Diese 24800 ℳ sind in 155 Geschäftsanteile (zu 160 ℳ, entsprechend der Zahl der Kühe) eingeteilt. Von den 24800 ℳ soll der größte Teil durch eine . . . aufzunehmende Hypothek belegt, und der verbleibende Teil auf die Geschäftsanteile . . . bar in die Genossenschaftskasse gezahlt werden". Der § 38 der Satzung bestimmte, daß in die Bilanz aufzunehmen sei „der Wert des Grundstücks und der Gebäude nach Abschreibung von mindestens 2 % jährlich". Gegen die Fassung des § 33 wurde von dem Verbandsrevisor in dem Revisionsbericht vom 23. Juli 1898 die Erinnerung erhoben, daß sie gegen die §§ 7, 112 des Genossenschaftsgesetzes vom 1. Mai 1889, wonach die Geschäftsanteile gleich hoch sein müßten, verstoße.

Auf Anregung des Revisors wurde durch Generalversammlungsbeschluß vom 11. Juni 1899 ein neuer § 33a aufgenommen, der die Geschäftsanteile gleichmäßig auf je 5 ℳ festsetzte, während der § 33 gleichzeitig wie folgt geändert wurde:

„Die Betriebsmittel der Genossenschaft bestehen:

1. aus dem Geschäftsguthaben der Genossen, . . .

4. aus den von den Genossen zum Zweck der Erwerbung der Molkereianlage und Beschaffung der Betriebsmittel zu leistenden Einlagen.

Zur Deckung . . . soll zunächst ein Hypothekendarlehn aufgenommen, und der alsdann noch verbleibende ungedeckte Rest von den Genossen nach Verhältnis der Kuhzahl aufgebracht und . . . sofort bar eingezahlt werden. Die von den Genossen aufgebrachten Anteile sind seitens derselben unkündbar. . . . Die Generalversammlung kann bei der . . . Verteilung des Reingewinns eine Verzinsung der Anteile, ebenso auch eine Tilgung derselben . . . beschließen."

Der Generalversammlungsbeschluß vom 11. Juni 1899 hatte den § 38 der Satzung, der das Grundstück als Aktivum der Genossenschaft bezeichnete, unberührt gelassen; auch erschien dasselbe in den Bilanzen nach wie vor unter den Aktiven. Die Genossenschaft verwaltete das Grundstück, verpachtete es mit der Molkerei durch Vertrag vom 22. November 1901, zahlte die Steuern und versicherte die Gebäude gegen Feuersgefahr. Zur Deckung der Anschaffungskosten wurden, nachdem ein Darlehn von 18000 ℳ aufgenommen, und damit die weiteren Auslagen der Genossen abgestoßen waren, als Bareinlagen nach § 33 Nr. 4 der Satzung noch einbehalten (entsprechend der Kuhzahl) bei den Beklagten D. und N. je 1014,80 ℳ, bei W. 193,20 ℳ, bei B. 724,50 ℳ, bei K. 579,60 ℳ.

Durch Generalversammlungsbeschluß vom 18. Mai 1903 wurde die Auflösung der Genossenschaft beschlossen. Auf die Aufforderung der Liquidatoren hat darauf ein Teil der eingetragenen Eigentümer seine Anteile an dem Grundstücke der liquidierenden Genossenschaft aufgelassen; die Beklagten aber haben erklärt, dazu überhaupt nicht oder doch nur gegen Erstattung ihrer Bareinlagen verpflichtet zu sein. Gegen sie ist demnächst von den Liquidatoren auf Auflassung geklagt worden. Das Landgericht hat die Klage abgewiesen; das

Berufungsgericht aber hat abändernd die Beklagten zur Auflassung ihrer Anteile verurteilt. Die Revision der Beklagten ist zurückgewiesen worden aus folgenden

Gründen:

„Der Berufungsrichter führt aus, der Kaufvertrag vom 16. Januar 1897 und die Auflassung und Eintragung im Grundbuch ließen zwar nicht erkennen, daß die 12 Käufer das Molkereigrundstück für die zu gründende Molkereigenossenschaft zu Eigentum hätten erwerben wollen; denn sie schlössen an sich die Annahme nicht aus, daß die Überlassung an die Genossenschaft nur zu Gebrauchszwecken habe erfolgen sollen; der Berufungsrichter folgert aber im Wege des Rückschlusses aus den §§ 33, 38 der Satzung vom 31. Januar 1897, daß die 12 Käufer in der Tat nur als Geschäftsführer der zu gründenden Genossenschaft den Kauf des Grundstückes abgeschlossen und das Eigentum daran erworben haben. Er entnimmt daraus sowie auch aus den §§ 33, 38 selbst die Verpflichtung der Käufer, das auf ihren Namen eingetragene Eigentum der Genossenschaft zu übertragen. ... Die Statutenänderung vom 11. Juni 1899 hält der Berufungsrichter für einflußlos, und verneint auch den Anspruch der Beklagten auf Zurückhaltung der geforderten Leistung, indem er ausführt, daß die Auslagen für den Erwerb des Grundstückes, soweit sie nicht zurückerstattet seien, die Eigenschaft einer gewöhnlichen Forderung nach § 33 der Satzung verloren und dafür die Eigenschaft einer unkündbaren Genossenschaftseinlage angenommen hätten. Daß der § 33 mit den Bestimmungen des Genossenschaftsgesetzes auch nach seiner neuen Fassung nicht im Einklange steht, erkennt der Berufungsrichter an; er hält dies aber für unerheblich, weil dadurch die Rechts- und Parteifähigkeit der Klägerin im Liquidationsverfahren nicht berührt werde.

Die gegen diese Ausführungen gerichteten Revisionsangriffe konnten keinen Erfolg haben.

Daß die Käufer vom 16. Januar 1897 den Kauf für die zu gründende Genossenschaft abgeschlossen, und daß sie durch die Satzung vom 31. Januar 1897 die Verpflichtung übernommen haben, das Grundstück der Genossenschaft zu Eigentum zu übertragen, hat der Berufungsrichter einwands- und bedenkenfrei festgestellt. Wenn die Revision hiergegen aus dem Umstande, daß die Genossenschaft damals noch gar nicht bestand, vielmehr erst am 24. März 1897 durch die Eintragung im Genossenschaftsregister zur Entstehung gelangte (§ 13 des Gesetzes vom 1. Mai 1889), Bedenken herleiten will und geltend macht, daß das Statut, zumal bei der Identität der Gründer und der Grundstückseigentümer, nicht geeignet gewesen sei, rechtsgeschäftliche Erklärungen zwischen diesen Eigentümern und der Genossenschaft zu vermitteln, so setzt sie sich in Widerspruch mit den gesetzlichen Vorschriften und der ständigen Rechtsprechung der höchsten Gerichtshöfe. Das Gesetz erkennt an, daß im Zeitraume der Gründung für die zu gründende Genossenschaft (ebenso wie für Aktien- und andere Handelsgesellschaften) Rechte und Verbindlichkeiten begründet werden können, die dann beim Entstehen der Genossenschaft (Gesellschaft) auf diese übergehen, und daß insbesondere das Statut (der Gesellschaftsvertrag) der Ort ist, die Verbindlichkeiten der eintretenden Genossen (Gesellschafter) festzusetzen (§§ 2, 7 flg. Genoss.-Ges.). Über die rechtliche Auffassung der Vorgänge, die sich dabei abspielen, bestehen allerdings die verschiedenartigsten Meinungen, und es hat dabei namentlich die auch vom Berufungsrichter vertretene Theorie der „Geschäftsbesorgung für die zu gründende Genossenschaft (Gesellschaft)“ in der Rechtsprechung Anklang gefunden (Entsch. des R.O.H.G.'s Bd. 10 S. 205, Bd. 20 S. 211 flg.; Entsch. des R.G.'s in Zivils. Bd. 5 S. 21; Gruchot, Beiträge Bd. 33 S. 874, Bd. 39 S. 437). Es kommt aber nicht darauf an, weil die Richtigkeit jener Sätze sich unmittelbar aus dem Gesetz ergibt (so auch Entsch. des R.G.'s in Zivils. Bd. 5 S. 21, Bd. 24 S. 23, Bd. 58 S. 55; Verein. Zivils. Bd. 31 S. 20), und damit entfällt die Schwierigkeit, die nach der Auffassung der Revision die doppelte Eigenschaft der Gründer, als Vertreter der zu berechtigenden Genossenschaft und als durch das Statut Verpflichteter, der Theorie der Geschäftsbesorgung bereitet.

Da die Gründer der Genossenschaft das Molkereigrundstück, wenn auch für die Genossenschaft, so doch in eigenem Namen gekauft hatten und selbst als Eigentümer eingetragen waren, so konnte, wie das Berufungsgericht mit Recht hervorhebt, das Eigentum des Grundstückes nicht von selbst auf die Genossenschaft übergehen; es bedurfte vielmehr der Auflassung. Unter diesen Umständen ist es auch nicht weiter auffällig, wenn demnächst in den Verhandlungen der Genossenschaft und in der neuen Fassung des Statuts vom 11. Juni 1899 von einem Erwerb des Grundstückes und von einer Erstattung der Auslagen die Rede war. . . .

Wenn der Berufungsrichter weiter angenommen hat, daß den Auslagen, die die Gründer der Genossenschaft für den Erwerb des Molkereigrundstückes gemacht hatten, in ihrem nicht zur Rückzahlung gelangten Betrage durch den § 33 der beiden Satzungen vom 31. Januar 1897 und 11. Juni 1899 die Eigenschaft von unkündbaren Einzahlungen auf das Geschäftsguthaben (den Geschäftsanteil) beigelegt worden ist, so ist diese Annahme nach dem Wortlaute der Statuten und in rechtlicher Beziehung nicht zu beanstanden. Ist aber diese Annahme richtig, so haften die Einzahlungen den Gläubigern (Parisius-Crüger, 5. Aufl. S. 117 zu § 7 Genoss.-Ges.) und können nicht zum Gegenstande einer Rückforderung oder zur Grundlage eines Zurückbehaltungsrechtes gemacht werden (§§ 22 Abs. 2, 88 flg., jetzt 90 flg. Genoss.-Ges., § 540 A.L.R. I. 20, § 273 B.G.B.).

Fraglich kann nur erscheinen, ob jene Bestimmungen der Statuten rechtsverbindlich getroffen worden sind, und ob die Beklagten, wenn die Statutenbestimmungen, wie der Berufungsrichter annimmt, an sich nichtig waren, diese Nichtigkeit ohne die Klage des § 94 Genoss.-Ges. (in der Fassung vom 20. Mai 1898) geltend machen können. Das zur Zeit der Statutenfestsetzung geltende Gesetz vom 1. Mai 1889 kannte eine Nichtigkeitsklage gegenüber der Genossenschaft nicht; sie ist erst durch das Handelsgesetzbuch vom 10. Mai 1897 und dessen Einf.-Ges. (hier Art. 10) für gewisse Handelsgesellschaften und für die Erwerbs- und Wirtschaftsgenossenschaften eingeführt worden. Auch nach dem früheren Rechtszustande aber war es nicht zweifelhaft, daß die Verletzung wesentlicher, der Privatwillkür nicht unterworfener Vorschriften Nichtigkeit begründe. (Denkschr. zum H.G.B., amtl. Ausg. 1896 S. 168; Staub, § 17 zu Art. 222 H.G.B., § 4 zu Art. 209 a. a. O.; Entsch. des R.G.'s in Zivils. Bd. 54 S. 419, Bd. 37 S. 65, Bd. 21 S. 159). Nun sind in der Satzung vom 31. Januar 1897 die Geschäftsanteile der Genossen zwar gleichmäßig auf je 160 ℳ festgesetzt worden; das Statut verstieß aber gegen § 112 des Genossenschaftsgesetzes vom 1. Mai 1889, indem es — entsprechend der Kuhzahl — die Vereinigung mehrerer Geschäftsanteile in einer Hand gestattete. Ob dieser Verstoß die Nichtigkeit des Statuts zu begründen geeignet war (vgl. § 163 des Gesetzes vom

1. Mai 1889 und § 95 des Gesetzes vom 20. Mai 1898, wo der entsprechende § 119 nicht aufgeführt ist), bedarf indessen keiner Untersuchung, weil dieser Mangel durch die geänderte Satzung vom 11. Juni 1899 beseitigt worden ist. Dafür aber verstößt dieses neue Statut gegen den § 7 Nr. 2 des Gesetzes insofern, als es die Geschäftsanteile der Genossen nicht gleich hoch und nicht genau festsetzt (Parisius-Crüger, zu § 7 S. 119; Maurer-Birkenbihl, S. 65 Anm. 5 zu § 7 a. a. O.). Es bestimmt zwar in § 33a einen einheitlichen Satz von 5 ℳ für die Geschäftsanteile; es verkennt aber dabei den Begriff des Geschäftsanteils. Hierunter versteht das Gesetz den Höchstbetrag der jeweiligen Geschäftseinlagen (des Geschäftsguthabens).

Vgl. Parisius-Crüger, S. 117 a. a. O.; Maurer-Birkenbihl, S. 64 a. a. O.; Reichsgerichtsentsch. in der Jurist. Wochenschr. 1901 S. 84 Nr. 16.

Zum Geschäftsanteil (Geschäftsguthaben) sind demnach, wie bereits ausgeführt, auch die ungleichmäßig (nach der Kuhzahl) und in unbestimmter Höhe nach § 33 Nr. 4 der Satzung zu Betriebszwecken zu leistenden Einlagen zu rechnen. Das Statut verletzt daher eine wesentliche Bestimmung des Gesetzes (vgl. § 95 des Gesetzes vom 20. Mai 1898, Reichsgerichtsentsch. in der Jurist. Wochenschr. 1901 S. 83 Nr. 14).

Für die Geltendmachung der hieraus sich ergebenden Nichtigkeit sind seit dem 1. Januar 1900, da es sich um öffentliches Recht handelt, die Bestimmungen der neuen Gesetze maßgebend (Jurist. Wochenschr. 1901 S. 83 Nr. 14). Danach steht, soweit nicht nach § 147 Fr.G.G. von seiten des Registerrichters von Amts wegen vorgegangen wird, nach § 94 des Gesetzes vom 20. Mai 1898 jedem Genossen die Klage auf Nichtigkeitserklärung der Genossenschaft zu. Aber auch abgesehen von dieser nicht erhobenen Klage können die Genossen unter Umständen einredeweise auf die Nichtigkeit sich berufen, so z. B. wenn sie für den Fortbetrieb des nichtigen Unternehmens Beiträge leisten sollen (Denkschr. zum H.G.B. 1896 S. 169, 170). Dieses Recht aber steht ihnen nicht zu gegenüber einer Klage, die lediglich die Abwicklung der Geschäfte einer liquidierenden und im Konkurse befindlichen Genossenschaft bezweckt, wie sie hier vorliegt. In dieser Begrenzung legt das Gesetz auch einer nichtigen und für nichtig erklärten Genossenschaft Rechts- und Parteifähigkeit bei (§ 97 des Genossenschaftsgesetzes vom 20. Mai 1898, Denkschr. zum H.G.B. a a. O. S. 170, Gruchot's Beitr. Bd. 49 S. 1017. 1102), um die Herbeischaffung und Versilberung des Genossenschaftsvermögens und die Befriedigung der Gläubiger zu ermöglichen.

Die Revisionsbeschwerden sind hiernach unbegründet." ...

---

48. Berechtigung des Hypothekengläubigers zur Nachforderung des von ihm bei der Kaufgelderverteilung irrtümlich zu wenig liquidierten und infolgedessen dem Subhastaten zugeteilten Betrags des Erlöses gegenüber dem Pfändungsgläubiger des Subhastaten.

V. Zivilsenat. Urt. v. 20. Oktober 1906 i. S. F. (Kl.) w. C. (Bekl.).
Rep. V. 77/06.

I. Landgericht Posen.
II. Oberlandesgericht daselbst.

Bei der Zwangsversteigerung des Ritterguts G. der Frau M. v. B. war das für den Kläger eingetragene Notstandsdarlehn von 20000 ℳ Abt. III Nr. 67 mit 18192,94 ℳ zur Hebung gekommen, im übrigen ausgefallen. Bei der Kaufgelderverteilung liquidierte der Vertreter des Klägers an Kapitalrest 13900 ℳ und an Zinsen und Porto 744,26 ℳ, im ganzen 14644,26 ℳ, die ihm, da das Liquidat anerkannt wurde, ausgezahlt sind. Der Rest der Hebung wurde mit 3548,60 ℳ für die nicht anwesende Subhastatin, Frau v. B., von Amts wegen liquidiert, und da sofort Pfändungen darauf ausgebracht wurden, zur vorläufigen Verwahrung des Gerichts gezahlt und demnächst als Streitmasse hinterlegt. Gegen den Beklagten, der zu den pfändenden Gläubigern gehörte und den Anspruch des Klägers auf die Streitmasse bestritt, hat Kläger mit der Behauptung Klage erhoben, bei Aufstellung des Liquidates zu der Hypothek von 20000 ℳ sei irrtümlich angenommen, es seien 6100 ℳ abgezahlt, während nur 800 ℳ abgezahlt seien, so daß der Kapitalrest nicht 13900 ℳ, sondern 19200 ℳ betrage, er also 5300 ℳ zu wenig erhalten habe. Er hielt den Beklagten zu seinem Nachteil für bereichert und beantragte, den Beklagten zur Bewilligung der Auszahlung der hinterlegten 3548,68 *M* nebst Hinterlegungszinsen an ihn zu verurteilen. So hat der erste Richter erkannt. Auf die Berufung des Beklagten ist die Klage abgewiesen. Der Revision des Klägers ist stattgegeben aus folgenden

Gründen:

„Das Berufungsgericht begründet seine Entscheidung, indem es die Behauptung des Klägers, betreffend die aus Irrtum zu gering aufgestellte Liquidation, als richtig unterstellt, in folgender Weise. Dadurch, daß der vom Kläger bei der Kaufgelderverteilung nicht liquidierte Betrag von 3548,68 *M* von dem Vollstreckungsrichter von Amts wegen für die abwesende Grundstückseigentümerin (Subhastatin) liquidiert und wegen der inzwischen ausgebrachten Pfändungen mit Zustimmung aller Beteiligten, auch des Klägers, hinterlegt worden, sei er in das Eigentum der Subhastatin übergegangen. Durch die Pfändung und Überweisung vom 1. Dezember 1903 sei der Anspruch der Subhastatin auf Auszahlung des hinterlegten Betrages, der einen Bestandteil des Vermögens der Subhastatin gebildet habe, auf den Beklagten übergegangen. Von einer ungerechtfertigten Bereicherung des Beklagten könne nicht die Rede sein, da er nicht aus dem Vermögen des Klägers, sondern aus dem der Subhastatin bereichert sein könne, und der Kläger als späterer Pfändungsgläubiger ihm nachstehen müsse. Daran würde auch nichts ändern können, daß etwa der Kläger seinen angeblichen Irrtum bei der Geltendmachung seiner Hypothekenforderung der Subhastatin gegenüber unverzüglich angefochten hätte; denn dadurch würde das Verhältnis des Beklagten zur Subhastatin gegenüber dem Kläger nicht berührt worden sein.

Der Revision kann der Erfolg nicht versagt werden

Wird die in zweiter Instanz bestrittene Behauptung des Klägers erwiesen, daß seine Hypothekenforderung von 20000 *M* durch Abzahlung nicht in Höhe von 6100 *M*, sondern nur von 800 *M* erloschen ist, so hat die Subhastatin als Grundeigentümerin die Hypothek nur zu dem der Restforderung des Klägers nachstehenden Betrage von 800 *M* erworben, und Kläger ist Gläubiger zum Betrage von 19200 *M* geblieben (§§ 1163 Abs. 1 Satz 2, 1176 B.G.B.). Dem Kläger gebührte demnach der ganze zur Hebung gelangte Betrag von 18192,94 *M*, nicht bloß der von ihm liquidierte Betrag von 14644,26 M, und für die Subhastatin entstand keine Eigentümergrundschuld. Da der Kläger auf den von ihm nicht liquidierten Betrag von 3548,68 M seiner Forderung nicht verzichtet hat, ein Verzicht auch nicht in der bloßen Zustimmung des Klägers zum Verteilungsplan gefunden werden kann, so wurde durch die unrichtige Liquidation des Klägers und die infolgedessen unrichtige Verteilung des Vollstreckungsrichters, der den Rest der vom Kläger nicht beanspruchten Hebung von Amts wegen liquidierte, in äußerlich gültiger Weise ein materiell ungültiges Ergebnis herbeigeführt. Wie durch die Hinterlegung der 3548,68 M für die Subhastatin der Eigentumserwerb an diesem Gelde erfolgt sein könnte, ist nicht einzusehen. Erst dadurch hätte eine Vermögensverschiebung in betreff der 3548,68 M eintreten können, daß darüber in einer Weise verfügt worden wäre, die dem Kläger sein Gläubigerrecht entzogen hätte. Allein dadurch, daß für den Beklagten zu seiner Befriedigung die hinterlegten 3548,68 M gepfändet, und ihm die Forderung auf deren Auszahlung überwiesen wurde, konnte dieser Erfolg nicht bewirkt werden. Denn der Pfändung unterlag nur, was zum Vermögen der Subhastatin als seiner Schuldnerin gehörte, also nicht die noch im Vermögen des Klägers befindlichen 3548,68 M. Der Beklagte konnte durch die Pfändung nicht mehr Rechte erwerben, als seiner Schuldnerin zustanden. Die Pfändung war somit gegenstandslos. Mit Recht wehrt der Kläger daher den Eingriff in sein Vermögen ab, den der Beklagte dadurch zu machen versucht, daß er im Wege der Pfändung und Überweisung sich wegen einer Forderung an die Subhastatin aus einem Vermögensstücke befriedigen will, das zwar durch den Verteilungsplan der Subhastatin zugewiesen ist, in Wahrheit aber zum Vermögen des Klägers gehört. Beklagter will also auf Kosten des Klägers etwas erlangen, ohne daß ihm gegenüber dem Kläger ein rechtlicher Grund zur Seite steht. Wäre ihm dies zuzulassen, so würde er nach § 812 B.G.B. zur Herausgabe des Erlangten an den Kläger verpflichtet sein. Daß der Kläger, als nicht zur Hebung gelangter Gläubiger, obwohl er gegen den Teilungsplan keinen Widerspruch erhoben hat, befugt ist, sein besseres Recht nach geschehener Verteilung gegenüber dem Beklagten geltend zu machen, der mit dem von ihm erhobenen Anspruche befriedigt werden will, ist vom Reichsgerichte im Anschluß an die nach dem bisherigen

Rechte ergangene Judikatur ausgesprochen (Entsch. in Zivils. Bd. 58 S. 156).

Ist hiernach der mit der Klage geltend gemachte Anspruch an sich begründet, so unterliegt zwar das Berufungsurteil der Aufhebung, es kann aber eine Endentscheidung nicht getroffen werden, da die Behauptung, worauf der Klaganspruch gegründet ist, bestritten ist und daher nach anderweiter Verhandlung festgestellt werden muß."

---

49. Ist die Bestimmung der bremischen Hafenordnung von 1888, wonach im Hafen gesunkene Fahrzeuge auf Kosten des Eigentümers entfernt werden sollen, eine privatrechtliche Vorschrift, die mit Einführung des Bürgerlichen Gesetzbuchs außer Kraft getreten ist? Ist die Bestimmung mit der Reichs-Strandungsordnung vereinbar?

I. Zivilsenat. Urt. v. 20. Oktober 1906 i. S. des bremischen Staates (Kl.) w. Aktiengesellsch. G. E. S. (Bekl.). Rep. I. 112/06.

I. Landgericht Bremen.
II. Oberlandesgericht Hamburg.

Im Dezember 1904 waren zwei beladene Schleppkähne der Beklagten im Hafen I des Zollausschlußgebietes in Bremen gesunken. Da die Beklagte, obwohl sie von der klagenden Behörde hierzu aufgefordert worden, die Wracke, die die Schiffahrt im Hafen behinderten, nicht entfernen ließ, hat die Behörde selbst sie beseitigen lassen und für die Hebungskosten 10500 ℳ verausgabt. Die gehobenen Kähne waren wertlos.

Gestützt auf § 16 der Hafenordnung für den Freibezirk Bremen vom 14. Oktober 1888:

„Im Hafen umhertreibende Gegenstände, wie Hölzer, gesunkene Fahrzeuge und dergleichen, nicht minder auch ohne Erlaubnis am Hafen herumliegende Sachen, werden auf Kosten des Eigentümers entfernt und in Verwahrung genommen",

forderte der bremische Fiskus Ersatz jenes Betrages von der Beklagten.

Die Klage wurde in beiden Instanzen abgewiesen. Auch die Revision des Klägers hatte keinen Erfolg.

Gründe:

„Beide Instanzen gehen davon aus, daß der Anspruch des bremischen Fiskus auf vollen Ersatz der Hebungskosten gegen die Beklagte als Eigentümerin der beiden Schleppkähne an sich durch § 16 der bremischen Hafenordnung vom 14. Oktober 1888 gerechtfertigt werde. Trotzdem versagen sie der Bestimmung die Kraft, den eingeklagten Anspruch zu erzeugen, weil der Inhalt des Reichsrechts ihm entgegenstehe. Das Landgericht nimmt an, daß der § 25 der Strandungsordnung in der Fassung des Gesetzes vom 30. Dezember 1901 (R.G.Bl. 1902 S. 1) mit der bremischen Vorschrift in Widerspruch stehe, weil er die Behörde für die Deckung der bei Beseitigung eines Schiffahrtshindernisses erwachsenen Kosten ausschließlich auf den Verkauf der beseitigten Gegenstände verweise und damit eine persönliche Haftung des Eigentümers ausschließe. Das Oberlandesgericht mißbilligt dies, gelangt aber zu dem gleichen Ergebnisse, weil es annimmt, daß die durch § 16 der Hafenordnung geregelte Ersatzpflicht eine privatrechtliche Vorschrift sei, die nach Art. 55 Einf.-Ges. zum B.G.B. mit dem Inkrafttreten des Bürgerlichen Gesetzbuchs als beseitigt zu gelten habe.

Die letztere Ansicht, gegen die sich die Revision wendet, ist zunächst zu prüfen.

Die Vorschrift, daß die Hafenbehörde gesunkene Fahrzeuge auf Kosten des Eigentümers entfernen und in Verwahrung nehmen dürfe, ist, wie das Oberlandesgericht selbst annimmt, an sich öffentlichrechtlicher Natur. Sie bezweckt die Wahrung des allgemeinen, öffentlichen Interesses an der Freihaltung der Häfen von Hindernissen, die die Schiffahrt und die mit ihr in Zusammenhang stehende Benutzung der Hafenanlagen stören und gefährden. Das Oberlandesgericht meint aber, daß die Vorschrift insofern privatrechtlichen Charakter habe, als sie die Entfernung eines Schiffahrtshindernisses auf Kosten des Eigentümers zulasse. Damit sei ein vermögensrechtlicher Anspruch gegeben, der sich als Schadensanspruch darstelle, dem Gebiete des bürgerlichen Verkehrs angehöre und der Regelung durch das Privatrecht unterliege. Das ist fehlsam.

Daß ein Rechtssatz vermögensrechtliche Folgen hat, ist für seine Einordnung unter das öffentliche oder das bürgerliche Recht ohne Bedeutung. Ebenso ist die Vorstellung zurückzuweisen, daß ein Anspruch schon deswegen als privatrechtlicher anzusehen sei, weil er auf den Ersatz eines Schadens abziele. Diese Tatsache ist für die Einordnung an sich ohne Bedeutung; es kommt darauf an, ob das Rechtsverhältnis, aus dem die Schadensersatzpflicht erwächst, dem öffentlichen, oder dem bürgerlichen Rechte angehört.[1]

Hier handelt es sich um einen Rechtssatz, durch den die zur Wahrnehmung des öffentlichen Interesses berufene Behörde zu gewissen Eingriffen in das Privateigentum ermächtigt wird. Die Behörde soll Sachen, die im Privateigentum stehen, unter gewissen Voraussetzungen auf Kosten des Eigentümers entfernen dürfen. Eigentumsbeschränkungen aber, die im öffentlichen Interesse auferlegt sind, gehören in das Gebiet des öffentlichen Rechts, und nicht in das Gebiet des Privatrechts. Das ist auch der Standpunkt des Bürgerlichen Gesetzbuchs, das in den sachenrechtlichen Vorschriften über den Inhalt des Eigentums (§ 903 flg.) zwar eine Reihe von Eigentumsbeschränkungen zugunsten des Eigentums anderer, insbesondere beim Grundeigentum zugunsten der Nachbaren, enthält, das Gebiet der Eigentumsbeschränkungen im öffentlichen Interesse aber nicht regelt. Im Zusammenhange hiermit steht es, wenn Art. 109 Einf.-Ges. — um etwaige Zweifel abzuschneiden — ausdrücklich verfügt, daß die landesgesetzlichen Vorschriften „über die im öffentlichen Interesse erfolgende Entziehung, Beschädigung oder Benutzung einer Sache, Beschränkung des Eigentums und Entziehung oder Beschränkung von Rechten“ unberührt bleiben.

Will man aber auch annehmen, daß die Auferlegung der Fortschaffungskosten über den Rahmen einer bloßen Eigentumsbeschränkung hinausgeht, so darf die Vorschrift doch auch insoweit nicht als eine privatrechtliche gelten. Es handelt sich hierbei um eine Art von polizeilicher Zwangsvollstreckung. Die zunächst dem Eigentümer selbst obliegende Handlung wird von der Behörde bewirkt, ähnlich wie im Falle des § 887 Z.P.O. von dem Gläubiger, und wie in diesem Falle, ist der Pflichtige auch hier schuldig, den durch die Ersatz-

[1] Wach, Handb. d. Dtsch. Civilprozeßr. Bd. 1 S. 88, 95; O. Mayer, Dtsch. Verwaltungsr. Bd. 1 S. 326 flg., 339; Gierke, Dtsch. Privatr. Bd. 1 S. 26; Motive zum Entw. d. B.G.B. Bd. 1 S. 1; Planck, B.G.B. 3. Aufl. Bd. 3 Vorbem. 4 vor § 903 S. 163; Stier-Somlo, Einwirk. des bürg. R. auf d. pr. dtsch. Verwaltungsr. S. 43 flg. D. E.

vornahme erwachsenen Aufwand zu erstatten. Das ist kein zivilrechtlicher Anspruch, sondern nur das letzte Stück in der Reihe der polizeilichen Zwangsmaßnahmen zur Durchführung des Erfolges, den das Gesetz im öffentlichen Interesse anstrebt. Eine ähnliche Bestimmung, die für die Schiffahrt auf der Oder ergangen war, hat das Reichsgericht denn auch bereits in diesem Sinne aufgefaßt (Entsch. in Zivils. Bd. 43 S. 293). Daß es sich damals um eine preußische, jetzt um eine bremische Verordnung handelt, ist unerheblich. Wie das Berufungsgericht feststellt, enthält das bremische Recht keine Bestimmungen über die Abgrenzung des öffentlichen Rechts vom privaten. Es kommen daher lediglich die allgemeinen, in Wissenschaft und Rechtsprechung anerkannten Grundsätze in Betracht. Nur diese aber — und nicht besondere Bestimmungen des preußischen Rechts — waren auch bei jener Entscheidung für die Auffassung der Vorschrift als einer polizeilichen maßgebend.

Hiernach erscheint es nicht angängig, die erwähnte Vorschrift der Hafenordnung, mit dem Oberlandesgericht, in eine dem öffentlichen und eine dem bürgerlichen Rechte angehörige zu zerreißen. Sie ist einheitlicher Natur und ganz dem öffentlichen Rechte einzuordnen. Und daher wird sie durch Art. 55 Einf.-Ges. zum B.G.B. nicht berührt.

Da hiernach der Grund, aus dem das Oberlandesgericht zur Abweisung der Klage gelangt ist, nicht haltbar erscheint, so bleibt zu prüfen, wie es sich mit dem von beiden Instanzen verschieden beurteilten Verhältnis des § 25 der Strandungsordnung zu der Vorschrift der Hafenordnung verhält.

Daß die Vorschriften der Strandungsordnung auf die Häfen des Zollausschlußgebietes in Bremen, weil Seeschiffe in ihnen verkehren, an sich Anwendung finden, wird von den Instanzen unterstellt und kann einem Zweifel nicht unterliegen. Ebenso unzweifelhaft ist, daß ein Fall vorliegt, der unter § 25 fällt: in einem Hafen war ein Schiff so gesunken, daß die Schiffahrt dadurch beeinträchtigt wurde. Ein Seeschiff — was nicht festgestellt ist — braucht das gesunkene Schiff nicht zu sein (Entsch. des R.G.'s in Zivils. Bd. 38 S. 86).

Nach § 25 kann sich die Behörde zur Deckung der Räumungskosten nur an die beseitigten Gegenstände halten; ein Recht, den

Eigentümer persönlich in Anspruch zu nehmen, — insbesondere für den Fall, daß die Kosten durch den Erlös der beseitigten Gegenstände nicht gedeckt werden — steht ihr nach dieser Gesetzesstelle nicht zu. Der Inhalt des § 16 der Hafenordnung aber ist nach der Auslegung der Vorinstanzen gerade der, daß für die von beiden Bestimmungen gleichmäßig umfaßten Fälle dem Fiskus ein vom Werte der beseitigten Gegenstände unabhängiger Ersatzanspruch gegen den Eigentümer gewährt wird.

Es fragt sich, ob dieser landesrechtliche Rechtssatz gegenüber der reichsrechtlichen Vorschrift Bestand hat, oder ob er nach der Regel des Art. 2 der Reichsverfassung, wonach „die Reichsgesetze den Landesgesetzen vorgehen" als beseitigt zu gelten hat.

Bei Prüfung dieser Frage ist davon auszugehen, daß, wenn das Reichsgesetz eine Materie vollständig regeln wollte, Landesgesetze zur Ergänzung des Reichsgesetzes unzulässig sind. Indem das Reich eine bestimmte Rechtsmaterie normiert, entrückt es diese Materie der einzelstaatlichen Autonomie.[3]

Demnach ist zu fragen: wollte die Strandungsordnung die Strandungsangelegenheiten, und insbesondere durch § 25 die behördlichen Befugnisse in bezug auf die Beseitigung von Schiffahrtshindernissen, namentlich auch gegenüber den Eigentümern, vollständig und abschließend regeln?

Diese Frage muß bejaht werden.

Die Strandungsordnung strebt eine vollständige Regelung der Strandungsangelegenheiten an und läßt — abgesehen von den Fällen, wo sie ausdrücklich auf die Landesgesetzgebung verweist (§§ 2 Abs. 1, 22, 35 Abs. 4 und § 45), oder wo sie den Landesregierungen gewisse Ermächtigungen einräumt (§§ 17, 24 40) — innerhalb ihres örtlichen und sachlichen Anwendungsgebietes keinen Raum für landesgesetzliche Ergänzungen. Die Motive des Gesetzentwurfs, der im

---

[3] Riedel, Reichsverfassungsurk. S. 82, 83; v. Rönne, Staatsr. d. Dtsch. R. Bd. 2a S. 6, 7; Seydel, Annalen d. dtsch. R. 1881 S. 596; Binding, Handb. d. Strafr. Bd. 1 S. 290 flg.; Wach, Handb. d. Dtsch Civilprozeßr. Bd. 1 S. 200; Laband, Staatsr. d. Dtsch. R. 4. Aufl. Bd. 2 S. 108; Heinze, Verh. d. Reichsstrafr. z. Landesstrafr. S. 23; Zorn, Staatsr. d. Dtsch. R. 2. Aufl. Bd. 1 S. 421; G. Meyer, Dtsch. Staatsr. 5. Aufl. S. 548. D. E.

Laufe der gesetzgeberischen Beratungen in diesem Punkte eine Abänderung nicht erfahren hat, geben als seinen Zweck an:

„die bisher maßgebenden partikularrechtlichen Vorschriften vollständig zu beseitigen und sie im Wege der Reichsgesetzgebung durch einheitliches Recht zu ersetzen."

Vgl. Drucksachen des Reichstages II. Legislaturperiode 1. Session 1874 Bd. 1 Nr. 5 S. 13.

Die hier in Rede stehende Vorschrift des § 25 war so, wie sie im Gesetze vom 17. Mai 1874 lautet, bereits im ersten Entwurfe enthalten und ist damals unverändert geblieben. Mit auf sie bezieht sich die weitere Bemerkung der Motive, daß der Entwurf die Tendenz verfolge:

„den einzelnen Beteiligten in der freien Verfügung über seine Person und sein Eigentum nur insoweit zu beschränken, als es zur Abwendung erheblicher und dringender Gefahr unerläßlich ist; weitergehende Eingriffe in die Freiheit der Person und in bestehende Privatrechte hat er vermieden, weil der Nutzen solcher Maßnahmen durch ihre Nachteile überwogen wird" (daselbst S. 15).

Als sich in den 90er Jahren bei Hamburg mehrere Strandungsfälle ereigneten, durch die das Fahrwasser der Unterelbe beeinträchtigt wurde, erwies sich die Vorschrift des § 25 in ihrer ursprünglichen Fassung vielfach als zu eng, insbesondere insofern, als sie das Einschreiten der Behörde davon abhängig machte, daß die beteiligten Eigentümer nicht bekannt oder zur Wegschaffung nicht bereit seien, und ferner insofern, als sie es zweifelhaft ließ, ob bei einem gesunkenen Schiffe die Ladung von deren Eigentümern allein entfernt und damit der Haftung für die Kosten der Beseitigung des Wracks durch die Behörde entzogen werden konnte. Obwohl die letztere Frage aus Anlaß eines Einzelfalles vom Reichsgerichte zugunsten des Fiskus entschieden worden war (Urteil des I. Zivilsenats vom 14. April 1894, Entsch. in Zivils. Bd. 33 S. 61), sah sich die Reichsregierung auf Anregung Hamburgs doch veranlaßt, im Februar 1901 eine andere Fassung des § 25 in Vorschlag zu bringen, um den hervorgetretenen Übelständen abzuhelfen.

Vgl. die Begründung zum Entwurfe eines Gesetzes zur Abänderung der Strandungsordnung, Drucksachen des Reichstages X. Legislaturperiode 2. Session 1900/01 Bd. 2 Nr. 149.

Der vorgelegte Entwurf wurde demnächst als Gesetz am 30. Dezember 1901 publiziert (R.G.Bl. 1902 S. 1). Abgesehen von anderen nebensächlichen Änderungen wurden durch die neue Fassung die Voraussetzungen und Folgen des behördlichen Einschreitens anders normiert, und vor allem verhütet, daß etwa die Ladungsinteressenten die in der Regel leichter fortzuschaffende und wertvollere Ladung aus den gestrandeten Schiffen gegen den Willen der Behörde entfernen und dadurch den Wert des der Behörde verbleibenden Gegenstandes schmälern könnten. Damit war der — auch in der ausländischen Seegesetzgebung zumeist anerkannte — Rechtsgrundsatz, daß Schiff und Ladung allemal als ein einheitliches Schiffahrtshindernis zu betrachten und zusammen für die Wegschaffungskosten haften, Bestandteil des Reichsrechts geworden. Nur die Habe der Schiffsbesatzung, das Reisegut der Reisenden und die Post wurden von der Haftung ausgenommen.

Festgehalten aber wurde an dem Grundsatze, daß für die Wegschaffungskosten nur eine Haftung mit den beseitigten Gegenständen Platz greift, eine Sachhaftung, keine persönliche Haftung der beteiligten Eigentümer. Dies ist um so beachtenswerter, als aus Anlaß der erwähnten Strandungsfälle auf der Elbe, bei denen dem Hamburger Fiskus in 7 Jahren 395000 ℳ ungedeckte Wegräumungskosten entstanden waren, in der Literatur die Aufstellung des Rechtssatzes empfohlen und mit Billigkeitsgründen und verwandten Bestimmungen der außerseerechtlichen Gesetzgebung unterstützt war, die Reeder, die ja hiergegen Versicherung nehmen könnten, sollten unbeschränkt für derartige Folgen ihres gefahrvollen Gewerbebetriebes haften (Bartels, Hans. Gerichtsztg. 1895 Hauptbl. Nr. 42 S. 118flg.). Dem gegenüber betont die Begründung der Novelle, daß es die Aufgabe des Gesetzes sei, die Behörde

> „in betreff der Deckung der Räumungskosten aus den zu beseitigenden Gegenständen soweit sicherzustellen, als dies mit den Interessen der Eigentümer verträglich erschien"

Nach alledem kann es keinem Zweifel unterliegen, daß in den Fällen des § 25 der Strandungsordnung die Landesgesetzgebung nach Reichsrecht nicht in der Lage ist, die durch das Reichsgesetz abgelehnte Ausdehnung der Haftung der beteiligten Eigentümer auf deren gesamtes Vermögen ihrerseits einzuführen, und daß Landesgesetze, die dies tun, also nach der Auslegung der Vorinstanzen der § 16 der bremischen Hafenordnung, weil sie mit dem Reichsrechte in Widerspruch stehen, keine Gültigkeit beanspruchen können.

In Anwendung des § 563 Z.P.O. führt dies zur Zurückweisung der Revision, weil zwar nicht der Grund des Oberlandesgerichts, wohl aber der vom Oberlandesgerichte mißbilligte Grund des Landgerichts die Klage beseitigt."

---

50. 1. Hat beim Verkauf unter Eigentumsvorbehalt der Verkäufer im Sinne des § 17 K.O. vollständig erfüllt, wenn er die verkaufte Ware dem Käufer übergeben hat?

2. Liegt derselbe Grund der Forderung im Sinne des § 146 Abs. 4 K.O. vor, wenn der Gläubiger, der seine Forderung als Kaufpreisforderung zum Konkurs angemeldet hatte, Klage auf Schadensersatz wegen Weigerung des Konkursverwalters, den Kaufvertrag zu erfüllen, erhebt?

K.O. §§ 17, 139, 146.

Z.P.O. § 268 Nr. 3.

I. Zivilsenat. Urt. v. 20. Oktober 1906 i. S. K. (Kl.) w. K. Konkursmasse (Bekl.). Rep. I. 141/06.

I. Landgericht Hall.
II. Oberlandesgericht Stuttgart.

Am 28. Mai 1902 schloß der Kläger mit dem Schuhmacher K. in Künzelsau den in Abschrift vorgelegten „Kommissionsvertrag" ab, wonach der Kläger dem K. vorläufig auf die Dauer von drei Jahren für 6000 *M* Schuhwaren „in Kommission" gab und sich „hierauf das Eigentumsrecht vorbehielt", solange die Ware nicht vollständig bezahlt sei. Nach Ablauf von drei Jahren sollte K. verpflichtet sein, die alsdann noch nicht verkauften Waren auf feste Rechnung zu übernehmen. Die Nichteinhaltung einer der Vertragsbedingungen sollte zur sofortigen Auflösung des Vertrages berechtigen, in welchem Falle die bezüglich seines Ablaufs vereinbarten Bedingungen in Kraft zu treten hatten. Im Jahre 1904 starb K. und hinterließ Witwe und

Kinder. Auf Antrag des Vormundes der letzteren und der Witwe wurde Nachlaßverwaltung, und auf Antrag des Nachlaßverwalters und des Vormundes im Januar 1905 der Konkurs über den Nachlaß eröffnet. Die Witwe hatte schon alsbald nach dem Tode des K. dem Kläger mitgeteilt, daß sie das Geschäft nicht weiterführe. Der Kläger nahm hierauf den Standpunkt ein, daß nunmehr, entsprechend der für den Ablauf des Vertrages getroffenen Bestimmung, die noch vorhandenen Waren auf feste Rechnung zu übernehmen seien. Er berechnete seine „Kaufpreisforderung" auf 4869,10 *M* und meldete sie im Konkursverfahren an. Dabei beanspruchte er abgesonderte Befriedigung aus einer im Zusammenhang mit dem Kommissionsvertrage ihm von K. eingeräumten Kredithypothek für 3000 *M* und erklärte außerdem von seinem Eigentumsvorbehalte Gebrauch zu machen, soweit er keine Befriedigung erlange. Der Konkursverwalter seinerseits erklärte mit Schreiben vom 1. Februar 1905, daß er auf Grund des § 17 K.O. die Erfüllung des Kommissionsvertrages, ablehne und forderte den Kläger auf, die noch vorhandene Kommissionsware, deren Fakturenpreis er auf 4189,35 *M* berechnete, bis zum 11. Februar 1905 zurückzunehmen, widrigenfalls er sie auf Kosten und Gefahr des Klägers bei einem Spediteur niederlegen werde.

Der Kläger hat hierauf Klage auf Feststellung seiner streitig gebliebenen Forderung gegen den Konkursverwalter erhoben.

Beide Vorinstanzen haben klagabweisend erkannt. Die Revision ist zurückgewiesen.

Aus den Gründen:

„Das Oberlandesgericht erwägt, der Betrag der streitigen Forderung des Klägers entspreche dem Fakturawert der von ihm dem verstorbenen K. zugesandten beim Konkursausbruch noch vorhandenen Waren. Die Forderung werde von dem Kläger als Kaufpreisforderung aus Verkauf von Schuhwaren beansprucht, während Beklagter behaupte, daß der Vertrag vom Mai 1902 ein Kommissionsvertrag sei, und Kläger daher keinen anderen Anspruch habe als den auf Rückgabe der Ware, welche ihm vom Konkursverwalter längst angeboten sei. Wäre die Auffassung des Beklagten richtig, so sei der Anspruch des Klägers ohne weiteres unbegründet. Aber selbst wenn derselbe sich als Kaufpreisforderung charakterisiere, sei die Klage abzuweisen, da ein Anspruch auf Bezahlung des Kaufpreises nicht mehr existiere, nachdem der Konkursverwalter mit Schreiben vom 1. Februar 1905 die Erfüllung des Vertrages abgelehnt habe. Dazu sei er nach § 17 Abs. 1 K.O. berechtigt gewesen, da der Vertrag zur Zeit der Eröffnung des Konkursverfahrens weder von dem Käufer noch von dem Verkäufer vollständig erfüllt gewesen sei. Insbesondere habe der Kläger, der sich bis zur Bezahlung des Preises das Eigentum an den Schuhwaren vorbehalten, seine Verpflichtung, dem Käufer Eigentum zu verschaffen, noch nicht erfüllt (vgl. §§ 433, 455, 158 Abs. 1 B.G.B.).

Diese Erwägungen des Oberlandesgerichts lassen einen Rechtsirrtum nicht erkennen. Was die Revision gegen sie geltend macht, erscheint nicht stichhaltig. Sie rügt Verletzung der §§ 139, 146 und 17 K.O. Die Identität des Grundes der angemeldeten Forderung mit dem des eingeklagten Anspruchs komme nur insoweit als Erfordernis in Betracht, als Kläger nicht zugleich Absonderungsrechte geltend mache. Es sei aber überhaupt unrichtig, daß der Entschädigungsanspruch, welcher dem Käufer wegen Kündigung des Vertrages durch den Konkursverwalter zustehe, etwas anderes sei als der Anspruch auf Bezahlung des Kaufpreises. Überdies treffe § 17 im vorliegenden Falle nicht zu. Denn der Vertrag sei vom Kläger vollständig erfüllt, so wie er ihn zu erfüllen sich verpflichtet habe.

Zu den Hauptverpflichtungen des Verkäufers gehört nach § 433 B.G.B. die Pflicht, dem Käufer die verkaufte Sache zu übergeben und ihm das Eigentum an ihr zu verschaffen. Die letztere Verpflichtung war, wie das Oberlandesgericht zutreffend ausführt, nach dem Vertrag vom Mai 1902 suspendiert bis zur Bezahlung des Preises der Schuhwaren. Allerdings wird die Ansicht vertreten, daß beim Verkauf mit Eigentumsvorbehalt der Verkäufer, wenn er die Sache übergeben hat, nichts weiter zu gewähren habe; denn der Eigentumserwerb hange in diesem Falle nur noch vom Käufer ab.

Vgl. v. Wilmowski-Kurlbaum, Konkursordnung 6. Aufl. § 17 Bem. 4 Abs. 2.

Allein der Umstand, daß der Eintritt der Bedingung für die Eigentumsverschaffung von dem Käufer abhängt, läßt die in Frage stehende Verpflichtung des Verkäufers unberührt. Der Wille des Verkäufers, Eigentum zu übertragen, muß in dem Moment vorhanden sein, in welchem die Bedingung eintritt. Vorher findet nach dem

Vertrag die Eigentumsübertragung überhaupt nicht statt. Der dingliche Vertrag wird erst dann geschlossen, wenn die Bedingung eintritt. Bis zu diesem Zeitpunkt besteht auch seine obligatorische Verpflichtung, Eigentum zu verschaffen, aus dem Kaufvertrag als eine noch nicht erfüllte fort.

Vgl. Jaeger, Konkursordnung 2. Aufl. § 17 Anm. 11; v. Sarwey-Bossert, Konkursordnung 4. Aufl. § 17 Bem. 2.

Hiernach hat das Oberlandesgericht mit Recht den § 17 der Konkursordnung für anwendbar erachtet. Es hat auch die richtigen Konsequenzen aus seiner Anwendung gezogen.

Lehnt der Konkursverwalter in zulässiger Weise die Erfüllung des Vertrages ab, so hat der Verkäufer nicht mehr den Anspruch auf die vereinbarte Gegenleistung. Er hat nur noch einen Anspruch auf Entschädigung wegen Nichterfüllung des Vertrages.

Vgl. Entsch. des R.G.'s in Zivils. Bd. 22 S. 111.

Allerdings hat sowohl dieser Anspruch als die Kaufpreisklage seinen Grund in dem Kaufvertrag. Aber mit der Entschädigungsklage wegen Nichterfüllung des Vertrages wird nicht lediglich statt des ursprünglich geforderten Gegenstandes wegen einer später eingetretenen Veränderung das Surrogat desselben oder das Interesse gefordert. Vielmehr beruht die Schadensersatzklage auf einem anderen rechtlichen Tatbestand als die Kaufpreisklage und verfolgt auch ein anderes Objekt als diese. § 268 Nr. 3 Z.P.O. kann daher hier keine Anwendung finden.

Vgl. Gruchot, Beiträge Bd. 33 S. 1164, Bd. 41 S. 1126, Bd. 42 S. 1015; Jurist. Wochenschr. 1897 S. 53 Nr. 14.

Die dargestellten Grundsätze gelten in gleicher Weise für denjenigen Teil des Klaganspruchs, für welchen ein Absonderungsrecht geltend gemacht ist, wie für den überschießenden. Der Anspruch ist lediglich als Kaufpreisforderung erhoben. Ein solcher Anspruch besteht aber für den Kläger nicht mehr, nachdem der Konkursverwalter rechtswirksam die Erfüllung des Vertrages abgelehnt hat. Es kann daher auch von einer Verletzung der §§ 139, 146 der Konkursordnung keine Rede sein."

51. Was bedeutet es, wenn in einer die Versicherung gegen Kreditverluste regelnden Police bestimmt ist, daß der Versicherer zu einem gewissen Abzuge berechtigt sei, wenn bei der Regulierung die endgültige dem Versicherten aus dem Konkurse des Schuldners zufallende Quote noch nicht feststeht?

VII. Zivilsenat. Urt. v. 23. Oktober 1906 i. S. A. (Kl.) w. The Ocean Accident & Guarantee Comp. (Bekl.). Rep. VII. 26/06.

I. Landgericht Hamburg.
II. Oberlandesgericht daselbst.

Die Klägerin war bei der Beklagten für die Jahre 1901 und 1902 gegen außergewöhnliche Geschäftsverluste durch insolvente Schuldner versichert. Die Versicherung bezog sich auf die während der Dauer des Vertrages im Geschäftsbetriebe der Klägerin durch Ablieferung der Waren erledigten Verkäufe und die dabei durch Insolvenz der Käufer erlittenen eine gewisse Summe übersteigenden Verluste. Die Bedingungen (§§ 7, 8) schrieben vor, daß der Versicherte, sofern er unter die Versicherung fallende Verluste erlitten, dies der Gesellschaft spätestens 14 Tage nach Ablauf der Versicherung mitzuteilen und eine Aufstellung über die direkt oder indirekt empfangenen und noch zu empfangenden Quoten und Garantien beizufügen habe; die Gesellschaft sei gehalten, innerhalb dreier Monate nach Empfang der Aufstellung den auf sie entfallenden Betrag auszuzahlen, wobei sie berechtigt sei, die auf die Schadensansprüche und die Angaben des Versicherten bezüglichen Bücher und Schriften zu untersuchen und von ihnen Abschrift zu nehmen. Der § 9 behandelt die Ermittelung der Haftung der Gesellschaft. Es heißt dort „... Von den Totalverlusten sind bei der Regulierung ... in Abzug zu bringen

a), b)" (interessieren nicht);

„c) die Beträge, welche direkt oder indirekt empfangen wurden oder noch zu empfangen sind ... Wenn bei der Regulierung die endgültige Quote noch nicht feststeht, kann die Gesellschaft statt derselben $33^1/_3$ Prozent von der zur Zeit der Insolvenz geschuldeten Summe in Abzug bringen. Jede nachher auf die fragliche Forderung zur Auszahlung kommende Quote soll dem Versicherten allein zufallen."

Die Klägerin hatte von C. in Malaga 14905,95 ℳ zu fordern. Dieser geriet im Dezember 1901 in Konkurs. Mehr als 12500 ℳ hätte die Beklagte, wie unstreitig, von der bezeichneten Summe nicht zu tragen gehabt. Bei Verhandlungen, die am 6. Juli 1903 zwischen der Klägerin und zwei „Abgesandten" der Beklagten über den Schadensfall stattfanden, erklärten die letzteren, daß sie auf Grund des § 9c der Bedingungen 33⅓ Prozent der Forderung, d. i. 4166,66 ℳ, in Abzug brächten, und es wurde der in Höhe von 12500 ℳ geltend gemachte Anspruch der Klägerin nur mit 1225,57 ℳ anerkannt. Diese Summe erhielt die Klägerin am 24. November 1903 ausgezahlt. Sie behauptete, daß damals, wie auch schon am 6. Juli 1903, festgestanden habe, daß sie eine Dividende aus dem Konkurse des C. nicht bekomme, und sie klagte deshalb mit noch anderen ihr angeblich zustehenden Forderungen auch den durch C. erlittenen Verlust ohne Rücksicht auf den Abzug von 33⅓ Prozent ein. Die Beklagte bestritt, daß „bei der Regulierung" der Ausfall der Klägerin schon festgestanden habe. Das Landgericht wies durch Teilurteil die Klage in Höhe von 4166,66 ℳ ab, indem es den Abzug für gerechtfertigt erachtete. In gleichem Sinne entschied das Oberlandesgericht. Auch die Revision ist erfolglos geblieben.

Gründe:

„Es handelt sich um die Frage, ob die Beklagte mit Recht von der ihr im § 9c der Bedingungen eingeräumten Befugnis Gebrauch gemacht hat, die Versicherungssumme um 33⅓ v. H. zu kürzen. Diese Befugnis ist ihr für den Fall eingeräumt, daß „bei der Regulierung die endgültige Quote noch nicht feststeht" Es ist zunächst darüber gestritten worden, was unter der „Regulierung" zu verstehen sei, und bis zu welchem Zeitpunkte das Abzugsrecht geltend zu machen sei. Der Berufungsrichter nimmt an, daß die Regulierung das ganze Verfahren wegen Feststellung des Schadens von der Eröffnung der Verhandlungen bis zur völligen Einigung der Parteien umfasse, und daß die Beklagte in jedem Stadium des Verfahrens ihr Abzugsrecht mit endgültiger Wirkung für beide Teile ausüben dürfe. Gegen diese Annahme wendet sich die Revision. Es braucht indessen darauf nicht weiter eingegangen zu werden, weil die Klägerin selbst unter der „Regulierung" die Bezahlung der von der Gesellschaft zugebilligten Entschädigung verstanden wissen will, die Bezahlung aber am 24. November 1903 erfolgt ist, und zu diesem Zeitpunkt, sofern man ihn als entscheidend ansieht, nach der unangefochtenen Feststellung des Berufungsrichters die Verhältnisse nicht anders lagen, als im Juli 1903, wo die „Abgesandten" der Beklagten erklärten, die Versicherungssumme um $33^1/_3$ v. H. zu kürzen. Es kommt sonach nur auf den zweiten Streitpunkt der Parteien an, der die Frage betrifft, was das Nichtfeststehen der Quote bedeutet. Der Berufungsrichter verneint, daß im Juli oder November 1903 im Sinne des § 9c der Bedingungen bereits festgestanden habe, daß die Klägerin von ihrem insolventen Schuldner C. in Malaga nichts erhalten werde. Seine Erwägungen lassen einen rechtlichen Verstoß nicht erkennen. Sie sind insofern der Klägerin günstig, als der Berufungsrichter ersichtlich davon ausgeht, daß, wenn die völlige Unzulänglichkeit der Konkursmasse des Schuldners klar gewesen sei, der § 9c nicht zur Anwendung komme, daß also der Abzug nur gerechtfertigt sei, wenn irgend eine Quote noch in Aussicht stehe. Aber er ist der Meinung, daß es für die Beantwortung dieser Frage nicht von Bedeutung sei, ob an dem Wohnsitze des Schuldners in Malaga für die mit den Verhältnissen und mit dem Gange des Verfahrens vertrauten Persönlichkeiten im Juli und November 1903 bereits bekannt gewesen sei, daß die einfachen Konkursgläubiger keine Dividende zu erwarten hätten. Vielmehr sei maßgebend, ob der Versicherte imstande sei, die tatsächliche Lage der Verhältnisse soweit darzulegen, daß zu dem Ergebnisse des vollständigen Ausfalls zu gelangen sei. Diese Ausführungen sind in ihrem Kerne rechtlich nicht zu beanstanden. Für die Parteien des Versicherungsvertrages ist wesentlich, daß die Ersatzpflicht der Versicherungsgesellschaft binnen bestimmter Frist festgestellt, und die Angelegenheit abgewickelt wird. Dies ergeben die im Tatbestande mitgeteilten Bedingungen, die eine Erledigung der Sache innerhalb dreier Monate vorsehen. Sofern daher der Beklagten für einen gewissen Fall nicht genügender Aufklärung der Sachlage, nämlich für den Fall, daß die endgültige dem Versicherten zufließende Quote nicht feststeht, ein Abzugsrecht eingeräumt ist, kommt es nicht sowohl darauf an, daß die Sachlage irgendwo geklärt ist oder irgendwann geklärt werden kann, als darauf, daß sie den über die Höhe der Versicherungssumme verhandelnden Beteiligten zur Zeit und am Orte der Verhandlungen erkennbar, oder nicht erkennbar ist, daß es also für diese ungewiß ist, ob nicht doch noch eine Dividende aus dem Konkurse des Schuldners zu erwarten sei. Im Einzelfalle können hier — und dies verkennt auch der Berufungsrichter nicht — Zweifel auftauchen, indem die Parteien über den Umfang der gewonnenen Aufklärung und insbesondere darüber streiten, ob sie genügt, um eine Feststellung im Sinne der Bedingungen zu treffen. Allein für den gegenwärtigen Rechtsstreit sind solche Zweifel ausgeschlossen. Die Klägerin hat nach der nicht zu bemängelnden Annahme des Berufungsrichters bis zum 24. November 1903 gar keine weitere Aufklärung über die Vermögenslage ihres Schuldners C. gegeben, namentlich auch nicht das Schreiben des Konsuls vom 15. September 1903 vorgelegt, das sich über den ungünstigen Stand des Konkurses ausspricht. Es ist auch nicht ersichtlich, daß der Beklagten anderweit etwas darüber bekannt geworden ist, daß von C. nichts zu erwarten sei. Unter diesen Umständen verstößt es nicht gegen Treu und Glauben und gegen den § 9c der Versicherungsbedingungen, wenn die Beklagte erklärt hat, es scheine ihr nicht ausgeschlossen, daß die Klägerin von C. doch noch eine Quote bekomme, und sie zahle daher nur $^2/_3$ der Versicherungssumme. Die Klägerin hat betont, daß die Beklagte nach dieser Richtung beweispflichtig sei. Es ist jedoch nur zu prüfen gewesen, ob eine Ungewißheit über den Ausgang des Konkurses C bestand. Zu beweisen hatte die Beklagte nach der angedeuteten Richtung nichts, wie auch andererseits der Berufungsrichter nicht etwa der Klägerin den Beweis dafür ausbürdet, daß der Konkurs ergebnislos verlaufen sei, und sie wegen Mißlingens dieses Beweises für sachfällig erklärt. Er meint nur, daß, wie die Dinge sowohl im Juli wie im November 1903 lagen, es nicht feststand, ob die Klägerin leer ausgehen würde, und diese Meinung ist nicht rechtsirrtümlich."

---

52. 1. Ist das Amortisationsguthaben bei der neuen Posener Landschaft pfändbar? Hat die Pfändung Bedeutung für die nachträglich entstehende Eigentümergrundschuld?

2. In welcher Weise ist der Versteigerungserlös, der auf eine solche Grundschuld entfällt, zu pfänden?

3. Genügt für die Pfändungsankündigung mündliche Bevollmächtigung des Rechtsanwalts und nachträgliche stillschweigende Genehmigung dann, wenn inzwischen andere Gläubiger gepfändet haben?

Einf.-Ges. zum B.G.B. Art. 167.
Preuß. Ausf.-Ges. zur G.B.O. Art. 21.
B.G.B. §§ 135, 184, 185.
Z.P.O. §§ 829, 830, 845, 857, 80, 89 Abs. 2.
Zw.V.G. §§ 52, 91.

V. Zivilsenat. Urt. v. 24. Oktober 1906 i. S. J. (Bekl.) w. K. u. Gen. (Kl.). Rep. V. 78/06.

I. Landgericht Posen.
II. Oberlandesgericht daselbst.

In der Zwangsversteigerungssache des Ritterguts G. wurden in dem Kaufgelderbelegungstermine vom 30. November 1903 von seiten der Posener Landschaft die in Abt. III Nr. 43 und 46 eingetragenen Pfandbriefsdarlehen von 72000 ℳ und 52500 ℳ nur abzüglich eines Betrages von 3959,10 ℳ liquidiert, indem die Landschaft den gleich hohen Betrag des Amortisationsfonds mit ihrer Forderung verrechnete. Auf den getilgten Betrag erhoben Pfändungsgläubiger der Schuldnerin Marie von B. Anspruch, und die 3959,10 ℳ wurden deshalb als Streitmasse zunächst zur vorläufigen Verwahrung des Amtsgerichts genommen, später am 29. Dezember 1903 bei der Königlichen Regierung hinterlegt. Beteiligt waren als Pfändungsgläubiger:

a) der Beklagte, dem gegen die Gutseigentümerin zwei vollstreckbare Forderungen von 8663 und 5700 ℳ nebst Zinsen und Kosten zustanden. Er hatte zuerst durch den Beschluß des Amtsgerichts vom 15. August 1903 das Amortisationsguthaben der Schuldnerin pfänden und den Beschluß am 31. August 1903 der Posener Landschaft zustellen lassen. Am 30. November 1903, dem Tage des Kaufgelderbelegungstermins, ließ er dann um 9 Uhr 50 Minuten vormittags, nachdem die Landschaft die Verrechnungserklärung abgegeben hatte, eine Benachrichtigung, daß die Pfändung der entstandenen Eigentümerhypothek, bzw. der darauf entfallenden Kaufgelder bevorstehe, dem Vollstreckungsrichter zustellen. Der Schuldnerin wurde diese Benachrichtigung am 2. Dezember 1903 zugestellt. Am 3. Dezember 1903 wurden demnächst wegen der

Forderung von 8663 ℳ nebst Zinsen und Kosten, und am 9. Dezember 1903 wegen der von 5700 ℳ nebst Nebenansprüchen von dem Amtsgericht auf Antrag des Beklagten Pfändungsbeschlüsse, betreffend die Eigentümerhypothek und die darauf entfallenen Kaufgelder, erlassen und dem Vollstreckungsrichter (am 7., bzw. 14. Dezember), der Hinterlegungsstelle (am 7., bzw. 14.) und der Schuldnerin (am 9., bzw. 15. Dezember) zugestellt.

b) Beteiligt waren ferner die beiden Kläger, und zwar K. mit einer vollstreckbaren Forderung von 2554,80 ℳ nebst Zinsen und Kosten, die Firma B. mit einer solchen von 500 ℳ nebst Zinsen und Kosten. Als „Vertreter" dieser Gläubiger hatte der Rechtsanwalt K. eine vom 28. November 1903 datierte Pfändungsankündigung am 30. November, dem Kaufgelderbelegungstermin, um 8 Uhr 15 Minuten vormittags dem Vollstreckungsrichter und in der Zeit von 11 Uhr 45 Minuten vormittags bis 2 Uhr 30 Minuten nachmittags 10 mal in Abständen von ¼—½ Stunde der Schuldnerin zustellen lassen. In der Pfändungsankündigung war bemerkt, daß die Schuldnerin „ein Anrecht auf die durch Verrechnung des Amortisationsguthabens . . . entstehende Eigentümergrundschuld" habe, und daß die Pfändung dieses Anrechts bevorstehe. Der Vollstreckungsrichter wurde ersucht, „die auf die Schuldnerin entfallende Hebung nicht an sie zu zahlen"; der Schuldnerin wurde aufgegeben, sich jeder Verfügung „über die Forderung und die Eigentümergrundschuld" zu enthalten. Durch Beschluß vom 11. Dezember 1903, der den Verwahrungsbeamten des Amtsgerichts und der Schuldnerin am 16. Dezember 1903 zugestellt wurde, ist sodann auf Antrag der Kläger die „Forderung der Schuldnerin aus der durch Verrechnung des Amortisationsguthabens . . . entstandenen Eigentümerhypothek, bzw. -grundschuld, bzw. auf den an die Stelle getretenen Teil des Versteigerungserlöses" gepfändet worden.

In dem die Streitmasse betreffenden Verteilungsverfahren wurde in dem Teilungsplane die Masse dem Beklagten zugewiesen. Die Kläger widersprachen jedoch im Termin am 2. Dezember 1903 und erhoben demnächst Klage mit dem Antrag, daß der Beklagte verurteilt werde, darein zu willigen, daß aus der Streitmasse 3736,71 ℳ (nach späterer Ermäßigung 3659,21 ℳ) nebst den davon aufgekommenen Hinterlegungszinsen den Klägern ausgezahlt würden.

Das Landgericht hat nach dem ermäßigten Antrage erkannt. Das Berufungsgericht hat die Berufung des Beklagten zurückgewiesen. Die Revision hatte keinen Erfolg.

Gründe:

„Den Pfändungsbeschluß vom 15. August 1903, durch den das Amortisationsguthaben der Schuldnerin bei der Posener Landschaft zugunsten des Beklagten gepfändet worden ist, erklärt der Berufungsrichter für unwirksam, weil nach § 32 der gehörig genehmigten und bekannt gemachten neuen Satzungen der Posener Landschaft (Amtsbl. der Königl. Regierung in Posen Jahrg. 1896 Nr. 38) der Anspruch auf den getilgten Betrag (Amortisationsfonds) ohne das Grundstück nicht veräußert, auch von Dritten nicht in Anspruch genommen und im Wege der Zwangsvollstreckung nicht mit Beschlag belegt werden könne. Diesen Satzungen der Posener Landschaft legt der Berufungsrichter unter Bezugnahme auf Art. 167 Einf.-Ges. zum B.G.B. (vgl. auch Art. 21 preuß. Ausf.-Ges. zur G.B.O.; Planck, Bem. 1 zu Art. 167 a. a. O.) die Bedeutung objektiver, jedermann bindender Rechtsnormen bei. Die Revision hat hiergegen Einwendungen nicht erhoben; die Ausführungen des Berufungsrichters geben auch, soweit sie überhaupt der Revision zugänglich sind, zu Bedenken keinen Anlaß, da sie mit der Rechtsprechung des Reichsgerichts (vgl. Jurist. Wochenschr. 1895 S. 612 Nr. 77) im Einklang stehen.

Die Revision rügt aber, daß der Berufungsrichter dem Pfändungsbeschluß nicht wenigstens die Bedeutung einer Pfändungsankündigung im Sinne des § 845 Z.P.O. beigelegt und auch die nachträgliche Erstarkung (Konvaleszenz) gemäß §§ 184, 185 B.G.B. verneint habe. Über die Anwendung des § 845 Z.P.O. hat sich der Berufungsrichter überhaupt nicht ausgesprochen; er hatte aber auch, selbst wenn man die Voraussetzungen dieser Gesetzesvorschrift für gegeben ansehen wollte, keine Veranlassung dazu, weil jedenfalls innerhalb der im § 845 bestimmten dreiwöchigen Frist eine gültige Pfändung nicht nachgefolgt ist. Ebensowenig aber sind die §§ 184, 185 B.G.B. anwendbar, weil die Beseitigung von Mängeln, wie sie diese Gesetzesbestimmungen im Auge haben, nicht in Frage steht. Zur Anwendung des § 185 Abs. 2 B.G.B. (vgl. Entsch. des R.G.'s in Zivils. Bd. 60 S. 70) könnte man nur dann gelangen, wenn man annähme, daß der Anspruch auf die Eigentümergrundschuld und auf den an deren Stelle tretenden Versteigerungserlös, den die Schuldnerin durch die Verrechnung des Amortisationsguthabens bei der Posener Landschaft erwarb (vgl. Entsch. des R.G.'s in Zivils. Bd. 43 S. 427, bei Gruchot Bd. 32 S. 405, Jurist. Wochenschr. 1893 S. 396 Nr. 55, 1895 S. 612 Nr. 77), derselbe Anspruch sei, wie der vom Beklagten gepfändete Anspruch auf das Amortisationsguthaben (vgl. v. Brünneck in Gruchots Beitr. Bd. 29 S. 491), und daß die Verrechnung im Kaufgelderbelegungstermine lediglich den Wegfall einer bis dahin bestandenen Verfügungsbeschränkung der Schuldnerin (§§ 135, 136 B.G.B.) bedeute. Diese von der Revision vertretene Annahme trifft indessen, wie der Berufungsrichter mit Recht angenommen hat, schon deshalb nicht zu, weil die Eigentümergrundschuld begrifflich etwas ganz anderes ist, als der vor der Verrechnung tatsächlich vorhandene, aber mit dieser Verrechnung erlöschende Anspruch gegenüber der Landschaft, und weil sie auch nicht einmal als Surrogat dieses Anspruchs bezeichnet werden kann (vgl. Jurist. Wochenschr. 1895 S. 612 Nr. 77). Die Eigentümergrundschuld hat ihren Rechtsgrund in der Einrichtung des Grundbuchs, die dem Eigentümer die Verfügung über eine freigewordene Hypothekenstelle ermöglicht; sie ist nicht eine Rechtsfolge der Zahlung als solcher, sondern entsteht bei jeder wie immer gearteten Beseitigung der durch die Hypothek gesicherten Forderung. Die Verschiedenheit gibt sich schon äußerlich dadurch zu erkennen, daß der Schuldner bei der Eigentümergrundschuld ein ganz anderer ist, als der Schuldner bei dem Anspruch auf Verrechnung des Amortisationsguthabens. Die Pfändung dieses Anspruchs ist nach § 829 Abs. 3 Z.P.O. durch Zustellung des Pfändungsbeschlusses an die Landschaft erfolgt; für die Pfändung der Eigentümergrundschuld und des darauf entfallenden Erlöses aber ist diese Zustellung ohne jede Bedeutung.

Der die Eigentümergrundschuld und deren Hebung betreffenden Pfändungsankündigung des Beklagten vom 30. November 1903 hat der Berufungsrichter keine Bedeutung beigelegt, weil sie später als die der Kläger zugestellt worden ist. Nach der Rechtsprechung des Reichsgerichts kommen nach Erteilung des Zuschlags im Zwangsversteigerungsverfahren (§§ 52, 91 Zw.V.G.) für die Pfändung des Versteigerungserlöses, der auf erlöschende Hypotheken und Grundschulden entfällt, nicht die besonderen Vorschriften des § 830 Z.P.O., sondern die der §§ 829, 857 Abs. 2 Z.P.O. zur Anwendung (vgl. das zum Abdruck bestimmte Urteil vom 25. April 1906, V. 448/05,[1] Jurist. Wochenschr. 1906 S. 387 Nr. 13). Bei der Pfändung einer Eigentümergrundschuld und des darauf entfallenden Erlöses entscheidet nach § 857 Abs. 2 Z.P.O. die Zustellung an den Schuldner (Entsch. des R.G.'s in Zivils. Bd. 43 S. 427, Bd. 40 S. 395, Bd. 52 S. 259). Im vorliegenden Falle ist die Pfändungsankündigung der Kläger der Schuldnerin bereits am 30. November 1903, die des Beklagten erst am 2. Dezember 1903 zugestellt. Der Berufungsrichter hat daher mit Recht der Pfändungsankündigung der Kläger den Vorrang eingeräumt, und diesen Vorrang hat die Pfändungsankündigung behalten, da ihr innerhalb der vorgeschriebenen Frist von drei Wochen eine vorschriftsmäßige Pfändung des auf die Eigentümergrundschuld entfallenen Erlöses nachgefolgt ist (vgl. Entsch. des R.G.'s in Zivils. Bd. 17 S. 331, Bd. 26 S. 427, Bd. 43 S. 428).

Daß die Pfändungsankündigung der Kläger schon vom 28. November 1903, also von einem Zeitpunkt datiert ist, wo die Verrechnung des Amortisationsguthabens noch nicht erfolgt, die Eigentümergrundschuld also noch nicht entstanden war, hat der Berufungsrichter mit Recht für unerheblich erachtet. Es bedarf dabei gar nicht der Entscheidung der Frage, ob eine Eigentümergrundschuld schon vor ihrem Entstehen für den Fall dieses Entstehens als bedingter oder betagter Anspruch gepfändet werden kann; denn es entscheidet, wie der Berufungsrichter zutreffend ausführt, nicht das Datum der Pfändungsankündigung, sondern deren Zustellung, und diese ist erst nach Entstehung der Eigentümergrundschuld erfolgt.

Unbegründet ist auch die von der Revision wiederholte Rüge des Beklagten, daß der Gegenstand der von den Klägern angekündigten Pfändung mit dem der nachfolgenden Pfändung nicht übereinstimme. Mit Recht weist der Berufungsrichter darauf hin, daß schon die Pfändungsankündigung der Kläger mit voller Deutlichkeit nicht bloß das „Anrecht auf die entstehende Eigentümergrundschuld", sondern auch — in der Aufforderung an den Vollstreckungsrichter und die Schuldnerin — den Anspruch auf die „Hebung" als Gegenstand der bevorstehenden Pfändung bezeichnet. Der von der Revision

---

[1] S. jetzt Bd. 63 dieser Sammlung Nr. 53 S. 214. D. R.

gerügte Umstand, daß in der Pfändungsankündigung der Vollstreckungsrichter als Drittschuldner bezeichnet ist, ist für die Gültigkeit der Pfändungsankündigung offenbar unerheblich.

Schließlich macht die Revision noch geltend, daß der Berufungsrichter den bereits in den Vorinstanzen gerügten Mangel der Vollmacht des Rechtsanwalts K. nicht genügend gewürdigt habe, und daß auch wegen dieses Mangels die Pfändungsankündigung zum mindesten des Klägers K. rechtsunwirksam sei. Nach der Feststellung des Berufungsrichters ist in betreff der Vertretungsmacht des Rechtsanwalts K. soviel unstreitig, daß K. im Hauptprozesse Prozeßbevollmächtigter der Klägerin B. war, und daß er von dem Kläger K. zur Erwirkung des Pfändungsbeschlusses vom 11. Dezember 1903, der der Pfändungsankündigung nachfolgte, schriftliche Vollmacht erhalten hat. Die Prozeßvollmacht der Firma B. erachtet der Berufungsrichter auch für die Zwangsvollstreckung nach § 81 Z.P.O., und zwar auch dann für ausreichend, wenn sie nicht in schriftlicher Form erteilt sein sollte. Dies ist nach § 89 Abs. 2 Z.P.O. (vgl. Entsch. des R.G.'s in Zivils. Bd. 49 S. 346) nicht zu beanstanden. Bei dem Kläger K findet der Berufungsrichter in der nachträglichen Ausstellung der schriftlichen Vollmacht eine stillschweigende Genehmigung der vorangegangenen Pfändungsankündigung, die in Ermangelung einer Beanstandung von seiten der Schuldnerin nach §§ 180, 184 B.G.B. auf den Zeitpunkt der Pfändungsankündigung zurückwirke. Die Revision rügt hier die Anwendung der Normen des bürgerlichen Rechts auf prozeßrechtliche Verhältnisse und macht außerdem geltend, daß die Rückwirkung der Genehmigung ausgeschlossen sei, weil der Schuldnerin inzwischen am 2. Dezember 1903 die Pfändungsankündigung des Beklagten zugestellt worden sei. Die Revision hat dabei anscheinend den Abs. 2 des § 184 B.G.B. im Auge, der aber keine Anwendung findet, weil es sich nicht um Zwischenverfügungen des Klägers K. oder um Zwangsvollstreckungsmaßregeln gegen diesen handelt. Im übrigen aber kommt es darauf, ob man die von dem Berufungsrichter angezogenen Vorschriften des bürgerlichen Rechts für anwendbar erachtet, oder nicht, nicht weiter an, weil man auch vom Standpunkt des § 89 Abs. 2 Z.P.O. zu dem von dem Berufungsrichter gewonnenen Ergebnisse gelangt.

Die Revision war danach, wie geschehen,. zurückzuweisen."

53. Gebührenfreiheit der Kirchen in dem Verfahren vor dem Reichsgericht.

Kaiserliche Verordnung vom 24. Dezember 1883, betr. die Gebührenfreiheit in dem Verfahren vor dem Reichsgericht, § 1 Nr. 3.

II. Zivilsenat. Beschl. v. 25. Oktober 1906 i. S. Kapellenfonds Obertsroth (Kl.) w. Ortsgemeinde Obertsroth (Bekl.). Rep. II. 337/05.

Gründe:

„Die katholische Ortskapelle zu Obertsroth ist lediglich eine dem öffentlichen Gebrauche gewidmete Kapelle; sie ist, weil nicht zu pfarramtlichen Funktionen gewidmet und auch solchen nicht dienend, weder Pfarrkirche noch Filialkirche im Sinne des Kirchenrechts und im Sinne der Gesetzgebung des Großherzogtums Baden, vielmehr nur eine „Nebenkirche" im Sinne der badischen Gesetzessprache, die indes mit den rheinischen „Nebenkirchen", gleich Filialpfarrkirchen, nicht zu verwechseln ist. Für Unterhaltung und Neubau solcher Kapellen besteht auch im Großherzogtum Baden keine öffentlichrechtliche Baupflicht, insbesondere keine solche der Kirchengemeinde. Für die Zwecke der Unterhaltung der Ortskapelle zu Obertsroth besteht eine besondere kirchliche Stiftung: der klagende Kapellenfonds Obertsroth. Diese Stiftung ist nach der maßgebenden badischen Gesetzgebung eine selbständige juristische Person. Der genannte Kapellenfonds hat gegen die politische Gemeinde Obertsroth auf Feststellung einer aus privatrechtlichen Titeln abgeleiteten subsidiären Baupflicht geklagt, und auf ihn sind, nachdem auf seine Revision das Berufungsurteil aufgehoben, die Sache aber an das Berufungsgericht zur anderweiten Verhandlung und Entscheidung zurückverwiesen war, die in der Revisionsinstanz erwachsenen Gerichtskosten — Verhandlungs- und Entscheidungsgebühr mit je 420 *M* — zusammen mit 840 *M* angesetzt worden. Gegen diesen Ansatz richtet sich die Erinnerung des Klägers. Mit ihr wird Gebührenfreiheit aus § 1 Nr. 3 der Kaiserlichen Verordnung vom 24. Dezember 1883, betreffend die Gebührenfreiheit in dem Verfahren vor dem Reichsgericht, beansprucht, und zwar in vollem Umfange, da ein jährlicher Überschuß der Einnahme über die Ausgaben durch die in Aussicht stehende Bauausgabe für einen Neubau der Kapelle vollständig aufgezehrt werde.

Nach § 1 Nr. 3 der bezogenen Kaiserlichen Verordnung sind in dem Verfahren vor dem Reichsgericht von der Zahlung der Gebühren befreit: ... 3. „öffentliche gelehrte Anstalten und Schulen, Kirchen, Pfarreien, Kaplaneien, Vikarien und Küstereien, jedoch nur insoweit, als die Einnahmen die etatsmäßige Ausgabe ... nicht übersteigen, und dieses durch ein Zeugnis der denselben vorgesetzten Staatsbehörden bescheinigt wird". Danach sind zwei Fragen zu entscheiden, in erster Reihe die Frage, ob überhaupt der klagende Kapellenfonds zu den Einrichtungen gehört, denen die erwähnte subjektive Gebührenfreiheit eingeräumt ist, und dann die weitere Frage, in welchem Umfange er diese Gebührenfreiheit beanspruchen kann.

Zur ersteren Frage vertritt der Senat die Auffassung, die erwähnte Verordnung wolle, obgleich eine Ausnahme von der Gebührenpflichtigkeit geschaffen wird, in ihren Grenzen weit ausgelegt werden. So faßt auch Nr. 1 schließlich alles, was dort die Befreiung genießt, unter dem Begriff „milde Stiftungen" zusammen. Unter Nr. 3 sind in gleicher Weise alle möglichen Arten kirchlicher Einrichtungen von den Kirchen bis zu den Küstereien aufgezählt, deren Fonds die Befreiung zustatten kommen soll. Auch hier ist die Tendenz eine erweiternde. Danach erstreckt sich die Befreiung auch auf den mit der Kirchengemeinde in keinem Zusammenhange stehenden Baufonds einer Ortskapelle, die zwar nicht zu pfarramtlichen Funktionen gewidmet ist, in der aber öffentlicher Gottesdienst abgehalten wird. Zwar ist die erwähnte Kaiserliche Verordnung in den hier besprochenen Bestimmungen wörtlich aus dem § 4 Nr. 2—4 des preußischen Gesetzes vom 10. Mai 1851, betreffend den Ansatz und die Erhebung der Gerichtskosten, — G.S. S. 622 — übernommen. Die Begründung zu ihrer Vorlage an den Bundesrat — Drucksache Nr. 48 der Verhandlungen des Bundesrats von 1883 — läßt darüber kein Bedenken aufkommen, daß man sich jenen Bestimmungen der preußischen Gesetzgebung in vollem Umfange anzuschließen beabsichtigte. Deshalb könnten einmal die Bedeutung, die der Ausdruck „Kirchen" nach der Vorgeschichte jener Bestimmungen des Gesetzes vom 10. Mai 1851 hatte, dann die Gründe, wegen deren auf Grund der älteren Praxis neben den Kirchen die Pfarreien, Kaplaneien, Vikarien und Küstereien ausdrücklich benannt wurden, endlich die Auffassung jener Vorschriften des preußischen Kostengesetzes in der Praxis der preußischen Behörden

Bedenken gegen eine erweiternde Auslegung hervorrufen. Solche Bedenken sind indes nicht geeignet, die oben dargelegten für den Senat entscheidenden Erwägungen zu erschüttern. Das gilt um so mehr, als auch der Begriff der notwendigen Einrichtungen der Kirchen nicht zu enge ausgelegt werden darf, und danach auch eine Ortskapelle der hier in Frage stehenden Art als notwendige Einrichtung der katholischen Kirche zu beurteilen ist. Auch die Reichsanwaltschaft, allerdings ohne in die Einzelheiten einzugehen, hat kein Bedenken getragen, den klagenden Kapellenfonds unter die in § 1 Nr. 3 a. a. O. angeführten Rechtssubjekte einzureihen.

Nach der Vorschrift des § 1 Nr. 3 steht die Gebührenfreiheit nur zu, insoweit die Einnahmen die etatsmäßigen Ausgaben nicht übersteigen. In Übereinstimmung mit der Reichsanwaltschaft ist davon auszugehen, daß eine zwar in sicherer Aussicht stehende, aber immerhin erst künftig eintretende Neubauausgabe nicht unter die „etatsmäßige Ausgabe" inbegriffen werden kann. Nach der von dem Katholischen Oberstiftungsrate zu Karlsruhe vorgelegten und als richtig bestätigten Darstellung über die Einnahmen und etatsmäßige Ausgaben des klagenden Kapellenfonds übersteigen jährlich seine Einnahmen die etatsmäßige Ausgabe um 200 *M*. Für diesen Überschuß der Einnahmen über die etatsmäßige Ausgabe, und zwar für den Überschuß eines Jahres in Höhe von 200 *M*, tritt die Gebührenfreiheit nicht ein. In diesem Umfange war die Erinnerung zurückzuweisen. Die Gebührenfreiheit war dagegen anzuerkennen für den weiteren Betrag von 640 *M*." . .

---

54. Was ist nötig, um eine zur Beseitigung der Einrede der Verjährung geeignete Replik der Arglist zu rechtfertigen?

II. Zivilsenat. Urt. v. 26. Oktober 1906 i. S. B. (Kl.) w. L. (Bekl.). Rep. II. 90/06.

I. Amtsgericht M.-Gladbach, Kammer für Handelssachen.
II. Oberlandesgericht Köln.

Die Firma N. & O. hatte für die Klägerin die Spedition von Maschinenteilen von Grimsby bis M.-Gladbach — Bergisch-

Märkischen Bahnhof — übernommen. Das Entladen der Maschinen und ihren Transport in den Fabrikhof der Klägerin hatte der Beklagte übernommen. Bei einer am 9. Juni 1897 von dem Beklagten entladenen Sendung stellte sich nach deren Ablieferung im Fabrikhofe der Klägerin heraus, daß in drei Kisten Wasser eingedrungen war, und daß die darin verpackten Kratzengarnituren verdorben waren. Wie in dem vorliegenden Rechtsstreite als bewiesen angenommen wurde, hatten die Leute des **Beklagten** am Vormittag des 9. Juni mit dem Entladen begonnen. Als sie die Decke von dem Wagen entfernt hatten, brach ein heftiger Regen aus. Die Leute des Beklagten gaben die Ladung dem Regen preis. Dadurch war Wasser in die drei Kisten eingedrungen. Dem Beklagten war dieses schuldhafte Verhalten seiner Leute bekannt. Wider besseres Wissen teilte er der Klägerin mündlich und schriftlich mit, mit dem Entladen des Wagens sei erst am Nachmittag des 9. Juni **nach** dem Aufhören des Regens begonnen worden; die Durchnässung müsse auf dem Transporte bis M.-Gladbach oder in der Nacht vom 8. auf den 9. Juni infolge unzureichender Bedeckung des Wagens durch N. & O. verursacht sein; diese hafte für den dadurch verursachten Schaden. Die Klägerin schenkte diesen Angaben Glauben; sie begehrte den Ersatz des Schadens von N. & O. Durch rechtskräftiges Urteil des Oberlandesgerichts Köln vom 26. Februar 1904 wurde sie mit diesem Anspruche abgewiesen, weil die Beschädigung durch die Leute des Beklagten in der oben bezeichneten Weise verursacht worden sei. In jenem Rechtsstreite wurde dem Beklagten durch Schriftsatz vom 17. Dezember 1902 der Streit verkündet. Nunmehr verlangte die Klägerin den Ersatz des Schadens von dem Beklagten. Letzterer berief sich auf die einjährige Verjährung der §§ 439 und 414 Abs. 1 H.G.B., die zur Zeit der Streitverkündung schon längst abgelaufen gewesen sei. Die Einrede der Verjährung beantwortete die Klägerin mit der Replik der Arglist. Der erste Richter erachtete diese Replik der Arglist für begründet und verurteilte nach dem Klagantrag. Das Berufungsgericht änderte dahin ab, daß es die Klägerin mit der Klage abwies. Es nahm aus Gründen, die hier nicht erheblich sind, an, unter der Herrschaft des bis zum 1. Januar 1900 geltenden Rechtes sei zwar die kurze Verjährung aus Artt. 408 Abs. 1 und 368 Abs. 1 H.G.B. alter Fassung nicht in Betracht gekommen;

nach §§ 439 und 414 Abss. 1 und 4 H.G.B. neuer Fassung in Verbindung mit Art. 169 E.G. zum B.G.B. sei dagegen die kurze Verjährung mit dem Inkrafttreten der neuen Gesetzgebung nicht mehr ausgeschlossen und vor der im Dezember 1902 geschehenen Streitverkündung vollendet gewesen. Die Replik der Arglist treffe aber nicht zu; denn es könne nicht angenommen werden, daß der Beklagte irgend etwas unternommen habe, um die Unterbrechung der Verjährung zu verhindern. Der gegen letztere Ausführungen erhobene Revisionsangriff wurde zurückgewiesen aus folgenden

Gründen:

... „In der Rechtsprechung des Reichsgerichts ist (vgl. Entsch. in Zivils. Bd. 57 S. 376, Bd. 60 S. 392) für das Recht des Bürgerlichen Gesetzbuchs angenommen, daß die Einrede der Verjährung durch die Replik der Arglist beseitigt werden könne. Was nötig sei, um eine zur Beseitigung der Einrede der Verjährung geeignete Replik der Arglist zu rechtfertigen, ob die sog. exceptio doli generalis im gemeinrechtlichen Sinne zureiche, um diese Wirkung zu erzeugen, oder ob die Voraussetzungen einer exceptio doli specialis erforderlich seien,

vgl. Urteil des Ober-Appellationsgerichts Lübeck vom 12. Juli 1862 bei Seuff. Arch. Bd. 16 S. 93, ausführlicher mitgeteilt bei Wunderlich, Jurisprudenz in Lübecker Rechtssachen Bd. 2 S. 318, und Entsch. des R.G.'s in Zivils. Bd. 32 S. 142,

ist in den erwähnten Entscheidungen nicht ausdrücklich erörtert; dazu lag auch kein besonderer Anlaß vor. Eine solche Prüfung ist dagegen im gegebenen Falle nötig. Nach Zweck, Bedeutung und Tragweite der Vorschriften des Bürgerlichen Gesetzbuchs über Verjährung unterliegt es keinem Bedenken, daß ein Verstoß gegen Treu und Glauben mit Rücksicht auf die Verkehrssitte bei Erfüllung des Vertrags (§ 242 B.G.B.), mag er auch die Unterbrechung der Verjährung verhindert haben, nicht zureicht, um durch eine replicatio doli generalis die Einrede der Verjährung zu beseitigen. Gleiches muß auch für den Fall gelten, wenn der Anspruchsgegner (Schuldner) durch ein lediglich als Fahrlässigkeit zu beurteilendes Verhalten den Anspruchsberechtigten (Gläubiger) an rechtzeitiger Unterbrechung der Verjährung verhindert hat. Den Verjährungsvorschriften ist gegenüber einem solchen Verhalten die größere Kraft beizulegen. Eine andere Auffassung würde den gesetzgeberischen Zweck der Verjährung allzusehr gefährden. Vielmehr muß eine die Erfordernisse des § 826 B.G.B. erfüllende Arglist vorliegen. Eine solche Arglist hemmt indes den Lauf der Verjährung nicht. Die Hemmung der Verjährung ist auf die im Bürgerlichen Gesetzbuch ausdrücklich geregelten Fälle zu beschränken. Wohl aber kann aus der Vorschrift des § 249 B.G.B. in Verbindung mit § 826 abgeleitet werden, daß der durch eine solche Arglist begründete Anspruch aus § 826 die aus der vollendeten Verjährung abgeleitete Einrede der Verjährung zu beseitigen vermag. Für den gegebenen Fall unterliegt es keinem Bedenken, daß die wissentlich wahrheitswidrigen Angaben des Beklagten gegen die guten Sitten verstoßen haben. Zwar bestand für den Beklagten nicht die Pflicht, den wahren Sachverhalt offen zu legen und sich als schuldigen Teil zu bekennen; er hatte aber auch kein Recht zu einer wissentlich wahrheitswidrigen Darstellung. Ferner ist unbedenklich, daß der Beklagte mit dem Bewußtsein handelte, die Klägerin dadurch möglicherweise zu schädigen. Damit wären an sich alle Erfordernisse des § 826 gegeben. Indes einem arglistigen Verhalten solchen allgemeinen Inhalts, auch wenn dadurch die Klägerin in dem Maße beirrt wurde, daß sie das Bestehen eines Anspruchs gegen den Beklagten nicht erkannte und darum ihren Anspruch gegen letzteren nicht wahrte, kann noch nicht die Kraft beigelegt werden, auf dem bezeichneten Wege die Einrede der Verjährung zu beseitigen. Um diese Wirkung zu begründen, ist noch erforderlich, daß der Anspruchsgegner (Schuldner) durch seine Arglist die Unterbrechung der Verjährung verhindern wollte oder doch das Bewußtsein der Möglichkeit hatte, dadurch werde eine Unterbrechung der Verjährung verhindert. Das Institut der Verjährung, wie es im Bürgerlichen Gesetzbuch geregelt ist, verlangt, daß nur einer auf Verhinderung einer Unterbrechung der Verjährung gerichteten Arglist, die im übrigen die Erfordernisse des § 826 erfüllt, die Wirkung zukommen kann, auf dem Wege der §§ 826 und 249 die Einrede der Verjährung zu beseitigen. Von dieser rechtlichen Auffassung aus lassen die Ausführungen des Berufungsgerichts, soweit sie das Vorhandensein einer zur Beseitigung jener Einrede geeigneten Arglist verneinen, eine Verletzung des Gesetzes nicht erkennen.“ ...

55. Ist eine Restitutionsklage aus dem Grunde einer neu aufgefundenen Urkunde noch statthaft, wenn die Klage zwar vor Ablauf von fünf Jahren nach Rechtskraft des anzufechtenden Urteils erhoben ist, der Restitutionskläger aber erst nach Ablauf dieser Frist in den Stand gesetzt wird, von der in den Händen des Gegners befindlichen Urkunde Gebrauch zu machen?

Z.P.O. §§ 580 Nr. 7b, 586 Abs. 2 Satz 2, 587, 588 Abs. 2, 421, 422.
B.G.B. § 810.

V. Zivilsenat. Urt. v. 27. Oktober 1906 i. S. Graf G. H. Fürst v. D. (Restitutionskl.) w. Fürst v. Pl. (Restitutionsbekl.). Rep. V. 88/06.

I. Landgericht Gleiwitz.
II. Oberlandesgericht Breslau.

Auf einen im Rechtswege verfolgten Einspruch des Fürsten von Pl. gegen eine vom Grafen H. auf der Feldmark von Nieder-Boischow eingelegte Steinkohlenmutung ist der Beklagte verurteilt worden, anzuerkennen, daß er nicht befugt ist, auf den innerhalb der geographischen Grenzen der freien Standesherrschaft Pl. belegenen Ländereien, für welche durch den Rezeß vom 4./26. März 1824 die Bergwerksberechtigung der Herrschaft Pl. anerkannt ist, Schürfarbeiten vorzunehmen und Mutungen einzulegen, insbesondere aus dem Kohlenfunde Nieder-Boischow I Rechte auf Bergwerksverleihung herzuleiten.

Dieses Urteil ist durch Zurückweisung der dagegen eingelegten Revision am 21. März 1900 rechtskräftig geworden. Gegen diese Entscheidung, soweit sie die Mutung Nieder-Boischow I betrifft, hat der Beklagte Graf H. die Restitutionsklage erhoben, die dem Gegner am 22. Dezember 1904 zugestellt ist. Er stützt die Klage auf eine am 8. Dezember 1904 zu seiner Kenntnis gelangte Urkunde, laut welcher im Jahre 1679 der damalige Besitzer der Standesherrschaft Pl. das Gut Nieder-Boischow ohne jeden Vorbehalt an einen v. W. verkauft habe. Die Klage enthält den Antrag, dem Fürsten v. Pl. die Vorlegung der in seinem Archiv befindlichen Urkunde aufzugeben. In einem am 14. Juni 1905 eingegangenen Schriftsatz hat der Restitutionskläger die Zeitangabe dahin berichtigt, daß die in bezug genommene Urkunde vom 2. Mai 1684 datiere. Gleichzeitig ist eine Abschrift dieser Urkunde eingereicht worden.

Das Oberlandesgericht hat auf Zurückweisung der Restitutionsklage erkannt. Die Revision ist zurückgewiesen worden aus folgenden

Gründen:

„Das Oberlandesgericht hält die an sich zulässige Restitutionsklage für unbegründet, und zwar in doppelter Hinsicht: einmal weil der Restitutionskläger zur Zeit der Erhebung der Klage und innerhalb der fünfjährigen Frist, nach deren Ablauf seit Rechtskraft des Urteils die Klage unstatthaft ist (§ 586 Abs. 2 Satz 2 Z.P.O.), die von ihm in Bezug genommene Urkunde weder aufgefunden hatte, noch sie zu benutzen instand gesetzt war; sodann weil dieselbe eine dem Restitutionskläger günstigere Entscheidung nicht herbeigeführt haben würde.

Der Berufungsrichter gibt hiermit zwei selbständige Entscheidungsgründe, von denen der erste rein prozeßrechtlicher Natur ist, während der zweite in die Sache selbst eingreift.

Der erste, prozeßrechtliche Entscheidungsgrund läßt sich in die Sätze zusammenfassen: die Klagen auf Wiederaufnahme des Verfahrens müssen vor Ablauf von fünf Jahren, vom Tage der Rechtskraft des Urteils gerechnet, nicht bloß erhoben werden, sondern auch erwachsen sein. Erwachsen ist aber die Restitutionsklage aus § 580 Nr. 7b Z.P.O. dem Kläger nicht, bevor er nicht die neue Urkunde aufgefunden hat oder sie zu benutzen in den Stand gesetzt ist. Sind diese Sätze richtig, so ergibt sich daraus, daß die erst nach Ablauf von fünf Jahren nach Rechtskraft des angefochtenen Urteils erfolgte Beibringung einer Abschrift der in der Klage in Bezug genommenen Urkunde (auch wenn von der Nichtübereinstimmung der Ausstellungszeit abgesehen wird) das bei Ablauf der fünf Jahre nicht vorhandene Klagerecht nicht existent machen konnte.

Gegen jenen ersten Entscheidungsgrund erhebt die Revision folgende das Verfahren betreffende Angriffe.

1. Verletzt seien die §§ 587 und 588 Z.P.O.; denn danach (§ 587) seien die wesentlichen Bestandteile der Restitutions- oder Nichtigkeitsklage nur die Bezeichnung des Urteils, gegen welches die Klage gerichtet wird, und die Erklärung, welche dieser Klagen erhoben werde, während die übrigen Erfordernisse, die die Klage als vor-

bereitender Schriftsatz enthalten soll (§ 588), nur instruktioneller Natur seien.

2. Verletzt seien ferner die Vorschriften über den Urkundenbeweis §§ 421 ff., wonach die Antretung des Beweises lediglich einen Antrag des Beweisführers erfordere, über welchen erst in der mündlichen Verhandlung, nachdem der Gegner sich darüber geäußert, entschieden werden könne; ein Angriff, an den sich der Vorwurf der Verletzung einer Vorschrift des bürgerlichen Rechts, nämlich des § 810 B.G.B., anschließt.

3. Verletzt sei endlich der allgemeine Rechtsgrundsatz, daß die formalen Bestimmungen der Gesetze nicht ausdehnend anzuwenden seien, weil bei der Rechtsprechung das materielle Recht zu fördern sei.

Von diesen Angriffen soll hier der zweite, mit welchem Verletzung der Vorschriften über den Urkundenbeweis und des § 810 B.G.B. gerügt wird, vorerst erörtert werden, weil, falls er begründet wäre, es auf die nachträgliche Beibringung der Urkunde in — vom Gegner anscheinend nicht bemängelter — Abschrift nicht ankommen, mithin auch auf den vom Berufungsrichter in dieser Beziehung angewendeten, oben formulierten prozeßrechtlichen Grundsatz nicht einzugehen sein würde.

Der betreffende Revisionsangriff erweist sich aber als unbegründet. Nach § 588 Abs. 2 Z.P.O. sind die Urkunden, auf welche die Restitutionsklage gestützt wird, der Klageschrift beizufügen. Befinden sich diese Urkunden nicht in den Händen des Klägers, so hat dieser zu erklären, welchen Antrag er wegen Herbeischaffung derselben zu stellen beabsichtigt. Diesen Antrag hat in der Klageschrift der Restitutionskläger gemäß § 421 flg. a. a. O. dahin gestellt, dem Fürsten v. Pl. die Vorlegung der Urkunde von 1679 aufzugeben. Von seinem oben dargelegten Standpunkt aus, daß der Restitutionskläger imstande sein müsse, von der ihm zur Kenntnis gelangten Urkunde Gebrauch zu machen, erachtet der Berufungsrichter mit Recht den Editionsantrag des Klägers für nicht geeignet, die Vorlegung der Urkunde zu ersetzen. Denn nach § 422 ist der Gegner zur Vorlegung der Urkunde nur verpflichtet, wenn der Beweisführer nach den Vorschriften des bürgerlichen Rechts die Herausgabe oder die Vorlegung der Urkunde verlangen kann. Maßgebend ist in dieser Beziehung jetzt die Vorschrift des § 810 B.G.B. Mit Recht verneint der Berufungsrichter die Anwendbarkeit dieses Paragraphen zugunsten des Klägers. Keine der dort für die Vorlegungspflicht des Besitzers einer Urkunde gegebenen Voraussetzungen liegt hier vor. Irrig ist die Meinung des Revisionsklägers, daß er in dem von ihm geltend gemachten Anspruch als Rechtsnachfolger des Ankäufers des Gutes Nieder-Boischow anzusehen sei. Die Beweislast, die dem Fürsten v. Pl. in der Sache selbst obgelegen hat und obliegen würde, vermag eine Vorlegungspflicht gegenüber dem Restitutionskläger nicht zu begründen.

Auch der wegen Verletzung der §§ 587 und 588 Z.P.O. erhobene Angriff konnte für begründet nicht erachtet werden. Wenn auch der § 587 als wesentliche Bestandteile der Klage [muß enthalten sein, § 588: soll enthalten] nur die Bezeichnung des Urteils und die Erklärung, welche der beiden Klagen (Nichtigkeits- oder Restitutionsklage) erhoben werde, angibt, so hat das doch mit den gesetzlichen Voraussetzungen, unter denen die betreffende Klage gegeben ist. nichts zu tun und schließt nicht aus, daß, wenn die Klage zu der Zeit, als sie erhoben ist, dieser gesetzlichen Voraussetzungen ermangelt, sie als zu dieser Zeit wirksam erhoben nicht anzusehen ist. Nun kann freilich eine zur Zeit der Erhebung unvollkommene Klage auf Wiederaufnahme des Verfahrens im Laufe der Verhandlung ergänzt werden, und es gilt selbst die Nachbringung neuer Restitutionsgründe in demselben Verfahren für zulässig, sofern die Notfrist (§ 586 Abs. 1) für diese neuen Gründe nicht abgelaufen ist (vgl. Entsch. des R.G.'s Bd. 14 S. 332; Gaupp, Z.P.O. Bem. I 1 zu § 588). Das setzt aber für diesen Fall selbstverständlich voraus, daß noch keine fünf Jahre seit der Rechtskraft des angefochtenen Urteils verflossen sind. Denn nach Ablauf dieser Zeit ist nach § 586 Abs. 2 Satz 2 die Klage überhaupt unstatthaft, die Rechtskraft des Urteils unwiderruflich geworden. Ist aber die Aufstellung neuer Restitutionsgründe nach Ablauf von fünf Jahren nach Rechtskraft des angefochtenen Urteils unzulässig, so kann folgerecht auch die Nachbringung eines zur Zeit der Erhebung der Klage nicht vorhandenen Restitutionsgrundes nach Ablauf der fünf Jahre nicht gestattet werden. War aber der Restitutionsgrund des § 580 Nr. 7 b, wie der Berufungsrichter unter richtiger Anwendung dieser Vorschrift annimmt, bei Erhebung der Klage, da der Kläger zu dieser Zeit die

Urkunde weder aufgefunden hatte, noch nach den Regeln des Urkundenbeweises zu benutzen imstande war, nicht gegeben (vgl. Entsch. des R.G.'s Bd. 32 S. 372), so konnte zwar dieser Mangel im Laufe des Verfahrens gehoben werden, aber doch nur innerhalb der fünf Jahre nach Rechtskraft des angefochtenen Urteils, nach deren Ablauf die Klagen auf Wiederaufnahme des Verfahrens unstatthaft sind. Es war also dem Berufungsrichter in der Auslegung und Anwendung der Prozeßgesetze, insbesondere §§ 580 Nr. 7 b und 586 Abs. 2 Satzes 2 Z.P.O., beizutreten. Von einer ausdehnenden Anwendung dieser Bestimmungen ist dabei nicht die Rede, so daß auch die hierauf bezügliche Rüge der Revision unbegründet ist.

Nach alledem genügt schon der erste Entscheidungsgrund des Berufungsrichters, das angefochtene Urteil zu halten, und es bedurfte keines Eingehens auf den zweiten, die Erheblichkeit der in Bezug genommenen Urkunde im Sinne des § 580 Nr. 7 b betreffenden Entscheidungsgrund und die gegen diesen gerichteten Angriffe der Revision."

---

56. Kann gemäß § 767 Abs. 2 Z.P.O. eine Aufrechnung, welche nach dem Schlusse der mündlichen Verhandlung erklärt wird, auch dann noch geltend gemacht werden, wenn die Aufrechnung schon während des Prozesses hätte erfolgen können?

III. Zivilsenat. Urt. v. 20. November 1903 i. S. W. (Kl.) w. K. u. E. Wwe. (Bekl.). Rep. III. 414/03.

I. Landgericht Dortmund.
II. Oberlandesgericht Hamm.

Aus den Gründen:

„Durch rechtskräftig gewordenes Urteil vom 31. Oktober 1901 ist der jetzige Kläger verurteilt, an den Mitbeklagten zu 1, K., 3696,92 ℳ nebst Zinsen zu zahlen. K. hat alsbald wegen dieser Judikatforderung die Zwangsvollstreckung gegen Kläger eingeleitet, und dann ist dieselbe, nachdem K. diese seine Forderung am 14. November 1901 an die Mitbeklagte zu 2, Witwe E., abgetreten hatte, von letzterer fortgesetzt. Kläger erhebt nun gemäß § 767 Z.P.O.

Einwendungen gegen die zur Zwangsvollstreckung gebrachte Forderung mit dem Antrage, die Beklagten für nicht berechtigt zu erklären, wegen derselben die Zwangsvollstreckung gegen ihn zu betreiben, indem er geltend macht, daß er gleich nach Erlassung des Urteils vom 31. Oktober 1901 gegen den Beklagten zu 1, und nach erfolgter Mitteilung der Zession an Beklagte zu 2 auch dieser gegenüber mit drei Judikatsansprüchen gegen den Beklagten zu 1 aus den Jahren 1892, 1893, welche den zur Zwangsvollstreckung stehenden Anspruch im Betrage übersteigen, aufgerechnet habe, die zur Zwangsvollstreckung gebrachte Forderung somit getilgt sei. Das Berufungsgericht hat den Kläger mit dieser Klage abgewiesen, weil diese Aufrechnungen nach § 767 Abs. 2 Z.P.O. prozessualisch unzulässig seien. Denn da sie auf Judikatsansprüche aus den Jahren 1892, 1893 gegründet seien, so seien die Gründe, auf denen die Aufrechnung beruhe, vor dem Urteile vom 31. Oktober 1901 entstanden.

Gegen diese Entscheidung richtet sich die Revision mit der Ausführung, daß nach den hier für die Aufrechnung in Anwendung zu bringenden Vorschriften des Bürgerlichen Gesetzbuchs die Aufrechnung ein einseitiges, auf die Aufhebung der einander gegenüberstehenden Forderungen gerichtetes Rechtsgeschäft, somit die Erklärung der Aufrechnung der tilgende Akt sei, und daß daher für die Anwendung des § 767 Abs. 2 Z.P.O. allein der Zeitpunkt der Erklärung, der im vorliegenden Falle nach dem Schlusse der entscheidenden mündlichen Verhandlung liege, maßgebend sein könne.

Diese Auffassung, die allerdings in der Literatur vielfach Vertretung gefunden hat[1], wird jedoch dem § 767 Abs. 2 Z.P.O. nicht

---

[1] Vgl. Planck, B.G.B. Bem. 3 zu § 389; Schollmeyer, in dem Kommentar zum B.G.B. von Hölder u. Gen., Bem. 2 Abs. 2 zu § 389; Eck, Vorträge zum B.G.B. (herausgegeben von Leonhard) Bd. 1 S. 378; Förtsch, in Gruchot's Beitr. Bd. 42 S. 229; Siber, Kompensation u. Aufrechnung S. 125; Leonhard, Aufrechnung S. 156, 157; Könnemann, in d. Posener Monatsschr. Bd. 3 S. 34; Hellmann, in d. Krit. Vierteljschr. Bd. 40 S. 93; Kohler, in Busch, Ztschr. für Zivilprozeß Bd. 24 S. 22, 23; Weismann, ebenda Bd. 26 S. 24; ferner Struckmann u. Koch, Z.P.O. Bem. 4 zu § 767; Petersen u. Anger, Z.P.O. Bem. 6 zu § 767; anscheinend auch Rehbein, B.G.B. Bd. 2 S. 350. — Dagegen wie oben: Gaupp-Stein, C.P.O. Bem. IIb Abs. 3 zu § 767; Seuffert, Z.P.O. Bem. 3b zu § 767; Hellwig, Anspruch u. Klage S. 20, 407; s. auch Eccius, in Gruchot's Beitr. Bd. 42 S. 255 flg. D. E.

gerecht und kann daher für zutreffend nicht erachtet werden. Bei Auslegung dieser Bestimmung ist in Betracht zu ziehen, daß der Gläubiger, gegen den sich die Klage aus § 767 Z.P.O. richtet, einen durch Urteil festgestellten Anspruch hat, daß es sich um Einwendungen in der Zwangsvollstreckung handelt, und daß die Bestimmungen des § 767 — nicht bloß Abs. 2, sondern auch Abs. 3 — offenbar darauf abzielen, im Interesse eines energischen Fortgangs der Vollstreckung Schikanen und Verzögerungen des Schuldners möglichst entgegenzutreten.

Vgl. auch Begründung des Entwurfes der Zivilprozeßordnung S. 406—410; bei Hahn, Die gesamten Materialien S. 436—438; Protokolle der Kommission bei Hahn S. 818.

Hiernach ist der § 767 Z.P.O. dahin auszulegen, daß alle Einwendungen, welche bis zu dem in Abs. 2 angegebenen Zeitpunkt vorgebracht werden können, bis dahin auch vorgebracht werden müssen. Die Einwendung der Aufrechnung kann aber geltend gemacht werden, wenn die Forderung, mit der aufgerechnet werden soll, entstanden und fällig ist; der Schuldner hat dann die Möglichkeit, die Erklärung, aufrechnen zu wollen (§ 388 B.G.B.), abzugeben, hierdurch die Forderung des Gläubigers nach Maßgabe des § 389 B.G.B. zur Erlöschung zu bringen und auf diese lediglich auf seinem Willen beruhende Aufrechnungserklärung die Einwendung zu stützen. Dem steht auch der Wortlaut des § 767 nicht entgegen. Nach ihm ist entscheidend, wann der Grund, auf dem die Einwendung beruht, entstanden ist. Der Grund der Aufrechnung entsteht aber in dem Zeitpunkte, in welchem die aufrechenbaren Forderungen sich gegenüberstehen, in welchem die Voraussetzungen der Aufrechnungserklärung vorliegen; die Erklärung ist die Aufrechnung selbst. Bei der Behandlung der Aufrechnung ist das Bürgerliche Gesetzbuch nur der neueren Entwicklung des gemeinen Rechts gefolgt (vgl. Motive Bd. II S. 107); auch nach dieser ist schon, ebenso wie nach preußischem Allgemeinen Landrecht, eine außergerichtliche Erklärung der Kompensation für wirksam erachtet, und allgemein anerkannt, daß die Wirkung der Kompensation ohne eine darauf gerichtete Willenserklärung nicht eintrat. Unter der Herrschaft des früheren Rechts ist aber in Literatur und Praxis der Ausschluß einer Kompensation, die in dem früheren Verfahren hätte geltend gemacht werden können, nach § 767 Abs. 2 Z.P.O. nicht zweifelhaft gewesen, und daß in dieser Beziehung mit Einführung des Bürgerlichen Gesetzbuchs keine Änderung bezweckt ist, ergibt sich klar aus den ungedruckten Protokollen der ersten Kommission Bd. 1 S. 1413—1415. Das Berufungsgericht hat daher, soweit die Klage auf die nachträglich erfolgte Aufrechnung gestützt ist, sie mit Recht abgewiesen." ...

---

57. Ist eine Stadtgemeinde, welche neben anderen Leistungen (Wohnung, Kost, Pflege rc.) auch „die ärztliche Behandlung" eines von ihr gegen den tarifmäßigen Verpflegungssatz in das städtische Krankenhaus aufgenommenen Kranken übernommen hat, für eine Verletzung haftbar, welche demselben bei einer Operation durch Verschulden ihres ärztlichen oder Pflegerpersonales widerfahren ist?

B.G.B. § 278.

III. Zivilsenat. Urt. v. 30. Oktober 1906 i. S. M. (Kl.) w. Stadtgemeinde H. (Bekl.). Rep. III. 89/06.

I. Landgericht Wiesbaden.
II. Oberlandesgericht Frankfurt a. M.

Die Ehefrau des Klägers wurde von demselben am 29. Dezember 1903 zur Operation eines Leistenbruches in das Krankenhaus der verklagten Stadtgemeinde gebracht, dort „als zahlungsfähige Privatperson" im Sinne von § 1 Nr. 5 der für dieses Krankenhaus bestehenden Verwaltungsvorschriften, sowie nach § 10 derselben:

„Für die Verpflegung der Kranken werden der Anstalt bestimmte tägliche Kostgeldsätze bezahlt, wogegen die Anstalt Zimmer, Heizung, Beleuchtung, Kost, Leibwäsche, Krankenpflege, ärztliche Behandlung und Bäder gewährt",

aufgenommen und alsbald mit Erfolg operiert. Bei dieser Gelegenheit erlitt sie aber an beiden Unterschenkeln nicht unerhebliche Brandwunden dadurch, daß ihr während der Narkose von der dem Operateur assistierenden Pflegeschwester D. eine heiße Wärmflasche mit ungenügender Umhüllung, welche bei dem unruhigen Verhalten der Kranken sich verschob, zwischen die Unterschenkel geschoben worden war.

Der vom Kläger deshalb gegen die verklagte Stadtgemeinde erhobene Schadensanspruch wurde in beiden Vorinstanzen abgewiesen, vom Reichsgericht aber für begründet erklärt aus folgenden

Gründen:

„Das Berufungsgericht geht im wesentlichen von nachstehenden Erwägungen aus. Die der Ehefrau des Klägers am 29. Dezember 1903 widerfahrene Verletzung sei auf ein Verschulden einer der bei der Operation tätig gewordenen Personen, insbesondere der Krankenpflegerin D., zurückzuführen. Es sei auch durch die Aufnahme der Ehefrau des Klägers, einer zahlungsfähigen Privatperson, in das Krankenhaus der Beklagten ein privatrechtlicher Vertrag zwischen den M.'schen Eheleuten einerseits und der Beklagten, wonach letztere der Ehefrau M. außer den sonstigen Leistungen (Unterkunft, Beköstigung, Krankenpflege 2c) auch ärztliche Behandlung zu gewähren hatte, begründet worden, während die Eheleute M. speziell zu den bei der Operation tätig gewordenen Personen in kein Vertragsverhältnis getreten seien. Die erwähnte ärztliche Behandlung aber, welche die Beklagte zu gewähren gehabt, habe sich nicht auf die eigentlich ärztlichen Verrichtungen, namentlich nicht auf die Operation, erstreckt, sondern sich in der Stellung eines hierfür geeigneten ärztlichen und Hilfspersonales, welches seinerseits wieder der Beklagten zur ordnungsmäßiger Dienstleistung verpflichtet gewesen sei, erschöpft, so daß die von den genannten Personen ausgeführten Verrichtungen außerhalb des Rahmens des von dem Kläger und seiner Ehefrau mit der Beklagten geschlossenen Vertrages gelegen hätten. Diese einschränkende Auslegung entspreche zunächst dem Wortlaute der einschlagenden §§ 1 und 10 der Verwaltungsvorschriften sowie den Auslegungsgrundsätzen der §§ 133, 157 B.G.B., wenn man berücksichtige, daß die Vertreter einer Gemeinde bei der Verwaltung eines derselben gehörigen Krankenhauses wesentlich gemeinnützige Zwecke verfolgten, dagegen die für den Anstaltsbetrieb erforderlichen technischen Kenntnisse und Fertigkeiten, wie sie der Besitzer eines Privatkrankenhauses regelmäßig habe, entbehrten und daher auch nicht gewillt sein könnten, sich zur Vornahme solcher rein technischer Verrichtungen zu verpflichten; in solchen Fällen aber ermangele die Anwendung des § 278 B.G.B. der inneren Berechtigung, da sie auf der Erwägung beruhe, daß man sich seiner Haftung nicht dadurch entziehen könne, daß man durch andere das vornehmen lasse, was man grundsätzlich selbst — eine juristische Person also durch ihre gesetzlichen Vertreter — vornehmen müßte und könnte. Außerdem würde die Annahme einer Haftpflicht der Stadt für etwaige bei einer Operation in ihrem Krankenhause vorgekommene Versehen zu einem verschiedenen Ergebnisse, je nachdem die Aufnahme in die Anstalt auf Grund einer öffentlichrechtlichen Verpflichtung, oder auf Grund eines privatrechtlichen Vertrages erfolge, führen, eine unbillige Belastung der öffentlichrechtlichen Körperschaften bewirken, andererseits aber dem aufgenommenen Kranken schon durch die Gewährung eines tüchtigen Anstaltspersonales gedient sein. Es sei hiernach keine vertragliche, sondern, wie in zahlreichen ähnlichen Fällen, nur eine außervertragliche Haftung der Beklagten nach § 831 B.G.B. für das Verschulden ihrer Angestellten möglich, letztere aber hier ausgeschlossen, da der Beklagten nach den vorliegenden Beweiserhebungen in bezug auf die Auswahl und Anstellung dieser Angestellten, namentlich der Schwester D., sowie in bezug auf die Beaufsichtigung derselben und die Leitung des Krankenhauses überhaupt ein Verschulden nicht zur Last falle.

Vorstehende Erwägungen sind nicht zu beanstanden, insoweit darin ein Verschulden der Schwester D. sowie das Bestehen eines privatrechtlichen Vertragsverhältnisses zwischen den Eheleuten M. und der Beklagten, welche die Ehefrau M. nicht auf Grund einer öffentlichrechtlichen Verpflichtung, sondern als „zahlungsfähige Privatperson" im Sinne von § 1 Nr. 5 der Verwaltungsvorschriften aufgenommen hat, im allgemeinen festgestellt ist.

Mit Recht aber wird von der Revision die Auslegung beanstandet, welche die Vorinstanz dem die einzelnen Vertragsleistungen aufführenden § 10 dahin gegeben hat, daß unter der „ärztlichen Behandlung" die Operation eines aufgenommenen Kranken nicht mit zu verstehen sei. Diese Auslegung läuft schon dem klaren Wortlaut des erwähnten Ausdrucks zuwider, verstößt also gegen eine gesetzliche Auslegungsregel (§ 550 Z.P.O.). Es ist nicht abzusehen, weshalb nach dem gewöhnlichen Sprachgebrauche in der „ärztlichen Behandlung" nicht auch eine in deren Verlauf sich nötig machende Operation inbegriffen sein sollte, zumal bei einem Leistenbruche, wie er hier in Frage steht, bei welchem die ärztliche Behandlung wesentlich in einem operativen Eingriff besteht. Für die Auffassung der

Operation als eines Teiles der ärztlichen Behandlung spricht gerade der am Schlusse der Verwaltungsvorschriften ersichtliche Nachtrag zu § 10, wonach der leitende Krankenhausarzt berechtigt ist, bei zahlungsfähigen Privatpersonen der ersten Pflegeklasse für eine Operation Gebühren in Ansatz zu bringen. Indem die Vorinstanz hier das Vorhandensein eines Vertragsverhältnisses zwischen den Eheleuten M. und der Beklagten, andererseits aber auch — und dies mit Recht — zwischen diesen Eheleuten und dem ärztlichen und Pfleger-Personal der Beklagten verneint, gelangt sie zu dem wenig befriedigenden Ergebnis, daß in bezug auf die Operation überhaupt keinerlei vertragsmäßige Verpflichtung vorlag, während eine solche in bezug auf alle übrigen im § 10 der Verwaltungsvorschriften erwähnten, mit der Operation eng zusammenhangenden Leistungen (Zimmer, Heizung, Beleuchtung, Bettwäsche, Kost, Krankenpflege und Bäder) der Beklagten auferlegt wird.

Eine derartige, von dem gewöhnlichen Sprachgebrauch abweichende Auffassung der „ärztlichen Behandlung" könnte nur durch besondere Gründe gerechtfertigt werden. Was aber die Vorinstanz in dieser Beziehung ausführt, ist teils von Rechtsirrtum beeinflußt, teils unerheblich. Unzutreffend legt sie zunächst Gewicht darauf, daß die städtischen Vertreter selbst zur Vornahme operativer Verrichtungen, wie sie der Unternehmer einer Privatklinik ausführen könne, nicht befähigt seien. Es ist nicht abzusehen, weshalb eine natürliche oder (ihr hierin gleichstehende) juristische Person sich, von Ausnahmefällen abgesehen, nicht zu solchen Verrichtungen, bei deren Vornahme sie von vornherein auf die selbständige Tätigkeit von Angestellten oder Hilfspersonen angewiesen ist, verpflichten, also insoweit die Garantie für die ordnungsmäßige Vornahme übernehmen kann. Und weiter ist die Anwendung des § 278 B.G.B. nicht davon abhängig, daß der Unternehmer die Leistung, deren Ausführung er dem Erfüllungsgehilfen übertragen hat, auch selbst auszuführen imstande ist, sondern lediglich davon, ob er sich zur Ausführung dieser Leistung verpflichtet hat; alsdann soll er sich seiner Verantwortung für die ordnungsmäßige Ausführung nicht dadurch entschlagen können, daß er dieselbe einem anderen überträgt. In diesem Sinne hat z. B. der erkennende Senat in der Entscheidung Bd. 59 S. 22 die Haftpflicht des Unternehmers einer Schaustellung für das Versehen eines bei derselben tätigen Artisten und für die dadurch herbeigeführte Verletzung eines Zuschauers, der VI. Zivilsenat des Reichsgerichts in der Entscheidung Bd. 55 S. 335 die Haftpflicht des Eisenbahnfiskus für das nicht ordnungsmäßige Bestreuen des Bahnsteiges durch Eisenbahnarbeiter, infolgedessen ein angekommener Reisender zu Falle kam, gemäß § 278 B.G.B. ausgesprochen.

Richtig ist, daß hiernach die Haftpflicht der Beklagten für etwaige Versehen ihres Krankenhauspersonals sich verschieden gestalten kann, je nachdem die Aufnahme auf Grund einer öffentlichrechtlichen Fürsorgepflicht, wie z. B. in dem Falle des § 1 Nr. 2 der Verwaltungsvorschriften, oder auf Grund des Vertrages mit einer zahlungsfähigen Privatperson erfolgt; allein diese verschiedenartige Haftung ist schon an sich kein durchschlagender Grund, erstreckt sich auch nicht bloß auf die ordnungsmäßige Ausführung von Operationen, sondern auf diejenige *aller übrigen* im § 10 aufgeführten Leistungen und kann daher nicht für die einschränkende Auslegung der „ärztlichen Behandlung" *allein* herangezogen werden.

Nicht anzuerkennen ist ferner, daß durch die Zulassung der in Frage stehenden Haftpflicht eine unbillige Belastung öffentlichrechtlicher Korporationen herbeigeführt würde, da die gleiche Haftpflicht auch andere Unternehmer trifft, mögen sie nun natürliche, oder juristische Personen sein.

Abweichend von der Vorinstanz, ist hiernach der Grundsatz, daß die in einem Krankenhause angestellten Personen juristisch Vertreter und Gehilfen des Unternehmers sind, und dieser für alle jene Personen nach § 278 B.G.B. haftbar ist, seinerseits aber den Rückanspruch gegen seine Angestellten hat (s. *Hellwig*, Die Stellung des Arztes im bürgerlichen Rechtsleben S. 35, 36), auch auf den hier vorliegenden Fall einer Operation anzuwenden. Alsdann ist aber der von der Vorinstanz zugelassene und als erbracht angesehene Entlastungsbeweis nach § 831 B.G.B. nicht mehr beachtlich, vielmehr die Haftpflicht der Beklagten schon auf Grund des vom Berufungsgericht angenommenen Verschuldens der von der Beklagten angestellten Pflegeschwester D. an sich begründet." . . .

58. 1. Steht der Umstand, daß der Käufer die ihm nach § 377 H.G.B. obliegende Verpflichtung der unverzüglichen Mängelrüge erfüllt hat, dem Verluste der in §§ 462, 463 B.G.B. bestimmten Gewährleistungsansprüche gemäß § 464 daselbst entgegen? Ist insbesondere in jeder der Vorschrift des § 377 Abs. 1 H.G.B. entsprechenden Mängelrüge des Käufers zugleich ein nach § 464 B.G.B. genügender Vorbehalt seiner Rechte wegen des Mangels zu erblicken?
2. Was ist unter Annahme im Sinne des § 464 B.G.B. zu verstehen?

II. Zivilsenat. Urt. v. 30. Oktober 1906 i. S. G. (Bekl.) w. A. (Kl.). Rep. II. 139/06.

I. Landgericht Essen.
II. Oberlandesgericht Hamm.

Die verklagte Firma, die ihre Handelsniederlassung in Essen hat, kaufte von dem in Hamburg wohnenden Kläger 100 Tonnen neue Weißblechabfälle handelsüblicher Qualität, lieferbar cif Rotterdam. Die Beklagte bezeichnete dem Kläger als ihren Spediteur in Rotterdam, mit dem sich Kläger zu verständigen habe, die Firma P. daselbst. Der Kläger teilte dagegen der Beklagten mit, daß er ihr die Ware durch seinen Spediteur St. in Rotterdam überweisen lassen werde. Die mit einem Dampfer in Rotterdam angekommene Ware wurde am 4. Mai 1903 von dem Spediteur St. der Firma P. ausgeliefert, die an diesem Tage die Ware übernahm. Am 5. Mai teilte diese Firma P. der Beklagten telegraphisch mit, daß die Ware nicht handelsüblich und neu, sondern stark verrostet und alt sei. Die Beklagte rügte am 6. Mai telephonisch dem Kläger gegenüber, daß die Ware äußerst verrostet sei. Durch Schreiben vom nämlichen Tage erklärte sie demselben, daß sie Minderung des Kaufpreises verlange. Da sie einen dem angeblichen Minderwert der Ware entsprechenden Teil des bedungenen Kaufpreises nicht bezahlte, so erhob Kläger, der die Mängelrüge nicht anerkannte, Klage auf Zahlung des Restkaufpreises. Er machte namentlich geltend, die Beklagte habe die Ware durch ihren Vertreter, die Firma P., welche dieselbe schon vor der Entladung aus dem Schiffe besichtigt und hierbei eine starke Verrostung festgestellt habe, vorbehaltlos angenommen und könne deshalb wegen dieses offensichtlichen Mangels keine Ansprüche mehr erheben. Überdies sei die Mängelrüge vom 6. Mai verspätet. Die Beklagte beantragte die Abweisung der Klage, indem sie behauptete, die Firma P. sei nicht ihr Vertreter, sondern die Ware sei nur an sie auszuliefern gewesen. Dieselbe habe sich in ihrem Auftrag von dem Zustand der Ware zu vergewissern und ihr darüber zu berichten gehabt. Sie sei daher nicht befugt gewesen, eine Erklärung über die Annahme der Ware abzugeben oder deren Beschaffenheit zu rügen. Der Mangel der Ware sei vor der Entladung nicht gehörig erkennbar gewesen. Sobald derselbe von der Firma P. noch während der Entladung erkannt worden sei, habe diese die Beklagte telegraphisch benachrichtigt, die das Telegramm am folgenden Tage dem Kläger weitergegeben habe.

Die Beklagte wurde in beiden Instanzen zur Zahlung des Restkaufpreises verurteilt, und die von ihr gegen das Berufungsurteil eingelegte Revision zurückgewiesen aus folgenden

Gründen:

...„Das Berufungsgericht hat zunächst dahingestellt gelassen, ob die Beklagte die nach § 377 H.G.B. bestehende Verpflichtung des Käufers, Mängel der Ware unverzüglich nach der Ablieferung dem Verkäufer anzuzeigen, erfüllt habe; denn von dieser Vorschrift sei die Bestimmung des § 464 B.G.B. unabhängig; nach der letzteren stehe aber der Beklagten ein Recht auf Minderung des Kaufpreises nicht mehr zu, da von ihrer Vertreterin, der Firma P., die Rechte der Beklagten wegen des fraglichen Mangels der Ware bei Annahme derselben nicht vorbehalten worden seien, obgleich diese Firma damals den Mangel bereits gekannt habe.

Die Revisionsklägerin hat vor allem die erstere Erwägung des Berufungsgerichts beanstandet, namentlich daß dieses dabei nicht geprüft habe, in welchem Verhältnis § 377 H.G.B. zu § 464 B.G.B. stehe, insbesondere ob § 377 nicht als Spezialgesetz für beiderseitige Handelsgeschäfte die Anwendung des § 464 im gegebenen Falle ausschließe, oder ob er wenigstens für die Beurteilung der Frage maßgebend sei, inwieweit in gewissen Handlungen oder Unterlassungen eine Annahme im Sinne des § 464 zu finden sei. Jedoch erscheint die hiermit angefochtene Ansicht des Berufungsgerichts, daß diese beiden Vorschriften unabhängig voneinander seien, daß also deshalb, weil der

Käufer die ihm nach § 377 H.G.B. obliegende Verpflichtung der unverzüglichen Mängelanzeige erfüllt habe, ein Verlust der in §§ 462, 463 B.G.B. bestimmten Ansprüche gemäß § 464 daselbst nicht ausgeschlossen sei, als rechtlich zutreffend. Es ist nicht anzuerkennen, daß, sofern die Voraussetzungen des § 464 B.G.B. bei einem beiderseitigen Handelskauf vorliegen, der Umstand, daß der Käufer die ihm gemäß § 377 H.G.B. obliegende Rügepflicht erfüllt hat, dem Eintritte der sich aus § 464 ergebenden Folge irgendwie entgegenstehe. Weder das Handelsgesetzbuch vom 10. Mai 1897 noch das Einführungsgesetz hierzu enthält eine Bestimmung, welche gemäß Art. 2 des letzteren Gesetzes eine solche Annahme rechtfertigen könnte. Vielmehr ist aus der Denkschrift II zum Handelsgesetzbuch S. 240, worin die Vorschrift des § 464 B.G.B. (als auch für das Gebiet des Handelsrechts maßgebend) erwähnt, aber als für den Handelsverkehr nicht genügend erklärt ist, zu schließen, daß man bei der Erlassung des Handelsgesetzbuchs die unbeschränkte Geltung dieser Vorschrift neben derjenigen des § 377 H.G.B. auf diesem Gebiete allseitig als selbstverständlich angesehen hat. Für diese Auffassung spricht auch der Umstand, daß diese Vorschriften, wenn sie auch beide im Interesse des Verkehrs, namentlich behufs Sicherstellung des Verkäufers gegen die verspätete Geltendmachung von Mängeln von seiten des Käufers, erlassen sind,

vgl. bezüglich des § 464 die Motive zu § 386 I. Entw. Bd. 2 S. 229, und bezüglich des § 377, bzw. des demselben zugrunde liegenden Art. 347 H.G.B. a. F. Entsch. des R.O.H.G.'s Bd. 15 S. 128,

ihrem sonstigen Grunde und ihrem Inhalte nach wesentlich voneinander verschieden sind. Die Bestimmung des § 464 beruht nämlich auf der Anschauung, daß, wenn ein Käufer eine mangelhafte Sache in Kenntnis des Mangels ohne Vorbehalt annimmt, hierin ein Verzicht desselben auf die ihm aus dem Mangel erwachsenen Ansprüche liegt, und daher in der nachträglichen Geltendmachung eines solchen Anspruchs ein Verstoß gegen Treu und Glauben zu finden ist (vgl. die Motive a. a. O.). Dagegen sind diese Gesichtspunkte nicht auch als für den in § 377 H.G.B. mittelbar bestimmten Verlust der Gewährleistungsansprüche maßgebend anzusehen, da diese Rechtsfolge nicht die zur Zeit der Annahme vorhandene

Kenntnis des Käufers von dem Mangel zur Voraussetzung hat, vielmehr mit der in diesem Paragraphen nur für beiderseitige Handelsgeschäfte bestimmten unbedingten Verpflichtung des Käufers zur unverzüglichen Untersuchung und Mängelanzeige zusammenhängt.

Vgl. die Denkschrift I zum Handelsgesetzbuch a. a. O.

Ferner deckt sich die im § 377 erforderte Unterlassung der daselbst vorgeschriebenen Mängelanzeige, zu welcher der Käufer erst nach der Ablieferung der Ware verpflichtet ist, weder inhaltlich noch zeitlich mit der im § 464 B.G.B. vorgesehenen Unterlassung des Vorbehaltes der Rechte wegen des Mangels, welcher Vorbehalt schon bei der Annahme der Ware zu erfolgen hat. Hiernach ist auch im Hinblicke auf die dargelegte Verschiedenheit der beiden Vorschriften und den Umstand, daß auch sonst kein innerer Grund für die Nichtanwendung der strengeren Vorschrift des § 464 B.G.B. bei handelsrechtlichen Käufen erfindlich ist, nicht anzunehmen, daß der Gesetzgeber durch die Vorschrift des § 377 H.G.B. die Anwendung der ersteren Bestimmung habe ausschließen oder, namentlich was die Frage betrifft, ob in Handlungen oder Unterlassungen eine Annahme zu finden sei, habe modifizieren wollen. Durch die sich hieraus ergebende grundsätzliche Gleichheit der Anwendung des § 464 auf handelsrechtliche und nichthandelsrechtliche Käufe wird aber nicht ausgeschlossen, daß im übrigen für die Anwendung dieses Paragraphen auf die ersteren Käufe auch die das ganze Gebiet des Handelsrechts beherrschende Vorschrift des § 346 H.G.B. maßgebend ist, wonach unter Kaufleuten in Ansehung der Bedeutung und Wirkung von Handlungen und Unterlassungen auf die im Handelsverkehr geltenden Gewohnheiten und Gebräuche Rücksicht zu nehmen ist. Doch rechtfertigt diese Vorschrift es nicht, in jeder der Bestimmung des § 377 Abs. 1 H.G.B. entsprechenden Mängelanzeige des Käufers zugleich einen nach § 464 B.G.B. genügenden Vorbehalt seiner Rechte wegen des Mangels zu erblicken. Der seither erörterte rechtliche Ausgangspunkt des Berufungsgerichts ist daher nicht zu beanstanden.

Ferner hat die Revisionsklägerin die Ansicht des Berufungsgerichts angefochten, daß eine vorbehaltlose Annahme der streitigen Ware im Sinne des § 464 B.G.B. von seiten der Speditionsfirma P. für die Beklagte stattgefunden habe; denn eine solche Annahme sei von jener Firma nicht gewollt gewesen, wie sich aus dem ganzen

Sachverhalte, namentlich auch aus der Zeugenaussage des Teilhabers der den Kläger bei dem Erfüllungsgeschäfte vertretenden Speditionsfirma St., V., über eine zwischen ihm und dem Prokuristen der Firma P., M., nach Ankunft der Ware in Rotterdam über deren mangelhafte Beschaffenheit stattgehabte Unterredung ergebe, bei der M. dem V. den nach § 464 erforderlichen Vorbehalt erklärt, welche aber das Berufungsgericht mit Unrecht nicht berücksichtigt habe. Auch diese Beschwerde erscheint nach allen Richtungen hin als unbegründet.

Zunächst erhellt nicht, daß das Berufungsgericht den Begriff der Annahme im Sinne des § 464 B.G.B. verkannt habe. Hierunter ist nämlich dasselbe zu verstehen, was in § 363 B.G.B. mit Annahme als Erfüllung, in § 341 Abs. 3 daselbst als Annahme der Erfüllung und in § 640 Abs. 2 B.G.B. als Abnahme bezeichnet ist.

Vgl. das Urteil des VII. Zivilsenates des Reichsgerichts vom 22. April 1904, Entsch. des R.G.'s in Zivils. Bd. 57 S. 338/339.

Wie in diesem Urteile bezüglich der Annahme der Erfüllung im Sinne des § 341 Abs. 3 näher ausgeführt ist, was aber auch für die hier in Rede stehende Annahme im Sinne des § 464 zutrifft, ist es für diesen Begriff nicht erforderlich, daß der Empfänger die Erfüllung als eine tadellose angenommen hat; vielmehr genügt es, wenn der Gläubiger die als Leistung aus dem Vertrage angebotene Leistung körperlich hinnimmt und dabei, sei es ausdrücklich, sei es stillschweigend durch sein Verhalten bei und nach der Hinnahme, zu erkennen gibt, daß er die Leistung als eine der Hauptsache nach dem Vertrage entsprechende Erfüllung anerkenne. Daß das Berufungsgericht gegen diese Rechtsgrundsätze verstoßen habe, erhellt aus seinen Feststellungen und Ausführungen nicht. Denselben liegt nämlich die Anschauung zugrunde, daß die Firma P. durch die von ihr als Vertreterin der Beklagten trotz ihrer Kenntnis des fraglichen Mangels vorbehaltlos bewirkte Ausladung der Ware aus dem Schiffe dieselbe im Sinne des § 464 B.G.B. angenommen habe, und daß diese Annahme mit Beendigung der Ausladung vollendet gewesen sei. Dies ist rechtlich nicht zu beanstanden; denn indem die Firma P. die Ware für die Beklagte aus dem Schiffe ausladen ließ, hat sie dieselbe zugleich für die Beklagte körperlich hingenommen und für diese als mittelbare Besitzerin den Besitz derselben erworben. Was das weiter erforderliche Anerkenntnis betrifft, daß die Leistung eine der Hauptsache nach dem Vertrag entsprechende Erfüllung sei, so konnte das Berufungsgericht ohne rechtlichen Verstoß das von ihm festgestellte weitere Verhalten der Firma P. — daß nämlich diese weder der den Kläger bei der Übergabe vertretenden Speditionsfirma St. in Rotterdam noch unmittelbar dem Kläger gegenüber den Vorbehalt der Rechte der Beklagten wegen des von ihr wahrgenommenen Mangels zum Ausdruck brachte, obgleich diesen Mitteilungen nichts im Wege gestanden habe, daß dieselbe vielmehr, nachdem bereits am 4. Mai 1903 die Ausladung beendet worden war, erst am 5. Mai der Beklagten den Mangel telegraphisch meldete, — als ein solches ansehen, durch das sie dem Kläger zu erkennen gegeben habe, daß sie als Vertreterin der Beklagten die Leistung als eine der Hauptsache nach dem Vertrage entsprechende Erfüllung anerkenne. Im Hinblicke auf diese vom Berufungsgerichte offenbar angenommene Schlüssigkeit des Verhaltens der Firma P. kommt es auch darauf nicht entscheidend an, ob diese einen solchen Anerkennungswillen wirklich gehabt hat, da das Nichtvorhandensein dieses Willens dem Kläger oder dessen Vertreterin, der Firma St., gegenüber überhaupt nicht unmittelbar und jedenfalls nicht vor dem Zeitpunkte in die Erscheinung getreten ist, in dem eine Annahme der Ware als bereits durch die körperliche Hinnahme derselben in Verbindung mit dem dargelegten weiteren Verhalten der Firma P. vollzogen anzusehen war." ...

---

59. Widerspricht es dem § 1 des Gesetzes wegen Beseitigung der Doppelbesteuerung vom 13. Mai 1870, wenn die Einkommensteuer voll für denjenigen Monat erhoben wird, in welchem der zur Steuer herangezogene Deutsche seinen Wohnsitz in dem Bundesstaate aufgegeben hat?

VII. Zivilsenat. Urt. v. 30. Oktober 1906 i. S. bremischer Staat (Bekl.) w. H. (Kl.). Rep. VII. 623/05.

I. Landgericht Bremen.
II. Oberlandesgericht Hamburg.

Der Kläger hatte bis zum Herbst des Jahres 1904 seinen Wohnsitz in Bremen und war dort für das Steuerjahr 1904/05 zur Einkommensteuer veranlagt worden. Er verlegte nach seiner Behauptung am 24. September, nach Angabe des Beklagten am 1. Oktober 1904 seinen Wohnsitz nach Hamburg. Der Beklagte erhob die Einkommensteuer auch für den Monat Oktober noch vom Kläger, der erst vom 1. November 1904 ab zur hamburgischen Einkommensteuer veranlagt wurde. Der Kläger erachtete sich dem Beklagten gegenüber für den Monat Oktober nicht mehr steuerpflichtig und forderte die von ihm eingezogene Steuer nebst Zinsen zurück. Der Beklagte widersprach diesem Verlangen. Das Landgericht verurteilte ihn indessen im Hinblicke auf das Reichsgesetz wegen Beseitigung der Doppelbesteuerung vom 13. Mai 1870 (B.G.Bl. S. 119) nach dem Klagantrage, und seine Berufung wurde vom Oberlandesgericht zurückgewiesen. Der Revision ist stattgegeben aus folgenden

Gründen:

„Wann der Kläger seinen Wohnsitz in Bremen aufgegeben hat, ob bereits im September, oder erst am 1. Oktober 1904, ist nicht festgestellt. Für die Revisionsinstanz ist davon auszugehen, daß der 1. Oktober der in Betracht kommende Zeitpunkt ist, und es fragt sich, ob der Staat Bremen durch das Doppelbesteuerungsgesetz vom 13. Mai 1870 gehindert ist, vom Kläger die Einkommensteuer noch für den vollen Monat Oktober zu erheben. Diese Frage ist, entgegen dem Oberlandesgericht, zu verneinen. Richtig ist freilich, daß es für die Anwendung des Doppelbesteuerungsgesetzes nicht ins Gewicht fällt, ob der zur Besteuerung eines Reichsangehörigen berechtigte Bundesstaat von diesem Rechte Gebrauch macht; es genügt, daß er es kann, um die Besteuerung durch einen anderen Bundesstaat auszuschließen.

Vgl. Entsch. des R.G.'s in Zivils. Bd. 50 S. 99 und das vom Berufungsrichter angezogene Urteil des erkennenden Senats vom 27. Juni 1905, Rep. VII. 193/05.

Auch darin ist dem Berufungsrichter beizutreten, daß die Veranlagung eines Zensiten für eine Steuerperiode (ein Steuerjahr) an sich noch nicht das Recht des veranlagenden Staates begründet, die Steuer für diese ganze Periode auch dann zu erheben, wenn der Zensit seinen Wohnsitz in einen anderen Bundesstaat verlegt und damit diesem nach § 1 a. a. O. steuerpflichtig wird. Wenn das Gesetz das Besteuerungsrecht an den Wohnsitz des Steuersubjektes knüpft, so ist dadurch von selbst die zeitliche Grenze des Rechtes durch die Dauer des Wohnsitzes gezogen, und es ist grundsätzlich richtig, daß mit der Aufgabe des Wohnsitzes in einem Bundesstaate dessen Befugnis erlischt, den Zensiten ferner zur Steuer heranzuziehen. Allein im vorliegenden Falle handelt es sich darum, ob das Doppelbesteuerungsgesetz zu der Auslegung zwingt, daß das Besteuerungsrecht mit dem Augenblick oder dem Tage der Wohnsitzaufgabe aufhört, ob also die Bundesstaaten die Einkommensteuer nur genau nach Maßgabe der Zeit, während deren ein Deutscher ihnen als Bewohner angehört hat, erheben dürfen. Hier ist zu erwägen, daß die direkten Steuern aus technischen Rücksichten nicht tage-, sondern periodenweise erhoben werden und auch zur Zeit der Erlassung des Doppelbesteuerungsgesetzes erhoben wurden. Regelmäßig galt und gilt in steuerlicher Hinsicht der Monat als eine Einheit dergestalt, daß die Steuer für denjenigen Monat, in welchen das die Steuerpflicht beendende Ereignis fällt, voll zu entrichten ist.

Vgl. § 36 Abs. 4 des preußischen Gesetzes, betr. die Einführung einer Klassen- und klassifizierten Einkommensteuer, vom 1. Mai 1851 G.S. S. 193, und wegen der neueren Steuergesetze Maatz, im Preußischen Verwaltungsblatt 21, 142, 143.

Man kann insofern von einer steuerlichen Zivilkomputation reden. Es ist nun nicht anzunehmen, daß das Doppelbesteuerungsgesetz diese Berechnungsweise, die doch nicht unbekannt war, habe beseitigen und sie durch eine Naturalkomputation in dem oben gekennzeichneten Sinne habe ersetzen wollen. Dazu bietet weder der Wortlaut noch die Entstehungsgeschichte des Gesetzes irgendwelchen Anhalt. Darum widerspricht es nicht dem Reichsgesetze, wenn ein Bundesstaat die Steuer für den Monat, in welchem der Pflichtige verzogen ist, ungeteilt fordert. Der Grundsatz, daß die Steuer dem Staate nur für die Dauer der örtlichen Zugehörigkeit des Steuersubjektes zu ihm gebühre, wird durch ein solches lediglich steuertechnischen Bedürfnissen entsprungenes Verlangen nicht verletzt.

Vgl. in demselben Sinne Maatz a. a. O., und ferner Bd. 24 des Preußischen-Verwaltungsblattes S. 725; Clauß, im Finanzarchiv 5, 156, 157.

Der Ausgleich wird sich regelmäßig dadurch vollziehen, daß der Bundesstaat, in den der Zensit seinen Wohnsitz verlegt hat, seinerseits die Steuerpflicht erst mit dem der Verlegung folgenden Monate beginnen läßt, wie denn auch der Staat Hamburg vom Kläger Steuern erst vom 1. November 1904 ab — nach der Behauptung des Beklagten gemäß eines Übereinkommens der beteiligten Steuerbehörden — erhoben hat. Das Berufungsurteil, welches den § 1 des Doppelbesteuerungsgesetzes durch unrichtige Anwendung verletzt hat, war hiernach aufzuheben, und die Sache in die Instanz zurückzuverweisen, damit der Zeitpunkt, zu welchem der Kläger den Wohnsitz in Bremen aufgegeben hat, näher festgestellt, und dann anderweit entschieden werde."

---

60. Schenkungsurkunde als Bestandteil eines Rentenversicherungsantrages. Schenkung unter Lebenden und Schenkung von Todes wegen. Bereicherungsabsicht. Einfluß des Aufgebotes der Nachlaßgläubiger auf den Stempelanspruch des Staates gegen den Nachlaß?

Preuß. Stempelsteuergesetz vom 31. Juli 1895 Tarifst. 56.
B.G.B. §§ 130 Abs. 2, 1970—1973.

VII. Zivilsenat. Urt. v. 30. Oktober 1906 i. S. Br.'scher Nachlaßverw. (Kl.) w. preuß. Fiskus (Bekl.). Rep. VII. 9/06.

I. Landgericht I Berlin.
II. Kammergericht daselbst.

Der Bildhauer Br. in B. ging kurz vor seinem Tode eine Rentenversicherung bei der Versicherungs-Aktiengesellschaft Fr. W. gegen Hingabe eines Kapitals von 13625,15 *M* ein. Die Versicherung erfolgte auf Grund der Beitrittserklärung des Br. vom 25. April 1900, in der Br. bestimmte: „Nach meinem Ableben wird die Rente an meine Schwägerin Frau H. . . . bezahlt". Die Annahme des in dieser Beitrittserklärung liegenden Versicherungsantrages erfolgte von seiten der Gesellschaft der Frau H. gegenüber erst nach dem Tode des Br.; die Police wurde von der Gesellschaft unmittelbar an Frau H. ausgehändigt. Zum Verwalter des Nachlasses des Br.

wurde der Kläger ernannt. Er beantragte im Jahre 1902 das Aufgebot der Nachlaßgläubiger und erwirkte das Ausschlußurteil vom 18. Oktober 1902, in welchem dem verklagten Fiskus Rechte nicht vorbehalten worden sind. Im Jahre 1904 erforderte der Beklagte mit der Begründung, durch die Beitrittserklärung sei eine belohnende Schenkung zugunsten der Frau H. beurkundet, durch die der letzteren eine lebenslängliche Rente von jährlich 1124,68 ℳ zugewendet sei, vom Kläger den auf eine derartige Schenkung entfallenden Urkundenstempel nach der Tarifst. 56 des preuß. Stempelsteuergesetzes vom 31. Juli 1895 mit 703,50 ℳ und erhielt ihn vom Kläger ausgezahlt. Der Kläger verlangte mit der Klage die Rückzahlung dieses Betrages nebst Verzugszinsen. Der Beklagte wurde durch das Landgericht nach dem Klagantrage verurteilt, diese Entscheidung aber in der Berufungsinstanz abgeändert, und der Kläger mit der Klage abgewiesen. Auf die Revision des Klägers ist das Berufungsurteil aufgehoben, und die Sache in die Vorinstanz zurückverwiesen worden, aus folgenden

Gründen:

„Der Berufungsrichter erachtet die Klage für unbegründet, weil er in der vom Erblasser Br. ausgestellten Beitrittserklärung die stempelpflichtige Beurkundung einer Schenkung unter Lebenden erblickt und annimmt, daß das vor der Entrichtung der Stempelabgabe erfolgte Aufgebot der Nachlaßgläubiger des Br. ohne Einfluß auf den Stempelanspruch des Beklagten gewesen sei. Nach beiden Richtungen hin sind die Ausführungen des Berufungsrichters nicht frei von Rechtsirrtum.

Nach der Tarifst. 56 des oben genannten Stempelsteuergesetzes sind stempelpflichtig „alle Schriftstücke über solche Geschäfte, bei denen die Absicht auf die Bereicherung des einen Teils gerichtet war, auch wenn das Geschäft in der Form eines lästigen Vertrages abgeschlossen ist". Es ist für die Stempelpflicht nicht erforderlich, daß diese Absicht aus der Urkunde selbst hervorgeht, und ebensowenig, daß die in der Urkunde enthaltene Erklärung an den zu Bereichernden gerichtet ist. Dem Schenkungsstempel unterliegt vielmehr auch ein Schriftstück, in dem einem Dritten gegenüber ein Forderungsrecht für den zu Bereichernden als den Gläubiger begründet wird. Auch die hier in Frage stehende Beitrittserklärung ist hiernach stempelpflichtig, wenn durch sie ein solches Forderungsrecht, sei es auch nur als betagtes oder bedingtes (§ 3 Abs. 2 des Stempelsteuergesetzes), in der Absicht begründet ist, die Frau H. zu bereichern.

Die Erklärung, daß die Rente nach dem Ableben des Br. an Frau H. fallen sollte, war ein Bestandteil des von Br. an die Versicherungsgesellschaft mittels der Beitrittserklärung gerichteten Versicherungsantrages und konnte rechtsverbindliche Kraft nur insoweit erlangen, als der Versicherungsantrag selbst rechtswirksam, der angebotene Versicherungsvertrag also gültig abgeschlossen wurde. Die Annahme des Berufungsrichters, daß durch diesen Versicherungsvertrag zugunsten der Frau H. der Rentenanspruch für die Zeit nach dem inzwischen erfolgten Tode des Br. begründet wurde, entspricht den §§ 330, 331 B.G.B., wonach, wenn inhalts eines Leibrentenvertrages die Zahlung der Leibrente nach dem Tode desjenigen, dem die Rente versprochen wird, an einen Dritten erfolgen soll, der Dritte das Recht im Zweifel mit dem Tode des Versprechensempfängers erwirbt. Der Erwerb erfolgte aber nur dann, wenn der Leibrentenvertrag selbst zustande gekommen ist. Dazu war die rechtzeitige Annahme des Versicherungsantrages erforderlich, die nach § 146 B.G.B. gegenüber dem Antragenden erfolgen mußte, widrigenfalls der Antrag erlosch; daß einer der Ausnahmefälle des § 151 daselbst vorliege, in denen die Annahme dem Antragenden gegenüber nicht erklärt zu werden braucht, ist bisher vom Beklagten nicht dargetan. Die Annahme konnte auch stillschweigend dadurch erklärt werden, daß die Versicherungsgesellschaft die von ihr vollzogene Versicherungspolice dem Antragenden Br. oder in seinem Auftrage einem Dritten übersendete. Die Zusendung ist aber an Br. oder nach dessen Tode an seine allgemeinen Rechtsnachfolger nicht erfolgt, und das Bestehen eines solchen Auftrags nicht behauptet. Die auftragslos erfolgte Zusendung an eine andere Person als den Antragenden, hier an Frau H., konnte aber den Vertrag gegenüber dem anderen Vertragsteile nicht zum Abschluß bringen. Daran änderte auch nichts der Umstand, daß inhalts des Vertrages nach dem Tode des Br. die Frau H. die zum Rentenempfang berechtigte Person sein sollte. Diese Vertragsbestimmung trat erst in Kraft, nachdem der Abschluß des Vertrages gültig erfolgt war. Die Ausführung des Berufungsrichters, das Zustandekommen des Vertrages ergebe sich aus dem § 130 B.G.B., beruht auf einer mißverständlichen Auffassung dieser Vorschrift. Sie bestimmt im Abs. 2, es sei auf die Wirksamkeit der Willenserklärung ohne Einfluß, wenn der Erklärende nach der Abgabe stirbt. Hieraus folgt aber nur, daß der Versicherungsantrag des Br. auch nach dessen Tode seine Kraft als Vertrags*antrag* behielt, nicht aber, daß durch den Tod die *Annahme* des Antrages überflüssig wurde. Schon aus diesem Grunde ist das Berufungsurteil aufzuheben, und die Sache in die Vorinstanz zurückzuverweisen zur Prüfung, ob etwa die Übersendung der Police an Frau H. einem Auftrage des Br. entsprach, oder ob Frau H. als Alleinerbin oder bevollmächtigte Miterbin des Br. zur Empfangnahme der Police befugt war.

Ob die in der Beitrittserklärung enthaltene Verfügung als eine Schenkung unter Lebenden oder als eine solche von Todes wegen anzusehen sei, erklärt der Berufungsrichter mit Recht als gleichgültig. Die Höhe der Abgabe ist in beiden Fällen die gleiche. Ist die Schenkung eine solche unter Lebenden, so haftet Br. als Aussteller, und nach seinem Tode sein Nachlaß, für den Urkundenstempel der Tarifst. 56 nach § 12 zu b des Stempelsteuergesetzes. Hält man die Schenkung für eine solche von Todes wegen, so haften die Erben bis auf die Höhe des aus der Erbschaft Empfangenen für die von allen den Nachlaß betreffenden Anfällen zu entrichtende Steuer solidarisch als *Selbstschuldner* neben den Erwerbern der Anfälle (§ 29 Abss. 1 und 2 und § 1 Abs. 1 des preuß. Erbschaftssteuergesetzes vom $\frac{\text{30. Mai 1873}}{\text{31. Juli 1895}}$, sowie das Urteil des Reichsgerichts vom 9. Dezember 1881, Just.-Min.-Bl. 1882 S. 377). Es kann jedoch die vom Berufungsrichter ohne Rechtsirrtum getroffene, von der Revision nicht angefochtene Feststellung, es handle sich im vorliegenden Falle um eine Schenkung unter Lebenden, der Entscheidung zugrunde gelegt werden. Der Hinweis des Beklagten darauf, daß Br. die Zuwendung der Rente noch hätte widerrufen oder anstatt der Frau H. nachträglich eine andere Person als diese hätte als die Bezugsberechtigte bezeichnen können, erledigt sich dadurch, daß in diesem Falle die an Frau H. erfolgte Schenkung als eine *bedingte* ebenfalls dem Schenkungsstempel unterliegt.

Mit Recht aber führt die Revision aus, daß die durch den Berufungsrichter erfolgte Feststellung der Absicht des Br., Frau H.

zu bereichern, sich gegenüber den Anführungen des Klägers zurzeit nicht aufrecht erhalten lasse. Inhalts des Tatbestandes des Berufungsurteils hatte der Kläger behauptet, Frau H. habe mit dem Erblasser einen gemeinsamen Hausstand geführt, lange Zeit dessen Kosten getragen, auch Br. verpflegt, und zur Abgeltung der hierdurch für sie entstandenen Forderung habe ihr Br. die Rente zugewendet. Sind diese Tatsachen, die nach Abs. 3 der Tarifst. 56 für die Feststellung der Bereicherungsabsicht von Bedeutung waren, obschon sie sich aus der Urkunde vom 25. April 1900 nicht ergeben, richtig, so sind sie geeignet, das Vorhandensein einer Schenkung, auch einer „belohnenden", auszuschließen. Der Berufungsrichter hätte daher den hierüber angetretenen Beweis erheben und prüfen müssen, ob eine, wenn auch nur stillschweigende, Willenseinigung zwischen Br. und Frau H. hinsichtlich einer Vergütung für ihre Leistungen erfolgt, oder sonst ein Rechtsanspruch wegen nützlicher Verwendung für sie erwachsen war, oder ob sie zwar in der Hoffnung auf künftige Belohnung, aber doch unentgeltlich geleistet hat.

Eine weitere Verhandlung in tatsächlicher Beziehung ist endlich noch hinsichtlich der Frage erforderlich, inwieweit das stattgehabte Aufgebot der Nachlaßgläubiger und das ergangene Ausschlußurteil von Einfluß auf den Stempelanspruch des Beklagten gewesen sind. Wenn der Berufungsrichter einen solchen Einfluß von vornherein verneint, so verletzt er damit die Vorschrift des § 1973 B.G.B., nach welcher der Erbe die Befriedigung eines im Aufgebotsverfahren ausgeschlossenen Nachlaßgläubigers insoweit verweigern kann, als der Nachlaß durch die Befriedigung der nicht ausgeschlossenen Gläubiger erschöpft wird. Der Beklagte gehörte hinsichtlich des vom Erblasser Br. geschuldeten Schenkungsstempels zu den Nachlaßgläubigern. Sein Anspruch wurde auch vom Aufgebot der Nachlaßgläubiger betroffen. Die Ausnahmevorschrift des § 1971 daselbst, nach der Pfandgläubiger und Gläubiger, die im Konkurse den Pfandgläubigern gleichstehen, durch das Aufgebot nicht betroffen werden, ist hier nicht anwendbar, da die Staatskasse nach § 49 K.O. hinsichtlich ihrer Stempelforderungen den Pfandgläubigern nicht gleichgestellt ist. Der Berufungsrichter wird daher die Richtigkeit der Behauptung des Klägers zu prüfen haben, daß der Nachlaß nach Befriedigung der nicht ausgeschlossenen Gläubiger zur Bezahlung des Stempelanspruchs des

Beklagten nicht ausreiche. Der Umstand, daß der Anspruch vom Kläger an den Beklagten schon bezahlt ist, schließt die Anwendung des § 1973 a. a. O. nicht aus, da die Zahlung nach der Erwirkung des Ausschlußurteils und nicht freiwillig von seiten des Klägers erfolgt ist, sondern erst, nachdem der Beklagte unter Androhung der Zwangsvollstreckung die Abgabe erfordert hatte."

---

61. 1. Welches Verfahren ist vom Reichsgericht in den Fällen zu beobachten, wo es nach § 11 Abs. 2 Einf.-Ges. zum G.V.G. die Vorentscheidung darüber abzugeben hat, ob ein verklagter öffentlicher Beamter sich einer Überschreitung seiner Amtsbefugnisse oder der Unterlassung einer ihm obliegenden Amtshandlung schuldig gemacht habe? Versäumnisverfahren in solchen Fällen?

2. Heutige Geltung des Rechtes der römischen interdicta ne quid in flumine publico und quod in flumine publico im gemeinen Rechte.

3. Stellt jenes Recht ein Schutzgesetz im Sinne des § 823 Abs. 2 B.G.B. dar?

4. Einzelheiten aus dem Rechte der genannten Interdikte.

VI. Zivilsenat. Urt. v. 1. November 1906 i. S. V. (Kl.) w. Schw. u. Gen. (Bekl.). Misz.-Rep. VI. 14/06.

Der Kläger, ein Erbpächter in der mecklenburg-schwerinschen Domanialortschaft K., belangte zu Anfang des Jahres 1906 beim Landgerichte zu Schwerin den Amtsverwalter Schw. zu W. und den Distriktsingenieur St. daselbst auf Schadensersatz und auf Wiederherstellung des frühern Zustandes des Bettes des Flusses Sch., indem er behauptete, daß sie diesen Zustand durch Arbeiten, die Schw. in seiner amtlichen Eigenschaft angeordnet, und St. in gleicher Weise geleitet habe, widerrechtlich verändert und dadurch eine ihm gehörende Wiese verschlechtert hätten. Darauf erließ das mecklenburg-schwerinsche Staatsministerium an das genannte Landgericht eine Verfügung, wodurch letzteres angewiesen wurde, nach den §§ 2 und 3 der mecklenburg-schwerinschen Verordnung zur Ausführung von § 11 Einf.-

Ges. zum G.V.G. vom 5. Mai 1879 eine Vorentscheidung des Reichsgerichtes darüber herbeizuführen, ob jene beiden Beklagten sich einer Überschreitung ihrer Amtsbefugnisse schuldig gemacht haben. Die Akten wurden dem Reichsgericht übersandt, und dieses bestimmte durch Beschluß einen Termin zur mündlichen Verhandlung über die zu seiner Entscheidung stehende Frage. Dieser Beschluß wurde dem Kläger und den beiden Beklagten in der Person ihrer zur Vertretung vor dem Landgericht bestellten Prozeßbevollmächtigten von Amts wegen rechtzeitig zugestellt.

Zur mündlichen Verhandlung erschienen die beiden Beklagten nicht. Der Kläger verlas aus der Klageschrift den gegen sie gerichteten Klagantrag, beantragte, über die zur Entscheidung des Reichsgerichts verstellte Frage ein Versäumnisurteil gegen sie zu erlassen, und trug den hierfür erheblichen Inhalt der Klageschrift vor. Das Reichsgericht erließ ein Versäumnisurteil dahin, daß die beiden Beklagten sich durch die in der Klageschrift bezeichneten Handlungen einer Überschreitung ihrer Amtsbefugnisse schuldig gemacht haben.

Aus den Gründen:

„Über das in einem Falle der vorliegenden Art vom Reichsgericht zu beobachtende Verfahren finden sich in den Gesetzen keine besonderen Vorschriften. Mit Recht hat in dieser Beziehung der erste Strafsenat des Reichsgerichts laut der Entsch. in Straff. Bd. 16 S. 200 sich dahin ausgesprochen, daß dafür kein anderes Verfahren, als dasjenige der Prozeßordnungen in Frage kommen kann. Während auch kein Grund vorliegt, vom Standpunkte der Strafprozeßordnung aus die Richtigkeit der weiteren Ausführungen des I. Strafsenates in jener Sache, wonach in einem Falle des § 11 Abs. 2 Einf.-G. zum G.V.G. von einer Entscheidung durch Urteil nach vorgängiger mündlicher Verhandlung nicht die Rede sein kann, zu bezweifeln, gestaltet sich die Sache in dieser Hinsicht bei einem bürgerlichen Rechtsstreit anders. Die Zivilprozeßordnung kennt auch mündliche Verhandlungen und Urteile über Zwischenfragen. Freilich kennt sie auch gewisse Fälle, wo es zum Zwecke der Entscheidung über weniger wichtige Nebenpunkte einer mündlichen Verhandlung und eines Urteils nicht bedarf; aber deren Analogie trifft hier nicht zu, wo es sich einfach darum handelt, daß über einen der wichtigsten Punkte des Streitstoffes erster Instanz nicht durch das gewöhnliche Gericht erster

Instanz, sondern durch das Reichsgericht entschieden werden soll. Es sind hier also, soweit nicht die Besonderheit des Falles zwingend zu Abweichungen nötigt, vor allem die allgemeinen Vorschriften des ersten Titels des dritten Abschnittes des ersten Buches der Zivilprozeßordnung über das mündliche Verfahren zu befolgen, dann aber auch die Bestimmungen des ersten Abschnittes des zweiten Buches, betreffend das Verfahren vor den Landgerichten, ähnlich wie das in § 495 Z.P.O. für das Verfahren vor den Amtsgerichten vorgeschrieben ist, auch beim Reichsgericht entsprechend anzuwenden. Unter anderem ergibt sich hieraus, daß im Falle des Ausbleibens einer Partei der § 347 Z.P.O. zu entsprechender Anwendung zu bringen ist. Es findet also Versäumnisverfahren statt, jedoch unter Beschränkung auf die Frage, ob der in Betracht kommende Beklagte sich einer Überschreitung seiner Amtsbefugnisse schuldig gemacht habe....

Hiernach gilt als feststehend, daß die beiden Beklagten im Sommer 1904 vom 4. Juli an die etwa 150—200 m lange Strecke der Sch. zwischen der im Zuge der Landstraße W.-T. über den Fluß führenden Brücke und der Grenze der klägerischen Hufe durch Arbeiter nicht bloß haben auskrauten und reinigen, sondern das Flußbett auf dieser Strecke um etwa 30 cm tiefer legen lassen, daß infolgedessen der Wasserspiegel der Sch. sich beim Gebiete des Klägers so weit gesenkt hat, daß diese im Winter, statt, wie früher, etwa 1000 Quadratruten von seiner Wiese zu überschwemmen, kaum noch aus den Ufern tritt, daß der Wiese dadurch die erforderliche Feuchtigkeit entzogen ist, und daß dadurch wiederum der Kläger in seinem Vermögen beschädigt ist. Wenn der Kläger darin Recht hat, daß die beiden Beklagten hierdurch eine unerlaubte Handlung im Sinne des Bürgerlichen Gesetzbuchs begangen haben, so würde damit ohne weiteres feststehen, daß sie ihre Amtsbefugnisse überschritten hätten; denn kein Amt ermächtigt den Beamten zu unerlaubten Handlungen. Zunächst könnte man nun vielleicht meinen, eine unerlaubte Handlung (nach § 823 Abs. 1 vgl. mit § 903 B.G.B.) liege schon darin, daß die Beklagten durch ihr Vorgehen die im Eigentume des Klägers stehende Wiese verschlechtert hätten. Dagegen würde jedoch in Betracht kommen, daß § 823 Abs. 1 eine *widerrechtliche* Verletzung des Eigentums voraussetzt, und daß deshalb, da die Beklagten die Verschlechterung der Wiese nur mittelbar, durch Tieferlegung des

Bettes der Sch., ohne unmittelbare Einwirkung auf die Wiese selbst, bewirkt haben, es noch darauf ankommt, ob die Beklagten nicht zu der von ihnen veranlaßten Veränderung des Flußbettes berechtigt waren; sollte es z. B. nach dem dort geltenden Recht in den Befugnissen des Domanialamtes W. gelegen haben, das Bett der Sch., als eines öffentlichen Flusses, innerhalb des Amtsbezirkes soweit zu ändern, wie es ihm im öffentlichen Interesse als nützlich erschien, so müßte der Kläger sich die Verschlechterung seiner Wiese als eine natürliche, unvermeidliche Folge gefallen lassen. Aber von einer mecklenburgischen Partikularrechtsnorm solchen Inhaltes liegt nichts vor, und das gemeine Recht, das nach Art. 65 Einf. G. zum B.G.B. für das Wasserrecht der früheren gemeinrechtlichen Gebiete noch immer maßgebend ist, führt zu einem entgegengesetzten Ergebnisse. Mit Recht hat der Kläger in dieser Beziehung auf das interdictum ne quid in flumine publico hingewiesen, neben dem noch das interdictum quod in flumine publico zu nennen ist; ersteres ist prohibitorisch, dieses restitutorisch; vgl. tit. Dig. ne quid in flum. publ. 43, 13, insbes. l. un. pr. und § 11. Diese Interdikte waren zwar nach römischem Rechte Popularklagen und können als solche nicht mehr als gemeinrechtlich anerkannt werden; aber darüber, daß sie wenigstens als gewöhnliche privatrechtliche Klagen demjenigen zu Gebote stehen, dessen Privatinteresse durch die Veränderung am Laufe des Flusses beeinträchtigt werden würde, bzw. worden ist (vgl. Bruns, in der Ztschr. für Rechtsgeschichte, Bd. 3 S. 410, und Ubbelohde, Interdikte, Tl. 2 S. 529 flg.), besteht kein Streit. So hat auch der III. Zivilsenat des Reichsgerichts sie bereits angewandt, u. a. gerade in einer mecklenburgischen Sache; vgl. Entsch. in Zivils. Bd. 16 S. 145 flg. und Bd. 30 S. 127 flg. Da sie nun in dieser Beschränkung offenbar ein Schutzgesetz zum Besten desjenigen, der daran interessiert ist, daß am Laufe des Flusses die fragliche Veränderung nicht bewirkt werde, darstellen, so fällt ein schuldhaftes Zuwiderhandeln unter die unerlaubten Handlungen des § 823 Abs. 2 B.G.B.; übrigens zeigt sich aus denselben Gründen nunmehr natürlich auch der Abs. 1 daselbst als hier zutreffend. Genauer zu reden, sind die bezeichneten Interdikte dagegen gerichtet, daß der Lauf eines öffentlichen Flusses zum Nachteile eines Interessenten anders werde, als er im letztvergangenen Sommer gewesen sei, und dies bedeutet nach

l. un. § 8 Dig. l. c. wiederum: zur Zeit der herbstlichen Tag- und Nachtgleiche des bezeichneten Sommers. (Wenn Th. Mommsen in seinen Ausgaben das Wort „autumnale“ bei „solstitium“ streichen will, so ist das grundlos; vgl. Ubbelohde, Interdikte zum Schutze des Gemeingebrauches, S. 523 Anm. 19.) Wer also dennoch eine solche Änderung bewirkt, der handelt rechtswidrig; wer es schuldhaft tut, begeht eine unerlaubte Handlung; wer es als Beamter tut, überschreitet damit seine Amtsbefugnisse. Daß namentlich auch eine Tieferlegung des Bettes und die Schädigung einer anliegenden Wiese durch Entziehung nötiger Feuchtigkeit hierunter fällt, ergibt sich besonders aus l. un. § 3 Dig. l. c.

Daß die Sch. im Sinne der hier maßgebenden l. 1 §§ 1—3 Dig. de flum. 43, 12, l. 4 § 1 Dig. de div. rer. 1, 8 und § 2 I. de rer. div. 2, 1 ein öffentlicher (nicht im Sommer regelmäßig austrocknender) Fluß ist, steht außer Zweifel. Daß durch das Vorgehen der Beklagten ein Privatinteresse des Klägers verletzt ist, geht aus der Tatsache hervor, daß er durch Austrocknung der Wiese einen Vermögensschaden erlitten hat. Eine besondere Behauptung des Klägers über die Art des Wasserlaufes zur Zeit der Tag- und Nachtgleiche im September 1903 fehlt allerdings; aber aus dem Zusammenhange der tatsächlichen Darstellung in der Klageschrift, wie sie auch mündlich vorgetragen worden ist, läßt sich die Behauptung entnehmen, daß das Flußbett der Sch. vor dem Juli 1904 immer, d. h. wenigstens eine Reihe von Jahren lang, also auch im September 1903, etwa 30 cm höher gelegen habe, als von da an. Dies muß daher jetzt auch als zugestanden gelten.

Daß die Beklagten sich einer Überschreitung ihrer Amtsbefugnisse „schuldig gemacht“ hätten, wäre ohne ein Verschulden von ihrer Seite nicht denkbar. Ein solches ist auch vom Kläger behauptet, freilich nur in sehr allgemeiner Fassung. Hierin ist indessen kein Mangel der Klagebegründung zu finden; denn da es sich bei diesem Punkte zu einem großen Teil um rechtliche Beurteilung handelt, so ist zu sagen, daß aus den als feststehend anzunehmenden Tatsachen ein schuldhaftes Verhalten der beiden Beklagten sich an sich ergibt, solange nicht besondere Exkulpationsgründe geltend gemacht sind, und letzteres ist eben nicht geschehen. In ähnlichem Sinne ist auch noch zu erwähnen, daß nach l. un. §§ 6, 7 Dig. 43, 13 (womit noch zu vergleichen ist l. 1 C. de adluv. 7, 41) ausnahmsweise aus besonders wichtigen Gründen nach richterlichem Ermessen eine sonst unter das Verbot fallende Änderung des Flußlaufes als erlaubt angesehen werden kann, daß aber dergleichen Gründe hier eben nicht angeführt worden sind.

Aus diesen Gründen rechtfertigt sich nach § 331 Abs. 2 vgl. mit § 347 Z.P.O. das erlassene Versäumnisurteil."

---

62. Beweislast, wenn der Lagerhalter wegen Beschädigung des Gutes, dessen Lagerung er übernommen hatte, in Anspruch genommen wird. Maßstab für die Sorgfalt, die der Lagerhalter aufzuwenden hat.

I. Zivilsenat. Urt. v. 3. November 1906 i. S. F. u. Gen. (Kl.) w. E. & Co. (Bekl.) u. Freihafen-Lagerhaus-Gesellsch. (Nebeninterv.). Rep. I. 125/06.

I. Landgericht Hamburg.
II. Oberlandesgericht daselbst.

Der Kläger zu 1, Professor F., und der Rentner C., Rechtsvorgänger des Klägers zu 2, übergaben auf Grund getroffener Abmachungen ein von dem ersteren hergestelltes, die Stadt Neapel darstellendes Rundgemälde Mitte Januar 1896 der Beklagten zur Lagerung. Das Gemälde, das im Jahre 1895 in Hamburg auf dem Heiligengeistfelde als Panorama ausgestellt gewesen war, hatte eine Länge von 115 m und eine Breite von 15 m und war in einer hölzernen Kiste von etwa 15 m Länge, 85 cm Breite und 1 m Höhe verpackt. Die Beklagte, die für einen Gegenstand von solcher Größe keinen Lagerraum hatte, hatte ihrerseits von der Hamburger Freihafenlagerhausgesellschaft, der jetzigen Nebenintervenientin, für die Lagerung einen Platz in deren Kaispeicher B angewiesen erhalten, und in diesen wurde die Kiste verbracht. Die Kiste blieb bis April 1900 im Speicher liegen; dann wurde sie auf Anordnung der Kläger nach Budapest geschickt, wo das Bild gleichfalls ausgestellt werden sollte. Hier stellte sich bei der Öffnung der Kiste und Abwickelung des Bildes heraus, daß es zu einem großen Teile durch Schimmelpilz verdorben war; teils war die Farbe verblichen, teils die Leinwand verfault, teils waren Löcher gerissen, wie bei der auf Veranlassung der Kläger am 19./20. Mai 1900 vorgenommenen gerichtlichen Besichtigung durch Sachverständige festgestellt wurde. Das Gemälde wurde darauf, da die Kläger sich durch Vertrag zu dessen Ausstellung verpflichtet hatten, einstweilen ausgebessert und in diesem Zustande ausgestellt. Die Kläger machten für den entstandenen Schaden (Kosten der Ausbesserung und Verderb des Gemäldes) die Beklagte verantwortlich, indem sie behaupteten, daß der Kaispeicher B, in dem Waren der verschiedensten Art lagerten, feucht und ohne Ventilation, und dadurch das Gemälde selbst feucht geworden, verschimmelt und verfault sei. Die Beklagte bestritt das Vorbringen der Kläger und behauptete ihrerseits, der Speicher B sei trocken, gut ventiliert und ebenso beschaffen wie der Speicher A, in dem sie früher die F.'schen Gemälde längere Zeit und ohne Schaden gelagert habe. Der Verderb sei allein dadurch verursacht, daß das Gemälde naß verpackt sei; vermutlich sei es vor dem Aufrollen ganz oder teilweise abgewaschen, oder es sei vorher durch Regen oder durch das Aushängen in dem feuchten Panoramagebäude bei nasser Witterung feucht geworden.

Vom Landgericht wurde nach Beweisaufnahme die Klage abgewiesen, und die Berufung der Kläger hatte keinen Erfolg. Die Revision führte zur Aufhebung des oberlandesgerichtlichen Urteils.

Aus den Gründen:

... „In der Sache selbst geht das Berufungsgericht zutreffend davon aus, daß es sich um ein Lagergeschäft handelt, durch das die Beklagte sich zur Aufbewahrung eines Gemäldes, wenn schon eines in verschlossener Kiste ihr übergebenen Gemäldes, verpflichtet hatte. Das Lagergeschäft ist im Jahre 1896 geschlossen, und es ist daher auch darin dem Berufungsgericht zuzustimmen, daß der Streit der Parteien nach dem vor dem 1. Januar 1900 in Hamburg in Geltung gewesenen Recht zu entscheiden ist.

Die weitere Sachbeurteilung des Berufungsgerichts muß jedoch in mehrfacher Richtung für rechtsirrig erachtet werden. Die Parteien streiten darüber, ob der Schade, den das aufbewahrte Gemälde erlitten hat, darauf zurückzuführen ist, daß der Lagerraum, in dem es aufbewahrt wurde, ein für die Aufbewahrung von Gemälden ungeeigneter Raum war, oder darauf, daß das Gemälde zur Zeit der Einlagerung feucht war. Vom Berufungsgericht ist festgestellt, daß der Lagerraum, der Kaispeicher B, wegen nicht völliger Trockenheit, und weil er nicht genügend gelüftet werden konnte, zur Aufbewahrung von Gemälden ungeeignet war. Gleichwohl weist es die Klage ab, und zwar aus zwei Gründen: einmal deshalb, weil von den Klägern der Beweis, daß das Gemälde sich bei der Einlagerung in ordnungsmäßigem, d. h. in trockenem, Zustande befunden habe, nicht erbracht sei, und es schon darum dem erhobenen Schadensersatzanspruche an dem erforderlichen Rechtsgrunde fehle; zweitens deshalb, weil die Beklagte die ihr obliegende Pflicht der Sorgfalt nicht verletzt habe.

Von dem ersten Abweisungsgrund ist zunächst zu sagen, daß er allein die Entscheidung nicht tragen kann. Denn wenn man wegen Nichterbringung des von den Klägern geforderten Beweises zu unterstellen hätte, daß das Gemälde, als es zur Einlagerung übergeben wurde, feucht war, andererseits aber anzunehmen wäre, daß die Beklagte es an der nötigen Sorgfalt hat fehlen lassen, dann müßte doch noch gefragt werden, ob nicht im Fall pflichtmäßigen Handelns der Beklagten das Gemälde ungeachtet der vorhanden gewesenen Feuchtigkeit keinen Schaden genommen oder doch nur einen geringeren Schaden erlitten haben würde.

Es durfte aber ferner, wie mit Recht die Revision rügt, von den Klägern der Beweis, den das Berufungsgericht für nicht geführt hält, überhaupt nicht gefordert werden. Zur Durchführung ihres Anspruchs brauchten die Kläger nur zu beweisen, daß das Gemälde zur Zeit der Einlagerung unbeschädigt war. Steht fest, daß die Beschädigung während der Zeit seiner Aufbewahrung bei der Beklagten eingetreten ist, dann haftet diese für den entstandenen Schaden, sofern sie nicht ihrerseits dartut, daß die Beschädigung ihre Ursache in einem Umstande hat, für den sie nicht verantwortlich ist. In den Bereich dieses der Beklagten obliegenden Beweises fällt die Hebung des Zweifels, ob etwa der Schade infolge zur Zeit der Einlagerung vorhanden gewesener Feuchtigkeit des Gemäldes, wie sich also wohl sagen läßt, „durch inneren Verderb“ oder „durch einen äußerlich nicht erkennbaren Mangel der Verpackung“, entstanden ist;

bloße Feuchtigkeit des Gemäldes machte dieses noch nicht zu einem beschädigten, sondern war nur ein Zustand, und zwar ein unregelmäßiger Zustand, infolgedessen möglicherweise das Gemälde zu einem beschädigten werden konnte. Daß so, wie dargelegt, die Beweislast zu verteilen ist, würde sich für das heutige Recht aus den §§ 417, 390 (vgl. auch § 456) H.G.B. und aus § 282 B.G.B. ergeben, und ergibt sich für das frühere Recht aus den allgemeinen Grundsätzen des gemeinen Rechts über die Beweislast und aus Art. 367 (vgl. auch Art. 395) A.D.H.G.B.; was nach diesem Art. 367 für den Kommissionär galt, mußte auch für den Lagerhalter gelten. Hervorzuheben ist dabei, daß ein Beweis, wie er hier der Beklagten zugemutet wird, gegebenenfalls auch mittelbar durch den Nachweis geführt werden kann, daß nach Lage der Umstände der Schade sich auf eine andere als die nicht zu vertretende Ursache nicht zurückführen lasse.

Zu beanstanden ist aber auch der zweite Entscheidungsgrund des Berufungsgerichts. Was die Revision hier mit Recht angreift, ist die Annahme, daß die Beklagte in bezug auf die Wahl des Lagerraums die ihr obliegende Pflicht zur Sorgfalt nicht verletzt habe. Das Berufungsgericht meint, die Beklagte habe, da sie nicht Gemäldekonservator sei, nicht die Fachkenntnisse eines solchen, sondern nur den allgemeinen Sachverstand eines ordentlichen Kaufmanns zu betätigen gehabt. Mit dieser Entgegensetzung wird ein falscher Maßstab angelegt. In der Denkschrift zum Entwurf eines Handelsgesetzbuchs (Denkschr. I S. 251, 252; Denkschr. II S. 268) wird es zutreffend für selbstverständlich erklärt, daß bei Bestimmung der Obliegenheiten des Lagerhalters hinsichtlich der Erhaltung des Gutes nicht der Maßstab einer kaufmännischen Sorgfalt im allgemeinen anzulegen sei, es sich vielmehr, wie in anderen Fällen, so auch hier, um diejenige Sorgfalt handele, die einem Unternehmer des betreffenden Geschäftszweiges angesonnen werden müsse. Selbstverständlich war dies auch für das frühere Recht (vgl. Art. 397 A.D.H.G.B.: „Sorgfalt eines ordentlichen Frachtführers"). Aufzuwenden hatte hier also die Beklagte die Sorgfalt eines ordentlichen Lagerhalters. Nun stützt aber das Berufungsgericht seine Feststellung, daß der von der Beklagten gewählte Lagerraum zur Aufbewahrung von Gemälden nicht geeignet war, in erster Linie auf das sehr bestimmt lautende Gutachten des dem Kreise der Lagerhalter angehörenden Sachverständigen J., und deshalb ist nicht einzusehen, warum, was dieser wußte und erkannte, die Beklagte nicht zu wissen und zu erkennen brauchte." ...

---

63. 1. Hat der Aktionär, welcher einen Bilanzgenehmigungsbeschluß der Generalversammlung auf Grund des § 271 H.G.B. wegen Verletzung des Gesetzes oder des Gesellschaftsvertrags angefochten hat, nötig, auch alle während Schwebens des Prozesses gefaßten folgenden Bilanzgenehmigungsbeschlüsse, die auf jenem ersten beruhen, mit Klage anzufechten? Bedeutung seines Nichterscheinens in den Generalversammlungen, in welchen über die folgenden Bilanzen Beschluß gefaßt wird.

2. Tragweite der Vorschrift des § 261 Nr. 3 H.G.B.

3. Hat sich das Gericht im Falle des § 271 H.G.B. darauf zu beschränken, den mit Erfolg angefochtenen Bilanzgenehmigungsbeschluß aufzuheben, oder ist es, sofern es hierzu nach den Umständen des Falles überhaupt in der Lage ist, berechtigt und verpflichtet, anstatt der als gesetz- oder statutenwidrig erkannten Bilanz die richtige im Urteile festzustellen?

H.G.B. §§ 261, 271—273.

I. Zivilsenat. Urt. v. 7. November 1906 i. S. Vereinsbrauerei T. (Bekl.) w. P. & R. (Kl.). Rep. I. 44/06.

I. Landgericht Tilsit.
II. Oberlandesgericht Königsberg.

Aus den Gründen:

„I. Die Kläger, welche im vorliegenden Prozesse den Beschluß der Generalversammlung vom 13. Dezember 1902 und die mit demselben ausgesprochene Genehmigung der Bilanz für das Geschäftsjahr 1901/02 nebst Entlastung des Vorstandes und Aufsichtsrats anfechten, sind in der Generalversammlung des folgenden Jahres vom 28. November 1903 nicht erschienen und haben die in dieser beschlossene Genehmigung der Bilanz für 1902/03 nicht angefochten.

Die Revisionsklägerin findet hierin den Ausdruck des Willens der Kläger, ihren Widerspruch auch gegen den Generalversammlungsbeschluß vom 13. Dezember 1902 aufzugeben. Die neuerdings genehmigte Bilanz habe die Gültigkeit der früheren zur Voraussetzung. Der neue Bilanzgenehmigungsbeschluß vom 28. November 1903 sei aber nunmehr unanfechtbar geworden, und es sei infolge der unterlassenen Anfechtung desselben die von den Klägern im vorliegenden Prozeß verfolgte Nichtigkeit des früheren Beschlusses ohne jede praktische Bedeutung.

Soweit bei dieser Ausführung die Auslegung des Verhaltens der Klägerin eine Rolle spielt, hat das Oberlandesgericht bereits ohne erkennbaren Rechtsirrtum dargelegt, daß gerade das Fernbleiben der Kläger von der Generalversammlung vom November 1903 in Verbindung mit der im vorliegenden Prozeß betätigten Rechtsverfolgung es als völlig ausgeschlossen erscheinen läßt, einen Verzicht der Kläger auf ihr Anfechtungsrecht anzunehmen. Im übrigen kann sich die Revisionsklägerin für ihre Auffassung allerdings auf Staub, Kommentar 8. Aufl. Anm. 1 zu § 273, berufen. Hier ist die in den früheren Auflagen dieses Kommentars nicht enthaltene Bemerkung aufgenommen, es sei in der Praxis mehrfach vorgekommen, daß Bilanzen angefochten waren und während des Schwebens des Anfechtungsprozesses Bilanzen fernerer Jahre genehmigt wurden, ohne daß gegen diese Beschlüsse protestiert war; da sich nun die Bilanz jedes Jahres auf der des vorhergehenden durch den Vortrag aufbaut, so müsse angenommen werden, daß der Anfechtende, nachdem er die späteren Beschlüsse nicht angefochten, damit auch sein Anfechtungsrecht gegen die von ihm angefochtene Bilanz verwirkt habe. Es kann hier dahingestellt bleiben, ob dieser Ausführung für den Fall beizutreten wäre, daß der Aktionär, welcher die frühere Bilanz angefochten hat, in der während des Schwebens des Anfechtungsprozesses zur Beschlußfassung über die Genehmigung einer späteren Bilanz stattfindenden Generalversammlung erscheint und der Genehmigung zustimmt. Denn dieser Fall ist hier nicht gegeben. Nirgends aber bestimmt das Gesetz, daß der Aktionär, welcher einen Beschluß der Generalversammlung mit Klage anficht, nun auch genötigt wäre, alle folgenden Beschlüsse, welche die Gültigkeit jenes zur Voraussetzung haben, mit Klage anzufechten. Anfechtungsprozesse währen, falls sie durch die Instanzen verfolgt werden, erfahrungsgemäß nicht selten mehrere Jahre. Nach der dargelegten Auffassung wäre der Anfechtungskläger fast regelmäßig genötigt, seiner ursprünglichen Klage eine Reihe weiterer folgen zu lassen. Ganz abgesehen von dieser unpraktischen und bedenklichen Konsequenz, welche das Anfechtungsrecht des Aktionärs außerordentlich erschweren und verteuern würde, ist jedenfalls die Annahme der Revisionsklägerin unrichtig, daß durch die späteren Bilanzgenehmigungsbeschlüsse die Anfechtungsklage gegenstandslos geworden sei. Es kann dahingestellt bleiben, ob die nach Erhebung der Klage genehmigten Bilanzen, soweit sie mit dem auf die Anfechtungsklage ergangenen Urteile in Widerspruch stehen, ipso jure außer Kraft treten. Hat die Anfechtungsklage Erfolg, so ist in Ermangelung gegenteiliger Anhaltspunkte davon auszugehen, daß dies auf die Gestaltung der demnächst im Einklange mit der rechtskräftigen Entscheidung aufzustellenden Bilanz notwendig von Einfluß sein muß.

II. . . .

III. Das Landgericht Tilsit hat sich in seinem Teilurteile vom 10. Dezember 1903 dem Antrage der Kläger entsprechend nicht darauf beschränkt, den die Genehmigung der Bilanz für 1901/02 mit dem Zusatzantrag Br. aussprechenden Generalversammlungsbeschluß für nichtig zu erklären; es hat die Beklagte zugleich verurteilt, anzuerkennen, daß die von dem vereidigten Bücherrevisor in Königsberg unterm 28. Oktober 1903 aufgestellte Bilanz für 1901/02 für sie maßgebend sei, und in diesem Umfange ist die Entscheidung des Landgerichts vom Oberlandesgericht gebilligt. In der Literatur ist neuerdings mehrfach die Ansicht vertreten worden, daß das Gericht im Falle der erfolgreichen Anfechtung eines Generalversammlungsbeschlusses, welcher eine gesetzwidrige Bilanz genehmigte, sich darauf zu beschränken habe, diesen Beschluß aufzuheben; dagegen sei das Gericht nicht berufen und auch nicht befugt, die nach seiner Auffassung richtige anstelle der gesetzwidrigen Bilanz zu setzen.

Vgl. Staub, 8. Aufl. (im Gegensatz zu den vorausgehenden) § 260 Anm. 2, § 273 Anm. 2; Makower, 13. Aufl. § 271 Bem. III; Rehm, Bilanzen S. 801 Fußnote 2; vgl. auch Oberlandesgericht Naumburg, Urteil vom 30. Mai 1902, mitgeteilt in Holdheim's Monatsschrift Bd. 11 S. 247 flg.

Obwohl die Revision in dieser Richtung einen Angriff nicht erhoben hat, war der Senat nach § 559 Satz 2 Z.P.O. veranlaßt, die Richtigkeit des Standpunktes der Vorentscheidungen nachzuprüfen. Das Reichsgericht hat bisher zu der beregten Frage ausdrücklich noch nicht Stellung genommen. Wohl aber ergibt die Entscheidung des Senats in seinem Urteil vom 6. Juli 1895 (Rep. I. 137/05), daß derselbe damals grundsätzlich davon ausging, es sei Sache des Richters, nicht nur die Nichtigkeit des angefochtenen Beschlusses auszusprechen, sondern den Parteianträgen gemäß das dem Gesetz Entsprechende an seine Stelle zu setzen, soweit der Richter hierzu nach den Umständen des Falles in der Lage ist. Diese Auffassung entspricht den leitenden Gesichtspunkten, welche das Reichsoberhandelsgericht in der Entscheidung vom 20. Oktober 1877 (Entsch. dess. Bd. 23 S. 273 flg.) hinsichtlich des damals noch nicht näher normierten Anfechtungsrechtes des Aktionärs in dieser Hinsicht aufstellt. „Über die Forderungen, die infolge dieses Rechts gestellt werden können, lassen sich allgemeine Grundsätze nicht aufstellen, während doch in jedem einzelnen Falle zur Vermeidung von Erkenntnissen unbestimmten und deshalb in seinen Folgen unübersehbaren Inhalts ein klares und der konkreten Lage der Gesellschaft (wie sie infolge der gesetz- oder statutenwidrigen Handlungen geschaffen) entsprechendes Klagebegehren gefordert werden muß.“ Das Handelsgesetzbuch hat es dementsprechend unterlassen, Grundsätze für den Inhalt des Klagebegehrens bei der Anfechtungsklage aufzustellen. Indem es aber in § 273 ausspricht,

> „daß das Urteil auch für und gegen die Aktionäre wirke, die nicht Partei sind, soweit der Beschluß durch rechtskräftiges Urteil für nichtig erklärt ist“,

gibt es damit einen Fingerzeig, daß der Richter sich nicht auf die rein negative Tätigkeit der Aufhebung des gesetzwidrigen Beschlusses zu beschränken, sondern positiv die Grenzlinien zu bezeichnen hat, innerhalb deren der Beschluß aufrecht erhalten werden kann.

Vgl. hierzu Staub, Komm. zum Handelsgesetzbuch 6. und 7. Aufl. § 260 Anm. 2; Staub-Hachenburg, Gesetz, betreffend die Gesellschaften mit beschränkter Haftung, § 45 Anm. 29; Merzbacher, Aktiengesetz § 271 Anm. 5.

In dem vorliegenden Prozesse ist auf Grund eingehender Beweisaufnahme festgestellt, welche Mindestabschreibungen vorzunehmen waren, damit die Bilanz für 1901/02 als eine gesetzmäßige zu erachten war. Der Beklagten, welche noch geringere Abschreibungen vorgenommen hatte und diese auch im Prozesse vertrat, war hinreichend Gelegenheit gegeben, gegenüber den Anträgen der Kläger alle für ihren Standpunkt sprechenden Momente geltend zu machen. Auf Grund der stattgehabten Verhandlungen und der Ergebnisse der Beweisaufnahme war der Richter nach der konkreten Sachlage durchaus imstande, die zwischen den Parteien bestehende Streitfrage zu entscheiden, und zwar nicht nur negativ durch Aufhebung des gesetzwidrigen Bilanzgenehmigungsbeschlusses, sondern positiv durch Verurteilung der Beklagten zur Anerkennung der nach richtigen, dem Gesetz entsprechenden Bilanzgrundsätzen aufgestellten Bilanz. Dieser Aufgabe haben sich die Vorinstanzen ohne erkennbaren Rechtsirrtum unterzogen und damit dem in Rechten begründeten Anspruch der Kläger sowie ihrer gesetzlichen Pflicht entsprochen."

---

64. Zum Begriff der neuen Anlage im Sinne des § 10 Abs. 2 des preußischen Enteignungsgesetzes vom 11. Juni 1874.

II. Zivilsenat. Urt. v. 9. November 1906 i. S. Reichsmilitärfiskus (Bekl.) w. Gemeinde N. (Kl.). Rep. II. 148/06.

I. Landgericht Aachen.
II. Oberlandesgericht Köln.

Durch Königl. Verordnung vom 30. März 1895 wurde der Militärbehörde behufs Anlegung eines Truppenübungsplatzes für das VIII. Armeekorps bei Elsenborn das Recht zur Entziehung von Grundeigentum ohne zeitliche und räumliche Beschränkung verliehen. Als das Enteignungsverfahren zwecks Feststellung des Planes bezüglich der zur Anlegung des Übungsplatzes erforderlichen Grundstücke bereits durchgeführt, und der Übungsplatz schon in der Ausführung begriffen war, stellte sich die weitere Enteignung einer an den Übungsplatz grenzenden, der Gemeinde N. zugehörigen Waldparzelle als notwendig heraus. Auf Antrag der Militärbehörde wurde nun auch die Waldparzelle auf Grund der erwähnten Verordnung durch Planfeststellungsbeschluß des Bezirksausschusses vom

27. Juli 1896 für die Erweiterung des Truppenübungsplatzes der Enteignung unterworfen. In dem gerichtlichen Verfahren über die Höhe der von dem Fiskus der Gemeinde N. zu gewährenden Entschädigung stritten die Parteien namentlich darüber, ob die nachträgliche Enteignung der Waldparzelle im Verhältnis zur Anlegung des Übungsplatzes als eine neue Anlage im Sinne des § 10 Abs. 2 des Enteignungsgesetzes vom 11. Juni 1874 anzusehen, und die zwischenzeitlich infolge der Anlegung des Übungsplatzes eingetretene Wertserhöhung der Waldparzelle bei der Feststellung der Entschädigung zu berücksichtigen sei. Die Frage wurde von dem Berufungsgerichte bejaht. Die Revision des Beklagten wurde zurückgewiesen aus folgenden

Gründen:

„Das Berufungsgericht hat tatsächlich festgestellt, die jetzt fragliche Parzelle sei in dem ursprünglichen Plane der Errichtung eines Truppenübungsplatzes in Elsenborn nicht vorgesehen gewesen. Die Militärbehörde habe vielmehr erst am 22. Februar 1896 die Absicht kundgegeben, dieselbe anzukaufen, um den Schutz des hochgelegenen Lagerplatzes gegen die vorherrschenden Südwestwinde durch einen Waldstreifen zu sichern. Diese Notwendigkeit habe sich offenbar gerade deshalb ergeben, weil die Militärverwaltung von der Absicht der Klägerin, ihre Waldparzelle abzuholzen und als Bauterrain an Privatleute zu verkaufen, Kenntnis erhalten habe, und zwar zu einer Zeit, als der erste, nur den Truppenübungsplatz und das Lager selbst umfassende Plan bereits in der Entstehung begriffen gewesen sei. Auf Grund dieser tatsächlichen Feststellungen hat das Berufungsgericht angenommen, die Schaffung der Schutzanlage unter Benutzung der fraglichen Parzelle sei im Verhältnis zu der früheren Enteignung und dem derselben zugrunde liegenden Plane als eine neue Anlage im Sinne des § 10 Abs. 2 des Enteignungsgesetzes anzusehen, für die lediglich der Grundsatz Platz greife, daß die Entschädigung nach dem zur Zeit der Enteignung vorhandenen Werte zu bestimmen sei, so daß eine damals bereits durch die frühere Anlage des Truppenübungsplatzes eingetretene Wertserhöhung der angrenzenden Grundstücke berücksichtigt werden müsse. Die Entscheidung wird von dem Revisionskläger als rechtsirrtümlich mit der Begründung bekämpft, bei der Schutzanlage könne von einer neuen Anlage im Sinne des § 10 Abs. 2 des Enteignungsgesetzes keine Rede sein. Denn die

Parzelle habe nicht einem besonderen, auch nur Nebenzwecke des Lagers dienen sollen, sondern sie sei für dieses aus sanitären und disziplinaren Gründen nötig, und ihre Erwerbung könne von der Erfüllung des in der Königl. Verordnung bezeichneten Zweckes nicht getrennt und als neues, besonderes Unternehmen bezeichnet werden, zumal da die Enteignung der übrigen, für den Übungsplatz selbst erforderlichen Grundstücke noch nicht abgeschlossen gewesen sei. Der Angriff erscheint nicht gerechtfertigt. Zwar ist die Enteignung der fraglichen Parzelle auf Grund der nämlichen Königl. Verordnung erfolgt, zufolge deren auch die Enteignung der Grundstücke für die Anlage des Truppenübungsplatzes stattgefunden hat. Auch ist zuzugeben, daß die Königl. Verordnung weder eine räumliche noch eine zeitliche Beschränkung des dem Beklagten verliehenen Enteignungsrechtes enthielt, und daß die zu den Zwecken des Übungsplatzes aus sanitären und disziplinaren Gründen erfolgte Enteignung der Waldparzelle nach der Verkehrsauffassung sich als einen Teil der Anlage des Übungsplatzes darstellt. Dies alles aber ist nicht entscheidend. Maßgebend ist allein, was das Enteignungsgesetz unter dem Begriffe der neuen Anlage im Sinne des § 10 Abs. 2 versteht. Nun geht zunächst aus der Entstehungsgeschichte des Gesetzes hervor, daß für die Begriffsbestimmung die Feststellung des Planes maßgebend sein sollte. In dem § 13 Abs. 3 des dem Herrenhause in der Sitzungsperiode 1868/69 vorgelegten Entwurfs war ausdrücklich bestimmt:

> „Der Plan und, wo es eines solchen nicht bedarf, die Enteignungsorder oder der Beschluß der Regierung über die von derselben für zulässig erachtete zeitweise Beschränkung bildet die Grundlage für die Feststellung des Objekts und der Entschädigung."

Der Plan sollte also auch die Grundlage für die Entschädigung bilden, die gemäß des mit dem jetzigen § 10 Abs. 2 des Gesetzes inhaltlich übereinstimmenden § 7 Abs. 2 des Entwurfs festzusetzen war. Dieser Standpunkt des Entwurfs ist in den späteren Stadien des Gesetzes nicht verlassen worden; vgl. § 14 des 1869/70 dem Herrenhause vorgelegten Entwurfs. Hat die Bestimmung des § 13 Abs. 3 des Entwurfs auch keine ausdrückliche Aufnahme in das Gesetz gefunden, so läßt sich doch die Anerkennung des darin enthaltenen Grundsatzes aus dem Inhalte und Zusammenhange des Gesetzes mit Sicherheit folgern. Das Enteignungsgesetz bestimmt im I. Titel die

Bedingungen der Zulässigkeit der Enteignung; insbesondere soll nach § 2 die Königl. Verordnung den Unternehmer und das Unternehmen, d. h. den Zweck, zu dem das Grundeigentum in Anspruch genommen wird, bezeichnen. Der II. Titel enthält die für die Entschädigung maßgebenden Grundsätze. Der III. Titel regelt das Enteignungsverfahren, und zwar unter Ziffer 1 die Feststellung des Planes, für welche die §§ 15 u. flg. genaue Vorschriften enthalten, und unter Ziffer 2 die Feststellung der Entschädigung. Nach den §§ 15 u. flg. soll vor Ausführung des Unternehmens die Feststellung des Planes auf Antrag des Unternehmers erfolgen, der zu dem Behufe die zu enteignenden Grundstücke genau zu bezeichnen hat. Sache des Unternehmers ist es daher, vor dem Antrage auf Feststellung des Planes darüber sich klar zu werden, welcher Grundstücke er zur Ausführung des Unternehmens bedarf. Nur aus den in dem festgestellten Plane bezeichneten Grundstücken setzt sich die neue Anlage zusammen. Der festgestellte Plan bildet den Rahmen für ihre Umgrenzung. Nach dem Zusammenhange der Bestimmungen kann es nicht zweifelhaft sein, daß unter der neuen Anlage im Sinne des § 10 Abs. 2 die Anlage zu verstehen ist, wie sie sich jedesmal nach dem festgestellten Plane als Grundlage des Unternehmens darstellt. Abgesehen von der Feststellung des Planes würde es im Gesetze an einem festen und sicheren Anhaltspunkte für die Begrenzung der neuen Anlage fehlen. Hiernach ist die Annahme gerechtfertigt, daß jede nachträgliche, in dem ursprünglichen und festgestellten Plane nicht vorgesehene Erweiterung des Unternehmens, die eine wiederholte Enteignung nötig macht, nicht noch als ein Teil der die erste Enteignung bedingenden Anlage, sondern vielmehr als neue Anlage im Sinne des § 10 Abs. 2 anzusehen ist, auch wenn die wiederholte Enteignung noch auf Grund der unbeschränkten Königl. Verordnung erfolgen kann. Diese Rechtsauffassung steht mit der bisherigen Rechtsprechung des Reichsgerichts im Einklang.

Vgl. Urteil des erkennenden Senats in Sachen L. w. Eisenbahnfiskus vom 12. Februar 1895 und Urteil des VI. Zivilsenats, Eger, Enteignungsgesetz Bd. 1 S. 347." ...

65. Kann der Käufer von Sachen aus einer Konkursmasse, der bei Kalkulation des Kaufpreises der irrtümlichen Meinung war, die Taxen dieser Sachen im Konkursinventar seien herabgesetzte Einkaufspreise, den Kauf wegen Irrtums über den Inhalt der Erklärung — § 119 Abs. 1 B.G.B. — oder wegen Irrtums über eine Eigenschaft der Sachen — § 119 Abs. 2 B.G.B. — anfechten?

II. Zivilsenat. Urt. v. 9. November 1906 i. S. R. Konkursverw. (Kl.) w. B. (Bekl.). Rep. II. 173/06.

I. Landgericht Bielefeld.
II. Oberlandesgericht Hamm.

Der klagende Konkursverwalter hatte dem Beklagten einzeln verzeichnete Gegenstände zum Pauschpreise von 6300 ℳ verkauft. Gegen seine Klage auf Zahlung des Kaufpreises machte der Beklagte unter anderem geltend, er habe den Kauf wegen Irrtums nach § 119 B.G.B. angefochten, da er nach Mitteilungen bei den Kaufverhandlungen der irrtümlichen Meinung gewesen sei, die seiner Preiskalkulation zugrunde gelegten Taxen der gekauften Sachen im Konkursinventare seien herabgesetzte Einkaufspreise. Der erste Richter verurteilte den Beklagten nach dem Klagebegehren. Das Berufungsgericht erachtete die Anfechtung wegen Irrtums nach § 119 B.G.B. für gerechtfertigt und wies die Klage ab. Auf Revision des Klägers wurde das Berufungsurteil aufgehoben, und die Sache zur anderweiten Verhandlung und Entscheidung an das Berufungsgericht zurückverwiesen, aus den folgenden

Gründen:

. . . „Das Berufungsgericht hat die Anfechtung des Kaufes wegen Irrtums nach § 119 B.G.B. als durchgreifend erachtet. Es erwägt: nach dem Ergebnisse der Beweisaufnahme habe Auktionator D., der seinerzeit im Auftrage des Konkursverwalters das Inventar aufgenommen hatte, und der mit Wissen und Willen des Konkursverwalters behufs Vermittelung des Verkaufs des Lagers tätig war, dem Beklagten vor Abschluß des Vertrags erklärt, das Lager sei billig, es sei ja unter Einkaufspreis aufgenommen, er laufe bei dem Geschäfte kein Risiko. Danach müsse angenommen werden, daß der Beklagte, der keinen Anlaß gehabt habe, in die Richtigkeit der Mitteilung des D. Zweifel zu setzen, bei dem Abschlusse des Kaufvertrags in dem Glauben gewesen sei, die Taxe in dem dem Kaufvertrag zugrunde liegenden Inventar sei unter Zugrundelegen der Einkaufspreise festgestellt, die Inventarpreise seien herabgesetzte Einkaufspreise. Es sei aber bewiesen, daß bei der Taxierung der im Inventar unter Nr. 163 bis 200 aufgeführten Gegenstände, die vorher an K. verkauft gewesen waren, die Preise des sogenannten K.'schen Inventars zugrunde gelegt seien, die nicht Einkaufspreise, sondern Verkaufspreise waren, und daß eine Taxierung dieser Sachen nach dem wirklichen Einkaufspreise einen erheblichen Unterschied ergeben hätte. Bei dem Kaufabschlusse habe sich hiernach der Kläger wegen der K.'schen Sachen insofern in einem Irrtum befunden, als er annahm, die für diese Sachen im Inventar angesetzten Preise seien herabgesetzte Einkaufspreise, während er in Wirklichkeit diese Sachen nur zu herabgesetzten Verkaufspreisen gekauft habe. Er habe sich mithin über den Inhalt seiner Erklärung im Irrtum befunden. Zu herabgesetzten Verkaufspreisen habe er die Sachen nicht kaufen wollen; er habe auch nicht eine dahingehende Erklärung abgeben wollen, wie er es in Wirklichkeit getan habe. Der Beklagte hätte ferner, wenn er diese Sachlage von vornherein gekannt hätte, bei verständiger Würdigung des Falles die erwähnten K.'schen Sachen, die den wertvollsten Teil des Lagers ausmachten, zu den im Inventar eingesetzten Preisen nicht gekauft.

Übrigens wäre, wenn man annehmen wollte, daß ein Irrtum über den Inhalt der Erklärung nicht vorliege, die weitere Auffassung gerechtfertigt, der Beklagte habe sich im Irrtum über eine verkehrswesentliche Eigenschaft der sogenannten K.'schen Sachen befunden (§ 119 Abs. 2 B.G.B.). Dieser Irrtum wäre darin zu finden, daß der Beklagte irrigerweise annahm, diese Gegenstände hätten solche Einkaufspreise gehabt, daß sich nach entsprechender, bei Konkursmassen üblicher Reduzierung dieser Einkaufspreise die Inventarpreise ergeben hätten. Die durch rechtzeitige Anfechtung begründete Nichtigkeit des Kaufgeschäftes, soweit die K.'schen Sachen in Betracht kommen, habe nach § 139 B.G.B. die Nichtigkeit des ganzen Rechtsgeschäftes zur Folge. Die Klage auf Zahlung des Kaufpreises sei schon aus diesem Grunde zurückzuweisen; es sei nicht nötig, auf die weiteren Einwendungen des Beklagten einzugehen.

Die Revision rügt Verletzung des § 119 Abss. 1 und 2 B.G.B. Dieser Rüge war stattzugeben.

Die Annahme eines Irrtums über den Inhalt der Erklärung nach § 119 Abs. 1 a. a. O. ist mit der Begründung des Berufungsgerichts nicht haltbar. Die Erklärung des Beklagten bei Abschluß des Kaufvertrags ging auf Zahlung eines Kaufpreises von 6300 *M*. Wortlaut und Inhalt der Erklärung fallen äußerlich zusammen. Ferner ist daran festzuhalten, daß Kalkulationsfehler des Verkäufers bei Berechnung des Kaufpreises, des Käufers bei seiner Prüfung des Kaufpreises, grundsätzlich nur Irrtum im Beweggrund sind und für sich allein nicht die Annahme eines Irrtums über den Inhalt des Preisangebotes rechtfertigen (Entsch. des R.G.'s in Zivils. Bd. 55 S. 369). Nur dann ist dies anders, wenn diese Kalkulationen zum Gegenstande der für den Vertragsschluß entscheidenden Verhandlungen gemacht wurden wenn bei den für den Vertragsschluß entscheidenden Verhandlungen dem anderen Teile erkennbar der verlangte oder angebotene Kaufpreis als ein durch näher bezeichnete Kalkulationen zustande gekommener bezeichnet ist. Dann umfaßt der Inhalt der Erklärung bei dem Vertragsschlusse auch diese Kalkulation, und ein Irrtum in dieser Kalkulation ist im Zweifel — er kann unter Umständen auch nur zu einer Richtigstellung des Kaufpreises führen — ein Irrtum über den Inhalt der Erklärung, der die Anfechtung aus § 119 Abs. 1 rechtfertigt. Die Erwägungen des Berufungsgerichts reichen indes nicht zu, um die hier verlangten Erfordernisse zu erfüllen; insbesondere genügt es nicht, daß ein mit Wissen und Willen des Verkäufers, aber lediglich als „Vermittler" Handelnder bei Gelegenheit der Verhandlungen Mitteilungen über die Preiskalkulation gemacht oder Kenntnis von der Preiskalkulation des Käufers genommen hat. Eine andere Beurteilung wäre denkbar, wenn D. als Vertreter des Konkursverwalters gehandelt hätte, und dem Konkursverwalter oder seinem Vertreter erkennbar der bei dem Kaufabschlusse bestimmte Kaufpreis lediglich das rechnerische Ergebnis der beiderseits zugrunde gelegten Inventarpreise mit einem entsprechenden Zuschlage gewesen wäre. Eine Feststellung dieses Inhalts kann in den Ausführungen des Berufungsgerichts nicht gefunden werden.

Nicht haltbar ist ferner die zweite, fürsorgliche Erwägung, durch die das Urteil gleichfalls getragen würde, daß nämlich auch ein Irrtum über eine Eigenschaft der Sache im Sinne des § 119 Abs. 2 vorliege. Zwar fallen unter den Begriff der Eigenschaften der Sache im Sinne des § 119 Abs. 2 nicht nur die natürlichen (körperlichen) Eigenschaften, sondern auch solche tatsächliche und rechtliche Verhältnisse der Sache, die zufolge ihrer Beschaffenheit und vorausgesetzten Dauer nach den Verkehrsanschauungen einen Einfluß auf die Wertschätzung der Sache auszuüben pflegen. Allerdings werden Verhältnisse solcher Art beim Kauf individuell bestimmter Sachen, um die es sich hier allein handelt, als Eigenschaften der Sache im Sinne des § 119 Abs. 2 grundsätzlich nur dann beachtlich sein, wenn sie für den anderen Teil erkennbar dem Vertragsschlusse zugrunde gelegt wurden, ohne daß sich die Verhandlungen zu einer Zusicherung nach § 463 B.G.B. verdichtet hätten. Für die Annahme einer Eigenschaft bei solchen tatsächlichen oder rechtlichen Verhältnissen der Sache ist indes wesentliches Erfordernis, daß letztere sich unmittelbar auf die Sache beziehen und für deren Wertbildung maßgebend sind. Verkehrswert, Marktpreis, Einkaufspreis sind grundsätzlich lediglich das Ergebnis der Schätzung aller für die Wertbildung maßgebenden Eigenschaften der Sache auf der Grundlage der allgemeinen Konjunktur oder der besonderen Umstände des einzelnen Kaufgeschäftes. Sie sind aber nicht ein tatsächliches oder rechtliches Verhältnis der Sache, das für deren Wertbildung maßgebend ist; sie sind keine der Sache innewohnende Eigenschaft.

Vgl. Urteil des I. Zivilsenats vom 18. April 1906, Rep. I. 491/05, Jurist. Wochenschr. 1906 S. 378 Nr. 5.

Gleiches gilt übrigens auch von einer Wertstaxe, es sei denn, daß sie, was sehr häufig zutreffen wird, eine zusammenfassende Darstellung der für die Wertschätzung maßgebenden Eigenschaften gibt und mit diesem Inhalt dem anderen Teil erkennbar der Preisfestsetzung beim Kaufabschlusse zugrunde gelegt ist. Danach rechtfertigt eine irrtümliche Annahme des Käufers, die gekauften Gegenstände hätten solche Einkaufspreise gehabt, daß sich nach entsprechender, bei Konkursmassen üblicher Reduzierung dieser Einkaufspreise die Inventarpreise ergeben hätten, für sich allein noch nicht die Annahme eines Irrtums über eine Eigenschaft der gekauften Sachen im Sinne des § 119 Abs. 2 B.G.B.

Nach dem Gesagten hat das Berufungsgericht unter Verletzung des § 119 Abss. 1 und 2 einen zur Anfechtung geeigneten Irrtum angenommen. Damit zerfällt sein Urteil, das lediglich auf der aus einer Anfechtung nach § 119 abgeleiteten Nichtigkeit beruht." ...

---

66. Ist die Vorschrift in § 565 Abs. 1 Satz 2 B.G.B. — Zulässigkeit der Kündigung für den Schluß eines Kalendermonats bis zum fünfzehnten desselben, wenn der Mietzins für ein Grundstück oder eine Wohnung nach Monaten bemessen ist — auch dann anwendbar, wenn der Mietzins auf ein Jahr bemessen, aber in monatlichen Terminen zu entrichten ist?

III. Zivilsenat. Urt. v. 9. November 1906 i. S. Pr. (Kl.) w. B. (Bekl.). Rep. III. 127/06.

I. Landgericht Traunstein.
II. Oberlandesgericht München.

Obige Frage ist vom Reichsgericht verneint worden aus nachstehenden, zugleich den Sachverhalt ergebenden

Gründen:

„Nach der Feststellung der Vorinstanz wurde am 4. September 1901 zwischen dem Inhaber der klägerischen Firma, Karl P., und dem später, am 2. Juli 1905, verstorbenen Ehemann und Erblasser der jetzigen Beklagten mündlich ein Mietvertrag dahin abgeschlossen, daß letzterer in seinem Hause in F. dem ersteren eine Wohnung mit Geschäftslokal vermietete, der Mietzins auf 1300 ℳ jährlich, in Vierteljahrsraten vorauszahlbar, festgesetzt wurde, die Mietzeit zunächst vom 1. Januar 1902 bis zum 31. Dezember 1904 laufen, von da ab aber stillschweigend bis zum 1. Januar 1907 sich um je 1 Jahr weiter erstrecken sollte, wenn nicht ein halbes Jahr vorher von einem der beiden Kontrahenten die Kündigung für den Schluß des laufenden Jahres erfolgen würde, und daß der diesem Vertrag zuwiderhandelnde

Kontrahent dem anderen eine Vertragsstrafe von 3000 ℳ zu bezahlen haben sollte.

Bald nach diesem Vertragsabschluß wurde von den Parteien anstatt der vierteljährlichen eine monatliche Vorauszahlung des Mietzinses vereinbart.

Nachdem dieses Vertragsverhältnis eine Zeitlang gedauert hatte, wurde dasselbe von seiten des Ehemannes der Beklagten am 10. Mai 1903 für den 1. Juni 1903 gekündigt, und am 4. Juni 1903 die Räumung des Mietlokales gegenüber dem Karl P. im Wege der einstweiligen Verfügung erzwungen.

Die hierauf von der Klägerin gegen den Ehemann der Beklagten wegen Verletzung des Vertrages vom 4. September 1901 erhobene Klage auf Zahlung der Vertragsstrafe von 3000 ℳ wurde von beiden Vorinstanzen abgewiesen, und dabei insbesondere vom Berufungsgericht die vom ursprünglichen Beklagten am 10. Mai für den 1. Juni 1903 ausgesprochene Kündigung mit folgender Begründung für ordnungsmäßig erklärt. Da der vorliegende Vertrag mündlich auf (zunächst) drei Jahre abgeschlossen sei, so unterliege er nach § 566 B.G.B. der Kündigung. Als Kündigungsfrist sei aber nicht mit der Klägerin die in dem Vertrage für die Zeit vom 1. Januar 1905 ab zugelassene halbjährliche Frist, welche bis Ende 1904 ausgeschlossen gewesen sei, sondern nach § 565 B.G.B. mit Rücksicht auf die einmonatliche Vorauszahlung des Mietzinses, welche an die Stelle der ursprünglich vereinbarten vierteljährlichen Vorauszahlung getreten sei, eine bereits für den Schluß des Kalendermonats wirksame Kündigungsfrist anzunehmen, mithin in der am 10. Mai 1903 für den 1. Juni erklärten Kündigung keine die Vertragsstrafe rechtfertigende Vertragsverletzung zu finden. . . .

Die Revision hat hiergegen geltend gemacht, daß durch die nachträgliche Veränderung des Mietzahlungstermins — monatliche, anstatt vierteljährlicher, Vorauszahlung — nicht ohne weiteres auch die Kündigungsfrist habe verkürzt werden können. Dieser Angriff findet aber dadurch seine Erledigung, daß, wie die Revision zutreffend in ihrem weiteren Angriff geltend macht, die vom Berufungsgericht für maßgebend erachtete monatliche Zahlung des Mietzinses im vorliegenden Falle die kurze Kündigungsfrist — am fünfzehnten für den Schluß des Kalendermonats — überhaupt nicht begründen kann. Denn nach § 565 Abs. 1 Satz 2 B.G.B. ist diese Kündigung — entsprechend der Vorschrift in § 622 Abs. 3 B.G.B. — nur dann zulässig, wenn der Mietzins nach Monaten bemessen, also die Wohnung „monatweise", wie die bekannte preußische Verordnung vom 9. Januar 1812, betreffend die Aufkündigungsfrist bei monatweise gemieteten Wohnungen, sich ausdrückt, (z. B. für 50 ℳ monatlich) gemietet ist. In solchen Fällen, wo es sich regelmäßig um kleinere, für mäßigen Mietzins vermietete Räume handelt, soll auch die Aufhebung des Vertragsverhältnisses binnen kürzerer Frist erfolgen können. Dagegen ist es nach dem angeführten § 565 in dem Falle, wenn der Mietzins nach anderen Zeiträumen, namentlich Jahren, bemessen ist, auf die Dauer der Kündigungsfrist ohne Einfluß, daß dieser Mietzins in monatlichen Raten zu entrichten ist. Diese monatliche Zahlung steht der Bemessung des Mietzinses nach Monaten nicht gleich; es ergibt sich im Gegenteil aus § 551 Abs. 2 B.G.B., daß das Gesetz zwischen der Bemessung und der Entrichtung nach Monaten wohl unterscheidet.

Nach dieser Auffassung, für welche sich z. B. auch Neumann, Handausgabe des Bürgerlichen Gesetzbuchs 4. Aufl. Bd. 1 § 564 Bem. 2, § 565 Bem. 1, und Niendorff, Mietrecht 7. Aufl. § 42 S. 278 Nr. 5 aussprechen, kann im vorliegenden Falle von der in § 565 Abs. 1 Satz 2 zugelassenen Kündigung — spätestens am fünfzehnten für den Schluß des Kalendermonats (Mai 1903) — keine Rede sein. Denn nach der oben erwähnten Feststellung des Berufungsgerichts war der Mietzins für die in Frage stehenden Räumlichkeiten nicht nach Monaten, sondern auf 1300 ℳ jährlich bemessen, somit aber gemäß § 565 Abs. 1 Satzes 1 B.G.B. die Kündigung nur für den Schluß eines Kalendervierteljahres zulässig.

Hiernach enthielt die vom Ehemann der Beklagten ausgegangene Kündigung an sich eine die Vertragsstrafe von 3000 ℳ begründende Verletzung der getroffenen Vereinbarung, und es war deshalb die angefochtene Entscheidung wegen Verkennung der mehrerwähnten Vorschrift in § 565 Abs. 1 Satz 2 aufzuheben." ...

67. Macht sich der Inhaber eines eingetragenen Warenzeichens durch dessen Gebrauch schon dann gegenüber dem Inhaber eines früher eingetragenen Warenzeichens schadensersatzpflichtig, wenn ihm bei der Anmeldung und beim Gebrauche seines Warenzeichens bekannt ist, daß dem früher Eingetragenen aus § 9 Abs. 1 Nr. 1 des Warenzeichengesetzes ein Anspruch auf Löschung der zweiten Eintragung zusteht, diese Löschung aber noch nicht erfolgt ist?

Gesetz zum Schutz der Warenbezeichnungen vom 12. Mai 1894 §§ 12 und 14.
B.G.B. § 823.

II. Zivilsenat. Urt. v. 13. November 1906 i. S. B. & Co. (Bekl.) w. S. W. Company (Kl.). Rep. II. 155/06.

I. Landgericht I Berlin.
II. Kammergericht daselbst.

Für die Klägerin war seit dem Jahre 1901 das Wort SAMMWAT als Warenzeichen für Wichse, Schuhcreme u. dgl., für die Beklagte seit dem Jahre 1903 das Wort Mann-Satti als Warenzeichen für gleichartige Waren in der Zeichenrolle des Patentamtes eingetragen. Die Klage war auf Löschung des Warenzeichens der Beklagten aus § 9 Abs. 1 Nr. 1 W.Z.G. und auf Schadensersatz aus § 14 W.Z.G. und § 823 B.G.B. gerichtet, und in letzterer Hinsicht wurde geltend gemacht, daß die Beklagte bei Anmeldung und Benutzung ihres Warenzeichens gewußt habe, daß sie damit das Warenzeichenrecht der Klägerin verletze und der Gefahr der Löschung ihres Warenzeichens ausgesetzt sei. Beide Anträge wurden in den vorderen Instanzen zugesprochen, in der Berufungsinstanz unter Ermäßigung der Höhe des Schadensersatzes. Auf die Revision der Beklagten wurde, unter Aufrechterhaltung der Verurteilung zur Löschung, die Schadensersatzklage abgewiesen.

Aus den Gründen:

... „Was den von der Klägerin erhobenen Schadensersatzanspruch betrifft, so ist der Berufungsrichter davon ausgegangen, daß der Inhaber eines Warenzeichenrechtes sich auf das für ihn in der Zeichenrolle eingetragene Recht gegenüber dem Inhaber eines kollidierenden, früher angemeldeten Zeichenrechts, wenn dieser aus § 14

Abs. 1 des Warenzeichengesetzes Schadensersatz verlange, nicht berufen könne, falls ihm bei seiner späteren Anmeldung das kollidierende Zeichen bekannt, und das Vorhandensein der Kollision bewußt gewesen sei. In diesem Falle sei ihm nach den im Handel und Wandel allgemein herrschenden Rechtsanschauungen von vorherein bekannt gewesen, daß gegenüber dem Inhaber des früher angemeldeten Zeichens ein Rechtsgrund für die Löschung seines später angemeldeten Zeichens vorliege. Wenn er dennoch das für ihn formell eingetragene Zeichen benutze, so mache er wissentlich von einem ihm gegenüber dem Inhaber des älteren Zeichens nicht zustehenden Rechte Gebrauch, verletze dieses Recht und sei nach § 14 schadensersatzpflichtig. Der Berufungsrichter hat dann ausgeführt, der Inhaber der verklagten Firma habe zur Zeit seiner Zeichenanmeldung das früher für gleichartige Waren angemeldete Warenzeichen der Klägerin gekannt, ihm sei die Kollision zwischen beiden Zeichen sowie ferner bewußt gewesen, daß er gegenüber dem früher angemeldeten Zeichenrechte widerrechtlich handele, er habe daher gegen § 14 gefehlt, wenn er gleichwohl seine Waren mit dem zwar formell für ihn eingetragenen, aber mit dem früheren Zeichenrechte der Klägerin kollidierenden Zeichen versehen habe. Dieser Begründung kann nicht beigetreten werden; sie verletzt die §§ 1, 12 und 14 des Warenzeichengesetzes. Nach § 1 kann derjenige, welcher in seinem Geschäftsbetriebe zur Unterscheidung seiner Waren von den gleichartigen Waren anderer sich eines Warenzeichens bedienen will, dieses Zeichen zur Eintragung in die Zeichenrolle des Patentamtes anmelden. Das Patentamt hat nach Maßgabe der Vorschriften des Gesetzes darüber zu befinden, ob das Zeichen einzutragen ist. Ist letzteres geschehen, so hat der als Inhaber des Zeichens Eingetragene die ausschließliche Befugnis, das Zeichen nach Maßgabe des § 12 Abs. 1 zu gebrauchen. Die Eintragung erzeugt dieses Recht auf das Zeichen und aus dem Zeichen. Solange sie besteht, gewährt sie das Recht dem Eingetragenen; es erlischt erst mit der erfolgten Löschung des Zeichens, und nicht schon mit dem Vorhandensein eines Rechtsgrundes für die Löschung. Mit der Anmeldung zur Eintragung greift der Anmeldende noch nicht in das Rechtsgut des früher Eingetragenen ein, und die Eintragung selbst erfolgt kraft der Entscheidung der zuständigen Behörde, des Patentamtes, das zu ermessen hat, ob die Eintragung gesetzlich zulässig ist, und nicht eine

Kollision mit einem bereits früher für einen anderen zur Bezeichnung gleichartiger Waren eingetragenen Zeichen besteht. Wer also auf Grund der bestehenden Eintragung sein Zeichen benutzt, übt nur das Recht aus, das ihm das Gesetz gewährt, und handelt nicht widerrechtlich; ob er bei der Anmeldung sich bewußt war oder bei der Benutzung des Zeichens sich bewußt sein mußte, daß Verwechselungen mit einem besser berechtigten Zeichen entstehen können, ist für die Frage der Widerrechtlichkeit der Benutzung des Zeichens nicht entscheidend, da das Patentamt selbständig, eventuell im Widerspruchsverfahren, prüft und geprüft hat, ob eine Kollisionsgefahr mit einem früher eingetragenen Zeichen vorhanden ist. Nach der ganzen Konstruktion des Warenzeichengesetzes ist nicht ausgeschlossen, daß miteinander verwechselbare Zeichen für verschiedene Personen zur Bezeichnung gleichartiger Waren zur Eintragung gelangen und nebeneinander zu Recht bestehen; Abhilfe gewährt hier das Löschungsverfahren. Nun hat allerdings nach § 12 Abs. 2 des Warenzeichengesetzes, der vom Berufungsrichter zur Begründung seiner Ansicht mitverwertet ist, die Löschung eine gewisse rückwirkende Kraft hinsichtlich der Wirksamkeit des Zeichens für die Zeit, in welcher ein Rechtsgrund für die Löschung bereits früher vorgelegen hat, indem bestimmt ist, daß dann für diese Zeit Rechte aus der Eintragung nicht mehr geltend gemacht werden können. Daraus folgt aber nicht, daß das gelöschte Zeichen auch rückwärts als nicht eingetragen anzusehen wäre, sondern es wird nur dem bisherigen Zeicheninhaber für die Zukunft die Geltendmachung des Zeichenrechts mit rückwirkender Kraft für die Zeit des Vorhandenseins des Löschungsgrundes versagt; dadurch wird aber die zur Zeit des Vorliegens des Löschungsgrundes, jedoch vor der Löschung schon geschehene Ausübung des Zeichenrechts durch die nachfolgende Löschung nicht zu einer widerrechtlichen Benutzung des Zeichens.

Vgl. die Entscheidung des erkennenden Senats Rep. II. 14/99, und Entsch. des R.G.'s in Straff. Bd. 30 S. 211, Bd. 34 S. 275.

Hiernach hat die Beklagte durch die Benutzung ihres Warenzeichens gemäß § 12 des Warenzeichengesetzes — das Zeichen ist bis jetzt noch nicht gelöscht — nicht widerrechtlich gehandelt, wenn ihr auch die Kollisionsgefahr mit dem besser berechtigten Zeichen der Klägerin bewußt war, als sie das Zeichen zur Anmeldung brachte und nach der Eintragung benutzte; sie ist also auch nicht aus § 14 des Warenzeichengesetzes schadensersatzpflichtig. Ebensowenig kann mangels widerrechtlicher Rechtsverletzung eine Schadensersatzpflicht aus § 823 B.G.B. hergeleitet werden. Die Frage der Anwendbarkeit des § 826 B.G.B. kommt für die Revision nicht in Betracht, da die Klägerin in den Vorinstanzen nicht behauptet und nichts dafür vorgebracht hat, daß die Beklagte in einer gegen die guten Sitten verstoßenden Weise die Eintragung ihres Zeichens erlangt oder dessen Benutzung vorgenommen habe." . . .

---

68. Kann der Eigentümer eines durch den Bergbaubetrieb beschädigten Grundstückes von dem Bergwerksbesitzer auch Ersatz der Geschäftsverluste verlangen, die er in mittelbarer Folge der Beschädigung des Grundstückes an einem außerhalb des letzteren betriebenen Gewerbe erlitten hat?

Preuß. Allg. Berggeſ. § 148.

V. Zivilsenat. Urt. v. 14. November 1906 i. S. R.'sche Erben (Kl.) w. konf. Melchior-Grube (Bekl.). Rep. V. $\frac{97}{415}$ 06.

I. Landgericht Schweidnitz.
II. Oberlandesgericht Breslau.

Aus den Gründen:

„In dem angefochtenen Teilurteil handelt es sich hauptsächlich um den Geschäftsverlust, den die Kläger als Teil des erlittenen Bergschadens in Höhe von 5496 ℳ ersetzt verlangen. Der Erblasser der Kläger betrieb, und diese selbst betreiben in einem der Witwe K. gehörigen Hause, welches durch den Bergbau nicht beschädigt worden ist, ein Warengeschäft, an welchem sie den erwähnten Ausfall dadurch erlitten haben wollen, daß die in den beschädigten Häusern zur Miete wohnenden Leute, die aus dem erwähnten Geschäft ihren Bedarf bezogen, infolge polizeilicher Sperrung dieser Häuser genötigt wurden, auszuziehen, und dadurch das Geschäft der Kläger die Kundschaft der Bewohner der beschädigten Häuser für die Dauer der Unbewohnbarkeit verlor.

Das Berufungsgericht verwirft den hierauf gegründeten Schadensanspruch der Kläger, weil das Erwerbsgeschäft der Kläger mit dem Grundeigentum an den beschädigten Häusern oder seinen Zubehörungen weder rechtlich noch wirtschaftlich im Zusammenhange stehe, auch nicht dem wirtschaftlichen Zweck dieser Grundstücke diene, sondern ein selbständiges Unternehmen, der Bergbautreibende aber für Schäden, die weder dem Grundeigentum noch seinen Zubehörungen entstehen, nicht haftbar sei.

Der hiergegen erhobene Angriff einer Verletzung des § 148 Allg. Berggeſ. ist nicht begründet. Ein von dem Eigentümer eines durch den Bergbau beschädigten Gebäudes in einem anderen von der Einwirkung des Bergbaues nicht betroffenen Gebäude betriebenes Gewerbe wird durch den § 148 Allg. Berggeſ. nicht geschützt, um so weniger, wenn, wie hier, die betreffenden Gebäude nicht einmal denselben Eigentümer haben. Hieran würde auch nichts ändern, wenn etwa — wie in dem Gutachten des Baurats W. unterstellt ist, übrigens von den Klägern gar nicht behauptet war — die Kläger ihre Mieter kontraktlich verpflichtet hätten, bei ihnen zu kaufen. Das dadurch entstandene obligatorische Recht der Kläger bildet kein Zubehör des beschädigten Grundstücks und stellt auch keine den Nutzungswert desselben erhöhende Eigenschaft dar. Der Ertrag des in einem anderen Grundstück als dem beschädigten betriebenen Erwerbsgeschäfts ist kein solcher, der dem Eigentümer aus dem beschädigten Grundstück zufließt, und es kann also auch der an diesem Ertrag eingetretene Ausfall hier nicht als entgangener Gewinn in Betracht kommen, weil nur derjenige entgangene Gewinn zu der nach § 148 zu gewährenden vollständigen Entschädigung gerechnet werden kann, den der Eigentümer **aus dem beschädigten Grundstück** hätte ziehen können und durch die eingetretene Beschädigung zu ziehen verhindert worden ist. Ebenso muß auch der **mittelbare** Schade (§ 3 A.L.R. I. 6), wenn er von den Bergbautreibenden ersetzt werden soll, an dem Grundeigentum entstanden sein, bzw. dessen Nutzbarkeit beeinträchtigt haben. Es geht daher auch der von der Revision wegen Verletzung der §§ 3 bis 7 A.L.R. I. 6 erhobene Angriff fehl. Daß etwa der Mietzins für die in den beschädigten Grundstücken befindlichen Wohnungen mit Rücksicht auf die angeblich den Mietern auferlegte Pflicht, ihren Bedarf aus dem Geschäft der Kläger zu entnehmen, niedriger, als es sonst geschehen wäre, bemessen worden, die Kläger daher durch den Ersatz der Mietausfälle nicht voll für den ihnen am Grundeigentum zugefügten Schaden entschädigt seien, dafür fehlt es an jedem Anhalt.

Auf ein Verschulden der Beklagten, insbesondere eine schuldbare Verzögerung der Wiederherstellung der Gebäude, ist die Klage nicht gegründet." . . .

---

69. 1. Ist der Fall des § 717 Abs. 2 Z.P.O. gegeben, wenn das Berufungsgericht das auf Verurteilung des Beklagten lautende, für vorläufig vollstreckbar erklärte Urteil der ersten Instanz durch ein Urteil ersetzen will, das die Entscheidung des Rechtsstreites von einem Eide abhängig macht?

2. Gegenstand und Umfang des Ersatzanspruches des Beklagten im Falle des § 717 Abs. 2 Z.P.O.

I. Zivilsenat. Urt. v. 14. November 1906 i. S. N. (Bekl.) w. K. (Kl.). Rep. I. 167/06.

I. Landgericht Braunschweig, Kammer für Handelssachen.
II. Oberlandesgericht daselbst.

Der Beklagte hatte dem Landwirte S. 20 Bullen zum Preise von 227,50 M fürs Stück käuflich geliefert und auf den Kaufpreis am 29. Juli 2000 M und am 15. September 1905 1000 M bezahlt erhalten. Der Kläger verlangte mit der Klage diese Beträge nebst 5 Prozent Zinsen seit den genannten Tagen zurück, indem er behauptete, daß der Beklagte das Geschäft in Ausführung einer Verkaufskommission für seine, des Klägers, Rechnung abgeschlossen habe. Der Beklagte bestritt das. Er gab zwar zu, die Bullen vom Kläger erhalten zu zu haben, machte aber geltend, es sei dies nicht auf Grund einer ihm aufgetragenen Verkaufskommission, sondern auf Grund eines festen Kaufs geschehen, den er mit dem Kläger abgeschlossen habe, und zwar unter Vereinbarung einer sechsmonatigen Stundung des Kaufpreises.

Das Landgericht verurteilte den Beklagten nach dem Klagantrage.

Zur Abwendung der Zwangsvollstreckung aus diesem für vorläufig vollstreckbar erklärten Urteile zahlte der Beklagte am 5. Januar 1906 3112,50 ℳ an den Kläger. Gleichzeitig legte er Berufung ein, mit dem Antrage auf Abweisung der Klage und auf Verurteilung des Klägers zur Rückzahlung des bezahlten Betrages nebst 5 Prozent Zinsen seit dem Zahlungstage.

Das Oberlandesgericht hob das Urteil des Landgerichts auf (I.), legte dem Kläger einen richterlichen Eid auf (II.) und normierte die Eidesfolgen wie folgt:

„III. Leistet der Kläger den Eid, so soll Beklagter mit seinem Berufungsantrage, soweit ihm nicht zu I. stattgegeben ist, zurückgewiesen und zur Tragung der Kosten des Rechtsstreites verurteilt werden.

IV. Leistet Kläger diesen Eid nicht, so soll Kläger mit der erhobenen Klage abgewiesen und verurteilt werden, die Kosten des Rechtsstreites zu tragen, auch — unter Abweisung des weitergehenden Antrags — dem Beklagten 118,75 ℳ nebst 4 Prozent Zinsen darauf seit dem 5. Januar 1906 zu zahlen."

Auf die Revision des Beklagten hat das Reichsgericht die Entscheidung zu III. und IV. aufgehoben, den Kläger verurteilt, dem Beklagten den auf Grund des landgerichtlichen Urteils gezahlten Betrag von 3112,50 ℳ nebst 4 Prozent Zinsen vom 5. Januar 1906 zu erstatten, und die Eidesfolgen anderweitig dahin normiert, daß entweder der Beklagte zur Zahlung von 3000 ℳ nebst Zinsen und in die Kosten verurteilt, oder die Klage abgewiesen, und der Kläger in die Kosten verurteilt werden solle.

Nach Zurückweisung einer die Beweiswürdigung betreffenden Beschwerde heißt es in den

Gründen:

. . . „Begründet aber erscheinen die Angriffe des Beklagten, daß das angefochtene Urteil auf Verletzung der §§ 717 und 308 Z.P.O. und des § 249 B.G.B. beruhe.

Wie das Reichsgericht bereits wiederholt ausgesprochen hat (Entsch. in Zivils. Bd. 4 S. 421, Bd. 12 S. 358), folgt aus § 537 (früher § 499) Z.P.O., daß das Berufungsgericht, wenn es die bedingungslos auf Zusprechung oder Abweisung der Klage gerichtete Entscheidung der ersten Instanz durch ein von einem Eide bedingtes Endurteil ersetzen will, das Urteil der ersten Instanz bedingungslos aufheben und die Eidesfolgen (§ 462 Abs. 1 Z.P.O.) auf die Zusprechung oder Abweisung der Klage stellen muß, nicht aber auf den Erfolg oder Nichterfolg der Berufung. Gegen diesen Rechtssatz verstößt die Formel des angefochtenen Urteils. Zwar wird unter I. schlechthin die Aufhebung des landgerichtlichen Urteils ausgesprochen, für den Schwörungsfall aber wird unter III. nicht etwa die Verurteilung des Beklagten nach dem Klagantrag — oder, was wegen der bereits erfolgten Zahlung der Urteilssumme vielleicht im Sinne des Berufungsgerichts gelegen haben könnte, der Ausspruch, daß der Klaganspruch erledigt sei — angekündigt, sondern es wird nur gesagt, daß der Beklagte mit seinem Berufungsantrage zurückgewiesen werden solle. Dies ist an sich schon eine unrichtige Formulierung. Sie wird aber doppelt fehlerhaft durch den weiteren Zusatz: „soweit ihm (nämlich dem Berufungsantrage) nicht zu I. stattgegeben ist". Der Berufungsantrag des Beklagten enthielt dreierlei: Aufhebung des Urteils der ersten Instanz, Abweisung der Klage und Verurteilung des Klägers zur Rückzahlung der Urteilssumme. Demnach ergibt sich, daß das Berufungsgericht im Schwörungsfalle zwar den Antrag des Beklagten auf Abweisung der Klage und den auf Rückzahlung abweisen will; wie es aber über die Klage selbst erkennen will, ergibt sich aus der Formel überhaupt nicht. Das Urteil der ersten Instanz bleibt aufgehoben, und die Entscheidung über die Klage schwebt im Schwörungsfalle in der Luft.

Dieser Fehler würde jedoch noch nicht zur Aufhebung des Urteils führen können, weil er in der schriftlichen Revisionsbegründung nicht gerügt ist (§ 559 Z.P.O.). Trotzdem war darauf einzugehen, weil der Fehler die weiteren, von der Revision gerügten Verstöße veranlaßt hat und mit ihnen in Zusammenhang steht.

Aus dem Gesagten folgt, daß, wenn das bedingungslose Urteil der ersten Instanz, das der Berufungsrichter durch ein eidbedingtes Endurteil ersetzen will, für vorläufig vollstreckbar erklärt ist, schon mit der Verkündung dieses bedingten Endurteils der Fall des § 717 (früher § 655) gegeben ist: das für vorläufig vollstreckbar erklärte

Urteil ist aufgehoben oder abgeändert. Wenn auch noch nicht endgültig über den Klagantrag erkannt wird, und es möglich bleibt, daß er schließlich wieder zuerkannt wird, so genügt doch die formale Aufhebung oder Abänderung des erstinstanzlichen Urteils, um die Zwangsvollstreckung mindestens als verfrüht erscheinen zu lassen. Es ist daher, wenn ein entsprechender Antrag gestellt war, bereits mit der Erlassung des bedingten Endurteils auf Erstattung des auf Grund des aufgehobenen Urteils Beigetriebenen oder Gezahlten zu erkennen, und es darf dies nicht auf das Läuterungsurteil (§ 462 Abs. 2 Z.P.O.) verschoben werden.

Dies ist für den früheren § 655 Abs. 2 vom Reichsgericht in ständiger Rechtsprechung angenommen worden.

Vgl. Entsch. in Zivils. Bd. 12 S. 359, Bd. 25 S. 426; Bolze, Bd. 12 Nr. 761 b, Bd. 22 Nr. 817; Jurist. Wochenschr. 1896 S. 249 Nr. 15, 1898 S. 48 Nr. 15, S. 603 Nr. 24.

Der jetzt geltende, durch die Novelle von 1898 eingeführte § 717 hat den bloßen Erstattungsanspruch des § 655 ersetzt durch einen Schadensersatzanspruch, der nicht nur das beigetriebene Judikat selbst, sondern auch Zinsen davon und etwaige sonstige Schäden, die durch die Zwangsvollstreckung herbeigeführt sind, umfaßt. Damit ist aber in dem soeben erörterten Punkte nichts geändert, und es ist daher auch für das Recht der Novelle daran festzuhalten, daß schon eine bloß formale Aufhebung des vorläufig vollstreckbaren Urteils genügt, um den in § 717 Abs. 2 bezeichneten Anspruch des Vollstreckungsschuldners auszulösen.

Augenscheinlich ist dies auch die Meinung des V. Zivilsenates des Reichsgerichts, wie aus dessen Urteile Jurist. Wochenschr. 1905 S. 295 Nr. 26 — wo die Frage freilich nicht näher untersucht ist — hervorgeht. Unbestritten ist es nicht. Einige Schriftsteller (Seuffert, Struckmann u. Koch, Petersen u. Anger) wollen jetzt zwischen dem Abs. 1 und dem Abs. 2 des § 717 einen Unterschied aufstellen. Die Regel des Abs. 1 vom Außerkrafttreten der vorläufigen Vollstreckbarkeit wollen sie zwar nach wie vor anwenden, wenn auch nur eine formelle Aufhebung des ersten Urteils vorliegt: also in dem hier gegebenen Falle, oder wenn etwa aufgehoben und in die Vorinstanz zurückverwiesen ist. Anders aber wollen sie die Regel des Abs. 2 beurteilt wissen: der Schadensersatzanspruch soll erst bei einem materiell den Klaganspruch aberkennenden Urteile eintreten. Gestützt wird diese Ansicht darauf, daß in den Materialien zur Novelle von 1898, insbesondere im Berichte der Reichstagskommission, bei den Erörterungen über die Ersetzung des Erstattungsanspruchs durch den Schadensersatzanspruch einige Male Redewendungen gebraucht werden, die die Vermutung nahe legen, der Verfasser habe nur Entscheidungen im Auge gehabt, die eine materielle und wenigstens für die Instanz endgültige Abänderung enthielten (vgl. Hahn-Mugdan, Materialien Bd. 8 S. 393). Gegenüber dem einfachen und klaren Texte des Gesetzes im Beihalte mit der konstanten älteren Rechtsprechung kann hierauf indes kein Gewicht gelegt werden. Die aufgestellte Unterscheidung ist daher — im Einklange mit Gaupp-Stein, Falkmann und dem Oberlandesgerichte zu Marienwerder (Rechtspr. der O.L.G. Bd. 6 S. 411) — zurückzuweisen.

Da die Tatsache nicht streitig ist, daß der Beklagte die Urteilssumme am 5. Januar 1906 zur Abwendung der Zwangsvollstreckung bezahlt hat, ist demnach nunmehr auszusprechen, was das Oberlandesgericht bei richtiger prozessualer Behandlung der Sache schon im angefochtenen Urteile hätte aussprechen sollen: der Kläger ist unbedingt zur Rückzahlung des beigetriebenen Geldbetrages nebst Zinsen zu verurteilen.

Dabei ist aber die weitere Frage zu beantworten, ob der Ansatz des vom Kläger zu zahlenden „Schadensersatzes" auf bloß 118,75 *M* im Urteile des Oberlandesgerichts gebilligt werden kann. Begründet ist diese Berechnung damit, daß der Beklagte insoweit nicht geschädigt sei, als er durch die Zahlung vom 5. Januar 1906 den Kaufpreis berichtigt habe, den er seinen eigenen Angaben nach dem Kläger für die 20 Bullen geschuldet habe. Allerdings sei der Kaufpreis am Tage der Zahlung noch nicht fällig gewesen, wohl aber inzwischen fällig geworden. Dies führe dahin, daß der Kläger von den beigetriebenen 3112,50 *M* den das Kapital übersteigenden Betrag und die Zwischenzinsen vom Tage der Zahlung bis zur Fälligkeit des Kaufpreises vergüten müsse, das Kapital selbst aber (3000 *M*) behalten dürfe.

Auch in diesem Punkte müssen die Angriffe der Revision als berechtigt anerkannt werden.

Das Gesetz gewährt dem Beklagten im Falle des § 717 Z.P.O.

nicht etwa einen Anspruch aus ungerechtfertigter Bereicherung, sondern einen Anspruch auf Ersatz des Schadens, der ihm durch die Vollstreckung des Urteils oder durch eine zur Abwendung der Vollstreckung gemachte Leistung entstanden ist. Demnach haben die Bestimmungen des Bürgerlichen Gesetzbuchs über den Schadensersatz (§§ 249—255) Anwendung zu finden. Es ist daher der Zustand herzustellen, der bestehen würde, wenn der zum Ersatze verpflichtende Umstand nicht eingetreten wäre (§ 249). Der zum Ersatze verpflichtende Umstand ist hier die Betreibung oder Androhung der Zwangsvollstreckung vor endgültiger Erledigung des Rechtsstreites (vgl. die schon angeführte Stelle des Kommissionsberichts bei Hahn-Mugdan), also die verfrühte Zwangsvollstreckung. Der Schadensersatz besteht daher in erster Linie darin, daß die Vermögensverminderung, die durch die Zwangsvollstreckung für den Beklagten herbeigeführt ist, wieder ausgeglichen wird: also in der „Erstattung des Gezahlten oder Geleisteten", wie es das frühere Gesetz ausdrückte. Und dieser zu ersetzende Schade wird dadurch nicht beseitigt, daß andere Rechtsverhältnisse zwischen den Parteien bestehen, aus denen der Beklagte dem Kläger als Schuldner gegenübersteht, zumal wenn es sich dabei um Schulden handelt, die zur Zeit der Zwangsvollstreckung noch nicht fällig waren.

Auf Grund des früheren Rechts ist angenommen worden, daß der Kläger die Verurteilung zur Erstattung dessen, was ihm der Beklagte auf Grund eines vorläufig vollstreckbaren Urteils gezahlt hat, sogar durch Erhebung von Aufrechnungseinreden nicht abwenden könne (Entsch. des R.G.'s in Zivils. Bd. 34 S. 354). Ob dies jetzt anders zu beurteilen wäre, kann unerörtert bleiben. Jedenfalls aber darf der Richter bei der Bemessung des Schadensersatzes nach § 717 Abs. 2 nicht ein anderes, vom Kläger nicht behauptetes und nicht in den Prozeß eingeführtes Rechtsverhältnis heranziehen, um zu einer Minderung des Ersatzes des Gezahlten zu gelangen. Dies ist hier geschehen. Der Kläger hat niemals auch nur hilfsweise behauptet, daß der Beklagte ihm einen Kaufpreis für die Bullen schulde, geschweige denn, daß er dieserhalb eine Aufrechnung erklärt hätte. Mittelbar verletzt der Berufungsrichter daher auch — wie die Revision mit Recht geltend macht — den § 308 Z.P.O., indem er dem Kläger etwas zuspricht, was nicht beantragt war; ebenso aber auch den

Rechtssatz, daß der Gläubiger nicht befugt ist, eine auf eine bestimmte Schuld gemachte Leistung (hier die Zahlung auf das vollstreckbare Urteil aus dem Kommissionsvertrage) ohne Zustimmung des Schuldners auf eine andere Schuld (hier die Schuld aus dem Kaufvertrage) anzurechnen.

Hiernach war die Erstattung des gezahlten Betrages uneingeschränkt auszusprechen, und im Zusammenhange damit die nicht haltbaren Teile der Urteilsformel richtig zu stellen."

---

70. 1. Ist die Vorschrift des § 470 H.G.B. auf Fälle auszudehnen, in welchen die unrichtige Deklarierung des Absenders die Ursache ist, daß zu wenig Fracht oder Gebühren erhoben wurden?

2. Rechtliche Natur der Frachtzuschläge im Sinne des § 53 der Eisenbahnverkehrsordnung.

3. In welcher Frist verjähren diese Frachtzuschläge?

I. Zivilsenat. Urt. v. 14. November 1906 i. S. M. (Bekl.) w. preuß. Eisenbahnfiskus (Kl.). Rep. I. 165/06.

I. Landgericht Leipzig, Kammer für Handelssachen.
II. Oberlandesgericht Dresden.

Der klagende Eisenbahnfiskus behauptete, daß der Beklagte M. bei seinen Güterversendungen aus den Jahren 1897—1900 vorsätzlich oder fahrlässig in den Frachtbriefen unrichtige Angaben gemacht habe, indem er bei Normalgut das Gewicht zu niedrig angegeben, bez. Ladungen als ausschließlich aus Gütern der Spezialtarife bestehend angegeben habe, während sie teilweise aus Gütern der allgemeinen Warenklasse bestanden; deshalb habe er zu wenig Fracht bezahlt. Kläger beanspruchte mit der Klage a) die hinterzogene Fracht, b) das Doppelte als Frachtzuschlag nach § 53 Abs. 3 der Verkehrsordnung, nebst Zinsen. Hinsichtlich der hinterzogenen Fracht war der Anspruch des Klägers auch auf Betrug gestützt. Dieser Teil der Klage kam für die Revisionsinstanz nicht in Betracht. Hinsichtlich der Frachtzuschlagsforderung hatte der Beklagte Verjährung eingewendet. Der erste Richter hatte diesen Einwand für durchschlagend erachtet und durch Teilurteil den Anspruch auf Frachtzuschläge abgewiesen. Das Oberlandesgericht hatte dagegen diesen Anspruch dem Grunde nach für berechtigt erklärt. Auf Revision des Beklagten wurde die Entscheidung des Oberlandesgerichts insoweit aufgehoben, als sie die Frachtzuschläge aus dem Jahre 1897 betraf. Im übrigen ist die Revision zurückgewiesen.

Aus den Gründen:

... „Darin ist dem Oberlandesgericht zuzustimmen, daß die Verjährung des § 61 Abs. 4 der älteren, § 61 Abs. 5 der geltenden Eisenbahnverkehrsordnung und des § 470 H.G.B. auf die eingeklagten Ansprüche keine Anwendung finden kann. Die hier vorgesehene einjährige Verjährung beschränkt sich auf Ansprüche auf Nachzahlung zu wenig erhobener oder Rückersatz zu viel erhobener Fracht oder Gebühren und hat zur Voraussetzung, daß der Anspruch auf einer unrichtigen Anwendung der Tarife oder auf Fehler bei der Berechnung gestützt wird. Der Tarif muß also mit einem Satze zur Anwendung gelangt sein, welcher auf die seine Unterlagen bildenden Beförderungsangaben nicht paßt, oder es muß bei der Berechnung des an sich richtig angewendeten Tarifsatzes ein Fehler untergelaufen sein. Solche Fälle des Mißgriffs in Anwendung oder Berechnung des Tarifs stehen hier nicht in Frage. Hier wurde der Tarif an und für sich richtig angewendet und auch richtig berechnet; nur die Unterlagen, welche der Absender für die Anwendung und Berechnung des Tarifs gegeben hatte, waren falsch. Nicht ein Fehler bei der Tarifierung ist der Grund der erhobenen Ansprüche, sondern die vorsätzlich oder fahrlässig falsche Deklarierung des Frachtgutes. Auf diese Fälle ist die Spezialbestimmung des § 470 H.G.B., § 61 der Verkehrsordnung nicht auszudehnen.

Vgl. Urteile des Senats vom 10. Oktober 1900 Rep. I. 201/00, Entsch. des R.G.'s in Zivils. Bd. 47 S. 33 flg., und vom 3. Juni 1905, Rep. I. 28/05, mitgeteilt in Egers eisenbahnrechtlichen Entscheidungen Bd. 22 S. 16; vgl. ferner Düringer u. Hachenburg, Kommentar zum Handelsgesetzb. Bd. 3 S. 691; abweichend Eger, im Sächsischen Archiv Bd. 15 S. 17.

Was die rechtliche Natur der Frachtzuschläge betrifft, so hat das Oberlandesgericht zutreffend darauf hingewiesen, daß die Verkehrsordnung solche „Zuschläge" zur normalen Fracht in einem doppelten Sinne vorsieht. Einmal erscheinen sie als Extravergütungen für besondere Leistungen der Eisenbahn, so in § 34 Abs. 2 verbunden mit §§ 84 ff. für die Übernahme einer besonderen Haftung für Reisegepäck im Falle der Deklarierung des Interesses oder in § 57 für Beförderung der Güter in gedeckten Wagen auf Verlangen des Absenders (vgl. auch § 48). In anderen Fällen werden Frachtzuschläge erhoben wegen unrichtiger Angabe des Inhalts einer Sendung oder bei zu niedriger Angabe des Gewichtes einer Wagenladung oder bei Überlastung eines vom Absender selbst beladenen Wagens; vgl. § 53 Abss. 7—12. In diesen letzteren, hier allein in Frage stehenden Fällen hat der Frachtzuschlag den Charakter einer Konventionalstrafe. Es soll damit ein der Verkehrsordnung und dem Eisenbahnbetriebsreglement entsprechendes Verhalten des Absenders erzwungen werden.

Vgl. Urteile des Senats vom 29. Januar 1887, Rep. I. 401/86, und vom 10. Oktober 1900, Rep. I. 201/00, Entsch. des R.G.'s in Zivils. Bd. 20 S. 33 und Bd. 47 S. 37.

Mit Unrecht wird aber vom Oberlandesgericht aus dieser Natur des Frachtzuschlags nach § 53 der Verkehrsordnung die Folgerung gezogen, daß er überhaupt keine Fracht, daß er auch kein Akzessorium der Hauptverbindlichkeit aus dem Frachtvertrage sei, daß er deshalb auch nicht der für Frachtforderungen geltenden kurzen Verjährung des § 1017 Nr. 3 des Sächsischen Bürgerlichen Gesetzbuchs, § 196 Nr. 3 B.G.B. unterliege, sondern lediglich nach § 150 des Sächsischen Bürgerlichen Gesetzbuchs und § 195 B.G.B. den allgemeinen Verjährungsvorschriften. Gegenüber dieser, auch von Reindl in der Deutschen Juristenzeitung 1903 S. 100 vertretenen, Auffassung hat schon Eger ebenda S. 123 zutreffend darauf hingewiesen, daß sie der im deutschen wie im internationalen Eisenbahntransportverkehr zum Ausdrucke gelangenden Tendenz, eine glatte und rasche Erledigung der Frachtgeschäfte im Verkehrsinteresse herbeizuführen, direkt widerspreche. Aber ganz abgesehen von dieser Erwägung ist die Auffassung, welche den Frachtzuschlag nicht als Fracht im Sinne der Verjährungsvorschriften gelten lassen will, juristisch unhaltbar. Allerdings steht der „Frachtzuschlag" in einem Gegensatz zu den gewöhnlichen Frachtgeldern und auch zu den Auslagen (Kosten), welche in § 60 der Verkehrsordnung genannt werden. Aber er hört dadurch nicht auf „Fracht" zu sein, daß er als Konventionalstrafe gefordert wird, so wenig das Porto aufhört Porto zu sein, weil es als Strafporto geschuldet wird. Daß der Frachtzuschlag mit der Frachtforderung verjähre, ist nicht notwendig; es sind Fälle denkbar, in welchen ein Anspruch auf Frachtzuschlag, aber kein Anspruch auf Fracht entsteht (vgl. Reindl a. a. O.). Aber sicher ist, daß er als Fracht verjährt. Dafür spricht nicht nur die seinem Wesen entsprechende Bezeichnung als Frachtzuschlag; dafür spricht auch eine ungezwungene Auslegung des Wortlautes des § 196 Nr. 3 und der Zweck der kurzen Verjährungsfristen überhaupt. Eger will zwar a. a. O. den Frachtzuschlag nach § 470 H.G.B. schon nach einem Jahre verjähren lassen. Daß dies nicht dem Gesetz entspricht, wurde oben dargelegt. Er führt jedoch weiter aus, daß, wenn nicht die einjährige Verjährung des § 470 H.G.B., jedenfalls die zweijährige nach § 196 B.G.B. eingreife. Dieser letzteren Ansicht ist beizutreten.

Vgl. Düringer u. Hachenburg Bd. 3 S. 691 Note 2 Nr. 4; Hertzer, in der Zeitung des Vereins deutscher Eisenbahnverwaltungen 1902 Nr. 34 S. 553.

Das Oberlandesgericht hat hiernach rechtlich geirrt, wenn es annahm, daß der auf Grund des Frachtvertrags als Konventionalstrafe geforderte Frachtzuschlag nicht auch eine Fracht sei. Auf diesem Irrtum beruht aber die ergangene Entscheidung, wenigstens teilweise. Nach § 1017 Nr. 3 des Sächsischen Bürgerlichen Gesetzbuchs verjährt die Forderung für Fracht in drei Jahren. Diese im Vergleich zu der Frist des § 196 Nr. 3 B.G.B. längere Verjährungsfrist, welche für die Frachtzuschläge aus dem Jahre 1897 nach § 1018 des Sächsischen Bürgerlichen Gesetzbuchs mit dem Schluß des Jahres 1897 begann, lief früher ab, als die im Bürgerlichen Gesetzbuche bestimmte Frist, und war daher nach Art. 169 Abs. 2 Satz 2 Einf.-Ges. zum B.G.B. im vorliegenden Falle für die Ansprüche auf Frachtzuschlag aus dem Jahre 1897 maßgebend. Sie waren bei Erhebung der Klage (Dezember 1901) bereits verjährt. Soweit Kläger sie noch im vorliegenden Prozesse verfolgt, war seine Klage abzuweisen. Bezüglich der Frachtzuschläge aus den Jahren 1898, 1899, 1900 war aber zur Zeit der Erhebung der Klage Verjährung weder nach dem sächsischen, noch nach dem Recht des Bürgerlichen Gesetzbuchs eingetreten." ...

---

71. Steht den bei Auswahl des Vormundes nicht berücksichtigten Verwandten und Verschwägerten des Mündels die Beschwerde im eigenen, oder nur im Interesse des Mündels zu?

B.G.B. § 1779 Abs. 2.
Fr.G.G. § 57 Nr. 9.

IV. Zivilsenat. Beschl. v. 15. November 1906 in der S.'schen Vormundschaftssache von München I. Beschw.-Rep. IV. 316/06.

I. Amtsgericht I München.
II. Landgericht I daselbst.

Gründe:

„Das Amtsgericht München I hat es abgelehnt, für den am 12. März 1906 unehelich geborenen A. Sch. seine vom Gemeindewaisenrat vorgeschlagene Mutter, die 23jährige Kontoristin Sch., als Vormund zu bestellen; es hat vielmehr am 19. Juli 1906 auf anderweiten Vorschlag des Gemeindewaisenrates den Goldarbeiter M. in München als Vormund in Pflicht genommen. Die hiergegen von der Kindesmutter erhobene Beschwerde ist vom Landgericht I als unzulässig verworfen worden. Auf weitere Beschwerde erachtet das Oberste Landesgericht zu München die landgerichtliche Entscheidung zwar insofern für unzutreffend, als es die Zulässigkeit der Beschwerde aus § 57 Nr. 9 Fr.G.G. anerkennt. Es will indessen die Beschwerde zurückweisen, da die einmal erfolgte Bestellung des Vormundes durch das Rechtsmittel nicht angefochten werden könne. Hieran sieht es sich durch Entscheidungen des Kammergerichts zu Berlin vom 13. Mai 1901 (Entsch. in Angelegenheiten der freiwilligen Gerichtsbarkeit 2c Bd. 2 S. 113 flg.) und des Oberlandesgerichts Jena vom 28. Mai 1903 (Rechtspr. der O.L.G. Bd. 7 S. 205 flg.) verhindert, und hat deshalb die weitere Beschwerde gemäß § 28 Fr.G.G. dem Reichsgericht vorgelegt.

Das Reichsgericht ist — abweichend von dem Bayerischen Obersten Landesgericht — der Ansicht, daß die Beschwerde der unverehelichten Marie Sch. gegen die Bestellung des M. zum Vormund ihres unehelichen Sohnes A. vom Landgericht München I mit Recht als unzulässig verworfen worden ist.

Die Beschwerde stützt sich auf die Vorschriften des § 1779 Abs. 2 B.G.B. und des § 57 Abs. 1 Nr. 9 Fr.G.G. und verfolgt den Zweck, daß unter Aufhebung der Verfügung des Vormundschaftsgerichts vom 19. Juli 1906 die Mutter zum Vormunde ihres Kindes bestellt werde. Das Bürgerliche Gesetzbuch bezeichnet in den §§ 1776—1778 diejenigen Personen, welche ein Recht darauf haben, zum Vormunde bestellt zu werden. Dazu gehört die uneheliche Mutter des zu bevormundenden Kindes nicht. Ist eine der gesetzlich zur Vormundschaft berufenen Personen übergangen, so gewährt ihr der § 60 Nr. 1 Fr.G.G. das Rechtsmittel der sofortigen Beschwerde. Nach § 18 Abs. 2 desselben Gesetzes ist das Gericht zu der Änderung einer Verfügung, die der sofortigen Beschwerde unterliegt, nicht befugt.

Im Hinblick auf diese Lage der Gesetzgebung ist es von vornherein nicht anzunehmen, daß anderen Personen, die einen gesetzlichen Anspruch auf die Übertragung der Vormundschaft nicht haben, das Recht eingeräumt sein sollte, eine Vormundsbestellung wegen eines eigenen angeblichen Vorranges vor dem gewählten Vormunde mit der gewöhnlichen Beschwerde anzufechten und damit zunächst das Gericht zu der Prüfung zu veranlassen, ob etwa eine Änderung der von ihm verfügten Vormundsbestellung angezeigt sei (§ 18 Abs. 1 Fr.G.G.). Dies würde mit der Erwägung unvereinbar sein, die den Gesetzgeber bei der Vorschrift des § 60 geleitet hat, daß nämlich Verfügungen, die die Grundlage für die gesamte vormundschaftliche Verwaltung oder doch für die Tätigkeit des einzelnen Vormundes bilden, nicht zeitlich unbeschränkten Beschwerden ausgesetzt werden sollen (Denkschrift S. 51 — S. 85 der Heymann'schen Ausgabe).

Die jetzt zur Erörterung stehende Beschwerde will im Gegensatze hierzu die Befugnis der Marie Sch., die erfolgte Vormundsbestellung anzufechten, mit der ausgesprochenen Absicht, selbst zum Vormunde bestellt zu werden, aus der Vorschrift des § 57 Abs. 1 Nr. 9 a. a. O. herleiten. Es mag nun dahingestellt sein, ob die Bestellung des Vormundes überhaupt als eine „Verfügung, die eine Entscheidung über eine die Sorge für die Person des Kindes oder des Mündels betreffende Angelegenheit enthält", im Sinne dieser Gesetzesvorschrift angesehen werden kann. Die Entstehungsgeschichte der von der Reichstagskommission in den § 57 eingeschalteten Nr. 9 spricht dagegen; denn man hat in der Kommission lediglich an das Anwendungsgebiet der §§ 1631—1633 B.G.B. gedacht (Wellstein, Komm. zum Fr.G.G. Note β zu Nr. 9 des § 57). Aber selbst wenn man den Kreis der fraglichen Entscheidungen weiter fassen und auf die Bestellung von Vormündern erstrecken dürfte, so geht ebenso aus dem Wortlaute wie aus der von der Reichstagskommission unverkennbar beabsichtigten Zweckbestimmung der Vorschrift hervor, daß es sich dabei nur um Wahrnehmung von Angelegenheiten des Kindes handeln kann, daß also eine Beschwerde nur demjenigen gegeben werden soll, welcher im Interesse des Kindes eine angeblich dieses Interesse verletzende Verfügung angreifen will und zur Erhebung der Beschwerde zugleich durch ein eigenes berechtigtes Interesse legitimiert ist.

Vgl. Kommissionsbericht zu §§ 54—56 des Entwurfs; Schultzenstein, Zeitschrift für deutschen Zivilprozeß Bd. 25 S. 210; Wellstein, 2. Aufl. Fr.G.G. S. 182; Josef, Reichsgesetz über die Angelegenheiten der freiwilligen Gerichtsbarkeit 2. Aufl. S. 128flg.; Oberlandesgericht Colmar 20. April 1901, Recht 1901 S. 357 Nr. 1374.

Eine solche Beschwerde liegt hier nicht vor. Die Beschwerdeführerin behauptet nicht, daß der bestellte Vormund ungeeignet oder aus irgendeinem Grunde außerstande sei, seine Pflichten gegenüber dem Mündel vollauf zu erfüllen. Sie stellt auch nicht einmal die Behauptung auf, daß sie selbst die Interessen des Kindes besser zu vertreten imstande sein würde. Sie macht lediglich ein eigenes Recht — wie es in der weiteren Beschwerde heißt: „eine als Anspruch aufzufassende Anwartschaft auf die Berücksichtigung bei der Auswahl des Vormundes" — geltend. Zur Wahrung eines angeblichen Anspruchs dieser Art ist die Beschwerde aus § 57 Abs. 1 Nr. 9 a. a. O. keinesfalls gegeben. Sie ist deshalb mit Recht von dem Landgericht München I als unzulässig verworfen worden. Die weitere Beschwerde war demnach, ohne daß auf die vom Bayerischen Obersten Landesgericht gegen die sachliche Begründung der Beschwerde erhobenen Bedenken näher einzugehen wäre, auf Grund des § 28 Abs. 3 Fr.G.G. zurückzuweisen; die Kosten des Verfahrens waren gemäß Art. 131 bayer. Ausf.-Ges. zum B.G.B. der Beschwerdeführerin zur Last zu legen."

---

72. Sind die Verhältnisse zur Zeit des Vertragsschlusses bei der Herabsetzung der Vertragsstrafe auf den angemessenen Betrag allein maßgebend?
B.G.B. § 343.

VII. Zivilsenat. Urt. v. 16. November 1906 i. S. Rh. Brauerei-Gesellschaft (Kl.) w. S. (Bekl.). Rep. VII. 77/06.

I. Landgericht Düsseldorf.
II. Oberlandesgericht Köln.

Die Parteien schlossen am 2. Januar 1904 zu Köln einen Vertrag, worin sich der Beklagte verpflichtete, das Bier für die von ihm in seinem Hause zu K. betriebene Wirtschaft bis zum 1. Januar 1907 von der Klägerin zu beziehen und für den Fall der Zuwiderhandlung, sowie für den Fall, daß er das Haus verkaufen, und der Käufer nicht gleichfalls seinen Bierbedarf bis zu jenem Zeitpunkte bei der Klägerin decken werde, an diese eine Vertragsstrafe zu zahlen. Mit der Behauptung, daß der Beklagte sein Haus verkauft habe, ohne die Verpflichtung auszubedingen, daß der Käufer sein Bier in gleicher Weise von der Klägerin beziehe, erhob diese Klage auf Zahlung der Vertragsstrafe.

Das Landgericht ermäßigte in Anwendung des § 343 B.G.B. die Vertragsstrafe. Die Berufung und die Revision der Klägerin sind zurückgewiesen worden.

Aus den Gründen:

Diese legen zunächst dar, daß eine auf Verletzung des § 138 Abs. 2 B.G.B. gestützte Rüge der Begründung ermangelt, und fahren dann fort:

... „Bei dieser Sachlage, welche den Klaganspruch auf die bedungene Vertragsstrafe rechtfertigt, hat sich das Oberlandesgericht im weiteren auf die Prüfung der Frage beschränkt, ob Anlaß zur Herabsetzung der Strafe vorliege, und sie in Übereinstimmung mit dem Landgericht bejaht. Es erwägt: nach § 343 B.G.B. finde eine Herabsetzung der Vertragsstrafe statt, wenn sie unverhältnismäßig hoch sei. Da hierbei jedes Interesse des Gläubigers in Betracht zu ziehen sei, habe das Landgericht zutreffend berücksichtigt, inwieweit der Klägerin durch den Vertragsbruch ein Schade erwachsen sei. Denn wenn die Strafe auch nicht lediglich Schadensersatz bilde, so diene sie doch auch als Ausgleichung von erlittenem Schaden (§ 340 Abs. 2 B.G.B.). Hier müsse das Interesse, das die Klägerin an der Erfüllung des Vertrages hätte, in Betracht kommen. Für die Bemessung des entgangenen Gewinns, worauf dieses Interesse gehe, sei aber nicht der Bierverbrauch in den früheren Jahren, sondern der mutmaßliche Bierverbrauch in der Zeit bis zum 1. Januar 1907 maßgebend.

Hiergegen wendet sich die Revision der Klägerin mit der Rüge der Verletzung der §§ 340 und 343 B.G.B., indem sie geltend macht: da das Oberlandesgericht der Klägerin lediglich den ihr durch den Vertragsbruch des Beklagten entstandenen Schaden zuspreche, dessen Ersatz sie auch ohne die Klausel der Vertragsstrafe hätte beanspruchen können, so werde die rechtliche Natur dieser Strafe verkannt, die nicht bloß den Gläubiger des Beweises des Schadens entheben, sondern auch den Schuldner zur redlichen Erfüllung des Vertrages antreiben solle. Es wäre zu entscheiden gewesen, ob unter diesen Gesichtspunkten die Vertragsstrafe nach den Verhältnissen zur Zeit des Vertragsschlusses als unverhältnismäßig hoch anzusehen sei.

Allein es fehlt jeder Anhalt für den Vorwurf, daß das Oberlandesgericht die rechtliche Natur der Vertragsstrafe verkannt habe. Es nimmt nicht an, daß bei der Beurteilung der Angemessenheit der Strafe nur der Betrag des dem Gläubiger erwachsenen Schadens zu berücksichtigen sei, sondern es erkennt im Einklang mit dem § 343 B.G.B. die Zulässigkeit der Verwertung jedes (berechtigten) Interesses des Gläubigers an. Es durfte daher auch den entgangenen Gewinn als Maßstab im vorliegenden Falle in Betracht ziehen. Die von der Klägerin vertretene Ansicht — die Angemessenheit der Strafe richte sich nach den Verhältnissen zur Zeit des Vertragsschlusses — findet in dem Wortlaute jenes Paragraphen keine Stütze. Gegen sie spricht die Entstehungsgeschichte desselben. Bei den Beratungen der Kommission für die zweite Lesung des Entwurfs des Bürgerlichen Gesetzbuchs wurden Anträge gestellt, die bezweckten, den Zeitpunkt, der für die Beurteilung der Angemessenheit der Strafe maßgebend sein solle, im Gesetze festzulegen. Dabei war auch der Zeitpunkt der Vereinbarung der Strafe vorgeschlagen. Die Kommission beschloß, unter Ablehnung der abweichenden Anträge, ein richterliches Ermäßigungsrecht zuzulassen und es an die alleinige gesetzliche Voraussetzung zu knüpfen, daß die Strafe eine unverhältnismäßig hohe sei. Man erwog:

„Wie wünschenswert es auch sein möge, dieses Recht an allgemeine, im Gesetze näher bestimmte Schranken zu binden, so führe doch... jeder Versuch in dieser Richtung zu nicht zweckentsprechenden oder zu unbilligen Ergebnissen im einzelnen. Sehe man zunächst davon ab, ob das Interesse des Gläubigers für die Beurteilung ausschließlich maßgebend sein müsse, so entziehe sich schon die Frage, welcher Zeitpunkt für die Ermittlung dieses Interesses zugrunde zu legen sei, einer generellen, für alle Fälle passenden Regelung. Der Zeitpunkt der Vereinbarung der Strafe könne nicht immer entscheidend sein. Einmal sei es mindestens fraglich, ob auch dann stets eine Herabsetzung gerechtfertigt sein würde, wenn die Strafe zur Zeit ihrer Vereinbarung zwar nach Lage der Sache zu hoch, in einem späteren Zeitpunkte aber infolge unvorhersehbarer Umstände nicht mehr zu hoch erschiene. Andererseits könne... die Ermäßigung der Strafe unmöglich in Fällen versagt werden, in denen sich nachträglich herausgestellt habe, daß trotz der bei der Vereinbarung vorhandenen Möglichkeit eines sehr erheblichen Schadens doch nur ein ganz geringer oder gar kein Schade, oder daß sogar ein Vorteil für den Gläubiger aus der Nichterfüllung erwachsen sei.... Nicht das Ausbedingen, sondern das Einfordern der Strafe sei hier verwerflich. Auch auf den Zeitpunkt der Verwirkung der Strafe könne es nicht unter allen Umständen ankommen. Es sei denkbar, daß der Schuldner infolge der Nichterfüllung Vorteile gehabt habe, deren Nichtberücksichtigung bei Schätzung der zulässigen Höhe der Strafe zu unbilligen Ergebnissen führen könne. Daher werde der Richter häufig eine noch spätere Zeit, die der Klagerhebung oder des Urteils, zugrunde legen müssen."

Die Kommission überließ es dem Richter, auf Grund der Würdigung des Einzelfalles den richtigen Weg zu finden (vgl. Protokolle der Kommission Bd. 1 S. 782—785).

Dem richterlichen Ermessen ist hiernach bei der Beurteilung der Angemessenheit der Strafe der weiteste Spielraum für die Würdigung der in Betracht zu ziehenden Umstände eingeräumt. Es ist insbesondere nicht an die Verhältnisse zur Zeit der Vereinbarung der Strafe gebunden, sondern kann ebensowohl — nach Lage des Falles sogar ausschließlich — die Verhältnisse der Folgezeit berücksichtigen. Das Oberlandesgericht hat daher nicht das Gesetz verletzt, wenn es bei Schätzung des der Klägerin entgangenen Gewinns nicht den Bierverbrauch in den früheren Jahren, sondern den Bierverbrauch, den der Beklagte mutmaßlich in der Zeit bis zum 1. Januar 1907 gehabt haben würde, in Betracht gezogen und nach dem Ergebnis die Vertragsstrafe entsprechend herabgesetzt hat." ...

---

73. Kann darin, daß der Unternehmer im Prozesse das Vorhandensein der vom Besteller gerügten Mängel des verdungenen Werkes bestreitet, eine die Fristsetzung erübrigende Weigerung im Sinne des § 634 Abs. 2 B.G.B. gefunden werden?

VII. Zivilsenat. Urt. v. 16. November 1906 i. S. Graf B. (Bekl.) w. G. (Kl.). Rep. VII. 49/06.

I. Landgericht Schneidemühl.
II. Oberlandesgericht Posen.

Der Kläger forderte aus einem im Jahre 1901 über die Anlage einer Bade- und Klosettanlage auf Schloß D. mit dessen Eigentümer, dem Beklagten, geschlossenen Werkvertrage die Restvergütung mit 3652,40 ℳ und Zinsen. Der Beklagte wendete u. a. ein, daß die Anlage Mängel zeige, vor deren Abstellung er nicht zu zahlen brauche. Beide Instanzen verwarfen diesen Einwand. Der Revision des Beklagten ist in diesem Punkte stattgegeben.

Aus den Gründen:

... „Begründet ist ... der Angriff der Revision, der sich auf die vom Beklagten geltend gemachten Mängel des Werkes bezieht. In Betracht kommen einmal die Benutzung eines schon vorhandenen Brunnens statt der Anlegung eines neuen und sodann die Herstellung der Zuflußleitung auf dem Boden des Schlosses. Der erste Richter hatte wegen des Brunnens angenommen, daß der Beklagte die Benutzung des alten angeordnet habe, und im übrigen erwogen, daß der Beklagte gar nicht ein Zufrieren der Leitung behauptet habe. In zweiter Instanz war teils neu, teils wiederholt vorgebracht: Kläger habe dem abweichenden Vorschlage des Beklagten gegenüber die Benutzung des alten Brunnens für praktischer erklärt; die Anlage, wie sie vorliege, versage zeitweilig, im Sommer wegen nicht genügenden Wassers, im Winter wegen Zufrierens der Leitungsröhren. Auf dieses Vorbringen und auf die angeblich zweckwidrige Leitung geht der Berufungsrichter nicht weiter ein. In Ansehung des Brunnens pflichtet er dem ersten Richter darin bei, daß der Beklagte sich mit der Verwendung des alten Brunnens einverstanden erklärt habe. Hierbei ist zunächst nicht berücksichtigt, was der Beklagte in zweiter Instanz zu diesem Punkt angeführt hatte. Ferner reicht aber, auch davon abgesehen, die Begründung nicht aus, um die Verantwortung des Klägers für die aus der Verwendung des vorhandenen Brunnens angeblich entstandenen Schäden zu beseitigen. Unbedenklich ist freilich, daß der Beklagte die Beschaffenheit des Wassers besser kennen mußte, als der Kläger. Aber ob es quantitativ für die geplante Anlage zureichen würde, konnte nur der Kläger, als sachverständiger Unternehmer, beurteilen. Fehler nach dieser Richtung hat er auch dann zu vertreten, wenn der Beklagte der Benutzung des Brunnens zugestimmt haben sollte. Anders wäre es nur, sofern er den Beklagten auf die Unzulänglichkeit der alten Wasseranlage aufmerksam gemacht, und dieser trotzdem auf der Ausführung des Werkes bestanden und damit die Gefahr übernommen hätte. Dies ist aber nicht festgestellt. Die bisher berührten Gründe des Berufungsurteils genügen somit nicht, um die Verwerfung der auf die Mängel des Werkes gestützten Einrede der Preisminderung zu rechtfertigen. Es kommt also darauf an, ob der ferner vom Berufungsrichter angeführte Grund, der sich auf § 634 B.G.B. stützt, durchschlägt. Der Berufungsrichter verwirft die Einrede, weil der Beklagte keine Frist zur Beseitigung der Mängel gesetzt habe. Es ist richtig, daß in Abs. 1 des § 634 B.G.B. der Preisminderungsanspruch von dem fruchtlosen Ablauf einer von dem Besteller dem Unternehmer zur Beseitigung des Mangels zu setzenden angemessenen Frist abhängig gemacht worden ist. Allein der Abs. 2 läßt Ausnahmen zu; insbesondere bedarf es der Bestimmung einer Frist nicht, wenn die Beseitigung des Mangels von dem Unternehmer verweigert wird. Läßt dessen ablehnendes Verhalten gegenüber dem Begehren des Bestellers, das fehlerhafte Werk auszubessern, zweifelsfrei erkennen, daß die Setzung einer Frist doch erfolglos bleiben würde, so erscheint diese als nutzlose Formalität und erübrigt sich deshalb. Nun weist die Revision mit Recht darauf hin, daß der Kläger, wie der Berufungsrichter selbst anführt, das Vorhandensein der Mängel bestritten habe, und daß hiernach zu prüfen gewesen sei, ob nicht der § 634 Abs. 2 B.G.B. zur Anwendung komme. Daß in dem Bestreiten der die Nachbesserungspflicht begründenden Tatsachen die Erklärung des Unternehmers gefunden werden kann, er lehne unter allen Umständen eine nähere Prüfung der Sache und die weitere Entwicklung einer das Werk betreffenden Tätigkeit ab, er lasse sich auf nichts ein, ist unbedenklich. Ob die verneinende Einlassung des Klägers in diesem Sinne ausgelegt werden darf, ist jedoch Tatfrage und daher in dieser Instanz nicht zu erörtern. Daß anscheinend erst im Laufe des Prozesses der Beklagte mit dem Verlangen der Preisminderung unter Berufung auf das Gutachten des Ingenieurs P. hervorgetreten ist, hat auf die materielle Beurteilung der Sache keinen Einfluß. Es genügt, wenn der Kläger die Beseitigung der Mängel auch erst während des Rechtsstreits verweigert hat." . . .

---

74. Kann für den Fall, daß der Mietvertrag die Weitervermietung von der Erlaubnis des Vermieters abhängig macht, über ein bei Verweigerung der Erlaubnis eintretendes Kündigungsrecht des Mieters aber nichts bestimmt, eine Auslegungsregel dahin aufgestellt werden, daß im Zweifel als Wille der Vertragsteile anzusehen sei, das Kündigungsrecht solle ausgeschlossen sein?

B.G.B. §§ 549 Abs. 1.

III. Zivilsenat. Urt. v. 16. November 1906 i. S. Ortskrankenkasse für Leipzig u. Umg. (Kl.) w. Gr. (Bekl.). Rep. III. 115/06.

I. Landgericht Leipzig.
II. Oberlandesgericht Dresden.

Die Frage ist verneint worden aus folgenden, den Sachverhalt ergebenden

Gründen:

„Die Klägerin hat durch Vertrag vom 20. Februar 1904 von der Beklagten das dieser gehörige, in Leipzig belegene Hausgrundstück auf die Zeit vom 1. April 1904 bis zum 31. März 1907 gemietet. Im § 4 des Vertrages verpflichtete sie sich, „ohne Zustimmung der Vermieterin die ermieteten Lokalitäten weder ganz noch teilweise unterzuvermieten noch auch den Mietvertrag an andere zu zedieren". Über das bei Verweigerung der Zustimmung dem Mieter nach §§ 549 Abs. 1 Satz 2 B.G.B. zustehende Kündigungsrecht ist im Vertrage nichts bestimmt worden. Es entsteht daher die Frage, ob dieses Kündigungsrecht durch den Vertrag ausgeschlossen ist, oder nicht. Die Klägerin ist der letzteren Ansicht, hat den Mietvertrag, nachdem die Beklagte ihre Zustimmung zur Untervermietung verweigert hatte, am 15. Juni 1905 für den 30. September 1905 gekündigt und auf Feststellung geklagt, daß der Vertrag mit dem 30. September 1905 erlischt. Die Beklagte ist dagegen der ersteren Ansicht und hat Abweisung der Klage beantragt. Das Landgericht erkannte nach dem Klagantrage. Das Berufungsgericht hat das erste Urteil abgeändert und die Klage abgewiesen.

Diese Entscheidung wird zunächst in folgender Weise begründet: durch die Aufnahme besonderer Bestimmungen wegen des Untervermietens in den Mietvertrag sei im Zweifel als Wille der Vertragsteile erklärt worden, daß diese Bestimmungen für das Mietsverhältnis der Parteien ausschließlich gelten und an die Stelle der Vorschriften treten sollten, die ohnedies nach dem Gesetz Platz zu greifen haben würden, daß also die Anwendung dieser letzteren dispositiven Vorschriften im vollen Umfange ausgeschlossen sein solle.

Die hiergegen gerichtete Revisionsbeschwerde ist begründet. Der § 549 Abs. 1 enthält eine dispositive Vorschrift, welche durch Vereinbarung der Parteien abgeändert werden kann. Ob und inwieweit die Parteien eine Abänderung gewollt haben, kann nur unter Berücksichtigung aller Umstände des einzelnen Falles festgestellt werden. Eine Auslegungsregel, wie sie in anderen Bestimmungen des Bürgerlichen Gesetzbuchs durch die Worte „im Zweifel" aufgestellt wird (vgl. §§ 125, 154, 262, 270, 271, 315—317 u. a.) ist im § 549 B.G.B. nicht vorgesehen. Es ist deshalb rechtsirrig, wenn das Berufungsgericht im Zweifel als Willen der Parteien annimmt, daß der § 549 Abs. 1 B.G.B. im vollen Umfange ausgeschlossen sein solle. Für diese Ansicht läßt sich auch nicht geltend machen, daß sie dem nach allgemeiner Erfahrung zu vermutenden Willen der beim Vertragsschluß Beteiligten entspreche; denn erfahrungsmäßig werden häufig in die Mietverträge Bestimmungen des Gesetzes aufgenommen, ohne daß die Parteien beabsichtigen, hierdurch eine vom Gesetz abweichende Vereinbarung zu treffen. Es läßt sich daher in Fällen der vorliegenden Art mit dem gleichen Rechte sagen, daß es bei den gesetzlichen Bestimmungen verbleibt, sofern nicht aus dem Inhalte des Vertrages oder den sonstigen Umständen des Falles eine andere Absicht der Kontrahenten zu entnehmen ist, wie umgekehrt das Berufungsgericht erwägt, daß der Ausschluß der gesetzlichen Bestimmung, auch wenn er im Vertrage nicht ausgesprochen werde, als selbstverständlich zu betrachten sei. Der Auffassung des Berufungsgerichts steht auch die Entstehungsgeschichte des § 549 B.G.B. entgegen. Der erste Entwurf stand auf dem Standpunkte des gemeinen Rechtes, daß dem Mieter das Recht der Untervermietung zustehe, sofern nicht ein anderes vereinbart sei (vgl. § 516 des I. Entwurfes und Motive Bd. 2 S. 395 flg.). Später wurde dieser Standpunkt verlassen, und im Anschluß an die Bestimmungen des preußischen Allgemeinen Landrechts (§§ 309—312 Tl. I Tit. 21) die jetzige Fassung — § 549 — beschlossen (vgl. Protokolle der II. Kommission, Guttentag'sche Ausgabe Bd. 2 S. 178—185). Das Obertribunal hat in einem dem vorliegenden ganz gleichen Falle, in welchem der Vertrag bestimmte, daß der Mieter seine Rechte aus dem Vertrage nur mit Einwilligung des Vermieters übertragen dürfe, ausgesprochen: diese Abrede setze noch ausdrücklich dasjenige fest, was schon im Gesetz vorgeschrieben sei. Der Vertrag habe aber in der Bestimmung des Gesetzes, welche dem Mieter bei einer unmotivierten Versagung des

Konsenses die Befugnis zur Kündigung einräume, nichts geändert. Es könne nicht vermutet werden, daß der Beklagte sich dieses Rechts habe begeben wollen (vgl. Entsch. des Obertribunals Bd. 34 S. 161 flg., 165, 166; Striethorst, Archiv Bd. 24 S. 18 flg.). Der von Koch (§ 312 A.L.R. I. 21 Anm. 13) gegen diese Entscheidung erhobene Widerspruch war nicht begründet (vgl. Dernburg, Preußisches Privatrecht 5. Aufl. Bd. 2 § 171 Anm. 16). Auch der § 549 B.G.B. läßt eine andere Auffassung nicht zu. Eine Auslegungsregel, und im Zusammenhang hiermit eine für die Beweislast erhebliche Vermutung kann weder nach der einen noch nach der anderen Seite aufgestellt werden." ...

---

75. Anwendung des § 143 A.L.R. I. 8 in einem Falle, wo das des Lichtschutzes bedürfende Zimmer sehr niedrig, und das Fenster sehr klein ist, so daß der obere Fensterrand unter der Augenhöhe eines aufrecht stehenden Menschen liegt.

V. Zivilsenat. Urt. v. 17. November 1906 i. S. F. (Bekl.) w. E. (Kl.). Rep. V. 70/06.

I. Landgericht Danzig.
II. Oberlandesgericht Marienwerder.

Auf dem Grundstücke der Klägerin steht ein an das Wohnhaus gebauter unterkellerter Schuppen mit zwei Stockwerken, von denen sich das untere als eine fensterlose Remise, das obere als niedriger Drempel darstellt. Jeder der beiden Räume des Drempels hat zwei Fenster nach der Straßenfront. In dem Raume, der sich in dem auf der Grenze des Grundstücks des Beklagten befindlichen Giebel befindet, ist ein drittes, zur Beleuchtung dieses Raumes dienendes Fenster. An dem Giebel des Schuppens hat Beklagter im Jahre 1903 eine Grenzmauer aufgeführt, die er später wieder abgerissen und im Jahre 1904 durch eine Umfassungsmauer des von ihm neu erbauten Warenhauses ersetzt hat. Diese überragt den 4 m hohen Schuppen um mehr als 16 m und nimmt, da sie dicht an den Schuppen gebaut ist, dem darin befindlichen Giebelfenster alles Licht. Klägerin beanspruchte für ihr seit länger als 10 Jahren vorhandenes

Giebelfenster den gesetzlichen Lichtschutz. Sie hat Klage erhoben mit den Anträgen: den Beklagten zu verurteilen, mit der von ihm errichteten Mauer von dem Schuppen der Klägerin so weit zurückzutreten, daß ein mittelgroßer Mensch aus dem am Giebel des oberen Stockwerks des Schuppens befindlichen Fenster, wenn es ungeöffnet ist, in ungezwungener Haltung den Himmel sehen kann; eventuell mit der Mauer so weit zurückzutreten, daß ein mittelgroßer Mensch, wenn man sich auf dem Schuppen ein weiteres Stockwerk angelegt vorstellt, aus einem in der Seitenwand befindlichen gedachten Fenster, wenn es ungeöffnet ist, in ungezwungener Haltung den Himmel sehen kann. Der erste Richter hat den Beklagten verurteilt: „mit dem an dem Giebel des Schuppens der Klägerin errichteten Neubau seines Hauses von dem im Giebel des vorbezeichneten Schuppens befindlichen Fenster, und zwar von dem unteren Rande dieses Fensters an, so weit zurückzutreten, daß ein erwachsener mittelgroßer Mensch in aufrechter ungezwungener Haltung aus einem genau über dem vorhandenen Giebelfenster angebrachten gleichartigen ungeöffneten Giebelfenster eines über dem vorhandenen zweiten Stockwerke des Schuppens als errichtet gedachten gleichartigen höheren Stockwerks noch den Himmel sehen könnte“. Beklagter hat Berufung eingelegt, Klägerin sich ihr angeschlossen. Beklagter hat beantragt, die Klage vollständig abzuweisen und die Anschließung der Klägerin an die Berufung zurückzuweisen, Klägerin: die Berufung zurückzuweisen und auf ihre Anschließung über die Kosten erster Instanz anderweitig zu entscheiden. Das Berufungsgericht hat auf die Berufung des Beklagten das erste Urteil dahin abgeändert: „Der Beklagte wird verurteilt, mit dem an dem Giebel des Schuppens der Klägerin errichteten Neubau von dem im Giebel des vorbezeichneten Schuppens befindlichen Fenster, und zwar von dem unteren Rande dieses Fensters an, so weit zurückzutreten, daß aus einem über dem vorhandenen Giebelfenster angebrachten gleichartigen ungeöffneten Giebelfenster eines über dem vorhandenen zweiten Stockwerke des Schuppens als errichtet gedachten gleichartigen dritten Stockwerks ein mittelgroßer Mann in aufrechter ungezwungener Haltung, dessen Standpunkt vor dem Fenster so gewählt wäre, daß sein nach vorwärts gerichteter Blick die Scheiben des Fensters $16^2/_3$ cm über dessen Unterkante träfe, mit aufwärts gerichtetem Blick in der ganzen Breite des Fensters noch den Himmel sehen könnte.“

Die Revision des Beklagten ist zurückgewiesen aus folgenden Gründen:

„Das Berufungsgericht geht davon aus, daß der Anspruch der Klägerin nach den §§ 142 flg. A.L.R. I. 8 zu beurteilen sei. Es nimmt mit dem ersten Richter an, daß der Klägerin das Lichtrecht nach diesen Bestimmungen zustehe, weil das Fenster, vor dem der Beklagte bauen wolle, seit 10 Jahren oder länger vorhanden sei. Es tritt ihm auch darin bei, daß der Klägerin nur der geringere Schutz des § 143 a. a. O. gebühre. Hiernach müsse der Neubau des Beklagten soweit zurücktreten, daß die Klägerin aus den ungeöffneten Fenstern des zweiten Stockwerkes noch den Himmel erblicken könne. Da das untere Stockwerk des Schuppens der Klägerin fensterlos sei, komme als erstes Stockwerk hier das Drempelgeschoß in Betracht, und es müsse ein zweites Stockwerk fingiert werden, das dem darunter vorhandenen gleichartig und mit den nämlichen Fenstern wie dieses versehen sei. Der Neubau müsse dann so weit zurücktreten, daß aus dem fingierten ungeöffneten Fenster des fingierten Stockwerks ein vor ihm stehender mittelgroßer Mann in aufrechter ungezwungener Haltung mit aufwärts gerichtetem Blick in der ganzen Breite des Fensters noch den Himmel sehen könne.

Insoweit bestehen keine Bedenken gegen die Ausführungen des Berufungsgerichts, die sich überall den Entscheidungen des R.G.'s anschließen (vgl. die Zusammenstellung in Turnau u. Förster, Liegenschaftsr. 3. Aufl. Bd. 1 S. 356 flg.). Auch der Beklagte hat keine Angriffe dagegen erhoben.

Im vorliegenden Falle tritt aber die Frage hervor, wie es zu halten sei, wenn der mittelgroße Mann in aufrechter ungezwungener Haltung durch das fingierte Fenster den Himmel überhaupt nicht erblicken könnte. Die Oberkante des vom Beklagten verbauten Fensters liegt nämlich nur etwas mehr als 80 + 50 cm, bestenfalls also 140 cm, über dem Fußboden der Kammer. Da die Augen eines mittelgroßen Mannes sich mindestens 160 cm über dem Fußboden befinden, so trifft der nach vorwärts oder gar nach aufwärts gerichtete Blick eines vor dem streitigen Fenster stehenden mittelgroßen Mannes nicht mehr das Fenster, sondern die darüber befindliche Hauswand, und der Himmel ist demzufolge dem Manne nicht sichtbar. Nach der Rechtsprechung des vormaligen Obertribunals (Entsch. Bd. 5 S. 166,

Striethorsts Arch. Bd. 80 S. 200) sollte es genügen, daß der Mann in irgendeiner Weise und in irgendeiner Stellung den Himmel erblicken könne. Diese Ansicht hat das Reichsgericht verlassen und ausgesprochen, daß bei Anwendung der §§ 142, 143 eine aufrechte Haltung eines mittelgroßen Menschen vorauszusetzen ist (Gruchots Beitr. Bd. 31 S. 928, Bd. 36 S. 964; Entsch. in Zivils. Bd. 32 S. 194 flg.; Jurist. Wochenschr. 1897 S. 585 Nr. 67). Dabei hat es bemerkt, daß dies nur für die Regelfälle, wo also die Bauart des Zimmers und der Fenster es gestattet, anzuwenden sei, und zugegeben, daß die Berechnung des für den Neubau vorzuschreibenden Abstandes nicht in allen denkbaren Fällen, namentlich dann, wenn das Zimmer sehr niedrig, und das Fenster sehr klein sei, so daß der obere Fensterrand unter der Augenhöhe eines aufrecht stehenden Menschen liegt, nicht ohne weiteres unter Zugrundelegung der Augenhöhe einer aufrecht stehenden Person angestellt werden kann. Vorkommendenfalls seien Schwierigkeiten, meint es, im Wege der Analogie zu beseitigen (Entsch. in Zivils. Bd. 32 S. 200). Diesen Weg hat das Berufungsgericht eingeschlagen, weil die Unsicherheit, die durch eine analoge Rechtsanwendung in die Judikatur hineingetragen werde, immer noch weit erträglicher erscheine, als die Auffassung, daß der Lichtschutz in einem Falle, wie er hier vorliege, gänzlich versagt werden müsse. Es meint, die richtige Analogie sei durch Übertragung der Augenhöhe des durch das Fenster blickenden Mannes von dem Normalfall auf den Ausnahmefall herzustellen. Wenn ein mittelgroßer Mann in aufrechter ungezwungener Haltung aus einem normal großen und normal angebrachten Fenster mit vorwärts gerichtetem Blick hinausschaue, so treffe sein Auge die Scheiben des Fensters in einer Linie, die zur Ober- und Unterkante des Fensters parallel laufe, und deren Entfernung von der Unterkante sich zur Entfernung von der Oberkante wie 1 : 2 verhalte. Hiernach müsse im vorliegenden Falle der nach vorwärts gerichtete Blick des vor dem fingierten Giebelfenster stehenden Mannes die Scheiben des Fensters in einer Linie treffen, die in einem Abstande von $50/3 = 16^2/_3$ cm parallel zur Unterkante des Fensters verlaufe; dabei müsse man sich den Standort des Mannes unter den Fußboden der fingierten Kammer verlegt vorstellen. Hiernach müsse so erkannt werden, wie es in der mitgeteilten Entscheidung ausgesprochen ist. Die hierin enthaltene

Abänderung des ersten Urteils auf die Berufung des Beklagten hält das Berufungsgericht für unbedenklich, da von einer reformatio in pejus nicht die Rede sein könne, wenn die Bestimmung des Abstandes der Häuser voneinander unter Erniedrigung des Augenpunktes des nach dem Himmel blickenden Mannes erfolgt.

Auch in diesen Ausführungen ist ein Rechtsirrtum nicht enthalten. Das Reichsgericht tritt ohne Bedenken dem Berufungsgerichte darin bei, daß nicht, wie Beklagter meint, der Lichtschutz einem Fenster versagt sei, das unterhalb der Augenhöhe eines mittelgroßen Menschen liege, daß vielmehr die in solchem Fall entstehenden Schwierigkeiten, wie schon vom Reichsgericht in dem erwähnten Urteil ausgesprochen ist, durch die analoge Anwendung der für die Regelfälle maßgebenden Rechtsgrundsätze zu beseitigen sind. Es läßt sich nicht verkennen, daß die analoge Anwendung in verschiedener Weise ausgeführt werden kann, da sie in jedem einzelnen Falle dem gerade vorliegenden Sachverhalt anzupassen ist. Es darf auch nicht auffallen, daß in den verschiedenen Fällen, wo die Analogie aushelfen muß, Inkonsequenzen und Ungleichheiten hervortreten können; denn in den §§ 142, 143 A.L.R. I. 8 handelt es sich um Bestimmungen, die sich in ihrem Wortlaut allein kaum praktisch verwerten lassen, die vielmehr einer jahrelangen Rechtsprechung bedurften, damit ihre wahre Bedeutung ermittelt und festgestellt, und damit die in ihnen vorhandenen Lücken, ohne deren Ausfüllung sie in vielen Fällen praktisch nicht verwendbar wären, ergänzt wurden. Wenn auch die Analogie, wie sie das Berufungsgericht angewendet hat, vielleicht nicht darauf Anspruch machen kann, als die einzig zulässige zu gelten, so kann ihr doch weder vorgeworfen werden, daß sie auf Rechtsirrtum beruhe, noch daß sie der Sachlage nicht angemessen sei. Das Berufungsgericht geht nämlich davon aus, daß die Augen eines mittelgroßen Menschen sich in einer Höhe von 1,60 cm über dem Fußboden befinden, also bei einem normalen Raum mit einem normalen Fenster in der Linie, die das untere Drittel des Fensters abschließt. Dies ergibt für einen Fall, wie den vorliegenden, wo die Höhe des ganzen Fensters 50 cm, das untere Drittel desselben also $16^2/_3$ cm beträgt, daß der vor dem Fenster stehende Mann eine Stellung annehmen muß, die seinen Augen den Ausblick auf den Himmel in einer Höhe von $16^2/_3$ cm über der Unterkante des Fensters gestattet.

Das Berufungsgericht hat das erste Urteil nicht abgeändert, wenn auch so tenoriert ist, sondern es hat nur, um Zweifel, die sich bei der Ausführung des ersten Urteils ergeben könnten, abzuschneiden, durch einen Zusatz klar gestellt, was im vorliegenden Fall unter einem mittelgroßen Menschen in aufrechter ungezwungener Haltung zu verstehen ist. Die Änderung des ersten Urteils ist keine sachliche; vielmehr liegt nur eine Änderung in der Fassung vor, um das, was der erste Richter ausgesprochen hat und nur aussprechen wollte und konnte, zum Ausdruck zu bringen. Von einer reformatio in pejus zuungunsten des Beklagten, die von der Klägerin nicht beantragt sei, kann daher nicht die Rede sein."

---

76. 1. Ist Art. 28 Abs. 2 des Handelsvertrags zwischen den Staaten des deutschen Zoll- und Handelsvereins und Frankreich vom 2. August 1862 (preuß. G.S. 1865 S. 333) noch in Geltung?
2. Was ist unter „Fabrikzeichen" im Sinne des Art. 28 Abs. 2 dieses Staatsvertrages zu verstehen?

II. Zivilsenat. Urt. v. 20. November 1906 i. S. W. H. (Kl.) w. Société Francaise de Cotons à coudre (Bekl.). Rep. II. 168/06.

I. Landgericht Hamburg.
II. Oberlandesgericht daselbst.

Für die Firma Les fils de C.-B. in Paris, die Rechtsvorgängerin der Beklagten, wurden am 18. Juli 1896 in die Zeichenrolle des Patentamtes für Stickbaumwolle drei Warenzeichen unter Nr. 18051 C 922 Klasse 14 eingetragen. Nach der Beschreibung wird eine goldene Etikette auf der Schachtel, eine dunkelgrüne Etikette auf den einzelnen Fissen, und eine hellgrüne Etikette auf den Paketen angebracht. Das Wesentliche an diesen Zeichen der Beklagten, das auf allen Etiketten wiederkehrt, ist ein Kreuz mit allerlei Beiwerk.

Der Kläger hat am 4. Juli 1895 in die Zeichenrolle des Patentamtes ebenfalls ein ein Kreuz darstellendes Zeichen für baumwollene Häkelgarne, Stick- und Stopfgarne unter Nr. 7959 H 888 Klasse 14 eintragen lassen.

Durch rechtskräftiges Urteil des Landgerichts Hamburg vom 21. September 1901 wurde auf Antrag des Klägers der Beklagten die Löschung ihrer Eintragung wegen Täuschungsgefahr gemäß § 9 Abs. 1 Nr. 3 des Warenbezeichnungsgesetzes aufgegeben. Die Löschung fand am 19. Januar 1904 statt. Trotzdem versah Beklagte ihre Waren nach wie vor mit diesem Zeichen, und zwar, wie sie behauptete, mit Recht. Das Zeichen des Klägers war bereits am 29. September 1884 in das Zeichenregister des Amtsgerichts Elberfeld eingetragen und am 4. Juli 1895 nur in die Zeichenrolle des Patentamtes übertragen worden. Die Beklagte stützte ihr Recht nun auf die Behauptung, daß sie das Kreuzzeichen bereits vor dem 29. September 1884 in Frankreich geführt habe; deshalb sei sie durch Art. 28 des Handelsvertrags geschützt, der zwischen den Staaten des deutschen Zoll- und Handelsvereins und Frankreich am 2. August 1862 abgeschlossen, durch Art. 11 der zusätzlichen Übereinkunft zu dem Friedensvertrage zwischen Deutschland und Frankreich vom 12. Oktober 1871 wieder in Kraft gesetzt und durch die Deklaration dieses Art. 11 vom 8. Oktober 1873 authentisch interpretiert worden ist.

Der Abs. 2 des erwähnten Art. 28 lautet:

„Wegen des Gebrauchs der Fabrikzeichen des einen Landes in dem anderen soll eine Verfolgung nicht stattfinden, wenn die erste Anwendung dieser Fabrikzeichen in dem Lande, aus welchem die Ausfuhr der Erzeugnisse erfolgt, in eine frühere Zeit fällt, als die durch Niederlegung oder auf andere Weise bewirkte Aneignung dieser Zeichen in dem Lande der Einfuhr."

Der Kläger hat, weil die Verwechslungsfähigkeit beider Zeichen feststehe, Klage mit dem Antrage erhoben, die Beklagte habe es zu unterlassen, baumwollene Häkelgarne, Stickgarne und Stopfgarne mit dem früher eingetragenen Warenzeichen Nr. 18051 C 922 Klasse 14 zu versehen.

Das Landgericht gab durch Urteil vom 24. November 1903 der Klage mit einer Einschränkung statt. Das Oberlandesgericht hob dagegen dieses Urteil auf und wies die Klage ab. Die Revision des Klägers war erfolglos.

Aus den Gründen:

„Das Berufungsgericht geht von der fortdauernden Geltung des Art. 28 des Handelsvertrags zwischen den Staaten des deutschen

Zoll- und Handelsvereins und Frankreich vom 2. August 1862 (preuß. G.S. 1865 S. 333) aus, weil sie außer Streit sei. Deshalb läßt das Berufungsgericht die Entscheidung davon abhangen, ob die Beklagte vor Eintragung des Kreuzzeichens des Klägers in das Zeichenregister des Amtsgerichts Elberfeld, 29. September 1884, das von ihr benutzte, vom Kläger beanstandete Zeichen als Fabrikzeichen geführt habe.

Auf Grund der Beweisaufnahme kommt der Berufungsrichter sodann zu dem Ergebnis, Beklagte habe das beanstandete Kreuzzeichen für ihre Waren lange vor 29. September 1884 nicht allein in Frankreich benutzt, sondern sogar in Deutschland für derartige Zeichen Eintragungen gehabt. So gelangt das Berufungsgericht zur Klagabweisung.

Kläger findet diese Ausführungen rechtsirrig und meint, die fortdauernde Geltung des Handelsvertrags vom 2. August 1862 dürfe nicht dem Parteibelieben überlassen bleiben, wie das Berufungsgericht annehme.

Der Kläger hat darin Recht, daß der erwähnte Vertrag von Amts wegen auf seine fortdauernde Existenz zu prüfen ist.

Der Art. 28 des Handelsvertrags vom 2. August 1862 ist durch Art. 11 der zusätzlichen Übereinkunft zu dem Friedensvertrage vom 10. Mai 1871 wieder in Kraft gesetzt worden (R.G.Bl. S. 363). Dieser Art. 11 ist durch Deklaration beider Staaten vom 8. Oktober 1873 (R.G.Bl. 1873 S. 365) dahin erläutert worden, daß alle Bestimmungen, welche in den vor dem Kriege zwischen einem oder mehreren deutschen Staaten einerseits und Frankreich andererseits abgeschlossenen Verträgen über den Schutz der Fabrik- und Handelszeichen getroffen sind, durch Art. 11 wieder in Kraft gesetzt worden sind. Diese Staatsverträge sind weder in dem Markenschutzgesetz von 1874 noch in dem Gesetze zum Schutz der Warenbezeichnungen vom 12. Mai 1894 aufgehoben, noch auch sind sie etwa durch andere Bestimmungen dieser Gesetze hinfällig geworden. Der Umstand, daß diese Staatsverträge ihre Entstehung dem Fehlen einer deutschen Markenschutzgesetzgebung zu verdanken haben, benimmt denselben ihre Bedeutung nicht schon dadurch, daß in der Folge eine deutsche Markenschutzgesetzgebung zustande gekommen ist. Mit dieser Gesetzgebung steht der Art. 28 des erwähnten Handelsvertrags auch nicht im Widerspruche. Der § 23 des Warenzeichengesetzes versagt dem Ausländer allerdings die Eintragung und deren Schutz, wenn das Zeichen den Anforderungen des Warenzeichengesetzes nicht entspricht. Deshalb wurde auch das Kreuzzeichen der Beklagten wegen Verwechselungsfähigkeit mit dem früher eingetragenen Kreuzzeichen des Klägers gemäß § 9 des Gesetzes infolge rechtskräftigen Urteils des Landgerichts Hamburg vom 21. September 1901 gelöscht.

Vgl. Entsch. des R.G.'s in Zivils. Bd. 3 S. 75.

Hier handelt es sich aber nicht um Rechte, welche die Beklagte aus dem Warenzeichenrecht oder einer Eintragung herleiten könnte oder wollte, sondern nur noch darum, daß eine Verfolgung gegen sie nicht stattfinde, weil sie ihr Zeichen nach Art. 28 des erwähnten Vertrags früher in Frankreich führte, als der Kläger sein Zeichen in Deutschland. Die fortdauernde Geltung dieses Art. 28 unterstellt auch das Urteil des erkennenden Senats vom 15. März 1898, Rep. II. 369/97. In der Literatur wird dieselbe Ansicht vertreten von Kohler, Das Recht des Markenschutzes S. 474, und von Kent, Das Reichsgesetz zum Schutz der Warenbezeichnungen vom 12. Mai 1894 Nr. 940.

Die Beklagte darf also ihr Kreuzzeichen trotz der Löschung ihrer Eintragung weiterführen, wenn sie dasselbe als Fabrikzeichen im Sinne des Art. 28 des Handelsvertrags vor dem 29. September 1884 in Frankreich für ihre Stickbaumwolle geführt hat. Diese Tatsache stellt das Berufungsgericht aber einwandsfrei fest.

Das Berufungsgericht legt bei dieser Beurteilung den Begriff des Fabrikzeichens als eine Ausnahmebestimmung enge aus. Es nimmt deshalb Gleichartigkeit der früheren, etwas abweichenden Zeichen der Beklagten mit den jetzigen Zeichen nicht schon im Falle einer Verwechselungsgefahr (§ 20 des Warenzeichengesetzes), sondern nur dann an, wenn nach den Verkehrsanschauungen des hier fraglichen Geschäftszweiges eine Übereinstimmung vorhanden ist, ohne daß gerade eine genaue Gleichheit in allen Einzelheiten zu fordern wäre. Gegen diese Auslegung ist nichts zu erinnern. Es ist dagegen auch nichts vorgebracht. An diesem Maßstabe nun stellt das Berufungsgericht fest, daß allerdings kleine Unterschiede in den Zeichen vorhanden sind, daß diese aber selbst dem Auge des kundigen Geschäftsmanns entgehen. Dies führt das Berufungsgericht des näheren aus, mit dem Schluß, daß durch diese Abänderungen der charakteristische Teil der Fabrikmarke, nämlich das Kreuz, nicht berührt werde.

Diese Erwägungen tragen das Urteil. Hieraus folgt die Zurückweisung der Revision unter Belastung des Klägers mit den Kosten."...

---

77. 1. Kann der Ersteher den auf eine Eigentümergrundschuld des Versteigerungsschuldners entfallenen Teil des zu zahlenden Versteigerungserlöses gegen seine ausgefallenen Forderungen aufrechnen?

Zw.V.G. § 107 Abs. 2.

2. Genügt zur Abtretung einer Briefgrundschuld statt der Übergabe des Grundschuldbriefs die bloße in § 1117 Abs. 2 B.G.B. bezeichnete Vereinbarung, ohne daß der Grundschuldbrief wenigstens beim Grundbuchamt eingereicht wird?

B.G.B. §§ 1192, 1154 Abs. 1, 1117 Abs. 2.

3. Steht der Pfändung einer Forderung die vertragliche Verpflichtung des Gläubigers zur Abtretung an einen anderen entgegen?

ZPO. § 835.

V. Zivilsenat. Urt. v. 22. November 1906 i. S. Paderborner Bank (Kl.) w. Pl. (Bekl.). Rep. V. 117/06.

I. Landgericht Detmold.
II. Oberlandesgericht Celle.

Als die Grundstücke des G. in K. am 23. Dezember 1904 zur notwendigen Zwangsversteigerung kamen, worin sie der P.'er Bank zugeschlagen wurden, waren von der erststelligen Hypothek 4999,50 *M* zurückgezahlt und Eigentümergrundschuld des G. geworden. Sie sollten bar zur Hebung kommen. Im Verteilungstermin am 29. Januar 1905 beanspruchte der beteiligte Gläubiger Pl., daß ihm davon 4900 *M* überwiesen würden, auf Grund eines Pfändungs- und Überweisungsbeschlusses des Landgerichts D. vom 7. Januar 1905, der als gepfändet und überwiesen bezeichnete den Anspruch des G. aus der Eigentümergrundschuld auf Auszahlung des Betrages von 4900 *M* aus dem Versteigerungserlöse. Dem widersprach die P.'er Bank, Ersteherin und zugleich beträchtlich ausfallende, zweitstellige Hypothekengläubigerin. Sie legte eine notariell beglaubigte Urkunde vom 28. April 1904 vor, worin G. erklärt hatte, daß er die von der ersten Hypothek zurückgezahlten und künftig zurückzuzahlenden Beträge der P.'er Bank abtrete, die Eintragung dessen im Grundbuch, und ferner die Bildung eines Zweigdokuments und die Aushändigung an die P.'er Bank bewillige und beantrage. Sie nahm auf Grund dieser Zession den Anspruch des G. auf Auszahlung der Eigentümergrundschuld in voller Höhe in Anspruch und erklärte ferner, sie rechne mit diesem ihr abgetretenen Betrage gegen den Anspruch des G. auf Zahlung des Versteigerungserlöses auf. Die 4999,50 ℳ wurden nun als Streitmasse hinterlegt, und es klagte dann die P.'er Bank gegen Bl. auf Einwilligung in die Auszahlung der Streitmasse an sie.

Die Klägerin wiederholte zur Begründung der Klage die schon im Verteilungstermin abgegebene Aufrechnungserklärung, die sie jetzt auch auf die Forderungen erstreckte, mit denen sie ausgefallen war (in einem Betrage von 45369,66 ℳ). Außerdem berief sie sich auf die Abtretung der G.'schen Grundschuld vom 28. April 1904 (§§ 1154, 1117 Abs. 2 B.G.B.), die sich auch auf das etwaige Recht des G. auf den Erlös in einer Zwangsversteigerung bezogen haben sollte — was der Beklagte bestritt. Sie behauptete, bei Auszahlung der Versteigerungssumme den Vorbehalt gemacht zu haben, daß der streitige Betrag ihr selbst zurückzuzahlen sei. Daß der Hypothekenbrief nicht zwecks Bildung eines Teilbriefs beim Grundbuchamt eingereicht, und die Bildung eines Teilbriefs nicht beantragt worden war, gab sie zu, machte aber geltend, daß die Abtretung den G. jedenfalls obligatorisch verpflichtet habe, und der Beklagte sich ebensowenig wie G. diesen Verpflichtungen entziehen könne, ohne arglistig zu handeln.

Der Beklagte bestritt, daß die Abtretung vom 28. April 1904 rechtswirksam, und eine Aufrechnung überhaupt statthaft sei: die jedenfalls erforderliche Ausfertigung eines Teilhypothekenbriefes sei nicht erfolgt, und gegen persönliche Ansprüche der Klägerin sei Beklagter durch § 892 B.G.B. geschützt; eine Aufrechnung sei aber nur möglich zwischen Gläubiger und Schuldner, und der Schuldner G. sei nicht Gläubiger der Versteigerungssumme.

In erster Instanz wurde auf Klagabweisung erkannt. Die Berufung der Klägerin wurde zurückgewiesen, mit der Feststellung, daß in Höhe von 99,50 ℳ ein Anspruch des Beklagten auf die hinterlegte Summe nicht bestehe. Auch die Revision der Klägerin wurde zurückgewiesen, aus folgenden

Gründen:

„Die Klägerin hat den von ihr erhobenen Anspruch auf den Teil des — von ihr selbst als Ersteherin erlegten — Versteigerungserlöses, der auf die Eigentümergrundschuld des Versteigerungsschuldners G. entfallen ist, in doppelter Weise zu begründen versucht: einmal durch eine Aufrechnung, die sie mit diesem Teilbetrag ihrer Ersteherschuld gegen ihrseitige Forderungen an G. vornehmen will, und zweitens durch Berufung auf die in der Urkunde vom 28. April 1904 von G. erklärte Abtretung der von ihm auf die erststellige Hypothek zurückgezahlten Beträge an sie. Der Berufungsrichter hat in Übereinstimmung mit dem ersten Richter beide Klagebegründungen verworfen.

Für die Aufrechnung wollte die Klägerin zwei Forderungen an G. verwerten: erstens die erwähnten ihr in der Urkunde vom 28. April 1904 von G. abgetretenen Beträge, und zweitens einen entsprechenden Teil der Forderungen, mit denen sie in der Zwangsversteigerung ausgefallen ist. Die erste Aufrechnung hält der Berufungsrichter schon deshalb für hinfällig, weil die Abtretung vom 28. April 1904 unwirksam geblieben sei, und wenn dies richtig ist — worauf später zurückzukommen sein wird —, ist damit in der Tat die erste Aufrechnung erledigt. Die zweite Aufrechnung ist mit der Begründung vom Berufungsrichter für unstatthaft erklärt worden — die übrigens auch auf die erste Aufrechnung gepaßt haben würde —, daß G. gar keinen Anspruch gegen die Klägerin auf Zahlung der Schuld, welche diese aufrechnen will, gehabt habe, somit die Voraussetzung für eine Aufrechnung fehle, daß zwei Personen einander dem Gegenstande nach gleichartige Leistungen schulden müssen (§ 387 B.G.B.). Der Berufungsrichter führt aus:

G. sei mit den auf die erste Hypothek zurückgezahlten Beträgen, denen seitdem keine persönliche Forderung mehr zugrunde gelegen habe, Grundschuldgläubiger an seinem eigenen Grundstück geworden und als solcher, als Realgläubiger, an der Zwangsversteigerung des Grundstücks, mit dem Anspruch auf Befriedigung aus dem Grundstück oder dem Erlöse, beteiligt gewesen. Aber weder in dieser noch in seiner Eigenschaft als Eigentümer des Grundstücks habe er gegen den Ersteher einen Anspruch auf Zahlung gehabt. Zwischen dem Realgläubiger als solchem und dem Ersteher bestehe überhaupt kein Schuldverhältnis — solange nicht etwa nach § 118 Zw.V.G. dem Realgläubiger ein Anspruch gegen den Ersteher gerichtsseitig überwiesen werde —. Und der Eigentümer des Grundstücks, der Versteigerungsschuldner, sei zwar nach wie vor Inhaber des in der Versteigerung begriffenen Vermögens, aber infolge der Beschlagnahme nicht verfügungsberechtigt.

Diesen Ausführungen mußte beigetreten werden. Darüber kann kein Zweifel bestehen, daß die an der Zwangsversteigerung beteiligten Gläubiger, von dem erwähnten Fall des § 118 abgesehen, keinen Anspruch auf Zahlung gegen den Ersteher, mit dem sie in gar keinem Vertragsverhältnisse stehen, sondern nur ein Recht darauf haben, nach den für das Zwangsversteigerungsverfahren gegebenen Vorschriften wegen ihrer Forderungen befriedigt zu werden.

Vgl. Jaeckel, Zw.V.G. 2. Aufl. S 384 Bem. 2 zu § 107; Entsch. des R.G.'s in Zivils. Bd. 5 S. 310.

Es könnte höchstens in Frage kommen, ob dadurch etwas geändert werde, daß G. nicht bloß beteiligter Gläubiger, sondern auch Versteigerungsschuldner und Eigentümer des versteigerten Grundstücks war; aber auch das muß, mit dem Berufungsrichter, verneint werden. Zwar war die Versteigerungsmasse im Vermögen des G. geblieben, und er mag daher als Gläubiger der durch Meistgebot und Zuschlag für den Ersteher entstandenen Schuld bezeichnet werden (vgl. Jaeckel a. a. O.); aber seiner Verfügung war diese Forderung entzogen; er konnte sie nicht durch Einziehung oder Aufrechnung oder sonstwie zum Erlöschen bringen; sie konnte daher auch nicht ihm gegenüber aufgerechnet werden. Er konnte vielmehr nur verlangen, daß mit dem Erlöse nach Vorschrift des Zwangsversteigerungsgesetzes verfahren werde. Zu seiner eigenen Verfügung zurück erhielt er nur den auf seine Eigentümergrundschuld entfallenen Betrag, dies also auch nur in seiner Eigenschaft als beteiligter Gläubiger, nicht als Inhaber der Versteigerungsmasse, und erst durch die Zuteilung im Verteilungstermin, auch nur als ein Stück der Versteigerungsmasse, nicht als eine Teilschuld der Ersteherin. Damals war überdies bereits der Betrag von dem Beklagten gültig, wie der Berufungsrichter weiter zutreffend dargelegt hat, gepfändet und ihm überwiesen worden, wodurch also der Anspruch des G. auf diese Hebung einer Aufrechnung durch den Ersteher selbst dann entrückt worden wäre, wenn man nach der erwähnten Verteilung ein unmittelbares Schuldverhältnis zwischen der Klägerin als Ersteherin und G. bezüglich dieses Postens annehmen könnte.

Die zweite Klagebegründung stützte die Klägerin darauf, daß G. ihr die ihm infolge der Abzahlungen auf die erste Hypothek zustehenden Beträge durch die notariell beglaubigte Urkunde vom 28. April 1904, also vor Einleitung der Zwangsversteigerung und vor der vom Beklagten erwirkten Pfändung und Überweisung, abgetreten habe. Durch die Abzahlungen war die Hypothek in dem abgezahlten Betrage von 4999,50 *M* auf G. als Eigentümergrundschuld übergegangen, und zwar, da eine Briefhypothek in Frage stand, als Briefgrundschuld, deren Abtretung nach § 1154 B.G.B. neben der schriftlichen Abtretungserklärung, die in jener Urkunde vorliegt, noch die Übergabe des Hypothekenbriefs (§ 1192) oder eines Teilbriefs (§ 1152) oder doch, als Ersatz dafür, die Vereinbarung erforderte, daß Klägerin berechtigt sein solle, sich den Brief vom Grundbuchamt aushändigen zu lassen (§§ 1154, 1117 Abs. 2). Nun hat zwar G. in der mehrerwähnten Urkunde erklärt, daß er die Bildung eines Zweigdokuments und dessen Aushändigung an die Klägerin bewillige und beantrage; aber unstreitig ist weder der Klägerin der Hypothekenbrief oder ein Teilgrundschuldbrief übergeben, noch auch nur der Hypothekenbrief beim Grundbuchamt zur Bildung eines Teilbriefs eingereicht worden. Der Berufungsrichter hat aus diesem Grunde der Abtretung die Wirksamkeit abgesprochen, und vergebens wird diese Entscheidung von der Revision angegriffen. Der Berufungsrichter faßt die Bestimmung in §§ 1154, 1117 Abs. 2 dahin auf, daß zum Übergang einer Briefhypothek nicht die bloße dort bezeichnete Vereinbarung genüge, sondern eine tatsächliche Aushändigung des Briefes an den neuen Gläubiger hinzukommen, oder, wenn man nicht so weit,

mit Turnau u. Förster, Liegenschaftsr. 3. Aufl. Bd. 1 S. 758 Bem. zu § 1117, S. 888 Bem. II 6 zu § 1154,

gehen wolle, doch zum mindesten,

mit Planck, B.G.B. 3. Aufl. Bd. 3 S. 539 Bem. 3 zu § 1117 u. S. 612 Bem. 3a Abs. 2 zu § 1154,

eine Einreichung des Briefes beim Grundbuchamt gefordert werden müsse. Er begründet diese Auffassung damit, daß auch im Fall einer solchen Vereinbarung das geschehen müsse, was erforderlich sei, um den Übergang des Rechts nach außen erkennbar zu machen, nämlich die Übergabe des Hypothekenbriefs, und daß dann nur eine Zurückbeziehung des Übergangs auf den Zeitpunkt der erwähnten Vereinbarung stattfinden solle. Das muß für richtig erachtet werden. Wollte man die in Frage stehenden Vorschriften so verstehen, wie es die Klägerin will: daß neben jener Vereinbarung nichts weiter erforderlich sei, um den Übergang der Hypothek zu bewirken, so ständen sie in vollem Widerspruch mit der erklärten Absicht des Gesetzgebers, die Schwierigkeiten zu beseitigen, die in dem früheren preußischen Recht daraus entstanden waren, daß eine Aushändigung des Hypothekenbriefs damals nicht zum Erwerb der Hypothek durch Abtretung erforderlich war. Aus diesem Grunde ist jetzt vorgeschrieben worden, daß zur Abtretung oder Verpfändung einer Briefhypothek die Übergabe des Hypothekenbriefs erforderlich ist (§§ 1154, 1274, 1291 B.G.B., § 830 Z.P.O.). Wenn nun aber daneben schon die bloße Vereinbarung, daß der Gläubiger berechtigt sein solle, sich den Brief vom Grundbuchamt aushändigen zu lassen, zum Erwerb der Hypothek ausreichte, so wäre damit wieder die Möglichkeit einer mehrmaligen Abtretung der Hypothek mit und ohne Übergabe des Hypothekenbriefs geschaffen, die gerade verhütet werden sollte. So kann darum der § 1117 Abs. 2 nicht verstanden werden. Diese Bestimmung bezweckte, dem Übelstand zu begegnen, daß durch eine Verzögerung der Ausfertigung des Hypothekenbriefs der Erwerb der Hypothek verzögert werden könnte, und wurde juristisch damit gerechtfertigt, daß durch Erteilung der Befugnis, sich vom Grundbuchamt den Brief aushändigen zu lassen, der mittelbare Besitz des Briefes im voraus auf den Gläubiger übertragen werde (Prot. Bd. 3 S. 729). Daraus ergibt sich klar, daß die Existenz eines Hypothekenbriefs oder Teilbriefs, jetzige oder künftige, vorausgesetzt wurde, weil an einer nicht zur Entstehung gelangenden Sache ein Besitz überhaupt nicht denkbar ist, daß also mindestens das Grundbuchamt den unmittelbaren Besitz an dem Brief erlangen muß, an welchem jene Vereinbarung den mittelbaren Besitz verschaffen soll. Da es vorliegendenfalls selbst an dieser Voraussetzung gebricht, braucht nicht entschieden zu werden, ob mit der oben erwähnten weitergehenden Meinung auch noch eine nachfolgende tatsächliche Aushändigung des Briefs an den neuen Gläubiger als Erfordernis für den Übergang der Hypothek verlangt werden müsse. Die Eigentümergrundschuld des G. ist demnach von der Klägerin durch die Abtretung vom 28. April 1904 nicht erworben worden.

Die Klägerin hat nun weiter geltend gemacht, daß jene Abtretung nicht bloß auf die Grundschuld als solche zu beziehen sei, sondern alle Ansprüche umfaßt habe, die dem G. auf Grund des durch seine Abzahlungen entstandenen Verhältnisses damals oder künftig zustehen möchten, namentlich auch das Recht auf einen etwaigen auf die Grundschuld entfallenden Versteigerungserlös. Der Berufungsrichter hält dies schon deshalb für unbehelflich, weil auch für die Abtretung solcher, sich lediglich als Ausfluß oder Erscheinungsform der damaligen Grundschuld darstellenden Rechte die gleiche Form wie für die Abtretung der Grundschuld selbst erforderlich gewesen sein würde. Es mag dahingestellt bleiben, ob dies richtig ist, insbesondere ob damals das etwaige Recht auf einen Versteigerungserlös in der Tat so sehr eine bloße denkbare Möglichkeit dargestellt habe, daß es darum nicht als eine abtretbare künftige Forderung aufgefaßt werden durfte. Denn der Berufungsrichter stellt weiter fest, daß bei der Abtretung vom 28. April 1904 von den Beteiligten an weitere Rechte als die Grundschuld selbst gar nicht gedacht worden sei, sondern daß nichts weiter als das Grundschuldrecht selbst abgetreten werden sollte und abgetreten worden sei. Die vorgeschlagene Abhörung des G. als Zeugen über den angeblich weitergehenden Sinn der in ihrem Wortlaut und nach der Sachlage zweifelsfreien Abtretung lehnt er ab. Das ist eine tatsächliche Feststellung, die keinen Rechtsirrtum aufweist, und vor der deshalb die Revision Halt machen muß. Der Berufungsrichter hat dann noch geprüft, ob etwa späterhin noch eine weitergehende Abtretung zwischen G. und der Klägerin stillschweigend vereinbart worden sei, zu der Zeit, als schon die Grundschuld sich in einen Anspruch auf einen entsprechenden Teil des Versteigerungserlöses umgesetzt hatte und nun zweifellos formlos abgetreten werden konnte; aber er hat auch dies aus tatsächlichen Gründen verneint; die Klägerin selbst hatte auch keine darauf abzielende Behauptungen aufgestellt.

Endlich erwägt noch der Berufungsrichter, ob dem Beklagten, wie die Klägerin behauptet hatte, ein arglistiges Verhalten um deswillen vorgeworfen werden könne, weil er nur ein durch Pfändung und Überweisung erworbenes Recht des G. geltend mache, G. aber, wie der Berufungsrichter auch zugibt, arglistig gehandelt haben würde, wenn er einem Verlangen der Klägerin, die zur Ausführung der vereinbarten Abtretung der Grundschuld erforderlichen Schritte zu tun, entgegen getreten wäre, oder wenn er, nachdem solche Schritte inzwischen durch Erlöschen der Grundschuld unmöglich geworden sind, der Klägerin den Zugriff auf den an die Stelle getretenen Erlös streitig machen wollte. Mit Recht gelangt aber der Berufungsrichter zu einer Verneinung dieser Frage. Der Beklagte verfolgt ein Recht, das er gutgläubig durch eine gültige Pfändung und Überweisung erworben hat, und das er deshalb zwar nur in dem Bestande, aber doch auch in dem vollen Bestande ausüben darf, den es zur Zeit seines Erwerbes hatte. Durch die bloße obligatorische, jedoch noch nicht erfüllte Verpflichtung des G., über dieses Recht zugunsten eines anderen zu verfügen, hatte das Recht an sich keinen Abbruch erlitten.

Die Revision konnte aus diesen Gründen keinen Erfolg haben."

---

78. Gilt auch im Ehescheidungsverfahren der Grundsatz, daß vor dem Berufungsgerichte der Rechtsstreit in den durch die Anträge bestimmten Grenzen von neuem verhandelt wird?

IV. Zivilsenat. Urt. v. 22. November 1906 i. S. J. (Bekl.) w. J. Ehefr. (Kl.). Rep. IV. 178/06.

I. Landgericht Güstrow.
II. Oberlandesgericht Rostock.

Die Parteien hatten am 18. November 1887 miteinander die Ehe geschlossen. Ende 1904 erhob die Ehefrau Klage auf Scheidung. Der Ehemann beantragte, die Klage abzuweisen. Für den Fall der Scheidung beantragte er, die Ehefrau für mitschuldig an der Scheidung zu erklären. Das Landgericht erkannte, daß die Ehe der Parteien geschieden werde, und der Beklagte allein die Schuld an der Scheidung trage. Es nahm an, in der steten wörtlichen und tätlichen Verunglimpfung der Klägerin durch den Beklagten liege eine schwere Verfehlung im Sinne des § 1568 B.G.B., zumal da Beklagter trotz wiederholt gewährter Verzeihung sein Verhalten nicht änderte, sich auch einen ihm verziehenen Ehebruch hätte zuschulden kommen lassen. Den Antrag des Beklagten, die Klägerin für mitschuldig an der Scheidung zu erklären, erachtete es für unbegründet, da die Voraussetzungen des § 1574 Abs. 3 B.G.B. nicht erfüllt seien. Gegen das Urteil des Landgerichts legte der Beklagte Berufung ein und beantragte, das angefochtene Urteil, soweit es ihn für den allein schuldigen Teil erklärte, aufzuheben und statt dessen auszusprechen, daß beide Parteien die Schuld an der Scheidung tragen. Die Klägerin beantragte, die Berufung zurückzuweisen. Das Oberlandesgericht wies die Berufung des Beklagten zurück. Die Revision des Beklagten wurde zurückgewiesen aus folgenden

Gründen:

„Da der Beklagte das auf Scheidung und Schuldigerklärung des Ehemannes lautende Urteil des Landgerichts nur deshalb anfocht, weil seinem bereits im ersten Rechtszuge gestellten Antrage, beide Teile für schuldig zu erklären, nicht stattgegeben worden war, so wurde das Berufungsgericht nur mit Entscheidung der Frage befaßt, ob neben der Scheidung und der Schuldigerklärung des Ehemannes auch eine Schuldigerklärung der Ehefrau gerechtfertigt sei (§ 1574 Abs. 3 B.G.B.). Der Beklagte beruhigte sich bei dem Ausspruche des Landgerichts, daß die Ehe der Parteien auf die Klage der Frau geschieden werde. Mit dem Ausspruche der Scheidung auf die Klage war aber notwendig die Schuldigerklärung des Beklagten zu verbinden (§ 1574 Abs. 1 B.G.B.). Die Entscheidung des Landgerichts über die Klage war mangels eines entsprechenden Berufungsantrags der Nachprüfung durch das Berufungsgericht entzogen; denn auch im Ehescheidungsverfahren gilt die Vorschrift des § 525 Z.P.O., wonach vor dem Berufungsgerichte der Rechtsstreit in den durch die Anträge bestimmten Grenzen von neuem verhandelt wird. Vgl. §§ 536, 537 Z.P.O. („in Gemäßheit der Anträge"). Mit Recht hat daher das Berufungsgericht eine Nachprüfung derjenigen Gründe abgelehnt, welche nach dem Urteile des Landgerichts den Ausspruch der Scheidung auf die Klage und somit die Schuldigerklärung des Beklagten rechtfertigen. Wenn dem gegenüber die Revision unter Bezugnahme auf die Entsch. des R.G.'s in Zivils. Bd. 58 S. 311 u. 319 meint, das Berufungsgericht habe den Grundsatz verletzt, daß die Entscheidung über den Bestand der Ehe und die Schuldfrage voneinander nicht getrennt werden können, so geht diese Rüge fehl. Wie schon in dem angezogenen Urteile des R.G.'s Bd. 58 S. 312 u. 313 ausgeführt, steht es mit dem bezeichneten Grundsatze keineswegs im Widerspruche, wenn in dem Falle, daß das Landgericht auf Scheidung erkannt und nur die eine Partei für den schuldigen Teil erklärt hat, die letztere Partei in der Berufungsinstanz lediglich zur Schuldfrage Anträge stellt, so daß nur diese den Gegenstand der Erörterung und Entscheidung des Berufungsgerichts bilden. Im vorliegenden Falle wurde durch die Einlegung der Berufung von seiten des Beklagten die Rechtskraft des landgerichtlichen Urteils in seinem ganzen Umfange gehemmt. Der Beklagte hatte es nun bis zum Schlusse der mündlichen Verhandlung in der Hand, das Berufungsgericht durch Stellung entsprechender Anträge zu einer Nachprüfung der landgerichtlichen Entscheidung über die Klage zu nötigen. Da er dies unterließ, so wurde die erstrichterliche Entscheidung über die Klage zwar nicht rechtskräftig, aber auch nicht dem Berufungsgerichte zur Nachprüfung unterbreitet. Diese Nachprüfung von Amts wegen vorzunehmen, war das Berufungsgericht nicht verpflichtet. Selbst wenn es anderer Ansicht als das Landgericht gewesen sein sollte, so war ihm doch die Möglichkeit einer Abänderung des landgerichtlichen Urteils in bezug auf die Klage und die Schuldigerklärung des Beklagten nicht gegeben.

Sonach konnte es sich für das Berufungsgericht nur darum handeln, ob Tatsachen vorlägen, die es rechtfertigten, auch die Klägerin für schuldig an der Scheidung zu erklären. Dieser Prüfungspflicht hat sich das Berufungsgericht aber auch unterzogen; denn es hat alles, was der Beklagte zur Begründung seines Antrags, beide Teile für schuldig zu erklären, im ersten und zweiten Rechtszuge vorgebracht hat, geprüft und unter diesem Gesichtspunkt auch das Verhalten der Klägerin bei solchen Vorgängen in Betracht gezogen, auf Grund deren der erste Richter die Scheidung ausgesprochen und den Beklagten für allein schuldig erklärt hatte. Das Berufungsgericht hat insbesondere das von ihm für erwiesen erachtete kalte und unfreundliche Benehmen der Klägerin gegenüber dem Beklagten nicht für eine schwere Verfehlung im Sinne des § 1568 B.G.B. erachtet und für die vom Beklagten behauptete maßlose Eifersucht der Klägerin einen Rechtfertigungsgrund darin gefunden, daß der Beklagte geständlich Ehebruch begangen hat.

Schon das Landgericht hatte gemäß des Antrages des Beklagten, beide Teile für schuldig zu erklären, alles dasjenige in Betracht gezogen, was von dem durch den Beklagten über das Verhalten der Klägerin Vorgebrachten als feststehend angesehen werden konnte. Es gelangte aber zur Verneinung einer Mitschuld der Klägerin, und das Berufungsgericht hat diese Entscheidung unter Berücksichtigung des neuen Vorbringens des Beklagten nachgeprüft und gebilligt.

Hiernach erwies sich die Revision als unbegründet." . . .

---

79. Unterschied der sog. kumulativen Schuldübernahme von dem Eintritt eines Dritten als Samtschuldners in ein bestehendes Schuldverhältnis.

B.G.B. §§ 421, 766.

II. Zivilsenat. Urt. v. 23. November 1906 i. S. G. (Bekl.) w. Gasmotorenfabrik D. (Kl.). Rep. II. 200/06.

I. Landgericht II Berlin.
II. Kammergericht daselbst.

Der Beklagte betreibt auf einem Grundstück in Köpenick, das ihm von seinem Vater mit allem Zubehör und Inventar Anfang November 1903 verkauft worden ist, eine Dampfwaschanstalt. Die Klägerin hat dem Vater des Beklagten für die von ihm betriebene Anstalt, welche der Beklagte von seinem Vater übernommen hatte, einen Gasmotor mit Sauggasanlage im November 1902 käuflich geliefert. Die Klägerin behauptet, sie habe von dem Kaufpreis noch einen Rest zu fordern.

Auf Zahlung dieses Restes hat Klägerin den Beklagten belangt. Begründet wurde dieser Antrag mit der Behauptung, es habe der Beklagte im Juli 1904 sich gegenüber dem Prokuristen H. der Klägerin zur Zahlung des eingeklagten Kaufpreisrestes mündlich verpflichtet. Der Beklagte hat insbesondere eingewendet, sein Versprechen entbehre mangels Schriftform der Rechtswirksamkeit. Das Landgericht hat nach Klagantrag erkannt. Berufung und Revision waren erfolglos.

Aus den Gründen des Revisionsurteils:

„Die Entscheidung des Berufungsgerichts beruht darauf, daß das Zahlungsversprechen, auf welches die Klage sich stützt, von dem Beklagten dem Prokuristen H. der Klägerin auf deren Anforderungsschreiben vom 14. Juli 1904 hin mündlich dahin abgegeben worden ist, er werde die Restschuld für den gekauften Motor in den näher bestimmten Raten bezahlen. Das Berufungsgericht verneint die Notwendigkeit der Schriftform; es handle sich zwar um eine sog. kumulative Schuldübernahme, denn der Beklagte habe sich neben seinem Vater der Klägerin als Schuldner verpflichten wollen; es handle sich aber nicht um Übernahme einer bürgschaftsähnlichen Verpflichtung, sondern der Beklagte sei nachträglich als gewöhnlicher Samtschuldner nach § 421 B.G.B. eingetreten.

Der Beklagte rügt Verletzung des § 766 B.G.B., weil eine Schuldübernahme dergestalt, daß der Übernehmer eine eigene selbständige solidarische Verbindlichkeit neben dem ursprünglichen Schuldner eingeht, sich von einer selbstschuldnerischen Bürgschaft nicht unterscheide; daher hätte die Klage mangels der für den Bürgschaftsvertrag vorgeschriebenen Schriftform abgewiesen werden müssen.

Die reichsgerichtliche Rechtsprechung (Entsch. des R.G.'s in Zivils. Bd. 51 S. 120; Bd. 59 S. 233) erkennt die Möglichkeit an, daß neben dem Schuldner ein Dritter durch das Versprechen, für die Verbindlichkeit des ursprünglichen Schuldners gleichwie dieser selbst einzustehen, eintreten kann, ohne daß der Gläubiger infolge des ihm abgegebenen Versprechens des Eintretenden seinen Anspruch gegen seinen ursprünglichen Schuldner aufgibt; vgl. § 414 B.G.B. Die Rechtsprechung betont für diese sog. kumulative Schuldübernahme auch, daß sie im Zweifel und regelmäßig Bürgschaftscharakter habe, weil durch ein solches Versprechen regelmäßig inhaltlich eine Verbürgung, d. h. das Einstehen für die Erfüllung der Verbindlichkeit des ursprünglichen Schuldners, also einer fremden Schuld gewollt sei; § 765 B.G.B. Aber nicht jede Begründung eines Gesamtschuldverhältnisses, bei der neben den bisherigen Schuldner ein neuer Schuldner tritt, enthält eine Verbürgung; das ist dann nicht der Fall, wenn der eintretende Schuldner nicht beabsichtigt, derart für die Verbindlichkeit des Schuldners einzustehen, daß seine Verbindlichkeit von vornherein und fortdauernd von der Verbindlichkeit des bisherigen Schuldners abhängig sein soll, wenn also der neue Schuldner eine eigene selbständige Verbindlichkeit übernehmen will, deren Fortbestand von der Verbindlichkeit des ursprünglichen Schuldners unabhängig sein soll. In diesem Falle fehlt es an dem Willen, für eine fremde Schuld aufzukommen. Es wird eine selbständige Verbindlichkeit nach § 421 B.G.B. begründet. Um auf einen solchen Willen schließen zu können, bedarf es allerdings besonderer Umstände. Solche Umstände stellt der Berufungsrichter aber fest. Er erwägt: der Beklagte habe von seinem Vater dessen ganzes Anwesen einschließlich des Geschäfts und des von der Klägerin dem Vater gelieferten Motors mit Sauggasanlage übernommen; die Gläubiger des Vaters hätten von diesem nichts mehr zu erwarten; der Beklagte habe den Motor nebst Sauggasanlage in seinem Geschäft benutzt; der Motor lieferte dem Beklagten die nötige Kraft zum Betrieb seiner Dampfwaschanstalt. Daher hätte der Beklagte ein eigenes Interesse daran, die Klägerin durch Übernahme einer selbständigen Zahlungsverpflichtung von Zwangs- oder Anfechtungsmaßregeln abzuhalten. Demgemäß habe Beklagter dem Buchhalter der Klägerin, nachdem er deren Prokuristen Zahlung unter Hinweis auf die Geschäftsübernahme versprochen gehabt, die Art und Weise, wie er seine Schuld der Klägerin abtragen werde, erläutert.

Diese Darlegungen berechtigen in der Tat zu dem von dem Berufungsrichter gezogenen Schlusse, daß der Beklagte eine eigene selbständige solidarische Verbindlichkeit der Klägerin gegenüber, die nicht dem Formzwang des § 766 B.G.B. unterliegt, gemäß § 421 B.G.B. eingegangen ist.

Hiernach erweist sich der Standpunkt des Beklagten, daß der Berufungsrichter das Wesen der kumulativen Schuldübernahme verkannt habe, als nicht zutreffend." . . .

80. Kann im Falle einer Hauptintervention die Frage, ob eine Forderungsverpfändung zu Recht besteht, und an wen die verpfändete Forderung bezahlt werden muß, in demselben Rechtsstreite dem Schuldner gegenüber anders als gegenüber dem Drittschuldner entschieden werden?

B.G.B. § 1281.

Z.P.O. §§ 64, 61, 62, 63.

V. Zivilsenat. Urt. v. 24. November 1906 i. S. Vorsch.-Verein Z. (Kl.) w. Kl. Ehel. (Bekl. zu 1 u. 2) und W. (Bekl. zu 3). Rep. V. 91/06.

I. Landgericht Neu-Ruppin.
II. Kammergericht Berlin.

Die teilweise hypothekarisch zu sichernde Kaufpreisforderung, die ihm gegen W., den Beklagten zu 3, zustand, hatte der Ehemann Kl. (Beklagter zu 1) zunächst an seine Ehefrau, die Beklagte zu 2, abgetreten. Hierauf hatte er 6000 ℳ und 7100 ℳ davon doch für sich im Grundbuch eintragen lassen und diese zwei Teilbeträge dem Kläger für dessen Forderung zu 4500 ℳ nebst Zinsen unter Übergabe der Hypothekenbriefe verpfändet.

Während darauf die Eheleute Kl. gegen ihren Schuldner W. auf Zahlung von 9000 ℳ aus obigen 6000 ℳ und 7100 ℳ Prozeß führten, erhob der jetzige Kläger „Hauptintervention" durch Klage gegen die drei nunmehrigen Beklagten, mit dem Antrage, sie alle drei zur Anerkennung seiner Pfandrechte an den 6000 ℳ und 7100 ℳ, und den Beklagten zu 3 besonders zur Zahlung der im Vorprozeß eingeklagten 9000 ℳ an ihn und an die Beklagten zu 1 und 2 gemeinschaftlich, oder doch zur Hinterlegung von 6000 ℳ zu verurteilen. So hat im wesentlichen auch der erste Richter erkannt. Nur die Beklagten zu 1 und 2 legten Berufung ein, und das Kammergericht gab ihr statt und wies die Klage gegen sie ab.

Auf Revision des Klägers und Revisionsanschließung der Beklagten zu 1 und 2 wurde das Berufungsurteil aufgehoben, und die Sache zurückverwiesen.

Gründe:

„Das Berufungsgericht irrt darin, daß es die notwendige Streitgenossenschaft zwischen den Beklagten zu 1 und 2 einerseits und dem

Beklagten zu 3 andererseits verneint. Der erste Richter hat sie ohne weiteres angenommen, wie daraus hervorgeht, daß er gegen den vor ihm nicht vertreten gewesenen Beklagten zu 3 kein Versäumnisurteil erlassen hat. Es liegt Hauptintervention vor, und es mag ja zugegeben werden, daß nicht in jedem Fall einer solchen notwendige Streitgenossenschaft zwischen den betreffenden Parteien gegeben sein muß (vgl. Entsch. des R.G.'s in Zivils. Bd. 17 S. 339). Aber in einer Sache, wie sie nunmehr vorliegt, läßt sich nicht denken, daß die Frage, ob die 9000 ℳ dem Kläger gültig verpfändet sind, dem Schuldner Kl. und seiner Ehefrau gegenüber anders entschieden werden kann als gegenüber dem Drittschuldner W., und daß dieser durch das eine Urteil verurteilt wird, die 9000 ℳ an die Eheleute Kl. zu zahlen, durch das andere ebenso gültige Urteil dagegen, die 9000 ℳ nur an den Ehemann Kl. und den Vorschußverein gemeinschaftlich zu zahlen. So läge aber die Sache, wenn das jetzt angegriffene Berufungsurteil aufrecht erhalten bliebe. Das erstinstanzliche Urteil in gegenwärtiger Sache verurteilt den Beklagten zu 3 zur Anerkennung der Gültigkeit der fraglichen Verpfändung, das Berufungsurteil spricht die Beklagten zu 1 und 2 von dieser Anerkennungspflicht frei. In dem Vorprozesse ist W. von den Kl.'schen Eheleuten auf Zahlung von 9000 ℳ an sie ohne Einschränkung verklagt, und soll er so auch schon rechtskräftig verurteilt sein. Hierzu würde zwar das jetzt angefochtene Berufungsurteil stimmen, nicht aber das landgerichtliche Urteil vom 10. Februar 1905, das den W. verurteilt, nur an den Ehemann Kl. und den jetzigen Kläger gemeinschaftlich zu zahlen. Derartige, kaum lösbare Widersprüche kann das Gesetz unmöglich gewollt haben; vielmehr liegt hier unzweifelhaft der Fall des § 62 Z.P.O. vor, wonach das Rechtsverhältnis allen Streitgenossen — hier den drei Beklagten — gegenüber nur einheitlich festgestellt werden kann. Dadurch, daß das Berufungsgericht dies nicht berücksichtigt, den Beklagten zu 3, soviel ersichtlich, zum Verfahren des zweiten Rechtszuges nicht beigezogen und nicht als vertreten angesehen, und daß es nicht, einheitlich entscheidend, entweder die ganze Berufung zurückgewiesen, oder die Klage gegen alle drei Streitgenossen abgewiesen hat, sind von ihm die §§ 62, 63 Z.P.O. verletzt worden, was beiden jetzigen Parteien zur Beschwerde gereicht.

Auf die Revision und die Revisionsanschließung hin muß daher ohne Eingehen auf die weiteren Revisionsangriffe schon jetzt das Berufungsurteil aufgehoben, und in weiterer Anwendung der §§ 564, 565, 91 Z.P.O. die Sache, wie geschehen, an das Kammergericht zurückverwiesen werden."

---

81. Wem gehört, wenn eine Frau Arbeiten, zu denen besondere technische Fertigkeiten erforderlich sind, in der Weise verrichtet, daß ihre Arbeiten in dem von ihrem Manne betriebenen Gewerbe verwertet werden, das Erträgnis ihrer Tätigkeit? Wie gestaltet sich das Rechtsverhältnis, wenn der Mann der Frau für ihre Arbeiten tatsächlich eine Vergütung gewährt?

B.G.B. §§ 1356 Abs. 2 u. 1367.

VI. Zivilsenat. Urt. v. 8. Oktober 1906 i. S. Große Berliner Straßenbahn (Bekl.) w. St. Ehefr. (Kl.). Rep. VI. 21/06.

I. Landgericht I Berlin.
II. Kammergericht daselbst.

Die Klägerin hatte bei Benutzung der Straßenbahn durch den Zusammenstoß zweier Wagen eine Verletzung an der linken Hand erlitten; die Heilungskosten waren ihr von der Beklagten vergütet worden; sie forderte aber auch Entschädigung wegen dauernder Verminderung ihrer Erwerbsfähigkeit; sie habe, soweit ihr die Besorgung des kleinen Haushaltes dazu Zeit gelassen habe, sich mit der Bemalung von Galanteriesachen beschäftigt und damit 10 ℳ wöchentlich verdient und sei an der Fortsetzung dieser Tätigkeit durch die Folgen des Unfalls gehindert. Die erste Instanz sprach ihr eine Rente von 4,50 ℳ wöchentlich zu; das Berufungsgericht erhöhte die Rente auf 9 ℳ für die Woche. Die Beklagte legte Revision ein, weil durch die verminderte Leistungsfähigkeit der Klägerin nicht diese selbst, sondern nur ihr Mann, den sie durch ihre Malereiarbeiten in dem von ihm allein betriebenen Gewerbe unterstützt habe, geschädigt sei. Das Reichsgericht hob das Berufungsurteil auf und verwies die Sache an das Berufungsgericht zurück.

Aus den Gründen:

... „Von der Beklagten ist schon in erster Instanz geltend gemacht worden, daß die Klägerin Ersatz des Betrages, um welchen die Erträgnisse ihrer Malereiarbeiten durch die Folgen des von ihr erlittenen Unfalls geschmälert worden sind, nicht verlangen könne, da die Malereiarbeiten nicht Ausfluß einer eigenen von ihr unternommenen gewerblichen Tätigkeit gewesen seien, sie dabei vielmehr nur als Gehilfin bei dem von ihrem Manne betriebenen Gewerbe mitgewirkt habe (§ 1356 B.G.B.). Das Landgericht hat aber, in Anlehnung an die Ausführungen in dem reichsgerichtlichen Urteil vom 26. November 1900 (Entsch. in Zivils. Bd. 47 S. 84; vgl. auch Urteil vom 14. Juni 1906 in der Jurist. Wochenschr. 1906 S. 469 Nr. 26), angenommen, daß die Klägerin durch den Wegfall der Hilfe, die sie früher ihrem Manne in dessen Gewerbe geleistet hatte, mittelbar auch selbst geschädigt sei, und hat diesen Schaden auf 4,50 *M*, d. i. die Hälfte des Wertes, den die Arbeiten der Klägerin für die Einnahmen ihres Mannes gehabt hätten, geschätzt.

Von der Klägerin wurde hiergegen in der Berufungsinstanz geltend gemacht, es liege auch bei Anwendung der in dem vom Landgerichte angezogenen reichsgerichtlichen Urteile dargelegten Grundsätze kein Grund vor, ihren Schaden niedriger zu bemessen, als auf den Betrag, um welchen das, was sie jetzt zu verdienen in der Lage sei, hinter dem zurückbleibe, was sie ohne den Unfall verdient haben würde. Dabei hat sie noch bemerkt, die von dem Landgericht beliebte Festsetzung ihres Schadens sei um so weniger gerechtfertigt, als sie vor dem Unfall das, was sie für Galanteriemalereien verdient, ausgezahlt erhalten, darüber frei verfügt und Ersparnisse davon für ihren Sohn bei einer Sparkasse angelegt habe. Hierfür hat sie Beweis angeboten....

Das Berufungsgericht erachtet den Berufungsangriff für berechtigt. Es sei erwiesen, daß die Klägerin durch ihren Unfall tatsächlich einen durchschnittlichen Wochenverdienst von 9 *M* verloren habe. Bei dem, was die Klägerin durch ihre Malereiarbeiten verdient habe, handle es sich um Vorbehaltsgut im Sinne von § 1367 B.G.B.; der Verlust stelle daher einen eigenen Schaden der Klägerin dar. Denn die Beweisaufnahme erster Instanz habe ergeben, daß die Klägerin durch eine eigene, der gewerblichen Tätigkeit ihres

Mannes der Art nach gleichkommende Tätigkeit neben ihrer Beschäftigung im Haushalt selbständig einen eigenen Erwerb von durchschnittlich 12 ℳ wöchentlich gehabt habe.

Die Revision greift dies an. Die Ehefrau sei dem Manne nicht bloß zur Besorgung der zur Führung des Haushalts erforderlichen Geschäfte, sondern auch, soweit es nach den Verhältnissen der Ehegatten üblich sei, zu Arbeiten in dem Geschäfte des Mannes verpflichtet, und was durch solche Arbeiten verdient werde, gehöre nicht ihr, sondern dem Manne. Die Annahme, von der das Berufungsgericht ausgehe, daß im vorliegenden Falle die Klägerin nicht ihren Mann in seinem Gewerbe unterstützt, sondern ein selbständiges Gewerbe betrieben habe, entbehre der erforderlichen Begründung. Die Beweisaufnahme habe sich hierauf überhaupt nicht erstreckt; soweit aber die Zeugen sich über diesen Punkt ausgesprochen hätten, stehe ihre Aussage der Annahme der Vorinstanz geradezu entgegen.

Dem Angriff war der Erfolg nicht zu versagen.

Nach § 1367 B.G.B., auf dessen Vorschriften das Berufungsgericht seine Entscheidung stützt, ist Vorbehaltsgut, was die Frau durch ihre Arbeit oder durch den selbständigen Betrieb eines Erwerbsgeschäfts erwirbt. Daß die Klägerin ein selbständiges Erwerbsgeschäft betrieben habe, hat sie selbst nicht behauptet; nach dem erstinstanzlichen Tatbestand haben die Kläger zwar angegeben, sie seien beide Galanteriemaler; aber daraus ist noch nicht zu entnehmen, daß auch die Klägerin selbständig die Galanteriemalerei betrieben habe in der Weise, daß sie in eigenem Namen Verträge mit Dritten über Ausführung von Malerarbeiten abgeschlossen und dadurch einen Erwerb gehabt habe. Die Klägerin ist auch der von der Beklagten in erster Instanz aufgestellten Behauptung, daß sie einen selbständigen Gewerbebetrieb bei der Behörde nicht angemeldet habe, nicht entgegengetreten. Ihr zweitinstanzliches Vorbringen, daß ihr eigener Erwerbsverdienst auch von ihr selbständig und nach ihrem eigenen Ermessen zu Spareinlagen für ihren Sohn verwendet worden sei, läßt ebenfalls nicht mit genügender Deutlichkeit erkennen, daß sie den selbständigen Betrieb eines Erwerbsgeschäfts in dem oben bezeichneten Sinne habe behaupten wollen. Übrigens kommt darauf nichts an; denn dieses Anführen ist als von der Beklagten bestritten anzusehen, da deren Absicht, es in Abrede zu stellen, aus ihren sonstigen Erklärungen zu entnehmen ist, und ein Beweis ist über jenes Vorbringen nicht erhoben worden.

Für die sich danach weiter darbietende Frage, ob die frühere Beschäftigung der Klägerin mit Galanteriemalerei eine Arbeit gewesen ist, deren Erträgnisse ihr als Vorbehaltsgut gebührt haben, ist der Umstand von Bedeutung, daß der Mann der Klägerin die Herstellung von Galanteriemalereien gewerbsmäßig betreibt. Nach § 1356 Abs. 2 B.G.B. ist die Frau, soweit eine solche Tätigkeit nach den Lebensverhältnissen der Ehegatten üblich ist, nicht bloß zu Arbeiten im Hauswesen, sondern auch zu solchen im Geschäfte des Mannes verpflichtet, und das, was durch solche Arbeiten der Frau verdient wird, gehört an sich nicht ihr, weder als eingebrachtes, noch als Vorbehaltsgut, sondern dem Manne. Die Anwendung dieser Regel und der sich daraus ergebenden rechtlichen Folgerungen auf den vorliegenden Fall wird nicht dadurch ausgeschlossen, daß es sich bei den Arbeiten der Klägerin um eine Tätigkeit gehandelt hat, deren erfolgreiche Ausübung einige technische Fertigkeit und ein gewisses Maß von Ausbildung des Geschmacks und Schönheitssinns erfordert. Für die Beurteilung des vorliegenden Rechtsstreites ist es nicht entscheidend, ob die Klägerin, wenn sie sich durch Unterweisung von seiten ihres Mannes oder in anderer Weise die Fähigkeit, Arbeiten der in Rede stehenden Art auszuführen, erworben hatte, ihrem Manne gegenüber verpflichtet gewesen ist, diese Fähigkeit dergestalt zu dessen Gunsten zu verwerten, daß sie ihn bei der Ausübung seines Gewerbes unterstützte; es kommt vielmehr darauf an, ob sie das bisher getan hat und anzunehmen ist, daß sie, wenn der Unfall nicht eingetreten wäre, dies auch in Zukunft getan haben würde. Trifft dies zu, so ist durch die Beeinträchtigung, welche ihre Befähigung zur Ausführung von Malereien der in Frage stehenden Art durch den Unfall . . . erlitten hat, ihr Mann geschädigt, nicht sie, weil sie eben ihre Fähigkeit nicht zu eigener Arbeit, d. h. zu solcher, durch welche sie sich einen Erwerb verschaffte, verwertet haben würde. Das Berufungsurteil hat nun die Verhältnisse, wie sie in der Ehe der Klägerin nach der in Betracht kommenden Richtung bestanden haben, nicht näher festgestellt, vielmehr für die Annahme, daß die Erträgnisse der von der Klägerin bezüglich der Herstellung von Galanteriemalereien entwickelten Tätigkeit ihr Vorbehaltsgut gewesen seien, lediglich auf die Ergebnisse der erstinstanzlichen Beweisaufnahme verwiesen. Dies kann nur dahin verstanden werden, daß die Vorinstanz das, was der Sohn der Klägerin und die Eheleute K. ausgesagt haben, für glaubwürdig erachtet hat. Die Aussagen dieser Zeugen sprechen nun aber nicht dafür, daß die Klägerin bis zu dem Unfalle sich durch Malereiarbeiten einen eigenen Erwerb verschafft hat, sondern dafür, daß sie lediglich ihren Mann in dessen Geschäft unterstützt hat. . . .

Das, was die Vorinstanz durch Verweisung auf die Beweisergebnisse bezüglich der tatsächlichen Verhältnisse als dargetan bezeichnet hat, genügt hiernach nicht, die von ihr über die Berufung der Klägerin getroffene Entscheidung zu rechtfertigen. Dies kann jedoch nicht zur Zurückweisung dieser Berufung durch das Revisionsgericht führen. Denn in zweiter Instanz hat die Klägerin Behauptungen aufgestellt, die offenbar dahin gehen sollen, daß das, was durch ihre Malereiarbeit verdient worden sei, mindestens zum Teil ihr selbst zugeflossen sei. Allerdings ist das, was sie insoweit vorgebracht hat, sehr unbestimmt und nicht geeignet, ein klares Bild von der Sachlage zu geben; es hätte aber insoweit das Fragerecht ausgeübt werden sollen. Die Sache muß deshalb zur weiteren Verhandlung und Entscheidung an die Vorinstanz zurückverwiesen werden. Dabei mag noch folgendes bemerkt werden.

Anscheinend hat die Klägerin auch in zweiter Instanz nicht behaupten wollen, daß sie direkt von dritten Personen Aufträge zur Ausführung von Galanteriemalereien entgegengenommen und von diesen den Preis für die ausgeführten Arbeiten empfangen habe. Vielmehr ist ihr Anführen wohl dahin aufzufassen, daß ihr Mann ihr für die Arbeiten, die sie für seinen Gewerbebetrieb ausgeführt, eine Vergütung gewährt, sie also in dessen Geschäft als Gewerbsgehilfin gegen Entgelt gearbeitet habe. Beruht dies in Wahrheit, so würde ihr ein Anspruch gegen die Beklagte auf Ersatz dessen, was sie ohne den Unfall von ihrem Manne als Lohn erhalten haben würde, aber infolge der bei dem Unfall erlittenen Verletzung nicht mehr zu verdienen in der Lage gewesen ist und sein wird, nicht abzusprechen sein. Von einzelnen Schriftstellern (vgl. z. B. Wieruzowski, Eherecht Bd. 2 § 13 Anm. 30) wird angenommen, daß, wenn der Mann der Frau für Dienste in seinem Geschäfte, zu deren Leistung sie nach § 1356 B.G.B. verpflichtet ist, eine Vergütung gewährt, dies eine reine Schenkung sei, und das der Frau Gegebene nicht als Vorbehaltsgut, sondern als eingebrachtes Gut anzusehen sei. Diese Auffassung mag unter Umständen zutreffend sein;

vgl. auch Prot. der Komm. für die II. Lesung des Entw. des B.G.B. Bd. 4 S. 125;

regelmäßig wird sie aber nicht berechtigt sein. Bei der Frage, ob und in welchem Umfange die Frau in einem gegebenen Falle zu Dienstleistungen für das Geschäft ihres Mannes verpflichtet ist, handelt es sich um die Würdigung tatsächlicher Verhältnisse, die dem subjektiven Ermessen weiten Spielraum läßt, und ihre Beantwortung ist in erster Linie Sache der beiden Ehegatten selbst. Sind sie darüber einverstanden, daß die Frau für gewisse Dienste ein Entgelt vom Manne erhalten solle, so kommt damit zum Ausdruck, daß der letztere insoweit eine Verpflichtung der Frau im Sinne von § 1356 Abs. 2 B.G.B. nicht für gegeben erachtet und deshalb eine unentgeltliche Leistung der Dienste nicht in Anspruch nehmen will. Hierdurch wird für die vom Manne der Frau gewährte oder versprochene Vergütung der Charakter als Schenkung ausgeschlossen, und sie kann ihn auch nicht dadurch erlangen, daß etwa später in einem Prozesse der Richter die Meinung gewinnt, der Mann habe bei jener Einigung der Ehegatten der Dienstleistungspflicht seiner Frau zu enge Grenzen gesteckt.

Vgl. auch die angezogenen Protokolle a. a. O. und S. 141.

Danach würde eine Vergütung, die der Mann der Klägerin für deren Beihilfe in seinem Geschäfte gewährt hat und bei weiteren gleichen Diensten gewährt haben würde, Vorbehaltsgut der Klägerin gewesen und geworden sein, und diese würde daher, die Richtigkeit ihres Anführens unterstellt, um den Betrag geschädigt sein, den sie ohne den Unfall von ihrem Manne für ihre Malereiarbeiten erhalten hätte, aber von der Zeit des Unfalls an wegen der Beschränkung ihrer Leistungsfähigkeit nicht mehr zu verdienen vermag. Es braucht deshalb nicht erörtert zu werden, ob nicht die Klägerin, die mit Zustimmung ihres Mannes geklagt hat, Ersatz der ihr entgehenden Vergütungen des Mannes auch dann beanspruchen könnte, wenn diese Vergütungen als Schenkungen anzusehen wären." . . .

82. Können, wenn die Aufsichtsbehörde bestimmt, daß der Kassenführer einer Krankenversicherungskasse für Gelder, die er dieser rechtswidrig entzogen hat, Zinsen nach Maßgabe des § 42 des Krankenversicherungsgesetzes vom 15. Juni 1883/10. April 1892 zu entrichten habe, diese Zinsen von der Kasse im Zivilprozeßwege eingezogen werden? Zu § 45 des angezogenen Gesetzes.

VI. Zivilsenat. Urt. v. 11. Oktober 1906 i. S. Allg. Ortskrankenkasse in Geringswalde (Kl.) w. D. (Bekl.). Rep. VI. 408/05.

I. Landgericht Chemnitz.
II. Oberlandesgericht Dresden.

Aus den Gründen:

„Der Beklagte stand seit dem November 1890 als Kassierer im Dienst der klagenden Ortskrankenkasse; nachdem er am 3. Januar 1898 seines Amtes entsetzt worden war, wurde er in dem gegen ihn eingeleiteten Strafverfahren durch Urteil vom 30. Januar 1899 wegen Untreue und Unterschlagung zu einem Jahr Gefängnis rechtskräftig verurteilt.

Auf Grund von § 42 Abs. 2 des Krankenversicherungsgesetzes vom 15. Juni 1883 / 10. April 1892 bestimmte die Amtshauptmannschaft zu R. als Aufsichtsbehörde der Klägerin durch Entscheidung vom 15. Januar 1900, daß der Beklagte die der Klägerin veruntreuten Geldbeträge mit 20 Prozent, die durch seine nachlässige Geschäftsführung bei der Verwaltung der Kasse der Klägerin entgangenen, nicht nachweisbar veruntreuten Geldbeträge aber mit 8 Prozent zu verzinsen habe.

Mit der im Juni 1900 erhobenen Klage fordert die Klägerin als Ersatz der Verluste, die sie durch absichtliches und fahrlässiges Verschulden des Beklagten erlitten habe, von diesem 1517,58 *M* nebst Zinsen seit dem 1. Januar 1900, und zwar zu 20 Prozent von 1197,54 *M* und zu 8 Prozent von 320,04 *M*.

Das Landgericht hat den Beklagten zur Zahlung von 1220,88 *M* samt Zinsen zu 20 Prozent von 769,53 *M* und zu 8 Prozent v 305,85 *M* je seit dem 1. Januar 1900, sowie von 145,50 *M* zu 4 Prozent seit dem 26. Juni 1900 verurteilt, im übrigen aber die Klage abgewiesen.

Das vom Beklagten angerufene Oberlandesgericht hat ein Zwischen- und Teilurteil erlassen und darin das erste Urteil insoweit, als dadurch der Beklagte zur Zahlung eines höheren Hauptschuldbetrages als von 577,42 ℳ und zur Mitentrichtung von Zinsen verurteilt worden ist, aufgehoben und in Ansehung der mitgeforderten Zinsen die Klage als im Rechtsweg unzulässig abgewiesen.

Bezüglich dieser Klagabweisung ist in dem Berufungsurteil ausgeführt: bei den Zinsen, zu deren Entrichtung Vorstandsmitglieder und Kassen- und Rechnungsführer von Krankenversicherungskassen nach § 42 Abs. 2 des Gesetzes vom 10. April 1892 „durch die Aufsichtsbehörde angehalten werden könnten", handele es sich um Ordnungsstrafen, die den genannten Funktionären wegen von ihnen begangener Pflichtwidrigkeiten von Amts wegen ohne Rücksicht auf den Willen des Vorstandes oder der Generalversammlung der Kasse auferlegt werden könnten. Sie seien nach § 45 Abs. 1 des Gesetzes durch die Aufsichtsbehörde, die sie festgesetzt habe, auch zu vollstrecken, und es sei deshalb der Rechtsweg als ausgeschlossen zu erachten.

Die Revision, die sich ausschließlich dagegen richtet, daß bezüglich der geforderten Zinsen der Rechtsweg als unzulässig angesehen und deshalb die Klage insoweit abgewiesen worden ist, meint, daß die Vorinstanz die Bestimmung in § 42 Abs. 2 des Krankenversicherungsgesetzes verletzt und bezüglich der in Rede stehenden Zinsen ohne zureichende gesetzliche Grundlage Unzulässigkeit des Rechtswegs angenommen habe. Sei die Klägerin berechtigt und sogar genötigt, ihren Hauptanspruch bei den ordentlichen Gerichten zu verfolgen, so müsse sie auch berechtigt sein, das gleiche bezüglich der Zinsen zu tun und hierbei die prinzipielle Festsetzung der Aufsichtsbehörde zugrunde zu legen.

Der Revision war der Erfolg zu versagen.

Nicht unbedenklich erscheint es allerdings, wenn die Vorinstanz bei Beurteilung der Zuständigkeitsfrage auch auf die Bestimmungen in § 45 des Krankenversicherungsgesetzes Bezug genommen hat. Denn dort ist nur ausgesprochen, daß die Aufsichtsbehörde die Befolgung der gesetzlichen und statutarischen Bestimmungen gegen die Mitglieder des Kassenvorstandes durch Androhung, Festsetzung und Vollstreckung von Ordnungsstrafen erzwingen könne. Die angezogene Bestimmung bezieht sich also ihrem klaren Wortlaute nach nur auf ein Vorgehen gegen Mitglieder des Kassenvorstandes und ermächtigt die Aufsichtsbehörde, Mitglieder des Vorstandes durch Androhung und Vollziehung von Ordnungsstrafen zu nötigen, ihnen obliegende Pflichten, die sie vernachlässigt haben, nachträglich zu erfüllen und sich in Zukunft weiterer Pflichtwidrigkeiten zu enthalten. Nun war aber der Beklagte . . . nicht Mitglied des Vorstandes der klagenden Kasse, und er war auch zu der Zeit, als die amtshauptmannschaftliche Verfügung vom 15. Januar 1900 wider ihn erging, überhaupt nicht mehr Beamter der Kasse, vielmehr seiner Stellung als Rechnungs- und Kassenführer schon seit dem 3. Januar 1898 entsetzt, so daß die Möglichkeit, ihn durch Ordnungsstrafen zu pflichtmäßiger Erfüllung seiner Obliegenheiten zu zwingen, nicht mehr bestand. Danach ist hier für die Anwendung der Bestimmungen in § 45 des Gesetzes kein Raum.

Indes ist die von der Revision angegriffene Entscheidung nach § 42 des Gesetzes als gerechtfertigt anzusehen. Nach der Vorschrift im zweiten Absatze dieses Paragraphen, die bei der Beratung des Entwurfs zum Krankenversicherungsgesetze vom 15. Juni 1883 auf Vorschlag der Reichstagskommission, ohne Debatte im Reichstage selbst, angenommen worden ist, sind, wenn Mitglieder des Vorstandes oder Rechnungs- und Kassenführer von Krankenkassen Kassengelder in ihren Nutzen verwendet haben, die Aufsichtsbehörden berechtigt, anzuordnen, daß der schuldige Kassenfunktionär das von ihm verwendete Geld von der Zeit der Verwendung an zu einem besonders hohen Zinsfuße verzinsen müsse. Diese Vorschrift lehnt sich, wie auch in dem Kommissionsberichte hervorgehoben ist, an die Bestimmung in § 40 der preuß. Vormundschaftsordnung vom 5. Juli 1875 an, welche die Verzinsung von Mündelgeldern, die der Vormund in eigenen Nutzen verwendet hat, betrifft. Bezüglich dieser Bestimmung ist angenommen worden, daß die von dem Vormundschaftsgerichte festgesetzten Zinsen nur im Wege des Zivilprozesses eingefordert werden könnten (vgl. Loewenstein, Preuß. Vormundschaftsordnung von 1875 2. Aufl. S. 63 Bem. 155). Dort war indes lediglich ausgesprochen, daß der Vormund, der Mündelgeld für sich verwende, zu dessen Verzinsung verpflichtet sei, und das Vormundschaftsgericht nach seinem Ermessen den Zinsfuß von 8 bis 20 Prozent bestimme.

Hiervon weicht das Krankenversicherungsgesetz ab, indem der Vorschrift, daß die Aufsichtsbehörde die Höhe des zur Anwendung zu bringenden Zinsfußes nach ihrem Ermessen auf acht bis zwanzig vom Hundert bestimme, die weitere Bestimmung beigefügt ist, daß der schuldige Kassenfunktionär zur Entrichtung der von der Aufsichtsbehörde festgesetzten Zinsen durch diese Behörde angehalten werden könne. Nach der Bedeutung, die dem Ausdruck „jemand zu etwas anhalten" nach dem allgemeinen Sprachgebrauche zukommt, muß dies dahin verstanden werden, daß nicht bloß die Erteilung der Anordnung, daß und in welcher Höhe der Schuldige das verwendete Geld zu verzinsen habe, sondern auch die Durchführung der Anordnung Sache der Aufsichtsbehörde ist.

Dementsprechend ist auch von den Bearbeitern des Krankenversicherungsgesetzes fast ausnahmslos angenommen worden, daß die Beitreibung der Zinsen durch die Aufsichtsbehörde im Verwaltungswege erfolgen könne. Die meisten haben sich allerdings hiermit begnügt und nicht, wie es Hahn in seinem Kommentar zum Krankenversicherungsgesetze 4. Aufl. S. 206 getan, weiter ausgesprochen, daß die Beitreibung von Zinsen der in Rede stehenden Art auch nur durch die Aufsichtsbehörde erfolgen könne. Indes ist der Vorinstanz in der Annahme beizutreten, daß dies der Fall sei. Der Wortlaut des Gesetzes steht dem nicht entgegen; wenn darin gesagt ist, die Vorstandsmitglieder und Kassen- und Rechnungsführer könnten, wenn sie Kassengelder in ihren Nutzen verwendeten, durch die Aufsichtsbehörde zur Verzinsung des verwendeten Geldes angehalten werden, so ist damit zum Ausdrucke gebracht, daß es der Entschließung der Aufsichtsbehörde überlassen ist, ob sie überhaupt zu der vom Gesetze vorgesehenen Maßnahme schreiten will; nicht aber ist daraus zu entnehmen, daß sie sich auf die Anordnung, daß die Verzinsung stattzufinden habe, und auf die Bestimmung der Höhe des Zinsfußes beschränken könne mit der Wirkung, daß hierdurch der geschädigten Kasse ein zivilrechtlicher Anspruch auf die durch die Aufsichtsbehörde bestimmten Zinsen erwüchse.

Wenn die Revision geltend macht, daß Zinsen begrifflich eine Nebenleistung gegenüber dem geschuldeten Kapital seien, und nicht angenommen werden könne, daß nach dem Willen des Gesetzgebers die Rechtsverfolgung des Hauptanspruchs einer- und des Nebenanspruchs andererseits vor verschiedenen Behörden erfolgen solle, so ist auch das nicht zutreffend. Obschon das Gesetz in § 42 Abs. 2 die Ausdrücke „verzinsen" und „Zinsfuß" gebraucht hat, sind die Leistungen, die nach den dort getroffenen Bestimmungen den schuldigen Kassenbeamten auferlegt werden können, nicht als Zinsen im zivilrechtlichen Sinne, sondern als Vermögensstrafen anzusehen, mit welchen der Schuldige zum Besten der von ihm geschädigten Kasse belegt werden kann. Das ergibt sich einmal aus dem gewählten Zinsfuß, der so hoch bemessen ist, daß der vom Schuldner zu zahlende Betrag regelmäßig den Nachteil, den die Krankenkasse durch die zeitweilige Entziehung von Kassengeldern erlitten hat, weit übersteigen wird; es weist darauf auch der Vorbehalt hin, den das Gesetz durch die Worte „unbeschadet der strafrechtlichen Verfolgung" zum Ausdrucke gebracht hat; denn zu einem solchen Vorbehalt konnte für den Gesetzgeber füglich doch nur dann ein Anlaß vorliegen, wenn er die in § 42 Abs. 2 vorgesehene Maßnahme als eine Bestrafung des Schuldigen ansah, also nach seiner Absicht gegebenenfalls entgegen der allgemeinen Rechtsregel wegen derselben Handlung des Schuldigen eine doppelte Bestrafung, die eine durch die Strafgerichte, die andere durch die Aufsichtsbehörde, stattfinden sollte.

Auch den Ausführungsbestimmungen, welche in Preußen und in Bayern von den Ministerien des Innern bezüglich der Ausführung des Krankenversicherungsgesetzes erlassen worden sind (Anweisung vom 10. Juli 1892 im Preuß. Minist.-Blatt f. d. innere Verwaltung S. 301 flg. unter Nr. 28, Bekanntmachung vom 15. Oktober 1892 im Bayerischen Gesetzblatt S. 621 flg. unter Nr. 30), liegt übereinstimmend die Auffassung zugrunde, daß die in § 42 Abs. 2 bezeichnete Maßnahme eine Strafe sei, welche durch die Aufsichtsbehörde selbst zur Vollstreckung zu bringen sei.

Hiernach muß angenommen werden, daß in § 42 Abs. 2 die Worte „verzinsen" und „Zinsfuß" nur deshalb gewählt worden sind, um zum Ausdrucke zu bringen, daß die dem Schuldigen als Strafe aufzuerlegende Leistung innerhalb der vom Gesetz bezeichneten Grenzen nach der Höhe des der Krankenkasse rechtswidrig entzogenen Betrages und der Dauer der Entziehung abgestuft werden und, abweichend von der allgemeinen Regel, der benachteiligten Kasse zufließen soll, und zwar mit der Wirkung, daß durch den Empfang der Straffumme auch der der Krankenkasse wegen der Entziehung der Kapitalsnutzung an den Schuldigen zustehende zivilrechtliche Anspruch erlöschen soll. Es liegt also in den Fällen des § 42 Abs. 2 eine Strafverfügung vor, welche der Buße ähnelt, die nach §§ 188, 231 St.G.B. in gewissen Fällen dem Schuldigen zugunsten des Verletzten auferlegt werden kann und nach § 495 St.P.O. ebenfalls durch die Strafvollstreckungsbehörde beigetrieben wird.

Nach alledem ist der Vorinstanz darin beizupflichten gewesen, daß der Klägerin bezüglich der ihr nach der amtshauptmannschaftlichen Verfügung vom 15. Januar 1900 von dem Beklagten zu entrichtenden Zinsen ein im Wege des Zivilprozesses verfolgbarer Anspruch nicht zusteht. Nur auf die erwähnte Verfügung aber ist die Klage bezüglich der Zinsen gestützt worden; es ist daher jetzt nicht zu erörtern, ob, weil die Amtshauptmannschaft von der Beitreibung der von ihr dem Beklagten strafweise auferlegten Zinsen bisher Abstand genommen hat, die Klägerin in der Lage ist, gesetzliche Zinsen auf Grund von § 42 Abs. 1 des Krankenversicherungsgesetzes verb. mit § 1937 des sächs. B.G.B. und § 1834 des deutschen B.G.B. zu fordern." ...

---

83. Hat der Verkäufer den Kaufvertrag im Sinne des § 17 K.O. vollständig erfüllt, wenn er die verkaufte Sache dem Käufer zwar übergeben, sich aber das Eigentum bis zu einem späteren Zeitpunkte vorbehalten hat?

K.O. §§ 17, 46, 49 Nr. 1, 3, 59 Nr. 1, 3.[1]

VII. Zivilsenat. Urt. v. 12. Oktober 1906 i. S. Kr. & Co. (Kl.) w. Gebr. B. Konk. (Bekl.). Rep. VII. 641/05.

I. Landgericht Düsseldorf.
II. Oberlandesgericht Köln.

Die Klägerin hatte an die (Gemeinschuldner) Gebr. B. ein Grundstück mit Fabrikgebäude und den darin befindlichen Maschinen vermietet. Dabei wurde vereinbart, daß nach Beendigung der Mietzeit, am 1. Oktober 1904, die Maschinen gegen Zahlung von 3000 ℳ in das Eigentum der Mieter übergehen sollten. Am 16. Mai 1904

[1] Hierzu vgl. auch die Nr. 50 dieses Bandes S. 204. D. R.

wurde über das Vermögen der Gebr. B. Konkurs eröffnet. Die Klägerin verlangte mit der Klage Anerkennung ihres Aussonderungsrechts an den Maschinen; nachdem aber der Konkursverwalter die Maschinen, soweit noch vorhanden, verkauft hatte, forderte sie Zahlung von 5000 *M*, eventuell von 3000 *M*, als Masseschuld. Das Landgericht verurteilte den Beklagten zur Zahlung von 3000 *M*. Das Oberlandesgericht wies die Klage ab. Es sah in der die Maschinen betreffenden Bestimmung des Mietvertrages einen selbständigen Kaufvertrag über die Maschinen, der von der Verkäuferin vor der Konkurseröffnung vollständig erfüllt worden sei und ihr deshalb nur eine Konkursforderung auf den Kaufpreis gewähre. Auf die Revision der Klägerin ist das Berufungsurteil aufgehoben aus folgenden

Gründen:

(Zunächst wird ausgeführt, daß die Annahme eines selbständigen Kaufvertrages über die Maschinen gebilligt werden könne, und sodann fortgefahren:)

... „Das Berufungsgericht führt zur Rechtfertigung seiner Ansicht aus: ein Anspruch aus einem zweiseitigen Vertrage, dessen Erfüllung zur Konkursmasse verlangt werde oder für die Zeit nach der Eröffnung des Verfahrens erfolgen müsse, liege hier nicht vor; der Konkursverwalter habe Erfüllung nicht mehr verlangen können, weil die Klägerin bereits vor der Konkurseröffnung den Vertrag vollständig erfüllt hatte. Sie habe das vermietete Grundstück und die Maschinen den Gebrüdern B. übergeben; diese seien im Besitze der Maschinen und Kessel gewesen, und es sei der Übergang des Eigentums zum 1. Oktober 1904 vereinbart.

Diese Begründung vermag die Entscheidung des Berufungsgerichtes nicht zu rechtfertigen. Wie schon erwähnt, hat die Vorinstanz die Frage, ob die Maschinen Bestandteile des Fabrikgebäudes waren, offen gelassen. Wird diese Frage bejaht, dann war der Kaufvertrag zur Zeit der Konkurseröffnung bezüglich der noch vorhandenen Maschinen überhaupt noch nicht, auch nicht teilweise, erfüllt. Denn verkauft und den Käufern zu übereignen waren die Maschinen als selbständige bewegliche Sachen; von Übergabe einer beweglichen Sache kann aber keine Rede sein, solange die Sache noch gar nicht als bewegliche existiert. Wenn auch vielleicht nach dem Inhalte des Vertrages nach Beendigung des Mietverhältnisses eine besondere

Übergabe auf Grund des Kaufvertrages nicht stattfinden, sondern die Mieter und Käufer berechtigt sein sollten, die Maschinen ohne Zuziehung der Verkäuferin von dem Gebäude zu trennen und an sich zu nehmen, so kann diese Ermächtigung doch erst zusammen mit der wirklichen Wegnahme rechtlich als Übergabe beweglicher Sachen in Betracht kommen.

Waren dagegen die Maschinen schon bei der Vermietung selbständige bewegliche Sachen, so war doch auch in diesem Falle der Kaufvertrag bei der Konkurseröffnung auf seiten der Verkäuferin keinesfalls vollständig erfüllt. Unstreitig sollte das Eigentum auf die Käufer erst am 1. Oktober 1904 übergehen; bis dahin hatte sich die Verkäuferin das Eigentum vorbehalten. Das Berufungsgericht geht denn auch selbst davon aus, daß die Verkäuferin noch Eigentümerin war. Die Frage, um die es sich hier handelt, ist demnach dahin zu stellen, ob der Verkäufer im Sinne des § 17 K.O. vollständig erfüllt hat, wenn er die verkaufte Sache dem Käufer zwar übergeben, sich aber das Eigentum bis zu einem späteren Zeitpunkte vorbehalten hat. Bei der Prüfung mag zunächst von dem häufigsten Falle des Eigentumsvorbehaltes, dem bis zur Zahlung des Kaufpreises, ausgegangen werden. Vereinzelt wird die Frage in der Literatur bejaht, so von v. Wilmowski-Kurlbaum, K.O. zu § 17 Bem. 4 Abs. 2. Daß diese Meinung nicht richtig sein kann, zeigt schon die praktische Erwägung, daß dann der Eigentumsvorbehalt gerade in dem Falle versagen würde, für den sich der Verkäufer sichern will, im Falle der Zahlungsunfähigkeit des Käufers. Im Konkurse müßte sich der Verkäufer stets auf die Anmeldung des Kaufpreises als Konkursforderung verweisen lassen! Diese Folgerung, die unabweisbar ist, wollen aber vermutlich auch v. Wilmowski-Kurlbaum und das Berufungsgericht nicht ziehen. Zur Verneinung der obigen Frage führen aber auch rein rechtliche Erwägungen. Erfüllung ist Leistung des nach Inhalt des Vertrages Geschuldeten. Wenn, wie hier, die Leistung des Verkäufers in der Übertragung des Eigentums besteht, so kann unmöglich gesagt werden, die Leistung sei erfüllt, solange das Eigentum noch beim Verkäufer bleibt. Solange dies der Fall, ist eben das Eigentum nicht übertragen, der Vertrag also nicht erfüllt. Dies ist ganz unzweifelhaft beim Eigentumsvorbehalt bis zur Zahlung des Kaufpreises. Rechtsgrundsätzlich aber kann nichts anderes angenommen werden, wenn der Eigentumsübergang an irgend eine andere Bedingung geknüpft oder auch nur aufschiebend betagt ist. Auch im letzteren Falle bleibt der Verkäufer bis zum bestimmten Termine Eigentümer, kann also das Eigentum noch nicht übertragen haben. Auch in diesem Falle kann die Erfüllung noch vereitelt werden, z. B. durch den Untergang der verkauften Sache vor dem Eigentumsübergang. Die überwiegende, man darf wohl sagen: die herrschende, Meinung läßt sogar den Verkäufer noch die Gefahr des Untergangs tragen, trotz erfolgter Übergabe.

Vgl. Planck, B.G.B. § 455 Bem. 2; Oertmann, § 446, und die von ihm Genannten.

Doch dies nur nebenbei; für die hier zu treffende Entscheidung ist der Übergang der Gefahr unwesentlich; denn es läßt sich keinesfalls sagen, daß der Verkäufer stets vollständig erfüllt habe, sobald die Gefahr auf den Käufer übergegangen ist.

Für die Ansicht des Berufungsgerichts ließe sich nur etwa die Fassung des § 17 K.O. anführen. Der Verwalter hat die Wahl, ob er die Erfüllung von dem anderen Teile verlangen will. Das Berufungsgericht meint, der Verwalter könne von der Verkäuferin Erfüllung nicht verlangen, weil diese ja bereits alles getan habe, und ihr nichts mehr zu tun bleibe. Diese Schlußfolgerung verkennt sowohl die Bedeutung des § 17, wie den rechtlichen Gehalt der Übergabe mit Eigentumsvorbehalt. Diese Übergabe macht den Käufer nicht zum Eigenbesitzer der Sache; sie gewährt ihm nicht die volle rechtliche Herrschaft über die Sache; sie geschieht nicht zwecks gegenwärtiger, sondern zwecks künftiger Erfüllung des Kaufvertrages. Der aufschiebende Eigentumsvorbehalt enthält begrifflich die vertragsmäßige Hinausschiebung der vollständigen Erfüllung von seiten des Verkäufers auf einen späteren Zeitpunkt. Bis dahin ist der Käufer selbst dann, wenn ihm die Sache nur auf Grund des Kaufvertrages übergeben ist, bloßer Verwahrer und Verwalter.

Vgl. Entscheidung des Reichsgerichts vom 24. Juni 1899, Rep. V. 104/99 (Jurist. Wochenschr. S. 501 Nr. 55); Eccius, in Gruchots Beitr. Bd. 41 S. 883.

Im vorliegenden Falle aber sind die Maschinen nicht einmal auf Grund des Kaufvertrages übergeben, sondern auf Grund und zur Erfüllung des Mietvertrages. Die Käufer waren also bis zum

1. Oktober 1904 im Mietbesitz. Erst von diesem Tage an konnte die Übergabe als eine solche zur Erfüllung des Kaufvertrages wirksam werden. Auch hieraus ergibt sich, daß der Vertrag bei der Konkurseröffnung von der Klägerin noch nicht vollständig erfüllt war. Trifft dies aber zu, dann muß auch, da auch die Gemeinschuldner noch nicht erfüllt hatten, dem Verwalter das ihm durch § 17 K.O. eingeräumte Wahlrecht zustehen. Der Kernpunkt dieses Wahlrechtes zeigt sich aber gerade darin, daß dem Verwalter die Erfüllung des Vertrages von seiten des „anderen Teiles" nicht aufgedrängt werden kann; eine noch nicht vollendete Erfüllung kann sich nicht gegen seinen Willen vollenden. Daraus folgt, daß auch eine Erfüllungshandlung, deren rechtliche Wirkung erst in Zukunft eintreten soll, nicht mehr gegen den Willen des Verwalters wirksam werden kann. Sie wird wirksam, wenn der Verwalter die Erfüllung wählt, wenn er also hier erklärt, daß er die unter Eigentumsvorbehalt übergebenen Sachen in Ausübung des Käuferrechtes behalten wolle. Sie wird unwirksam, wenn der Verwalter die Erfüllung ablehnt. In der Wahl der Erfüllung liegt das Verlangen der Erfüllung; daß der andere Teil noch mit einer positiven Erfüllungstätigkeit im Rückstande sei, ist nicht erforderlich. Will also der Verwalter die Maschinen behalten, dann muß er den vertragsmäßigen Kaufpreis als Masseschuld bezahlen; will er die Erfüllung ablehnen, dann räumt er damit ein, daß er Sachen verkauft hat, an denen ein Absonderungsrecht der Klägerin bestand, und er muß deshalb den beim Weiterverkauf erzielten Erlös gemäß §§ 46, 49 Nr. 1 und 3 K.O. herausgeben.

Daraus ergibt sich, daß der Klägerin auf jeden Fall ein als Masseschuld zu befriedigender Anspruch zusteht, vorausgesetzt natürlich, daß ihr gehörige Maschinen überhaupt zur Masse gezogen und veräußert worden sind. Für die Höhe des Anspruchs kommt noch eine Reihe von rechtlichen Gesichtspunkten in Betracht, die hier nur angedeutet werden sollen. Lehnt der Verwalter die Erfüllung ab, dann könnte der Betrag, für den er gemäß § 59 Nr. 1 und 3 K.O. haftet, möglicherweise mehr als 3000 ℳ betragen. Da aber ohne weiteres angenommen werden darf, daß der Verwalter für diesen Fall die ihm günstigere Erfüllung wählen wird, so kann diese Eventualität außer Betracht bleiben. Neben der Masseschuld für die vom Verwalter veräußerten Maschinen besteht in dem Falle der Ablehnung der Erfüllung noch die Konkursforderung der Klägerin für die schon vor der Konkurseröffnung von den Käufern, bzw. Mietern weiterverkauften Maschinen. Wählt der Verwalter die Erfüllung, dann wird es sich fragen, ob er nicht den ganzen Kaufpreis zahlen muß, obgleich nur ein Teil der Maschinen in die Konkursmasse gelangt ist. Anhaltspunkte für die Beantwortung dieser Frage bietet das Urteil des Reichsgerichts vom 27. April 1897, Rep. II. 57/97, abgedruckt in den Entsch. in Zivils. Bd. 39 S. 57, auf das hier verwiesen werden mag." . . .

---

84. Sind durch die Veräußerung eines über seinen Wert belasteten Grundstückes die Gläubiger des Veräußerers benachteiligt? Ist die Absicht des Veräußerers, die Pfändung der Mietzinsen durch Kurrentgläubiger zu vereiteln, der Absicht der Gläubigerbenachteiligung gleichzustellen?

Anfechtungsgesetz vom 21. Juli 1879 (in der Fassung vom 20. Mai 1898) § 3.

VII. Zivilsenat. Urt. v. 16. Oktober 1906 i. S. W. Ehefr. (Kl.) w. M. & G. (Bekl.). Rep. VII. 516/05.

I. Landgericht Würzburg.
II. Oberlandesgericht Bamberg.

Die Beklagte ließ am 5. Oktober 1904 wegen einer vollstreckbaren Forderung gegen W. die Mietzinsen eines Hauses pfänden, das früher ihrem Schuldner gehört, das dieser aber schon einige Monate vor der Pfändung an seine Ehefrau, die Klägerin, veräußert hatte. Der von der Klägerin erhobenen Widerspruchsklage begegnete die Beklagte mit der Anfechtung der Veräußerung im Wege der Einrede, mit der sie in beiden Vorinstanzen durchdrang. Das Reichsgericht hat dagegen der Klage stattgegeben aus folgenden

Gründen:

. . . „Sachlich dreht sich der Streit nur um die von der Beklagten im Wege der Einrede erhobene Anfechtung des zwischen der Klägerin und ihrem Ehemanne am 9. Juni 1894 abgeschlossenen

Kaufvertrags. Das Berufungsgericht hat die Anfechtung für begründet erachtet; der erkennende Senat gelangt dagegen zur Zurückweisung der Anfechtung aus folgenden Gründen.

Fest steht, daß der vereinbarte und durch Übernahme von Hypotheken getilgte Kaufpreis von 82000 *M* höher ist als der wahre Wert des Grundstückes, die Beklagte also bei der Zwangsversteigerung des Grundstückes keine Befriedigung finden konnte. Ebensowenig bei einer etwaigen Zwangsverwaltung; denn wenn auch die Angaben der Parteien über die Mieterträgnisse des Hauses auseinandergehen, so hat die Beklagte, soweit ersichtlich, doch nicht zu bestreiten vermocht, daß die Mieterträgnisse durch die Hypothekenzinsen und die sonstigen der Beklagten vorgehenden Ansprüche vollständig aufgezehrt würden. Denselben Mißerfolg müßte die etwaige Eintragung einer Zwangshypothek für die Forderung der Beklagten haben. Da sonach die Zwangsvollstreckung in das Grundstück der Beklagten keine Befriedigung zu verschaffen vermag, so kann auch die Rückgewähr des Grundstückes zum Zwecke der Zwangsvollstreckung nicht gefordert werden. Die Beklagte ist durch die Veräußerung des Grundstückes nicht im Sinne des Anfechtungsgesetzes benachteiligt. Die Benachteiligung des anfechtenden Gläubigers ist aber Voraussetzung einer jeden Anfechtung; die von der Beklagten in der Revisionsverhandlung vertretene Meinung, daß es bei erwiesener Benachteiligungsabsicht nicht darauf ankomme, ob der Gläubiger auch wirklich benachteiligt sei, ist in zahlreichen Entscheidungen des Reichsgerichts widerlegt.

Die Unmöglichkeit für die Beklagte, durch die Zwangsvollstreckung in das Grundstück Befriedigung zu erlangen, nimmt denn auch das Berufungsgericht an; es hält aber dennoch eine Benachteiligung der Beklagten für gegeben, indem es erwägt: nach dem hier noch maßgebenden bayerischen Hypotheken- und Zwangsversteigerungsrecht erstrecke sich die Hypothek zwar auf die nicht bezogenen Früchte und Erträgnisse; dieses dingliche Recht hindere aber nicht die Pfändung der Früchte durch einen Kurrentgläubiger, solange nicht die Beschlagnahme der Hauptsache erfolgt sei; den Hypothekengläubigern stehe ein Vorrecht nur an den von der Beschlagnahme an fällig werdenden Pacht- oder Mietzinsen zu. Da zur Zeit der angefochtenen Rechtshandlung das Grundstück nicht beschlagnahmt gewesen, so würde die

Beklagte ohne die Veräußerung wenigstens teilweise Befriedigung aus dem Vermögen ihres Schuldners gefunden haben, sei also durch die Veräußerung benachteiligt. So richtig diese Darlegung auf den ersten Blick zu sein scheint, so ist sie doch unhaltbar. Nach § 7 des Anfechtungsgesetzes hat der Anfechtungsgegner dasjenige zurückzugewähren, was durch die anfechtbare Handlung aus dem Vermögen des Schuldners weggegeben ist. Die von der Veräußerung an erwachsenden Mieten hat aber die Klägerin nicht aus dem Vermögen ihres Ehemannes erhalten, sondern sie sind Früchte, die sie aus ihrem Vermögen, aus dem in ihr Eigentum übergegangenen Grundstücke gezogen hat. Das Recht auf die künftigen Früchte war mit dem Eigentum an der Hauptsache kraft Gesetzes auf die Klägerin übergegangen; ihre selbständige Herausgabe kann deshalb nicht verlangt werden. Nun kann allerdings nach der Art, wie die Beklagte die Anfechtung begründet hat, ihr Vorbringen so verstanden werden, daß sie Rückgewähr des Grundstückes samt den inzwischen angefallenen Früchten verlange. Ob im Falle erfolgreicher Anfechtung der Veräußerung der Hauptsache die Klägerin nicht auch zur Rückgewähr der Früchte verpflichtet wäre, kann zweifelhaft sein. Diese Frage bedarf aber nicht der Entscheidung. Denn im Ergebnisse verlangt die Beklagte nur die Rückgewähr der Früchte. Sie will nicht die Zwangsvollstreckung in das Grundstück mit seinen Früchten betreiben, sondern nur die Zwangsvollstreckung in die Früchte als selbständige Vermögensgegenstände; denn sie hat nur die Früchte gepfändet und will nur diese Pfändung aufrecht erhalten wissen. Hierzu ist sie aber nicht berechtigt. Der Anfechtungsgegner hat den erworbenen Gegenstand nicht derart zurückzugeben, daß er nunmehr der freien Verfügung des Anfechtenden unterläge. Die Rückgewähr besteht vielmehr in der Gestattung der Zwangsvollstreckung in den veräußerten Gegenstand. Die Klägerin hat nur das Grundstück — sei es mit, sei es ohne die Früchte — zum Zwecke der Immobiliarzwangsvollstreckung zur Verfügung zu stellen; denn nur diese gewährt dem Gläubiger Befriedigung aus dem anfechtbar veräußerten Gegenstand. Die Pfändung der Mietzinsen ist keine Vollstreckung in das Grundstück. Die Rückgewähr des Grundstückes kann deshalb nicht zu dem Zwecke verlangt werden, damit der Anfechtende die Mietzinsen pfänden könne, während das Grundstück selbst mit der —

aussichtslosen — Vollstreckung verschont bleiben, in Wahrheit also nicht zurückgewährt werden soll. Daraus folgt, daß bei der Prüfung, ob eine Veräußerung den anfechtenden Gläubiger benachteiligt, nur auf den unmittelbaren Gegenstand des angefochtenen Geschäftes gesehen werden darf, und die Möglichkeit für den Gläubiger, sich aus den künftigen Erträgnissen dieses Gegenstandes zu befriedigen, außer Betracht bleiben muß. Die Vereitelung dieser Möglichkeit ist keine Benachteiligung im Sinne des Anfechtungsgesetzes. In diesem Sinne hat der erkennende Senat auch schon in einem Urteile vom 14. April 1905, Rep. VII. 639/04, entschieden.

Zu demselben Ergebnisse gelangt man auch noch auf einem anderen Wege. Die Pfändung der Mietzinsen wurde für die Beklagte praktisch wertlos, wenn die Hypothekengläubiger zur Wahrung ihrer Rechte schritten. Nach bayerischem Rechte fallen die vom Augenblicke der Beschlagnahme des Grundstückes an fällig werdenden Mietzinsen in die Subhastationsmasse. Dies stellt das Berufungsgericht als Inhalt der beim Reichsgericht nicht revisiblen bayerischen Subhastationsordnung fest. Die Beklagte hätte also trotz der Pfändung der Mietzinsen nichts erhalten, wenn das Grundstück vor Fälligkeit der ersten gepfändeten Mietrate beschlagnahmt worden wäre. Daß dies geschehen wäre, darf mit voller Sicherheit angenommen werden, da der Ehemann W. vollständig vermögenslos ist, und bei der Überlastung des Grundstückes die Hypothekengläubiger notwendig um denselben Betrag verkürzt worden wären, der der Beklagten zugeflossen wäre. Wenn in Wahrheit die Beschlagnahme erst im März 1905 erfolgt ist, so liegt der naturgemäße Grund dafür darin, daß eben das Grundstück an die Klägerin verkauft war, daß diese für die Hypothekenzinsen aufzukommen hat, und daß die Beschlagnahme sich gegen sie zu richten hatte. Daß die Hypothekengläubiger auch dem Ehemann der Klägerin gegenüber nach Pfändung der Mietzinsen mit der Beschlagnahme gezögert hätten, darf als ausgeschlossen gelten. Mit der Beschlagnahme schwand aber, wie gezeigt, für die Beklagte jede Aussicht auf Befriedigung.

Muß sonach aus rechtlichen wie aus tatsächlichen Gründen verneint werden, daß die Beklagte durch die Veräußerung des Grundstückes benachteiligt ist, so könnte unerörtert bleiben, ob die Annahme des Berufungsgerichtes, der Vertrag sei in der Absicht der Gläubigerbenachteiligung geschlossen, rechtlich einwandsfrei ist. Immerhin mag folgendes bemerkt werden. Das Berufungsgericht geht davon aus, daß erwiesenermaßen der Ehemann der Klägerin von der Absicht geleitet wurde, gerade den drohenden Zugriff der Beklagten auf die Mietzinsen zu vereiteln. Diese Absicht stellt das Berufungsgericht der Absicht der Gläubigerbenachteiligung gleich. Dies möchte unbedenklich zutreffen, wenn der Veräußerer die Mietzinsen sich selbst sichern oder einem anderen Gläubiger zuwenden will, der kein besseres Recht darauf hat, als der, dem sie entzogen werden sollen. Anders, wenn bei der Veräußerung die Absicht obwaltet, den Gegenstand einem besser Berechtigten zuzuwenden, zumal wenn das bessere Recht ein dingliches ist. Die Mietzinsen haften den Hypothekengläubigern dinglich; nicht nur bei der Zwangsversteigerung haben diese Gläubiger ein Vorrecht, sondern auch bei ordnungsmäßiger Verwaltung dürfen sie beanspruchen, daß aus den Einkünften des verpfändeten Gegenstandes zunächst die Hypothekenzinsen bezahlt werden, bevor etwas an Kurrentgläubiger gelangt. Das ist auch die gesetzliche Ordnung im Falle der Zwangsverwaltung. Freilich können sie nicht verhindern, daß ein Kurrentgläubiger sich über die Anforderungen einer dem Rechte und verständigen wirtschaftlichen Grundsätzen entsprechenden Verwaltung hinwegsetzt und mittels Pfändung die Hand nach den Erträgnissen ausstreckt; sie können aber diesen Eingriff durch Herbeiführung der Zwangsverwaltung, nach bayerischem Rechte auch durch die Beschlagnahme zum Zwecke der Zwangsversteigerung wett machen. Wenn nun der Eigentümer des Grundstückes selbst Maßregeln trifft, die darauf abzielen, die vorzugsweise Befriedigung der Hypothekengläubiger vor dem Zugriffe eines Kurrentgläubigers sicher zu stellen, so verrät er damit keineswegs die Absicht der Gläubigerbenachteiligung im Sinne des Anfechtungsgesetzes. Dies ist zutreffend dargelegt in dem Urteile des V. Zivilsenates des Reichsgerichts vom 3. März 1900, Rep. V. 373/99. Dort handelte es sich um eine antichretische Verpfändung; nach den gleichen Grundsätzen ist auch eine Veräußerung zu beurteilen, die ein Schuldner vornimmt, der außerstande ist, sich im Besitze seines überlasteten Grundstückes zu behaupten. Wenn die Mietzinsen zur Bezahlung der Hypothekenzinsen unentbehrlich sind, weil dem Schuldner andere Mittel nicht zu Gebote stehen, so darf ihm nicht zugemutet werden, mit dem Verkaufe gerade noch so lange zu warten, bis einem Kurrentgläubiger ein der gesetzlichen Befriedigungsordnung widerstrebender Zugriff auf die künftigen Mietzinsen ermöglicht worden ist. Um künftige Erträgnisse handelt es sich hier überall nur; die Veräußerung fällig gewordener Mietforderungen wäre nach anderen Grundsätzen zu beurteilen. Der Schuldner dagegen, der im Interesse der Hypothekengläubiger den Zugriff eines diesen nachstehenden Gläubigers auf die künftigen Mieterträgnisse in der angegebenen Weise vereitelt, handelt nicht nur wirtschaftlich sachgemäß, sondern auch rechtlich einwandsfrei." ...

---

85. 1. Ist der Schade, den ein Unterhaltspflichtiger dadurch erleidet, daß infolge der Tötung des in erster Linie zum Unterhalt Verpflichteten die Unterhaltspflicht auf ihn übergegangen ist, auf Grund des § 823 oder des § 844 Abs. 2 B.G.B. ersatzfähig?

2. Bedarf es in dem Zwischenurteil über den Grund eines von dem Unterhaltsberechtigten nach § 844 Abs. 2 B.G.B. erhobenen Schadensersatzanspruches der besonderen Feststellung, daß ihm infolge der Tötung des Unterhaltspflichtigen ein Schade entstanden ist?

VI. Zivilsenat. Urt. v. 22. Oktober 1906 i. S. Gemeinde U. (Bekl.) w. H. Wwe. (Kl.). Rep. VI. 78/06.

I. Landgericht Kassel.
II. Oberlandesgericht daselbst.

Der Ehemann der Klägerin war von einer geländerlosen Brückenrampe der Beklagten in den Dorfbach gestürzt und an den dabei erlittenen Verletzungen gestorben. Die Klägerin belangte die Beklagte auf Zahlung einer Rente und machte zur Höhe der Rente auch geltend, daß sie infolge der Tötung ihres Ehemannes nunmehr selbst ihren unmündigen Kindern Unterhalt gewähren müsse.

Das übrige ergibt sich aus den folgenden

Gründen:

... „Diesen Anspruch hat das Berufungsgericht dem Grunde nach zur Hälfte für berechtigt erklärt, so daß, wenn das Berufungsurteil in Rechtskraft erwüchse, ... endgültig ... in die Rente der

Klägerin die ihr obliegende Unterhaltsleistung an ihre Kinder einzurechnen wäre.

... Die Klägerin hat zwar dadurch Schaden erlitten, daß nach dem Tode des Vaters die Unterhaltspflicht gegen ihre Kinder auf sie übergegangen ist (§§ 1601, 1606 B.G.B.); den Ersatz dieses Schadens versagt ihr aber das geltende Recht. Er läßt sich weder aus § 823 Abs. 1 noch aus § 823 Abs. 2 B.G.B. begründen. Der Klägerin ist keines der im Abs. 1 geschützten Rechtsgüter verletzt worden. Das Vermögen gehört dazu nicht,

vgl. Entsch. des R.G.'s in Zivils. Bd. 58 S. 28; Jurist. Wochenschr 1905 S. 367,

und nur um eine Vermögensbeschädigung durch den Zuwachs der Unterhaltsverbindlichkeit handelt es sich hier. Die Vorschrift des § 823 Abs. 2, kraft welcher jeder, auch der Vermögensschade ersetzt wird, ist nicht anwendbar, weil das Gebot des § 367 Nr. 12 St.G.B., das von der Beklagten übertreten wurde, nur zum Schutze derjenigen bestimmt ist, die an dem Orte verkehren, wo sich der Abhang befindet, nicht zum Schutze ihrer Angehörigen, die durch den Absturz vom Abhang mittelbar geschädigt werden. Schadensersatz kann nach den Grundsätzen des Bürgerlichen Gesetzbuchs überhaupt nur der unmittelbar, nicht der mittelbar Verletzte fordern. Eine Ausnahme hiervon macht § 844 B.G.B. Der Wortlaut dieser Bestimmung schließt jedoch einen Anspruch der Klägerin, der über den Ersatz des ihr persönlich entzogenen Unterhalts hinausgeht, aus. Nur derjenige ist ersatzberechtigt, dessen Recht auf Unterhalt durch die Tötung vernichtet wurde. Das sind hier die Ehefrau und die Kinder. Der Klägerin in ihrer Eigenschaft als unterhaltspflichtiger Mutter ist kein Recht auf Unterhalt entzogen worden, weil sie ein solches Recht nicht hatte. Die Kinder können Schadensersatz nur durch selbständige Klage erlangen. Der Anspruch der Klägerin ist hiernach, insoweit sie den Schaden einbezogen hat, der ihr durch den Unterhalt ihrer Kinder entsteht, ungerechtfertigt.[1]

---

[1] Der VI. Zivilsenat hat bereits i. S. des Kommunalverbandes Wiesbaden (Bekl.) w. St. Wwe. (Kl.), Rep. VI. 40/06, in dem Urteil vom 8. Oktober 1906 über dieselbe Frage sich in gleichem Sinne geäußert und beigefügt: „Das Urteil des I. Senats vom 12. Februar 1902 i. S. S. w. P., Rep. I. 351/01, das

Das Berufungsgericht hat endlich ein Zwischenurteil über den Grund des Schadensersatzanspruchs erlassen, ohne das wesentliche Erfordernis einer solchen Entscheidung festzustellen, nämlich daß der Klägerin durch die Tötung ihres Mannes ein Schade entstanden ist. Die Klägerin hat vorgebracht, der Verstorbene sei Landwirt gewesen, er habe 84 Acker Land und den entsprechenden Bestand an Pferden und Vieh gehabt. Der Verdienst des Verstorbenen, dessen Ersatz die Klägerin verlangt, floß nach ihrer Behauptung aus der Bewirtschaftung seines Gutes. Es läßt sich nun nicht ohne weiteres sagen, daß durch den Tod des H. die Erträgnisse des Landes sich mindern werden. Wenn auch zumeist der Besitzer gewinnbringender wirtschaften mag, als selbst ein tüchtiger Knecht, so trifft dies dann nicht zu, wenn er der nötigen Sachkunde oder des richtigen Verständnisses ermangelt oder zu Leichtsinn, Müßiggang, Trunksucht und ähnlichen Untugenden neigt. Immer wird es aber darauf ankommen, ob nicht der persönliche Verbrauch des Getöteten das durch seine Arbeitsleistung erzeugte Mehrerträgnis und die Kosten eines geeigneten Knechtes überwogen hat. Auch in diesem Falle wäre kein Schade eingetreten. Die besondere Feststellung eines solchen läßt sich daher nicht umgehen.

Demgemäß war das Urteil aufzuheben." ...

---

86. Sind im Stempelauslande ausgestellte Vollmachten, von denen im Inlande Gebrauch gemacht wird, stempelpflichtig?

Preuß. Stempelsteuergesetz § 2 und Tarifst. 73.

VII. Zivilsenat. Urt. v. 23. Oktober 1906 i. S. Sch. Eisenbahngesellschaft (Kl.) w. preuß. Steuerfiskus (Bekl.). Rep. VII. 625/05.

eine Entschädigungsforderung der Mutter wegen der durch die Tötung ihres Ehemannes ihr zugewachsenen Unterhaltspflicht gegen die Kinder anerkennt, betrifft einen gemeinrechtlichen Fall aus der Zeit vor dem Inkrafttreten des Bürgerlichen Gesetzbuchs. Die Zitierung des Urteils zu § 844 B.G.B. — Seuffert. Archiv Bd. 57 S. 405, ihm folgend Warneyer (1900—1902), Soergel (1902), Neumann, Jahrbuch I, 1, Oertmann, Schuldverhältnisse Bem. 8 — beruht auf einem Irrtum." D. E.

I. Landgericht I Berlin.
II. Kammergericht daselbst.

Zu ihrer Vertretung in den Generalversammlungen der Klägerin hatte die N. Bank in Hamburg in den Jahren 1902, 1903 und 1904, und die Firma L. B. & Sohn daselbst in den Jahren 1903 und 1904 je einen in Berlin wohnenden Bevollmächtigten aufgestellt. Die in H. ausgestellten fünf Vollmachten wurden, als sie gelegentlich einer Stempelrevision bei der Klägerin in Berlin vorgefunden wurden, mit je 1,50 ℳ Stempel belegt, und der geforderte Betrag zu 7,50 ℳ von der Klägerin bezahlt. Mit der Klage forderte sie den bezahlten Betrag samt 4 Prozent Zinsen vom Tage der Klagzustellung an zurück. Das Landgericht wies die Klage ab; die Berufung der Klägerin blieb erfolglos.

Auch die Revision der Klägerin ist zurückgewiesen worden.

Gründe:

... „Daß die Urkunden, um deren Versteuerung es sich handelt, Vollmachten im Sinne der Tarifst. 73 des Stempelsteuergesetzes sind, ist unbestritten und unbestreitbar. Von den Vollmachten ist auch im Inlande, in Berlin, Gebrauch gemacht; ausgestellt sind sie aber in Hamburg, also im Stempelauslande. Die Frage, ob bei dieser Sachlage die Versteuerung der Urkunden geboten war, ist zu bejahen. Nach § 2 des Stempelsteuergesetzes, soweit er hier in Betracht kommt, unterliegen der Stempelsteuer „die im Auslande errichteten Urkunden über Geschäfte, welche im Inlande zu erfüllen sind“. Nach § 16 lit. f muß die Versteuerung „der im Auslande errichteten Urkunden, von denen im Inlande Gebrauch gemacht werden soll“, vor dem Gebrauch bewirkt werden. Die Vorinstanzen haben ihre die Stempelpflicht bejahenden Entscheidungen im wesentlichen im Anschluß an das Urteil des Reichsgerichts vom 15. November 1898 (Preuß. Just.-Min.-Bl. 1899 S. 119) begründet, in welchem ausgeführt ist, daß bei Anwendung des § 2 auf das Geschäft, hinsichtlich dessen die Vollmacht erteilt werde, gesehen werden müsse, die Stempelpflichtigkeit der Vollmachtsurkunde also dann gegeben sei, wenn dieses Geschäft im Inlande zu erfüllen sei. Die Revision bekämpft diese Auffassung in Anlehnung an Heinitz, Komm. zum Stempelsteuergesetz, § 2 IV 2 lit. e, woselbst ausgeführt wird: nach dem B.G.B. sei die Vollmacht ein einseitiges, selbständiges Rechtsgeschäft, bei dem der Begriff des

Erfüllungsortes nicht anwendbar sei. Die Vollmacht erzeuge weder für den Bevollmächtigten noch für den Vollmachtgeber den Anspruch auf eine Leistung. Sie werde zwar meist auf einem Vertrage beruhen (Auftrag, Dienst- oder Werkvertrag, Gesellschaft), müsse aber sowohl von diesem ihr zugrunde liegenden Kausalgeschäfte, wie von dem auf Grund der erteilten Vertretungsmacht vom Bevollmächtigten ausgeführten Geschäfte scharf unterschieden werden. Es mag nun zuzugeben sein, daß, wie das Allgemeine Preuß. Landrecht, auf dessen Grundlage das Stempelsteuergesetz aufgebaut ist, Auftrag und Vollmacht als einheitliches Geschäft auffaßt — vgl. §§ 5 flg. I. 13 —, so auch die bisherige Rechtsprechung von dieser Auffassung beeinflußt war, während nach dem Bürgerlichen Gesetzbuche die Vollmacht als „abstraktes Geschäft" (Planck, B.G.B. § 167 Bem. 1 und 4) von dem ihr zugrunde liegenden materiellen Rechtsverhältnisse zu scheiden ist. Beurkundet ist in den hier fraglichen fünf Urkunden nur die Vollmacht anderer Personen zur Vertretung der Aussteller in einer Generalversammlung, nicht ein Auftrag oder ein sonstiges Rechtsgeschäft. Dies zeigt sich besonders klar bei den drei von der N. Bank ausgestellten Vollmachten, die nicht dem Bevollmächtigten, sondern der Klägerin gegenüber erklärt worden sind. Noch weniger kann natürlich davon die Rede sein, daß etwa das von dem Bevollmächtigten wahrzunehmende Geschäft das beurkundete Geschäft sei. Allein diese Erwägungen nötigen keineswegs zum Verlassen der herrschenden Rechtsprechung.

Der Rechtsirrtum, von dem die Revision beherrscht wird, liegt in der zu engen Auffassung des Begriffes der Erfüllung eines Geschäftes. Wenn bei Heinitz a. a. O. lit. d gesagt wird, einen Erfüllungsort haben nur solche Geschäfte, welche ein Schuldverhältnis begründen, d. h. den Gläubiger berechtigen, von dem Schuldner eine Leistung zu fordern, so ist allerdings zuzugeben, daß in diesem Sinne die Vollmacht nicht erfüllt werden kann. Wohl aber begründet auch die Vollmachtserteilung ein Rechtsverhältnis zwischen dem Vollmachtgeber und dem Bevollmächtigten. Kraft dieses Verhältnisses ist der Bevollmächtigte zwar nicht verpflichtet, wohl aber berechtigt, im Namen und mit unmittelbarer Wirkung für den Vertretenen zu handeln. Dieses Recht kann ausgeübt, es kann davon Gebrauch gemacht, das in der Vollmachtserteilung liegende Rechtsgeschäft kann ausgeführt werden. Der Bevollmächtigte, der als solcher das wahrzunehmende Geschäft erfüllt, übt damit mit begrifflicher Notwendigkeit zugleich die ihm erteilte Vertretungsmacht aus; er führt dieses Rechtsverhältnis aus; er macht davon Gebrauch. Es liegt kein Grund vor, der es ausschlösse, die Ausübung einer durch Rechtsgeschäft erteilten Vertretungsmacht als „Erfüllung eines Geschäftes“ im Sinne des § 2 des Stempelsteuergesetzes aufzufassen. Erfüllung eines Geschäftes liegt auch vor, wenn der Erfüllende zur Vornahme nicht verpflichtet, sondern nur berechtigt ist. Der Begriff der Erfüllung trägt keineswegs das Moment der Verpflichtung notwendig in sich; der Sprachgebrauch kennt auch Erfüllung von Bedingungen, von Hoffnungen und Erwartungen. Daß der Begriff im Stempelsteuergesetze in dem weiteren Sinne zu verstehen ist, folgt daraus, daß das Gesetz eben auch Geschäfte für steuerpflichtig erklärt, die nur in dem erwähnten weiteren Sinn „erfüllbar“ sind, wie gerade in Tarifst. 73 die Vollmachten. Für die gegenteilige Meinung kann auch nicht die Fassung der Worte: „Geschäfte, welche zu erfüllen sind“, ins Feld geführt werden. Der Nachdruck ist auf die Wortverbindung „im Inlande zu erfüllen“ zu legen. Es ist damit gesagt, daß der § 2 solche Geschäfte treffen soll, welche, wenn sie überhaupt erfüllt werden, im Inlande erfüllt werden müssen, nicht aber, daß eine Erfüllungspflicht bestehen muß. Daß aber von den hier fraglichen Vollmachten, wenn überhaupt davon Gebrauch gemacht wurde, im Inlande Gebrauch zu machen war, ergibt sich ohne weiteres aus ihrem Inhalt. Insofern ist in dem Urteil des Reichsgerichts vom 15. November 1898 mit Recht gesagt, es müsse auf das vom Bevollmächtigten wahrzunehmende Geschäft gesehen werden. Wie es sich verhält, wenn dieses letztere Geschäft an beliebigen Orten, im In- und Auslande, ausgeführt werden kann, oder wenn sich die Vollmacht auf mehrere oder alle Rechtsgeschäfte des Vertretenen erstreckt, kann hier unerörtert bleiben, da etwa mögliche Zweifel nach dieser Richtung jedenfalls für den vorliegenden Fall nicht auftauchen können.“

87. 1. Ist auf die nach §§ 1, 3 des Haftpflichtgesetzes vom 7. Juni 1871, bzw. § 844 Abs. 2 B.G.B. zu gewährende Entschädigung eine Witwenpension in Anrechnung zu bringen?

2. Sind bei Bemessung der Rente für die Hinterbliebenen des Getöteten die Einkünfte aus dem gütergemeinschaftlichen Vermögen, welches denselben auf den Tod des Ehemannes oder Vaters angefallen ist, zu berücksichtigen?

3. Kann die Witwe von dem Haftpflichtigen dafür Ersatz verlangen, daß sie nunmehr den Kindern gegenüber unterhaltspflichtig geworden ist?[1]

VI. Zivilsenat. Urt. v. 5. November 1906 i. S. Stadtgemeinde M. (Bekl.) w. B. Wwe. u. Gen. (Kl.). Rep. VI. 603/05.

I. Landgericht Duisburg.
II. Oberlandesgericht Hamm.

Der Hauptlehrer B. war am 9. April 1902 auf der Fahrt in einem elektrischen Straßenbahnwagen der verklagten Stadtgemeinde verunglückt und kurz danach infolge der erlittenen Verletzungen gestorben. Die Witwe und die Kinder desselben belangten die Beklagte aus §§ 1, 3 des Haftpflichtgesetzes, sowie aus §§ 823, 831, 844 B.G.B. auf Schadensersatz. Die Beklagte erkannte ihre Haftpflicht auf Grund des erstgenannten Gesetzes an sich an. Das Berufungsgericht sprach, unter Abweisung der Mehrforderungen, der Witwe eine Jahresrente von 1500 ℳ und zweien der Söhne für die Zeit, da sie eine Erwerbsstelle noch nicht erlangt hätten, bzw. erlangt haben würden, eine Entschädigung, dem einen 675 ℳ, dem anderen 225 ℳ und eine Jahresrente von 1800 ℳ bis zum 1. Oktober 1907, zu. Der Getötete hatte als Hauptlehrer ein Diensteinkommen von insgesamt 4075 ℳ bezogen. Die Ehegatten hatten ein gütergemeinschaftliches Vermögen von gegen 100000 ℳ besessen; die Gütergemeinschaft wurde von der Witwe mit den Kindern fortgesetzt. Die Witwe bezog seit dem Tode des Mannes „Pensionen" von 990 ℳ und 770 ℳ. Das Berufungsgericht brachte auf die den Klägern zu gewährende Entschädigung weder die Pensionen noch die Einkünfte aus dem gütergemeinschaftlichen Vermögen in Anrechnung. Vom

[1] Hierzu vgl. auch Nr. 85 dieses Bandes S. 344. D. R.

Reichsgericht ist das Berufungsurteil aufgehoben, und die Sache in die Instanz zurückverwiesen worden.

Aus den Gründen:

... „Das Berufungsgericht führt aus: daß die der Witwe zugefallenen Pensionen bei der Bestimmung des Umfanges des Schadens nicht zu berücksichtigen seien, ‚stehe in Rechtsprechung und Rechtslehre fest‘, da dieser Erwerb seinen Grund nicht in der Tötung, sondern im Dienstverhältnisse und in dem Versicherungsvertrage habe. Das ist jedenfalls in dieser Allgemeinheit unrichtig: die Rechtsprechung macht hierbei eine bestimmte Unterscheidung, und in der Theorie ist die Frage wegen Anrechnung der Pensionen überhaupt eine sehr bestrittene.

Das Reichshaftpflichtgesetz hat in § 4 eine besondere Bestimmung über Einrechnung gewisser Versicherungsleistungen auf die Entschädigung getroffen, die aber eine analoge Anwendung über die dort geregelten Fälle hinaus nicht zuläßt. Das Bürgerliche Gesetzbuch hat von einer Entscheidung der Frage, ob und inwieweit auf die Entschädigung aus § 843, bzw. § 844 B.G.B. Vermögensvorteile, welche infolge der Verletzung oder Tötung dem Verletzten, bzw. Ersatzberechtigten zukommen, anzurechnen seien, Umgang genommen, da es für untulich erachtet wurde, die allgemeine Frage der Vorteilsausgleichung nur für diese Fälle zu entscheiden (vgl. Motive zum B.G.B. Bd. 2 S. 783). Bei den Verhandlungen der II. Kommission (Protokolle S. 2817, 2825 flg.; Mugdan, Materialien Bd. 2 S. 1108, 1110 flg.) war ein Zusatz zu § 724, jetzt § 844 B.G.B. beantragt, wonach dann, wenn infolge der widerrechtlichen Tötung einem Unterhaltsberechtigten Vermögen zugekommen ist, dieses Vermögen auf den zu leistenden Ersatz insoweit angerechnet werden sollte, als der Getötete es, wenn er am Leben geblieben wäre, zur Erfüllung der Unterhaltspflicht verwendet haben würde. Die Mehrheit beschloß jedoch, von Aufnahme einer solchen Vorschrift Abstand zu nehmen und die Entscheidung der Frage der Rechtsprechung zu überlassen. Es handle sich bei dem beantragten Zusatze nicht darum, inwieweit Vorteile, die dem Unterhaltsberechtigten als Folge der Tötung zugekommen seien, auf die Rente anzurechnen seien, vielmehr um eine positive Bestimmung über die Ermittelung des Schadens; die hierbei in Betracht kommenden Fälle seien aber verschiedenartig gestaltet und ließen eine gleichmäßige Entscheidung nicht zu. In Ermangelung einer gesetzlichen Regelung ist daher die

Frage aus den allgemeinen Rechtsgrundsätzen über Schadensersatz (B.G.B. §§ 249 flg.) und über Kausalzusammenhang zu beurteilen, soweit nicht positive Vorschriften, wie § 843 Abs. 4 in Verbindung mit § 844 Abs. 2 B.G.B., eingreifen.

Was nun insbesondere die Pensionen betrifft, so ist in der bisherigen Rechtsprechung des Reichsgerichts unterschieden worden zwischen Bezügen, welche dem Verletzten oder den Hinterbliebenen des Getöteten auf Grund eines privaten Vertrages (Versicherungsvertrages) zukommen, und gesetzlichen Pensionen, gesetzlichen Witwen- und Waisengeldern. Bei den ersteren wurde die Anrechnung (der Witwenpension) auf die Haftpflichtrente für unzulässig erklärt: es sei hier zwischen der Entstehung des Vorteils und dem schädigenden Ereignisse nur im natürlichen, nicht im rechtlichen Sinne ein Kausalzusammenhang vorhanden, da das Recht auf solche Pension in erster Linie durch den Abschluß des Versicherungsvertrages und durch Zahlung der Versicherungsprämie, also durch selbständige Entstehungsursachen, mitbedingt gewesen sei (Urteil des V. Zivilsenates vom 11. Juli 1883, Entsch. in Zivils. Bd. 10 Nr. 13 S. 50 flg.; Urteil des VI. Zivilsenates vom 18. Oktober 1886, Seuffert, Archiv Bd. 42 Nr. 120 S. 172). Dagegen sollen gesetzliche Pensionen, Witwen- und Waisengelder der Anrechnung unterliegen, weil der Anspruch auf solche nicht auf einem Versicherungsvertrage, sondern lediglich auf Gesetz beruhe, der pensionierte Beamte nicht um seine volle Besoldung, vielmehr nur um sein Gehalt abzüglich der Pension geschädigt sei, bzw. weil das Gesetz durch Gewährung von Pensionen an die Hinterbliebenen des Beamten für deren Unterhalt Fürsorge treffe, und ihr Anspruch nicht ein neben dem Entschädigungsanspruch erworbenes selbständiges Vermögensobjekt bilde (Urteil des II. Zivilsenates vom 19. Januar 1886, Entsch. in Zivils. Bd. 15 Nr. 24 S. 114; Urteil des III. Zivilsenates vom 14. Dezember 1886, ebenda Bd. 17 Nr. 11 S. 45 flg.).

Die Rechtslehre steht vorwiegend auf demselben Standpunkte. Vgl. Laß und Maier, Haftpflichtrecht 2. Aufl. S. 106 Anm. 49;[1] Reindl, Haftpflichtgesetz § 3 S. 151, 175; Crome, System des Bürgerlichen Rechts Bd. 2 Abt. 1 § 151 S. 77, 78 Anm. 57, 62;

[1] S. indes S. 88 Anm. 42. D. E.

v. Staudinger, Kommentar zum B.G.B. Bd. 2 Abt. 1 2. Aufl. Vorbemerk. zu § 249 S. 28 flg.; Wallmann, Compensatio lucri cum damno § 5 S. 93 flg., 98 flg.; und namentlich Oertmann, Die Vorteilsausgleichung beim Schadensersatzanspruch § 14 S. 111 flg., § 15 S. 123 flg.

Andere allerdings verwerfen die Unterscheidung zwischen Vermögenserwerb aus Versicherungsvertrag und gesetzlicher Pension als unbegründet oder irrelevant.

Vgl. v. Weinrich, Die Haftpflicht wegen Körperverletzung und Tötung eines Menschen 2. Aufl. § 21 S. 69 flg.; auch Linckelmann, Die Schadensersatzpflicht aus unerlaubten Handlungen S. 65 flg., und insbesondere Eger, Reichs-Haftpflicht-Gesetz 6. Aufl. S. 453 flg., 458 flg., S. 423.

Allein die von den letzteren erhobenen Einwände geben keinen Anlaß, von der seitherigen Rechtsprechung abzugehen; vielmehr ist an dieser auch für das jetzt geltende Recht festzuhalten. Die Nichtanrechnung der Versicherungsgelder, der auf Grund privaten Versicherungsvertrages bezahlten Renten ꝛc rechtfertigt sich daraus, daß es hier für eine Vorteilsausgleichung an der Identität der rechtserzeugenden Tatsache fehlt, sofern das die Haftpflicht begründende Ereignis, die Verletzung, zwar die Bedingung für den Anspruch des Beschädigten auf die Versicherungsgelder auslöst, aber hierfür nicht im Rechtssinne den Entstehungsgrund bildet, und aus der weiteren Erwägung, daß der Beschädigte das fragliche lucrum nicht unentgeltlich gewinnt, sondern durch erhebliche Gegenleistungen in Gestalt der bezahlten Prämien oder Beiträge hat erkaufen müssen. Diese Gesichtspunkte treffen nicht ebenso zu auf die Pension, welche der Beamte zufolge gesetzlicher oder statutarischer Regelung vom Staat, bzw. von der Gemeinde ꝛc erhält. Solche Bezüge wurzeln nicht in einem besonderen, außerhalb der Amtsstellung des Geschädigten gelegenen Rechtsgrund, vielmehr, gleichermaßen wie der Gehaltsanspruch, unmittelbar in den gesetzlichen oder organisatorischen Anstellungsbedingungen. Die Amtspension ist nicht das Erwerbsergebnis einer Ersparungstätigkeit des Beamten, sondern nur eine Form des Dienstgehaltes, welches kraft Gesetzes oder auch kraft Anstellungsvertrages in gemindertem Betrage dem dienstunfähig gewordenen Beamten fortgewährt wird. Und selbst in dem Falle, wenn der Beamte bestimmte Beiträge zu der Pensionskasse zu leisten hat, oder ihm solche Beiträge von vornherein am Gehalte gekürzt werden, beruht der Pensionsanspruch nicht auf einem Versicherungsverhältnisse, sondern auf der entsprechenden Normierung der Amts- und Gehaltsverhältnisse. Mag man mit Laband (Staatsrecht des D. Reichs Bd. 1 § 49, 4. Aufl. S. 469 flg.) der Besoldung und Pension des Beamten die Bedeutung einer dem Staate auf Grund der Anstellung gesetzlich obliegenden standesgemäßen Alimentierung des Beamten beilegen, oder in Gehalt und Pension die Vergütung für die von dem Beamten geleisteten Dienste erblicken (vgl. aber Entsch. des R.G.'s in Zivils. Bd. 38 Nr. 86 S. 322 flg.), so stellt doch die Pension nicht ein Äquivalent für Leistungen dar, die nach Art von Versicherungsprämien oder Beiträgen zu Privatpensionskassen einen selbständigen Vermögenserwerb begründen. Die Einbuße für den beschädigten, gesetzlich pensionsberechtigten Beamten besteht also nicht in völliger Entziehung, sondern nur in einer Verringerung (wie Oertmann a. a. O. S. 142 es ausdrückt, einer „Verkümmerung") des Amtseinkommens. Und es handelt sich hierbei nicht eigentlich um eine Vorteilsausgleichung, compensatio lucri; vielmehr ist eben die Schadensfolge von vornherein eine (um den Betrag der Pension) geringere. Dieser Gesichtspunkt trifft nun zwar bei den gesetzlichen Witwen- und Waisenpensionen vielleicht nicht unmittelbar zu, ist doch aber wenigstens analog auch auf diese anwendbar. Auch die Witwen- und Waisengelder bilden einen Bestandteil der dem Beamten auf Grund des öffentlichrechtlichen Anstellungsverhältnisses für sein Amt ausgesetzten Rente, sofern der Staat oder die Gemeinde hierdurch in dem gesetzlich bestimmten Umfange auch für den Unterhalt der Hinterbliebenen des Beamten Fürsorge trifft (vgl. Entsch. des R.G.'s in Zivils. Bd. 15 S. 115, Bd. 38 S. 323). Soweit also den Hinterbliebenen des Beamten derartige Pensionsansprüche zustehen, ist ihnen der bisher in dem Amtseinkommen des Ernährers gewährleistete Unterhalt nicht im ganzen Umfang entzogen, sondern nur geschmälert, ihr Schade daher ein entsprechend geringerer. Insoweit steht einer Anrechnung der Witwen- und Waisengelder auf die Entschädigung auch die Vorschrift in § 843 Abs. 4 (§ 844 Abs. 2 B.G.B.) nicht im Wege, da der Unterhaltsanspruch der Angehörigen gegenüber dem Getöteten bis zum Betrage der fortdauernden Bezüge nicht beseitigt, sondern gedeckt ist (s. auch Oertmann, a. a. O. S. 145 Anm. 1). Das Urteil des Reichsgerichts, IV. Zivilsenates, vom 14. Juni 1906, Rep. IV. 554/05 (Jurist. Wochenschr. 1906 S. 482 Nr. 48) steht der vorstehenden Beurteilung nicht entgegen, da dasselbe nur einen Fall der reichsgesetzlichen Beamtenfürsorge (§ 10 des Gesetzes vom 15. März 1886, § 12 des Gesetzes vom 18. Juni 1901) entscheidet. Der in dem Urteile des erkennenden Senats vom 25. September 1905 (Entsch. in Zivils. Bd. 61 S. 295 flg.) ausgesprochene Satz ist in dieser Allgemeinheit nicht aufrecht zu halten.

Im vorliegenden Falle ist bisher nicht tatbestandlich festgestellt, ob die jetzt der Witwe B. zukommenden „Pensionen" von 990 ℳ und 700 ℳ staatliche, bzw. gesetzliche Pensionen sind, etwa auf Grund des preußischen Gesetzes, betr. die Fürsorge für die Witwen und Waisen der Lehrer an öffentlichen Volksschulen, vom 4. Dezember 1899 gewährt werden, oder ob und inwieweit sie aus einer privaten Pensionskasse, einem Versicherungsverhältnisse erfließen. Es bedarf daher hierüber noch einer weiteren Verhandlung.

Anlangend die Einkünfte aus dem gütergemeinschaftlichen Vermögen, so hat das Berufungsgericht erwogen, die Beklagte könne die Klägerin zu 1 nicht lediglich auf diese Einkünfte verweisen, weil auch hier Vorteil und Nachteil nicht auf das schädigende Ereignis als den gemeinsamen Rechtsgrund zurückzuführen seien, vielmehr zwischen dem vorteilbringenden Ereignisse und der schädigenden Handlung nur ein äußerer Zusammenhang bestehe: die schädigende Handlung sei der Unfall in Verbindung mit dem Tode; das vorteilbringende Ereignis sei die bestandene Gütergemeinschaft in Verbindung mit dem Tode. Dieser Gesichtspunkt — die mangelnde Identität des beschädigenden und des den Vorteil herbeiführenden Ereignisses — würde allerdings dann durchgreifen, wenn lediglich in Frage stände, ob eine dem Ersatzberechtigten durch den eingetretenen Todesfall zugefallene Erbschaft auf die Entschädigung anzurechnen sei; eine Frage, die in der früheren Rechtsprechung des Reichsgerichts verneinend entschieden worden ist.

Vgl. Urteil des V. Zivilsenates vom 27. Oktober 1883, bei Eger, Eisenbahnrechtl. Entscheidungen Bd. 3 S. 122; auch Entsch. des R.G.'s in Zivils. Bd. 10 S. 52.

Allein für den gegenwärtigen Fall genügt jene Erwägung nicht, um jede Berücksichtigung der fraglichen Einkünfte auszuschließen. Es kommt hier die Rechts- und Vermögenslage in Betracht, welche durch die zwischen den Ehegatten B. bestandene, nunmehr von der Witwe mit den Kindern fortgesetzte allgemeine Gütergemeinschaft geschaffen ist.

Darüber ist wohl kein Streit, daß der Getötete neben seinem Amtseinkommen auch die Einkünfte des gütergemeinschaftlichen Vermögens zum Unterhalte seiner Familie mitverwendet hatte. Es entfiel von dem Gesamteinkommen, wie zu unterstellen ist, je eine gewisse Quote auf den Unterhalt auch von Frau und Kindern. Insoweit die Mittel zum Unterhalt aus dem Kapitalvermögen der Eheleute geschöpft wurden, ist diese Quelle infolge des Todes des Ehemanns tatsächlich nicht versiegt, da der Vermögensstand im wesentlichen derselbe geblieben ist. Aber auch rechtlich liegt hier die Sache nicht so, daß gesagt werden könnte, es werde die Unterhaltspflicht und der Ersatz für das Unterhaltsrecht von dem Vermögensbesitze der Ersatzberechtigten gar nicht berührt.

Den Hinterbliebenen ist von dem Haftpflichtigen nach § 3 Abs. 2 des Haftpflichtgesetzes und § 844 B.G.B. insoweit Schadensersatz zu leisten, als der Getötete während der mutmaßlichen Dauer seines Lebens zur Gewährung des Unterhalts verpflichtet gewesen wäre. Gegenstand des zu leistenden Ersatzes ist nicht ein abstraktes Unterhaltsrecht, sondern der Unterhalt, welchen unter den konkreten Verhältnissen der Getötete nach Maßgabe der gesetzlichen Vorschriften aus seinen Mitteln dem Berechtigten zu leisten hatte, und der dem letzteren nunmehr abgeht.

a) Der Ehefrau ist von dem Manne nach § 1360 Abs. 1 B.G.B. nach Maßgabe seiner Lebensstellung, seines Vermögens und seiner Erwerbsfähigkeit Unterhalt zu gewähren; diese Verpflichtung ist danach unabhängig von der Bedürftigkeit der Frau.

Vgl. Planck, B.G.B. zu § 1360 Bem. 1; Dernburg, Bürgerl. Recht Bd. 4 § 35 Nr. I u. II.

Aber bei bestehender allgemeiner Gütergemeinschaft umfaßt während der Dauer der Ehe der eheliche Aufwand sachlich auch den Unterhalt der Frau, und fällt dieser insofern zunächst dem den beiden Eheleuten gemeinschaftlich gehörigen Gesamtgute zur Last (§§ 1458, 1389 B.G.B.), obwohl auch bei diesem Güterstande der eheliche

Aufwand von dem Ehemanne zu tragen ist (vgl. Planck, Vorbemerkungen zu Buch IV Tit. V Nr. 1, 2. Aufl. S. 80). Die Ehefrau hat dem Manne zur Tragung des ehelichen Aufwandes ihren Beitrag in der Form geleistet, daß ihr Vermögen Gesamtaut wurde, welches dem Manne zur freien Verfügung überlassen war. Die insofern auch aus dem eigenen Vermögen der Ehefrau entnommenen Mittel zu ihrem Unterhalt können, wenn es sich um Schadensersatz für das ihr entzogene Unterhaltsrecht handelt, nicht schlechthin als Leistungen gelten, die der Ehemann für den Unterhalt der Frau zu machen hatte, und welche jetzt zu ersetzen wären. Bei Auflösung der Ehe durch den Tod des Ehemannes hat die Klägerin zu 1 das gesamte gemeinschaftliche Vermögen in Besitz und Nießbrauch erhalten, — nach § 7 des Gesetzes, betr. das eheliche Güterrecht in Westfalen 2c, vom 16 April 1860 behielt sie die eine Hälfte des gemeinschaftlichen Vermögens als ihr Eigentum, — und es stehen ihr bei der mit den Kindern fortgesetzten Gütergemeinschaft in den Erträgnissen des Gesamtvermögens auch diejenigen Mittel nach wie vor für ihren Unterhalt zu Gebot, welche zu diesem Zwecke bei Lebzeiten des Ehemannes von beiden Ehegatten zusammen aufgebracht worden sind. Wenn gleich es also für den Unterhaltsanspruch der Witwe auf die tatsächlich bestehende Bedürftigkeit an sich nicht ankommt, so wird doch bei Bemessung des Umfanges der Schädigung zu beachten sein, daß hier diejenige Quote der Einkünfte des gütergemeinschaftlichen Vermögens, welche zu Lebzeiten des Ehemannes etwa (neben dem entsprechenden Teile des Amtseinkommens) zum Unterhalte der Ehefrau mitzuverwenden war, keinenfalls im ganzen Betrag in Rechnung zu stellen wäre.

b) Bezüglich der Ansprüche der Kinder — Kläger zu 3 und 6 — kommt vor allem in Betracht, daß der Unterhaltsanspruch derselben gegenüber dem Vater von der gesetzlichen Voraussetzung ihrer Bedürftigkeit abhängig war (§ 1602 Abs. 1 B.G.B.). Das Berufungsgericht führt gegen die Annahme des Erstrichters, daß die Söhne in der Lage seien, aus dem ihnen durch den Tod ihres Vaters zugefallenen Vermögen ihren Lebensunterhalt zu bestreiten, folgendes aus. Nach § 10 des Gesetzes vom 16. April 1860 stehe der Klägerin zu 1 während der fortgesetzten Gütergemeinschaft nicht nur der Nießbrauch am ganzen gütergemeinschaftlichen Vermögen, sondern auch die Verwaltung und Verfügung darüber zu. Die Kläger zu 3, 6 und 7 hätten aus der Erbschaft verwertbares Vermögen oder Einkommen bisher nicht erhalten. Sie hätten infolge des Todes ihres Vaters lediglich die Änderung ihrer Rechtslage erfahren, daß sie nunmehr von der Mutter Unterhalt fordern könnten. Einen Anspruch auf Schichtung hätten sie beim Mangel einer der gesetzlichen Voraussetzungen nicht. Nach § 7 des Haftpflichtgesetzes, § 843 Abs. 4 und § 844 Abs. 2 B.G.B. aber solle der Schadensersatzanspruch nicht dadurch ausgeschlossen sein, daß ein anderer dem Schadensersatzberechtigten Unterhalt zu gewähren habe. Die Ansicht des Erstrichters, daß den Klägern der Unterhalt aus ihrem eigenen Vermögen gewährt werde, greife nicht durch; denn abgesehen davon, daß der Unterhalt höchstens aus dem der Klägerin zu 1 zustehenden Nießbrauche des gütergemeinschaftlichen Vermögens — übrigens nicht allein hieraus, sondern auch noch aus den sonstigen Einkünften der Klägerin zu 1 — zu gewähren sei, spreche die allgemeine Fassung jener Vorschrift dafür, daß auch der Fall gemeint sei, wenn, nachdem der Vater getötet ist, die Mutter den Unterhalt zu leisten hat. Auch der Mangel des inneren Zusammenhangs zwischen Vorteil und Nachteil spreche gegen die Anrechnung der etwa aus dem gemeinschaftlichen Vermögen von den Kindern gezogenen Vorteile auf ihren Schadensersatzanspruch, zumal da sie den Unterhalt gar nicht gemäß des Gesetzes vom 16. April 1860, sondern gemäß § 1601 B.G.B. fordern könnten.

Der Auffassung des Berufungsrichters kann nicht beigepflichtet werden. Sie hält sich zu sehr nur an die formellen Rechtsfolgen und berücksichtigt nicht genügend die materielle, wirtschaftliche Gestaltung der Verhältnisse.

Das gütergemeinschaftliche Vermögen, dessen Einkünfte bei Lebzeiten des Vaters zweifellos teilweise auch zum Unterhalte der Kinder gedient haben, ist dieser Bestimmung dadurch, daß jetzt an demselben Nießbrauch, Verwaltung und Verfügung der überlebenden Ehegattin zukommen, noch nicht entzogen. Und der Substanz nach ist dieses Vermögen zum Anteil des verstorbenen Vaters auch den Kindern angefallen, sei es gemäß § 7 des Gesetzes vom 16. April 1860 im Wege des Erbganges, sei es ohne solchen vermöge Eintrittes der Abkömmlinge in die Stelle des Verstorbenen (§ 1483 Abs. 1

Satz 2 B.G.B.). Allerdings hat das Bürgerliche Gesetzbuch ebensowenig wie das Gesetz über die westfälische Gütergemeinschaft eine besondere Bestimmung dahin getroffen, daß bei fortgesetzter Gütergemeinschaft der überlebende Ehegatte die Kinder aus dem Gesamtgute zu unterhalten habe, und es ist daher anzunehmen, daß der Unterhalt der Abkömmlinge (formellrechtlich) keine Last des Gesamtgutes bildet, daß es vielmehr in Ansehung der Unterhaltspflicht bei den Vorschriften der §§ 1601 flg. B.G.B. bewenden soll (wie vom Berufungsrichter hinsichtlich jenes Provinzialgesetzes besonders betont wird).

Vgl. Motive zu § 1487 (1391) B.G.B. Bd. 4 S. 463 flg.; Protok. der II. Kommission Bd. 4 S. 317, 328 flg.; Planck, B.G.B. zu § 1487 Bem. 3; Dernburg, Bürgerl. R. Bd. 4 § 61 S. 201; Schröder, Das eheliche Güterrecht § 4 S. 71 Anm. 1.

Allein immerhin besteht auch rechtlich eine Beziehung des Unterhaltsanspruches der Abkömmlinge zu dem Gesamtgute der fortgesetzten Gütergemeinschaft. Nach § 1495 Nr. 3 B.G.B. und § 14 Nr. 7 des Gesetzes vom 16. April 1860 in der Fassung des Art. 48 § 6 preuß. Ausf.-Ges. zum B.G.B. kann ein anteilsberechtigter Abkömmling gegen den überlebenden Ehegatten auf Schichtung klagen, wenn der überlebende Ehegatte seine Verpflichtung, dem Abkömmling Unterhalt zu gewähren, verletzt hat und für die Zukunft eine erhebliche Gefährdung des Unterhaltes zu besorgen ist (entsprechend dem in § 1468 Nr. 3 [vgl. auch § 1418 Abs. 1 Nr. 2] B.G.B. der Ehefrau eingeräumten Klagerecht auf Aufhebung der Gütergemeinschaft). Die unterhaltsberechtigten Abkömmlinge sind also unter der angeführten Voraussetzung, die freilich im gegenwärtigen Falle bisher nicht eingetreten ist, in die Lage gesetzt, ihren Anteil an dem Gesamtgute zum Zwecke ihres Unterhalts frei zu machen. Wirtschaftlich betrachtet, ist entweder das Unterhaltsrecht der Kinder insoweit, als zu dessen Erfüllung das gütergemeinschaftliche Vermögen zu dienen hat, ihnen durch den Tod des Vaters nicht entzogen, oder aber es trifft insoweit die Voraussetzung des Unterhaltsbedürfnisses nicht zu, indem die Kinder aus den Einkünften ihres eigenen Vermögens unterhalten werden. Die Vorschrift in § 843 Abs. 4, wonach der Ersatzanspruch nicht dadurch ausgeschlossen wird, daß ein „anderer" dem Verletzten Unterhalt zu gewähren hat, würde seinem

Wortlaute nach auf einen Fall der vorliegenden Art zutreffen, wenn man nur auf die nunmehr der Mutter obliegende Unterhaltspflicht zu sehen hätte. Allein nach Sinn und Zweck des Gesetzes (Motive Bd. 2 S. 782) kann jene Vorschrift nicht dazu führen, daß für den Schadensersatzanspruch der Kinder des Getöteten die zu ihrem Unterhalt nach wie vor verwendbaren Einkünfte des gütergemeinschaftlichen Vermögens ganz außer Betracht bleiben, und auf diese Weise dem nur schadensersatzberechtigten Kind tatsächlich eine Bereicherung zuteil würde. Es ist hier eben sachlich nicht ein „anderer", der dem Verletzten Unterhalt zu gewähren hat....

Die Anschlußrevision der Klägerin zu Ziff. 1 ist als eine eventuelle gesetzlich zulässig." (Wird näher begründet.) „Die Anschließung wurde dahin begründet: wenn, entgegen der Rechtsansicht des Berufungsrichters und mit dem ersten Richter, für die Kinder ein Unterhaltsanspruch gegen den verstorbenen Vater und damit ein Rentenanspruch gegen die Beklagte verneint werden sollte, so würde der durch den Tod des Ehemannes der Witwe entstandene Schade insofern ein größerer, von dem Berufungsgericht nicht berücksichtigter geworden sein, als der Mutter durch den Unfall der sonst dem Vater obliegende Unterhaltsanspruch zugewälzt, und ihr dessen Befriedigung aus ihrem Vermögen auferlegt wäre. In diesem Falle sei bei richtiger Anwendung des § 844 B.G.B. und der §§ 286, 287 Z.P.O. die Rente auch für den so vergrößerten Schaden zu gewähren. Dieser Standpunkt kann nicht als richtig angesehen werden. Die Witwe hat nach § 3 Abs. 2 des Haftpflichtgesetzes und § 844 Abs. 2 B.G.B. aus eigenem Recht nur Ersatz wegen des ihr durch den Tod des Mannes entzogenen Unterhalts, nicht wegen aller ihr aus Anlaß des Unfalles erwachsenen Vermögensnachteile zu beanspruchen. Im allgemeinen steht ein Schadensersatzanspruch nur dem Verletzten selbst, und nach Maßgabe der erwähnten Gesetzesbestimmungen den Unterhaltsberechtigten zu. Der Grundsatz des § 844 Abs. 2 B.G.B. aber läßt sich nicht dahin anwenden, daß in dem Falle, wenn durch die Tötung die Unterhaltspflicht eines Angehörigen gegen Dritte zur Aktualität gebracht wird, hierfür dem Unterhaltspflichtigen Ersatz zu leisten wäre.

Vgl. Oertmann, Recht der Schuldverhältnisse § 844 Bem. 8, 2. Aufl. S. 996; die dort erörterte Entscheidung des Reichsgerichts,

I. Zivilsenates, vom 12. Februar 1902 (Seuffert, Archiv Bd. 57 Nr. 217 S. 406) betrifft einen Fall der Haftung eines Reeders nach Artt. 451, 452 Nr. 3, Art. 777 H.G.B. a. F. aus der Zeit vor dem 1. Januar 1900.
Übrigens würde der von der Anschlußrevision geltend gemachte Gesichtspunkt weder insoweit, als den Klägern zu 3 und 6 ein Ersatzanspruch gegen die Beklagte zuerkannt wird, zutreffen, noch insofern, als den Söhnen etwa aus dem gütergemeinschaftlichen Samtgut Unterstützungen zu gewähren sind, eine Erhöhung des Ersatzanspruches der Klägerin zu 1 rechtfertigen." ...

---

88. 1. Findet § 559 Z.P.O. Anwendung, wenn der Beklagte, obwohl während des Prozesses über sein Vermögen das Konkursverfahren eröffnet war, wegen eines die Konkursmasse betreffenden Anspruchs persönlich verurteilt worden ist, in der Revisionsbegründung aber deswegen keine Rüge erhoben hat?

2. Konnte in diesem Falle der Gemeinschuldner persönlich ein Rechtsmittel gegen das Urteil einlegen?

VI. Zivilsenat. Urk. v. 15. November 1906 i. S. K. (Bekl.) w. W. (Kl.). Rep. VI. 111/06.

I. Landgericht Gießen.
II. Oberlandesgericht Darmstadt.

Der Beklagte war zur Zahlung von Schmerzensgeld und einer Rente an die Klägerin verurteilt worden. In der Verhandlung über die vom Beklagten eingelegte Revision beantragte die Klägerin, die Revision als unwirksam eingelegt zu verwerfen, weil bereits zur Zeit der Verurteilung des Beklagten der Konkurs über sein Vermögen eröffnet gewesen, seitdem das Verfahren unterbrochen, die Einlegung der Revision daher der Klägerin gegenüber ohne rechtliche Wirkung geblieben sei.

Der Prozeßbevollmächtigte des Beklagten wie auch das Oberlandesgericht hatten von der Konkurseröffnung keine Kenntnis erlangt, weil tatsächlich eine Versicherungsgesellschaft den Prozeß für den Beklagten führte. Das übrige ergibt sich aus den folgenden

Gründen:

„Der Konkurs über das Vermögen des Beklagten ist laut der vorgelegten gerichtlichen Bescheinigung, deren Inhalt die Klägerin nicht bestreitet, am 18. Januar 1906 eröffnet worden, also vor dem Schlusse der mündlichen Verhandlung vom 5. Februar 1906, auf Grund welcher die angefochtene Entscheidung erlassen ist. Aus der Bemerkung in der Bescheinigung, daß Rechtsanwalt R. in Mainz Konkursverwalter „ist", geht auch hervor, daß das Konkursverfahren bis dahin nicht wieder aufgehoben worden war. Nach § 240 Z.P.O. wird im Falle des Konkurses über das Vermögen einer Partei das Verfahren unterbrochen, wenn es die Konkursmasse betrifft. Hier steht ein vermögensrechtlicher Anspruch in Frage, der im Regelfalle als Passivum zur Konkursmasse gehört (§ 1 K.O.). Die Klägerin hat auch keine Erklärung abgegeben, daß sie den Beklagten nur persönlich in Anspruch nehme und aus der Konkursmasse keine Befriedigung suche. Ihr jetziger Antrag bringt im Gegenteil zum Ausdruck, daß sie selbst das Verfahren als durch den Konkurs unterbrochen erachtet, daß sie also davon ausgeht, das Verfahren habe die Konkursmasse betroffen. Die mündliche Verhandlung vom 5. Februar 1906 ist sonach ohne rechtliche Wirkung (§ 249 Abs. 2 Z.P.O.). Diese Unwirksamkeit teilt sich notwendig der auf Grund der Verhandlung ergangenen Entscheidung mit, wenn auch diese, als richterliches Urteil, nicht schon, wie die Prozeßhandlungen der Parteien, von Gesetzes wegen wirkungslos ist, sondern erst durch die gegebenen Rechtsmittel beseitigt werden muß.

Vgl. Urteil des erkennenden Senats vom 5. Oktober 1899, Entsch. in Zivils. Bd. 45 S. 327.

Der Beklagte hat zwar wegen des von dem Berufungsgericht — das keine Kenntnis von der Konkurseröffnung hatte — nur objektiv begangenen prozessualen Verstoßes in der Revisionsbegründung keine Rüge erhoben. Allein das Revisionsgericht ist hier an die Revisionsgründe der Partei nicht gebunden. Die Wirkungen der Konkurseröffnung auf ein Verfahren, das die Konkursmasse betrifft, treten unabhängig von dem Willen der Parteien kraft Gesetzes ein (§ 240 Z.P.O.). Der Prozeß als Ganzes wird davon ergriffen und zum

Stillstand gebracht. Es handelt sich um einen Mangel, der in jeder Lage des Verfahrens von Amts wegen zu berücksichtigen ist. In einem solchen Falle kann § 559 Z.P.O. keine Anwendung finden.

Wenn nun trotz der durch die Konkurseröffnung geschaffenen Rechtslage gegen den Gemeinschuldner persönlich ein Urteil ergangen ist, so muß ihm die Befugnis eingeräumt werden, diese, seine Rechtsstellung verletzende, Entscheidung mit Hilfe des gesetzlichen Rechtsmittels, im vorliegenden Falle der Revision, zu beseitigen und so den gesetzmäßigen Zustand wieder herzustellen.

Demgemäß war das Berufungsurteil aufzuheben, und die Sache zur anderweiten Verhandlung und Entscheidung an das Berufungsgericht zurückzuverweisen. Damit erledigt sich auch der Antrag der Klägerin, die Revision als unwirksam eingelegt zu verwerfen." ...

---

89. Kann sich der wegen unzulässiger Zuführungen Verklagte damit verteidigen, daß zur Zeit der Errichtung seines Betriebes die Zuführungen in der Gegend ortsüblich gewesen sind?

B.G.B. §§ 906, 1004.

V. Zivilsenat. Urt. v. 24. November 1906 i. S. Rh. Br.-Akt.-Ges. (Bekl.) w. O. (Kl.). Rep. V. 120/06.

I. Landgericht Köln.
II. Oberlandesgericht daselbst.

Auf die Klage hin hatte der erste Richter die Beklagte trotz ihres Widerspruchs verurteilt, die Zuführung von Rauch und Ruß auf das in K.-A. gelegene klägerische Grundstück insoweit, als die Einwirkung dessen Benutzung nicht unwesentlich beeinträchtigt, zu unterlassen und insoweit die zur Vermeidung der Zuführung erforderlichen Maßnahmen zu treffen. Der Beklagten wurde eine Strafe von 300 ℳ für den Zuwiderhandlungsfall auferlegt. Im übrigen (soweit auf Schadensersatz gerichtet) wurde die Klage abgewiesen, die Beklagte aber in alle Streitkosten verurteilt.

Sie legte Berufung ein, der sich der Kläger wegen Abweisung seines Schadensersatzanspruchs anschloß.

Durch Urteil des Oberlandesgerichts wurde einerseits aus dem landgerichtlichen Urteile die Verurteilung zum Treffen von Maßnahmen gestrichen, andererseits der Schadensersatzanspruch des Klägers als dem Grunde nach für gerechtfertigt erklärt, und die Sache wegen des — bis dahin aber ziffermäßig nie geltend gemachten — Schadensbetrags und wegen der Kosten der Berufungsinstanz an das Landgericht zurückverwiesen.

Auf Revision der Beklagten ist nur wegen des Ausspruchs über den Schadensersatz die Sache zurückverwiesen, im übrigen aber die Revision zurückgewiesen worden.

Aus den Gründen:

„Die Revision bekämpft an sich nicht die Feststellung des Berufungsrichters, daß der fragliche Stadtteil von K. reines Villenviertel sei, und daß dort eine Benutzungsart und Zuführungen, wie sie Beklagte betätige, nicht ortsüblich seien.

Ist aber jene Feststellung unangefochten und daher nach § 561 Z.P.O. maßgebend, so ergibt sich daraus, daß dadurch die Einrede der Ortsüblichkeit aus § 906 B.G.B. widerlegt wird. Zugleich wird aber damit auch der Revisionsangriff beseitigt, der dahin geht, daß, weil die Gegend erst seit drei Jahren Villenviertel, früher aber Fabrikgegend nach der Beklagten Behauptung gewesen sei, aus Billigkeitsgründen und nach richtiger Auslegung des § 906 die Beklagte das Recht auf ungestörten Fortbetrieb ihrer Brauerei, der Kläger kein Recht zur Klage nach §§ 1004. 906 habe. Dem kann, wenn man auch die erwähnten Tatsachen der Veränderung der Gegend aus einem Fabrik- in ein Villenviertel unterstellt, nicht beigepflichtet werden. Allerdings ist der Revision soviel zuzugeben, daß die bisher von der Rechtsprechung behandelten Fälle, in denen ein älteres Recht auf übermäßige Zuführungen (nach der sog. Präventionstheorie) behauptet wurde, sich mit der gegenwärtigen Sachlage nicht decken. In jenen Fällen bestand der die Zuführungen aussendende Betrieb, ohne sich auf Ortsüblichkeit stützen zu können, früher als das Gebäude oder die Anlage, deren Eigentümer später aus §§ 1004 und 906 B.G.B. klagte. Im vorliegenden Falle dagegen soll die Brauerei zu einer Zeit angelegt worden sein, da wegen Ortsüblichkeit solcher Betriebe ihre Errichtung und Benutzung durchaus berechtigt und unanfechtbar war. Erst später — angeblich erst seit drei Jahren — soll sich die Gegend allmählich in ein Villenviertel umgewandelt haben, und es wird nun von dem Neuerwerber oder Errichter einer dortigen Villa wegen übermäßiger und nicht ortsüblicher Zuführungen geklagt. Es kann der Revisionsklägerin auch das zugestanden werden, daß in Fällen der letzteren Art Billigkeitsrücksichten auf ein wohlerworbenes Recht des alten Betriebes auf lästige Zuführungen hinweisen könnten; allein gleichwohl muß nach Wortlaut und Sinn des Gesetzes auch bei solcher Sachlage ganz das gleiche gelten, wie für Fälle des Zuvorkommens mit einer Anlage (der Prävention) überhaupt. Wenn der § 906 B.G.B. von Zulässigkeit jener Zuführungen spricht, die durch eine Benutzung des anderen Grundstückes herbeigeführt werden, die nach den örtlichen Verhältnissen bei Grundstücken dieser Lage gewöhnlich ist, so kann er keine andere Zeit im Auge haben als die der Klagerhebung, nicht etwa eine frühere Zeit, z. B. die der Errichtung des die Zuführungen aussendenden Betriebes. Es hätte dieses letzte besonders ausgedrückt werden müssen und unschwer ausgedrückt werden können. Indem aber der Gesetzgeber — wie sich auch aus Mot. Bd. 3 S. 267, Prot. S. 3530 flg. ergibt — absichtlich das Zeitwort der Gegenwart statt der Vergangenheitsform wählte, zog er zugleich nur eine richtige Folgerung aus seinen Grundsätzen über den Inhalt des Eigentumsrechts überhaupt. Leitsatz ist der des § 903 B.G.B., wonach der Eigentümer einen anderen von jeder Einwirkung auf die Sache ausschließen kann. Nur aus Rücksichten auf das wirtschaftliche Zusammenleben der Menschen und zum Ausgleiche der sich dabei widerstreitenden Interessen sind die Ausnahmen des § 906 zu erwähntem Grundsatze gemacht. Sie beruhen, was die Gemeinüblichkeit der Zuführungen und deren Zulassung betrifft, auf der Billigkeitserwägung, daß die Anschauung und der zu vermutende Wille der Mehrheit der Bewohner und Grundeigentümer einer bestimmten Gegend dafür entscheidend sein soll, ob und inwieweit auch lästigere Zuführungen zu ertragen sind. Auf diesen zu vermutenden Mehrheitswillen kommt alles an; er kann sich, wie das Reichsgericht ebenfalls schon ausgesprochen hat, im Laufe der Zeit, sei es im milderen, sei es im strengeren Sinne, ändern, und er bleibt nicht für eine bestimmte Normalzeit festgelegt. Jeder wegen lästiger Zuführungen Verklagte muß daher beweisen, daß gerade zur Zeit der Klagerhebung und Prozeßführung solche Zuführungen ortsüblich seien; diesen Einredebeweis hat die Beklagte aber nicht nur nicht erbracht, sondern, wie angegeben, hat der Vorderrichter die Einrede sogar für widerlegt erklärt.

Allerdings konnten nach altem Rechte und können nach neuem Rechte durch Verträge Dienstbarkeiten auf Ertragung lästigerer Zuführungen begründet werden; nach altem Rechte war unter Umständen auch die Ersitzung einer solchen Dienstbarkeit möglich. Daß aber eine solche Dienstbarkeit ihr dem Kläger gegenüber zustehe, behauptete die Revisionsklägerin selbst niemals. Wenn sie sich aber auf ein „servitutähnliches“ wohlerworbenes Recht, etwa ähnlich dem der preußischen Straßenanlieger gegen die Stadtgemeinde, stützt, so fehlt es hierfür an jedem gesetzlichen Anhalt. Es könnte hierbei nur entweder eine nachbarrechtliche Bestimmung des Bürgerlichen Gesetzbuchs, oder eine solche des früheren französischen Rechts in Frage kommen. Aber in erster Richtung ist eben nur der § 906 B.G.B. der Sitz dieses nachbarrechtlichen Stoffes, und können andere Bestimmungen zugunsten der Beklagten nicht angeführt werden, und dies ist ebensowenig nach französischem Rechte möglich, von der Revision übrigens auch gar nicht versucht.

Vgl. Entsch. des R.G.'s in Zivils. Bd. 11 S. 342.

Muß nach alledem der erste Revisionsangriff versagen, so ist doch der zweite, auf § 304 Z.P.O. gestützte, wohlberechtigt.“ ...

---

90. Ist, wenn eine zur Hinterlegung nicht geeignete Sache geschuldet wird, und der Schuldner wegen Annahmeverzugs des Gläubigers die geschuldete Sache rechtmäßig zum Verkauf bringt, zur Befreiung des Schuldners unbedingt die Hinterlegung des Erlöses erforderlich, oder kann diese durch andere Maßnahmen, durch welche der Vermögenswert des Erlöses dem Vermögen des Gläubigers zugeführt wird, ersetzt werden?

B.G.B. §§ 383, 387, 181.

VI. Zivilsenat. Urt. v. 26. November 1906 i. S. Freih. v. F. (Bekl.) w. G. (Kl.). Rep. VI. 418/05.

I. Landgericht Freiberg.
II. Oberlandesgericht Dresden.

Der Kläger hatte im Jahre 1895 von dem Beklagten ein größeres Landgut auf die Zeit bis zum 30. Juni 1907 gepachtet und dabei das Inventar käuflich übernommen. Der Beklagte verlangte, gestützt auf besondere Bestimmungen des Pachtvertrags, wegen angeblicher Verletzungen des Vertrages durch den Kläger im Jahre 1899 Aufhebung des Vertrages; in dem hierüber geführten Prozesse kam es in zweiter Instanz zu einer Einigung, daß der Kläger das Gut am 1. Juli 1901 zu räumen habe. Der Kläger verlangte unter Berufung auf die einschlagenden Bestimmungen des Vertrages, daß der Beklagte das Gutsinventar zu dem durch Sachverständige zu bestimmenden Taxpreise übernehme und bar bezahle. Da der Beklagte dies verweigerte, kam es auch hierüber zum Prozeß. Als im Laufe desselben die Zeit, zu welcher das Gut zu räumen war, herankam, brachte der Kläger das Inventar unter Wahrung der in §§ 383, 384 B.G.B. vorgeschriebenen Formen zur Versteigerung. Den Erlös hinterlegte er nicht; er verwendete ihn vielmehr dazu, sich daraus, soweit es möglich war, wegen des Preises, den ihm der Beklagte zu zahlen gehabt hätte, zu decken. Den Rest dieses Preises forderte er vom Beklagten. Das Oberlandesgericht verurteilte den Beklagten, und die von diesem eingelegte Revision wurde zurückgewiesen.

Aus den Gründen:

... „Der Beklagte rügt ..., das Berufungsurteil verstoße gegen § 383 B.G.B., indem es annehme, dem Klaganspruche stehe der Umstand nicht entgegen, daß der Kläger den bei der Versteigerung des Inventars erzielten Erlös nicht bei der hierfür zuständigen öffentlichen Stelle hinterlegt hat.

... Dieser Angriff hat nicht als begründet anerkannt werden können. Allerdings wird in der Literatur überwiegend angenommen, durch einen nach den Bestimmungen in §§ 383—385 B.G.B. vorgenommenen Verkauf der geschuldeten Sache werde das Rechtsverhältnis nicht dahin geändert, daß nun der erzielte Erlös den Schuldgegenstand bilde. Der Verkauf solle dem Schuldner einen Weg bieten, zur Hinterlegung zu gelangen; er sei nur eine diese vorbereitende Maßregel, ein Inzidentpunkt im Hinterlegungsverfahren und könne deshalb zur Befreiung des Schuldners von seiner ursprünglichen Verpflichtung nur führen, wenn ihm die Hinterlegung des Erlöses nachfolge. Insbesondere könne der Schuldner diese Befreiung nicht dadurch erreichen, daß er gegen den Erlös eine ihm an den Gläubiger zustehende Geldforderung aufrechne.

Vgl. Rehbein, B.G.B. Bd. 2 S. 321; Crome, System des bürgerl. Rechts Bd. 2 § 189 unter III, 3; Dernburg, Bürgerl. Recht Bd. 2, 3. Aufl. § 77 Anm. 7 und § 121 unter IV; Endemann, Lehrbuch des bürgerl. Rechts 8. Aufl. § 143 Anm. 15; Schollmeyer, Recht der Schuldverhältnisse Bem. 1 zu § 383; Planck, B.G.B. Bd. 2, 1. u. 2. Aufl. Bem. 1 zu § 383; Beer, Die Hinterlegung zum Zwecke der Befreiung ꝛc S. 15 flg., und andere.

Diese von anderer Seite bekämpfte Auffassung,

vgl. insbesondere Oertmann, Recht der Schuldverhältnisse 2. Aufl. Bem. 2 zu § 383; Kohler, Zwölf Studien zum B.G.B. Nr. III S. 199 flg.,

wird auf den Wortlaut des Gesetzes, auf Bemerkungen in den Motiven zu § 278 des Entw. zum B.G.B. (Bd. 2 S. 102 flg.), sowie in der Denkschrift zum Entwurf des H.G.B.'s (S. 215 der Guttentag'schen Ausgabe) und darauf gestützt, daß in Bestimmungen des Bürgerlichen Gesetzbuchs, welche sich auf den Verkauf von gefundenen und verpfändeten Sachen beziehen (§§ 966, 979, 1219), ausdrücklich bestimmt sei, daß der Erlös an die Stelle der verkauften Gegenstände trete, eine entsprechende Vorschrift aber in § 383 fehle, und in einem früheren Stadium der Vorarbeiten zum Bürgerlichen Gesetzbuche ein Antrag, eine solche Bestimmung auch für den jetzt in den §§ 383—386 geregelten Selbsthilfeverkauf des Schuldners zu treffen, gestellt, aber abgelehnt und später nicht wiederholt worden sei.

Es bedarf indes nach Lage der Sache keiner Entscheidung darüber, ob durch den Selbsthilfeverkauf eine Änderung des Schuldverhältnisses dahin eintritt, daß dann an die Stelle der ursprünglich geschuldeten Sache der Erlös tritt. Denn wenn dies auch zu verneinen, also anzunehmen wäre, daß auch nach dem Verkaufe der Schuldner, sofern er dazu imstande ist, den ursprünglichen Schuldgegenstand leisten dürfe, und der Gläubiger nur einen Anspruch auf diese Leistung habe, so ergibt sich doch aus §§ 383 flg. mit Notwendigkeit, daß der Schuldner nach dem berechtigterweise und formgerecht vorgenommenen Selbsthilfeverkaufe an sich berechtigt ist, statt des ursprünglichen Schuldgegenstandes den Erlös zu leisten; denn sonst könnte auch die Hinterlegung des Erlöses niemals eine schuldtilgende Wirkung haben.

In Frage kann daher nur kommen, ob anzunehmen ist, daß der Schuldner von der Befugnis, seine Schuld durch Leistung des Erlöses zu tilgen, ausschließlich auf dem Wege der Hinterlegung des Erlöses soll Gebrauch machen dürfen.

Aus dem Wortlaut des § 383 allein kann das nicht gefolgert werden. Allerdings ist dort gesagt, der Schuldner könne die geschuldete Sache versteigern lassen und den Erlös hinterlegen. Indes handelt der ganze Titel, zu dem § 383 gehört, überhaupt nur von der Hinterlegung und regelt überall nur, unter welchen Umständen und in welcher Weise der Schuldner hinterlegen darf, und welche rechtlichen Wirkungen sich an die Hinterlegung knüpfen. Mit der Frage, ob und wie sich der Schuldner mit oder ohne Mitwirkung des Gläubigers auf andere Weise als durch Hinterlegung von seiner Schuld befreien kann, hat der ganze Abschnitt nichts zu tun. Die Bejahung der vorstehend bezeichneten Frage könnte also nur darauf gestützt werden, daß die Bestimmungen, durch welche dem Schuldner unter gewissen Umständen der Verkauf der geschuldeten Sache mit Rechtswirkung gegenüber dem säumigen Gläubiger gestattet worden ist, in den von der Hinterlegung handelnden Abschnitt des Gesetzes aufgenommen und mit der Vorschrift, daß der Schuldner den Erlös hinterlegen dürfe, in unmittelbaren, engen Zusammenhang gebracht worden sind. Wie mit Recht geltend gemacht worden ist (Müller, in den Jahrbüchern für die Dogmatik des bürgerlichen Rechts Bd. 41 S. 461 flg.), hätte es, wenn dem Schuldner unter den in § 383 bezeichneten Voraussetzungen schlechthin das Recht zum Selbsthilfeverkauf mit der Wirkung eingeräumt werden sollte, daß dadurch an die Stelle der ursprünglichen Schuld eine Geldschuld trete, oder doch der Schuldner das Recht erlange, statt des ursprünglichen Gegenstandes den Erlös zu leisten, nahe gelegen, die dahin gehenden Bestimmungen nicht in dem Titel von der Hinterlegung zu treffen, sondern ihnen eine andere Stelle, etwa in dem vom Verzuge des Gläubigers handelnden Abschnitte, anzuweisen. Es muß indes Bedenken getragen werden, dieser Erwägung eine ausschlaggebende

Bedeutung beizulegen, da der Auslegung, die darauf gestützt werden soll, gewichtige innere Gründe entgegenstehen.

Der Verkauf, zu dem der Schuldner unter den in § 383 bestimmten Voraussetzungen schreiten darf, der also eine an sich rechtmäßige Handlung ist, geschieht für Rechnung des säumigen Gläubigers. Zwar ist dies in § 383 — abweichend von § 373 H.G.B. — nicht ausgesprochen; es ist das aber nicht bloß in den Motiven zu § 278 ausdrücklich hervorgehoben, sondern hat auch in § 457 B.G.B. positiven gesetzlichen Ausdruck gefunden, insofern dort unter den Fällen, in denen jemand durch gesetzliche Vorschrift ermächtigt ist, eine Sache für Rechnung eines anderen zu verkaufen, der Verkauf, den der Schuldner auf Grund der Bestimmungen in §§ 383, 385 vornimmt, ausdrücklich mitaufgeführt ist. Nun soll aber die vom Gesetz in § 383 erwähnte Gebarung, welche der Schuldner mit dem für Rechnung des Gläubigers vereinnahmten Verkaufserlöse vornehmen darf, und welche die in §§ 378, 379 bestimmten Rechtswirkungen hat, doch nur dazu dienen, den Gläubiger in die Lage zu bringen, den für ihn hinterlegten Erlös bei der betreffenden öffentlichen Stelle in Empfang zu nehmen und darüber zu verfügen. Die Hinterlegung ist nicht Selbstzweck; sie ist nur ein Mittel, durch das die Überführung des Erlöses in das Vermögen des Gläubigers angebahnt und sichergestellt werden soll. Die Annahme, daß der Schuldner sich ausschließlich durch die Hinterlegung des Verkaufserlöses liberieren könne, würde also zu dem Ergebnis führen, daß nach dem Willen des Gesetzgebers dem Schuldner zwar eine Maßnahme, welche die ihr Ziel bildende Überführung des Erlöses in das Vermögen des Gläubigers nur vorbereiten kann, gestattet sein und seine Befreiung von der Schuld herbeiführen soll, daß aber Handlungen des Schuldners, welche diese Überführung unmittelbar bewirken würden, unstatthaft und wirkungslos sein sollen. Das wäre eine Rechtsgestaltung, die nach allgemeinen Grundsätzen gewiß befremdlich genannt werden müßte und nur beim Vorliegen schlechthin zwingender Gründe als vom Gesetz gewollt angesehen werden könnte, zumal da auch Zweckmäßigkeitsgründe, welche für eine solche Regelung des Rechtsverhältnisses sprechen könnten, wohl kaum erfindlich sind. Ein solcher zwingender Grund ist nach der Ansicht des erkennenden Senats in der den Vorschriften über den Selbsthilfeverkauf angewiesenen Stellung im Bürgerlichen Gesetzbuch nicht zu finden. Die oben erwähnten Bemerkungen in der Denkschrift zum Entwurfe des Handelsgesetzbuchs und in den Motiven zu § 278 des Entw. zum B.G.B. sprechen zwar aus, daß zu der Versteigerung der ursprünglich geschuldeten Sache die Hinterlegung des Erlöses hinzutreten müsse, wenn die ursprüngliche Schuld getilgt werden solle; es liegt aber kein zureichender Grund zu der Annahme vor, daß die Verfasser jener gesetzgeberischen Vorarbeiten dabei die Frage, ob die Hinterlegung durch eine andere Maßnahme, durch welche der Gläubiger den Erlös oder dessen Vermögenswert erhalte, ersetzt werden könne, im Auge gehabt und sie zu verneinen beabsichtigt haben.

Auch von Schriftstellern, welche grundsätzlich als Befreiungsmittel für den Schuldner nur die Hinterlegung anerkennen, insbesondere die Aufrechnung ausschließen wollen, wird nicht in Zweifel gezogen, daß die Hinterlegung des Erlöses dadurch ersetzt werden kann, daß der Schuldner den Erlös an den Gläubiger zahlt, und dieser ihn annimmt (vgl. die angeführten Stellen in den Kommentaren von Rehbein und Planck). In dem letzterwähnten Werke wird sogar angenommen, der Gläubiger könne, wenn er sich zur Annahme des Erlöses erbiete, verlangen, daß ihm der Schuldner diesen überantworte, statt zur Hinterlegung zu schreiten. Es mag, wenn die Zahlung als Ersatz der Hinterlegung anerkannt worden ist, zunächst an den Fall gedacht sein, wo der Erlös gegeben und genommen wird mit dem übereinstimmenden Willen, daß dadurch die ursprüngliche Schuld getilgt werden solle. Zahlung kann aber sehr wohl auch erfolgen, ohne daß eine solche Übereinstimmung vorliegt. Der Gläubiger wird sich, namentlich wenn durch den Selbsthilfeverkauf die Naturalerfüllung der ursprünglichen Verpflichtung unmöglich geworden ist, sehr wohl dazu veranlaßt sehen können, den Verkaufserlös anzunehmen, obwohl er die Berechtigung des Schuldners zum Selbsthilfeverkauf oder dessen Formrichtigkeit bestreitet und sich seine vermeintlichen über den Erlös hinausgehenden Ansprüche auf Entschädigung (§ 280 Abs. 1 B.G.B.) ausdrücklich vorbehält. Gleichwohl wird auch in solchen Fällen kein Zweifel bestehen können, daß die Zahlung des Erlöses seine Hinterlegung ersetzt, und aus den Vorschriften in § 383 B.G.B. selbst ist nach dem Vorstehenden auch nicht zu entnehmen, daß das gleiche nicht durch andere Maßregeln des Schuldners, durch welche der Gläubiger den Vermögenswert des Erlöses gewährt erhält, ebenfalls geschehen könnte.

Das Berufungsgericht nimmt an, es sei dies wirksam dadurch geschehen, daß der Kläger die Forderung auf den von den Sachverständigen bestimmten Preis des Inventars gegen den von ihm an den Beklagten auszuantwortenden Versteigerungserlös aufgerechnet habe, da einer solchen Aufrechnung auch die allgemeinen Regeln über die Zulässigkeit der Kompensation nicht entgegenständen. In der Literatur hat mehrfach die gegenteilige Meinung Vertretung gefunden.

Vgl. Müller, a. a. O.; Sohm, in der Zeitschr. f. d. ges. Handelsrecht Bd. 53 S. 112; Rosenberg, in den Jahrbüchern für die Dogmatik rc Bd. 43 S. 238 flg.

In der Tat lassen sich, wie auch dem Oberlandesgericht nicht entgangen ist, dann, wenn man annimmt, daß durch den Selbsthilfeverkauf des Schuldners sich dessen ursprüngliche Schuld noch nicht schlechthin in eine Geldschuld umwandelt, er vielmehr nur berechtigt ist, statt den geschuldeten Gegenstand zu leisten, sich durch Zahlung des Erlöses zu befreien, (facultas alternativa des Schuldners) Zweifel erheben, ob die in § 387 B.G.B. bestimmten Voraussetzungen für die Aufrechnung einer Geldforderung des Schuldners gegen den Erlös der verkauften Sache vorliegen, weil eben der Schuldner nicht verpflichtet ist, den Erlös zu zahlen, also streng genommen nicht gesagt werden kann, daß beide Teile einander Geld schulden.

Es kann indes dahingestellt bleiben, ob man auf eine solche Argumentation die Annahme stützen dürfe, daß nach der Absicht des Gesetzgebers in allen den Fällen, wo dem Schuldner kraft Vertrages oder Gesetzes (vgl. die Zusammenstellung in der Schrift von Pescatore, in Fischer's Abhandlungen zum B.G.B. Bd. 13 S. 288 flg.) das Recht zusteht, statt des eigentlichen Schuldgegenstandes eine Geldsumme zu leisten, der Gläubiger also das Geld als Erfüllung gelten lassen muß, dem Schuldner, der die Geldabfindung wählt, das Recht, diese durch Aufrechnung einer Gegenforderung zu gewähren, deshalb versagt sein solle, weil er durch Geld zwar erfüllen darf, aber nicht muß. Denn wenn dies auch grundsätzlich anzuerkennen wäre, so würde doch im vorliegenden Falle dem Beklagten das Recht nicht zuzugestehen sein, die Bezahlung des Gutsinventars deshalb zu verweigern, weil der Kläger den Versteigerungserlös nicht hinterlegt hat.

Nach den auf einwandsfreien tatsächlichen Würdigungen und der Anwendung irrevisiblen Rechtes beruhenden Feststellungen der Vorinstanz war der Beklagte verpflichtet, bei der nach dem geschlossenen Vergleiche am 30. Juni 1901 vorzunehmenden Räumung des Pachtgutes das Inventar zu den von den Taxatoren bestimmten Preisen käuflich zu erwerben und sofort bei dessen Übernahme den Kaufpreis bar an den Kläger zu bezahlen, und er ist nicht bloß bezüglich der Annahme des ihm zu übergebenden Inventars, sondern zugleich auch hinsichtlich der von ihm zu leistenden Zahlung in Verzug geraten. Der Kläger aber hat, nachdem er infolgedessen das Inventar unter Wahrung der gesetzlichen Formen zur Versteigerung gebracht hatte, den dabei für Rechnung des Beklagten vereinnahmten Erlös innebehalten und auf den Kaufpreis, den er vom Beklagten zu beanspruchen hatte, verrechnet.

Das Berufungsgericht sieht dies als eine Aufrechnung an, wie dies auch der Beklagte selbst getan hatte. Näher liegt eine andere Auffassung, nämlich die, daß der Kläger das Geld, welches er für Rechnung des Beklagten eingenommen hatte, dazu verwendet hat, damit, soweit der Erlös reichte, die Kaufpreisschuld des Beklagten im Wege der Zahlung an sich selbst zu tilgen. Dies muß der Beklagte gegen sich gelten lassen. Die Vorschrift in § 181 B.G.B. steht dem nicht entgegen. Zwar hatte der Beklagte dem Kläger eine solche Gebarung mit dem Erlöse nicht gestattet; es ist vielmehr nach der ganzen Sachlage zweifellos, daß sie seinem Willen zuwiderlief; allein es kann darauf nicht ankommen. Denn der Beklagte, der, ebenso wie als Gläubiger, so auch als Schuldner vertragswidrig handelte und in Verzug war, durfte nach Treu und Glauben dem Kläger die Zustimmung zu einer solchen Verwendung des Erlöses nicht versagen, und es steht ihm, wenn er sich darauf berufen wollte, er habe das gleichwohl getan, der Einwand der Arglist entgegen. Dies würde in gleicher Weise gelten, mag man hier das ältere, sächsische Recht (§ 858 sächs. B.G.B.), oder das jetzt geltende (§ 242 B.G.B.) für maßgebend ansehen.

Die Rücksichtnahme auf Treu und Glauben würde übrigens zur Zurückweisung des in Rede stehenden Einwandes auch dann führen, wenn man Aufrechnung anzunehmen hätte. Der Käufer einer beweglichen Sache, der sich in Annahmeverzug und gleichzeitig bezüglich des Zug um Zug zahlbaren Kaufpreises in Erfüllungsverzug befindet, muß, wenn die in § 383 bestimmten Voraussetzungen vorliegen, und der Verkäufer unter Wahrung der gesetzlichen Formen zum Selbsthilfeverkauf schreitet, als nach Treu und Glauben verpflichtet angesehen werden, geschehen zu lassen, daß der Verkäufer den Erlös auf seine Kaufpreisforderung behält und damit auf seiner Seite, soweit der Erlös hierzu ausreicht, den Zustand herstellt, der bestehen würde, wenn der Käufer seinen Vertragspflichten genügt hätte; dieser darf mit dem Einwande, daß er die Einwilligung tatsächlich nicht gegeben habe, nicht gehört werden.

Diese Erwägung würde auch dann zur Nichtbeachtung des Einwandes des Beklagten führen, wenn man, entgegen den oben dargelegten Erwägungen, annehmen wollte, daß an sich nach § 383 der Schuldner allein auf den Weg der Hinterlegung angewiesen sei, oder aus § 387 zu folgern wäre, daß die gesetzlichen Voraussetzungen der Aufrechnung nicht vorlägen. Denn es handelt sich überall nicht um zwingendes Recht; die Hinterlegung kann also durch andere Maßnahmen ersetzt werden, wenn beide Teile darüber, daß dies geschehen solle, einverstanden sind. Und was in diesem Falle gilt, muß auch gelten, wenn der säumige Gläubiger durch Verweigerung seiner Zustimmung gegen Treu und Glauben verstoßen würde, und das wäre unter den hier vorliegenden Umständen der Fall." ...

---

91. Kann eine wesentliche Verschlechterung der Kaufsache, wegen deren die Wandelung gemäß §§ 467, 351 B.G.B. ausgeschlossen ist, schon darin bestehen, daß infolge eines äußeren Ereignisses über den Wert der Sache eine ungünstige Auffassung beteiligter Kreise Platz gegriffen hat, ohne daß objektiv eine Verschlechterung eingetreten ist?

B.G.B. §§ 467, 351.

II. Zivilsenat. Urt. v. 27. November 1906 i. S. C. O. (Kl.) w. W. (Bekl.). Rep. II. 232/06.

I. Landgericht Hannover.
II. Oberlandesgericht Celle.

Mitte Oktober 1903 kauften die Inhaber der klagenden Gesellschaft vom Beklagten ein Automobil Nr. 1513 aus der Fabrik de Dietrich in Niederbronn zum Preise von 4900 *M*. Der Kaufpreis wurde am 16. Oktober 1903 entrichtet. Die Klägerin erachtete sich zur Wandelung des Vertrages für befugt, weil ihr das Automobil als neu verkauft sei, während es in Wirklichkeit ein seit langer Zeit gebrauchtes Automobil sei; sie hat den Beklagten verschiedentlich aufgefordert, den Wagen zurückzunehmen. Der Beklagte weigerte sich jedoch, den Kaufpreis, trotz Nachlasses von 300 *M* vom ursprünglichen Kaufpreis, zurückzuzahlen, und Klägerin erhob daher Klage mit dem Antrage, den Beklagten zu verurteilen, der Klägerin 4600 *M* nebst 5 Prozent Zinsen seit dem 13. November 1903 zu zahlen und das Urteil gegen Sicherheitsleistung für vorläufig vollstreckbar zu erklären.

Die Wandelungsklage wurde in beiden Instanzen abgewiesen. Auf Revision der Klägerin wurde jedoch das Berufungsurteil aufgehoben, und die Sache zurückverwiesen, soweit dies hier interessiert aus den folgenden

Gründen:

... „Das Oberlandesgericht hat über die Frage, ob der von der Klägerin erhobene Wandelungsanspruch bezüglich des derselben von dem Beklagten für einen Preis von 4900 *M* verkauften Automobils wegen Mangels der zugesicherten Eigenschaft der Neuheit des Wagens gemäß §§ 462 und 459 Abs. 2 B.G.B. an sich begründet sei, was das Landgericht in erster Linie verneint hatte, eine Entscheidung nicht getroffen. Es hat vielmehr die Abweisung des Wandelungsanspruchs durch das Landgericht mit der Begründung gemäß §§ 467 und 351 B.G.B. aufrecht erhalten, daß das Automobil, während dasselbe im Besitze der Klägerin gewesen sei, infolge eines von dieser verschuldeten Unfalls eine wesentliche Verschlechterung erlitten habe, wegen deren der Beklagte nach den vorbezogenen Bestimmungen berechtigt sei, den Wandelungsanspruch, selbst wenn derselbe an sich begründet sein sollte, zu bestreiten. Diese wesentliche Verschlechterung wird nun aber nicht sowohl in einer objektiven Minderwertigkeit des Automobils infolge des Unfalls gegen früher, sei es wegen ungenügender Reparatur der eingetretenen Beschädigungen, sei es weil es sich um eine überhaupt reparierte, nicht mehr ursprünglich unversehrte Maschine handele, als vielmehr lediglich darin gefunden, daß bei dem Gebrauch des Automobils überhaupt einmal ein Unfall sich ereignet habe. Schon hierdurch allein ergebe sich die Minderwertigkeit, insbesondere für den Beklagten als Händler in Automobilen; Treu und Glauben geböten es ihm, etwaigen Reflektanten den Umstand des mit dem Automobil eingetretenen Unfalls nicht zu verschweigen; daraus ergebe sich aber eine sehr erhebliche Minderung der Verkäuflichkeit, die als wesentliche Verschlechterung im Sinne des § 351 B.G.B. aufgefaßt werden müsse. Nach dieser Begründung ist für die rechtliche Beurteilung in der Revisionsinstanz zu unterstellen, daß objektiv eine Verschlechterung der Kaufsache, bezüglich deren die Wandelung beansprucht wird, überhaupt nicht eingetreten ist. Für einen solchen Fall muß aber, entgegen der Annahme des Oberlandesgerichts, die Voraussetzung des § 351 a. a. O. als rechtlich ausgeschlossen erachtet werden. Mag auch bei der Beurteilung, ob dieselbe gegeben ist, die individuelle Brauchbarkeit der zurückzugebenden Sache für den anderen Teil und dessen Interesse mit in Rücksicht gezogen werden, so kann das doch nicht ausschließlich maßgebend sein; es muß immer eine wirkliche Verschlechterung der Sache selbst vorliegen, die die Brauchbarkeit für den anderen beeinträchtigt. Eine andere Auslegung, wonach eine durch ein äußeres Ereignis herbeigeführte ungünstige Auffassung beteiligter Kreise über den Wert und die Brauchbarkeit ohne nachteilige Änderung der Sache selbst genügen würde, um die Wandelung abzulehnen, ist mit dem Wortlaut des § 351 a. a. O. nicht vereinbar; und es kann auch nach dem Zwecke des Gesetzes nicht angenommen werden, daß dasselbe auch in derartigen Fällen den Wandelungsanspruch schon aus einem solchen Grunde hat ausschließen wollen.

Danach konnte die angefochtene Entscheidung, so wie sie begründet ist, nicht aufrecht erhalten werden. Das Urteil des Berufungsgerichts war daher aufzuheben, die Sache selbst aber, da es bezüglich des streitigen Wandelungsanspruchs noch auf weitere tatsächliche Erörterungen, eventuell auch darüber, ob durch den fraglichen Unfall trotz der Reparaturen eine objektiv wesentliche Verschlechterung des Automobils herbeigeführt wurde, ankommt, zur anderweiten Verhandlung und Entscheidung an das Berufungsgericht zurückzuverweisen." ...

92. Findet gegen eine von einem Oberlandesgerichte auf Grund des § 102 Z.P.O. erlassene Entscheidung die sofortige Beschwerde statt?

Vereinigte Zivilsenate. Beschl. v. 27. November 1906 i. S. Rechtsanwalt Dr. J. K., Beschwerdeführers, zur Sache Geschwister B. (Kl.) w. Ehel. H. (Bekl.). Beschw. Rep. VI. 85/06.

I. Kammergericht Berlin.

Die vereinigten Zivilsenate haben die obige, zwischen dem I. und dem VI. Zivilsenate des Reichsgerichts streitig gewordene Rechtsfrage dahin entschieden:

„Gegen eine von einem Oberlandesgerichte auf Grund des § 102 Z.P.O. erlassene Entscheidung findet sofortige Beschwerde statt."

Gründe:

... „Die Auffassung, daß das Rechtsmittel der Beschwerde gegen die auf Grund des § 102 Z.P.O. getroffenen Entscheidungen der Oberlandesgerichte unzulässig sei, stützt sich auf den Wortlaut des § 567 Abs. 2 Z.P.O. in der Fassung, welche diese Gesetzesstelle durch das Gesetz vom 5. Juni 1905, betr. Änderungen der Zivilprozeßordnung, erhalten hat. Danach ist gegen die in betreff der Prozeßkosten erlassenen Entscheidungen der Oberlandesgerichte eine Beschwerde nicht zulässig. Die Zulässigkeit der Beschwerde, welche ein wegen groben Verschuldens zur Tragung hierdurch veranlaßter Kosten verurteilter Rechtsanwalt erhoben hat, müßte demnach verneint werden, wenn anzunehmen wäre, daß auch in denjenigen Fällen, in welchen das Prozeßgericht auf Grund des § 102 den dort bezeichneten Personen Kosten auferlegt, die sie durch grobes Verschulden veranlaßt haben, eine Entscheidung „in betreff der Prozeßkosten" im Sinne des § 567 Abs. 2 vorliegt. Das kann aber nicht angenommen werden. Es ist zwar richtig, daß auch die auf Grund des § 102 erlassenen Entscheidungen eine Verpflichtung zur Tragung von Prozeßkosten auferlegen und über die Höhe des Betrages, in welcher solche Kosten zu tragen sind, Bestimmung treffen. Aber die Tragweite derartiger Beschlüsse ragt nach ihren Voraussetzungen und nach ihrem sachlichen Inhalt über die Bedeutung der Entscheidungen, welche in betreff der Prozeßkosten im Anschluß an die Entscheidung eines Rechtsstreits und auf Grund des Sieges oder des Unterliegens einer Partei in demselben ergehen, weit hinaus. Die Anwendung des § 102 setzt die Feststellung eines groben Verschuldens der dort bezeichneten Personen voraus, welche am Rechtsstreite selbst nicht beteiligt sind, und räumt dem Prozeßgericht die Ermächtigung ein, Kosten, welche durch grobes Verschulden dieser Personen veranlaßt sind, ihnen selbst zur Last zu legen. Mit der Feststellung eines groben Verschuldens, welche erst nach Anhörung der beteiligten Personen erfolgen kann und die Auferlegung entstandener, aber vermeidlicher Kosten nach sich zieht, wird von dem Prozeßgericht, welches von der erteilten Ermächtigung Gebrauch macht, gegen den Betroffenen ein Tadel ausgesprochen, der um so empfindlicher wirkt, je gewissenhafter der Verurteilte seinen Pflichten nachzukommen bestrebt und gewohnt ist, und weit einschneidender ist, als der Vermögensnachteil, welcher aus der Auferlegung des Kostenersatzes sich ergibt. Durch das Erfordernis eines groben Verschuldens als Grundlage für eine verurteilende Entscheidung gewinnt der § 102 in der Zivilprozeßordnung eine eigenartige Stellung, welche es ausschließt, daß man eine auf § 102 gestützte Entscheidung auf die gleiche Stufe stellt, wie sonstige in betreff der Prozeßkosten ergehende Entscheidungen, die von der Feststellung eines groben Verschuldens unabhängig sind. Bei der Schaffung des § 102, der wörtlich mit § 97 Z.P.O. vom 30. Januar 1877 übereinstimmt und der Justizkommission des Reichstags seine Entstehung verdankt, hat man die Schärfe der hiermit eingeführten Maßregel auch durchaus nicht verkannt. Wie aus den Protokollen der Kommission (S. 34, 520, 661; Hahn, Materialien zur Zivilprozeßordnung Bd. 1 S. 551, Bd. 2 S. 985 und 1108 flg.) hervorgeht, wurden die von seiten der Vertreter des Bundesrates und von mehreren Reichstagsabgeordneten gegen die vorgeschlagene Bestimmung erhobenen Bedenken hauptsächlich durch den Hinweis beseitigt, daß die Betreffenden vor der Entscheidung ja gehört würden und das Beschwerderecht hätten; daraufhin wurde auch ein auf Streichung der Bestimmung abzielender Antrag abgelehnt. Der ausgesprochene Zweck der Bestimmung aber war es, das Pflichtgefühl der in § 102 bezeichneten Personen wachzurufen, damit die Aufwendung von Kosten, die nicht notwendig sind, vermieden, und eine möglichst wohlfeile Rechtspflege erreicht werde. Nach der Entstehungsgeschichte des § 102 und dem sachlichen Inhalt desselben bildet das gewährte Beschwerderecht einen wesentlichen Teil der ganzen damit getroffenen Maßnahme, und um annehmen zu können, daß das Beschwerderecht gegen die auf Grund des § 102 erlassenen Entscheidungen der Oberlandesgerichte durch das Gesetz vom 17. Mai 1898, welches die ältere Fassung des § 567 Abs. 2 brachte, beschränkt und durch das Gesetz vom 5. Juni 1905 mit der jetzigen Fassung des § 567 Abs. 2 beseitigt worden sei, müßten sichere Anhaltspunkte dafür vorliegen, daß dies die Absicht des Gesetzgebers gewesen sei. An solchen Anhaltspunkten aber fehlt es gänzlich. In der Begründung des Entwurfs zum Gesetze vom 17. Mai 1898 wurde bei Artikel I Nr. 106 und 107, welche die Beschränkung der Beschwerden gegen Entscheidungen über Prozeßkosten zum Gegenstand hatten, auf Seite 123 (Hahn, Materialien Bd. 8 S. 116) folgendes ausgeführt:

„Der Umfang der Geschäfte, die dem Reichsgericht und den Oberlandesgerichten durch die Entscheidungen in der Beschwerdeinstanz gegenwärtig erwachsen, steht in keinem Verhältnis zu der geringen Bedeutung, welche den betreffenden Sachen in der Regel beiwohnt. Namentlich auf dem Gebiete des Kostenwesens handelt es sich hier meist um geringfügige Beträge und um einfachere Fragen, welche zudem durch die Rechtsprechung jetzt im allgemeinen geklärt sind. Der Entwurf sieht deshalb für die Anfechtung der Entscheidungen in betreff der Prozeßkosten (vgl. § 94 Abs. 2, § 97a Abs. 1, § 99 Abs. 3, § 100a Abs. 3) eine Beschwerdesumme vor, und zwar setzt er diese Summe für die Beschwerde gegen Entscheidungen der Oberlandesgerichte, gleichviel ob sie in erster oder zweiter Instanz ergehen, auf 100 *M.*"

Die hier angezogenen Gesetzesstellen entsprechen den §§ 99 Abs. 3, 103 Abs. 1, 105 Abs. 4 und 107 Abs. 3 der geltenden Prozeßordnung, welche die gewöhnlichen, an die Prozesse sich anschließenden Kostenfestsetzungen betreffen, während des § 97, jetzt § 102, überhaupt keine Erwähnung geschieht. Diese Nichterwähnung des § 97 hatte ihren ganz guten Sinn, wenn man von der Ansicht ausging, daß er nach seinem sachlichen Inhalt mit den im Laufe des gewöhnlichen Prozeßganges sich ergebenden Kostenentscheidungen nicht auf die gleiche Linie gestellt werden könne und deshalb von der durch § 567 Abs. 2 älterer Fassung eingeführten Beschränkung der Beschwerden gegen die Entscheidungen der Oberlandesgerichte nicht berührt werde.

Diese Auffassung liegt auch den in der Zeit nach Einführung des Gesetzes vom 17. Mai 1898 und vor Einführung des Gesetzes vom 5. Juni 1905, betr. Änderungen der Zivilprozeßordnung, ergangenen Entscheidungen des Reichsgerichts, nämlich

des II. Zivilsenats in den Sachen B. II. 70/00 vom 19. Juni 1900 (Jurist. Wochenschr. 1900 S. 586 Nr. 2) und B. II. 151/01 vom 12. November 1901 (Jurist. Wochenschr. 1901 S. 835 Nr. 6), des I. Zivilsenats in der Sache B. I. 56/00 vom 30. Juni 1900 (Jurist. Wochenschr. 1900 S. 646 Nr. 1), des IV. Zivilsenats in der Sache B. IV. 154/01 vom 11. November 1901 (Jurist. Wochenschr. 1901 S. 835 Nr. 6) und des V. Zivilsenats in der Sache B. V. 88/03 vom 18. April 1903,

zugrunde. Alle diese Beschlüsse beruhen auf der Annahme, daß die gemäß § 102 Z.P.O. getroffenen Entscheidungen nicht unter die in betreff der Prozeßkosten erlassenen Entscheidungen im Sinne des § 567 Abs. 2 Z.P.O. (alt) zu rechnen seien. Diese Rechtsprechung des Reichsgerichts war bei der Begründung des Entwurfes zum Gesetze vom 5. Juni 1905, betreffend Änderungen der Zivilprozeßordnung, bekannt; es ist ihr weder in der Begründung des Entwurfs noch bei den Beratungen desselben irgendwie entgegengetreten worden, und es mangelt deshalb an jedem Anhaltspunkt für die Annahme, daß nach der neuen Fassung, welche der § 567 Abs. 2 nach dem Gesetze vom 5. Juni 1905 erhalten hat, auch in den Fällen des § 102 die Beschwerde gegen Beschlüsse der Oberlandesgerichte ausgeschlossen werden sollte. Es besteht deshalb auch nach der jetzigen Fassung des § 567 Abs. 2 kein Anlaß, von der unter der Herrschaft des Gesetzes vom 17. Mai 1898 in der Rechtsprechung des Reichsgerichts vertretenen Auffassung abzugehen, daß die auf Grund des § 102 getroffenen Entscheidungen zu den in betreff der Prozeßkosten erlassenen Entscheidungen, von welchen der § 567 Abs. 2 spricht, nicht gehören. Die Streitfrage war demnach dahin zu entscheiden, daß gegen eine von einem Oberlandesgerichte auf Grund des § 102 Z.P.O. erlassene Entscheidung sofortige Beschwerde stattfindet."

93. Kann der Mieter, der wegen Vertragsverletzungen des Vermieters von dem Kündigungsrecht aus § 542 B.G.B. Gebrauch macht, Ersatz des durch die Vertragsverletzungen verursachten Schadens auch insoweit verlangen, als dieser Schade seinem Betrage nach erst nach der durch die Kündigung herbeigeführten Endigung des Mietverhältnisses entsteht?

III. Zivilsenat. Urt. v. 27. November 1906 i. S. M. (Kl.) w. Fr. (Bekl.). Rep. III. 123/06.

I. Landgericht I Berlin.
II. Kammergericht daselbst.

Die Kläger hatten auf Grund des schriftlichen Mietvertrages vom 21. März 1903 von der Beklagten zum Betriebe eines Weinrestaurants in deren Hause L.'straße Nr. 86 in Berlin Räume im Quergebäude, darunter eine im Kellergeschoß gelegene Küche, für die Zeit vom 1. April 1904 bis zum 1. April 1912 zum Preise von 11000 *M* jährlich gemietet und übergeben erhalten. Durch Verfügung des Königlichen Polizeipräsidiums vom 8. August 1905 wurde ihnen die Benutzung der Küche nebst den zugehörigen Abwasch- und Zubereitungsräumen vom 1. Oktober 1905 ab bei Strafe von 100 *M*, im Unvermögensfalle von 10 Tagen Haft für jeden Fall des Zuwiderhandelns untersagt, weil die Räume zu tief in den Erdboden eingesenkt und daher nach § 37 der Baupolizei-Ordnung für Berlin vom 15. August 1897 weder zu den bezeichneten Zwecken noch sonst zum dauernden Aufenthalt von Menschen geeignet seien. Die Kläger forderten darauf die Beklagte auf, Abhilfe zu schaffen, und bestimmten ihr eine Frist bis zum 1. Oktober 1905. Verhandlungen über Einrichtung einer Küche in einem anderen Teil des Hauses führten zu keiner Einigung. Die Beklagte erhielt auf ihr Ansuchen von dem Polizeipräsidium eine Frist bis zum 1. April 1906 und teilte den Klägern mit, daß sie vor diesem Zeitpunkte eine Verlängerung der Frist beantragen werde.

Die Kläger haben darauf den Vertrag für Ende März 1906 gekündigt und Klage erhoben mit dem Antrag:

die Beklagte zu verurteilen, anzuerkennen,

1. daß die Kündigung des Mietvertrages zum 1. April 1906 zu

Recht erfolgt sei, und sie demgemäß vom 1. April 1906 ab Mietzins nicht mehr zu zahlen haben,

2. daß die Beklagte verpflichtet sei, den Klägern allen Schaden zu ersetzen, der ihnen aus der vorzeitig zum 1. April 1906 erfolgten Auflösung des Vertrages entstehe.

Zur Begründung der Klage haben die Kläger unter anderem geltend gemacht: ihr Schade bestehe vornehmlich darin, daß die für das Lokal eigens hergestellte Einrichtung für ein anderes Lokal überhaupt nicht oder nur mit erheblichen Kosten verwendbar sei, daß sie ferner, bis sie ein anderes passendes Lokal fänden, brach liegen müßten und die mit Lieferanten gemachten Abschlüsse nur mit Opfern lösen könnten.

Die Beklagte hat eine Reihe von Einwendungen erhoben und kostenpflichtige Abweisung der Klage beantragt.

Unbestritten ist vom Polizeipräsidenten der Bescheid erteilt worden, daß eine weitere Frist über den 1. April 1906 hinaus nicht zugebilligt werde.

Das Landgericht verurteilte die Beklagte nach dem Klagantrag. Auf die Berufung der Beklagten wurde das erste Urteil dahin abgeändert, daß der Schadensersatzanspruch der Kläger abgewiesen, und im übrigen die Entscheidung von einem Eide der Kläger abhängig gemacht wurde.

Das Berufungsurteil wurde, soweit es den Schadensersatzanspruch zurückweist, aufgehoben, und die Sache in die Berufungsinstanz zurückverwiesen.

Aus den Gründen:

„Nach § 542 B.G.B. kann der Mieter, wenn ihm der vertragsmäßige Gebrauch der gemieteten Sache ganz oder zum Teil nicht rechtzeitig gewährt oder wiederentzogen wird, ohne Einhaltung einer Kündigungsfrist das Mietverhältnis kündigen. Diese Kündigung ist gleichbedeutend mit Rücktritt von dem Vertrage für die Zukunft. Mit dem Zeitpunkte, in welchem die Kündigung in Wirksamkeit tritt, also bei Setzung einer Kündigungsfrist mit Ablauf der Frist, hört die Verpflichtung des Vermieters zur Gewährung des Gebrauchs der Mietsache, des Mieters zur Entrichtung des Mietzinses auf. Von diesem Zeitpunkte an kann der Mieter, falls er nicht etwa trotz der Kündigung im Besitz der Sache bleibt, überhaupt keinen Gebrauch und folglich auch keinen vertragswidrigen Gebrauch der Sache mehr ausüben, und eine mangelhafte oder nicht rechtzeitige Leistung des Vermieters kann von da an nicht mehr eintreten. Sind daher von da an Vertragsverletzungen nicht mehr möglich, so sind auch Schadensersatzansprüche, die auf solchen beruhen, ausgeschlossen. Andererseits ist es nicht zweifelhaft, daß Schadensersatzansprüche wegen eines Mangels der im § 537 B.G.B. bezeichneten Art oder wegen Verzuges des Vermieters (§ 538 B.G.B.), die zur Zeit der durch die Kündigung herbeigeführten Endigung des Mietverhältnisses nach Grund und Betrag abgeschlossen vorliegen, durch die Ausübung des Kündigungsrechts nicht beeinträchtigt werden. Es fragt sich aber, ob solche Schadensersatzansprüche auch dann mit Erfolg geltend gemacht werden können, wenn zwar die sie begründenden Ereignisse im Sinne des § 538 B.G.B. in die Zeit des bestehenden Vertrages fallen, die den Betrag und Umfang des Schadens bestimmenden Tatsachen aber erst in der Zeit nach der durch Kündigung herbeigeführten Endigung des Mietverhältnisses hervortreten. Diese Frage ist zu bejahen; der Mieter hat in solchem Falle Anspruch auf Ersatz des Schadens, der mit der Vertragsverletzung des Vermieters, die zur Kündigung berechtigten Anlaß gegeben hat, in ursächlichem Zusammenhang steht.

Daß dieser Schadensersatzanspruch durch Ausübung des Kündigungsrechts nach § 542 B.G.B. ausgeschlossen werde, geht weder aus dem Gesetz noch aus der Entstehungsgeschichte hervor; denn wenn zu § 529 des ersten Entwurfes der Zusatz beantragt wurde: „Neben dem Rücktritt bleibt dem Mieter das Recht auf Nachlaß am Mietzins und auf Schadensersatz für die Vergangenheit vorbehalten", und wenn die zweite Kommission diesen Zusatz genehmigt, und die Redaktionskommission ihn lediglich deshalb, weil er selbstverständlich sei, weggelassen hat (vgl. Protokolle der II. Kommission Bd. 2 S. 229, 513 und Anm. 1, S. 514 und Anm. 1), so ist hiermit vereinbar, daß ein Schadensersatzanspruch, der auf einer in der Vergangenheit vorgekommenen Vertragsverletzung beruht, seinem Betrage nach aber erst später entsteht, durch die Kündigung nicht beseitigt wird. Für die Annahme, daß das Gesetz einen solchen Ausschluß nicht beabsichtigt hat, spricht auch die gleichartige Regelung in den §§ 383—385 A.L.R. I. 21 (vgl. § 273 A.L.R. I. 21, Entscheidungen des Ober-Tribunals Bd. 75 S. 74; Striethorst, Archiv Bd. 94 S. 29 und Bd. 74 S. 117).

Der entgegenstehenden Ansicht des Berufungsgerichts kann nicht beigetreten werden. Der Erwägung, daß die dem Mieter im § 542 B.G.B. eingeräumte Kündigung dieselbe Wirkung habe, wie eine freiwillige Einigung der Vertragsteile dahin, den Vertrag aufzuheben, ist keine Bedeutung beizumessen. Abgesehen davon, daß auch bei freiwilliger Einigung zukünftige nachteilige Folgen bereits begangener Vertragsverletzungen in Frage kommen und berücksichtigt werden können, handelt es sich hier um die Frage, ob das Gesetz dem durch die Vertragsverletzung des Vermieters zur Kündigung genötigten Mieter den aus der Vertragsverletzung entspringenden Entschädigungsanspruch entziehen will. Auch die weitere Erwägung des Berufungsgerichts ist nicht zutreffend, daß mit der Aufhebung des Vertrages der Rechtsgrund wegfalle, auf den Ansprüche wegen Verletzung des Vertrages gestützt werden könnten. Von diesem Entscheidungsgrunde werden Entschädigungsansprüche, die auf der zur Kündigung Anlaß gebenden Vertragsverletzung beruhen, nicht betroffen. Das Berufungsgericht weist ferner auf die §§ 325, 326 B.G.B. hin, in denen der allgemeine Rechtssatz anerkannt sei, daß, wer vom Vertrag zurücktrete, keinen Schadensersatz wegen Nichterfüllung verlangen könne. Auch diese Begründung geht fehl. Die §§ 325, 326 B.G.B. geben dem Gläubiger ein Wahlrecht, Schadensersatz wegen Nichterfüllung zu verlangen oder von dem Vertrage zurückzutreten, und dieser Rücktritt hebt den ganzen Vertrag von Anbeginn auf. In dem § 542 B.G.B. ist dagegen von einem Wahlrecht zwischen dem Entschädigungsanspruch nach § 538 B.G.B. und dem Kündigungsrecht des § 542 B.G.B. keine Rede, und die Kündigung hebt nicht den ganzen Vertrag auf, sondern beendet ihn nur für die Zukunft. Es ist auch nicht richtig, daß in den §§ 325, 326 B.G.B. allgemein gültige Rechtsgrundsätze ausgesprochen seien. Das Bürgerliche Gesetzbuch enthält nicht nur im § 542, sondern auch in den §§ 628 Abs. 2, 1298, 1299 Regelungen, die von den §§ 325, 326 abweichen, im § 628 Abs. 2 namentlich die Bestimmung, daß, wenn die Kündigung durch vertragswidriges Verhalten des anderen Teils veranlaßt wird, dieser zum Ersatze des durch die Aufhebung des Dienstverhältnisses entstehenden Schadens verpflichtet ist (vgl. auch § 70 Abs. 2 H.G.B.), und die Motive zu § 566 Abs. 1 Satz 2 des ersten Entwurfes (§ 628 Abs. 2 B.G.B.) — Bd. 2 S. 470 — rechtfertigen diese Bestimmung gerade mit der Erwägung, daß die allgemeinen Rechtsgrundsätze es erheischen, demjenigen Teile, welcher durch sein vertragswidriges Verhalten den Grund zur Auflösung des Dienstvertrages herbeigeführt hat, die Pflicht zum Schadensersatze aufzuerlegen; darin liege kein Widerspruch mit der Bestimmung des § 369 (§ 325 B.G.B.), da die letztere auf einen besonderen, eine abweichende Beurteilung zulassenden Fall sich beziehe. Aus den §§ 325, 326 B.G.B. können hiernach Schlußfolgerungen auf das ganz anders geartete Kündigungsrecht des § 542 (vgl. auch Motive zum I. Entwurf Bd. 2 S. 418, 419 zu § 529) nicht hergeleitet werden. Eine wesentliche Bedeutung der Kündigung nach § 542 besteht darin, den Streit des Mieters und Vermieters zu vereinfachen und die Entstehung eines größeren Schadens zu verhüten. Die §§ 463 und 635 B.G.B., auf welche das Berufungsgericht Bezug nimmt, können nicht in Betracht kommen, weil sie nur Sondervorschriften für die Wandelung beim Kauf und beim Werkvertrag enthalten. Auch die Bestimmungen in §§ 543 Abs. 2 und 555 sind für den vom Berufungsgericht vertretenen Ausschluß des Schadensersatzanspruches nicht beweisend."...

---

94. Ist es verbotene Eigenmacht im Sinne von §§ 858, 859 B.G.B., wenn jemand eine Sache dem Besitzer zu dem Zwecke wegnimmt, um diese als Überführungsstück wegen einer unmittelbar zuvor von dem Besitzer verübten (objektiv) strafbaren Handlung der Polizeibehörde zu übergeben?

B.G.B. §§ 858, 859.
St.P.O. § 127.

VI. Zivilsenat. Urt. v. 29. November 1906 i. S. G. (Bekl.) w. L. (Kl.). Rep. VI. 141/06.

I. Landgericht I Berlin.
II. Kammergericht daselbst.

Der Kläger wurde am 16. August 1902, als er die B.'straße zu Berlin entlang ging, von einem Gummiball, mit welchem der neunjährige Sohn des Beklagten vor dessen Schanklokal gespielt hatte, an den Kopf getroffen. Er nahm den Ball an sich, wurde aber von dem Beklagten, den dessen Sohn herbeigerufen hatte, zur Herausgabe des Balles aufgefordert. Der Kläger lehnte dies mit der Begründung ab, er wolle den Ball auf die nächste Polizeiwache bringen und sich dort über den Unfug beschweren. Während des nun folgenden Wortwechsels nahmen zwei Schankgäste des Beklagten, R. und M., gegen den Kläger Partei, und im Verein mit diesen nahm demnächst der Beklagte dem Kläger den Ball mit Gewalt weg. Hierbei erlitt der Kläger Verletzungen am Gelenk und an den Fingern der rechten Hand; auch wurde ihm der Rock zerrissen. Der Beklagte sowie R. und M. sind strafgerichtlich wegen vorsätzlicher gemeinschaftlicher Körperverletzung verurteilt worden. Nunmehr hat der Kläger den Beklagten auf Schadensersatz belangt. Der Beklagte hat die Rechtswidrigkeit seiner Handlungsweise in Abrede gestellt, da er in Ausübung berechtigter Selbsthilfe, nämlich um sich gegen verbotene Eigenmacht des Klägers zu schützen, gehandelt habe. Unter Verwerfung dieses Einwandes wurde von den Vorinstanzen der Klaganspruch dem Grunde nach für gerechtfertigt erklärt. Die Revision war ohne Erfolg.

Aus den Gründen:

... „Der Kläger, der mit Wegnahme des Balles dem Besitzer desselben ohne dessen Willen den Besitz entzogen hatte, muß allerdings, um die Annahme der Widerrechtlichkeit zu beseitigen, darlegen, daß das Gesetz ihm die Besitzentziehung gestattete (§ 858 Abs. 1 B.G.B.). Einer verbotenen Eigenmacht des Klägers gegenüber hätte der Beklagte, wie zu seinen Gunsten vom Berufungsrichter zutreffend angenommen ist, jedenfalls vermöge seiner Befugnisse als gesetzlicher Vertreter seines Sohnes (§§ 1627, 1630 Abs. 1 B.G.B.) nach Maßgabe von § 859 B.G.B. den Besitzschutz ausüben dürfen. Es kann nun dahingestellt bleiben, ob auf seiten des Klägers die gesetzlichen Voraussetzungen eines Selbsthilferechtes nach § 229 B.G.B. vorlagen, ob ihm insbesondere ein privatrechtlicher Anspruch, dessen Befriedigung im Wege der Selbsthilfe gesichert werden konnte, zugestanden hat. Denn eine Berechtigung des Klägers, den Ball, der ihn getroffen hatte, zu dem Zwecke wegzunehmen, um ihn der Polizeibehörde zu übergeben, muß aus dem anderen im Berufungsurteile verwerteten Gesichtspunkte als begründet anerkannt werden.

Tatsächlich ist nach den Feststellungen der Vorinstanzen der

Hergang bezüglich des Ballwurfes doch nicht so ganz harmloser Natur, wie die Revision meint, gewesen. Dem Kläger war unversehens ein Ball an den Kopf geflogen, wie er behauptet, und auch in dem Urteile der Strafkammer vom 16. September 1903 festgestellt ist, so heftig, daß er Schmerzen empfand. (Seine Behauptung, der Ball sei mit einer Holzkelle gegen seinen Kopf geschleudert worden, ist allerdings unerwiesen.) Die Annahme des Berufungsgerichts, der Kläger habe nicht gewußt, wer der Täter sei, ist prozeßrechtlich nicht zu beanstanden. ... Der Kläger wollte sich wegen der ihm widerfahrenen Unbill bei der Polizei beschweren und zu diesem Behufe den Ball auf die nächste Polizeiwache bringen. Daß in einem so gearteten Falle derjenige, welchem auf öffentlicher Straße ein Gegenstand an den Kopf geworfen wurde, für befugt gelten müsse, diesen Gegenstand an sich zu nehmen und der Polizeibehörde zu übergeben, erscheint gewiß als eine natürliche Forderung des Rechtsschutzes. Und diese Befugnis läßt sich denn auch nach der bestehenden Rechtsordnung, wenn nicht aus den Bestimmungen des bürgerlichen Rechtes (§§ 227—229 B.G.B., vgl. Entsch. des R.G.'s in Straff. Bd. 34 S. 154 flg., Bd. 35 S. 403 flg.), so doch im Wege der entsprechenden Anwendung des § 127 St.P.O. für den gegebenen Fall als eine gesetzmäßige begründen.

Es ist, wie im Berufungsurteil richtig angeführt wird, von der Rechtslehre und Rechtsprechung angenommen, daß die Befugnis zur vorläufigen Festnahme einer Person nach § 127 St.P.O. auch das Recht (als das Mindere) mitumfaßt, dem Festgenommenen, bzw. Festzunehmenden die in seinem Gewahrsam befindlichen zu der strafbaren Tat in Beziehung stehenden Sachen, namentlich Überführungsstücke, abzunehmen, zu beschlagnahmen, und es wird ein solches Beschlagnahmerecht auch für den Fall anerkannt, wo von der Festnahme Abstand genommen wird, weil der Betreffende sich der Festnahme nicht freiwillig unterwirft oder sich der Sache zu entäußern sucht.

Vgl. v. Holtzendorff, Handbuch des D. Strafprozeßrechts Bd. 1 § 50 S. 319 Nr. 2; Urteil des Reichsgerichts, II. Straff., vom 20. März 1883, Entsch. in Straff. Bd. 8 Nr. 83 S. 288 flg.; Löwe-Hellweg, St.P.O. § 98 Bem. 2b, 11. Aufl. S. 376; Stenglein, St.P.O. § 127 Bem. 6.

Daß im vorliegenden Falle die Voraussetzungen des § 127

St.P.O. vorlagen, hat das Berufungsgericht ohne Rechtsverstoß angenommen. Der objektive Tatbestand einer strafbaren Handlung, auf deren Beschaffenheit es im übrigen hier nicht ankam (Entsch. des R.G.'s in Straff. Bd. 12 S. 194, Bd. 17 S. 127), war gegeben, nämlich derjenige einer wenigstens fahrlässigen Körperverletzung (Rechtspr. des R.G.'s in Straff. Bd. 6 S. 490 flg., Entsch. in Straff. Bd. 32 S. 113 flg.) oder doch eines das Publikum gefährdenden groben Unfugs (§ 360 Nr. 11 St.G.B.). Der Täter war „auf frischer Tat betroffen"; als solcher stellte sich dem Kläger zunächst ein ihm unbekannter Knabe dar, welcher den Ball zurückhaben wollte. Nach der tatsächlichen Annahme des Berufungsgerichts hätte sich der Sohn des Beklagten mit seinem Balle sicherlich entfernt, wäre der Kläger erst zur Polizeiwache gegangen, anstatt den Ball an sich zu nehmen. Danach lag, wenn nicht Fluchtverdacht, so der Fall vor, daß die Persönlichkeit des Täters nicht sofort festgestellt werden konnte. Denn dazu mußte eine gewisse Gewähr für die richtige Feststellung geboten sein (Entsch. des R.G.'s in Straff. Bd. 27 S. 198 flg.; Stenglein, St.P.O. § 127 Bem. 1 Abs. 3), und diese Gewähr war auch damit nicht ohne weiteres gegeben, wenn der von dem Knaben herbeigerufene Beklagte sich als dessen Vater vorstellte und dem Kläger Namen oder Wohnung angab. Darauf, ob der Täter namentlich im Hinblick auf sein jugendliches Alter (§§ 55, 56 St.G.B.) strafrechtlich verfolgbar sei, kam es nicht an (Entsch. des R.G.'s in Straff. Bd. 17 S. 127; Löwe-Hellweg, St.P.O. § 127 Bem. 2). Der Kläger wäre also befugt gewesen, den Sohn des Beklagten behufs der Identifizierung und Feststellung des Sachverhaltes der Polizeibehörde vorzuführen. Er hat dies nicht unternommen, sondern nur die für den Betroffenen jedenfalls weit weniger empfindliche Maßnahme gewählt, daß er den Ball als Beweisstück für die beabsichtigte Anzeige zur Polizeistation bringen wollte, und er hat, als der Beklagte hinzukam und ihm den Ball abforderte, diesem vorgeschlagen, er sollte gemeinsam mit ihm zur Polizeiwache gehen, was nach der nicht zu verwerfenden Ansicht des Berufungsgerichts das einzige Mittel gewesen wäre, den Streit zu schlichten und jeder Partei zu ihrem Rechte zu verhelfen. Keinesfalls kann unter diesen Umständen von einem rechtswidrigen Handeln, einer verbotenen Eigenmacht des Klägers die Rede sein." ...

95. 1. Gibt es eine besondere rheinpreußische Staatsangehörigkeit im Sinne des Art. 3 Abs. 3 Code civil?

2. Wie löst sich die Kollision der verschiedenen Rechte eines und desselben Staates in Sachen des Familienstandes?

3. Nach welchem Rechte bestimmt sich bezüglich einer vor dem 1. Januar 1900 im Gebiet des rheinischen Rechts eröffneten Erbschaft die Erbeneigenschaft unehelicher, im Ausland nach dem 31. Dezember 1899 legitimierter Kinder eines ausgewanderten früheren Inländers? Weiter- und Rückverweisung.

4. Legitimation unehelicher Kinder nach rheinischem Recht.

Code civil Artt. 3 Abs. 3, 331, 334.

II. Zivilsenat. Urt. v. 30. November 1906 i. S. Sch. u. Gen. (Kl.) w. M. u. Gen. (Bekl.). Rep. II. 174/06.

I. Landgericht Bonn.
II. Oberlandesgericht Köln.

Am 8. Mai 1899 starb zu Mömerzheim (preußische Rheinprovinz) der Ackerer Heinrich B. unter Hinterlassung eines Vermögens von annähernd 40 000 ℳ. Der mit der Teilung befaßte Notar ging davon aus, es seien zum Nachlaß als nächste gesetzliche Erben allein die Nachkommen der vor dem Erblasser verstorbenen Halbschwester Mechtildis B. aus deren Ehe mit Peter M., das sind die acht jetzt noch Beklagten und zwei weitere Nachkommen, Peter und Johann Wilhelm M., berufen. Unter diese 10 Erben verteilte der Notar am 21. Juni 1900 den gesamten Nachlaß entsprechend der gesetzlichen Erbfolge. Der Erblasser hatte aber noch eine zweite, gleichfalls vor ihm verstorbene, mit Arnold Sch. verheiratet gewesene Halbschwester, Anna B. Aus dieser Ehe stammte ein Sohn Josef Sch., der im Jahre 1858 nach Rußland auswanderte und im Jahre 1878 dort die E. N. Ch. heiratete.

Er starb im Jahre 1895 zu Monokowo; seine Frau, die Mutter der Kläger, war bereits im Jahre 1881 gestorben. Die drei Kläger sind sämtlich unehelich geboren, nämlich Konstantin Sch. am 24 Mai 1870, Wera Sch. am 26. August 1872, Peter Sch. am 30. Mai 1875. Die Kläger haben die 10 Nachkommen der Frau M. beim Landgericht Bonn, nachdem ihnen am 12. Dezember 1903 eine Erbbescheinigung erteilt worden war, auf Herausgabe der Hälfte ihres Erbteils verklagt. Zur Klagebegründung wurde vorgetragen:

Josef Sch. habe die deutsche Staatsangehörigkeit verloren; ob er die russische Staatsangehörigkeit erworben, wissen Kläger nicht; als uneheliche Kinder einer Russin seien sie daher, als russische Staatsangehörige, hinsichtlich ihres Personalstatuts nach russischem Recht zu behandeln. Nun habe das russische Gericht in Wladimir durch Entscheidung vom 16. Februar 1901 auf Antrag der Kläger ausgesprochen, daß sie als durch nachfolgende Ehe legitimierte Kinder des Josef Sch. anzuerkennen, und demgemäß die Geburtsregister zu berichtigen seien. Somit seien sie in gleicher Weise wie die Beklagten gesetzliche Erben.

Wolle man dagegen nicht ihre Staatsangehörigkeit, sondern die ihres Vaters für ausschlaggebend ansehen, so müsse das preußische Allgemeine Landrecht zur Anwendung kommen, weil Josef Sch. ein Jahr vor seiner Auswanderung seinen Wohnsitz nach Lengenkamp, in das Gebiet des preußischen Allgemeinen Landrechts, verlegt habe. Nach § 596 A.L.R. II. 2 habe nachfolgende Eheschließung ohne weiteres die Folge der Legitimation der vorehelichen Kinder der Ehegatten ohne jede Anerkennung. Das Landrecht wolle aber das Personalstatut nach dem Wohnsitz beurteilt wissen, so daß auch hier russisches Recht zur Anwendung gelange, und außerdem entspreche die Legitimation den Bestimmungen des Landrechts.

Die Beklagten bestritten das ganze Vorbringen der Kläger und behaupteten, Josef Sch. sei von Ludendorf (Rheinprovinz) aus ausgewandert. Die Legitimation bestimme sich allein nach französischem oder nach dem neuen deutschen Recht; nach diesen beiden Rechten (Art. 331 Code civil, §§ 1719 flg. B.G.B.) sei eine Legitimation nach dem Tode des Vaters unzulässig.

Das Landgericht hat der Klage stattgegeben. Von den 10 Beklagten haben nur acht Berufung ergriffen.

Das Oberlandesgericht hat unter teilweiser Abänderung des ersten Urteils die Klage, soweit sie gegen die acht Berufungskläger gerichtet war, abgewiesen.

Die Revision ist zurückgewiesen aus folgenden

Gründen:

„1. Das Berufungsgericht geht davon aus, nach Art. 3 Abs. 3 Code civil hafte das rheinische Recht dem Rheinpreußen gleich einer Eigenschaft an. Der im Jahre 1895 in Rußland gestorbene Josef Sch., dessen legitimierte Kinder die Kläger zufolge Entscheidung des russischen Bezirksgerichts vom 16. Februar 1901 zu sein behaupten, sei von rheinischen Eltern geboren, habe auch bis zu einem Jahr vor seiner im Jahre 1858 erfolgten Auswanderung nach Rußland seinen Wohnsitz im Gebiet des rheinischen Rechts gehabt. Hieraus folgert das Berufungsgericht, nach Art. 3 Abs. 3 Code civil sei auf die persönlichen Verhältnisse des Josef Sch. das rheinische Recht anzuwenden, weil er als Rheinländer das Recht seines Heimatsstaates auch im Ausland beibehalten habe, und der vorübergehende Wohnsitz im Gebiet des preußischen Allgemeinen Landrechts, wenn dieser Wohnsitz auch festzustellen wäre, gegenüber seiner Eigenschaft als der eines in den Rheinlanden geborenen und erzogenen preußischen Staatsangehörigen nicht weiter für Josef Sch. in Betracht kommen könne. Von dieser Grundlage ausgehend führt das Berufungsgericht weiter aus, zu den persönlichen Verhältnissen, welche der Art. 3 Abs. 3 Code civil nach dem Recht des Heimatsstaates, also nach rheinischem Recht, beurteilt wissen wolle, gehöre die Legitimation durch nachfolgende Ehe. Nach dem rheinischen Recht entscheide darüber, ob die Kläger als uneheliche Kinder durch die nachfolgende, im Jahre 1878 in Rußland geschlossene Ehe ihrer Erzeuger als legitimiert und damit als erbberechtigt anzusehen seien, das Heimatsrecht ihres im Jahre 1895 in Rußland gestorbenen Vaters Josef Sch., der, wie oben dargelegt, nie aufgehört habe, als Rheinpreuße in der hier fraglichen Beziehung rheinischem Recht zu unterstehen.

Auf diesem Wege gelangt das Berufungsgericht zur Anwendung des rheinischen Rechts auch auf die Kläger, und versagt der durch das russische Bezirksgericht Wladimir am 16. Februar 1901 ausgesprochenen Legitimation der Kläger jede Wirkung, weil nach Artt. 331, 334 des maßgebenden Code civil zur Legitimation durch nachfolgende Ehe eine Anerkennung von seiten der Eltern vor der Eheschließung erfordert wird, diesem Erfordernis hier aber nicht genügt ist. So kommt das Berufungsgericht zu seiner auf Abweisung der Klage lautenden Entscheidung.

Die Ausführungen des Berufungsrichters beruhen auf der Ansicht, Geburt und Erziehung in dem rheinischen Rechtsgebiet erzeuge eine besondere rheinländische Staatsangehörigkeit, welche diesem Staatsangehörigen überall hin folge und ihn rheinischem Recht selbst dann unterwerfe, wenn er seinen Wohnsitz in ein anderes Rechtsgebiet desselben preußischen Staates verlege, der auch die Rheinprovinz umfaßt.

Das Berufungsgericht übersieht, daß der französische Gesetzgeber ein einheitliches Rechtsgebiet vor sich hatte, und daher durch die Verweisung des Art. 3 Abs. 3 Code civil ein einheitliches Recht der Heimat in Anwendung zu bringen ist. Der preußische Staat hatte dagegen vor dem 1. Januar 1900 mehrere Rechtsgebiete, kannte aber nur eine Staatsangehörigkeit. Nun kommt aber hier das bis zum 1. Januar 1900 geltende Recht zur Anwendung; denn Art. 209 Einf.-Ges. zum B.G.B. schreibt vor, es bestimme sich nach den bisherigen Gesetzen, inwieweit ein vor dem Inkrafttreten des Bürgerlichen Gesetzbuchs legitimiertes Kind die rechtliche Stellung eines ehelichen Kindes hat.

Nun hat der Richter allerdings nach seinem Recht, und zwar nach dessen Kollisionsnormen, darüber zu entscheiden, welches Recht zur Anwendung zu bringen ist. Hier handelt es sich um eine Frage des Familienstandes; denn die Kläger leiten ihre Erbeigenschaft aus ihrer ehelichen Abstammung von Josef Sch., dem verstorbenen gesetzlichen Erben, her. Art. 3 Abs. 3 Code civil stellt für diesen Fall eine Kollisionsnorm auf. Dieselbe verweist auf die preußische Staatsangehörigkeit, die eine einheitliche ist. Es gibt kein Recht einer rheinischen Staatsangehörigkeit in dem Sinn, daß dem im Gebiet desselben geborenen Preußen das rheinische Recht auch dann folge, wenn er seinen Wohnsitz in ein anderes Rechtsgebiet des preußischen Staates verlegt.

2. Die Verweisung des Art. 3 Abs. 3 Code civil auf das Recht des preußischen Staates, eines damals nicht einheitlichen Rechtsgebiets, kann daher zu keiner Lösung in einem Falle, wie hier, führen, in welchem zur Entscheidung steht, welches der verschiedenen Rechte des preußischen Staates — ob das rheinische Recht, oder das preußische Allgemeine Landrecht — das maßgebende ist. Für das interlokale Recht, d. h. für den Fall, daß eine Kollision zwischen den Rechten eines und desselben Staates stattfindet, ist das Recht des Wohnsitzes als das maßgebende sowohl in der Rechtsprechung (Reichsgerichtsentscheidung vom 7. Juli 1903, Rep. II. 23/03, Rheinisches Archiv Bd. 100 Abt. 2 S. 52) als auch in der Literatur (vgl. Zitelmann, Internationales Privatrecht Bd. 1 S. 405) anerkannt. Dieselbe Auf-

fassung wird gerade auch dann von Laband (Das Staatsrecht des Deutschen Reichs, 4. Aufl., Bd. 1 S. 152) vertreten, wenn die interlokale Gesetzeskollision die Legitimation unehelicher Kinder betrifft.

3. In der Tat entspricht dem Wesen der Sache allein die Annahme, daß durch die Begründung des Wohnsitzes in einem der mehreren Rechtsgebiete eines Staates der Wille des Angehörigen dieses Staates deutlich zum Ausdrucke gebracht wird, sich den an diesem Ort geltenden Gesetzen zu unterwerfen.

Ist dies aber richtig, so hatte der zur Entscheidung berufene Richter gerade so zu entscheiden, wie der Richter des Wohnsitzes hätte entscheiden müssen. Der letzte Wohnsitz — und dieser allein steht hier in Frage — befand sich nach der Klagebehauptung, deren Richtigkeit der Berufungsrichter nicht prüft, im Gebiete des preußischen Allgemeinen Landrechts; folglich ist dieses preußische Recht anzuwenden, wenn man die über den letzten Wohnsitz aufgestellte Klagebehauptung als richtig unterstellt. Der § 526 A.L.R. II. 2 bestimmt, daß die Legitimation unehelicher Kinder allein schon durch die nachfolgende Ehe der Erzeuger bewirkt werde, wenn die Kinder die Abstammung von diesen nachzuweisen vermögen. Der Beweis für diese Abstammung ist von den Klägern angeboten. Die Kläger rügen die Nichterhebung dieses Beweises mit Unrecht. Kommt nämlich das Recht des Wohnsitzes zur Anwendung, d. h. ist die Sachlage gerade so zu beurteilen, wie sie von dem an jenem Wohnsitz bestehenden Gericht beurteilt werden mußte, so ist das preußische Allgemeine Landrecht in seiner Totalität, d. h. einschließlich seiner Kollisionsnormen, anzuwenden. Die hierher gehörige Kollisionsnorm ist in § 23 der Einleitung des preußischen Allgemeinen Landrechts enthalten. Dieser § 23 schreibt vor, daß die persönlichen Eigenschaften und Befugnisse einer Person sich nach dem Wohnsitz bestimmen. Ob es sich dabei um einen Inländer, oder um einen Ausländer handelt, macht keinen Unterschied. Dieser Grundsatz des soeben gedachten § 23 wird von Rechtsprechung und Literatur auch auf die Legitimation unehelicher Kinder durch nachfolgende Ehe, und zwar in dem Sinn angewendet, daß der Wohnsitz des Vaters zur Zeit der Eheschließung und das dort geltende Recht für die Legitimation der Kinder als maßgebend angenommen wird.

Vgl. Förster-Eccius, 7. Aufl., Bd. 1 § 11 S. 57 und 65,

Bd. 4 § 219 Anm. 45 S. 135; Rehbein, Entscheidungen des preußischen Obertribunals Bd. 1 S. 77.

Hiernach ist zufolge der Verweisung des erwähnten § 23 auf das Recht des Wohnsitzes die Legitimation der Kläger nach russischem Recht zu beurteilen; denn zur Zeit der Eheschließung des Josef Sch. (des Vaters der Kläger) im Jahre 1878 hatte dieser seinen Wohnsitz in Rußland.

In der soeben erörterten Verweisung des erwähnten § 23 liegt somit eine Weiterverweisung vom preußischen Landrecht auf das russische Recht. Dieses Recht ist nun in seinen materiellrechtlichen Vorschriften anzuwenden. Eine etwaige Weiter- oder Rückverweisung des russischen Rechts käme nicht in Betracht.

Die Frage, ob eine Weiterverweisung überhaupt statthaft ist, war bereits für das vor dem 1. Januar 1900 geltende Recht eine vielbestrittene. Sie ist auch vom Bürgerlichen Gesetzbuch nicht allgemein entschieden.

Vgl. die von Planck zu Art. 27 des Einführungsgesetzes zum Bürgerlichen Gesetzbuch Bem. 1 angegebene Literatur; die Ausführungen v. Staudinger's zu Art. 27 des Einführungsgesetzes zum Bürgerlichen Gesetzbuch und Jurist. Wochenschr. 1906 S. 619 Nr. 2; ferner den Aufsatz von Klein im Archiv für bürgerliches Recht Bd. 27 S. 252 flg. und die dort S. 260 flg. gegebene Zusammenstellung der bedeutendsten Vertreter der beiden Richtungen.

Der Art. 1 des Haager Abkommens zur Regelung des Geltungsbereichs der Gesetze auf dem Gebiete der Eheschließung vom 12. Juni 1902 (R.G.Bl. 1904 S. 221) verfügt, daß das Recht zur Eingehung der Ehe sich nach dem Gesetz des Heimatsstaates bestimmt, daß aber an die Stelle dieses Gesetzes ein anderes Gesetz tritt, wenn das Heimatsgesetz ausdrücklich auf dieses Gesetz verweist. In der dazu gehörigen Denkschrift (Nr. 15 der Drucksachen des Reichstags, IX. Legislaturperiode, 5. Session 1897/98) wird diese Rückverweisung besonders begründet und mit der Rückverweisung des Art. 27 Einf.-Ges. zum B.G.B. verglichen. Also auch noch nach dem 1. Januar 1900 sind die Meinungen hinsichtlich der Weiter- und Rückverweisung geteilt. Einer Entscheidung dieser Frage für die Zeit nach dem 1. Januar 1900 bedarf es hier nicht. Vom Standpunkt des preußischen Allgemeinen Landrechts aus ist jedenfalls eine Weiterverweisung anzunehmen.

Vgl. Entsch. des R.G.'s in Zivilf. Bd. 20 S. 353, Bd. 36 S. 205, Bd. 41 S. 309. Hiermit stehen nicht im Widerspruch die Entsch. des R.G.'s in Bd. 24 S. 330 und Bd. 36 S. 284.

4. Ist danach russisches Recht anzuwenden, so ist der Anspruch der Kläger nicht gerechtfertigt; denn das Berufungsgericht hat fürsorglich auch das Ergebnis für den Fall geprüft, daß russisches Recht zur Anwendung zu kommen hätte, und ist bei dieser Prüfung zu dem Ergebnis gelangt, daß das russische Recht den Klaganspruch nicht zu stützen vermag. Dieser Ausspruch des Berufungsrichters ist der Revision nach § 562 Z.P.O. entzogen, selbst wenn der Berufungsrichter das ausländische Recht nicht richtig ausgelegt haben sollte (§ 549 Z.P.O.). Die Kläger bestreiten diese Rechtslage auch nicht. Sie meinen aber, es hätte der Berufungsrichter vor dem Eingehen auf russisches Recht feststellen müssen, ob Josef Sch. die russische Staatsangehörigkeit erworben habe. Diese Rüge erledigt sich durch den Hinweis darauf, daß die Kläger selbst vortrugen, sie wüßten nicht, ob ihr Vater russischer Staatsangehöriger geworden sei. Die Kläger wollen also eine Behauptung, wie sie der zweite Richter angeblich geprüft haben sollte, gar nicht aufstellen.

Die Kläger meinen sodann, die Ausführung des Berufungsrichters über russisches Recht stehe in Widerspruch mit dem, was die Kläger tatbestandlich über den Inhalt des russischen, die Legitimation in Rußland einführenden Gesetzes vom 12. März 1891 vorgetragen haben. Dieser Angriff übersieht, daß der Richter das ausländische Recht selbständig zu erforschen hat. Endlich machen die Kläger geltend, für die Zeit vor dem 1. Januar 1900 sei nicht das Personalstatut des Vaters, sondern dasjenige der legitimierten Kinder, also der Kläger, entscheidend; von diesem Gesichtspunkt aus sei das russische Recht nicht betrachtet worden. Dieser Angriff erledigt sich durch den Hinweis auf die oben dargelegte Bedeutung des § 23 der Einleitung zum preuß. A.L.R.

5. Das bisher Erörterte führt noch nicht zur Klagabweisung, weil der Berufungsrichter unentschieden läßt, ob Josef Sch. zur Zeit seiner Auswanderung nach Rußland seinen Wohnsitz im Gebiet des

preußischen Allgemeinen Landrechts, oder des rheinischen Rechts hatte. Es ist deshalb auch diese letztere Möglichkeit zu unterstellen.

Hätte Josef Sch. seinen letzten Wohnsitz im Gebiet des rheinischen Rechts gehabt, so würden allerdings die Artt. 331 u. 334 Code civil zur Anwendung kommen, weil die Verweisung des Art. 3 Abs. 3 Code civil auf das Heimatsrecht so lange für den Inländer gilt, als dieser keine andere Staatsangehörigkeit erworben hat. Und die Frage der Legitimation ist eine Frage des Familienstandes. Die Beantwortung solcher Fragen macht Art. 3 Abs. 3 Code civil aber von dem Heimatsrecht abhängig; vgl. Entsch. des R.G.'s in Zivils. Bd. 24 S. 329. Auch hier, wie nach preußischem Allgemeinem Landrecht, entscheidet das Personalstatut des Vaters, und nicht dasjenige des legitimierten Kindes; vgl. Entsch. des R.G.'s in Zivils. Bd. 29 S. 291.

Daß das rheinische Recht die Klage nicht stützt, hat das Berufungsgericht zutreffend dargelegt. Ganz unzweifelhaft geht dies auch aus Art. 71 § 1 des preuß. Ausf.-Ges. zum B.G.B. hervor. Nach dieser Bestimmung muß das Kind vor dem 1. Januar 1900 in einer öffentlichen Urkunde anerkannt sein, wenn der Vater die Mutter geheiratet hat. Die Kläger sind nicht vor dem 1. Januar 1900 legitimiert; folglich können sie sich auf diesen Art. 71 nicht berufen. Könnten sie es, so träfe sie der § 2 des erwähnten Artikels, der der nach § 1 möglichen Legitimation die Rückwirkung auf inzwischen stattgehabte Erbfälle ausdrücklich versagt. Der Berufungsrichter hat auch fürsorglich erwogen, daß das Recht des Bürgerlichen Gesetzbuchs den Klaganspruch nicht hält, falls man das nach dem 1. Januar 1900 geltende Recht anwenden wollte. Gegen diese Ausführungen haben die Kläger nichts zu erinnern. Es wäre übrigens den Darlegungen des Berufungsrichters beizutreten.

So erweist sich die Revision als unbegründet, mag man davon ausgehen, der Vater der Kläger habe vor der Auswanderung nach Rußland seinen letzten Wohnsitz im Gebiet des preußischen Allgemeinen Landrechts gehabt, oder unterstellen, dieser letzte Wohnsitz habe sich im Gebiet des rheinischen Rechts befunden."

96. Steht demjenigen, dem von dem eingetragenen Inhaber eines Warenzeichens der ausschließliche Vertrieb der durch das Zeichen geschützten Waren für einen bestimmten größeren Bezirk übertragen ist (dem sog. Monopolisten), der Schutz aus den §§ 12 und 14 des Gesetzes zum Schutz der Warenbezeichnungen vom 12. Mai 1894 zu?

II. Zivilsenat. Urt. v. 30. November 1906 i. S. Graf M. u. Gen. (Kl.) w. E. (Bekl.). Rep. II. 180/06.

I. Landgericht Danzig.
II. Oberlandesgericht Marienwerder.

Die obige Frage wurde verneint, aus folgenden

Gründen:

... „Das Warenbezeichnungsgesetz will grundsätzlich nicht einen Schutz des Publikums, sondern einen Schutz der in demselben als Berechtigte bezeichneten Personen herstellen. Es gilt dies insbesondere auch von denjenigen Bestimmungen des Gesetzes, die speziell über die Warenzeichen getroffen sind, und das Gesetz geht in betreff dieser sogar soweit, daß es nur demjenigen einen Klageschutz gewährt, dessen Rechte in die Zeichenrolle eingetragen sind und aus dieser Rolle unmittelbar hervorgehen. Wie das Warenzeichenrecht erst mit der Eintragung entsteht, so kann auch der Rechtsnachfolger des ersten Inhabers bei einem Übergange des durch das Zeichen begründeten Rechts (durch Erbschaft, Vertrag oder Verfügung von Todes wegen) sein Recht aus der Eintragung immer erst dann geltend machen, wenn der Übergang in der Zeichenrolle vermerkt ist (§ 7 Abs. 2 des Gesetzes). Der Übergang des Rechts mag sich früher vollzogen haben: der aus dem Warenzeichengesetz entfließende Schutz gegen Übergriffe anderer auf Untersagung (§ 12) wie auf Entschädigung (§ 14) erwächst erst mit der Eintragung. Es ist nicht abzusehen, wie bei diesem Standpunkte des Gesetzes einem Monopolisten, demjenigen, dem nur für einen bestimmten Bezirk der Vertrieb der durch das Zeichen geschützten Waren überlassen wird, und der die Eintragung seiner daraus entfließenden Rechte überhaupt nicht erlangen kann, ein Klagerecht aus dem Gesetz sollte zugestanden werden können. Es kommt hinzu, daß das Recht aus der Eintragung des Warenzeichens immer nur mit dem Geschäftsbetriebe, zu welchem das

Zeichen gehört, übergehen kann (§ 7 Abs. 1 Satz 2), und eine teilweise Übertragung des für den Geschäftsbetrieb eingetragenen Warenzeichens nach dem deutschen Warenzeichenrecht nicht angängig ist.

Vgl. Entsch. des R.G.'s in Zivils. Bd. 51 S. 263; Seligsohn, Warenbezeichnungsgesetz Bem. 3 zu § 7, 2. Aufl. S. 112.

Kann aber eine solche teilweise Übertragung insbesondere auch örtlicher Art — mit Schutz aus dem Gesetze — nicht statthaben, so kann aus dem Gesetze auch nicht derjenige geschützt sein, dem der Vertrieb der geschützten Waren für einen bestimmt begrenzten Bezirk von dem Zeicheninhaber übertragen ist, und dem von dem Warenzeicheninhaber nur bestimmt umgrenzte Vertragsrechte eingeräumt sind. Es mag hierbei ferner auch darauf hingewiesen werden, daß das Recht aus der Eintragung des Warenzeichens in die Zeichenrolle — wie der Name und die Firma — ein Individualrecht ist; durch den dem Warenzeichen gewährten Schutz soll, genau wie bei dem Namen und der Firma, das Recht der Persönlichkeit geschützt werden. Es handelt sich demgemäß bei dem Zeichenrecht um ein absolutes Recht. Sollen aber dergleichen Rechte verletzt sein, so ist der Streit darüber, ob dies geschehen ist, nur zwischen dem Inhaber des absoluten Rechts und dem dieses Recht Verletzenden, nicht aber zwischen dem Verletzer und demjenigen auszumachen, der von dem absolut Berechtigten nur vertragsmäßige, obligatorische Rechte eingeräumt erhalten hat. Dieses obligatorische Rechtsverhältnis bewirkt Rechte und Pflichten nur zwischen den beiden Vertragskontrahenten, nicht einem Dritten gegenüber. Der Dritte kann nur das absolute Recht des Namen-, Firmen-, Zeichen-Inhabers, nicht das obligatorische Recht, das dieser einem anderen eingeräumt hat, verletzen; der Verletzer und dieser andere stehen in keinerlei Beziehungen zueinander.

Nun ist zwar der Monopolist als „Nießbraucher" bezeichnet, und es wird ihm als solchem, als einem, dem ein absolutes, dingliches Nutzungsrecht am Warenzeichen zustehe, in der Literatur die Klage (auf Entschädigung, nicht auch die Untersagungsklage) aus dem Warenbezeichnungsgesetz zugesprochen (vgl. Finger, Warenbezeichnungsgesetz 2. Aufl. 1906 Bem. 6 zu § 14 S. 287). Demgegenüber genügt es darauf hinzuweisen, daß es sich bei der Untrennbarkeit von Warenzeichen und Geschäftsbetrieb (§ 7 Abs. 1 Satz 2) immer um die Bestellung eines Nießbrauchs auch an dem Geschäftsbetriebe des Warenzeicheninhabers handeln müßte — wovon gegenüber dem sein eigenes Geschäft betreibenden Monopolisten doch nicht die Rede sein kann —, und daß ferner auch das Warenzeichenrecht nicht teilbar ist, nicht teilweise übertragen werden kann, ein Nießbrauch aber an einem Recht, das nicht übertragbar ist, nicht bestellt werden kann (§ 1069 Abs. 2 B.G.B.).

In der Literatur herrscht denn auch fast Einhelligkeit darüber, daß dem Monopolisten die Untersagungsklage aus § 12 des Warenbezeichnungsgesetzes, der ausdrücklich von dem ausschließlichen Recht des Eingetragenen aus der Eintragung eines Warenzeichens spricht, nicht zusteht (a. M. Kohler, Das Recht des Markenschutzes 1884 S. 332/3). Es ist aber vielfach die Meinung vertreten, daß die Entschädigungsklage dem Monopolisten aus § 14 des Gesetzes auf Grund des hier gebrauchten Wortes „der Verletzte" zu geben sei. Der § 14 besagt:

„Wer wissentlich oder aus grober Fahrlässigkeit Waren oder deren Verpackung oder Umhüllung . . . mit dem Namen oder der Firma eines anderen oder mit einem nach Maßgabe dieses Gesetzes geschützten Warenzeichen widerrechtlich versieht . . ., ist dem Verletzten zur Entschädigung verpflichtet."

Der Verletzte ist danach derjenige, dessen in § 14 aufgezählte Rechtsgüter verletzt sind: derjenige, dessen Name, dessen Firma, dessen Warenzeichen ohne Berechtigung benutzt ist. Dies entspricht der allgemeinen Tendenz des Gesetzes, bestimmte individuelle Rechtsgüter gegen Verletzungen von seiten Dritter zu schützen. Ein individuelles Recht des Monopolisten wird durch die Benutzung des Warenzeichens von seiten eines dazu nicht Befugten nicht verletzt; der Schutz obligatorischer Rechte liegt nicht in dem Rahmen des Warenbezeichnungsgesetzes. Würden aber dennoch wirklich in betreff der Auslegung des Wortes „dem Verletzten" in § 14 Zweifel aufkommen können, so würden diese durch die erörterten allgemeinen Gesichtspunkte vollauf behoben werden: daß das Gesetz dem (nicht eingetragenen) Monopolisten nicht mehr Rechte eingeräumt haben wird, wie dem nicht eingetragenen Eigentümer des Warenzeichens, dem jedes Klagerecht, auch das auf Entschädigung, ausdrücklich versagt ist; daß das Recht aus dem Warenzeichen nicht teilbar ist, und ein örtlich bestimmter Teil des Rechts aus dem Warenzeichen vom Gesetz nicht geschützt wird, dem Monopolisten aber höchstens ein derartiges Teilrecht zusteht; daß der Monopolist endlich nur in einem ihm dem Warenzeicheninhaber gegenüber zustehenden Recht, nicht in einem ihm zukommenden Individual- oder sonstigen absoluten Recht verletzt wird.

In weiterer Auffassung des Begriffs des Verletzten als der hier vertretenen hat der III. Strafsenat des Reichsgerichts in seinem Urteil vom 1. Mai 1905 (Entsch. des R.G.'s in Straff. Bd. 38 S. 39 flg.) den Monopolisten als Strafantragsberechtigten aus § 15 und auch aus § 14 (Abs. 2) des Warenbezeichnungsgesetzes erachtet.

Vgl. dagegen Urteil des I. Strafsenats vom 2. Juli 1885, Entsch. des R.G.'s in Straff. Bd. 12 S. 328.

Es bedarf aber deshalb für den jetzt vorliegenden Fall nicht der Einholung einer Entscheidung des Plenums des Reichsgerichts, da die Entscheidung des III. Strafsenats auf Grund der allgemeinen Bestimmungen der §§ 61 flg. St.G.B. und zudem zu § 15 des Warenbezeichnungsgesetzes ergangen ist, es sich hier aber um § 14 handelt, und der Kreis der „Verletzten" in beiden Paragraphen ein verschiedener ist."[1]. . .

---

97. 1. Wer ist Partei, wenn eine Klage unter dem Namen einer städtischen Sparkasse oder gegen eine solche angestellt ist?
2. Gesetzliche Vertretung der Stadtgemeinden in ihre Sparkassen betreffenden Rechtsstreitigkeiten.

Reglement vom 12. Dezember 1838 Nr. 17, 18 (preuß. G.S. von 1839 S. 5).

Rheinische Städteordnung § 54.

V. Zivilsenat. Urt. v. 1. Dezember 1906 i. S. A. (Kl.) w. städtische Sparkasse zu M. (Bekl.). Rep. V. 103/06.

I. Landgericht Düsseldorf.
II. Oberlandesgericht Köln.

---

[1] Vgl. Kent, Warenbezeichnungsgesetz Nr. 586 S. 371 u. Nr. 385 S. 257; Entsch. des R.O.H.G.'s Bd. 21 S. 221; Seligsohn, Warenbezeichnungsgesetz 2. Aufl. 1905 S. 116 Bem. 7 zu § 7, S. 166 Bem. 14 zu § 12, S. 189 Bem. 10 zu § 14; Allfeld, Gewerbliches Urheberrecht 1904 S. 563 Bem. 6a,[bb] zu § 12 u. S. 598 Bem. 12 zu § 14 des Warenbezeichnungsgesetzes. D. E.

Die Klägerin hatte gegen „die städtische Sparkasse zu M., vertreten durch die Sparkassenverwaltung“, Klage erhoben, die in erster Instanz aus sachlichen Gründen abgewiesen worden war. Das Berufungsgericht hatte dann, ohne auf die Sache selbst einzugehen, wegen Mangels der Parteifähigkeit und eventuell der gesetzlichen Vertretung auf seiten der Beklagten die Berufung der Klägerin zurückgewiesen. Der Revision der letzteren ist stattgegeben worden.

Aus den Gründen:

„Zwar ist dem Berufungsrichter darin beizutreten, daß — worüber auch in der Rechtsprechung Zweifel nicht bestehen — den nach Maßgabe des Reglements vom 12. Dezember 1838 errichteten Sparkassen der Stadtgemeinden eine eigene Rechtspersönlichkeit nicht beiwohnt, daß dieselben vielmehr nichts weiter sind als Einrichtungen, Anstalten der Gemeinden, und ihr Vermögen nur ein getrennt zu verwaltender Fonds des Gemeindevermögens überhaupt. Daraus folgt aber nur, daß, wenn unter dem Namen einer städtischen oder anderen Kommunalsparkasse eine Klage erhoben, oder gegen eine solche Kasse geklagt wird, die Klage als von der betreffenden Gemeinde erhoben oder gegen sie gerichtet angesehen werden muß. Die unrichtige oder ungenaue Bezeichnung der klagenden oder verklagten Partei kann in einem solchen Fall nicht zur Abweisung der Klage wegen Mangels der Parteifähigkeit führen, wie denn auch dergleichen Klagen bisher vom Reichsgericht, welches die Parteifähigkeit von Amts wegen zu prüfen hat, nicht beanstandet worden sind. Es ist daher rechtsirrtümlich und verletzt das Reglement vom 12. Dezember 1838 (G.S. von 1839 S. 5), wenn der Berufungsrichter die gegen die städtische Sparkasse zu M. erhobene Klage aus dem Grunde der mangelnden Parteifähigkeit der Beklagten abgewiesen hat. Ebenso ist es rechtsirrtümlich und von der Revision mit Recht gerügt, daß der Berufungsrichter die Erklärung der Klägerin, daß anstatt der Sparkasse die Gemeinde verklagt sein solle, aus dem Gesichtspunkt einer Klagänderung (§ 527 Z.P.O.) beurteilt. Die Unterschiebung einer anderen Partei liegt nicht vor.

Für den Fall, daß in Wirklichkeit die Stadtgemeinde M. als verklagt anzusehen sei, verneint der Berufungsrichter, daß die in der Klage als Vertreterin der Beklagten benannte „Sparkassenverwaltung“ als gesetzliche Vertreterin der Stadtgemeinde angesehen werden könne;

er gründet also seine abweisende Entscheidung eventuell auf den Mangel der gesetzlichen Vertretung. Auch dieser Entscheidungsgrund wird von der Revision mit Recht angegriffen. Nachdem der Berufungsrichter den schon oben als auf Rechtsirrtum beruhend bezeichneten Satz: eine Klage gegen die Sparkasse könne nicht als eine solche gegen die Stadtgemeinde bezeichnet werden, ausgesprochen, fährt er fort:

„Die Stadtgemeinde wird ferner in ihren Prozessen gesetzlich vertreten durch ihren Bürgermeister; die Sparkasse ist aber verklagt „vertreten durch die Sparkassenverwaltung", ein städtisches, dem Bürgermeister unterstelltes Organ der Gemeinde."

Aus den anschließenden Erwägungen ergibt sich dann, daß der Berufungsrichter den Bürgermeister als den allein möglichen gesetzlichen Vertreter der Gemeinde erachtet. Diese Auffassung kann nicht gebilligt werden. Sie verkennt den Rechtsbegriff der gesetzlichen Vertretung, indem sie ihn zu eng nimmt. Es ist nicht richtig, — was der Berufungsrichter offenbar annimmt, — daß die gesetzliche Vertretung einer prozeßunfähigen Person, insbesondere einer Körperschaft, allemal in einer Hand liegen müsse, daß also begrifflich neben dem Bürgermeister oder Magistrat einer Stadtgemeinde nicht noch andere Organe mit Vertretungsmacht für besondere Angelegenheiten kraft Gesetzes oder Statuts bestehen können.

Diese rechtsirrtümliche Auffassung des Berufungsrichters, auf welcher die angefochtene Entscheidung wesentlich mit beruht, führt zur Aufhebung des Berufungsurteils. Der Zurückverweisung der Sache an das Berufungsgericht bedurfte es insoweit nicht, als zunächst noch über die Frage der gesetzlichen Vertretung der Beklagten zu entscheiden ist. Für diese Entscheidung kommt in erster Linie ein Gesetz, auf dessen Verletzung die Revision nach § 549 Z.P.O. nicht gestützt werden könnte und auch nicht gestützt ist, nämlich die Rheinische Städteordnung vom 15. Mai 1856, in Betracht. Es schließt das aber, da die angefochtene Entscheidung nicht auf Anwendung dieses Gesetzes beruht, nicht aus, den fraglichen Streitpunkt unter Anwendung dieses Gesetzes in der Revisionsinstanz zu entscheiden (§ 565 Abs. 4 Z.P.O.). Diese Entscheidung mußte aber zugunsten der Revisionsklägerin, nämlich dahin erfolgen, daß im vorliegenden Fall die Sparkassenverwaltung die gesetzliche Vertreterin der Stadtgemeinde ist.

Nach § 54 der Rheinischen Städteordnung — übereinstimmend mit § 59 der Städteordnung für die sechs östlichen Provinzen vom 30. Mai 1853 — können zur dauernden Verwaltung oder Beaufsichtigung einzelner Geschäftszweige Deputationen und Kommissionen bestellt werden, denen eine konstante Rechtsprechung die Eigenschaft öffentlicher Behörden, bzw. Beamten zuerkennt. Innerhalb ihres Geschäftskreises sind die Befugnisse gleichartige, wie sie dem Magistrat oder Bürgermeister im allgemeinen zustehen. Das gilt insbesondere von den zur Verwaltung der in Gemäßheit des Reglements vom 12. Dezember 1838 errichteten Sparkassen gemäß Nr. 17 und 18 daselbst eingesetzten städtischen Deputationen, deren Befugnisse durch die nach Nr. 17 und 18 zu errichtenden, der Bestätigung des Oberpräsidenten unterliegenden Statuten geregelt werden. Im vorliegenden Fall soll nach dem von dem Oberpräsidenten genehmigten, von dem Bürgermeister der Stadt M. vollzogenen Statut der städtischen Sparkasse (im § 7) die Sparkassenverwaltung ohne weitere Ermächtigung u. a. befugt sein ... Rechtsstreite anzustellen und sich auf solche einzulassen. Der Berufungsrichter erkennt auch an, daß hierin ein Mandat zur Führung von Rechtsstreitigkeiten gefunden werden könne, und hätte wohl auch aus diesem Gesichtspunkt die Legitimation der Sparkassenverwaltung zur Vertretung der Stadtgemeinde als vorhanden annehmen können. Nach den oben aufgestellten, vom Berufungsrichter verkannten Grundsätzen über die gesetzliche Vertretung einer Stadtgemeinde in ihren der Obsorge einer besonderen städtischen Deputation anvertrauten Angelegenheiten und speziell in den Angelegenheiten einer städtischen Sparkasse bedurfte es aber nicht der Dazwischenschiebung einer Bevollmächtigung der Sparkassenverwaltung durch den gesetzlichen Vertreter der Stadtgemeinde; vielmehr ergibt sich daraus, daß die Sparkassenverwaltung kraft Gesetzes und ihres dem Gesetz gleichzuachtenden Statuts in den die Sparkasse betreffenden Rechtsangelegenheiten als zur Vertretung der Stadtgemeinde berufen und deshalb insoweit als gesetzliche Vertretung der letzteren anzusehen ist." ...

98. Zum Begriff der höheren Gewalt im § 1 des Reichshaftpflichtgesetzes.

VI. Zivilsenat. Urt. v. 3. Dezember 1906 i. S. Stadtgemeinde D. (Bekl.) w. K. (Kl.). Rep. VI. 112/06.

I. Landgericht Dresden.
II. Oberlandesgericht daselbst.

Die Klägerin fuhr im Juli 1904 in einem Wagen der von der Beklagten betriebenen Straßenbahn, als mit diesem, aus einer Seitenstraße kommend, ein führerloser Lastwagen zusammentraf, dessen Pferde scheu geworden waren und in vollem Laufe daherrasten. Die Deichsel des Lastwagens durchstieß die eine Längsseite des Motorwagens und zerschmetterte der Klägerin den rechten Unterschenkel. Die Klägerin hat Schadensersatz auf Grund des Reichshaftpflichtgesetzes gefordert. Das Reichsgericht hat, entgegen den Entscheidungen der Vorinstanzen, die Klage abgewiesen, aus folgenden

Gründen:

„Das Berufungsgericht stellt fest, daß der Lenker des Motorwagens den Zusammenstoß nicht hat vermeiden können, und führt aus, die Möglichkeit eines Zusammenstoßes mit entgegenkommenden Fahrzeugen gehöre zu den Gefahren, denen der Betrieb einer elektrischen Straßenbahn bei der Größe und Schwere ihrer in Schienen gehenden und an sie gebundenen Wagen in verkehrsreichen Straßen notwendig ausgesetzt sei. Mit dieser Gefahr müsse der Unternehmer der Straßenbahn von vornherein rechnen. Solche Zusammenstöße fielen in den mit dem Betriebe verbundenen Gefahrenkreis und seien von ihm, auch wenn er sie im einzelnen Falle nicht habe vermeiden können, zu vertreten, weil er eben die Gefahr für die Unfälle trage, die ihren Grund in der gefährdenden Natur des Bahnbetriebes an sich haben. Der Begriff der höheren Gewalt setze erst dann ein, wenn der Unfall in einem äußeren unabwendbaren, mit den dem Betriebe eigentümlichen Gefahren außer Zusammenhang stehenden Ereignis seinen Grund habe.

Die Revision stellt zur Erwägung, ob diesen Ausführungen, die allerdings an sich der Rechtsprechung des Reichsgerichts entsprächen, beizutreten sei, und macht geltend, festgestellt sei nicht, daß es sich vorliegendenfalls um ein Ereignis handle, das mit einer gewissen Häufigkeit einzutreten pflege; es sei im Gegenteil ein selbst im Straßenverkehr einer Großstadt ungewöhnliches Ereignis, daß ein Zusammenstoß von führerlosen durchgehenden Pferden veranlaßt werde, und zwar derart, daß die Deichsel des von ihnen gezogenen Wagens die Seitenwand des Straßenbahnwagens durchstoße und einen Fahrgast verletze.

Diesem Angriff war der Erfolg nicht zu versagen. Der erkennende Senat hat zwar wiederholt ausgesprochen, daß Zusammenstöße zwischen Straßenbahnwagen und anderen Fuhrwerken zu den Ereignissen zu zählen seien, die im Straßenverkehr einer verkehrsreichen Stadt mit einer gewissen Häufigkeit vorzukommen pflegen, die daher als mit dem Straßenbahnbetrieb und seinen Gefahren in innerem Zusammenhang stehend der Betriebsunternehmer nach dem Haftpflichtgesetze zu vertreten habe. Allein der Unfall, der zu einer Verletzung der Klägerin geführt hat, trägt . . . eine Besonderheit an sich: der Zusammenstoß erfolgte mit einem Wagen, der von führerlosen, scheu gewordenen und im vollen Laufe dahinrasenden Pferden gezogen wurde, ohne jedes menschliche Zutun und mit so starker Gewalt, daß ein Betriebsmittel, der Straßenbahnwagen, in seiner Längsseite durchbohrt wurde, was erst die Verletzung der Klägerin ermöglichte. Ein solcher, in seiner Ursache und in seiner Wirkung einem elementaren Ereignis gleichkommender, auf den Betrieb der Straßenbahn von außen einwirkender Vorgang muß als ein ungewöhnliches, mit diesem Betrieb nicht schon seiner Natur nach verknüpftes Ereignis angesehen werden, und es hat daher als höhere Gewalt zu gelten, wenn die schädigende Einwirkung auch durch die äußerste nach den gegebenen Umständen gebotene Vorsicht, durch alle vernünftigerweise dem Betriebsunternehmer zuzumutenden Vorkehrungen nicht abzuwenden und auch in seinen Folgen nicht unschädlich zu machen war. Daß diese Voraussetzung vorliegendenfalls vorhanden ist, ergibt der Sachverhalt ohne weiteres." . . .

99. Was gehört zur Widerlegung der Vermutung der „Echtheit" der über einer echten Namensunterschrift stehenden Schrift im Sinne des § 440 Abs. 2 Z.P.O.?

VI. Zivilsenat. Urt. v. 3. Dezember 1906 i. S. A. (Kl.) w. Gr. (Bekl.). Rep. VI. 175/06.

I. Landgericht Frankfurt a. O.
II. Kammergericht Berlin.

Geklagt war aus einem über 3000 ℳ ausgestellten, mit dem Namen des Beklagten unterschriebenen Schuldschein auf Zahlung dieser Summe nebst Zinsen. Der Beklagte leugnete die Echtheit seiner Unterschrift; das Landgericht erkannte auf den über diese Echtheit dem Beklagten zugeschobenen und von diesem angenommenen Eid, da es die Echtheit der Unterschrift außerdem nicht als erwiesen ansah. Das Kammergericht wies die Berufung des Klägers zurück und änderte auf die Anschließung des Beklagten das erste Urteil dahin ab, daß der vom Beklagten zu leistende Eid dahin gefaßt wurde, daß er nicht in Landsberg a. W. bei dem Gastwirt E. am 17. März 1904 unter den zu den Akten überreichten und ihm vorgelegten Schuldschein seine Unterschrift gesetzt habe. Dabei ging es in tatsächlicher Beziehung davon aus, daß die Echtheit der Unterschrift des Beklagten schon feststehe, ebenso aber auch feststehe, daß die darüber stehende Schrift vom Kläger geschrieben sei. Auf Revision des Klägers ist das Berufungsurteil aufgehoben, und die Sache in die vorige Instanz zurückverwiesen worden, aus folgenden

Gründen:

. . . „Die gegen die Entscheidung über die der Klage zugrunde gelegte Schuldurkunde gerichteten prozessualen Angriffe erweisen sich als zutreffend. Das Kammergericht hat einerseits den vom Landgerichte dem Beklagten auferlegten zugeschobenen Eid über die Echtheit der Unterschrift als entbehrlich angesehen, weil es diese Echtheit schon ohnehin tatsächlich feststellte, dagegen andererseits den . . . Eid, mittels dessen der Beklagte ablehnen soll, daß er seine Unterschrift wissentlich unter das schon fertige Schriftstück — das das Berufungsgericht insoweit für vom Kläger geschrieben hält — gesetzt habe, als richterlichen Eid dem Beklagten nachgelassen. Hiermit hat es gegen

§ 439 Abs. 2 und § 440 Abs. 2 Z.P.O. verstoßen. Erheblich für die Beweiskraft einer unterschriebenen Privaturkunde ist nach diesen Bestimmungen zunächst nur die Echtheit der Unterschrift, welche eine Vermutung für die „Echtheit" — wie § 440 Abs. 2 sich ausdrückt — der über der Unterschrift stehenden Schrift mit sich bringt. Wenn man freilich dieses Wort „Echtheit" dicht vor dem Ende des § 440 im engsten, wörtlichen Sinne nehmen dürfte, so wäre die Entscheidung des Kammergerichtes in diesem Punkte haltbar; denn durch die Feststellung, daß die über der Unterschrift stehende Schrift vom Kläger herrühre, wäre die „Vermutung der Echtheit" widerlegt. Aber diese Bedeutung sollen die hervorgehobenen Worte zweifellos hier nicht haben, wie sich aus der geschichtlichen Entwicklung des Urkundenbeweises ergibt, und wie auch übereinstimmend von allen Rechtslehrern und Schriftstellern angenommen wird. Nach jedem vor der Zivilprozeßordnung in Deutschland geltenden Rechte knüpfte sich an die Echtheit der Unterschrift einer Privaturkunde die Vermutung, daß die darüber stehende Schrift mit dem Willen des Ausstellers dort stehe, und das ist auch unter dem Worte „Echtheit" gegen Ende des § 440 verstanden. Mit Recht sagt daher Fitting (Reichs-Civilprozeß [10. Aufl.] § 61 Anm. 7 S. 277), die „Echtheit der Schrift" dürfe im § 440 Abs. 2 nicht in dem gleichen Sinn verstanden werden, wie die „Echtheit der Namensunterschrift".

Vgl. im übrigen v. Wilmowski u. Levy, C.P.O. (7. Aufl.) Bd. 1 Bem. 1 Abs. 1 zu § 381 S. 634, Bem. 3 zu § 404 S. 658 u. Bem. 3 zu § 405 S. 659 flg.; Petersen-Remelé-Anger, C.P.O. (5. Aufl.) Bd. 1 Bem. 3 zu § 416 S. 788 flg. u. Bem. 2 zu § 440 S. 812 flg.; Seuffert, Kommentar zur C.P.O. (9. Aufl.) Bd. 1 Bem. 2 a zu § 416 S. 599, Bem. 2 zu § 439 S. 619 u. Bem. 2 zu § 440 S. 620; Gaupp-Stein, C.P.O. (Aufl. 8 u. 9) Bd. 1 Bem. II u. IV zu § 416 S. 919 u. 920, Bem. II a zu § 439 S. 943 u. Bem. II 1 u. III zu § 440 S. 944 u. 945; Planck, Deutsches Civilprozeßrecht Bd. 2 § 114 S. 221 flg.; Urt. des V. Zivilsenates des R.G.'s in der S. V 257/95, Jurist. Wochenschr. von 1896 S. 204 flg. Nr. 15.

Es ist also die „Echtheit" der über der Unterschrift stehenden Schrift auch nicht dadurch ausgeschlossen, daß etwa feststeht, daß die letztere erst nachträglich von einem anderen hinzugefügt ist, oder daß der Aussteller bei der Leistung der Unterschrift nicht wußte, was er unterschrieb, sondern es muß nachgewiesen sein, daß diese Art der Herstellung der Urkunde nicht mit seinem Willen erfolgt sei. Dazu sind aber vor allem ganz bestimmte Behauptungen des Ausstellers in dieser Richtung erforderlich, deren Beweis im Bestreitungsfall er zu erbringen hat. Dies hat das Berufungsgericht verkannt, indem es irrigerweise hier dem Kläger die betreffende Beweislast zugeschrieben und, weil dieser seiner Beweispflicht nicht Genüge getan habe, nach Aufstellung verschiedener Möglichkeiten auf den richterlichen Eid für den Beklagten erkannt hat. Nach dem Tatbestande hatte das Kammergericht sogar überhaupt keinen Anlaß, auf diese ganze Frage zu kommen; denn danach hatte der Beklagte sich darauf beschränkt, die Echtheit der Unterschrift zu leugnen, in dem Sinne aber, daß die darüber stehende Schrift ohne seinen Willen dort stehe, nicht einmal eventuell irgendeine Behauptung aufgestellt. Wenn trotzdem, und obgleich das Kammergericht die Echtheit der Unterschrift festgestellt hat, das Reichsgericht bei Aufhebung des Berufungsurteils noch nicht sofort in der Sache selbst erkannt und auf die Berufung des Klägers den Beklagten nach dem Klagantrage verurteilt, sondern die Sache an das Berufungsgericht zurückverwiesen hat, so ist das hauptsächlich deshalb geschehen, weil der Umstand, daß der Kläger in der Berufungsverhandlung dem Beklagten auch darüber, daß dieser erst nach Niederschrift des Textes seine Unterschrift unter den Schein gesetzt habe, den Eid zugeschoben, auch sich dafür, daß Text und Unterschrift mit derselben Tinte geschrieben seien, auf das Gutachten eines Sachverständigen berufen hat, darauf hindeutet, daß die Parteibehauptungen in dieser Beziehung vielleicht im Tatbestande nicht vollständig wiedergegeben sein möchten."

---

100. 1. Können in dem Geltungsbereiche der preußischen Landgemeindeordnung vom 3. Juli 1891 Rechtsgeschäfte, welche eine Landgemeinde gegen Dritte verbinden sollen, mit verbindlicher Kraft für die Gemeinde nur in der in § 88 Abs. 4 Nr. 7 Abs. 2 dieses Gesetzes vorgeschriebenen Form eingegangen werden?

2. Hat diese Bestimmung gegenüber dem Bürgerlichen Gesetzbuch und dessen Vorschriften über die Form der Rechtsgeschäfte, insbesondere gegenüber § 126 B.G.B., fortdauernd Geltung?

Landgemeindeordnung vom 3. Juli 1891 (preuß. G.S. 1891 S. 233) § 88 Abs. 4 Nr. 7 Abs. 2.

B.G.B. §§ 89, 126.

II. Zivilsenat. Urt. v. 4. Dezember 1906 i. S. H. O.-P.-Marke (Kl.) w. Landgemeinde D. (Bekl.). Rep. II. 223/06.

I. Landgericht Torgau.
II. Oberlandesgericht Naumburg a. S.

Das Reichsgericht hat beide Fragen bejaht.

Aus den Gründen:

... „Anlangend den Anspruch der Klägerin aus dem Vertrage vom 2./3. September 1902, so geht der Berufungsrichter davon aus, daß dieser Vertrag ein Rechtsgeschäft sei, durch das die Beklagte einem Dritten (der Klägerin) habe verpflichtet werden sollen, daß derartige Rechtsgeschäfte mit verbindlicher Kraft für die Gemeinde, ohne Rücksicht darauf, ob über sie tatsächlich eine Urkunde errichtet wird, nur in der in § 88 Abs. 4 Nr. 7 Abs. 2 der Landgemeindeordnung für die sieben östlichen Provinzen vom 3. Juli 1891 vorgeschriebenen Form abgeschlossen werden könnten, daß diese Form hier aber nicht gewahrt sei, weil in dem Vertrage vom 2./3. September 1902 ein Gemeindebeschluß, durch den sich die verklagte Gemeinde schlüssig gemacht habe, sich der Klägerin zu verpflichten, (unstrittig) nicht angeführt sei. Der Berufungsrichter erachtet deshalb den Vertrag, obwohl er von dem Gemeindevorsteher und den beiden Schöffen der Beklagten unterschrieben und mit dem Gemeindesiegel versehen ist, für die verklagte Gemeinde in jedem Falle für rechtsunverbindlich, auch dann, wenn, wie Klägerin meint, durch die von der Klägerin und dem Gemeindevorsteher (und den Schöffen) der Beklagten abgegebenen Erklärungen und Unterschriften der Abschluß eines mündlichen und selbst eines der Schriftform des § 126 B.G.B. entsprechenden Vertrages als zustande gekommen erachtet werden könnte.

Der Ausgangspunkt wie die Schlußfolgerungen des Berufungsrichters sind frei von Rechtsirrtum. Es ist zunächst zutreffend, daß es sich hier um ein Rechtsgeschäft handelt, welches die verklagte Gemeinde im Sinne des § 88 a. a. O. „gegen Dritte verbinden“ sollte. Der Vertrag vom 2./3. September 1902 besagt im § 1, daß die Klägerin bestimmte, zum Straßenbau der verklagten Gemeinde zu liefernde Steine zum Preise von 11750 *M* „für Rechnung des Bauunternehmers“ P. — der die Ausführung des Straßenbaues der verklagten Gemeinde gegenüber vertraglich übernommen hatte — zu liefern habe. In § 2 „beauftragt“ P. die verklagte Gemeinde, an die Klägerin 11750 *M* für gelieferte Steine (bis zum 1. Juli 1903) zu zahlen, und übernimmt die verklagte Gemeinde die Verpflichtung, diesen Betrag zu zahlen. Der Besteller der Steine und der Gegenkontrahent der Klägerin in betreff der Lieferung der Steine ist danach, wie irgendeinem Zweifel nicht unterliegen kann, der Bauunternehmer P., der aus der Lieferung Schuldner der Klägerin wurde. Wenn dieser dann die verklagte Gemeinde „beauftragte“, an Klägerin 11750 *M* zu zahlen, so kann hierin mit Recht die Abtretung einer dem P. an die Beklagte (etwa) zustehenden Forderung von seiten des P. an die Klägerin nicht gefunden werden. Der Vertrag erwähnt eine solche Forderung nicht einmal und enthält kein Wort, das nur entfernt auf eine Übertragung einer Forderung des P. auf die Klägerin zu deuten wäre. Wie nun aber auch im übrigen die von seiten des Gemeindevorstehers und der beiden Schöffen für die verklagte Gemeinde in Verfolg des P.'schen Zahlungsauftrages abgegebene Erklärung: die Verpflichtung zu übernehmen, den Betrag zu zahlen, aufzufassen ist — ob als Schuldübernahme, als Erfüllungsübernahme, oder, wofür alles zu sprechen scheint (was aber der Berufungsrichter dahingestellt sein läßt), als die Annahme einer Zahlungsanweisung des P. an die verklagte Gemeinde (§ 784 Abss. 1 und 2 B.G.B.) —, so handelt es sich doch immer darum, daß die Gemeinde einem Dritten gegenüber verpflichtet werden sollte; die Gemeinde sollte, obwohl sie in keinerlei Rechtsbeziehungen zu der Klägerin gestanden hatte, dieser gegenüber die Verpflichtung übernehmen, eine Zahlung an sie zu leisten.

In betreff der Frage, wie — in welcher Form — dergleichen Verbindlichkeiten für die Landgemeinden durch Rechtsgeschäft übernommen werden können, hat bereits der III. Zivilsenat des Reichsgerichts in seinem von dem Berufungsrichter angezogenen Urteil vom 2. Juni 1905 (in Sachen des Kreises K. gegen die Landgemeinde L., Rep. III. 530/04, mitgeteilt in der Jurist. Wochenschr. 1905 S. 446 Nr. 35) dahin entschieden, daß Rechtsgeschäfte der bezeichneten Art mit verbindlicher Kraft für die Gemeinden nur in der in § 88 Abs. 4 Nr. 7 Abs. 2 der Landgemeindeordnung angegebenen Form errichtet werden können, und daß die Formvorschrift des § 88 nicht nur für solche Fälle gegeben ist, in denen eine Urkunde tatsächlich errichtet wird. Der § 88 lautet an der fraglichen Stelle:

„Urkunden über Rechtsgeschäfte, welche die Gemeinde gegen Dritte verbinden sollen, ingleichen Vollmachten, müssen unter Anführung des betreffenden Gemeindebeschlusses und der dazu etwa erforderlichen Genehmigung oder Entschließung der zuständigen Aufsichtsbehörde im Namen der Gemeinde von dem Gemeindevorsteher und einem der Schöffen unterschrieben und mit dem Gemeindesiegel versehen sein."

Der III. Senat hat bei der vorstehend mitgeteilten Auslegung dieses Paragraphen hervorgehoben, daß sein Wortlaut zwar auch die Deutung zulasse, daß nur, wenn über ein Rechtsgeschäft der bezeichneten Art eine Urkunde errichtet werde, diese dann jenen Formvorschriften entsprechen müsse; der III. Senat ist aber der Meinung, daß eine solche Auslegung dem Zweck der Bestimmung und somit dem Willen des Gesetzes nicht entspreche. Es ist dabei ausgeführt, daß an sich der Gemeindevorsteher allein die Gemeinde nach außen vertrete — ohne Rücksicht darauf, ob er dabei den Beschlüssen der Gemeindeversammlung (oder Gemeindevertretung) gemäß handele —, daß aber zur Vorbeugung gegen die hieraus für die Gemeinde erwachsenden Gefahren für Rechtsgeschäfte, durch welche die Gemeinde einem Dritten verpflichtet werden soll, schützende Formen eingeführt seien, die verhindern sollten, daß der Gemeindevorsteher bei Ausübung der ihm verliehenen Befugnis zur Vertretung der Gemeinde nach außen sich nicht innerhalb derjenigen Grenzen halte, die ihm durch die nach innen maßgebenden Beschlüsse der Gemeindeversammlung oder Gemeindevertretung gezogen seien. Zugleich ist auf die, auf demselben Boden stehende, Vorschrift des § 56 Nr. 8 der Städte-Ordnung für die sechs östlichen Provinzen der preußischen Monarchie vom 30. Mai 1853 hingewiesen, wonach bei Übernahme von Verpflichtungen der Stadtgemeinden zu der, für Urkundenausfertigungen der Regel nach ausreichenden, Unterschrift des Bürgermeisters (oder seines Stellvertreters) noch die Unterschrift eines Magistratsmitgliedes hinzukommen, und in Fällen, in denen die Genehmigung der Aufsichtsbehörde erforderlich ist, diese in beglaubigter Form der Ausfertigung beigefügt werden muß, die Beobachtung dieser Förmlichkeiten aber auch zur rechtswirksamen Verpflichtung der Stadtgemeinde genügt, ohne Rücksicht darauf, ob die nach innen notwendige Beschlußfassung oder Zustimmung der Stadtverordnetenversammlung vorliegt, oder nicht.

Der jetzt erkennende Senat hat kein Bedenken getragen, sich der vorgedachten Entscheidung anzuschließen. Aus dem Zweck der Bestimmung in § 88 a. a. O. ist, wenn auch ihr Wortlaut zu Zweifeln Anlaß bieten mag, in der Tat die ihr von dem III. Senat gegebene Tragweite zu entnehmen. Es kann nicht der Wille des Gesetzgebers sein, daß der Gemeindevorsteher mündlich die Gemeinde Dritten gegenüber unbeschränkt soll haftbar machen können, ohne Zuziehung einer zweiten Person und ohne alle sonstigen Förmlichkeiten, losgelöst von jeder Sicherung der Gemeinde, und dies sogar in solchen Fällen, in denen es nach innen nicht nur des Beschlusses der Gemeindeversammlung (§§ 102, 113 der Landgemeindeordnung), sondern auch noch der zu diesem Gemeindebeschluß (nicht zu dem Auftreten des Gemeindevorstehers) erforderlichen Genehmigung oder Entschließung der zuständigen Aufsichtsbehörde bedarf (§ 88 a. a. O., §§ 114, 115), daß der Gemeindevorsteher aber zu einer solchen Haftbarmachung in schriftlicher Form nicht oder doch nur dann berufen sei, wenn er noch einen Schöffen zuzieht, der seinen Erklärungen schriftlich beitritt, wenn dabei das Gemeindesiegel beigedrückt und der Beschluß der Gemeinde — auf dem die Erklärungen des Gemeindevorstehers und des Schöffen beruhen, und in dem sie ihren inneren Grund haben —, sowie endlich gegebenenfalls auch noch die zu diesem Beschluß erforderliche Genehmigung oder Entschließung der zuständigen Aufsichtsbehörde schriftlich ausdrücklich angeführt sind. Es ist nicht abzusehen, wie der Gesetzgeber dazu gekommen sein sollte, den Gemeindevorsteher bei Abschließung mündlicher Verträge der bezeichneten Art so gänzlich uneingeschränkt, bei schriftlichen Verträgen aber nur unter sehr erheblichen Kautelen und Schutzmaßregeln mit für die Gemeinde verbindlicher Kraft wirken zu lassen. Hiergegen kann auch nicht geltend gemacht werden, daß nach dem preußischen Allgemeinen

Landrecht ohnehin die Gültigkeit mündlicher Vertragsschlüsse eine sehr begrenzte gewesen sei, und der Gesetzgeber deshalb sehr wohl § 88 a. a. O. nur für die Fälle habe geben wollen, in denen es sich um einen urkundlichen Vertragsabschluß handele; der Geltungsbereich der Landgemeindeordnung deckt sich nicht mit demjenigen des Allgemeinen Landrechts. In Neuvorpommern und Rügen sowie in Schleswig-Holstein, für welche Provinz die Landgemeindeordnung durch Gesetz vom 4. Juli 1892 (G.S. S. 147) — ohne eine Änderung des § 88 Abs. 4 Nr. 7 in der hier in Betracht kommenden Beziehung — in Kraft gesetzt ist, hatten das Allgemeine Landrecht und die ihm eigene weitgehende Einschränkung der Gültigkeit mündlicher Verträge keine Geltung.

Von der Revisionsklägerin ist dann ferner unter Bezugnahme auf die Entscheidung des I. Zivilsenates des Reichsgerichts vom 30. November 1901 (Entsch. des R.G.'s in Zivils. Bd. 50 S. 23) noch geltend gemacht, daß die erörterte Formvorschrift der preußischen Landgemeindeordnung jetzt, gegenüber den Bestimmungen des Bürgerlichen Gesetzbuchs, nicht mehr maßgebend sei, daß vielmehr jetzt bei Abschluß von Rechtsgeschäften nur die von dem Bürgerlichen Gesetzbuch erforderten Formen zu beobachten seien, und in dem hier zur Entscheidung stehenden Falle die schriftliche Form des § 126 B.G.B. sicher gewahrt sei. Es erscheint dieses verfehlt.

Die Bestimmungen des Bürgerlichen Gesetzbuchs über „Juristische Personen" (I. Buch II. Titel) haben grundsätzlich auf die Körperschaften öffentlichrechtlicher Art keine Anwendung. Es sind vielmehr in § 89 nur einzelne ganz bestimmte Vorschriften des bezeichneten Titels als auch für die juristischen Personen des öffentlichen Rechts geltend bezeichnet. Die Art der Organisation dieser juristischen Personen ist als nicht dem Privat-, sondern dem öffentlichen Recht angehörig den Landesgesetzen überlassen. Diese haben daher auch zu bestimmen, in welcher Weise die öffentlichrechtlichen juristischen Personen durch Willensorgane zu vertreten sind, und in welcher Weise diese Organe mit verbindlicher Kraft für die von ihnen vertretene Körperschaft ihre Erklärungen abzugeben haben. Die darüber gegebenen landesgesetzlichen Vorschriften bilden den Rahmen der Vertretungsmacht. Erklärungen, die von gesetzlichen Vertretern in anderer Form abgegeben werden, als das Gesetz vorschreibt, liegen, weil außerhalb des Gesetzes, außerhalb der dem Vertreter nur zustehenden Vertretungsmacht (§ 164 B.G.B.). Wie im Privatrecht der Vollmachtgeber mehreren Personen derart Vollmacht erteilen kann, daß sie nur gemeinschaftlich und nur unter Einhaltung bestimmter Formen, z. B. nicht mündlich, sondern nur unter Ausstellung von — privaten oder öffentlichen — Urkunden, Willenserklärungen für ihn abgeben dürfen, so kann naturgemäß auch der Gesetzgeber bezüglich der gesetzlichen Vertretung bestimmte dabei inne zu haltende Formen verordnen. Es kommen dabei die von dem Bürgerlichen Gesetzbuch darüber gegebenen Vorschriften, in welchen Formen Rechtsgeschäfte vorzunehmen sind, und Verträge abgeschlossen werden können, in keiner Weise in Frage. In Frage steht vielmehr allein der Rahmen der Vertretungsmacht, und ob innerhalb desselben gehandelt ist, oder nicht. Demgemäß können die Vorschriften in § 88 der Landgemeindeordnung von den Vorschriften des Bürgerlichen Gesetzbuchs und speziell des § 126 desselben nicht berührt sein. Es hat nun allerdings der I. Zivilsenat in seinem von der Revisionsklägerin für sich angerufenen Urteil vom 30. November 1901 (Entsch. des R.G.'s in Zivils. Bd. 50 S. 23 flg.) ausgesprochen, daß die Vorschrift in § 88 auf ein namens der Gemeinde gegebenes Wechselindossament **nicht** anwendbar sei. Aber diese Entscheidung ist, wie schon der Berufungsrichter hervorgehoben hat, auf **Grund der Wechselordnung** ergangen, und sie macht, als aus dem Wechselrecht ergangen, die Einholung einer Entscheidung der vereinigten Zivilsenate des Reichsgerichts in dem jetzt hier vorliegenden Falle nicht erforderlich.

Der Vertrag vom 2./3. September 1902 entspricht der Formvorschrift des § 88 nicht; es ist in ihm „der betreffende Gemeindebeschluß" nicht angeführt. Diese Anführung ist aber, wie aus dem „muß" des § 88 und dem offensichtlichen Zweck der Bestimmung erhellt, wesentlich. Durch die Anführung des Beschlusses soll kenntlich gemacht werden, daß ein solcher vorliege; wird ein Beschluß angeführt, so ist eine hohe Wahrscheinlichkeit dafür vorhanden, daß der Beschluß ergangen ist, und der Gemeindevorsteher und der Schöffe das Rechtsgeschäft in der Tat auf Grund eines Beschlusses der Gemeinde eingehen. Mit der Revision ist zwar noch auszuführen versucht, daß die Vorschrift des § 88 jedenfalls dann nicht Platz greifen könne, wenn der Gemeindebeschluß nach dem Vertragsschlusse erfolgt sei, und es hier nicht feststehe (bisher auch gar nicht erörtert sei), daß der Gemeindebeschluß nicht dem Vertragsschluß erst gefolgt sei. Dem gegenüber ist einmal zu bemerken, daß in den Instanzen von der Klägerin selbst nicht behauptet ist, daß ein Gemeindebeschluß über die Eingehung der Verbindlichkeit von seiten der verklagten Gemeinde überhaupt gefaßt worden ist; sodann aber wäre die bloße Fassung eines Beschlusses für sich allein auch ohne alle Bedeutung; sie wäre etwas durchaus Innerliches; die Gemeinde könnte den Beschluß zunächst auch noch jederzeit rückgängig machen. Nur darauf kommt es an, ob der Beschluß nach außen durch den Gemeindevorsteher kundbar gemacht ist; solange das nicht geschehen ist, hat er nach außen keine Bedeutung. Daß dies hier aber der Klägerin gegenüber geschehen ist, behauptet die Klägerin selbst nicht." ...

---

101. 1. Zur Auslegung des § 161 Abs. 4 Zw.V.G.

2. Doppelte Rechtsstellung des Hypothekengläubigers, der als solcher die Beschlagnahme der Mietzinsen des belasteten Grundstückes ausgebracht und demnächst bei der Zwangsversteigerung das Grundstück als Meistbietender erstanden hat, gegenüber demjenigen, für den die Mietzinsen auf Grund eines persönlichen Anspruchs gegen den Grundstückseigentümer gepfändet worden sind.

3. Wird eine dem Hypothekengläubiger gegenüber unwirksame Pfändung künftiger Mietzinsen durch einen persönlichen Gläubiger dadurch wirksam, daß das Zwangsverwaltungsverfahren, in dem die Mietzinsen für den Hypothekengläubiger beschlagnahmt sind, vor Eintritt der Fälligkeit der Mietzinsen wiederaufgehoben wird?

4. Kann der Nießbraucher eines Grundstückes die seinem Nießbrauchsrecht unterliegenden Mietzinsen für sich pfänden lassen?

B.G.B. §§ 573, 1124.

Zw.V.G. §§ 20, 21, 55, 57, 90.

V. Zivilsenat. Urt. v. 5. Dezember 1906 i. S. v. G. (Kl.) w. H. (Bekl.). Rep. V. 152/06.

I. Landgericht Dresden.
II. Oberlandesgericht daselbst.

Nachdem Beklagter, für den auf dem Grundstücke des Architekten Sch. in D. ein Nießbrauchsrecht eingetragen stand, im November 1904 die Mieten dieses Grundstückes wegen einer persönlichen Forderung gegen Sch. hatte pfänden und sich überweisen lassen, erfolgte im Dezember 1904 die Beschlagnahme der Mieten im Wege des Zwangsverwaltungsverfahrens zugunsten des Klägers, für den auf dem Grundstücke eine Hypothek haftete. Der Kläger erstand demnächst am 13. März 1905 das Grundstück in der Zwangsversteigerung und zog die am 1. April desselben Jahres fällig gewordenen Mieten im Gesamtbetrage von 2700 *M* ein. Am 29. April 1905 hob das Vollstreckungsgericht das Zwangsverwaltungsverfahren auf, nachdem es schon vorher am 14. März 1905 das bei Einleitung der Zwangsverwaltung an die Mieter erlassene Zahlungsverbot außer Kraft gesetzt hatte. Da Beklagter auf Grund seines Pfändungspfandrechts die vom Kläger eingezogenen Mieten für sich beanspruchte, wurden vereinbarungsgemäß die 2700 *M* bei einer Sparkasse eingezahlt, das Sparkassenbuch bei dem Prozeßbevollmächtigten des Beklagten hinterlegt, und klagte nunmehr Kläger auf Einwilligung in die Herausgabe des Buches und Abhebung des Guthabens. Er unterlag jedoch in beiden Vorinstanzen, und auch die von ihm noch eingelegte Revision blieb ohne Erfolg aus folgenden

Gründen:

„Der Berufungsrichter geht davon aus, daß, da die im Zwangsverwaltungsverfahren gemäß § 148 Abs. 1 Zw.V.G. für den Kläger erfolgte Beschlagnahme der Mietzinsen noch im letzten Quartal 1904 stattgefunden hat, der Kläger an und für sich auf Grund des § 1124 Abs. 2 B.G.B. die von dem Beklagten erwirkte — eine „Verfügung" im Sinne der angeführten Gesetzesvorschrift darstellende — Pfändung und Überweisung derselben Mietzinsen nur noch für das erste Quartal 1905, nicht auch darüber hinaus gegen sich gelten zu lassen verbunden wäre. Allein das ganze Zwangsverwaltungsverfahren und damit auch die in ihm erfolgte Beschlagnahme habe dadurch, daß das Grundstück im März 1905 dem Kläger im Zwangsversteigerungsverfahren zugeschlagen worden sei, noch vor dem 1. April 1905 ihr Ende erreicht. Dadurch sei der für den Beklagten ergangene Pfändungs- und Überweisungsbeschluß der durch die widerstreitende, im Zwangsverwaltungsverfahren zugunsten des Klägers erfolgte

Beschlagnahme nur in seiner Wirksamkeit gehemmt, nicht aber aufgehoben worden sei, wiederaufgelebt, und er stehe nunmehr dem Rechte des Klägers, das dieser nur noch auf den mit der Zuschlagserteilung verbundenen Eigentumserwerb stützen könne, entgegen. Daß formell die Aufhebung des Zwangsverwaltungsverfahrens erst am 29. April 1905 — nachdem inzwischen die für das zweite Quartal 1905 im voraus zu entrichtenden Mietzinsen fällig geworden seien — stattgefunden habe, verschlage nichts, da der Beschluß nur deklaratorische Bedeutung habe; das Verfahren hätte nach § 161 Abs. 4 Zw.V.G. in Verbindung mit § 28 ebenda sogleich, nachdem das Zwangsversteigerungsverfahren durch die Zuschlagserteilung beendigt worden war, von Amts wegen aufgehoben werden müssen. Denn der Zuschlag habe die Rechtsfolge gehabt, daß sowohl die Hypothek des Klägers wie das Zwangsverwaltungsverfahren erloschen sei, und letzteres von da ab die in ihm zugunsten des Klägers beschlagnahmten Mietzinsforderungen des Architekten Sch. nicht mehr umfaßt habe.

In diesen Ausführungen ist allerdings die Heranziehung des § 28 Zw.V.G. verfehlt. Wenn der letztere Paragraph in § 161 Abs. 4 ebenda für entsprechend anwendbar erklärt wird, so hat das nur den Sinn, daß, wenn das Vollstreckungsgericht aus der ihm mitzuteilenden beglaubigten Grundbuchabschrift von dem Bestehen eines die Zwangsverwaltung hindernden Rechts erfährt, es dem betreibenden Gläubiger die Beseitigung des Hindernisses aufzugeben und, falls er der Auflage nicht nachkommt, wegen des Hindernisses das eingeleitete Verfahren wieder aufzuheben hat. Dagegen kann die mit der Zuschlagserteilung verbundene Beendigung des Zwangsverwaltungszwecks nicht als ein der Fortsetzung des Verfahrens entgegenstehendes Hindernis im Sinne der angeführten Gesetzesbestimmung angesehen werden. Dies erscheint um so weniger zulässig, als das die Fortsetzung der Zwangsverwaltung hindernde Recht — das von dem Ersteher durch den Zuschlagsbeschluß erworbene Eigentum an dem versteigerten Grundstück — zur Zeit seiner Entstehung kein grundbuchmäßiges ist, die Berichtigung des Grundbuchs vielmehr erst nach Abhaltung des Verteilungstermins, also geraume Zeit später, erfolgt.

Der im vorstehenden gekennzeichnete Rechtsirrtum des Berufungsrichters konnte jedoch nicht zur Aufhebung des angefochtenen Urteils führen, da er auf die Entscheidung selbst ohne Einfluß geblieben ist, diese vielmehr trotz der gegen sie erhobenen Revisionsangriffe als richtig angesehen werden muß. Zunächst leuchtet ohne weiteres ein, daß dem Kläger, soweit er seinen Anspruch auf die Rechte des Erstehers gründet, die gesetzlichen Bestimmungen nicht zur Seite stehen. Da er am 13. März 1905 — dem Tage des Zuschlagsbeschlusses — Eigentümer des ersteigerten Grundstückes geworden ist, so muß er nach § 57 Zw.V.G. in Verbindung mit § 573 Satz 1 B.G.B. Verfügungen, die über die Mietzinsen der beiden ersten Quartale des Jahres 1905 getroffen sind, gegen sich gelten lassen. Der Versuch der Revision, das Gegenteil aus den Vorschriften der §§ 55 Abs. 1, 90 Abs. 2 Zw.V.G. herzuleiten, ist verfehlt. Die Beschlagnahme, von der der § 55 Abs. 1 spricht, ist nach dem klaren Sinn des Gesetzes diejenige, die im Zwangsversteigerungsverfahren gemäß § 20 Zw.V.G. erfolgt. Sie erstreckt sich zufolge der ausdrücklichen Bestimmung des § 21 Abs. 2 ebenda nicht auf die Mietzinsen und, hieran wird auch durch den Umstand nichts geändert, daß gleichzeitig mit der Zwangsversteigerung die Zwangsverwaltung eingeleitet wird, und daß betreibender Gläubiger bei beiden Vollstreckungsmaßregeln dieselbe Person ist. Denn diese Verbindung ist eine rein äußerliche; die Selbständigkeit des Zwangsverwaltungsverfahrens gegenüber dem neben ihm hergehenden Zwangsversteigerungsverfahren wird dadurch nicht berührt. Daß aber, wenngleich § 573 Satz 1 B.G.B. nur von (rechtsgeschäftlichen) Verfügungen des Vermieters spricht, ihnen doch nach dem Willen des Gesetzgebers diejenigen Verfügungen gleichzustellen sind, die gegen den Vermieter von einem Gläubiger des letzteren im Wege der Zwangsvollstreckung vorgenommen werden, hat das Reichsgericht bereits wiederholt ausgesprochen.

Vgl. die Urteile vom 28. Mai und 20. September 1904, Entsch. des R.G.'s in Zivils. Bd. 58 S. 181, Bd. 59 S. 177.

Von dieser Rechtsprechung abzugehen, liegt keine Veranlassung vor.

Gegen die Annahme des Berufungsrichters, daß auch die Eigenschaft als Hypothekengläubiger dem Kläger kein Recht auf die Mietzinsen des zweiten Quartals des Jahres 1905 gewähre, weil vor Eintritt der Fälligkeit der Mietzinsen das Zwangsverwaltungsverfahren, in dem die letzteren beschlagnahmt seien, zufolge der Zuschlagserteilung sein Ende gefunden habe, macht die Revision zunächst geltend, es hange danach Umfang und Dauer des Rechts aus der Beschlagnahme von reinem Zufall ab; würde das Vollstreckungsgericht den Versteigerungstermin nicht auf einen Tag vor dem 1. April 1905, sondern auf einen späteren Tag anberaumt haben, so wäre eine „Verkürzung" der Rechte des Klägers nicht eingetreten. Die Revision ihrerseits will den Zeitpunkt, in dem der Aufhebungsbeschluß nach § 161 Zw.V.G. erlassen wird, als maßgebend für das Aufhören der Zwangsverwaltung betrachtet wissen. Dabei übersieht sie indessen, daß der Aufhebungsbeschluß hinsichtlich des Zeitpunktes seines Erlasses denselben Zufälligkeiten unterliegt, wie die Anberaumung des Versteigerungstermins. Der erwähnte Angriff entbehrt daher der Schlüssigkeit. Auch der von der Revision hervorgehobene Gesichtspunkt einer durch die vermeintliche Zufälligkeit herbeigeführten Rechtsverkürzung trifft nicht zu. Da der Ersteher mit der Zuschlagserteilung Eigentümer des Grundstückes wird, so gebühren ihm von dem Tage des Zuschlags ab, unbeschadet eines etwaigen Eingreifens der Vorschrift des § 573 Satzes 1 B.G.B., die Grundstückseinkünfte, insbesondere die Mietzinsen, und hört mit demselben Zeitpunkte das Recht des Schuldners oder bisherigen Eigentümers auf den Bezug der letzteren auf. Die Rechte des Hypothekengläubigers aber können ihrer Natur nach nicht weiter reichen als die aus dem Eigentum, das durch sie eingeschränkt wird, sich begrifflich ergebenden Befugnisse. Danach beruht es nicht auf äußerem Zufall, sondern auf rechtsbegrifflicher innerer Notwendigkeit, wenn der Hypothekengläubiger kraft seines Hypothekenrechts nur diejenigen Mietzinsen beanspruchen darf, die vor dem Übergang des Eigentums an dem belasteten Grundstück auf den Ersteher fällig geworden sind.

Schon nach dem Gesagten erweist sich der Klaganspruch, soweit er aus der vom Kläger innegehabten Stellung eines Hypothekengläubigers hergeleitet wird, als hinfällig, und kann danach die Rechtmäßigkeit der von dem Vollstreckungsgericht am 14. März 1905 verfügten Aufhebung des an die Mieter erlassenen Zahlungsverbots einem Bedenken nicht unterliegen. Aber auch die weitere von dem Berufungsrichter noch angestellte Erwägung, daß auf die streitigen Mietzinsen nicht bloß der Kläger (als Hypothekengläubiger und Ersteher) kein Recht, sondern auch der Beklagte seinerseits zufolge des

Pfändungs- und Überweisungsbeschlusses vom 7. November 1904 ein positives Recht habe, weil der bezeichnete Beschluß mit dem Wegfall der im Zwangsverwaltungsverfahren für den Kläger erfolgten widerstreitenden Beschlagnahme „wieder aufgelebt" sei, ist zutreffend und wird von der Revision mit Unrecht bekämpft. Nach § 1124 Abs. 2 B.G.B. ist eine Verfügung über den Mietzins, die sich auf weitere Quartalsbeträge als diejenigen des Quartals der Beschlagnahme und des nächstfolgenden Quartals erstreckt, dem Hypothekengläubiger gegenüber unwirksam. Die Unwirksamkeit ist also keine absolute (Nichtigkeit), sondern ebenso, wie diejenige Unwirksamkeit, die eintritt, wenn einem zugunsten einer bestimmten Person bestehenden Veräußerungsverbote zuwidergehandelt wird (§§ 135, 136 B.G.B.), nur eine relative. Sie hört daher, abgesehen von ihrer Heilung durch nachträgliche Genehmigung der Verfügung von seiten des Hypothekengläubigers, auch dann auf, wenn der Hypothekengläubiger wegen des Anspruchs, um dessenwillen die Beschlagnahme stattgefunden hat, anderweit befriedigt wird, oder wenn er auf die Hypothek verzichtet, und diesen Fällen muß nach der Zweckbestimmung der angeführten Gesetzesvorschrift der weitere Fall gleichstehen, daß die Beschlagnahme wegfällt, weil dem Zwangsverwaltungsverfahren, mit dem sie verbunden ist, und dessen Rechtsschicksale sie teilt, die Mietzinsen, über die verfügt worden ist, infolge des eingetretenen Eigentumswechsels nicht mehr unterliegen. Noch weniger läßt sich, wie Kläger schon in der Berufungsinstanz und jetzt von neuem in der Revisionsinstanz darzulegen versucht hat, die Ungültigkeit (Nichtigkeit) des Pfändungs- und Überweisungsbeschlusses vom 7. November 1904 daraus herleiten, daß zu der Zeit, wo der letztere erging, für den Beklagten ein Nießbrauchsrecht an dem belasteten Grundstück eingetragen war. Der Kläger meint, der Nießbrauch habe dadurch, daß er die Mietzinsen mitergriff, diesen die Fähigkeit genommen, den Gegenstand einer Pfändung und Überweisung zu bilden. Dem gegenüber hat indessen bereits der Berufungsrichter zutreffend ausgeführt, durch den erwähnten Umstand werde die Rechtslage des Beklagten nicht geschwächt, sondern verstärkt. Sich auf sein Nießbrauchsrecht zu berufen sei er nur berechtigt, nicht verpflichtet gewesen. Gleichwie ein Rechtsgeschäft in seiner Gültigkeit nicht dadurch beeinträchtigt werde, daß dieselben Personen es unter sich nochmals vornehmen, so müsse es auch in einem Falle vorliegender Art dem Berechtigten unbenommen sein, auf den erwirkten Pfändungs- und Überweisungsbeschluß einen Anspruch zu stützen, den er auch kraft seines Nießbrauchsrechts hätte geltend machen können. Der von der Revision zur Bekämpfung dieser Auffassung herangezogene Satz, daß der Eigentümer nicht ein Recht an seiner eigenen Sache erwerben könne, beweist nichts dagegen, da es sich bei ihm um wesentlich anders liegende Verhältnisse handelt. Übrigens muß, wie der Revisionsbeklagte richtig bemerkt hat, der erwähnte Angriff auch deshalb versagen, weil von dem vertretenen Standpunkte aus zwar nicht die Pfändung und Überweisung, wohl aber der Nießbrauch des Beklagten der klägerischen Rechtsverfolgung entgegenstehen, die Klage also auch in diesem Falle abzuweisen sein würde." ...

---

102. Inwieweit ist die Anwendung des Art. 169 Einf.-Ges. zum B.G.B. auf vor dem 1. Januar 1900 begründete Ansprüche ausgeschlossen?

A.L.R. I. 11 § 180, I. 5 § 344.

V. Zivilsenat. Urt. v. 6. Dezember 1906 i. S. B. (Bekl.) w. B. (Kl.). Rep. V. 122/06.

I. Landgericht I Berlin.
II. Kammergericht daselbst.

Der Kläger hatte von den Beklagten im Jahre 1894 ein Haus an der bereits 1872 vollständig regulierten R.'straße in Berlin gekauft und aufgelassen erhalten. Am 31. Dezember 1899 empfing er ein Schreiben der städtischen Baudeputation vom 9. Dezember 1899, in welchem er als Eigentümer des fraglichen Grundstückes zur Zahlung von . . . *M* Beitrag zu den Kosten der ersten Einrichtung, Pflasterung und Entwässerung der R.'straße aufgefordert wurde. Die Zahlung leistete er in Teilbeträgen bis zum 6. Dezember 1901. Er verlangte die Erstattung jener Summe von den Beklagten; die Klage ist 1905 zugestellt. Die Beklagten schützten die Einrede der Verjährung vor. Die Einrede ist für begründet erachtet worden aus folgenden

Gründen:

„Der Anspruch des Klägers findet seine Stütze in der Vorschrift des § 180 A.L.R. I. 11, die hier zur analogen Anwendung gelangt (Entsch. des R.G.'s in Zivils. Bd. 30 S. 236; Gruchot's Beitr. Bd. 46 S. 1174). Dieser Gewährleistungsanspruch verjährt nach § 344 A.L.R. I. 5 innerhalb sechs Monate nach dem Zeitpunkte, in dem der Kläger von dem Mangel Kenntnis erhalten hat. Der Berufungsrichter hat festgestellt, es sei nichts dafür erbracht, daß der Kläger vor der Heranziehung zu den Abgaben durch das ihm im Dezember 1899 zugegangene Schreiben der städtischen Baudeputation von dem Bestehen der Last Kenntnis gehabt habe. Die Verjährung des Gewährleistungsanspruchs war also beim Inkrafttreten des Bürgerlichen Gesetzbuchs noch nicht vollendet. Die Anwendung des Art. 169 Einf.-Ges. zum B.G.B. setzt voraus, daß ein nach dem bisherigen Recht begründeter, am 1. Januar 1900 noch nicht verjährter Anspruch bei dem konkreten Tatbestande auch nach den Vorschriften des Bürgerlichen Gesetzbuchs begründet sein würde (Entsch. des R.G.'s in Zivils. Bd. 56 S. 254). Der Art. 169 a. a. O. schreibt nämlich vor, daß die Vorschriften des Bürgerlichen Gesetzbuchs über die Verjährung auf die vor dem 1. Januar 1900 entstandenen, noch nicht verjährten Ansprüche Anwendung finden. Daraus ist nicht zu entnehmen, daß die erwähnten Ansprüche, wenn sie nach dem Bürgerlichen Gesetzbuch nicht begründet wären, in Anwendung des § 195 B.G.B. einer 30jährigen Verjährung unterliegen würden. Denn das Bürgerliche Gesetzbuch enthält in den §§ 194 flg. Vorschriften über die Verjährung nur solcher Ansprüche, die nach seinen, nicht nach den Vorschriften früherer Gesetze begründet sind.

Der Gewährleistungsanspruch des Klägers würde bei dem konkreten Tatbestand nach dem Bürgerlichen Gesetzbuche nicht begründet sein. Die Beitragspflicht der Anlieger ist eine öffentliche Last im Sinne des § 436 B.G.B., die der Kläger, als der Käufer, zu tragen hat. Es findet also Art. 169 Einf.-Ges. zum B.G.B. nicht Anwendung. Der nach § 180 A.L.R. I. 11 begründete Anspruch des Klägers verjährt mithin auch nach dem Inkrafttreten des Bürgerlichen Gesetzbuchs nach den Bestimmungen des Allgemeinen Landrechts. Er war somit bereits im Juli 1900 nach § 344 A.L.R. I. 5 verjährt." ...

103. Ist das Privattestament stets ungültig, wenn das Jahr der Errichtung aus Versehen falsch angegeben ist?

B.G.B. § 2231 Nr. 2.

IV. Zivilsenat. Urt. v. 6. Dezember 1906 i. S. F. (Kl.) w. F. (Bekl.). Rep. IV. 214/06.

I. Landgericht Dresden.
II. Oberlandesgericht daselbst.

Die am 12. Juni 1904 in einem Alter von etwa 67 Jahren verstorbene Mutter und Erblasserin der Parteien hatte ein eigenhändiges Testament errichtet, das mit dem Datum: „Dresden, den 18. April 1 8 04", versehen ist. Die Klägerin beantragte die Nichtigkeit des Testamentes festzustellen. Beide Vorinstanzen sahen aber das Testament als gültig an. Die Revision der Klägerin ist zurückgewiesen.

Aus den Gründen:

„Das Reichsgericht hält daran fest, daß der gemäß § 2231 Nr. 2 B.G.B. zur Gültigkeit des Privattestaments erforderlichen Angabe des Ortes und Tages der Errichtung die rechtliche Bedeutung nicht einer Willenserklärung, sondern eines Zeugnisses zukommt. Daraus folgt einmal, daß die Datierung keine willkürliche sein kann, sondern bei Strafe der Nichtigkeit des Testamentes der Wahrheit entsprechen muß (Entsch. des R.G.'s in Zivils. Bd. 51 S. 166). Zum anderen ergibt sich als Wille des Gesetzgebers, daß diesem Zeugnisse, obwohl es vom Aussteller der Privaturkunde selbst herrührt, als einem wesentlichen Bestandteile des gesetzlich vorgeschriebenen Formalaktes auf so lange Beweiskraft innewohnt, als der Beweis des Gegenteils nicht erbracht ist (Entsch. in Zivils. Bd. 12 S. 315). Dies setzt freilich voraus, daß der Datierungsvermerk wenigstens auf einen möglichen Ort und einen möglichen Tag der Testamentserrichtung hinweist. Im Streitfalle ist ohne weiteres klar, daß die im Jahre 1904 verstorbene Erblasserin an dem als Zeitpunkt der Testamentserrichtung angegebenen 18. April 1804 unmöglich gelebt und, wie der Inhalt des Testaments besagt, bereits einen Major zum Sohn, ferner eine erwachsene Tochter und Enkel gehabt haben kann. Wenn jedoch die Erblasserin, wie der Berufungsrichter tatsächlich feststellt, bei Errichtung des Testamentes das Datum des 18. April 1904 niederzuschreiben beabsichtigt und nur vermöge eines Schreibfehlers eine falsche Jahrhundertziffer eingestellt hat, so besteht rechtsgrundsätzlich kein Hindernis, trotz des äußerlichen Mangels das gesetzliche Erfordernis der Angabe des wahren Ortes und Tages der Errichtung als erfüllt anzusehen. Allerdings ist dabei Voraussetzung, daß es ohne weiteres gelingt, die offenbar falsche Datierung durch die gewollte, bis zum Beweise des Gegenteils nunmehr als richtig anzunehmende Datierung zu ersetzen. Auch bei dem versehentlich falschen Datum handelt es sich äußerlich um einen Formmangel, und diesem Mangel kann nicht dadurch abgeholfen werden, daß demnächst im Prozesse und mit Hilfe der gewöhnlichen Beweismittel die wirklich gewollte Datierung ermittelt wird. Dies würde mit dem Wesen der aufgestellten Formvorschrift, die ein urkundliches Zeugnis über Ort und Tag der Testamentserrichtung erheischt, unverträglich sein. Dagegen besteht kein Bedenken, die Form als gewahrt zu achten, wenn das gewollte und nur versehentlich falsch beurkundete Datum aus dem sonstigen Inhalte des Testaments erkannt werden kann, und auch die Verwertung offenkundiger Tatsachen ist hierbei nicht grundsätzlich ausgeschlossen. Im Streitfalle ergibt der bereits oben hervorgehobene Inhalt des Testaments in Verbindung mit der bekannten Erscheinung, daß gerade in den ersten Jahren nach der Jahrhundertwende zahlreichen Personen ganz das gleiche Versehen untergelaufen ist, daß auch die Erblasserin, ohne dieses Irrtums gewahr zu werden, sich lediglich in der Niederschrift der Jahrhundertziffer vergriffen und in Wahrheit 1904 statt 1804 hat schreiben wollen. Zu dieser Feststellung ist, da es sich um die Prüfung, ob die gesetzliche Form des Rechtsgeschäfts gewahrt ist, somit um eine Rechtsfrage handelt, auch das Revisionsgericht ermächtigt. Damit erledigt sich aber die Frage, ob der Berufungsrichter auch dem von ihm in den Vordergrund gestellten Umstand ausschlaggebende Bedeutung beilegen durfte, daß die Klägerin im Prozesse eingeräumt hat, das streitige Testament möge „um den 18. April 1904 herum" errichtet sein. Immerhin ist nicht ohne Gewicht, daß auch die Klägerin nichts geltend zu machen gewußt hat, was der nächstliegenden Annahme widersprechen könnte, das untergelaufene Versehen habe nur die Jahrhundertziffer betroffen. Unter diesen Umständen ist es nicht rechtsirrtümlich, wenn sich der Berufungsrichter, ähnlich wie im Falle des von ihm angezogenen § 319 Z.P.O., für ermächtigt angesehen hat, die versehentlich falsche Jahreszahl 1804 ohne weiteres in 1904 zu berichtigen. Da Klägerin ausdrücklich abgelehnt hat, Beweis dafür anzutreten, daß die Testamentserrichtung an einem bestimmten anderen Tage als am 18. April 1904 stattgefunden habe, so erweisen sich ihre Einwendungen gegen die Gültigkeit des Testamentes, soweit sie auf Formmangel gestützt sind, als hinfällig" . . .

---

104. Kann der ein Absonderungsrecht (Pfandrecht) besitzende Konkursgläubiger, der im Konkursverfahren erklärt hat, für einen Teil seiner Forderung aus dem Absonderungsrecht und für den als Ausfall von ihm bezeichneten Rest aus der Konkursmasse Befriedigung suchen zu wollen, nach Abschluß eines Zwangsvergleichs und Aufhebung des Konkurses, und nachdem er die Vergleichsquote ohne Vorbehalt angenommen hat, sich aus dem Gegenstande des Absonderungsrechtes zu einem höheren als dem ursprünglich angegebenen Betrage befriedigen?

K.O. §§ 64, 193

VII. Zivilsenat. Urt. v. 7. Dezember 1906 i. S. B. (Kl.) w. R. (Bekl.). Rep. VII. 91/06.

I. Landgericht Dresden.
II. Oberlandesgericht daselbst.

Die Frage ist verneint aus folgenden

Gründen:

„Der erste Richter führt zur Rechtfertigung seiner vom Berufungsgerichte nicht gebilligten Entscheidung aus, ein ausdrücklicher Verzicht der Beklagten auf Befriedigung aus der ihr verpfändeten Lebensversicherungspolice liege zwar nicht vor, wohl aber ein Verhalten derselben, welches zur Annahme eines Verzichts führe; sie habe sich nicht damit begnügt, ihre Forderung in Höhe des Ausfalls anzumelden, sondern auch gegen den Konkursverwalter, der den Ausfall in Höhe von 5500 ℳ anerkannte, auf Feststellung desselben in Höhe von weiteren 3633,70 ℳ Klage erhoben und nach Aufhebung des Konkursverfahrens von dem Kläger selbst die Vergleichsrate von dem weiteren Ausfall gefordert und ein obsiegendes Urteil erlangt, auch die Vergleichsquote nicht nur für den vom Verwalter anerkannten Ausfall von 5500 M, sondern auch für den im Rechtsstreit festgestellten weiteren Ausfall von 3633,70 M vorbehaltlos in Empfang genommen. In diesem Verhalten der Beklagten findet der erste Richter eine unzweideutige Äußerung ihres Willens, durch ihre Beteiligung am Konkursverfahren wegen eines Betrages von 9133,70 M Befriedigung aus der Konkursmasse sich zu verschaffen, und folgert daraus mit Rücksicht auf den § 64 K.O., daß die Beklagte wegen des angegebenen Betrages auf abgesonderte Befriedigung aus der ihr verpfändeten Police verzichtet habe.

Dagegen erachtet der Berufungsrichter das Verhalten der Beklagten weder in seinen Einzelheiten noch in seiner Gesamtheit als für die Annahme eines solchen Verzichtes ausreichend. So wenig in der Anmeldung der Forderung als in der Beteiligung der Beklagten an den Verhandlungen über den Abschluß des Zwangsvergleichs findet er einen Ausdruck des Willens der Beklagten, von ihrem Absonderungsrecht etwas aufzugeben, und führt aus, die von der jetzigen Beklagten früher angestellte Klage sei nur das Mittel gewesen, einen weiteren, als den bisher anerkannten Ausfallbetrag zu erhalten. Er betrachtet dann alles als von der Beantwortung der Frage abhängig, ob in der vorbehaltlosen Annahme der auf die Summe von 9133,70 M entfallenden Zwangsvergleichsquote insoweit ein Verzicht auf das Absonderungsrecht zu finden sei, indem er bemerkt, wenn man diese Frage verneine, so sei auch den die Erlangung dieser Rate vorbereitenden Handlungen, also der Durchführung des Rechtsstreits, ein Verzicht auf das Absonderungsrecht nicht zu entnehmen. Bei Eingehen auf jene Frage führt er dann aus, durch die Annahme der Zahlung werde das Absonderungsrecht regelmäßig nicht berührt, und nur nach Belegenheit eines jeden einzelnen Falls entscheide sich, ob der die Akkordrate annehmende Gläubiger auf sein Absonderungsrecht habe verzichten wollen, im vorliegenden Falle aber fehle es an besonderen den Schluß auf einen Verzicht begründenden Umständen, und sei im Gegenteil anzunehmen, daß sowohl die Beklagte als der Konkursverwalter in der Zeit vor und nach Abschluß des Zwangsvergleichs das Absonderungsrecht der Beklagten als bestehend angesehen haben.

Mit Recht werden diese Erwägungen von der Revision angegriffen. Von entscheidender Bedeutung, und zwar von unmittelbar entscheidender Bedeutung, sind gerade die den Zahlungen vorhergegangenen Verhandlungen. Die Beklagte verlangte als Konkursgläubigerin Befriedigung in Höhe des „Ausfalls“, welchen sie hinsichtlich der ihr verpfändeten Lebensversicherungspolice erleide. Ein solcher Ausfall lag nicht vor; denn eine Veräußerung des Pfandes hatte nicht stattgefunden; auch waren irgendwelche Schritte zu ihrer Herbeiführung (§ 153 K.O.) nicht vorgenommen. Durch den Beweis aber, daß der Wert des Pfandgegenstandes eine gewisse Höhe nicht überschreite, kann die Tatsache eines wirklichen Ausfalles nicht ersetzt werden. Indessen ging der Konkursverwalter auf den Standpunkt der Beklagten ein, nur mit der Einschränkung, daß, während die Beklagte den Wert der Police auf nur 5960 *M* angab und demgemäß unter Kürzung einer von ihr geleisteten Prämienzahlung von 93,70 *M* den Ausfall auf 9193,70 *M* berechnete, der Konkursverwalter einen höheren Wert der Police und demgemäß eine geringere Ausfallsumme annahm. Nur infolge hiervon entstand der Prozeß, in welchem die gegenwärtige Beklagte die Feststellung der Ausfallforderung in Höhe weiterer 3633,70 *M* begehrte, und den sie, nachdem der Konkurs aufgehoben war, wegen der Zwangsvergleichsrate von dieser Summe gegen den gegenwärtigen Kläger selbst fortsetzte. Von dem angegebenen rechtlichen Gesichtspunkte aus ließ sich nun zwar, da ein wirklicher Ausfall im Sinne des § 64 K.O. überhaupt nicht vorlag, der Anspruch der Klägerin auf Befriedigung aus der Masse überhaupt nicht rechtfertigen; wohl aber fand er darin seine Begründung, daß nach der eben gedachten Gesetzesvorschrift ein Gläubiger, dem ein Absonderungsrecht zusteht, selbst darüber zu bestimmen befugt ist, zu welchem Teile seiner Forderung er aus dem Gegenstande des Absonderungsrechts, und zu welchem er als Konkursgläubiger Befriedigung suchen will. In dem Verhalten der gegenwärtigen Beklagten verkörperte sich nun der Wille, in Höhe von jedenfalls nicht mehr als 5960 *M*, als dem von ihr anerkannten Werte der Police, aus eben dieser Befriedigung zu suchen und dafür wegen des in dieser Weise nicht gedeckten Betrages als Konkursgläubigerin zugelassen zu werden. Sie erstrebte Befriedigung aus der Masse nicht in dem Sinne, daß ihr daneben ihr Pfandrecht unbeschränkt bleiben, und sie ohne irgendwelche Entsagung auf dasselbe Zahlung als Konkursgläubigerin sollte entgegennehmen können, sondern die in der Ausübung ihres Wahlrechts liegende Anweisung nur eines Teils ihrer Forderungen auf das Pfandrecht an der Police sollte ihr als Mittel dazu dienen, wegen des Restes als Konkursgläubigerin Befriedigung zu erhalten. Gerade dieser Charakter der die Zahlung auf die Konkursforderung vorbereitenden, den Grund zu ihr legenden Handlung der Beklagten ist vom Berufungsrichter übersehen, und damit der Kern der Sache verkannt. Die Beklagte konnte aber, nachdem ihre Konkursforderung zum Teil in der von ihr geltend gemachten Höhe vom Konkursverwalter anerkannt, zum Teil im Rechtswege von ihr erstritten war, nachdem sie also den von ihr gesuchten Erfolg erreicht hatte, von der getroffenen Wahl nicht wieder abgehen; sie konnte das in Bezug auf das Pfandrecht gebrachte Opfer, welches ihr als Mittel für ihre Zulassung als Konkursgläubigerin in gewollter Höhe gedient hatte, nicht nachträglich wieder beseitigen.

Dadurch, daß die Beklagte nicht nach regelmäßiger Erledigung des Konkursverfahrens die Konkursdividende, sondern daß sie infolge des Zwangsvergleichs die Vergleichsrate erhalten hat, wird nichts geändert. Nach § 193 K.O. werden die Rechte des Gläubigers aus einem für seine Forderung bestehenden Pfandrecht durch den Zwangsvergleich nicht berührt; aber im gegenwärtigen Falle handelt es sich nicht darum, daß dem Vergleich als solchem ein mindernder Einfluß auf den Umfang der Haftung des Pfandes zuzugestehen wäre, sondern diese beruht auf dem dargelegten Verhalten der Gläubigerin selbst, während der Zwangsvergleich nur bewirkt, daß sie als Konkursgläubigerin von demjenigen Teile ihrer Konkursforderung, für den sie Befriedigung aus der Masse gesucht hatte, diese nicht in Höhe der Konkursdividende, sondern nur der Akkordquote erhält. Die Frage könnte entstehen, ob nicht gerade der Abschluß des Zwangsvergleichs für die Beklagte das Recht geschaffen haben würde, die Ausübung des Wahlrechts rückgängig zu machen; aber es bedarf eines Eingehens auf dieselbe nicht, weil die Beklagte, auch nachdem der Zwangsvergleich abgeschlossen war, den von vornherein von ihr beschrittenen Weg nicht verlassen, sondern die unter Zugrundelegung des Teils ihrer Forderung, mit welchem sie ihre Zulassung als Konkursgläubigerin erreicht hatte, berechnete Akkordrate verlangt und erhalten hat. Insofern erlangt auch die vorbehaltlose Empfangnahme dieser Rate ihre Bedeutung. Überdies hätte die Beklagte keinenfalls mehr erreichen können, als daß sie unter Verzichtleistung auf die Akkordrate die Haftung des Pfandes für ihre Forderung in voller Höhe wieder herstellte, nie aber, daß sie trotz Annahme der Rate wegen des durch diese nicht gedeckten Teiles ihrer Forderung und zugleich wegen desjenigen Teils derselben, den sie ursprünglich allein auf das Pfand angewiesen hatte, Befriedigung aus diesem erzielte, was sie gerade gegenwärtig erstrebt.

Vgl. Entsch. des R.G.'s in Zivils. Bd. 5 S. 397.

Der Anspruch des Klägers auf Herausgabe der Police gegen Zahlung schon der Summe, welche zu leisten er sich bereit erklärte, ist also begründet. Da jedoch die Beklagte auf Grund geleisteter Prämienzahlungen noch eine Zurückbehaltungseinrede erhoben hat, und die Entscheidung über diese von tatsächlichen Feststellungen abhängig ist, so mußte die Sache zu weiterer Verhandlung und Entscheidung in die Berufungsinstanz zurückverwiesen werden."

---

105. 1. Geht das Beschwerderecht wegen Zurückweisung eines Gesuches um Ablehnung eines Sachverständigen dadurch verloren, daß nach dem Beschlusse Versäumnisurteil in der Hauptsache erging?

2. Genügt nach § 406 Abs. 2 Satz 2 Z.P.O. die Glaubhaftmachung, daß der Ablehnungsgrund dem Ablehnenden vor der Vernehmung des Sachverständigen oder vor erfolgter Einreichung des Gutachtens nicht bekannt war, mag auch diese Unkenntnis auf grober Fahrlässigkeit beruhen, oder wird die Glaubhaftmachung erfordert, daß dem Ablehnenden, auch wenn er mit der gebotenen Sorgfalt Erkundigungen über den Sachverständigen und seine geschäftlichen Beziehungen eingezogen hätte, der Ablehnungsgrund vor jenem Zeitpunkte nicht bekannt sein und nicht geltend gemacht werden konnte?

II. Zivilsenat. Beschl. v. 7. Dezember 1906 i. S. Vereinigte Cöln-Rottweiler Pulverfabriken (Bekl.) w. Société maritime et commerciale (Kl.). Beschw.-Rep. II. 60/06.

I. Kammergericht Berlin.

Gründe:

„Das Kammergericht hatte durch Beweisbeschluß vom 7. Mai 1906 die Erhebung eines Gutachtens angeordnet. Mit der Beweisaufnahme war ein Mitglied des Gerichts beauftragt, und dieses zugleich zur Ernennung des Sachverständigen ermächtigt worden. Der beauftragte Richter ernannte durch Verfügung vom 25. Mai 1906 den von der Berliner Handelskammer bezeichneten Kaufmann Koop als Sachverständigen und bestimmte den Termin zu seiner Vernehmung auf den 9. Juni. Beglaubigte Abschrift dieser Verfügung ging am 28. Mai dem Prozeßbevollmächtigten der Klägerin in der Berufungsinstanz zu. Der Sachverständige Koop wurde in dem Termine vom 9. Juni beeidigt und aufgefordert, sein Gutachten schriftlich zu erstatten. Abschrift dieses Protokolles ging am 11. Juni dem Prozeßbevollmächtigten der Klägerin zu. Das von Koop erstattete schriftliche Gutachten vom 18. Juni ging am 20. Juni 1906 bei dem Kammergericht ein. Es war zuungunsten der Klägerin ausgefallen. Nach Erhebung noch anderer Beweise stand Termin zur mündlichen Verhandlung vor dem Prozeßgerichte am 19. November 1906 an. Durch Schriftsatz vom 10. November 1906, der am 12. November bei dem beauftragten Richter eingereicht wurde, lehnte die Klägerin den erwähnten Sachverständigen wegen Besorgnis der Befangenheit ab. Der Ablehnungsgrund wurde damit zu rechtfertigen gesucht, daß der Sachverständige bereits zur Zeit der Erstattung des Gutachtens ständiger Lieferant von Konkurrenzware an die Beklagte gewesen sei. Zur Glaubhaftmachung, daß der erwähnte Ablehnungsgrund vor Einreichung des schriftlichen Gutachtens nicht geltend gemacht werden konnte, und danach die Ablehnung noch zulässig sei — § 406 Abs. 2 Satz 2 Z.P.O. —, wurde geltend gemacht: in der dem Prozeßbevollmächtigten der Klägerin zugekommenen beglaubigten Abschrift der Verfügung vom 25. Mai 1906 sei der Name „Koop" so wenig deutlich geschrieben gewesen, daß er auf dessen Schreibstube als „Kogs" gelesen wurde. Deshalb sei der Korrespondenzanwalt der Klägerin durch das weiter vorgelegte Schreiben jenes Prozeßbevollmächtigten vom 29. Mai benachrichtigt worden, ein Kaufmann „Kogs" sei als Sachverständiger ernannt, und diese Nachricht an die Klägerin weitergegeben worden. Die Klägerin habe erst aus dem schriftlichen Gutachten den richtigen Namen des Sachverständigen erfahren und auf ihre Ermittlungen durch eine Zuschrift vom 8. September 1906 davon Kenntnis erhalten, daß Koop bereits zur Zeit der Erstattung seines Gutachtens Lieferant von Konkurrenzware an die Beklagte war.

Der beauftragte Richter hat durch Beschluß vom 12. November 1906 das Ablehnungsgesuch als unzulässig „zurückgewiesen“ auf Grund der Erwägung: selbst wenn zugunsten der Klägerin als glaubhaft gemacht anzunehmen wäre, daß der geltend gemachte Ablehnungsgrund bereits zur Zeit der Erstattung des Gutachtens bestanden habe, so sei jedenfalls nicht glaubhaft gemacht, daß er von der Klägerin erst nach Einreichung des schriftlichen Gutachtens geltend gemacht werden konnte. Gegen diesen Beschluß wurde für die Klägerin mit dem am 15. November 1906 beim Kammergericht eingereichten Schriftsatz vom 14. November die Entscheidung des Prozeßgerichts nach §§ 577 Abs. 4, 576 Abs. 1 Z.P.O. nachgesucht. Das Kammergericht hat durch Beschluß vom 19. November 1906 abgelehnt, die Entscheidung des beauftragten Richters abzuändern, und die Akten, da jenes Gesuch — § 577 Abs. 4 — zugleich als eventuelle sofortige Beschwerde gegen die Entscheidung des Prozeßgerichts gilt, dem Reichsgericht vorgelegt. Die hiernach zulässige sofortige Beschwerde war als unbegründet zurückzuweisen.

Vor dem Kammergericht hatte, augenscheinlich nach Erlassung seines Beschlusses vom 19. November, die auf diesen Tag bestimmte mündliche Verhandlung zur Hauptsache stattgefunden. In dieser erging, nachdem ein Vertagungsantrag des Prozeßbevollmächtigten der Klägerin zurückgewiesen worden war, und dieser daraufhin sich entfernt hatte, auf Antrag des Prozeßbevollmächtigten der Beklagten nach § 542 Abs. 2 Z.P.O. ein Versäumnisurteil, wonach, unter Abänderung des landgerichtlichen Urteils, die Klägerin mit der Klage abgewiesen wurde. Nach den Ausführungen in den Entscheidungen des V. Zivilsenates vom 30. Oktober 1895 — Rep. V. 114/95, Jurist. Wochenschr. 1895 S. 539 Nr. 11 — und des erkennenden Senats vom 7. Februar 1905 — Entsch. in Zivils. Bd. 60 S. 110 — ist eine sofortige Beschwerde gegen den ein Ablehnungsgesuch zurückweisenden Beschluß dann als zweck- und gegenstandslos geworden zurückzuweisen, wenn nach dem das Ablehnungsgesuch zurückweisenden Beschlusse in der Sache weiter verhandelt und durch ein nur mit der Revision anfechtbares Urteil entschieden worden ist. Für diese Annahme ist die Erwägung entscheidend, daß, selbst wenn die sofortige Beschwerde, die keine aufschiebende Kraft hat, Erfolg hätte, daraus ein Rechtsbehelf in der Revisionsinstanz nicht abgeleitet werden könnte. Diese entscheidende Erwägung trifft aber auf ein mit dem Einspruch anfechtbares Versäumnisurteil nicht zu. Wenn auf sofortige Beschwerde einem Ablehnungsgesuche stattgegeben wurde, kann dies in der auf Einlegung des Einspruches stattfindenden mündlichen Verhandlung unbeschränkt geltend gemacht werden. Die sofortige Beschwerde ist daher durch das Versäumnisurteil vom 19. November nicht zweck- und gegenstandslos geworden.

Mit Recht wurde indes angenommen, die Klägerin habe nicht glaubhaft gemacht, daß der Ablehnungsgrund von ihr vor Einreichung des schriftlichen Gutachtens nicht geltend gemacht werden konnte, und aus diesem Grunde — § 406 Abs. 2 Satz 2 Z.P.O. — ihre Ablehnung als unzulässig verworfen. Nach dem Wortlaute der erwähnten Gesetzesbestimmung ist nach Einreichung des schriftlichen Gutachtens die Ablehnung des Sachverständigen nur zulässig, wenn glaubhaft gemacht wird, daß der Ablehnungsgrund vorher nicht geltend gemacht werden konnte. Die Klägerin vertritt die Auslegung dieser Vorschrift, es sei ihr schon dann genügt, wenn glaubhaft gemacht ist, daß der Ablehnungsgrund dem Ablehnenden vor jenem Zeitpunkte nicht bekannt war, möge auch diese Unkenntnis auf Nachlässigkeit beruhen. Der Wortlaut der erwähnten Bestimmung legt indes die andere Auslegung näher, sie erfordere die Glaubhaftmachung, daß dem Ablehnenden, auch wenn er mit der gebotenen Sorgfalt Erkundigungen über die Person des Sachverständigen und dessen geschäftliche Beziehungen eingezogen hätte, der Ablehnungsgrund vor Einreichung des schriftlichen Gutachtens nicht bekannt sein und in diesem Sinne von ihm nicht geltend gemacht werden konnte. Der Senat tritt letzterer Auffassung bei. Auf das bereits erstattete Gutachten eines demnächst mit Erfolg abgelehnten Sachverständigen darf die Entscheidung nicht gestützt werden; die Abgabe des Gutachtens stellt sich daher als völlig überflüssig heraus, wenn einem Ablehnungsgesuche später stattgegeben ist. Die hier in Betracht kommende Vorschrift des § 406 Abs. 2 Satz 2 bezweckt, derartigen unnötigen Beweisaufnahmen möglichst vorzubeugen. Dieser Zweck wird jedoch nur dadurch vollständig erreicht, daß der Verlust des Rechtes der Ablehnung schon dann eintritt, wenn der Ablehnende durch Anwendung gehöriger Sorgfalt beim Einziehen von Erkundigungen über den Sachverständigen den Ablehnungsgrund schon vor Erstattung des Gutachtens hätte kennen können, nicht bloß dann, wenn er den ihm vor Erstattung des Gutachtens bereits bekannten Ablehnungsgrund vor jenem Zeitpunkte geltend zu machen unterlassen hatte. Eine andere Auffassung würde im Endergebnisse darauf hinauslaufen, daß die am wenigsten sorgfältige Partei am längsten in der Lage bliebe, ein ihr unbequemes Gutachten durch Ablehnung des Sachverständigen zu beseitigen.

Dieser aus der prozeßtechnischen Bedeutung jener Vorschrift abgeleiteten Auslegung, die, wie bereits hervorgehoben, auch dem Wortlaute des Gesetzes entspricht, stehen, wie nicht verkannt werden soll, recht beachtenswerte Bedenken aus der Entstehungsgeschichte jener Bestimmung entgegen. Die entsprechende Vorschrift im § 44 Abs. 4 Z.P.O. über Ablehnung eines Richters bestimmt nämlich ausdrücklich, daß die Ablehnung eines Richters, vor dem die Partei sich in eine Verhandlung eingelassen oder Anträge gestellt hat, nur zulässig ist, wenn glaubhaft gemacht wird, daß der Ablehnungsgrund erst später entstanden oder der Partei bekannt geworden sei. In dem Entwurfe einer Zivilprozeßordnung, wie er dem Reichstage vorgelegt wurde, stimmte ferner der dem jetzigen § 406 Abs. 2 Satz 2 entsprechende § 358 Abs. 2 Satz 2 mit den Schlußworten des jetzigen § 44 Abs. 4 wörtlich überein.

Vgl. Hahn, Materialien zu den Reichsjustizgesetzen (Zivilprozeßordnung Bd. 1 S. 47).

Bei der ersten Lesung der Reichstagskommission — ebenda Bd. 1 S. 637/638 — war diese Bestimmung des zweiten Satzes von § 358 Abs. 2 des Entwurfs geändert worden; an die Stelle der Worte, „daß der Ablehnungsgrund erst später entstanden oder der Partei bekannt geworden sei", wurden die Worte gesetzt, „daß der Ablehnungsgrund nach der Ernennung des Sachverständigen entstanden oder der Partei nach Abgabe des Gutachtens bekannt geworden sei". Bei dieser Änderung war also der grundsätzliche Standpunkt des § 44 Abs. 4 noch aufrecht erhalten, daß nur Kenntnis vor Erstattung des Gutachtens das Recht der Ablehrung ausschließe. In der zweiten Lesung jener Kommission erhielt dann die Vorschrift die jetzige Fassung, ohne daß die Änderung Gegenstand besonderer Erörterungen war. Die hervorgehobenen Bedenken aus der Entstehungsgeschichte der Vorschrift in § 406 Abs. 2 Satz 2 sind indes nicht stark genug, die oben dargelegten Erwägungen aus dem gesetzgeberischen Zwecke jener Vorschrift und aus deren Wortlaute zu entkräften. Der erwähnten Auslegung steht auch der Hinweis darauf nicht entgegen, daß nach der Technik der Zivilprozeßordnung, wenn an Fahrlässigkeit oder grobe Fahrlässigkeit in der Prozeßführung ein Nachteil der hier vorliegenden Art geknüpft ist, das in der Regel ausdrücklich ausgesprochen sei. Übrigens hat der Verlust des Rechts auf Ablehnung eines Sachverständigen nicht die gleiche durchgreifende Wirkung wie der Verlust des Rechts auf Ablehnung eines Richters. Durch den Verlust des Rechts auf Ablehnung eines Richters sind dessen Handlungen endgültig von dem aus dem Ablehnungsgrunde abzuleitenden Mangel geheilt. Das Gutachten des Sachverständigen wird dagegen durch den Verlust des Rechts auf Ablehnung nur in prozessualer Beziehung unanfechtbar. Die Partei kann aber alles, was sie zur Begründung des Ablehnungsgesuches geltend machen konnte, noch in der mündlichen Verhandlung zur Hauptsache geltend machen, um die Unzuverlässigkeit und Unglaubwürdigkeit des Sachverständigen darzutun. Das Gericht hat bei Prüfung des Gutachtens nach § 286 Z.P.O. diese Umstände zu berücksichtigen und kann, wenn es die Bedenken gegen die Unbefangenheit des Sachverständigen für begründet erachtet, nun noch andere Sachverständige vernehmen — Entsch. des R.G.'s in Zivils. Bd. 43 S. 401/402 —. Mit dem Verluste des Rechts auf Ablehnung des Sachverständigen sind daher erhebliche materielle Nachteile nicht verbunden, — ein Gesichtspunkt, der gleichfalls für die hier vertretene Auslegung spricht.

Die Klägerin hat aber nicht glaubhaft gemacht, daß sie, auch wenn sie mit gehöriger Sorgfalt nach Bekanntgabe der Ernennung des Sachverständigen Koop Erkundigungen über die Person des Sachverständigen und dessen geschäftliche Beziehung eingezogen hätte, nicht vor Einreichung seines schriftlichen Gutachtens erfahren hätte, daß er Vertreter einer Konkurrenzware für Deutschland sei und in dieser Eigenschaft geschäftliche Beziehungen zur Beklagten habe. Selbst wenn dem Vorbringen des Ablehnungsgesuches darin gefolgt wird, daß in der beglaubigten Abschrift der Verfügung vom 25. Mai 1906 der Name des Sachverständigen bei flüchtiger Betrachtung als „Kogs" gelesen werden konnte, so ist zu berücksichtigen, daß dem Namen die genaue Wohnung in Berlin beigefügt war, und durch einfaches Nachschlagen in einem Adreßbuche — der erste Schritt, um sich über die Persönlichkeit des Sachverständigen zu vergewissern — dieses Mißverständnis hätte beseitigt werden können. Im übrigen hat weder die Klägerin noch einer ihrer Vertreter nach ihrer eigenen Darstellung vor Einreichung des schriftlichen Gutachtens irgendwelche Schritte getan, um sich über die Persönlichkeit des Sachverständigen Koop und über seine geschäftlichen Beziehungen zu erkundigen. Durch das von der Klägerin nach Erstattung des Gutachtens gesammelte und vorgelegte Material ist ferner keinesfalls glaubhaft gemacht, daß sie, wenn sie alsbald nach dem 28. Mai die gebotenen Erkundigungen eingezogen hätte, nicht vor dem 20. Juni — dem Tage der Einreichung des schriftlichen Gutachtens — den jetzt geltend gemachten Ablehnungsgrund hätte erfahren und geltend machen können." ...

Register.

Die beigesetzten Zahlen beziehen sich auf die Seiten.

A. Sachregister.

A

Ablehnung eines Sachverständigen; geht das Beschwerderecht wegen Zurückweisung des Ablehnungsgesuches dadurch verloren, daß nach dem Beschlusse Versäumnisurteil in der Hauptsache erging? Erfordernis der Glaubhaftmachung, daß der Ablehnungsgrund vorher nicht geltend gemacht werden konnte (§ 406 Abs. 2 Satz 2 Z.P.O.) . . . 429

Absonderungsrecht.
S. „Zwangsvergleich".

Abtretung; genügt zur A. einer Briefgrundschuld statt der Übergabe des Grundschuldbriefs die bloße im § 1117 Abs. 2 B.G.B. bezeichnete Vereinbarung, ohne daß der Grundschuldbrief wenigstens beim Grundbuchamt eingereicht wird? 808

Abzahlungsgeschäft; ist bei einem A. die Vereinbarung, daß die ganze Restschuld fällig werden soll, wenn der Käufer mit mindestens zwei aufeinanderfolgenden Teilzahlungen im Verzug ist, vollständig ungültig, oder mit Einschränkung auf den gesetzlich zulässigen Inhalt rechtswirksam? 92

Aktionär; hat der den Bilanzgenehmigungsbeschluß nach § 271 H.G.B. anfechtende A. auch alle auf diesem Beschlusse beruhenden folgenden Bilanzgenehmigungsbeschlüsse mit Klage anzufechten? Tragweite des § 261 Nr. 3 H.G.B. Hat sich das Gericht im Falle des § 271 H.G.B. auf Aufhebung des Bilanzgenehmigungsbeschlusses zu beschränken oder ist es berechtigt und verpflichtet, die richtige Bilanz im Urteile festzustellen? 258

Amortisationsguthaben; ist das A. bei der neuen Posener Landschaft pfändbar? Hat die Pfändung Bedeutung für die nachträglich entstehende Eigentümergrundschuld? 211

Anfechtung wegen Irrtums; Erfordernisse des „unverzüglich" in § 121 Abs. 1 B.G.B. . 159

— kann der Käufer von Sachen aus einer Konkursmasse, der bei Kalkulation des Kaufpreises der irrtümlichen Meinung war, die Taxen dieser Sachen im Konkursinventar seien herabgesetzte Einkaufspreise, den Kauf wegen Irrtums nach § 119 Abs. 1 oder Abs. 2 B.G.B. anfechten? 266

— außerhalb des Konkurses. Sind durch die Veräußerung eines über seinen Wert belasteten Grundstücks die Gläubiger des Veräußerers benachteiligt? Ist die Absicht des Veräußerers, die Pfändung der Mietzinsen durch Kurrentgläubiger zu vereiteln, der Absicht der Gläubigerbenachteiligung gleichzustellen? . 339

Annahme.
S. „Eigentumsübertragung".

Annahme an Kindesstatt; behält die uneheliche Mutter eines minderjährigen Kindes, wenn dieses von seinem Erzeuger an Kindesstatt angenommen wird, die Befugnis zum persönlichen Verkehr mit dem Kinde? . 47

Annahmeverzug; ist, wenn eine zur Hinterlegung nicht geeignete Sache geschuldet wird, und der Schuldner wegen Annahmeverzuges des Gläubigers die geschuldete Sache rechtmäßig zum Verkaufe bringt, zur Befreiung des Schuldners unbedingt die Hinterlegung des Erlöses notwendig, oder kann diese durch andere Maßnahmen, durch die der Vermögenswert des Erlöses dem Vermögen des Gläubigers zugeführt wird, ersetzt werden? 366

Arglist; wie ist die Replik der A. gegen die Einrede der Verjährung zu begründen? . 220

Aufgebot der Nachlaßgläubiger; Einfluß des A. der N. auf den Stempelanspruch des Staates gegen den Nachlaß? . . 244

Aufrechnung; kann gemäß § 767 Abs. 2 Z.P.O. eine A., die nach dem Schlusse der mündlichen Verhandlung erklärt wird, auch dann noch geltend gemacht werden, wenn die A. schon während des Prozesses hätte erfolgen können? 228

S. auch „Zwangsversteigerung".

Ausbeuterecht.
S. „Bodenbestandteile".

B

Bergschaden; kann der Eigentümer eines durch den Bergbaubetrieb beschädigten Grundstücks von dem Bergwerksbesitzer auch Ersatz der Geschäftsverluste verlangen, die er in mittelbarer Folge der Beschädigung des Grundstücks an einem außerhalb des letzteren betriebenen Gewerbe erlitten hat? 276

Beschluß; kann ein Gerichtsbeschluß stillschweigend erlassen werden? 44

Beschwerde; ist B. zulässig gegen die Entscheidung eines Oberlandesgerichts über den Antrag eines Armenanwalts aus § 126 Z.P.O., seiner Partei die Nachzahlung seiner Gebühren aufzuerlegen? 18

— steht den bei Auswahl des Vormunds nicht berücksichtigten Verwandten und Verschwägerten des Mündels die B. im eigenen oder nur im Interesse des Mündels zu? 288

— findet gegen eine von einem Oberlandesgerichte auf Grund des § 102 Z.P.O. erlassene Entscheidung die sofortige B. statt? 377

Beweislast bei Inanspruchnahme des Lagerhalters wegen Beschädigung des Lagerguts? 254

Bilanz.
S. „Aktionär".

Bodenbestandteile; Form der rechtsgeschäftlichen Übertragung eines nach gemeinem Rechte begründeten dinglichen Rechts auf Gewinnung nicht regaler B. 165

— kann bezüglich eines solchen nicht eingetragenen Ausbeuterechts der auf dessen Eintragung im Grundbuch gerichtete Berichtigungsanspruch mit der Wirkung abgetreten werden, daß der Erwerber berechtigt wird, die Eintragung des Ausbeuterechts auf den Namen des Abtretenden herbeizuführen? . . . 165

Boykott.
S. „Unerlaubte Handlung".

Bürgschaft; kann die Bürgschaftserklärung bei einem Zwangsvergleiche dadurch rechtswirksam erfolgen, daß der Vergleichsbürge, der zugleich Konkursgläubiger ist, im Vergleichstermin für den das Angebot der B. enthaltenden Vergleichsvorschlag des Gemeinschuldners stimmt, und diese Abstimmungserklärung in dem Protokoll des Konkursgerichts beurkundet wird? 82

D

Doppelbesteuerung; widerspricht es dem § 1 des Gesetzes wegen Beseitigung der D. vom 13. Mai 1870, wenn die Einkommensteuer voll für denjenigen Monat erhoben wird, in welchem der zur

Steuer herangezogene Deutsche seinen Wohnsitz in dem Bundesstaat aufgegeben hat? . . 241

E

Ehefrau; wem gehört das Erträgnis der Tätigkeit einer E., wenn dieselbe im Gewerbe ihres Mannes Arbeiten verrichtet, zu dem besondere technische Fähigkeiten erforderlich sind; wie gestaltet sich das Rechtsverhältnis, wenn der Mann der Frau für ihre Arbeiten tatsächlich eine Vergütung gewährt? 323

Ehescheidung; gilt der Grundsatz, daß vor dem Berufungsgerichte der Rechtsstreit in den durch die Anträge bestimmten Grenzen verhandelt wird, auch im Ehescheidungsverfahren? . . . 315

Eigenmacht, verbotene; ist es v. E. im Sinne der §§ 858, 859 B.G.B., wenn jemand eine Sache dem Besitzer wegnimmt, um sie als Überführungsstück wegen einer vom Besitzer verübten strafbaren Handlung zu benutzen? . 385

Eigentümergrundschuld; ist das Amortisationsguthaben bei der neuen Posener Landschaft pfändbar? Hat die Pfändung Bedeutung für die nachträglich entstehende Eigentümergrundschuld? 211

— in welcher Weise ist der Versteigerungserlös, der auf eine solche Grundschuld entfällt, zu pfänden? 211

Eigentumsübertragung; hat der Eigentumsübergang, wenn der Verkäufer die verkaufte Sache behufs Erfüllung seiner Verpflichtung zur E. dem Käufer übersendet, zur Voraussetzung, daß der letztere seinen Annahmewillen dem Verkäufer gegenüber erklärt? 145

Eisenbahn; Rechtsnatur der Eisenbahnzufuhrwege; wer ist im Falle der Übernahme derselben durch die Gemeinde zu ihrer Beleuchtung verpflichtet? (Preuß. R.) 6
S. auch „Haftpflicht".

Eisenbahnfrachtverkehr; zur Anwendbarkeit der Spezialtarife 1 und 2 des Deutschen Eisenbahngütertarifs vom 1. April 1902 123

— zur Anwendung des § 77 Abs. 1 Nr. 4, Abs. 2 der Eisenbahnverkehrsordnung vom 26 Oktober 1899, des Art. 31 Abs. 1 Nr. 4, Abs. 2 des Internationalen Übereinkommens über den Eisenbahnfrachtverkehr vom 14. Oktober 1890 und des § 459 Abs. 1 Nr. 4, Abs. 2 des Handelsgesetzbuchs 169

— ist die Vorschrift des § 470 H.G.B. auf Fälle auszudehnen, in denen die unrichtige Deklarierung des Absenders die Ursache ist, daß zu wenig Fracht oder Gebühren erhoben wurden. Rechtliche Natur der Frachtzuschläge; Verjährung derselben . . 284

Enteignung; zum Begriff der neuen Anlage im Sinne des § 10 Abs. 2 des preuß. Enteignungsgesetzes vom 11. Juni 1874 262

Erbschein; wie ist der E. im Falle einer nach § 2033 B.G.B. erfolgten Übertragung des Erbteils auszustellen? 173

F

Fabrikzeichen; was ist unter F. im Art. 28 Abs. 2 des mit Frankreich geschlossenen Handelsvertrages vom 2. August 1862 (Preuß. G.S. 1865 S. 833) zu verstehen? 304

Feriensachen; sind Ansprüche aus Wechseln F., auch wenn sie aus Wechseln in fremder Sprache und aus Art. 95 der W.O. nicht im Wechselprozesse geltend gemacht werden? 164

Fürsorge für Beamte; gehören auch die Kosten einer Badereise zu den Kosten des Heilverfahrens, die einem Staatsbeamten im Falle eines Betriebsunfalles zu ersetzen sind? 86

G

Gebühren.
S. „Kirche".

Gegenseitige Verträge; unter welchen Voraussetzungen ist der Rücktritt nach § 326 B.G.B. gegeben, wenn die Bestimmung der Leistungszeit in das Belieben des Schuldners gestellt ist? 114

Gehilfe; ist eine Stadtgemeinde, welche die ärztliche Behandlung eines von ihr gegen den tarifmäßigen Verpflegungssatz in das städtische Krankenhaus aufgenommenen Kranken übernommen hat, für eine Verletzung haftbar, die demselben bei einer Operation durch Verschulden ihres ärztlichen oder Pflegepersonals widerfahren ist? 231

Genossenschaft, eingetragene; Erwerb für die G. durch Rechtsgeschäfte im Zeitraume der Gründung. Haben die Gründer ein Zurückbehaltungsrecht wegen der Einlagen? 187

— Ungleiche Bestimmung der Geschäftsanteile als Nichtigkeitsgrund. Begriff des Geschäftsanteils 187

— Geltendmachung der Nichtigkeit. Ist sie noch im Liquidationsverfahren zulässig? . . 187

Gesellschaft mit beschränkter Haftung; hat der eine von zwei Gesellschaftern einer offenen Handelsgesellschaft, die ihrerseits Gesellschafterin einer Gesellschaft m. b. H. ist, ein Stimmrecht in der Gesellschafterversammlung der letzteren, wenn über die Entlastung des Geschäftsführers Beschluß gefaßt wird, und dieser der zweite Gesellschafter jener offenen Handelsgesellschaft ist? . . 14

— was ist unter „Genehmigung" im Sinne des § 17 Abs. 1 des Gesetzes betr. die G. m. b. H. zu verstehen? Verhältnis dieser Vorschrift zu den §§ 182—184 B.G.B. Bedeutung des § 17 Abs. 2 genannten Gesetzes 149

Gewährleistung; steht die Mängelanzeige aus § 377 H.G.B. dem Verluste der in §§ 462, 463 B.G.B. bestimmten Ansprüche aus der G. gemäß § 464 daselbst entgegen? 236

Gewerbliche Anlagen; inwieweit sichert der § 25 Gew.O. solche g. A., die nach den §§ 16 und 24 dieses Gesetzes einer vorgängigen besonderen behördlichen Genehmigung bedürfen und solche erlangt haben, gegen nachträgliche polizeiliche Eingriffe aus andern als gewerbepolizeilichen Gründen? 117

Grund und Betrag des Anspruchs; ist es zulässig, wenn die Witwe eines Getöteten auf Grund von § 844 B.G.B. eine Rente auf ihre Lebenszeit fordert, den Anspruch dem Grunde nach für gerechtfertigt zu erklären und die Entscheidung der Frage, ob der Getötete mutmaßlich ebensolange gelebt haben würde, wie die Klägerin, dem Verfahren über den Betrag vorzubehalten? 33

— bedarf es in dem Zwischenurteil über den Grund eines vom Unterhaltsberechtigten nach § 844 Abs. 2 erhobenen Schadensersatzanspruchs der besonderen Feststellung, daß ihm infolge der Tötung des Unterhaltspflichtigen ein Schade entstanden ist? 344

Grundbuchberichtigung.
S. „Bodenbestandteile".

Grundstücksveräußerung.
S. „Zeitliche Wirksamkeit".

Gute Sitten; erstreckt sich die Nichtigkeit eines gegen die g. S. verstoßenden Grundstückskaufvertrages auch auf ein Nachtragsabkommen, durch das für eine vom Käufer in Anrechnung auf den Kaufpreis übernommene und inzwischen an den Verkäufer abgetretene Teilhypothek unter gleichzeitiger Anerkennung des Bestehens der Schuld besondere Verzinsungs- und Kündigungsbestimmungen getroffen sind? 146

— stellt der Beschluß, durch den ein ärztlicher Standesverein seinen Mitgliedern den beruflichen Verkehr mit einem Arzte untersagt, einen Verstoß gegen die g. S. nach § 826 B.G.B. dar? 155

— kann ein Rechtsgeschäft, bei dem ein auffälliges Mißverhältnis zwischen Leistung und Gegenleistung besteht, die übrigen in § 138 Abs. 2 B.G.B. aufgestellten Voraussetzungen jedoch fehlen, wegen Verstoßes gegen die g. S. Abs. 1 ebenda, nichtig sein? 181

H

Haftpflicht; ist auf die nach §§ 1, 3 des Haftpflichtgesetzes vom 7. Juni 1871 bzw. § 844 Abs. 2 B.G.B. zu gewährende Entschädigung eine Witwenpension in Anrechnung zu bringen? Sind bei Bemessung der Rente für die Hinterbliebenen des Getöteten die Einkünfte aus dem gütergemeinschaftlichen Vermögen, welches denselben auf den Tod des Ehemanns oder Vaters angefallen ist, zu berücksichtigen? Kann die Witwe von dem Haftpflichtigen dafür Ersatz verlangen, daß sie nunmehr den Kindern gegenüber unterhaltspflichtig geworden ist? 350

Handelsgeschäft; wird ein H. im Sinne des § 25 H.G.B. durch den Erwerb eines Teiles dieses Geschäftes fortgeführt? Kann durch den Vertrag über Veräußerung eines Teiles eines H. dieser Teil zu einem im Sinne des § 25 H.G.B. fortgeführten H. „erhoben" werden? . 129

Hauptintervention.
S. „Streitgenossenschaft".

Hinterlegung.
S. „Annahmeverzug".

Höhere Gewalt; zum Begriff der h. G. in § 1 des Reichshaftpflichtgesetzes 404

Hypothek; Auszahlung der Versicherungssumme für verbrannte Maschinen eines Fabrikgrundstückes an den Konkursverwalter im Konkurse des Grundstückseigentümers; können die Hypothekengläubiger oder der Ersteher des Grundstückes auf Herausgabe klagen? 28

— Berechtigung des Hypothekengläubigers zur Nachforderung des von ihm bei der Kaufgelderverteilung irrtümlich zu wenig liquidierten und infolgedessen dem Subhastaten zugeteilten Betrages des Erlöses gegenüber dem Pfändungsgläubiger des Subhastaten? 194
S. auch „Rangverhältnis".

J

Immission; kann sich der wegen unzulässiger J. Beklagte damit verteidigen, daß zur Zeit der Errichtung seines Betriebes die J. in der Gegend ortsüblich gewesen sind? 363

Interdikte; heutige Geltung des Rechts der römischen interdicta ne quid in flumine publico und quod in flumine publico im gemeinen Rechte. Stellt jenes Recht ein Schutzgesetz im Sinne des § 823 Abs. 2 B.G.B. dar?

Einzelheiten aus dem Rechte dieser Interdikte . . . 249

Irrtum.
S. „Anfechtung".

K

Kirche; Gebührenfreiheit der K. im Verfahren vor dem Reichsgericht 218

Kommanditgesellschaft; Rechtsfolgen einer während eines Prozesses sich ohne Liquidation vollziehenden Auflösung der verklagten K. Haftung einer offenen Handelsgesellschaft oder K. aus einer vom geschäftsführenden oder vertretungsberechtigten Gesellschafter einem Dritten gegenüber begangenen unerlaubten Handlung? 77

Konkurs; hat beim Verkauf unter Eigentumsvorbehalt der Verkäufer im Sinne des § 17 K.O. vollständig erfüllt, wenn er die verkaufte Ware dem Käufer übergeben hat? . . . 204. 334

— liegt derselbe Grund der Forderung im Sinne des § 146 Abs. 4 K.O. vor, wenn der Gläubiger, der seine Forderung als Kaufpreisforderung zum Konkurs angemeldet hatte, Klage auf Schadensersatz wegen Weigerung des Konkursverwalters, den Kaufvertrag zu erfüllen, erhebt? 204
S. auch „Hypothek".

Konnossement; Tragweite der Konnossementsklausel „Im übrigen nach den Klauseln und Bedingungen der Charteepartie" . 73

Kosten; wer hat die K. der Korrektionsnachhaft der nach § 181a St.G.B. verurteilten und der Landespolizeibehörde überwiesenen Personen zu tragen? (Preuß. R.) 1

Kreditbrief; ist der Aussteller eines K. im Verhältnis zum Akkreditierten stets zum Widerruf der im Briefe liegenden Zahlungsanweisung berechtigt, wenn sich später die Unzulänglichkeit der vorhandenen Deckung herausstellt? Wie steht es damit in dem besonderen Falle, wo die Ausstellung des K. nicht zwischen dem Aussteller und dem Akkreditierten, sondern zwischen dem Aussteller und einem andern zugunsten des Akkreditierten vereinbart war? 108

Kumulative Schuldübernahme; Unterschied der k. Sch. von dem Eintritt eines Dritten als Samtschuldners in ein bestehendes Schuldverhältnis . . . 318

L

Lagerhalter; Beweislast bei Inanspruchnahme des L. wegen Beschädigung des Lagerguts. Maßstab für die vom L. aufzuwendende Sorgfalt 254

Landgemeinde; können Rechtsgeschäfte, welche im Geltungsbereiche der preuß. Landgemeindeordnung vom 3. Juli 1891 die L. gegen Dritte verbinden sollen, nur in der im § 88 Abs. 4 Nr. 7, Abs. 2 dieses Gesetzes vorgeschriebenen Form eingegangen werden? 408

Leibrentenvertrag; Begriff des L. im Sinne der Tarifstelle 36 des preuß. Stempelsteuergesetzes vom 31. Juli 1895 . . . 133

Lichtrecht; Anwendung des § 143 A.L.R. I 8 in einem Falle, wo das des Lichtschutzes bedürfende Zimmer sehr niedrig und das Fenster sehr klein ist, so daß der obere Fensterrand unter der Augenhöhe eines aufrecht stehenden Menschen liegt (Preuß. R.) 299

M

Mängelanzeige; steht die M. aus § 377 H.G.B. dem Verluste der in den §§ 462, 463 B.G.B. bestimmten Gewährleistungsansprüche gemäß § 464 daselbst entgegen? 236

Miete; ist die Vorschrift in § 565 Abs. 1 Satz 2 B.G.B. — Zulässigkeit der Kündigung für den Schluß eines Kalendermonats bis zum fünfzehnten desselben, wenn der Mietzins nach Monaten bemessen ist — auch dann anwendbar, wenn der Mietzins auf ein Jahr bemessen, aber in monatlichen Terminen zu entrichten ist? 270

— kann für den Fall, daß der Mietvertrag die Weitervermietung von der Erlaubnis des Vermieters abhängig macht, über ein bei Verweigerung der Erlaubnis eintretendes Kündigungsrecht des Mieters aber nichts bestimmt, eine Auslegungsregel dahin aufgestellt werden, daß im Zweifel als Wille der Vertragsteile anzusehen sei, das Kündigungsrecht solle ausgeschlossen sein? (§ 549 Abs. 1 B.G.B.) 296

— kann der Mieter, der wegen Vertragsverletzungen des Vermieters von dem Kündigungsrecht aus § 542 B.G.B. Gebrauch macht, Ersatz des durch die Vertragsverletzungen verursachten Schadens auch insoweit verlangen, als dieser Schaden seinem Betrage nach erst nach der durch die Kündigung herbeigeführten Endigung des Mietverhältnisses entsteht? 381
S. auch „Zwangsversteigerung", „Zwangsverwaltung", „Nießbrauch".

N

Nebenintervention; bedarf es, um ein von einem Nebenintervenienten eingelegtes Rechtsmittel als zulässig erscheinen zu lassen, besonderer dafür sprechender Umstände, daß die Verfolgung des Rechtsmittels zum Zweck der Unterstützung der Hauptpartei geschieht? Welche Momente sind geeignet, einen Schluß gegen einen solchen Willen zu begründen? 67

Nichtigkeit.
S. „gute Sitten".

Nießbrauch; kann der Nießbraucher eines Grundstückes die seinem N. unterliegenden Mietzinsen für sich pfänden lassen? . . . 415

O

Offene Handelsgesellschaft.
S. „Kommanditgesellschaft".

Öffentliche Flüsse; sind Wasserleitungen aus ö. F. nach § 46 II, 15 preuß. A.L.R. als regale Nutzungen oder als Gemeingebrauch des Flußwassers zu behandeln? 137

Örtliche Wirksamkeit der Gesetze. Gibt es im Sinne des Art. 3 Abs. 3 Code civil eine besondere rheinpreußische Staatsangehörigkeit? Wie löst sich die Kollision der verschiedenen Rechte eines und desselben Staats in Sachen des Familienstandes? Nach welchem Rechte bestimmt sich bezüglich einer vor dem 1. Januar 1900 eröffneten Erbschaft die Erbeigenschaft unehelicher, später im Ausland legitimierter Kinder eines ausgewanderten Inländers? Weiter- und Rückverweisung (preuß. u. rhein. Recht) . 389

P

Patentamt.
S. „Rechtshilfe".

Patentrecht.
S. „Selbsthilfeverkauf."

Pfändung; steht der P. einer Forderung die vertragliche Verpflichtung des Gläubigers zur Abtretung an einen anderen entgegen? 308

Pfleger; muß in dem Verfahren, das eine Anordnung nach § 1636 B.G.B. zum Gegenstande hat, vor der Entscheidung ein P. für das Kind bestellt werden? . 16

Polizeiliche Verfügung; steht bei polizeilichen Eingriffen im Privatrechte den davon Betroffenen im früher französischrechtlichen Teile der preußischen Rheinprovinz ein Anspruch auf Entschädigung zu? 183

Prozeßvollmacht; genügt für die Pfändungs-Ankündigung mündliche Bevollmächtigung des Rechtsanwalts und nachträgliche stillschweigende Genehmigung dann, wenn inzwischen andere Gläubiger gepfändet haben? . . . 211

R

Rangverhältnis; Änderung des Ranges von Hypotheken . 100

Rechtshilfe; R. der Gerichte gegenüber dem Patentamte. Wie sind die von letzterem erlassenen Kostenfestsetzungsbeschlüsse zur Vollstreckung zu bringen? . . 178

Rechtsweg; können, wenn die Aufsichtsbehörde nach Maßgabe von § 42 des Krankenversicherungsgesetzes vom $\frac{\text{15. Juni 1883}}{\text{10. April 1902}}$ wegen rechtswidrig entzogener Gelder Zinsen festsetzt, diese im Zivilprozeß von der Kasse eingezogen werden? Zu § 45 dieses Gesetzes 329

Restitutionsklage; ist eine R. aus dem Grunde einer neu aufgefundenen Urkunde noch statthaft, wenn die Klage zwar vor Ablauf von 5 Jahren nach Rechtskraft des anzufechtenden Urteils erhoben ist, der Restitutionskläger aber erst nach Ablauf dieser Frist in den Stand gesetzt wird, von der in den Händen des Gegners befindlichen Urkunde Gebrauch zu machen? 224

Revisionsinstanz; findet § 559 Z.P.O. (in der Fassung des Gesetzes vom 5. Juni 1905) Anwendung, wenn der Beklagte, obwohl während des Prozesses über sein Vermögen der Konkurs eröffnet war, wegen eines die Konkursmasse betreffenden Anspruchs persönlich verurteilt ist, in der Revisionsbegründung aber deswegen keine Rüge erhoben hat? Konnte in diesem Falle der Gemeinschuldner persönlich ein Rechtsmittel gegen das Urteil einlegen? 361

Rücktritt; unter welchen Voraussetzungen ist der Rücktritt nach § 326 B.G.B. gegeben, wenn die Bestimmung der Leistungszeit in das Ermessen des Schuldners gestellt ist? 114

S

Schadensersatz; ist der Fiskus zum S. verpflichtet, wenn infolge der von ihm bewirkten Wegräumung eines Stauwerks in einem öffentlichen Flusse der Grundwasserstand benachbarter Wiesen sich senkt und diese dadurch trocken gelegt werden? (Preuß. R.) 24

— im Falle des § 717 Abs. 2 Z.P.O. 278

Schiffahrtshindernisse; ist die Bestimmung der bremischen Hafenordnung von 1888, wonach im Hafen gesunkene Fahrzeuge auf Kosten des Eigentümers entfernt werden sollen, eine privatrechtliche Vorschrift, die mit Einführung des B.G.B. außer Kraft getreten ist? Ist die Bestimmung mit der Reichs-Strandungs-Ordnung vereinbar? . . . 197

Schutzgesetz.
S. „Interdikte“.

Seeversicherung; fällt ein Schiffstransport im Abladehafen vom

Lande an den Pier, an dem der Seedampfer anliegt, dann stets unter die S., wenn der Versicherer das Leichterrisiko im Abladehafen übernommen hat? 21

Selbsthilfe.
S. „Eigenmacht".

Selbsthilfeverkauf; hat der Verkäufer, dem die Herstellung der patentierten Ware von dem Patentinhaber (Lizenzträger) mit der Verpflichtung übertragen ist, sie nur an diesen zu verkaufen, das Recht zum S. aus § 373 H.G.B., wenn der Patentinhaber die Annahme der vertragsmäßig hergestellten Ware verweigert? . . . 143

Sparkasse; wer ist bei Klagen gegen eine städtische S. Partei? Gesetzliche Vertretung der Stadtgemeinden in den ihre Sparkassen betreffenden Rechtsstreitigkeiten 400

Stauanlage.
S. „Schadensersatz".

Stempelsteuer; unterliegt bei der Umwandlung einer Aktiengesellschaft in eine Gesellschaft m. b. H. die Einbringung des bisherigen Vermögens der Aktiengesellschaft in die Gesellschaft m. b. H. seitens der bisherigen Aktionäre und künftigen Mitglieder der Gesellschaft m. b. H. dem Einbringungsstempel der Tarifst. 25 c des preußischen Stempelgesetzes vom 31. Juli 1895? . . . 10

— Begriff des Leibrentenvertrages im Sinne der Tarifst. 36 des preuß. Stempelsteuergesetzes vom 31. Juli 1895 133

— Schenkungsurkunde als Bestandteil eines Rentenversicherungsantrages; Schenkung unter Lebenden und von Todes wegen; Bereicherungsabsicht (Tarifst. 56 des preußischen Stempelsteuergesetzes vom 31. Juli 1895). Einfluß des Aufgebots der Nachlaßgläubiger auf den Stempelanspruch des Staates gegen den Nachlaß? 244

— sind im Stempelauslande ausgestellte Vollmachten, von denen im Inlande Gebrauch gemacht wird, stempelpflichtig? (Preußisches Stempelsteuergesetz § 2 und Tarifst. 73) 346

Strandungsordnung.
S. „Schiffahrtshindernisse".

Streitgenossenschaft; kann im Falle einer Hauptintervention die Frage, ob eine Forderungsverpfändung zu Recht besteht und an wen die verpfändete Forderung bezahlt werden muß, in demselben Rechtsstreit dem Schuldner gegenüber anders als gegenüber dem Drittschuldner entschieden werden? 321

T

Teilabtretung; ist die T. eines Bierbezugsrechts nach § 399 B.G.B. unwirksam? . . 120

Testament; unrichtige Datierung des eigenhändigen T. 423

U

Übergabe; kann, wenn ein Gebäude mehrere an verschiedene Personen vermietete Wohnungen enthält, die neben der den Eigentumsübergang betreffenden Einigung erforderliche Übergabe des Gebäudes dadurch ersetzt werden, daß der Eigentümer dem Erwerber seine Ansprüche gegen die Mieter auf Rückgabe der Wohnungen abtritt? 182

Uneheliche Kinder; Legitimation derselben 389

Unerlaubte Handlung; enthält es eine schon an sich rechtswidrige Verletzung eines Rechtes im Sinne von § 823 Abs. 1 B.G.B., wenn bei einem Streite zwischen Arbeitnehmern und Arbeitgebern über die Arbeitsbedingungen die Arbeitnehmer oder Dritte, die sich auf deren Seite stellen, in öffentlichen Kundgebungen die Arbeiterschaft oder auch das Publikum im allgemeinen auffordern, nur Waren solcher Arbeitgeber zu kaufen, welche die Forderungen der Arbeitnehmer bewilligt haben? Liegt in solchem Vorgehen eine wider die guten Sitten verstoßende Handlung (§ 826 B.G.B.)? . 52

— zu wessen Schutz sollen die Be- Bestimmungen in § 153 Gew.-O. dienen? Stellt es bei einem Kampfe der vorbezeichneten Art einen Verstoß gegen diese Bestimmungen dar, wenn ein Arbeitnehmerverband seinen Mitgliedern, welche die von der Verbandsleitung getroffene Anordnung nicht befolgen würden, die Ausschließung aus dem Verbande in Aussicht stellt? 52

— ist die Ausübung des ärztlichen Berufes ein „sonstiges Recht" im Sinne des § 823 Abs. 1 B.G.B.? 155

— stellt der Beschluß, durch den ein ärztlicher Standesverein seinen Mitgliedern den beruflichen Verkehr mit einem Arzte untersagt, einen Verstoß gegen die guten Sitten nach § 826 B.G.B. dar? 155

— ist der Schaden, den ein Unterhaltspflichtiger dadurch erleidet, daß infolge der Tötung des in erster Linie zum Unterhalt Verpflichteten die Unterhaltspflicht auf ihn übergegangen ist, auf Grund des § 823 oder des § 844 Abs. 2 B.G.B. ersatzfähig? 344
S. auch „Kommanditgesellschaft".

Unfallfürsorge.
S. „Fürsorge für Beamte".

Urkundenbeweis; was gehört zur Widerlegung der Vermutung der „Echtheit" der über einer echten Namensunterschrift stehenden Schrift im Sinne des § 440 Abs. 2 Z.P.O.? . . . 406

V

Verjährung; greift die in § 638 B.G.B. vorgesehene Verjährung bei Schadensersatzansprüchen des Bestellers eines Werkes auch dann Platz, wenn die eingetretene Beschädigung mit der Beschaffenheit des gelieferten Werkes nur im mittelbaren Zusammenhange steht? . . . 41

— wie ist die Replik der Arglist gegen die Einrede der V. zu rechtfertigen 220

— inwieweit ist die Anwendung des Art. 169 E.G. zum B.G.B. auf vor dem 1. Januar 1900 begründete Ansprüche ausgeschlossen? 421

Versicherung; welche Bedeutung hat bei Kreditversicherung die Bestimmung der Police, daß der Versicherer zu einem gewissen Abzuge berechtigt sei, wenn bei der Regulierung die endgültige, dem Versicherten aus dem Konkurse des Schuldners zufallende Quote noch nicht feststeht? 208

Versicherungsgelder.
S. „Hypothek".

Vertragsstrafe; kommen für die richterliche Herabsetzung der V. allein die Verhältnisse zur Zeit des Vertragsschlusses in Betracht? 291

Vollstreckungsgegenklage.
S. „Aufrechnung".

Vorentscheidung; welches Verfahren ist vom Reichsgericht in den Fällen zu beobachten, wo es nach § 11 Abs. 2 Einf.-Ges. zum G.V.G. die V. abzugeben hat? Versäumnisverfahren in solchen Fällen? . . . 249

Vorläufige Vollstreckbarkeit; ist der Fall des § 717 Abs. 2 Z.P.O. gegeben, wenn das Berufungsgericht das auf Verurteilung lautende für vorläufig vollstreckbar erklärte Urteil der ersten Instanz durch ein Urteil ersetzt, das die Entscheidung des Rechtsstreits von einem Eide abhängig macht? Gegenstand und Umfang des Ersatzanspruchs im Falle des § 717 Abs. 2 Z.P.O. . 278

Vormundschaft; steht den bei Auswahl des Vormundes nicht berücksichtigten Verwandten und Verschwägerten des Mündels die Beschwerde im eigenen oder nur im Interesse des Mündels zu? 288

W

Wandelung; kann eine die W. ausschließende wesentliche Verschlechterung der Kaufsache im Sinne der §§ 467, 351 B.G.B. schon darin bestehen, daß über den Wert eine ungünstige Auffassung der beteiligten Kreise Platz gegriffen hat, ohne daß objektiv eine Verschlechterung eingetreten ist? 374

Warenzeichen; Verwendung einer Firma in abgekürzter Gestalt zur Warenbezeichnung . . . 63

— erstreckt sich der Schutz eines W. auch auf seine Verwendung zur Herstellung eines technisch notwendigen Bestandteiles? 95

— unter welcher Voraussetzung wird der Inhaber eines eingetragenen W. durch dessen Gebrauch gegenüber dem Inhaber eines früher eingetragenen W. schadensersatzpflichtig? 273

— steht dem sog. Monopolisten der Schutz aus den §§ 12 und 14 des Ges. v. 12. Mai 1894 zu? 397

Wasserleitung.
S. „Öffentliche Flüsse".

Wechselsache.
S. „Feriensachen".

Werkvertrag; kann darin, daß der Unternehmer im Prozesse das Vorhandensein der Mängel bestreitet, eine die Fristsetzung erübrigende Weigerung im Sinne des § 634 Abs. 2 B.G.B. gefunden werden? . . . 294
S. auch „Verjährung".

Z

Zeitliche Wirksamkeit der Rechtsnormen; unterliegen Verträge über die Veräußerung von Grundstücken, die in Rhein-Bayern nach dem 1. Januar 1900 abgeschlossen sind, auch da, wo das Grundbuch noch nicht als angelegt anzusehen ist, den Vorschriften der §§ 313, 125, 139 B.G.B.? 35

Zuhälter.
S. „Kosten".

Zustellung, öffentliche; bedarf es, wenn die ö. Z. der Klage bewilligt ist, zur ö. Z. des demnächst gegen den Beklagten ergehenden Versäumnisurteiles eines erneuten Gerichtsbeschlusses? 44

Zustimmung; bewirkt in den Fällen des § 182 B.G.B. ein ohne Zustimmung des Dritten geschlossener Vertrag eine einstweilige Gebundenheit der Parteien? . 149

Zwangsvergleich; kann der ein Absonderungsrecht besitzende Konkursgläubiger, der im Konkurse erklärt hat, für einen Teil seiner Forderung aus dem Absonderungsrecht und für den von ihm als Ausfall bezeichneten Rest aus der Konkursmasse Befriedigung suchen zu wollen, nach Abschluß eines Z. und Aufhebung des Konkurses und nachdem er die Vergleichsquote vorbehaltlos angenommen hat, sich aus dem Gegenstande des Absonderungsrechtes zu einem höheren als dem ursprünglich angegebenen Betrage befriedigen? 425
S. auch „Bürgschaft".

Zwangsversteigerung; kann der Ersteher den auf eine Eigentümergrundschuld des Versteigerungsschuldners entfallenden Teil des zu zahlenden Versteigerungserlöses gegen seine ausgefallenen Forderungen aufrechnen? . 308

— doppelte Rechtsstellung des Hypothekengläubigers, der als solcher die Beschlagnahme der Mietzinsen des belasteten Grundstücks ausgebracht und demnächst bei der Z. das Grundstück als Meistbietender erstanden hat, gegenüber demjenigen, für den die Mietzinsen auf Grund eines persönlichen Anspruchs gegen den Grundstückseigentümer gepfändet worden sind? 415

Zwangsverwaltung; wird eine dem Hypothekengläubiger gegenüber unwirksame Pfändung künftiger Mietzinsen durch einen persönlichen Gläubiger dadurch wirksam, daß das Zwangsverwaltungsverfahren, in dem die Mietzinsen für den Hypothekengläubiger beschlagnahmt sind, vor Eintritt der Fälligkeit der Mietzinsen wieder aufgehoben wird? Zur Auslegung des § 161 Abs. 4 Z.V.G. 415

S. auch „Zwangsversteigerung".

B. Gesetzesregister.

1. Reichsgesetze.

a. Bürgerliches Gesetzbuch.

§ 89 . . . 408
§ 119 . . . 266
§ 121 Abs. 1 . 159
§ 125 . . . 35
§ 126 . . 82, 408
§ 130 Abs. 2 . 244
§ 135 . . . 211
§ 138 . 146, 181
§ 139 . . . 35
§ 141 . . . 146
§ 181 . . . 366
§ 182 . . . 149
§ 183 . . . 149
§ 184 . 149, 211
§ 185 . . . 211
§ 249 . . . 220
§ 273 . . . 187
§ 278 . . . 231
§ 282 . . . 254
§ 313 . . . 35
§ 315 . . . 114
§ 326 . . . 114
§ 328 . . . 108
§ 334 . . . 108
§ 343 . . . 291
§ 351 . . . 374
§ 383 . . . 366
§ 387 . . . 366
§ 399 . . . 120
§ 421 . . . 318
§ 462 . . . 236
§ 463 . . . 236
§ 464 . . . 236
§ 467 . . . 374
§ 538 . . . 381
§ 542 . . . 381
§ 549 Abs. 1 . 296
§ 565 Abs. 1 Satz 2 270
§ 573 . . . 415
§ 634 Abs. 2 . 294
§ 635 . . . 41
§ 638 . . . 41
§ 766 . 82, 318
§ 778 . . . 108
§ 780 . . . 146
§ 781 . . . 146
§ 790 . . . 108
§ 810 . . . 224
§ 812 . . . 146
§ 817 . . . 146
§ 823 52, 155, 249, 273, 344
§ 824 . . . 52
§ 826 52, 155, 220
§ 831 . . 77, 231
§ 844 . 33, 344, 350
§ 858 . . . 385
§ 859 . . . 385
§ 873 . 100, 165
§ 880 Abss. 2 u. 5 100
§ 894 . . . 165
§ 906 . . . 363
§ 929 . . . 145
§ 931 . 165, 182
§ 1004 . . . 363
§ 1117 Abs. 2 380
§ 1123 . . . 28
§ 1124 . . 28, 415
§ 1128 . . . 28
§ 1129 . . . 28
§ 1154 Abs. 1 308
§ 1192 . . . 308

§ 1281 . . . 321
§ 1356 Abs. 2 323
§ 1367 . . . 323
§ 1636 . . 16
§ 1757 . . . 47
§ 1764 . . . 47
§ 1765 . . . 47
§ 1779 Abs. 2 288
§ 1909 . . . 16
§ 1922 . . . 173
§ 1971 . . . 244
§ 1973 . . . 244
§ 2033 . . . 173
§ 2281 Nr. 2 . 423
§ 2358 . . . 173

b. Einführungsgesetz zum Bürgerlichen Gesetzbuch.

Art. 55 . . . 197
Art. 167 . . 211
Art. 169 . . 421
Art. 170 . . 35
Art. 189 . . 35

c. Allgemeines Deutsches Handelsgesetzbuch.

Art. 18 Abs. 2 63
Art. 209 Abs. 1 Satz 2 63
Art. 214 . . 63
Art. 215 . . 63
Art. 367 . . 254
Art. 395 . . 254
Art. 397 . . 254

d. Handelsgesetzbuch von 1897.

§ 25 . . . 129
§ 129 . . . 77
§ 161 Abs. 2 . 77
§ 171 Abs. 1 . 77
§ 261 Nr. 3 . 258
§ 271 . . . 258
§ 273 . . . 258
§ 346 . . . 236
§ 373 . . . 143
§ 377 . . . 236
§ 390 . . . 254
§ 417 . . . 254
§ 453 Nr. 1 . 123
§ 456 . . . 254
§ 459 Abs. 1 Nr. 4, Abs. 2 . 169
§ 470 . . . 284
§ 471 . . . 123
§ 651 Abs. 2 . 73
§ 824 . . . 21
§ 827 . . . 21

e. Wechselordnung.

Art. 85 . . . 164
Art. 95 . . . 164

f. Zivilprozeßordnung von 1898.

§ 61 . . . 321
§ 62 . . . 321
§ 63 . . . 321
§ 64 . . . 321
§ 66 . . . 67
§ 67 . . . 67
§ 80 . . . 211
§ 89 Abs. 2 . 211
§ 102 . . . 377
§ 126 . . . 18
§ 159 . . . 82
§ 160 Abs. 2 Nr. 1 82
§ 204 . . . 44
§ 223 Abs. 2 . 164
§ 268 Nr. 3 . 204
§ 304 . . 33, 344
§ 329 . . . 44
§ 339 Abs. 2 . 44
§ 406 Abs. 2 Satz 2 429
§ 421 . . . 224
§ 422 . . . 224
§ 440 Abs. 2 . 406
§ 525 . . . 315
§ 580 Nr. 7b 224
§ 586 Abs. 2 Satz 2 224
§ 587 . . . 224
§ 588 Abs. 2 . 224
§ 717 Abs. 2 . 278
§ 767 Abs. 2 . 228

§ 829 . . . 211
§ 830 . . . 211
§ 835 . . . 308
§ 845 . . . 211
§ 857 . . . 211

g. Zivilprozeßordnung in der Fassung des Gesetzes vom 5. Juni 1905.

§ 559 . . . 361
§ 567 Abs. 2 . 18

h. Konkursordnung von 1898.

§ 17 . . 204, 334
§ 46 . . . 334
§ 49 Nr. 1, 3 . 334
§ 59 Nr. 1, 3 . 334
§ 64 . . . 425
§ 72 . . . 82
§ 117 . . . 28
§ 139 . . . 204
§ 146 Abs. 4 . 204
§ 179 . . . 82
§ 193 . . . 425

i. Gerichtsverfassungsgesetz.

§ 101 Nr. 2 . 164
§ 202 Abs. 2 Nr. 5 164

k. Einführungsgesetz zum Gerichtsverfassungsgesetz.

§ 11 Abs. 2 . 249

l. Gesetz über die Angelegenheiten der freiwilligen Gerichtsbarkeit.

§ 57 Nr. 9 . 288

m. Gewerbeordnung.

§ 16 . . . 117
§ 24 . . . 117
§ 25 . . . 117
§ 51 . . . 117
§ 153 . . . 52

n. Strafgesetzbuch.

§ 181a . . . 1
§ 185 . . . 52
§ 186 . . . 52
§ 362 . . . 1

o. Strafprozeßordnung.

§ 127 . . . 385

p. Einzelne Gesetze und Verordnungen.

1869. 21. Juni Gesetz, betr. die Gewährung der Rechtshilfe (B.-G.Bl. S. 305).
— — § 12 178

1870. 13. Mai. Gesetz wegen Beseitigung der Doppelbesteuerung (B.G.Bl. S. 119).
— — § 1 241

1871. 7. Juni. Gesetz, betr. die Verbindlichkeit zum Schadensersatz für die bei dem Betriebe von Eisenbahnen zc herbeigeführten Tötungen und Körperverletzungen (R.G.Bl. S. 207).
— — § 1 . . . 350, 404
— — § 3 350

1883. 24. Dezember. Kaiserliche Verordnung, betr. die Gebührenfreiheit in dem Verfahren vor dem Reichsgericht (R.G.Bl. 1884 S. 1).
— — § 1 Nr. 3 . . . 218

1890. 14. Oktober. Internationales Übereinkommen über den Eisenbahnfrachtverkehr (R.G.Bl. 1892 S. 793).
— — Art. 31 Abs. 1 Nr. 4, Abs. 2 169

1891. 7. April. Patentgesetz (R.G.Bl. S. 79).
— — § 4 143
— — § 6 143
— — § 32 178

1892. 10. April. Krankenversicherungsgesetz (R.G.Bl. S. 417).
— — § 42 329
— — § 45 329

1892. 20. April. Gesetz, betr. die Gesellschaften mit beschränkter Haftung (R.G.Bl. S. 477). Fassung vom 20. Mai 1898 s unten.

1894. 12. Mai. Gesetz zum Schutze der Warenbezeichnungen (R.G.Bl. S. 441).
— — § 12 . . . 95, 273, 397
— — § 13 63
— — § 14 . . . 273, 397

1894. 16. Mai. Gesetz, betr. die Abzahlungsgeschäfte (R.G.Bl. S. 450).
— — § 4 Abs. 2 92

1898. 20. Mai. (1892. 20. April) Gesetz, betr. die Gesellschaften mit beschränkter Haftung (R.G.Bl. S. 846).
— — § 17 Abss. 1 u. 2 . 149
— — § 47 Abs. 4 14
— — § 80 10
— — § 81 10

1898. 20. Mai. Gesetz über die Zwangsversteigerung u. Zwangsverwaltung (R.G.Bl. S. 713).
— — § 20 415
— — § 21 415
— — § 52 211

1898. 20. Mai. § 55 . . 415
— — § 57 415
— — § 90 . . . . . 28, 415
— — § 91 211
— — § 107 Abs. 2 . . 308
— — § 161 Abs. 4 . . 415

1898. 20. Mai. Gesetz, betr. die Erwerbs- und Wirtschaftsgenossenschaften (R.G.Bl. S. 810).
— — § 2 187
— — § 7 187
— — § 22 187
— — § 94 187
— — § 95 187
— — § 97 187

1898. 20. Mai. Gesetz, betr. die Anfechtung von Rechtshandlungen eines Schuldners außerhalb des Konkursverfahrens (R.G.Bl. S. 709).
— — § 3 339

1899. 26. Oktober. Eisenbahn-Verkehrsordnung (R.G.Bl. S. 557).
— — § 7 123
— — § 51 123
— — § 77 Abs. 1 Nr. 4, Abs. 2 169

1900 30. Juni / 5. Juli. Gewerbe-Unfallversicherungsgesetz (R.G.Bl. S. 585).
— — § 9 Abs. 1 Nr. 1 . 86

1901. 18. Juni. Gesetz, betr. die Fürsorge für Beamte und Personen des Soldatenstandes infolge von Betriebsunfällen (R.G.Bl. S. 314).
— — § 1 Abs. 6 86

1901. 30. Dezember. Strandungsordnung (R.G.Bl. 1902 S. 1).
— — § 25 197

2. Gemeines Recht.

Pandekten.

L. 43 Tit. 13 ne quid in flumine publico l. un. pr. und §§ 3, 8, 11 249

3. Französisches Recht.

Code civil.

Art. 3 Abs. 3 389
Art. 331 389
Art. 334 389
Art. 1583 35

4. Landesrecht.

Preußen.

a. Allgemeines Landrecht.

Einleitung § 23 389
" § 75 . . . 24, 183
Teil I Titel 5 § 344 . . 421
" " 8 § 97 . . 24
" " 8 § 130 . . 24
" " 8 § 143 . . 299
" " 11 § 180 . 421
" " 20 § 540 . . 187
Teil II Titel 15 § 46 . . 137

b. Einzelne Gesetze und Verordnungen.

1838. 12. Dezember. Reglement, die Einrichtung des Sparkassenwesens betreffend (G.S. 1839 S. 5).
— — Nr. 17 400
— — Nr. 18 400
1850. 31. Januar. Preußische Verfassungs-Urkunde.
Art. 9 183
1850. 11. März. Gesetz über die Polizeiverwaltung (G.S. S. 265).
— — § 3 6
1856. 15. Mai. Städteordnung für die Rheinprovinz (G.S. S. 406).
— — § 54 400
1865. 24. Juni. Allgemeines Berggesetz (G.S. S. 705).
— — § 148 276
1871. 8. März. Gesetz, betr. die Ausführung des Bundesgesetzes über den Unterstützungswohnsitz (G.S. S. 130).
— — § 38 1
1874. 11. Juni. Gesetz über die Enteignung von Grundeigentum zc (G.S. S. 221).
— — § 1 183
— — § 10 Abs. 2 . . . 262
1891. 3. Juli. Landgemeindeordnung für die sieben östlichen Provinzen der Monarchie (G.S. S. 233).
— — § 88 408

1895. 31. Juli. Stempelsteuergesetz. (G.S. S. 413).
— — § 2 346
— — Tarifst. 25c . . . 10
— — Tarifst. 36 . . . 133
— — Tarifst. 56 . . . 244
— — Tarifst. 73 . . . 346
1899. 26. September. Ausführungsgesetz zur Grundbuchordnung (G.S. S. 307).
— — Art. 21 211
1902. 2. Juni. Gesetz, betr. die Fürsorge für Beamte infolge von Betriebsunfällen (G.S. S. 153).
— — § 1 Abs. 6 . . . 86

Bayern.

1756. Bayerisches Landrecht.
— — Teil II Kap. 3 § 7 . 35
1861. 10. November. Notariatsgesetz.
— — Art. 14 35

Hamburg.

1867. Allgemeine Seeversicherungsbedingungen.
— — § 73 21

C. Chronologische Zusammenstellung der Entscheidungen.

Seite

1903. Urt. v. 20. November i. S. W. (Kl.) w. K. u. E. (Bekl.). Rep. III. 414/03 228

1906. Urt. v. 23. Mai i. S. Stadtgemeinde Berlin (Kl.) w. preuß. Fiskus (Bekl.). Rep. VI. 369/05 1

„ Urt. v. 26. Mai i. S. Stadtgemeinde J. (Bekl.) w. preuß. Eisenbahnfiskus (Kl.). Rep. VII. 450/05 6

„ Urt. v. 26. Juni i. S. Rh. (Kl.) w. preuß. Fiskus (Bekl.). Rep. VII. 552/05 10

„ Urt. v. 27. Juni i. S. G.'er Holzkontor, Ges. m. b. H. (Bekl.) w. J. B. & Sohn (Kl.). Rep. I. 59/06 . . 14

„ Beschl. v. 28. Juni i. S. E. Beschw.-Rep. IV. 197/05 16

„ Beschl. v. 30. Juni i. S. Fr. w. M. u. M. w. Fr., Beschw. des J.-R. Z. Beschw.-Rep. V. 106/06 18

„ Urt. v. 30. Juni i. S. de Fr. & Co. (Kl.) w. Deutsche Transport-Versicherungsgesellschaft (Bekl.). Rep. I. 13/06 21

„ Urt. v. 3. Juli i. S. B. (Kl.) w. preuß. Fiskus (Bekl.). Rep. VII. 648/05 24

„ Urt. v. 4. Juli i. S. Sch. & Co. (Kl.) w. Schm. Konk. (Bekl.). Rep. V. 412/05 28

„ Urt. v. 5. Juli i. S. M. (Bekl.) w. H. Wwe. (Kl.). Rep. VI. 586/05 33

„ Urt. v. 7. Juli i. S. F (Bekl.) w. Sp. B. (Kl.). Rep. V. 663/05 35

		Seite
1906.	Urt. v. 10. Juli i. S. P. (Kl.) w. B. u. Gen. (Bekl.). Rep. VII. 551/05	41
"	Urt. v. 11. Juli i. S. Sch. (Kl. u. Widerbekl.) w. Graf v. O. (Bekl. u. Widerkl.). Rep. V. 565/05	44
"	Urt. v. 12. Juli i. S. G. (Bekl.) w. H. (Kl.). Rep. IV. 55/06	47
"	Urt. v. 12. Juli i. S. B. u. Gen. (Kl.) w. A. u. Gen. (Bekl.). Rep. VI. 497/05	52
"	Urt. v. 13. Juli i. S. S. & Cie. (Kl.) w. Pfälzische Nähmaschinen- und Fahrräderfabrik, vorm. Gebr. Kayser (Bekl.). Rep. II. 35/06	63
"	Urt. v. 13. Juli i. S. S. (Kl.) u. O. (Nebeninterv.) w. G. (Bekl.). Rep. VII. 410/05	67
"	Urt. v. 14. Juli i. S. J. J. (Bekl.) w. Aktiengesellschaft L. (Kl.). Rep. I. 36/06	73
"	Urt. v. 17. September i. S. Gebr. Br. (Kl.) w. C. u. Gen. (Bekl.) Rep. VI. 584/05	77
"	Urt. v. 17. September i. S. H. (Bekl.) w. G. Wwe. (Kl.). Rep. VI. 612/05	82
"	Urt. v. 18. September i. S. preuß. Eisenbahnfiskus (Bekl.) w. N. (Kl.). Rep. III. 27/06	86
"	Urt. v. 21. September i. S. N. (Bekl.) w. L. (Kl.). Rep. II. 63/06	92
"	Urt. v. 21. September i. S. B. & Co. (Kl. u. Widerbekl.) w. New York Consolidated Card Company (Bekl. u. Widerkl.). Rep. II. 59/06	95
"	Urt. v. 21. September i. S. H. (Kl.) w. W. (Bekl.). Rep. III. 70/06	100
"	Urt. v. 22. September i. S. Schn. (Kl.) w. Bank für Handel u. Industrie (Bekl.). Rep. I. 584/05	108
"	Urt. v. 22. September i. S. F. (Kl.) w. W. (Bekl.). Rep. V. 1/06	114

Seite

1906. Urt. v. 24. September i. S. Hamburg. Baupolizeibehörde (Bekl.) w. Fr & Co. (Kl.). Rep. VI. 620/05 . . . 117

" Urt. v. 25. September i. S. Vereinsbrauerei Herrenhausen-Hannover u. Gen. (Kl.) w. M. (Bekl.). Rep. II. 46/06 120

" Urt. v. 26. September i. S. M. B. B. (Kl.). w. preuß. Eisenbahnfiskus (Bekl.). Rep. I. 89/06 123

" Urt. v. 28. September i. S. Gesellschaft m. b. H. C. R. (Bekl.) w. R. (Kl.). Rep. II. 33/06 129

" Urt. v. 28. September i. S. Sch. (Kl.) w. preuß. Fiskus (Bekl.). Rep. VII. 629/05 133

" Urt. v. 29. September i. S. preuß. Fiskus (Bekl.) w. M. & J. (Kl.). Rep. V. 22/06 137

" Urt. v. 29. September i. S. Asbest- und Gummiwerke A. C. (Bekl.) w. 1. H., 2. Deutsche Eternitgesellschaft (Kl.). Rep. I. 460/06 143

" Urt. v. 2. Oktober i. S. Baumwollspinnerei Sp. (Kl.) w. K. (Bekl.). Rep. VII. 8/06 145

" Urt. v. 3. Oktober i. S. K. (Kl.) w. Eheleute B. (Bekl.). Rep. V. 37/06 146

" Urt. v. 3. Oktober i. S. Rh.-Brauerei Konkursverw. (Bekl.) w. Eisenwerk Th. (Kl.). Rep. I. 66/06 149

" Urt. v. 4. Oktober i. S. G. (Kl.) w. Verein der Ärzte des Regierungsbezirks B. (Bekl.). Rep. VI. 614/05 . . 155

" Urt. v. 9. Oktober i. S. Aktiengesellschaft M. B. (Bekl.) w. Maschinenzentrale für Bezug landwirtschaftlicher Maschinen, e. G. m. b. H. (Kl.). Rep. II. 88/06 . . 159

" Beschl. v. 10. Oktober i. S. B. (Bekl.) w. W. & Co. (Kl.). Rep. I. 386/06 164

" Urt. v. 10. Oktober i. S. H. (Bekl.) w. Aktiengesellschaft C. W. (Kl.) u. Ko. (Nebenintervenienten). Rep. V. 562/05 . 165

" Urt. v. 10. Oktober i. S. preuß. Eisenbahnfiskus (Bekl.) w. Gebr. P. (Kl.). Rep. I. 106/06 169

Seite

1906. Beschl. v. 11. Oktober in der P.'schen Erbscheinsache. Beschw.=Rep. IV. 286/06 173

" Beschl. v. 11. Oktober i. S. H. (Kl.) w. A. u. Gen. (Bekl.). Beschw.=Rep. IV. 290/06 178

" Urt. v. 13. Oktober i. S. Dortmunder Aktienbrauerei (Kl. u. Widerbekl.) w. S. (Bekl. u. Widerkl.). Rep. V. 154/06 181

" Urt. v. 16. Oktober i. S. L. (Kl.) w. F. (Bekl.). Rep. VII. 46/06 182

" Urt. v. 16. Oktober i. S. Stadtg. T. (Bekl.) w. K. (Kl.). Rep. VII. 640/05 183

" Urt. v. 17. Oktober i. S. D. u. Gen. (Bekl.) w. Molkereigenossenschaft F. Z. in Liqu. u. Konk. (Kl.). Rep. V. 658/05 187

" Urt. v. 20. Oktober i. S. F. (Kl.) w. C. (Bekl.). Rep. V. 77/06 194

" Urt. v. 20. Oktober i. S. des bremischen Staates (Kl.) w. Aktiengesellsch. G. E. S. (Bekl.). Rep. I. 112/06 . . 197

" Urt. v. 20. Oktober i. S. K. (Kl.) w. K. Konkursmasse (Bekl.). Rep. I. 141/06 204

" Urt. v. 23. Oktober i. S. A. (Kl.) w. The Ocean Accident & Guarantee Comp. (Bekl.). Rep. VII. 26/06 . 208

" Urt. v. 24. Oktober i. S. J. (Bekl.) w. K. u. Gen. (Kl.). Rep. V. 78/06 211

" Beschl. v. 25. Oktober i. S. Kapellenfonds Obertsroth (Kl.) w. Ortsgemeinde Obertsroth (Bekl.). Rep. II. 337/05 218

" Urt. v. 26. Oktober i. S. B. (Kl.) w. L. (Bekl.). Rep. II. 90/06 220

" Urt. v. 27. Oktober i. S. Graf G. H. Fürst v. D. (Restitutionskl.) w. Fürst v. Pl. (Restitutionsbekl.). Rep. V. 88/06 224

" Urt. v. 30. Oktober i. S. M. (Kl.) w. Stadtgemeinde H. (Bekl.). Rep. III. 89/06 231

Seite

1906. Urt. v. 30. Oktober i. S. G. (Bekl.) w. A. (Kl.). Rep. II. 139/06 236

" Urt. v. 30. Oktober i. S. bremischer Staat (Bekl.) w. H. (Kl.). Rep. VII. 623/05 241

" Urt. v. 30. Oktober i. S. Br.'scher Nachlaßverw. (Kl.) w. preuß. Fiskus (Bekl.). Rep. VII. 9/06 244

" Urt. v. 1. November i. S. B. (Kl.) w. Schw. u. Gen. (Bekl.). Misz.-Rep. VI. 14/06 249

" Urt. v. 3. November i. S. F. u. Gen. (Kl.) w. E. & Co. (Bekl.) u. Freihafen-Lagerhaus-Gesellsch. (Nebeninterv.). Rep. I. 125/06 254

" Urt. v. 7. November i. S. Vereinsbrauerei T. (Bekl.) w. P. & R. (Kl.). Rep. I. 44/06 258

" Urt. v. 9. November i. S. Reichsmilitärfiskus (Bekl.) w. Gemeinde N. (Kl.). Rep. II. 148/06 262

" Urt. v. 9. November i. S. R. Konkursverw. (Kl.) w. B. (Bekl.). Rep. II. 173/06 266

" Urt. v. 9. November i. S. Pr. (Kl.) w. B. (Bekl.). Rep. III. 127/06 270

" Urt. v. 13. November i. S. B. & Co. (Bekl.) w. S. W. Company (Kl.). Rep. II. 155/06 273

" Urt. v. 14. November i. S. R.'sche Erben (Kl.) w. kons. Melchior-Grube (Bekl.). Rep. V. $\frac{97}{415}$ 06 276

" Urt. v. 14. November i. S. N. (Bekl.) w. K. (Kl.). Rep. I. 167/06 278

" Urt. v. 14. November i. S. M. (Bekl.) w. preuß. Eisenbahnfiskus (Kl.). Rep. I. 165/06 284

" Beschl. v. 15. November in der S.'schen Vormundschaftssache von München I. Beschw.-Rep. IV. 316/06 . . 288

" Urt. v. 16. November i. S. Rh. Brauerei-Gesellschaft (Kl.) w. S. (Bekl.). Rep. VII. 77/06 291

Seite

1906. Urt. v. 16. November i. S. Graf B. (Bekl.) w. G. (Kl.). Rep. VII. 49/06 294

" Urt. v. 16. November i. S. Ortskrankenkasse für Leipzig u. Umg. (Kl.) w. Gr. (Bekl.). Rep. III. 115/06 . . . 296

" Urt. v. 17. November i. S. F. (Bekl.) w. E. (Kl.). Rep. V. 70/06 299

" Urt. v. 20. November i. S. W. H. (Kl.) w. Société Française de Cotons à coudre (Bekl.). Rep. II. 168/06 . . 304

" Urt. v. 22. November i. S. Paderborner Bank (Kl.) w. Pl. (Bekl.). Rep. V. 117/06 308

" Urt. v. 22. November i. S. J. (Bekl.) w. J. Ehefr. (Kl.). Rep. IV. 178/06 315

" Urt. v. 23. November i. S. G. (Bekl.) w. Gasmotorenfabrik D. (Kl.). Rep. II. 200/06 318

" Urt. v. 24. November i. S. Vorsch.-Verein Z. (Kl.) w. Kl. Ehel. (Bekl. zu 1 u. 2) und W. (Bekl. zu 3). Rep. V. 91/06 321

" Urt. v. 8. Oktober i. S. Große Berliner Straßenbahn (Bekl.) w. St. Ehefr. (Kl.). Rep. VI. 21/06 . . . 323

" Urt. v. 11. Oktober i. S. Allg. Ortskrankenkasse in Geringswalde (Kl.) w. D. (Bekl.). Rep. VI. 408/05 329

" Urt. v. 12. Oktober i. S. Kr. & Co. (Kl.) w. Gebr. B. Konk. (Bekl.). Rep. VII. 641/05 334

" Urt. v. 16. Oktober i. S. W. Ehefr. (Kl.) w. M. & G. (Bekl.). Rep. VII. 516/05 339

" Urt. v. 22. Oktober i. S. Gemeinde U. (Bekl.) w. H. Wwe. (Kl.). Rep. VI. 78/06 344

" Urt. v. 23. Oktober i. S. Sch. Eisenbahngesellschaft (Kl.) w. preuß. Steuerfiskus (Bekl.). Rep. VII. 625/05 . . 346

" Urt. v. 5. November i. S. Stadtgemeinde M. (Bekl.) w. B. Wwe. u. Gen. (Kl.). Rep. VI. 603/05 350

Seite

1906. Urt. v. 15. November i. S. K. (Bekl.) w. W. (Kl.). Rep. V. 111/06 361

" Urt. v. 24. November i. S. Rh. Br.-Akt.-Ges. (Bekl.) w. O. (Kl.). Rep. V. 120/06 363

" Urt. v. 26. November i. S. Freih. v. F. (Bekl.) w. G. (Kl.). Rep. VI. 418/05 366

" Urt. v. 27. November i. S. C. O. (Kl.) w. W. (Bekl.). Rep. II. 232/06 374

" Beschl. v. 27. November i. S. Rechtsanwalt Dr. J. K., Beschwerdeführers, zur Sache Geschwister B. (Kl.) w. Ehel. H. (Bekl.). Beschw.-Rep. VI. 85/06 377

" Urt. v. 27. November i. S. M. (Kl.) w. Fr. (Bekl.). Rep. III. 123/06 381

" Urt. v. 29. November i. S. G. (Bekl.) w. L. (Kl.). Rep. VI. 141/06 385

" Urt. v. 30. November i. S. Sch. u. Gen. (Kl.) w. M. u. Gen. (Bekl.). Rep. II. 174/06 389

" Urt. v. 30. November i. S. Graf. M. u. Gen. (Kl.) w. E. (Bekl.). Rep. II. 180/06 397

" Urt. v. 1. Dezember i. S. A. (Kl.) w. städtische Sparkasse zu M. (Bekl.). Rep. V. 103/06 400

" Urt. v. 3. Dezember i. S. Stadtgemeinde D. (Bekl.) w. K. (Kl.). Rep. VI. 112/06 404

" Urt. v. 3. Dezember i. S. A. (Kl.) w. Gr. (Bekl.). Rep. VI. 175/06 406

" Urt. v. 4. Dezember i. S. H. O.-P.-Marke (Kl.) w. Landgemeinde D. (Bekl.). Rep. II. 223/06 408

" Urt. v. 5. Dezember i. S. v. G. (Kl.) w. H. (Bekl.). Rep. V. 152/06 415

" Urt. v. 6. Dezember i. S. B. (Bekl.) w. B. (Kl.). Rep. V. 122/06 421

Seite

1906. Urt. v. 6. Dezember i. S. F. (Kl.) w. F. (Bekl.). Rep. IV. 214/06 423

" Urt. v. 7. Dezember i. S. B. (Kl.) w. R. (Bekl.). Rep. VII. 91/06 425

" Beschl. v. 7. Dezember i. S. Vereinigte Cöln-Rottweiler Pulverfabriken (Bekl.) w. Société maritime et commerciale (Kl.). Beschw.-Rep. II. 60/06 429

Zusammenstellung

der

im vierundsechzigsten Bande, der neuen Folge vierzehnten Bande

mitgeteilten Entscheidungen

nach

Oberlandesgerichtsbezirken.

Berlin	1. 7. 14. 19. 21. 23. 30. 32. 38. 39. 45. 60. 67. 79. 80. 81. 86. 92. 93. 94. 99. 102. 105.
Bamberg	84.
Braunschweig	69.
Breslau	12. 13. 26. 31. 37. 55. 68.
Celle	28. 40. 77. 91.
Darmstadt	25. 88.
Dresden	24. 35. 70. 74. 82 90. 98. 101. 103. 104.
Frankfurt a. M.	57.
Hamburg	27. 33. 36. 49. 51. 59. 62. 76.
Hamm	43. 44. 56. 58. 65. 87.
Jena	6.
Karlsruhe	20. 22.
Kassel	29. 85.
Kiel	9. 15.
Köln	3. 11. 41. 46. 54. 64. 72. 83. 89. 95. 97.
Königsberg	2. 8. 63.
Marienwerder	18. 47. 75. 96.
München	5. 17. 34. 66. 71.
Naumburg	4. 10. 100.
Posen	42. 48. 52. 73.
Rostock	78.
Stuttgart	50.
Zweibrücken	16.

Reichsgericht unmittelbar . . . . . . 53. 61.

Berichtigungen.

Dreiundfünfzigster Band.

S. 100 Z. 11 v. o. lies „8" statt „2".

Vierundfünfzigster Band.

S. 454 die im Gesetzesregister bei § 313 angegebene Seitenzahl 165 paßt nicht.

Siebenundfünfzigster Band.

S. 50 Z. 1 u. 16 v. u. statt „Staub, a. a. O." wird zu lesen sein: „Staub, H.G.B. 6./7. Aufl. Allg. Einleitung".

Zweiundsechzigster Band.

S. 468 Z. 17 v. u. statt „488" lies „468".

Dreiundsechzigster Band.

S. 347 Z. 17 v. u. statt „2750" lies „2740 ℳ".
„ 416 „ 17 v. u. statt „/04" lies „/05".

FSC
www.fsc.org
MIX
Papier | Fördert gute Waldnutzung
FSC® C083411

Kolibri 360 GmbH
Ferdinand-Jühlke-Straße 7
99095 Erfurt, Deutschland
produktsicherheit@kolibri360.de